孟买

欲望丛林

BOMBAY
MAXIMUM CITY
Lost and Found

苏科图·梅塔 著

金天 译

上海文艺出版社

谨以此书献给
我的爷爷尚蒂拉尔·拉坦拉尔·梅塔、
奶奶苏罗查那·尚蒂拉尔·梅塔；
我的外公贾扬提拉勒·马尼拉尔·帕雷克、
外婆坎塔·贾扬提拉勒·帕雷克

我在德瓦斯①病倒。缠绵病榻之际，亏得迦比尔②解我烦忧。我听——那些吟唱他的拜赞诗③的摩腊婆④歌者深谙曲中留白、弦外之音的精髓。一串串独特的音符扑面而来，又兀自婉转，好似修士既柔且刚。歌者自顾吟唱，我亦自顾吟唱，企图在迦比尔的诗歌里重现避无可避的独寂和无处不在的同一。迦比尔说：众人皆我。有谁比他总结得精妙？众我和独我，外观与内省——倘能领会，便是离迦比尔又近一步了。

——库马尔·犍陀罗⑤

我即众人。

——迦比尔·莫汉蒂

---

① 印度中央邦德瓦斯县的一个城镇。
② 迦比尔·莫汉蒂（1398—1518），古印度诗人、圣者，被尊为北印地语的诗歌之父，共有两千多首诗歌和一千五百首对句传世，被人广为传唱，流传至今。
③ 祷告歌的一种。通过简短的抒情诗表达对神的爱。迦比尔为著名的拜赞歌诗人。
④ 印度历史上一地区名，位于今中央邦境内。
⑤ 印度古典音乐歌手（1924—1992）、音乐神童，以独特的唱腔闻名。库马尔·犍陀罗是其艺名，"犍陀罗"又译为"飞天"，是印度神话中以香气为食的音乐之神。

目 录

卷一 权 力

001　寻根志
　　020　说不的国家
　　031　两种货币

045　代权
　　046　印穆冲突（1992—1993）
　　075　大选（1998）
　　111　大佬

130　孟巴

150　仅次于苏格兰场
　　151　艾杰·拉尔：爆炸案与帮派战争
　　191　偶遇

209　黑领工人
　　215　穆赫辛：达乌德帮
　　232　萨蒂什：叛变者
　　262　沙基尔：流亡的教父

卷二 欢 娱

279　吃瓦达餐包的人

292　燥热之城
　　297　蒙娜丽莎跳舞
　　347　红灯区
　　353　两种人生：赫妮／曼努吉
　　372　除夕夜

380 酿造欢愉
　　387 维德胡·维诺德·乔普拉：《克什米尔任务》
　　415 马赫什·巴哈特：《我心悲痛》
　　425 打拼者和难近母
　　449 被告：桑杰·杜特
　　459 星梦与黑帮

卷三 旅　途

477 记忆的地雷
　　480 孔雀宫综合高中
　　493 满世界的孩子

497 金翅鸟
　　498 吉里什：都市异乡人
　　524 巴班吉：逃家的诗人
　　545 挤一挤

551 挥别尘世

589 独我与众我

595 后记

598 致谢

卷一

权　力

寻根志

　　光是孟买城的人，就快比整个澳洲的要多了。印度门①外的铭牌上题着"孟买——印度之最"，依我看，不妨改成"孟买——世界之最"。至少就人口而言，孟买名副其实。城市的生命力首先体现在人口，拥有一千四百万城市人口的孟买当"世界之最"无愧。②而孟买的今天便是全球都市化进程的明天。呜呼哀哉。

　　1977年，我离开孟买。二十一年后，我回到孟买。今非昔比。③二十一年，足够一个人出生、求学、到法定饮酒年龄、适婚、能考驾照、有投票权、可以参军、上阵杀敌。走过二十一年的我却不曾丢掉我的孟买口音，不论是在坎普尔④还是堪萨斯⑤，我说话像孟买人，身份是孟买人。别人问我："你是哪里人？"我回想我待过的那些地方：巴黎、伦敦、曼哈顿……我的思绪总是落回孟买。于是我说："我是孟买人。"埋藏在惨淡现状之下的孟买，兵荒马乱的那座城，是我魂牵梦萦的故乡。这颗秀美的海上明珠，寄托着一个文明古国对崛起的

---

① 孟买标志性建筑，酷肖凯旋门，位于孟买南端海岸边。
② 据2016年官方统计，孟买市人口达两千一百多万，人口密度居全球第一。
③ 孟买旧称Bombay，后在1995年正式改名为孟巴（Mumbai）。我国对其称呼不变。
④ 印度北方邦的城市。
⑤ 美国中部的一个州。

渴望。寻寻觅觅的我，二十一年后回到孟买，回到心之所向，只为追求一个朴素的答案：我还能不能够重新回家？

我是典型的城市动物。出生在走向衰颓的加尔各答[1]，随后搬到孟买，在那儿生活了九年。又搬到纽约，在皇后区的杰克逊高地住了八年。此后，我断断续续在巴黎住过一年，在曼哈顿东村住过五年，在伦敦总共住了差不多一年。唯一的例外是我在虽非乡野、胜似乡野的爱荷华[2]度过的那三年，以及在布伦瑞克[3]和新泽西的那两年——大学城的生活远离了都市的喧嚣，却是我重回喧嚣都市的铺垫。我的两个儿子出生在繁华的纽约，我住在哪座城市可随心所愿？我对城市的情结若用一句话概括，便是"生于斯，长于斯，眠于斯"。乡村是周末度假的好去处，但乡村令我无所适从。

我们家世代经商，逐利而居。为了帮衬兄弟的宝石生意，上世纪初的时候，我的爷爷就从古吉拉特邦[4]的郊区搬到了加尔各答，他那时还年轻。他这个兄弟——我们的伯公在三十年代背井离乡、远渡重洋到了日本，此举在当时的印度可谓离经叛道。因此伯公回乡时，不得不手捧头巾[5]向长辈负荆请罪。但是他的侄子——我的爸爸和他的兄弟却一路从老家搬到孟买，再跨海到安特卫普[6]和纽约，生财不断，迁徙不止。我的外公早年从古吉拉特邦移居肯尼亚，现住伦敦。我的妈妈出生在内罗毕[7]，在孟买上的大学，现住纽约。在我们家，易地而居无需深思熟虑。生意做到哪里，我们就搬到哪里。

---

[1] 印度西孟加拉邦首府。
[2] 美国路易斯安那州一城市。
[3] 德国下萨克森州东部一城市。
[4] 印度最西部的邦。
[5] 特本头巾，常见于印度教徒（多为锡克教徒）的头饰，不随意取下。除宗教因素外，也表明一个人的身份和社会地位。
[6] 比利时最重要的商业中心、港口城市、法兰德斯的首府。
[7] 东非国家肯尼亚的首都。

记得有一次,外公带我们回老宅做客。有着巨大木梁的老宅位于毛达哈——曾是古吉拉特邦的一个村,后来发展成一个镇。我们坐在老宅的庭院里,听外公为我们介绍现任房主萨拉夫一家。萨拉夫是从小地方来的钱庄老板,对他和他的家人而言,毛达哈就是大城市了。外公向萨拉夫介绍我的爸爸,说:"这是我女婿,住在尼日利亚[①]。"

"尼日利亚。"萨拉夫一边重复,一边点头。

"这是我外孙,纽约来的。"

"纽约。"萨拉夫又重复道,继续点头。

"这是我外孙媳妇,伦敦来的。"

"伦敦。"

"现在他们俩住在巴黎。"

"巴黎。"萨拉夫照例重复着。如果这时候外公说:"我住在月亮上。"萨拉夫大概也会面不改色地点头重复:"月亮。"这幅对牛弹琴的画面实在有些滑稽,但散居天南地北的我们一家能齐聚一堂,参观外公童年时的老宅,又何其有幸。亲情的纽带把分散各地的我们紧紧维系在一起,不管出走多远,归来仍同根同源。

我的爸爸离开加尔各答,是为那里的商业竞争所迫。他不喜欢当地珠宝的买卖方式,也包括过程中买卖双方必然的激烈交锋。在约定好的时间,一群宝石商人会和中间人一起赶到顾客那儿,开始讨价还价。顾客大声嚷嚷,唯独不说心理价位,而是用手攥住宝石商的兜提[②]一角,在布料遮挡下举起相应的手指数,暗示他想要的价格。"你疯了?我还要不要做生意?"宝石商不甘示弱,自然也要表现得极度不满。气愤地冲出门去不说,一路还要呼天抢地。但他一定会"不小心"把伞落下,以至于十分钟后"不得不"返回来取。这时顾客若肯

[①] 西非国家。
[②] 一种印度男性传统下衣,由布围成的宽松长裤。

退让一步，就很有可能做成买卖。中间人会适时添一句："来来来握手成交！"于是硝烟立扫，一屋子人喜气洋洋。正是这种浮夸的作派让爸爸决心离开加尔各答的宝石行业。他是个有教养的人，喜欢安静，看不惯演戏。

我爸的兄弟——我们的叔叔不顾爷爷的反对，在1966年的时候搬到了孟买。爷爷反对，是因为尚未看到加尔各答的没落，但叔叔是个心思活泛的年轻人，他已经看到了。叔叔开始在孟买做宝石生意。三年后，我的妹妹在阿麦达巴[①]出生，爸妈带我们经过孟买时，新婚不久的叔叔提议："留下来吧？"于是我们就留下了。总共四个大人、两个小孩（其中一个还是婴儿）住在其他房客不时逗留的一室户公寓里。我们两家共同生活，平摊费用，在逼仄的空间里创造各种可能。小小一座孟买岛如何容下一千四百万人？我们在马拉巴尔山[②]的一室户便是极好的缩影。

爸爸和叔叔的宝石生意渐渐做得风生水起，我们也从一室户搬到了两居室。从靠海的新公寓往下看，底下就是喀奇王公[③]卡内加迪三世的江河宫。一个拉贾斯坦邦[④]的实业家买下了荒废的宫殿和整块地皮，雇人砍去园木，清理出殿内的古董，把江河宫变作了一间小学，又沿宫殿外围兴建了三栋综合楼。呈L型分布的江河一楼和江河二楼足有二十层楼高，像是摊开竖立在天地间的巨大账簿。而旁边的江河三楼（我自小长大的地方）只有十二层楼高，在耀眼的双子星兄长面前愈发像个矮墩墩、傻愣愣的拖油瓶弟弟。

叔叔和爸爸每隔一阵就要到安特卫普或美国出差。临行美国前，

[①] 印度西北第一大城，以素食闻名。
[②] 孟买南部一住宅区。
[③] 喀奇为印度西部古吉拉特邦辖县。接受英国殖民统治的半傀儡君主被称为"王公"。
[④] 印度西部的一个邦，与巴基斯坦接壤。

爸爸问我想要什么礼物，我说要一件刮刮香①圆领衫——这等新名词是我从一本美国杂志上读到的。结果刮刮香没见着影子，等来的是一大包棉花糖。趁糖还没被婶婶收走，我赶快大把往嘴里塞，一边试图弄清这云朵一样的棉花糖到底是用什么做的。根据叔叔的说法，在多次前往美国后，爸爸某天对镜剃须时忽然萌生了一个念头：搬到美国去。做此决定，并非因为他贪图美国的自由或欣赏美国的生活方式，而是为了赚更多的钱。

每个人的生命中都会发生一件事，由此塑造或改变他的整个人生。对我来说，十四岁那年移民美国，正是如此。如今回头看，它不单变更了我此后的生活轨迹，也改写了我此前的人生经历。十四岁不是个移民的好年纪，你在自己的国家远未长大，遑论要马上搬去另一个完全陌生的地方。我从没去过美国，对它一无所知。不像我已经熟悉美国文化的表兄萨米尔，他十六岁走出肯尼迪国际机场②时，潇洒地戴着"大都会"③的棒球帽，美式英语说得有模有样的。反观我，从孟买飞往纽约的二十四小时，仿佛迫使我从童年一下飞到了成年，我褪去了稚嫩，披戴上老成，沿着冥冥中注定的道路，咬牙走进了混沌。此后发生的每一件事，小到我用餐的姿势，大到我做爱的方式、从事的职业、选择与之步入婚姻的那个人，都在跨过那个时间节点后变得截然不同。

我爷爷在加尔各答的老宅有间昏暗又闷热的后厢房，里头搁着厚厚一沓《读者文摘》④。每到暑假，我总喜欢蜷在那间幽闭的小屋，读

---

① 七十年代在美国流行起来的技术，广泛应用于贴纸。用手刮擦图案，其涂层会散发相应的气味，如：刮擦芒果图案，会散发芒果香味。
② 纽约市的主要机场，也是全世界最大的机场之一。
③ 一支在纽约的美国职业棒球大联盟球队。在1969和1986年分别赢得过两次世界大赛冠军。
④ 一本家庭月刊，1922年于美国创刊，是当前世界上最畅销的杂志之一。

文摘上活灵活现的探险纪实、斗智斗勇的间谍故事，以及笑话栏里全家喜闻乐见的童言童语、军队趣事。我是这样认识美国的，不难想象我当真到达美国后，所受的冲击是何等大。好在我还算幸运，尽管当时不曾意识到，但在美国那么多城市里，爸爸偏偏选择在纽约落脚。"美国纽约就是印度孟买嘛。"他是这样向家乡父老形容纽约的。

到美国后不久，我给故乡的小伙伴寄去了礼物。我邮购了垂涎已久的恶作剧道具——欢乐蜂鸣器、漂浮幽灵、气垫船，还有X光护目镜。几天后，一只棕色的纸箱寄到了家里，我端详着箱子，兴奋无比，摩拳擦掌。在漫画内页上打广告的时髦玩具，在孟买时可望而不可得的珍宝，终于触手可及了！我打开了纸箱。所谓的漂浮幽灵是一只用塑料棒撑起来的白色垃圾袋。X光护目镜呢，和你去看3D电影时发的那种眼镜一样，只不过在镜片上潦草地画了骷髅图案。气垫船的一头是个小小的马达，另一头连着红色的小风扇，打开开关倒确实能从地上略微浮起。欢乐蜂鸣器则是一枚金属环，把它攥在手心，和别人握手时按下按钮，金属环就会剧烈震动。我注视这一地劣质的玩具，觉得此情此景真是讽刺。即便是这样，我还是把玩具寄走了，另外附了一封信，告诉小伙伴们如何改进玩法。比方说，可以在漂浮幽灵的一头系上绳子，挂在阳台外面，让惨白的塑料布随风摆荡，或许能吓到走夜路的小孩子。

我预计这些玩具会受欢迎。不管质量如何，它们是"进口"商品，在孟买就成了宝贝。从前在孟买的时候，我们家的客厅里有个玻璃橱，里面展示着来自欧美的小玩意，都是叔叔出差带回来的战利品。有火柴盒小汽车、迷你洋酒、埃菲尔铁塔模型，和从伦敦买来扎成一束的长火柴：火柴梗是红色的，火柴头上覆着毛茸茸的黑色小帽子，刻画成伦敦塔守卫[①]的模样。这些战利品里也有小孩子的玩具，比如装电池的阿波罗十一号宇宙飞船模型、有蓝色旋转灯的小警车、可以

[①] 伦敦塔侍卫重要节庆时着红色镀金都铎国家礼服，戴黑色礼帽。

给她喂水然后替她换下湿尿布的洋娃娃。但这些玩具我们从来也摸不到,我们能做的只有趴在玻璃橱上,眼巴巴地探头朝里张望。

后来在纽约,我们家也有这么一个玻璃橱,里面摆放的却是我们从印度带来的纪念品:一对玩偶小人——老爷爷穿着传统兜提,老奶奶穿着棉质纱丽①、一尊大理石雕成的象头神②像、木质的哈奴曼③面具、亮着灯的泰姬陵模型、扭头翩翩起舞的婆罗多④舞者像,以及形似印度地图(连有争议的克什米尔⑤地区也包括在内)的铜钟。家里的小孩子是不许打开玻璃橱的,更不用说把易碎品拿出来把玩了。所以小小的孩童只能紧紧贴在玻璃上,隔着橱窗歆羡地注视那些传家宝一样的玩具,好像一只不得其门而入的黄蜂。

自从搬到纽约,我便对孟买撕心裂肺地想念。原以为离开孟买是逃离世界上最差劲的学校,我大错特错,纽约皇后区的天主教男校更加糟糕。我所在的杰克逊高地,彼时是个对外来有色人种几乎零容忍的地方,偏偏有色人种又潮水般涌来。我是学校罕有的深色皮肤的学生,我的肤色代表的是白人至上主义者竭力抵挡的东西。刚入学没多久,午间休息时,一个长着姜黄色卷发、满脸雀斑的白人男孩走到我的饭桌前,抬起鼻孔对我说:"林肯压根不该解放黑奴。"同学视我为黑奴,老师看我作异类,就连我自己也在毕业纪念册(我的单人照上方)题词:"体味太重,只好逃课。"这是当时一款止汗喷雾的广告语。我在纽约的学校就是这样看待我的:一个浑身膻味、散发咖喱恶臭的

---

① 一种印度女性传统服饰,围在长及足踝的衬裙上,从腰部直到脚跟呈筒状,下摆搭在肩上。
② 印度教中的智慧之神,外形为断去一边象牙的象头人身,长有四条手臂。
③ 印度史诗《罗摩衍那》中的神猴,拥有四张脸和八只手。
④ 最具代表的印度古典舞。演员配合乐器声,用颈、嘴、眼、手等变化表现各种思想感情。
⑤ 指由印度控制的查谟-克什米尔邦和由巴基斯坦控制的自由克什米尔地区。

异教徒。我在毕业那天走出竖着铁丝网的校门,把嘴唇贴在人行道上,为我熬过这三年、涅槃重生而亲吻脚下的地面。①

  住在杰克逊高地的那几年,我和我最好的朋友阿希什(十五岁从孟买移居纽约的印度男孩)用我们的方式留下故乡的温情。我们最大的乐趣就是到伊购看印度电影。伊购的前身叫伊尔,一字之差,放映的内容却大相径庭。作为色情影院的伊尔曾满屏露骨的性爱镜头,如今的伊购播放的则是蓝皮肤奎师那②的神话故事。莫说乳沟,就连接吻的镜头也欠奉。奎师那净化了曾经淫靡的影院风气,但我每次在放映厅坐下前,都要仔细检查座椅上有无可疑的污迹。

  伊购放映的印度电影里,偶有我从前的居所——江河三楼一晃而过。除了看印地语电影,我和阿希什当然也说印地语。想在地铁上议论某人,或当着老师的面讲他们坏话,或猜酒拳,或爆粗口,我们都用家乡话。它是我们搞破坏的道具,开玩笑时的助推器,两个印度男孩间的联络暗号。我和阿希什还有他的同乡兼邻居米苏,我们三人会在杰克逊高地游荡,唱响七十年代印度电影的主题曲。年少时从家乡远走,如今用家乡话歌唱,成了我们唯一负担得起的回乡机票。春天的夜晚,褪去了冬日凛冽的和风带来思乡愁绪,仿佛一抹来自过去的幽灵。这时候的春天,在孟买叫作"鬼天"。会有警车在街边停下,巡警走下车来。"你们在干什么?"他狐疑地问。"没什么啊。"我们答。不过是三个年轻的印度男孩在夜幕下的纽约街头歌唱。"没事瞎晃,想尝尝拘留的滋味吗?"哈!在鬼天做街上的孤魂野鬼,自然要被拘留的。我们低眉顺眼地说这就回家,等警车开走便继续歌唱,直到在袅袅乡音里,杰克逊高地的钢筋水泥都仿佛消失不见了,放眼望去尽是故乡熟悉的温柔。

---

① 印度人亲吻土地,是一种自发的、非制度化的仪式,以示尊敬、热爱和臣服。
② 又称黑天,最早出现于印度史诗《摩诃婆罗多》中,皮肤为黑色或蓝色,是印度教最重要的神祇之一。

那是我人生中一段真正的流放。我挣脱不了既定的轨迹，我回不了家。这和怀旧不同，怀旧只是单纯拒绝始终朝前看。早春的时候，我开始在笔记本的背面画日历，因为爸爸告诉我，高二暑假我能回孟买过。每过去一天我就在日历上画一个叉，像个算着还有几天刑满释放的犯人一样，数算距离我回孟买的期限。只要夜幕降临我便满心欢喜，因为那意味着我困在美国的日子又少了一天，离飞向自由的日子又近了一点。暑假前一周，爸爸改口了："明年暑假吧，等你毕业再回孟买不迟。"我茫然四顾，不知所以。

我人在纽约，心系印度。我只得搭上记忆的火车，一路开回我的故乡。黄昏时的田野，倦鸟归巢。我把车停在路边，重新注意到那些微小的细节：盘根错节的菩提树，蚂蚁在树根匆忙地搬家。我下车，到附近的灌木丛小解。我抬起头来，见天幕低垂，空气湿暖，此心安处是吾乡。附近没有人烟，地里没有，远处的茅屋那边也没有。我知道婶婶做好了饭，在家里等着我呢。但我不想这么快进城，我就想留在这儿。我想独自穿过田野，走进农民家的茅屋，向他讨一碗水喝，顺便问他：我能否在村里多住几天？两只苍蝇嗡嗡地飞来，在我的头顶绕啊绕，我又要解手，又想把苍蝇赶走，一不小心尿湿了鞋。"他妈的。"我淡淡啐道。

我多想念用家乡话说"他妈的"，多想念有人能听懂它。它甚至都不是粗话，只是一种强调，和"可恶"或者"该死"差不多。我还知道听印度人念这个词，可以猜出他是哪里人。比方说，用旁遮普[①]话念"他妈的"，重音落在"他"字上，用古吉拉特话念，重音就落在"妈"字上；孟买话里的"他"，听上去更像"踢"，而博帕尔[②]话习惯拖长音，会把"他妈的"念成"塌妈嗒"。帕西人[③]不论老幼妇孺，说

[①] 位于印度西北部，旁遮普意为"五条河"。
[②] 印度中央邦首府。
[③] 不愿改信伊斯兰教而移居印度西海岸古吉拉特邦的波斯移民，主要从事工商业，操古吉拉特语。

"他妈的"像吃饭喝水一样平常。这句话于他们,就是一种语气词。"哎,给我倒杯他妈的水来。""啊呦!我他妈的今天去了趟银行。"还小的时候,我总特别留意不在生日①那天说"他妈的",我在寺庙和信奉耆那教②的孩子一起庄严宣誓:不说那个"他"字开头的词。

我在纽约度过的第一个冬天,穿的是爸妈从孟买带来的泡沫救生衣式的外套。这衣服不保暖,还一个劲往外散热。步行去学校的两公里路,忽然显得格外漫长。冰刀似的冷风刮在脸上、钻进身体的时刻,我发觉憋足了劲大喊"他妈的"是能聚集热量、抵御严寒的良方。我缩着头,顶着风雪走,一路走一路吼:"他妈的!他妈的!他——妈——的——"从家到学校,要经过十分安静的住宅区。多年前寒冷的冬日早晨,那里早起的老人家(不论是爱尔兰人、意大利人还是波兰人)大约都反复听过这个词,也或许看到一个棕色皮肤、衣着单薄的男孩子一边匆匆赶路,一边用印度话大声骂娘。

十七岁那年,在阔别故乡三年以后,我终于回到孟买小住了一阵。三年的时间,孟买这座城和城里我的朋友,已然变得如此陌生。他们抽烟,而我不。他们酗酒,我也不。我带回孟买的"皇家芝华士"让我的童年玩伴尼丁喝出了新花样。酒液快见底的时候,尼丁用手搓暖瓶底的玻璃,然后往里面扔了一根烧着的火柴,顿时就有漂亮的蓝色火焰熊熊燃起。尼丁有本事一口气喝干整瓶酒,也懂如何拿空酒瓶继续取乐。

我们昔日的住所江河三楼——楼前海边的礁石上搭起了成片的棚户区。我的朋友们早早放弃了在那里溜达,改而去附近的游戏机房寻找新的刺激。能从江河三楼俯瞰的江河宫又往上加盖了一层,变作了

---

① 印度人认为生日是向神感恩的日子,会参加宗教仪式,由寺庙的法师给予祝福并净化身体。
② 印度的古老宗教之一,有其独立的信仰哲学,甘地就深受耆那教的影响。

一间女子学校。这种种改变皆令我厌恶。我要我童年的房间维持原貌,墙上挂的画在原来的地方,墙角的床摆在原来的地方,阳光在每天的同一时间、从同一角度照进窗口。我深觉我的房间好似租给了现在的自己,而过去的我已永难返还。我不再是孟买人,从今往后,我在孟买的身份是海外印侨。即便住在此地,整座城市也已面目全非。故乡仿若他乡。孟买于我,好似北极冰原或撒哈拉沙漠,咫尺天涯。

家人曾试图劝说我从事宝石生意。我一早起来,跟着叔叔去办公室,可惜我这志不在此的徒弟永远出不了师。我对钻石分类兴致全无,自然免不了犯错。叔叔的生意伙伴叫我"蠢货",说我"跟卡特总统一个样"[①]——那是 1980 年,多事之秋。我没有继承家族生意,但屡次飞回印度,一次比一次待得更久,最长的一次待了超过半年,那已经不叫旅行,更像是采风——我到印度,埋头写关于它的文章,再回美国找出版商拿钱。一开始,我每四年回去一次,然后缩短到每两年,再缩短到每年。近来为了搜集写作素材,我至少一年要回两次印度。我的朋友于是开导另一个离开美国水土不服的印度同胞,他指着我说:"你看看人家苏科图,印度美国来回飞,像上下班一样勤快哩。"

我回孟买的另一个缘由是为了成婚。我太太苏妮塔在金奈[②]出生,于伦敦长大,而我们相遇在印航的飞机上。我回孟买,苏妮塔回金奈——途中万里流浪,既不属祖国,也未在他乡,只得且顾眼下——多么完美的流放者的隐喻。我同苏妮塔谈起从故土连根拔起的生活,谈起哪里才是家乡,我在那一刻便知道,眼前的女孩是知

[①] 吉米·卡特,美国第三十九任总统。在任期内因未能控制高通货膨胀率和高失业率而受到诟病。1980 年,伊朗霍梅尼政权绑架美国大使馆人质,卡特派遣部队救援但失败,人质危机经 444 天,直至他卸任当天才解决。
[②] 原名"马德拉斯",是印度东南部的大型城市,紧邻孟加拉湾,由英国殖民者于十七世纪所建。

音人。

  我的妈妈在五十年代由内罗毕回到孟买，就读于索菲亚女子学院。爸爸会从加尔各答乘三天火车，只为见心上人一面。他会到她座落在海滨大道①的学生宿舍接她。沉浸在热恋中的追求者和他年轻的未婚妻——我的爸爸和妈妈，他们会沿海边的林荫道一路漫步到纳里曼区②，再掉头往回走，直到焦伯蒂海滩③。他们会吃那里的招牌普里饼④，又或者朝北去往纳兹咖啡厅，喝一杯甜蜜蜜的奶昔。有时，他们也会走进贾汉吉尔艺术画廊⑤，接受高雅文化的熏陶。而三十年后，我发觉自己下意识地沿着爸爸当年的约会路线，追求另一个自小在国外长大的印度女孩。我们同样沿着海湾散步，同样到贾汉吉尔欣赏美术作品。孟买是我的家人觅得良缘的福地。除了爸妈，才从加尔各答抵达孟买的叔叔在游乐场的人群中对婶婶一见钟情。我们从遥远的世界各地回到孟买，内罗毕也好，加尔各答也好，纽约也好……然后在这里找到毕生挚爱。

  和苏妮塔第一次约会的隔天，我的表弟要去坎普尔，我开车送他到维多利亚终点站⑥。其时，一辆戈勒克布尔⑦特快正驶进站台，返乡心切的打工者瞬间蜂拥而上。维持秩序的铁路警却在这时抽出警棍，击打人群，直到把他们逼退。一时间喊声震天，场面无比混乱。我在站台的这一边看着眼前的一幕幕，感到绝望漫上心头。我想到苏妮

---

① 孟买南区一条三公里长的林荫道，是中心城区的主干道。夜间灯火辉煌时，从高处观看大道沿线的五彩路灯，犹如一颗颗璀璨的宝石，所以海滨大道又被称为"女王的项链"。
② 连通海滨大道的中央商务区。
③ 位于海滨大道北端，是夜间散步的好去处。
④ 色泽金黄的全麦炸饼，遇油膨胀，蘸取白鹰嘴豆泥酱一同食用。
⑤ 贾汉吉尔意为"世界之王"，是孟买最知名的当代艺术空间。
⑥ 现名贾特拉帕蒂·希瓦吉终点站。位于孟买市内，是印度最古老和繁忙的火车站之一。2004年7月被联合国教科文组织列为世界遗产。
⑦ 印度北方邦城市，位于该国东北部，毗邻与尼泊尔接壤的边境。

塔——那个我刚认识的女孩,她的美丽和她的英式优雅。想到她给了我在面目模糊的人群中站稳的力量,她是我挨打而不愿逆来顺受的理由。我在那一刻确定,我爱上了苏妮塔。和她在一起,和像她那样美好的女孩在一起,让我知道自己还是个活生生的、有尊严的人。

第二天,我带苏妮塔去约胡海滩①。海水冲刷过她的脚背,让她灵巧的脚步变缓了。我轻轻环住她,让她依在我的身边、靠到我的肩上。我们第三次约会是在桑佳姆酒店俯瞰阿拉伯海的酒吧。借酒壮胆,我向我梦中的女孩求婚。她笑着答应了。我后来得知,爸爸带着妈妈,叔叔带着婶婶,也都去过桑佳姆的酒吧。

我的大儿子乔达摩在纽约的街心花园玩耍时,总显得羞怯和迟疑。他会远远地看着其他孩子,晃着身子朝他们笑。即便其他孩子回应他的笑容,并且走过来邀他一起玩,他也会马上跑开,跑到我身边,继续远远观望。在这么小的时候,乔达摩就意识到:他和别的孩子不一样。

第一次带乔达摩到位于十四街②岔路口的幼托所时,我发觉除了我的儿子,所有两岁的孩子都会说英语。我们在家只教过他说古吉拉特话。当老师用英语告诉孩子们轮流举起手来,教他们唱英语儿歌的时候,乔达摩一个字也听不懂。我坐在他身边,感到一阵心酸。我们楼里的孩子管乔达摩叫"小哑巴"。他带着期许抬头看他们,但他们从来不带他玩。乔达摩坐在楼下的小花园,舀着小碗里的鸡蛋葱豆饭(英国人管这叫鱼蛋青豆饭③)往嘴里送,对门的小女孩看见,会发出作呕的声音,并朝他做鬼脸。殖民主义的烙痕竟深到这样一个地步,就是在印度脱离大英帝国五十年后的今天,会说印度话的乔达摩仍然

---

① 孟买西郊的海滩,景色宜人。
② 纽约市曼哈顿一条东西向横贯道路,是重要商业区。
③ 据传为英国殖民者从印度学到的菜式。

被看作哑巴，他吃的印度饭被视为泔脚料——就好像我们的语言不是语言，我们的食物也不是食物一样。

后来，我的小儿子阿卡什出生了。我们越发觉得要带孩子们回到故乡。我们的孩子有权住在自己的国家，那里每个人的肤色都和他们的相仿。我们若是去小镇的餐馆吃饭，不会有食客齐刷刷地对我们行注目礼。在印度，他们能获取应得的自信，他们会感到自己是独特的个体，同时也为手足同胞所欣然接纳。花钱是买不到回乡的。不因为你吃了某道家乡菜，不因为你看了某部家乡电影，你就回到故乡了。回乡，是真真正正住在家乡。迟早有一天，我们要考虑搬回去。但是，回哪个家乡呢？是我的孟买，还是苏妮塔的金奈，抑或风景优美、物价低廉的北印度？1996 年的时候，我为了写印穆冲突的报道回孟买待了两个月。这是我在定居美国后第一次回家待这么久，并且充分感受到家乡的美好。如果我们回孟买，苏妮塔可以继续深造（念硕士）。而我，我想找到那个属于我的孟买。它在我的笔下，它在我的心中，和别人的孟买都不一样。

离开纽约前，我走进常在午后光顾的杂志店。我从没有和收银员攀谈过。我拿起一本杂志，走到收银台，这才发觉忘了带钱包。我把杂志放下，告诉收银员我去去就回。"下次再付好了。"他说，一边招手把我叫回来，"没事，我认得你。"

我走出商店，满心欢喜。在过去的五年里，曼哈顿东村就是我的家。而我们称之为家的地方，拐角的便利店会放心让你赊账。纽约在市长朱利安尼[①]的治理下气象一新。这里是安全的，凌晨四点从酒吧出来，街上仍有三三两两的情侣相拥而吻。整座城市运行良好，垃圾

---

① 美国律师、检察官、共和党人，在 1994 至 2001 年间担任纽约市市长，任内致力于降低犯罪率并改善城市生活品质。在"911"事件期间，以突出的坐镇领导力闻名全球。

有人定时收，积雪有人及时铲，开车畅通无阻，地铁班次频繁，车厢冷气十足，每个人都喜气洋洋。

但每当我们熟悉了一个地方之时，就是该离开它的时候了。每当我们了解了新的朋友，就是该去往别处、结交陌生人的时候。我们即将动身前往印度，不是去旅游，也不是去探亲。除了在孟买的叔叔和在坎普尔以及阿麦达巴的姑妈，我在印度已无亲可探。几乎所有人都搬走了，不是去了美国就是英国。印度对我而言是新大陆，而孟买是我们的登陆点。

从象岛①折返，遥望泰姬陵酒店②婚礼蛋糕式的奢华外墙和与之辉映的摩天塔楼，以及它们对面标志性的印度门时，我好似初次抵达印度的欧洲探险者，心跳加速。若干个世纪以前，在海上航行了数月的探险者绕过好望角，经历了暴风雨、触礁、各样艰险和疾病的考验，终于在如今矗立着的印度门后看到了广袤的印度大地。这里是珍禽异兽的故乡，不乏智者和修士，也常有洪水和饥荒。探险者们的船在孟买港匆匆停下，他们匆忙地洗澡，在陆地上沉沉睡一觉，第二天清早火车就要出发，开往真正的印度——属于乡村的印度。若干个世纪以前，没有人会在孟买永远停留。孟买只是中转站，过客经此，从天堂去往深渊。

公元前一世纪，托勒密六世③称孟买为七岛城。十五世纪时，葡萄牙人来了，他们用葡萄牙语为孟买命名，叫它作好湾岛，因为这里林木秀美、地产丰富、遍是野味。好湾岛，音译过来正是孟买。也有

---

① 孟买港区内的一座小岛，十七世纪葡萄牙人在该岛登陆时，发现一只石雕的大象，因此得名。
② 印度门对面的一家五星级豪华酒店。建筑融合了印度、伊斯兰和欧式风格，宏伟庄严，包含宫殿式（旧楼）与高塔式（新楼）建筑各一座。
③ 托勒密六世（约前186—145年），古埃及托勒密王朝国王（前181—145年在位）。

人说，孟买之称源于奴隶王朝的穆巴拉克沙国王[1]。他是虔诚的穆斯林，在统治期间大肆拆毁印度神庙，死后堕为了恶鬼罗刹[2]。穆巴音译过来，便是孟买。孟买还有许多化名，其来源众说纷纭。有着诸样别称的孟买，同时孕育了诸样的流氓地痞、青楼妓女。历朝历代的统治者——信奉印度教的当地渔民，信奉伊斯兰教的苏丹、葡萄牙人、英国人、波斯后裔帕西人、古吉拉特商人、信德人[3]、马瓦里人[4]、旁遮普人，以及原住民马拉提人[5]——尽皆熙来攘往，在这最初的七岛城留下各色印记。

俯瞰孟买，其地形仿若一柄汤勺。你若把拇指和食指张开，比成一个三十度角，便是孟买岛的形状。从空中看，孟买是座美丽的城。它被大海环抱，海面金光粼粼，沿岸棕榈葱郁。孟买有港口，有秀丽的海湾、潺潺的溪涧、奔腾的河流和层峦叠嶂的山岗。从空中看，孟买充满了无限可能。然而回到地面，一切就大不相同了。乔达摩很快留意到了这一点。我们的车从班德拉火车站开出，沿主干道而行，他指给我看说："爸爸，一边是高楼，一边是矮房。"乔达摩说得不错。给人以视觉冲击的，正是孟买城中村的奇景——大都会与贫民窟两相并存的震撼。而紧随其后的是对初来之人听觉、嗅觉、触觉、味觉的冲击：窗外飘来永不止歇的喇叭轰鸣；晾在路边竹篾里的九肚鱼的腥臭；摩肩接踵的街上，一具具汗津津的棕色身体擦过皮肤时的粘腻；以及还在倒时差的第一个清晨，在嘴里化开的瓦达包[6]的滚烫蘸酱。

---

[1] 印度德里苏丹国（原阿富汗古尔王朝）于1175年后占领和征服印度河平原，首任苏丹穆巴拉克沙（史称库特布-乌德-丁·艾巴克）在1206年于德里自立为王，创建奴隶王朝，开启了穆斯林对印度长达五个多世纪的统治。
[2] 印度传说中吃人的妖魔。
[3] 巴基斯坦四大民族之一，原是印度帝国信德省的一个民族。
[4] 意为"被释放的奴隶"，指非阿拉伯裔的穆斯林，如叙利亚人、伊朗人、突厥人、库尔德人等。
[5] 马拉提人建立的马哈拉施特拉邦位于印度中部，西邻阿拉伯海，是世界人口第二多的一级行政区。该邦首府为孟买。
[6] 一种夹着油炸薯饼、鹰嘴豆泥和各式果酱的餐包。

孟买自建城以来便有独一无二的城市文化。它是贸易之城,为贸易而设,是印度面向世界的门户。达官贵人、贩夫走卒,若为贸易,皆可往来。东印度公司①的总督杰拉德•昂吉尔(1672—1675在职)给了这座城市新的可能。独立于葡萄牙管控之外的孟买作为自由港口,不论是社会制度还是意识形态都全面繁荣了起来。当美国爆发内战,不再向英国出口棉花②时,孟买立即顶上了缺口,仅五年时间③就比往常多获利八千一百万美元。在苏伊士运河于1869年开通后,从孟买港开往大英帝国的航程较之原先缩减了一半。孟买作为真正意义上的印度门,迅速取代加尔各答,成为英属印度最为富裕的城邦。源源不断的商人从内陆和世界各地涌来:葡萄牙人、蒙古人、英国人、古吉拉特人、帕西人、马拉提人、信德人、旁遮普人、比哈尔人④……以及美国人。

　　在孟买发展局颁布的区域地图上,孟买市以东标注的不是"孟买西海岸",而是"印度西海岸"。这或许是制图者的无心之失,但这小小的错误不容忽视,且意味深长。直到十九世纪末,孟买才被视为印度的一部分。而至今仍不乏期待孟买独立的声音:"如果孟买像新加坡⑤那样该多好呀!"在这些人看来,如果孟买独立,便能甩掉印度大地的沉重包袱,像是多年隐忍、服侍久病姑妈的小夫妻忽然得知姑妈过世那样松一口气。要把歌舞升平的海滨都会和贫弱交加的内陆腹地联结起来,唯有通过灾难和悲剧。1992年的印穆冲突以及1993年的连环爆炸是孟买的灾难。2001年的"911"恐袭是纽约的悲剧。自此,沦为废墟的不单是巴布里清真寺和世贸大楼,也包括一直以来都

---

① 创立于1600年,全名为"伦敦商人在东印度贸易公司",获英国皇家赐予的对东印度十五年贸易专利特许。公司董事会由一名总督和二十四名董事组成。
② 英国的纺织业曾是其财政收入的主要来源,也是触发工业革命的重要因素。
③ 即1861—1865年的美国内战(又称南北战争)时期。
④ 印度东北的一个邦,是佛教的起源地。
⑤ 新加坡是城邦岛国,它不只是一座城市,同时也是一个国家。

市人的傲慢与偏见：孟买不能对印度大陆视而不见。纽约不能对外面的世界视而不见。而在灾难和悲剧发生以前，我们都曾以为它们远在天边、事不关己。

印度门是一座由黄色玄武岩砌成的巨大拱门，上有四座炮塔。它建于1927年，原为纪念十六年前英王乔治五世的到访，不料却见证了大英帝国永久的退场。1947年，英属印度宣告独立，结束了两百年殖民统治的英国驻印部队正是愀然走过这道印度门，登上了返航的船只。孟买也是我们家的分水岭，我们从加尔各答搬来此地，又从这里奔赴美国。在孟买的门槛上，我们一停十年。我们也曾在拱门下休憩，等待开往纽约的客船驶入港湾。城市便是一道道拱门，通往金钱，通往权力，通往梦想或者野心。一个比哈尔人或许有一天会移民美国，但他首先要在孟买接受检验。孟买是中间站，是从东方过渡到西方的新兵训练营。

大孟买城的人口目前有1400万，超过全世界137个国家的人口数。如果把孟买算作国家，它在2004年的人口居全球第五十四位。一座城就像一个国，国家有国家文化，城市有城市气质。和德里①人、纽约人或巴黎人一样，孟买人也有与众不同之处。女性走路的姿势、年轻人喜爱的夜间消遣、人们对欢笑和恐怖的定义，都与别处不同。但巨型城市的涌现确是亚洲独有的现象。世界最大的十五座城市，十一座在亚洲。为何亚洲人偏爱住在城里？也或许，我们就喜欢人多热闹吧。

印度并未人口过剩。比起我们通常觉得人口不多的国家，印度的人口密度其实更低。1999年公布的数据表明，比利时的人口密度在130人每平方英里，荷兰是150人，而印度不到120人。印度的爆炸式人口只集中在城市而已。新加坡的人口密度为2535人每平方

---

① 印度首都，仅次于孟买的第二大城市，位于西北部，是全国政治、经济和文化中心，分新、旧两个城区。

英里。欧洲最拥挤的城市——柏林的人口密度是 1130 人每平方英里。而 1990 年的孟买城已达 17550 人每平方英里的密度,甚至在其中心城区的某些地方,这一数值高达 1000000 人每平方英里。这个数字创下了世界之最,同时意味着孟买的人口分布极为不均。2/3 的城市人口把 5% 的城市面积挤得水泄不通,而剩下 95% 的土地则为少数特权阶层所拥有。

五十年前,我们的生产力在农村。那时的乡村贡献了 71% 的国内生产净值。而今天,我们的生产力在城市,几座城就能轻松拿下六成的国内生产总值。孟买上缴的国家税收占全国的 38%。与之形成鲜明对比的,是除孟买以外农村地区的赤贫。也正是农村人口的不断流失——心怀抱负的壮劳力削尖了脑袋进城打工,哪怕在孟买睡大街也要离开老家——导致孟买人口爆炸。假如能从根本上解决农村的贫困问题,就能顺带解决城市人口过剩的忧患。

"孟买是只金翅鸟[①]啊。"对于为何选择来到孟买,为何不断有人选择来到孟买,一个住在贫民窟、家中没有自来水、无法解决如厕问题的人这样告诉我道。在这座城市,有百分之四十的人和他一样,至今喝不到安全的饮用水。同样在这座城市,在欧贝罗伊酒店[②]俯瞰海湾美景的酒吧点一瓶唐培里侬香槟王[③]的花费,几乎相当于一个普通孟买人年收入的两倍。那为什么还要选择来到孟买呢?另外一个人回答:"在孟买饿不死啊。"在印度的其他地方,路有饿殍的景象仍然存在。孟买却有几百家瘦身诊所。其中一家诊所的负责人兼营养师告诉我说:孟买的模特为了保持体形,宁愿得厌食症也不好好吃东西。这就是孟买领先全国的表现了。营养师补充说:"在其他地方的老百姓吃不上饱饭的时候,孟买人却成天想着如何减肥。"

---

① 古代印度主要出口黄金,使用金条贸易,因此获得了"金翅鸟"的美誉。
② 印度孟买一家五星级酒店。
③ 法国的香槟品牌,创建于 1668 年,目前隶属于酩悦·轩尼诗 - 路易·威登集团旗下。

孟买诚然是印度最大、最繁华、最富庶的城市。奎师那在《薄伽梵歌》[①]里表明自己至尊神身份的描述，用来形容孟买再贴切不过：

> 我是吞没一切之死。也是无中生有之法……我是邪恶者的伎俩，聪明人的智慧。我是灿烂，是辉煌，是万丈光芒。

这就是孟买——极大之城。

说不的国家

"能帮我开通一下液化气吗？"
"不行。"
"我能装个电话吗？"
"不行。"
"我家孩子能在你们这里入学吗？"
"我觉得没戏。"
"从美国寄来的包裹到了没有？"
"我怎么知道。"
"能帮忙查一下吗？"
"不行。"
"订张火车票可以吗？"
"不行。"

印度是个说不的国家。这一个个"不行"是对你的考验。它们就是印度的万里长城，把外来入侵者统统拒之门外。而你绝不能气馁，要愈挫愈勇、斗志昂扬地冲向它、征服它。在我们的传统文化里，常有这样的故事：某后生欲拜世外高人为师，一次又一次吃了闭门羹。他依旧不走。高人也不说"你可以留下"，也不说不能。他把后生晾

[①] 意为"奎师那的赞歌"，成书于公元前五世纪到二世纪，是印度教的重要经典之一。

在一边。再过一阵，高人总算开口说话了，交给后生一系列不可能完成的任务，目的还是要赶他走。只有竭力忍耐，熬过所有冷遇、困厄和拒绝，高人方才认定这样的后生乃可塑之才，终将毕生绝学传授予他。各地游客来到印度，就像初访高人的后生，绝无可能感觉宾至如归。只有克服万难、同印度死磕到底，它方才渐渐向你袒露它的可爱。在这个说不的国家，"不行"或许永远是"不行"，但至少你会慢慢懂得，不再徒劳无益地提问，比如——

"能便宜点把公寓租给我吗？"
"不行。"

我从纽约回到孟买的时候，完全是个穷光蛋。在我自小长大的街区租一间像样的两居室公寓，市场价是每月三千美金，另付两万押金，在租约到期后免息以卢比[①]退还。这还是房市遇冷、租金缩水四成以后的价格。我的中介给某个房屋代理人打电话，我只听他说："他们是美国人，有美国签证、美国护照！你还要什么？他老婆拿的是英国签证……什么？对，他是印侨。"然后他转过身来，抱歉地对我摇头："房东说房子只租给外国人。"另一个中介后来对我解释道："印度人不想把房子租给印度人。如果你是纯种白人，那就不一样了。"至少这说明了一点——我的美国护照在家乡同胞眼里，基本形同废纸。管你是不是印侨，在自己国家，我还是低白人一等。我在瓦拉纳西[②]做背包客的时候，也曾因为相似的理由被旅馆拒收：你是印度人啊？他们说，谁晓得你会不会强奸白人女性。

命运真是奇妙。我看房之前，我的叔叔信誓旦旦地对我说："我向你保证，什么地方也别看了，你还是会住回江河楼。"我第一次在

---

① 印度法定货币。
② 旧称贝拿勒斯，印度北方邦城市，位于恒河河畔。

那儿匆匆看过房以后,并不满意。第二次去看,仍然不喜欢。但我又想,我在孟买还能住到哪儿去呢?这是天注定的。我从小在江河三楼长大,我的爷爷后来住过江河一楼,而我现在要搬去的公寓在江河二楼。命运已经替我写好了江河三部曲。从前和现在、前世与今生,有些时候,谁又能分得清。这里究竟是哪里,是我小时候挨揍、受欺负的地方,是我在侯丽节[1]遇见初恋的地方,是建造金字塔的工人埋下宝藏的地方,是纳芙蒂蒂[2]的神秘马车始终停靠的地方……或许有一天,我会在这里遇见来世的自己,不再有此生的记忆,看着他来来又去去。而我已然安葬的身体会重新活过来,蹲伏着,自后面一跃而上,把我拍醒。

我叔叔的会计曾是我们在江河三楼时的邻居。他告诉我说江河二楼是个"国际化"的地方。在尼皮恩航海路[3]一带,"国际化"的意思是说:一栋楼里的住户基本不是古吉拉特人。而对古吉拉特人而言,这种地域歧视自然不是什么好话。这些"国际化"的住户或许是信德人、旁遮普人、孟加拉[4]人、天主教徒……他们杀生吃肉,结婚离婚,总之不会是古吉拉特人或者马瓦里人。从小我就对那些"国际化"的家庭着迷得很。我觉得他们家的女儿都更好看,是我高攀不上的。而我身边的古吉拉特同胞正符合尼赫鲁[5]的描述,是"小骨架"的生意人。古吉拉特人的家无比平和,古吉拉特人清心寡欲。他们是浊世里的一股清流,坚决吃素,从不动粗,温文随和。在古吉拉特人中间,对"你好吗?"的标准回复是"心情好极了",不管是刚发生了地震,还

---

[1] 又称洒红节,是印度的重要节日,也是传统新年。这一天,民众会互掷彩色粉末和水,以庆祝春天的到来。
[2] 第十八王朝埃及法老阿肯纳顿的王后(前1370—1330年)。传说她拥有绝世美貌,也是古埃及最有权力的女性。古埃及壁画上有她与夫君驾马车竞赛的情景。有著名的纳芙蒂蒂胸像传世。
[3] 孟买南部马拉巴尔山附近的高档街区。
[4] 与印度接壤,伊斯兰教为该国国教。
[5] 贾瓦哈拉尔·尼赫鲁(1889—1964),印度独立后第一任总理。

是才经历了破产。

我们约好和房东见面，我的叔叔陪我同去。房东也是个古吉拉特宝石商，原籍帕拉恩普尔①，信奉耆那教，是严格的素食主义者。他问叔叔我们一家是否也吃素。叔叔回答说："哎呦，他老婆可是婆罗门②，吃素更起劲哩！"就因为叔叔的一句话，我们签下了租赁合同，而且拿到了素食者才能享受的八折优惠。但从叔叔的话里，还是能隐约听出他对婆罗门的不屑。在叔叔看来，婆罗门是教书匠，不会做生意，也不懂变通。可是最初，我们也属婆罗门。不管我们的讷格尔③祖先把种姓从婆罗门改为吠舍的理由是什么，我们都是得利者。更改种姓，适者生存。在敬神的古时，我们姓婆罗门。在拜金的当代，我们改姓吠舍。资本主义至上的孟买和懂得投机取巧的讷格尔-吠舍家，着实是黄金拍档。

对如何选择住房，我的爸爸有一条标准：不拉窗帘就能更衣的房子，可以住。这条简单的标准若执行起来，至少保证了两件事：个人隐私，以及充足的光照和空气流通。我却恰好忘记了爸爸的忠告，把公寓租在了二层楼。我们的江河二楼夹在一楼和三楼之间，因此不论做饭、就餐、工作、休憩……对面楼上楼下的住户走到大楼外也好，在自家阳台也罢，都能清楚看到我们的一举一动。江河二楼有二十层，每层十户人家，每户人家平均六口人、带三个佣人，再加上楼里配备的工作人员（门卫、维修工、清洁工等），一栋楼就住了两千人。与我们联体的江河一楼同样有两千人，我们后头的江河三楼也住了两千人；底下为三幢大楼包围的江河宫学校，师生和后勤共计两千人——这几英亩土地上足足住了八千人，已达一个小镇的人口。

---

① 古吉拉特邦巴纳斯坎塔县的一个城镇。
② 印度的种姓制度将人分为五等，由高至低依次为：婆罗门（法师、学者）、刹帝利（战士、贵族）、吠舍（农民、商人、手艺人）、首陀罗（劳务者）、达利特（贱民）。
③ 是古代贾特人的分支，并不恪守婆罗门教的清规戒律。他们在巴基斯坦是穆斯林，在印度多是印度教徒。

江河二楼的设计师要么是个虐待狂，要么热衷恶作剧，要么干脆就是个蠢材。我们厨房的小窗只够冰箱散热，或者更确切地说，只为冰箱加热——没有窗帘的遮挡，热辣辣的阳光直接打在已经滚烫的冰箱上。厨房的其他地方却照不到太阳，黑黢黢一片。我如果开吊扇，会吹熄安装在正下方的煤气灶。我们唯一能通风的方式是打开客厅边上书房里的窗户。但是海风带来的除了丝丝清凉，还有厚厚一层黑色的沙尘，以及让人大开眼界的各色垃圾。我们曾在卧室地板上发觉残留糖浆和奶油的甜筒冰激凌外壳、牛奶包装袋、沾满槟榔汁的塑料锅盖，甚至用完丢弃的婴儿纸尿裤。在我幼时，窗外穿梭往来的尚且是一只只鹦鹉，而现在开窗所见，净是纷飞如雨的塑料袋。因为楼层低，每天傍晚五点，客厅就全黑了。为了维持基本的生活，我们不得不关窗、亮灯、开空调，以至每月的电费之高令人咋舌。

整间公寓的装修走的是宝石商偏爱的奢华风，他们对优质生活有着自己独特的理解。倒并非完全俗不可耐，因为绝大多数宝石商都是耆那教徒，他们是坚定的素食者，沉默寡言、冷静严肃、滴酒不沾，对婚姻高度忠诚。他们几乎从不出席任何酒会，即便出席也毕恭毕敬穿着白衬衫、黑西裤，只喝可乐不喝酒。他们不养情妇，没有小三，对太太从一而终，对子女尽心尽责。他们唯一稍显出格的地方就是对建材的选择。所以我们这间公寓的装潢多少有点一言难尽，你且听我说：客厅里巨大的陶瓷灯上是三位半裸嬉戏着的希腊女神，每一位都用手掌遮住相邻者的一只乳房。她们头戴水晶树叶，在灯光下显得格外璀璨动人。饭厅里的玻璃餐桌，其桌脚用真金镶嵌而成，两侧天花板上垂下巨型的生梨灯和草莓灯，造型逼真，熠熠发光。客厅另一头的沙发上方则是粉色树叶状的水晶大吊灯，而沙发是艳红色的，饰有一簇簇金色的流苏——很快让我的两个儿子拽得精光。我们的主卧延续了这种难描难画的"绿色家园"风，吸顶灯的形状是一对长长的金色树枝，延伸出的树叶逐一托住一枚枚一百瓦灯泡。再看衣橱——橱门从上到下饰有繁复的藤蔓花纹，涂成鲜绿色。走进衣帽间，入目是飞流直下三千尺的瀑布壁画。与整面穿衣镜相对的窗玻璃上绘有长着独眼、金光四射的太阳。客卧的镜子同样富有特色,镜周装饰着浩瀚星辰,对面的窗玻璃上是红蓝绿三色的波浪彩绘。所有这些家居装饰不舍昼夜、发出可怕的嘶嘶电流声。

公寓还不完全属于我们。房东尚未清空个人物品,柜子里摆满耆那教和印度教的各种神像。我们把神像放进抽屉,在书架上陈列我们自己的摆饰。尽管房东反对,我们还是取下了客厅里的粉色水晶灯和希腊女神灯。告知房东我们的决定时,他显得颇为不快:"把水晶灯拿走也就算了,但是女神灯……我很不高兴。"我赶忙宽慰他说我不是质疑他的品位,而是要保护这些艺术珍品免遭两个淘气孩子的毒手。

每天我们的公寓都有人来清理。我们很快了解到,佣人之间也分三六九等:居家保姆不扫地,那是临时工才干的活。除了达利特①,没人会去清理浴室。司机不洗车,那是门卫的工作。于是我们的公寓人满为患。每天六点我们被保洁阿姨吵醒,自那以后,门铃一整天响个不停:送奶工、报童、按摩师傅、磨刀的、收废品的、装有线电视的……一大清早,所有服务齐齐送上门来。

愚公移山一般,我们的生活一点一点挪上了正轨。三眼插座装好了,有线电视和电话线排好了。马上还会安上窗帘,如此我们能打赤膊在室内走动,获取独属于家的那份自在。我们和卖椰子的小贩讲好了价钱,每天早晨他会送来新鲜的椰子水。生活渐渐变得安逸,可以晨饮椰子水,晚啜葡萄酒。我第一次用新家的厨房为家人做的,是加了鲜蘑和日晒番茄干的意式蝴蝶面,又用甜椒、葱、黄瓜和西红柿拌

---

① 处于印度种姓的最低阶层,被认为是秽不可触的贱民。从事的工作种类多具有卑贱性,与死亡、排泄物、血污有关。

了色拉，倒上一杯西高止①出产的霞多丽②，酒足饭饱，称心如意。当然，真正为烹饪加分的，是我从东十街③的意大利面店买来的西西里橄榄油，这瓶油是我带回孟买的行李中最大件的物品。

在搬进新公寓的那一个月里，我像苦苦追求绿蒂④的维特那样追寻着水管工、电工、木匠……的踪迹。负责江河二楼的电工是个性格开朗的人，总在傍晚时分来我家，边干活边和我聊天。他熟悉这幢楼里的所有管线。每条线路他都反复维修过，每次只修好一段时间，以确保他下次、再下次能一直上门。我用来打国际长途的电话线不工作了，而一周前罢工的是另外一条线路。只要负担得起，大多数人家宁愿花钱装两条电话线，因为至少一条能维持运作。你必须打电话给电信局，等着维修人员上门，再塞小费，说好话……如此循环往复。对电信局而言，糟糕的电信网才是最好的电信网，有报修，才有源源不断的贿赂。

至于我的水管工，我真恨不得掐死他。这家伙长着一口沾满槟榔汁的烂牙，是我生平所见最坏、最卑鄙的人。他的爱好就是挑拨住户间的关系。他告诉我楼上楼下的邻居，说我应该付钱修理大大小小所有的管道问题，再告诉我：你要设法说服你那些邻居，让他们来出这笔钱。我们的热水器、水龙头、抽水马桶、下水道……没有一样是工作的。天花板还漏水，一滴滴棕色液体不停地渗出来。业委会主任向我解释说：大楼里的所有水管统统不达标。排污管的出口被封在了墙体里面；居民私拆管道，请的是外包的管道工，而非大楼的维修工。

---

① 印度南部的一座山脉。
② 葡萄皇后，可酿造变化多端的白葡萄酒。原产自法国勃艮第，现在世界范围内广泛种植。
③ 纽约曼哈顿东村的历史街区。
④ 德国作家歌德的成名作《少年维特的烦恼》中的主人公维特，对已经订婚的少女绿蒂一见钟情，在无望的爱情里苦苦挣扎。

正因为每家每户随意改动管道走向，导致水管都不走直线，无法正常排水。越无法正常排水，越要隔三差五找人来修，私改滥拆，随心所欲，结果越修越离谱，甚至把排污管和进水管接到了一起。如果要追踪下水道的走向，从二十楼直到一楼，整个过程会像走极尽曲折、分岔无数的盘山公路。这一极尽曲折的后果就是每到一个拐角便有脏污堆积，从而造成水管淤堵。而对这种私自改建下水道的行为，没有任何法律法规能对其加以约束。和楼里的每一户人家一样，我们浴室的下水道时刻面临可能壅塞的威胁。若把这幢楼比作一个人，那么他已病入膏肓，有严重的血栓、动脉硬化，还患有恼人的皮癣。与此同时，我每月还要为倒贴钱修好了房子得以继续居住，而巴巴地付房租给东家。

在孟买，我们也重新学习了如何排队。孟买人永远在排队：投票、租房、求职、出国、订车票、打电话、上厕所……如果你排在队伍的第一个，那么排在你身后成百上千的人会用无形的压力催促你："快一点，快一点，好了没有？"如果你排在队伍当中，那你一定要站在前面那人的身边而不是身后，就好像你俩是一起来的。这样等他办完事，你就能飞快地横跨一步顶上空缺。

我们醒着的时候净操心这些事了。对外来者或思乡心切的游子，孟买显然并不友好。很多时候，我们用美元可以开方便之门，但即便事情办成了，办成这事的孟买也好像心有不甘。一百万人每平方英里的人口密度着实让这座城市不堪重负。它不想再多收留一个我，就像它不想收留一穷二白的比哈尔打工仔一样。但它又赶不走我们，于是只好尽可能地让我们难过，来稍微疏解它的愤懑。每一天我都要面对生活中低级的、这样或那样的小麻烦。这种种恼人的不便加在一块儿，能燃起我的烈怒，尤其是当我住惯了的地方，比如纽约，那里的办事机构更高效、生活更便利的时候。

早在跨入新千年以前，已故总理拉吉夫·甘地①以及许多持有相同观点的人就表明了我们要大步挺进二十一世纪的决心。他们说这话，仿佛二十世纪可以倏忽跳过、不用经历了一样。印度确实渴望现代化，渴望拥有电脑、信息技术、神经网络②、视频点播。但是这个国家的大部分地区甚至无法稳定供电。印度居然相信它能绕过那些最基本的公共需求而实现科技上的飞跃：未达基础识字率，却妄想造出并运行世界顶尖的计算机；无法防治最常见的儿童传染病、任其大面积爆发，却奢望做成最精密的心外科手术并广泛运用诊断成像③；因电力中断而大部分时间漆黑一片的电器商店确实出售洗衣机，但这机器我们无法使用，因为缺乏相应的输水管道；固定电话的信号尚且时断时续，却渴望支撑起覆盖全国的手机移动网；在人畜并行、拥挤不堪的马路上想不伤及无辜驾车狂飙，不过是种空谈，零百加速④仅需十秒的豪车在印度毫无用武之地。

我们对科技发展的进程盲目乐观。就好像一旦登陆月球，这地上的一切困境就会自动消失一般。印度有全球第三大的科技人才市场，但我们三分之一的人口还是文盲。即便印度科学家能设计出超级计算机，底层的技术人员也不懂如何进行维护。印度盛产最聪明的工科毕业生，但我的水管工只顾修马桶而不知怎样彻底修好它。二十一世纪的印度仍使用十八世纪的婆罗门式教学法：手艺人要学本领，单靠口耳相传。但这不是教育，真正的教育需要读写并用，需要抽象概念，需要更高等的思维能力。

因此在这个说不的国家，没有东西是第一次就能修好的。你不会只打电话叫修理工来一趟，你要同他建立长期关系。你不能直接告诉

---

① 拉吉夫·甘地（1944—1991），前印度总理，第一任总理尼赫鲁的外孙。
② 一种非线性统计性数据建模工具。
③ 医学中以非侵入方式取得内部组织影像的技术与处理过程，如 X 光片、电脑断层扫描（CT）、心血管造影、超声波（B 超）、核磁共振等。
④ 指汽车在静止状态下，从起步加速至一百公里/时所需的时间。

他：他是无能的，或者只收钱不办事，因为你需要他一次次地来，把上次被他修坏的东西收拾得稍微能用。我们出产天才型的手艺人，但大规模生产和标准化操作在这里完全行不通。所有现代化的设施在孟买都时好时坏：下水道、电话线、公共交通，无不如此。孟买不是人们概念中的印度古城，而是西方城市的山寨版，它更像二十年代的芝加哥。和其他仿效西方应运而生的产物一样，不论是印度流行歌曲、印度现代家电、印度美式英语，还是印度富豪举办的狂欢派对……这种模仿本身，总是不伦不类的。

在这个说不的国家，人们面临的第二大挑战是燃气紧缺。政府对液化石油气供应采取绝对垄断，民用燃气装在笨重的红色钢瓶里，分送到每家每户。我去片区指定的液化气供应站，工作人员却告知我"没有配额了"。孟买政府口口声声的"五年规划"竟无法为居民提供足够的燃气。

"什么时候才会放出配额呢？"

"或许要到8月份吧。"

现在才5月。我们要啃三个月的冷面包吗？

于是人们建议我，不妨到黑市碰碰运气。我开着叔叔的车，和婶婶一起在供应站附近转悠，试图拦住送液化气的伙计。我们果然看到一个搬运工正骑着车沿哈克尼斯路走。婶婶立即跳下车，截住伙计，问他买一罐液化气要多少钱。他说液化气不是问题，接通才是关键。他向我们保证：如果能在黑市找到肯来安装的人，马上打电话给我们。

我的朋友曼吉特让我带上她的妈妈，去另一家液化气供应站，她说"母亲大人自有妙招"。我们走进供应站的办公室，我对工作人员说："我要一罐液化气。"然后解释了上一个供应站没有配额的问题。

"你在联邦院①有关系吗?"工作人员问我,她指的是印度国会的上议院。

"没有啊,怎么了?"

"如果你认识里面的什么人,事情就好办多了。每个议员手上都有可以自主分配的液化气名额。"

这时,曼吉特的妈妈插话了:"他有两个孩子!"她看着那名女性工作人员,情真意切地说,"两个嗷嗷待哺的孩子。没有液化气热牛奶,孩子们一直哭,你让他这个做爸爸的怎么办?自己的孩子连口热牛奶都喝不到!"

第二天早晨,液化气罐如约送到了我家厨房。曼吉特的妈妈确实使出了法宝。她没有规规矩矩走流程、填表格,而是充分利用了那名女员工的恻隐之心,谁家没有小孩呢。一旦突破了这道关口,工作人员也就不再为难,主动告诉了我们这样一个漏洞:如果我买的是商用液化气罐,当然比民用的更大也更昂贵,那么我立即就能拿到配额。从没有人告诉过我这一点。但一旦办事人员对你心生同情,难题马上迎刃而解了。供应站的工作人员佯装不知其中的猫腻,仿佛真信了我的两个孩子眼中含泪等着要喝牛奶,每两个月都会准时送来商用液化气罐,从未有人深究。

但是理应能维持三个月用量的一罐液化气,实际最多只能撑三周(供应链的某个环节出了纰漏,导致绝大多数液化气罐都被打开抽过气——而这部分液化气会拿到黑市以高价出售)。就在我们邀请众人来家聚餐的那天,一大早,液化气恰好用完了。唯一能保证家中液化气不断的办法,是同时订两罐。这自然要通过暗箱操作,于是人们想方设法钻空子,要么把其中一罐液化气登记在别的住址下,要么向

---

① 即印度上议院,其中233名成员由地方议会推举产生,其余十二人由总统任命。和联邦院相对的是人民院,即印度下议院,其中543名成员由民选产生,其余二人由总统任命。为此全国按人口平均划分为543个选区,人口较多的邦选出的议员席位也较多,譬如马哈拉施特拉邦拥有下议院的48席。

官员行贿好达成目的。孟买是骗术之城，城里的每个人都是同谋。辛勤劳作赚取报酬之人远没有坑蒙拐骗获取利益之人受尊重。因为在孟买，"一人得道，鸡犬升天"，而坑蒙拐骗正是向上爬的捷径，这样的人头脑灵活，是做生意的好手。老实赚钱谁不会呢，又有什么了不起？但一个精心设计的善意骗局，那是一种艺术！

两种货币

我们为要不要买车产生了分歧。孟买的马路上到处是各色汽车，已不同于我离乡时菲亚特①和大使牌②双雄争霸的局面了。但所有新车只有老路可开，汽车愈发先进，我们的交通也愈发拥堵。你坐进最新款的铃木、本田或宝马，油箱满油，引擎轰鸣，催促你快马加鞭、急速飞驰。可你最好悠着点，因为在孟买驾驶，均速不过19公里每小时。即便在唯一能够提速的海滨大道，驾车均速也从1962年平稳的55公里每小时降到了1979年的不足40公里每小时，再降至1990年25公里每小时的龟速。夜晚的海滨大道，车流里满是一路开往纳里曼区的年轻人，他们摇下车窗，把车载音乐开得震天响，互相较劲，沿大道飙车，最高时速也未能超过50公里。

这种糟心情况的唯一好处是车祸的相应减少。从1991年的25477起（致365人死亡）到1994年的25214起（致319人死亡）。这一数据验证了我亲眼看到的事实：在孟买，即便危险驾驶也似乎少有伤亡。因为速度提不上来，一刹车就能停。

现代城市和现代汽车是个两难的议题。城市之所以为城市，是因为其中的汽车。人们倚仗开车出行的便利，不在乎住得离市中心越来越远，整座城市的活动范围也就相应的越来越大。而城市越大，车也越多。可是车多的孟买早已喘不过气来。江河楼每户人家几乎都有两

---

① 意大利著名汽车制造公司。
② 印度龙头汽车制造商。

辆车。门卫二十四小时待命，做着我们儿时"抢椅子"的游戏：如何在车多、停车位少的窘境里尽力斡旋。车库的一部分又改造成了杂货铺、诊所和影印店，使得情况雪上加霜。马拉巴尔山地区人口爆炸，商业区的设计却不在最初的规划里。为了破墙开店，人行道被一一挤占，孩子们玩耍的场所不得已变成了马路，他们冒险在车流里穿梭，我小时候也是如此。我们和汽车抢夺空间，在车后玩躲猫猫。但人再聪明，也比不上汽车和昆虫所具有的优势：它们以数量取胜。两相比较，实力悬殊，我们惹不起。所以现在的孩子不出门玩了，他们待在家里看电视。

我们搬入新家后不久，曼吉特过来做客。她要在楼下停车，发觉有人抢先一步占了我的固定车位。我下楼找她，见她坐在车里，面色苍白，车外气势汹汹围了一群看客。我不满地问门卫怎么回事，他指给我看楼下大堂里坐着的矮个子男人，四十出头的模样，蓄着大胡子，喝得烂醉。我过去请他说明情况，他反问我"是哪根葱"。"老子是业委会的人！"他荒腔走板地在我耳边喊，几乎完全贴在了我身上。

这时，围在曼吉特车外的人开始朝她的车子扔瓶盖和小石子。我终于问出了侵占我车位的车主的名字，是个一楼的住户。我上楼去找他，他穿着兜提来开门，一脸轻松，毫无愧色："你的公寓一年半都没人住了。"他说，"我停那个车位怎么了？"我怒火中烧，告诉他要么下楼把车开走，要么等我报警，连同楼下那个醉醺醺的混蛋一起，进警局好好清醒清醒。"别。"他一边说一边紧盯着我的眼睛。停顿了一下，他仍旧盯着我，脸上殊无笑意："你不清楚那个男人的能耐。"

他下楼把车开走了，我把曼吉特的车停进了车位。那个醉汉又摇摇晃晃地走过来，站在车外。他身边跟着一个年轻人，正询问发生了什么事。我从车里出来，叫上曼吉特，上楼回了自己家。不一会儿，那个年轻人来敲门，他说："你客人的车……车胎瘪了，是那个人放的气。你们现在不要下楼，他还在。我先带他回去，然后送你们到加油站充气。"

"我现在就下去,把那个混蛋揍开花。"我说。

"千万别。你有家人,你还要继续住在这儿呢。"

年轻人接着告诉我,那个醉汉是医生,住在八楼,是楼里出了名的恶霸。"你为什么搬回来?"他又问我,"别人搬出去还来不及呢。"即便以孟买的标准衡量,这栋楼的状况也极其糟糕。那个晚上我久久不能入睡,时隔多年我再一次深切感到:孟买的暴力竟随时可至,且近在咫尺。和以往的所有纷争一样,这场闹剧也是为了抢夺空间,尽管只是区区一个停车位。但这种行为的可怕之处在于,随意侵占别人车位的人不单蛮横到底,还不惜使用暴力。"你才在这儿住了多久?"那个医生一遍一遍在我的耳边咆哮。那个长期占用他人车位的一楼住户也问了我同样的问题。这真是个一致对外的社区,楼里的居民住得久了,便要质问新来的邻居:你凭什么享有你应得的权益?而本该维护我的权益的保安已沦为那些人的帮凶,助纣为虐、为虎作伥。

二十一世纪的孟买战役,首先在车库打响。

刚到孟买的那些日子,我在纽约出生的孩子不得不和这里的疾病作斗争。乔达摩感染上了阿米巴痢疾,整整两周的时间随时随地会腹泻。我都不忍心看他瘦得皮包骨的小身体。孟买作为印度最现代化的城市,其食品和水源都受到粪便的污染。阿米巴痢疾就是通过粪便传染给人的。我们的孩子吃的、喝的,都是粪便污物。我们喂给他的芒果,或带他去的泳池,或自家的水龙头,无不充塞病毒。英国殖民时期安装的排污管和与之并行的进水管如今串接在了一起,我们防不胜防。在这座城市,所有污染物都是循环再利用的,含有病毒的粪便污水正毒害我们的孩子,我们却无能为力。

在别的地方,你要么得病,要么痊愈。在孟买,一种病好了,你接着得另一种病。我们家天天上演生病循环赛。苏妮塔和我患上了颗粒性咽炎。如果不想得这种病,除非你不再呼吸。颗粒性咽炎是由污染造成的,而孟买的污染无处不在。不论在室内、车厢里,或同别人交谈时，我的毛孔呼吸这座城市的空气，我的鼻腔过滤这座城市的颗粒。空气中的污染物导致我的咽部结缔组织增生，因此我不停地流鼻涕、打喷嚏。每天早晨扫完地，扫帚上都结了厚厚一层脏东西：灰尘、纤维、羽毛。我的孩子就在这样的环境里玩耍，呼吸铅含量超标十倍、可致他们发育迟缓的肮脏空气。

若有外地的客人来访，我不得不赶紧向他们解释，孟买并不总是如此。从前它也是个美丽的城市，它的空气算得上清新。一场计程车司机的大罢工让孟买的空气污染物减少了四分之一，带给了我们一月份难得的好天气，所有人都走出门去，贪婪地大口呼吸。孟买冬季的空气太久没有如此清甜了。眼下，呼吸孟买的空气相当于每天抽两包半香烟。孟买的夕阳曾沉沉落入大海，现今它坠入雾霾，难觅踪迹。孟买被划分成两块区域：有空调区和无空调区。我的鼻子无法适应两者之间的巨大差异。所以我不停地打喷嚏，每时每刻要流鼻涕。人们建议我买一辆有空调的车。在孟买，如果想活下去，不得不多花钱。

在孟买的生活成本，一开始总是最高的。初来乍到之人别无选择，不论是租房还是入学，所有的名额已经饱和。越是向上走，剩余的资源越有限。如果要来孟买，最好是来送钱，休要想着赚钱。不管你去哪里、做什么，但凡好地方都要你花更多的钱，好养活那些在孟买住久了、媳妇熬成婆的人。每座城市都有自己的门道：上哪儿能买到最好用的冰桶、最结实的办公椅、最实惠的纱丽……新来的人不清楚这些门道，自然要交学费。交学费之余，我们在孟买也为一分一厘斤斤计较——十卢比只相当于四十美分，在纽约弄丢这点钱，我们甚至意识不到；但在孟买，多收四十美分是原则性问题。这意味着我们没被当成本地人看，不是本地人，活该多付钱，活该受骗上当。所以我们提高音量，要求合理收费，按计价表收费，按当地人的标准收费。不这样做就等于承认我们是外国人。但我们是印度人，我们照印度的行情付钱！

新来孟买的人交的另一笔学费是失窃。小偷甚是无耻，竟挑寺庙下手。虔诚的人们在那里为患病的家人求康复，或者盼望不景气的生意有起色，或者祈求能顺利通过考试。我去西德希维纳雅克寺①上香，出来时发现鞋子被偷走了。庙里的人们还在不住祷告，希望象头神施行奇迹。但象头神甚至不能保我的鞋子安然无恙。我穿着袜子，一脚踩在遍布灰土的街上。

我曾在一辆卡车的背面读到这样的标语："最美是我的家园印度，哪怕无人把诚信维护。"

诚信无人维护，管我们要钱的却大有人在：我们的司机、佣人、走背字的朋友乃至陌生人。在孟买，办事效率如此之低，随之产生的生活成本却如此之高。压力无处不在，从四面逼向我们。

这混账的城市。阿拉伯海真该卷起滔天巨浪，顷刻把它吞没。或者有敌机空袭，任它在轰炸中被夷为平地。每天我起床的第一件事是发火。当用钱买不到便利、靠人走不通关系时，怒火是唯一的敲门砖。这里的人们——计程车司机、门童、水管工、政府办事人员……他们屈服于粗暴的态度，唯恐我大发雷霆。所以我发火发出了水平，能掌握火候、收放自如。甚至我的光碟播放机也欺软怕硬。轻轻按下播放键，它毫无反应，必须重重在侧面拍打，它才肯老实转动。

我对这座城市残留的怀念已消失殆尽。再次回到童年故地，我渐渐开始憎恶这里。我为什么要遭这份罪？我在纽约多好，愉快舒适、受人称赞，生活工作两不误。我放弃一切回到这里，徒劳地找寻过去的剪影，不过是竹篮打水一场空。我迫不及待想回到纽约，那个我曾经如此渴望逃离的地方。我想念那里的寒冷，那里的白种人。我在电视上看到暴风雪的画面，我回忆起纽约室内的温暖，而只要把窗户开一条缝，外面的寒冷就像楔子一样直插进来，深吸一口冰凉的空气，任它冲入我的鼻孔……我想起心烦意乱的夜晚在户外散步，冷风吹散了杂乱的思绪，让我重新回复平静。

---

① 位于孟买市中心，是目前印度教徒供奉象头神的主要场所。

刚到纽约的时候，我曾无数次要求爸爸送我回孟买念完高中。他终于被我弄烦了，冲我喊道："你在孟买，一门心思要到纽约来。现在过来了，又只想回孟买去！"那是我第一次意识到，原来我有一个新国籍：我是"渴望共和国"的公民，我的故乡永远在他乡。

1998年，我们搬回孟买后不久，印度接连进行了两次核试验，发射了包括一枚氢弹在内的五枚导弹。我们这样做，仿佛是挺起胸膛向世界宣布：好好看看吧，我们也行，他妈的！而与此同时，国内经济严重下挫，孟买遭遇了金融危机。这原本是个愿意相信蒸蒸日上、年年有余的城市，每一年都能比去年更富有、更具购买力：今年买烤面包机，明年买彩电，后年添一台冰箱，再下一年添洗衣机、客厅里进口的水晶吊灯，最终能攒够钱买一辆小汽车。除非发了横财能够买房，不然，有车族已经处于孟买社会的金字塔顶端，再往上则是有房有车的富豪，他们担心的是下一代的教育问题。可是他们已经没有了上行通道，只能向外走，干脆赌一把，去美国、澳大利亚、迪拜。开玛鲁蒂铃木①的人若想开奔驰，穿牛仔裤的人若想换阿玛尼西装，必须出国。

核试验之后，外来投机商三三两两离开了孟买。有好一阵，印度不再是聚宝盆。像孟买或纽约这样的城市，不过是这个星球上最近的产物，原住民本来就少，遍地是蠢蠢欲动的野心家。来到孟买的人是因为孟买有利可图。当利益不再，他们不会委曲求全，对再次离开根本满不在乎。一旦习惯了永远在路上的生活方式，很难再真正安定下来。因此孟买人向往搬去西方，不仅因为那里的财富，也因为可以再次迁徙令他们振奋。

每年夏天，大批定居海外的印侨回到故乡。即便不回，他们也会寄来照片：某某的儿子站在崭新的五十二寸电视机前；女儿坐在锃亮

---

① 在印度最畅销的三厢和两厢小型车。

的面包车引擎盖上;太太在开放式厨房忙碌,一手按在多功能微波炉上;全家在后院的泳池边谈笑,背景里的简易别墅①清晰可见。这些照片在孟买亲友的心中投下了定时炸弹。他们手握照片,环顾自己在马希姆②两居室的家,忽然觉得新买的沙发和雅佳③二合一音响——上一刻还让他们如此自豪的新摆设,已经显得廉价和破旧。他们曾经还能自我安慰:至少我的孩子学到的是正儿八经的印度价值观。但当堂兄表姐的孩子从国外回来,他们发觉自家孩子和侄女外甥之间,其实无甚差别。孩子们都穿足球衫,都看美国歌手的音乐视频,满嘴青少年才懂的流行用语。通常,从国外回来的孩子对去寺庙充满兴趣,他们在国外顶尖的课堂学到满满的关于印度教的知识,迫不及待要加以检验。而当地的孩子则一心想着带表哥去夜店蹦迪。我们决定让乔达摩上古吉拉特语学校时,遭遇了旁人的不解乃至愤怒。"你怎么能这样对自己的儿子?"和我们同一层楼的邻居质问我道,"你会毁了他的!"然后她又自言自语:"不过倒也不要紧,你们迟早要离开的。如果要一直在这儿待下去,那最好把他送去'大教堂'④。"

我们刚结识的陌生人开始自发为乔达摩的入学事宜操心。每个人都认识某位幼儿园的老师,或校长,或董事。他们热心地代我们打电话、托关系,连哄带骗地试图说服园方。他们把我们描绘成一等一的良民、对孟买的入学标准一无所知的外国人。而乔达摩念幼儿园,前后只需两年,这对我们很有利。因为在短短两年后,这个空出来的名额又可以拿来做文章,园方能借机卖人情或要求赞助费。每个学籍背后都是钱权交易,何况南孟买总共只有七所好学校。

其中一所是孟买国际学校。校舍里却住了八户人家,他们是长期

---

① 通常为一层大平房,带有木质露台。
② 孟买一街区名。
③ 原日本赤井电机株式会社冠名品牌。
④ 全称"大教堂与约翰·康农学校",分学前、幼儿、小学、初、高中五个学部,是英国教会在印度所建最古老的学校之一,被列入亚洲最佳全日制学校榜单。

租户，受《租赁法》的保护。学校图书馆的大门旁边就是住户的家门。校方急需住户腾出房间，改成教室，又无法强迫他们搬走。当初学校买下楼房时，也一并接管了楼里的住户。再没有多余的土地兴建学校了，从我还是孩子的时候起，南孟买就再没有开办过新的学校。但适龄儿童逐年俱增，入学名额紧之又紧，孩子一出生便要为入学排队登记。"给孩子弄到学籍挺难的吧？"我问孟买国际的校长。

"就像徒手爬珠穆朗玛峰，你说难不难？"

我想让我的儿子入读说古吉拉特语的学校——好学校，孟买仅有一所，叫"新纪元"，由甘地的追随者创建。我们请某位校董写了推荐信，再三托人、反复恳求，总算解决了乔达摩的入学问题。第一天去接儿子放学的时候，我的心中充满了喜悦：在一大群穿着白色校服、棕色皮肤的孩子当中，我一眼认不出自己的儿子。生平第一次，他和周围的人一模一样了。

但很快，我还是发现了乔达摩和别的印度孩子的不同之处。我从"新纪元"和他一起坐校车回家，一个叫做科莫的小女孩唧唧喳喳地用古吉拉特语和我聊天。她告诉我说，她的外婆马上要来看她啦，让我帮忙把文身贴纸贴在她的手背上。她从书包里掏出她的宝贝，一一向我展示：一只形似豪猪、插满火柴棍的土豆，她的填色本，一端剪成一条一条、松松拢起可以折出有趣形状的小手工……科莫还一本正经地让我转告苏妮塔，说某某商店才是给乔达摩买鞋的好地方。乔达摩试图和她以及车上的其他孩子搭话，但没人听得懂英语。"你不是会说古吉拉特话吗？"我问乔达摩。

"我只会说一点点。"他好声好气地向我解释，"爸爸，你送我去说英语的学校念书好不好？"

"你伤你爸的心了。"叔叔得知此事后，这样对乔达摩说。

乔达摩的新学校叫"领先"，采用全英语教学。有史以来第一次，他能详细描述在学校做了什么。他用小辣椒当画笔，蘸了颜料在纸上画画。然后他做了手工,搭了小房子和太阳。他拼了拼图,还吃到了"方米糕"——我们告诉他"方米糕"叫咚克拉①,是古吉拉特的传统点心。我笑眯眯地听着乔达摩的童言童语。他无法讲述在之前的学校发生了什么,是因为语言的障碍让他不能理解事实上发生了什么。

乔达摩入读"领先"的第一晚,他同学的妈妈就来找苏妮塔,说班上有孩子周六过生日,问乔达摩和苏妮塔要不要参加生日派对。第二天,苏妮塔去接乔达摩放学,遇见了另一位妈妈,他们一家刚从拉各斯②搬回孟买不久,正准备带孩子去冲山俱乐部③游泳。俱乐部曾经只对白人开放,现在持有外国护照的印侨都能进入。我们迅速被"领先"的家长接纳了。在"新纪元"的时候,没有一个孩子的家长想到邀请我们参加生日派对,或者让孩子上我们家来做客,或者只是过来打个招呼。对他们来说,我们太"国际化",根本就像外国人一样。人以类聚,物以群分,所以"国际化"的我们所融入的社交圈是"领先"的社交圈:它属于富有的、讲英语的海归印侨。"领先"的学生当中多是实业家甚至皇室的后代。我的儿子所受的教育远非我幼时能比。至少在印度,他接受的是精英教育。如果我们一直留在这里,他多半会去"大教堂"或"苏格兰"④就读。他会和那些家境优渥的孩子一道,足以藐视他童年时的父亲。在孟买,鱼跃龙门固然很难,纡尊降贵同样不易。

"领先"的妈妈们当真具有钢铁般的意志,她们一丝不苟策划孩子的生日派对。乔达摩去过其中一个,地点在卡夫大道⑤的奢华公寓。派对元素均从迪拜引进,还请来了专业的艺人,让训练有素的小

---

① 用米粉和鹰嘴豆泥混蒸成的咸蛋糕。
② 撒哈拉沙漠以南非洲第一大城市,人口仅次于埃及开罗。
③ 孟买南部的高档住宅区,内有全印最大的游泳池。
④ 全称为"孟买苏格兰学校",由苏格兰宣教士于1847年建立。位于孟买马希姆区,为十二年一贯制、全英语授课的私立学校,是印度十大顶尖学校之一。
⑤ 孟买南部一高档社区。

狗表演投篮。乔达摩作为宾客,收到了三套进口蜡笔和水彩笔——我小时候称之为"蘸水笔"的奢侈品。那次的派对来了上百个孩子,主人为此花费绝不少于十万卢比,也就是四千美金。但在孟买高地这个圈子,这笔钱花得值。它是孩子们的社交训练,也是他们基本生活的一部分。真正需要这些孩子操心的,不论他们长到多大,是这样两个问题:谁会邀请我去他们的派对?我要邀请谁来我的派对?

越是贫困的国家,对派对似乎越是狂热。孟买的派对接连不断,寄来的请帖更是创意满分、争奇斗艳:有塞在羊毛手套里的,有卷在烈酒杯里的,还有同意大利面、干蘑和香料一起装在盒子里的。这一张张请帖相邀的是成年人,和"领先"的生日派对的名单高度重合。在这些成人派对上,便不乏孟买女郎的身影,她们面容姣好、身材火辣、穿着清凉。我这次回到印度,发觉了一个新的现象:年过四十的单身人士仍旧活得逍遥。一个浪荡子略显粗鄙又实事求是地向我解释他为何至今不婚:"每天都能喝到牛奶的话,还买奶牛做什么?"他指的"奶牛"正是个三十出头的孟买女郎——当然对外永远宣称二十八岁,因为单身,所以左右逢源,也因为单身,所以芳心寂寞。她是已婚男士、女同性恋和有钱肥佬的首选目标——只要有个怀抱共度漫漫长夜,什么都好。但从她精致的妆容、人前的调笑,绝看不到一丝一毫的脆弱和自怜。已婚妇女妒忌她,又有谁人晓得她的苦楚。

所以孟买也是妒忌之城。已婚的向往单身,单身的渴望成婚,中产阶级眼红富豪,富豪又羡慕穷人没有纳税的烦恼。就连我们的广告牌宣传的也是妒忌。"邻居嫉恨,主人自豪"是一则风靡全国的电视机广告,其上画有一只长着绿色犄角的魔鬼,牠尖尖的爪子正握住一台最新款的彩电。而《孟买时报》第三版、《印度快报》末版、周日版《印度午报》专栏以及新闻杂志的国际版,统统都不遗余力传播着妒忌的文化。它们务必要让读者感到不够富裕、不够漂亮、不够有影响力,更重要的是——被社会边缘化。所以达达尔①的家庭主妇从《孟买时报》的第三版抬起头来，看着坐在一边梳着油头、穿着隆基②的丈夫，诘问他为何没被邀请去有钱人家的派对，为何他们不认识报纸上的富豪。用广告人的话来说，我们的市场就是这样培养出"焦虑型"消费者的。

而能上报纸的富豪其实是矛盾的综合体：他们痛恨在孟买定居，可是在印度的其他地方又无法生存。"或许我们会搬到班加罗尔③吧。"他们语带向往，但绝少有人付诸实际。如果要搬也是搬去纽约或伦敦。更有甚者，他们把纽约和伦敦搬到了这里。靛蓝④餐厅之所以大获成功，就是因为它主打异域风情。从破败的孟买大街走入靛蓝，像一脚踏进了苏活区⑤。不论是侍从、食物还是装修，整个餐厅都弥漫着浓浓的英伦风。第一世界的人们可以在这第三世界的中心大快朵颐。我在孟买高地遇见的那些人告诉我：巴黎何处有售最好的巧克力，却完全不知道上哪儿去买地道的贝尔普里⑥（一种相当于纽约披萨的小食）。你甚至会以为从南孟买到这座城市的其他地方——从马希姆天桥的这端到另一端，从计程车云集的这一头到机动三轮车遍布的那一头——是需要护照方能通行的。但这些矛盾的富豪，他们一边坚定地拒绝接受孟买的全部，一边同样坚定地主张自己对整个孟买的话语权。孟买从来都是自我流放者的乐园：戈拉巴⑦接待来自巴黎的名媛，卡夫大道容留来自伦敦的银行家。若他们果真搬去他们梦想中

---

① 孟买一人口密集的住宅和购物区。
② 和兜提有所不同，隆基有时缝制成裙状，特别适宜在炎热的地区穿着。
③ 印度卡纳塔克邦的首府，全国第三大城市。
④ 一种最初提取自印度蓝草的天然蓝色染料，谐音"印度"。
⑤ 位于伦敦西敏市境内，时尚酒吧及高档酒店云集于此。
⑥ 用油炸脆香米、罗望子酱等制成的孟买街头小吃，类似爆米花。
⑦ 南孟买一城区名，是艺术中心。

的城市，只会此身枉然，风流总被雨打风吹去。但在孟买，他们复刻出一个个微型的城市，直叫他乡胜故乡。

苏妮塔和孩子们未到孟买以前，某个下午，我走在去河岸书店[①]的路上。迎面来了母子三人。母亲粗服乱发，抱着的孩子约摸一岁模样，靠在她肩上睡得正香。她牵着一个稍大一点的孩子，约五岁上下。大儿子用攥成拳头的小手揉眼睛，一看就是走累了，拖着脚步，困得不时点着脑袋，一路走一路趔趄。母子三人都光着脚。母亲轻轻和大儿子说了什么，仍然握着他的一只手。我从他们身边经过，情不自禁停了下来。我看着他们。三人来到街边的小贩那儿，如我所料，母亲伸出手来。小贩对他们混不理睬。我掏出皮夹，想找一张十卢比的纸币，但拿出一张五十卢比的，我朝他们快速走去，胸中涌动着怒火。我把五十卢比朝那母亲手里一塞，"拿着。"我说，然后更快速地、头也不回地离开了。直到我跨进开着冷气的河岸书店，走向角落，紧紧闭上了双眼。

看到那母子三人就仿佛看到我的妻儿：一个年轻的母亲带着两个年幼的儿子。我无法不去想象他们有着怎样的过往，又会有怎样的明天。或许他们已赶了一天的路，在这样的高温天里赤脚走在滚烫的街上。孩子们千百次看到母亲向陌生人伸出手来，千百次倒影在他们清澈眼眸里的，是陌生人的谩骂，让他们滚，或者不耐烦地扔给他们几枚硬币了事。但母亲还是一路带着他们，他们走累了就把他们抱在怀里，让他们靠在她瘦弱的肩上。有时她也叫他们坐下，在脏兮兮的路边胡乱吃点干粮，困了，就地睡一会儿。

那一整天我都为花钱感到羞愧。我的每一笔花销皆是五十卢比的数倍。我在书店待了不到二十分钟，就花了六倍于五十卢比的价格买了书。晚饭叫的外卖是两倍于五十卢比的披萨。我每月要交给房东

[①] 孟买老字号书店，以提供最好最优惠的书籍著称，是爱书人的天堂。

的是两千倍于五十卢比的租金……我给出去的五十卢比又能改变什么呢？对我来说那是微不足道的零钱，比纽约一枚地铁代币①的面值都小。我还没能学会把花花绿绿的印度卢比当回事。但对那位母亲来说，五十卢比可能是她一天的工钱（我实在无法把她想成一个乞丐）。或许她会拿着这笔意外之财，带孩子们到古堡区②，在拱门下的地摊为他们挑选一样玩具。或许她终于能为患百日咳的小儿子买止咳药水了。或许她把这笔钱给了酒鬼丈夫，又叫他挥霍一空。而这正是让我惊骇的地方：生活在同一座城市的人，应对的是两种截然不同的货币体系。

直到这件事发生以前，我都未曾意识到这一点。而一旦意识到这一点，我忽然感到身心俱疲。我给还在伦敦的苏妮塔打电话，问她孩子们是否安好。我在那一刻只想抱紧他们。我看待这座城市的视角，仍像个初来乍到的外国人。我记得一个法国朋友曾告诉我，他在巴黎做社工的母亲第一次到印度时，提着行李从机场出来，被一大群孩子团团围住。那些孩子里有小小的婴儿，让只不过稍大一些的哥哥姐姐抱着。这位法国女士惊呆了，她看着衣不蔽体、食不能果腹的孩子们，他们还如此年幼，如此美丽。于是她走到路边，打开所有行李，把里面的东西一件一件分发给孩子们。几分钟内，她的个人物品就被领得一干二净。她站起身来，带着空空的行囊，一步一步走进了印度。

前天晚上，我参加了某个百万富翁在图书馆酒吧③举办的小型派对。出席者非富即贵，其奢华程度，我在纽约时闻所未闻。昨天早些时候，我从比哈尔人聚居的马丹普尔④贫民窟走过，亲见那里震慑人心的贫瘠和困顿。今晨我在能俯瞰海景的公寓起床，而马丹普尔穷人家的孩子早就醒来多时了。或许他们正在工地搬砖，头顶竹筐，里面

---

① 1963—2003年间，纽约市地铁出售代币以购买公交资费，后渐被公交卡取代。
② 孟买一殖民时期建筑云集的地区，这些雄伟建筑多有拱门，其下设摊。
③ 孟买一英式豪华私人会所，内有精美收藏品。
④ 孟买南部一社区名。

的砖块几乎相当于他们的体重。或许他们正在餐馆跑堂,端茶倒水。或许他们正在码头清洗船只,任日光曝晒,为满足有钱人的欲望出卖苦力。这就是他们的童年。这也是一种童年。

渐渐地,我们在江河楼公寓的生活完全步入了正轨:我们找到了可信赖的佣人、司机和保洁阿姨。几个浴室都已修缮完毕,与外界的联络也畅通无阻——订了报、安装了电话、能上网查看电子邮箱。我们熟悉了这里的风向和日照时长,开始知道何时拉上窗帘,何时打开窗户,是要先拉窗帘还是先开窗。我们仍然没有太多的朋友,但仅有的几个为人可靠、常常联络,每隔一周就会见面。我身边的古吉拉特人也想和我交朋友,但又不知该怎么做,毕竟我不从事宝石生意,还娶了一个金奈女人为妻。

我的印度朋友从美国打来电话,其中就有阿希什。他问我:"我们是不是也应该回来?我们已经想了好一阵了,但我太太回来能找什么工作呢?"我想回答阿希什的是:你想回到哪一个印度呢?我们年少离家,堪堪变声,对性爱或金钱尚且懵懂无知,我们那时想回到的印度,其实是我们的童年。而在成年后返乡,每次小住,我们自以为回到的印度,不过是上一次旅行留下的残影。我这次在孟买定居,想要的则是一个更新了的印度,好让我所有的努力、我的写作,不只是无尽的对童年的追忆、对逝者的缅怀。我的印度不单存于记忆,也应活在眼下。

但我的寻根之旅到底遍布记忆的地雷。我走到某条特定的小径,踩上某块特定的地砖,咔哒——瞬间引爆地雷,有记忆的桥梁顶开裂缝、倏忽架起,将眼前此景带回二十一年以前。而我痴痴抬头看,记忆中的一草一木,任岁月流转,纹丝未变。我在城市行走,不时踩到记忆的地雷,于是往事在烟尘中翻滚,送来缕缕旧时的气息。

所以我背着绿色双肩包,包里装着手提电脑,就这样在城里漫游。只要可能,我便坐上三轮车、计程车、火车,到处找寻那些会让孩提时的我好奇的东西。人们同我聊天，我的手指在电脑键盘上飞舞，记录他们的口述。但这口述可不是免费的，我要用自己的故事来换。以物易物，他们如是说。想听今年最精彩的故事，得拿同样精彩、漂洋过海而来的奇闻轶事交换。我告诉你杀手的秘辛，你就告诉我影视圈的内幕。宝莱坞①同黑帮、警察与媒体、苦行僧和性工作者……行走江湖，一技傍身，靠的是讲故事的本领。在孟买，我亦如是。而让我弄丢了的这座城市，正在人们讲述的一个个故事里，慢慢被我重新找到。

代权

"一个浑身着火的人是什么样子？"我问苏尼尔。

那是1996年12月，我正和湿婆军的成员一道坐在安泰里②的高层公寓，听他们讲述巴布里清真寺被毁后爆发的一系列印穆冲突。

和苏尼尔一同前来的另两个湿婆军互看一眼。要么是他们还不够信任我，要么是我带来的白兰地还没把他们灌醉。"我没在事发地点。湿婆军没有参与暴动。"其中一个人对我说。

苏尼尔听不下去了。他重重放下酒杯，说："我可以告诉你。我在那里。一个浑身着火的人先是爬起来，然后跌倒，他想要逃命，再摔倒，接着爬起来，继续逃。"

苏尼尔意有所指地看着我，说："见到那种场景，你是受不了的。那很可怕。有油从那个人的身上滴下来，他的眼睛是两个窟窿，然后窟窿越变越大，你看到白森森的骨头，你一碰他的手臂——"他做了个挥手的动作，"骨头就露出来了。尤其是鼻子这里。"他又作势用两

---

① 对孟买电影工业基地的别称。印度人将"好莱坞"（Hollywood）的首字母"H"换成了孟买（Bombay）的"B"，就产生了"宝莱坞"。
② 孟买西部一社区名。

根手指搔鼻子,像要把皮肤抓破,"油从他身上滴下来,水从他身上滴下来,骨头都露了出来。"

"可是那时候,谁也顾不得多想。"苏尼尔继续说,"我们五个人烧死了一个穆斯林。在听到拉达筒子楼的事情以后,大概凌晨四点,人群聚集起来了。我从没见过那种阵仗,男男女女抄起手边任何能当武器的东西,朝穆斯林住的地方直冲过去。我们在高速公路上碰见一个面包师傅,他骑着自行车。① 我认得他,我从前每天都到他那里买面包。"苏尼尔举起正吃着的波夫巴哈吉② 里的面包卷,"我把他点着了。我们往他身上倒汽油,我满脑子都是'这人是个穆斯林',他在颤抖,在哭泣,他说:'我还有孩子,我还有孩子!'我说:'你们放火烧拉达筒子楼的时候,有没有想过你们的孩子?'那一天,我们让他们领教了什么是因果报应。"

印穆冲突(1992–1993)

巴布里清真寺所在的阿约提亚③ 位于孟买以北数百公里处。清真寺纵然被毁,其残垣仿如印穆之间难以打破的壁垒,依旧高高耸立。印度教徒坚称阿约提亚是罗摩④ 的诞生地,在此修建了罗摩庙。莫卧儿⑤ 皇帝巴布尔⑥ 占领这片土地时,推倒了罗摩庙,在其原址上兴修了巴布里清真寺。1992 年 12 月,受到唆使的印度教暴民将巴布里清真寺一举拆毁,彻底激化了印穆双方为争夺圣地长达百年的冲突。整座城市一分为二,上演全武行,一系列随之而至的暴乱导致千余人丧

---

① 印度的高速公路是开放式的,任何交通工具及行人都能通过。
② 一种蔬菜、土豆咖喱配面包卷的餐点。
③ 印度古城,位于北方邦法扎巴德县境内。
④ 印度古代传说中的英雄,为印度教所信奉的重要神祇毗湿奴的化身。
⑤ 即波斯语中"蒙古"一词的转音。统治者是信奉伊斯兰教的穆斯林,而基层民众则信仰印度教。
⑥ 查希尔丁・穆罕默德・巴布尔(1483—1530),莫卧儿帝国开国君主。

生。四年后我回到孟买,打算就此写一篇文章。我提议在下周五,即12月6日①前往市政办公厅,当时接受我采访的贫民区妇女听后陷入了沉寂。她们不安地笑一笑,随即撇过头去。终于有一个人说:"那一天,没有人愿意走出家门。"

1992—1993年的印穆冲突是一部三幕悲剧。第一幕时,印度警方和穆斯林的关系在巴布里清真寺事件后陷入紧张,危机一触即发。而在1993年1月,第二轮更为惨烈的暴动席卷城市,经由湿婆军党魁巴尔·萨克雷煽动,穆斯林遭湿婆军大规模屠杀,他们的房屋被焚毁,商店被劫掠。第三幕则是来自穆斯林的血腥报复。同年3月12日,一个周五,当与往常无异的礼拜钟声响起时,穆斯林黑帮引爆了十枚威力巨大的炸弹,一枚在孟买证券交易所,一枚在印度航空总部大楼,其余分散城市各处,安装在汽车下或三轮车底。此次连环爆炸导致317人死亡,其中很多是穆斯林平民。

我想和一手促成暴乱的湿婆军成员——巴尔·萨克雷的追随者对话。萨克雷在1966年组建了民族主义②政党湿婆军,又称希瓦吉③军。最终一统印度中土的希瓦吉曾在十七世纪时组织起散兵游勇,对抗北境穆斯林,其剽悍作风令强硬的莫卧儿皇帝奥朗则布④都心生忌惮。而自称向英雄希瓦吉致敬的湿婆军究竟是如何策划又如何实施暴乱的,实在勾起了我的好奇。

有一天,我同阿希什在他公司的机房谈起这件事。"我可以带你

---

① 1992年巴布里清真寺被强行拆毁的日子。
② 在本书中特指一种专断的意识形态,在政治、经济、文化、宗教、语言等各方面强调民族(或国家)的统一和认同,受仇外情绪的影响从而排斥、限制他族的生存空间。
③ 印度马拉塔帝国的创立者(1630—1690),十七世纪带领印度人民反抗穆斯林压迫的民族英雄。
④ 莫卧儿帝国第六任皇帝(1618—1707),其父为建造泰姬陵的沙贾汗。奥朗则布是虔诚的穆斯林,将印度教徒逐出政府,并大举拆毁印度庙宇和神像。这些政策导致帝国境内的印穆矛盾演变成武装斗争。

去见湿婆军。"有人在我们身后说。我转过头,见一个瘦弱的、戴着眼镜的年轻人正对我们微笑。他二十来岁,露出两排洁白但乱糟糟的牙齿。他叫吉里什·塔卡尔,是阿希什手下的程序员。"到乔格什瓦里[①]来。"吉里什说。乔格什瓦里是孟买的贫民窟,印度教徒和穆斯林在那里分区而治。1993年1月8日晚,一户普通的印度人家正在拉达——恰好位于穆斯林区的筒子楼里酣睡。有人从外面封住了这户人家的房门,朝窗内扔了一枚汽车炸弹。一家六口人被爆炸声惊醒,尖叫着试图逃出去,未果,最终被活活烧死在屋里,其中包括这家人的女儿,一位残疾的印度少女。拉达筒子楼的这把火,从乔格什瓦里的穆斯林区直直烧到了每个印度教徒的心里。

我和吉里什在傍晚时分到达乔格什瓦里,坐在他位于贫民窟的家中,和他的家人谈起孟买的暴乱。这也是我第一次见到苏尼尔。他是吉里什的邻居,静静坐在一边的椅子上。苏尼尔年近三十,留着小胡子,个子不高,体格健壮,穿衣风格略显招摇,一举一动也带着浮夸。他是湿婆军在乔格什瓦里分支的副手,深得赏识,若他的上级赢得此次的议员选举[②],苏尼尔将有望接替他的位置,接管整个分支。

那一晚我们走出吉里什家,头顶是高速公路,前方则是一大片圆形的开阔地,苏尼尔说他持有整片空地的停车许可。这位在党内前途大好的年轻人邀我和他一同解手。我们走到相对隐蔽的角落,解开裤链。我很紧张,我还记得苏尼尔在吉里什家说的话:"任何上门的人,面包师也好,送奶工也罢,我们都要检查他的身体。一旦发觉不对劲,马上干掉他。"受了割礼[③]的穆斯林因为没有那层皮,白白丢掉

[①] 西孟买马哈拉施特拉邦一地区。
[②] 指一选区一代表议员,进而帮助与湿婆军结盟的印度人民党赢得足以独立组建政府的下议院席位(过半数)的做法。获胜党派的党魁自动当选为国家总理。若没有党派在大选中获得超过半数的席位,就需要相对多数的政党联合其他小政党组成联合政府来执政。这一混乱的情况在印度持续了三十多年。
[③] 《古兰经》没有规定男孩要行割礼,但是伊斯兰国家都有此习俗。

了性命。而我也没有那层皮。几秒钟内，我已经准备好了说辞：我五岁时因为细菌感染，不得不切除包皮，我的父母为此痛心疾首。而我已极力弥补——在成为父亲后，绝不让我的儿子再遭此不幸。[1]天地可鉴，日月为证，倘若这还不够，我愿为印度献唱一首输洛迦短颂[2]。

我一定是通过了考验，因为苏尼尔带我去了他家。我们进屋的时候，扬声器里正放着这样的歌词："我既不在神庙里，也不在清真寺[3]……"苏尼尔的父母照看着他两岁的女儿。他上前去逗弄女儿，像驯兽师训练小狗。苏尼尔对她下指令："说你好。"小女孩就把手掌放到脸颊边，做了个打招呼的姿势。苏尼尔又说："握手。"小女孩便握住了我的手。苏尼尔的一个手下过来，把她抱走了，出门去给她买气球。

这之后不久，苏尼尔带着两个手下到阿希什位于安泰里的半山公寓，同我们一道喝酒。他们满意地四处打量。公寓座落在六楼，底下是车水马龙的高速公路。苏尼尔从窗户往外看，随口说："不错的狙击点。"一边模仿冲锋枪开火时"哒哒哒"的声音。我从没有这样看待过这间公寓。当然，我走进一个陌生的地方，也不会第一时间查看它是否处于有利的战略地形，进攻或撤退的路线又是什么。

苏尼尔认定：在拉达筒子楼遇害的残疾少女，生前公开遭受过性侵。他们没有证据，警方的报告对此只字未提。苏尼尔说，仅乔格什瓦里地区，暴乱前后就有近二十名妇女遭到强奸。对此，警方和媒体也闭口不谈。不论属实与否，这已经构成极为震撼的画面，是强有力的催化剂：身患残疾的印度少女被摁倒在地，带着淫笑的异教男性轮番上前对其施暴，她的惨叫和她被锁在屋内、任火舌舔舐的亲人的哀

---

[1] 在美国，初生婴儿接受包皮环切术的比例高达百分之六十。
[2] 古印度的一种诗体。输洛迦一词的本意是"荣耀"或"赞美"。
[3] 出自迦比尔的诗作，由印度诗人泰戈尔（1861—1941）翻译成英语。

哭一起,响彻天际。不管是真实发生过,还是仅仅流于想象,战争往往是由这幅画面触发的——对其忍无可忍的男人遂揭竿而起。

苏尼尔用的字眼并非"动乱",而是"战争"。他说在格兰特医院,他看到的是战时才有的场面:满目死尸,不论男女,没有姓名,唯有编号。而在库珀医院,印度教徒和穆斯林同时入院,施暴者同受害者并排躺卧,于是新一轮战争在病房爆发。一方拔出输液针头,将生理盐水瓶朝敌人狠狠砸去。

苏尼尔的一个手下在市政府工作。"这些人哪里是穆斯林,分明是印度教徒。他们每一个都是改信穆斯林的叛教徒!"他愤愤地说,"应该统统滚去巴基斯坦。"① 他的抱怨无非是:这些人总在印巴板球②对决中为后者加油助威。而伊斯兰教允许他们娶四个老婆,所以他们会生更多的孩子。印度教徒生三两个便打住了,他们一生就是十几个。已经人山人海的孟买被异教徒挤占,是可忍,孰不可忍。"用不了几年,穆斯林的人数就会超过我们。"在市政府工作的小伙子一脸阴沉地断言。根据他的说法,穆斯林百般不好,黑帮横行不说,还杀人如麻。不比印度教徒,杀生前总要三思而行。

未见得三思而行的苏尼尔夺穆斯林的命,也救过穆斯林的命。他有一个朋友,是个穆斯林女孩,他送她回家。一进他们社区,苏尼尔便被一群穆斯林男子围住,眼看凶多吉少了。好在女孩的奶奶出面劝解,又把苏尼尔藏在她的罩袍③里偷运出去,他才捡回一条命。你知道吗,苏尼尔说,拉达筒子楼边上有棵菩提树,一边的叶子全黑了,另一边还是绿油油的。有一次,苏尼尔的女儿久病不愈,一直哭泣,

---

① 巴基斯坦原为英属印度的一部分,1858 年随印度沦为英国殖民地,1947 年宣告独立,当地印穆冲突问题始终突出。
② 一项使用"板"和"球"的运动,由两队各十一人进行对抗比赛。其现代形式起源于英格兰,盛行于英联邦国家。
③ 伊斯兰国家女性的传统服饰。通常为宽松的黑色拖地大外套,穿上后,妇女从肩膀到脚就被裹得严严实实的了。

医生也爱莫能助。有人告诉苏尼尔,说穆斯林的巫医有办法。于是他带着女儿来到筒子楼附近——菩提树的边上。巫医拿着一瓶水,在他女儿的头顶绕了三圈,每绕一圈,瓶子里的水就减少一点。苏尼尔的女儿很快痊愈了,对此"他们分文未取"。苏尼尔说:"即便你去达吉①,他们也不会开口向你要钱。穆斯林在这方面是无私的。"

苏尼尔带病中的女儿前往求医的,正是他在暴乱时杀人放火、无恶不作的地方。这其中的讽刺,苏尼尔怕是没有看到。他平日经营一家有线电视公司,为乔格什瓦里和附近地区播放节目。他的客户当中不乏穆斯林,他经常和他们一起吃饭,"保持生意上的往来"。暴乱并未阻止苏尼尔和穆斯林继续做买卖。他会在上午去市中心的穆罕默德阿里路,到穆斯林那儿采购鸡肉。正午把鸡肉运回乔格什瓦里,卖给当地的印度教居民。下午再出门对付穆斯林,烧杀抢掠,无所不为。卖鸡肉给苏尼尔的穆斯林也并不在乎他是否印度教徒。在孟买人看来,生意至上。他们首先是商人,其次是孟买人,最后才是印度教徒或穆斯林。

苏尼尔问我,人活于世,我的目标是什么?我回答说我想让孩子们生活的世界更美好一些。他点点头,说他同样希望如此。"但你的终极目标是什么?你这一生究竟想达成什么?"我的回答没能让他满意。苏尼尔想要的是比家人的幸福更远大的东西,他想让整个印度民族强大起来。他哀叹甚至连湿婆军都未能逃开腐败的侵蚀。"在孟买,金钱就是上帝。"他用英语对我说。在苏尼尔看来,生而为人的最高境界乃是无私。他想成为(也自认为是)无私的人,愿意为崇高的事业献出自己的生命。他希望我能给出的回答,正是如此。

我在湿婆军和拉加夫的带领下参观他们的战场。拉加夫是个计程

---

① 建在圣徒坟墓之上的神社,部分穆斯林相信它是可以援引已故圣徒的代祷和祝福的门户。

车司机,身量不高,却颇为结实,穿着印有"救世主"字样的牛仔裤。他不是湿婆军的一员,但在湿婆军有需要时随叫随到。

拉加夫和两个湿婆军带我穿过狭窄的贫民窟,通道甚小,不容二人并行。他们一开始显得很警惕,但当我们经过某座清真寺时,拉加夫笑起来:"这里是我们大干一场的地方。"另一人面带警告,瞪了他一眼。还是苏尼尔稍后向我解开了谜团:"我的手下炸毁过这间清真寺。"他自豪地说。显然这是整场战役的高潮部分,苏尼尔在回忆时语带欢欣。他说,其中一个湿婆军带着液化气罐,拧开阀门,点燃火柴,接着把液化气罐推进了清真寺。那个人后来当上了警察,混得很不错。

我们并非在后厢房窃窃私语,而是在光天化日、人来人往的大街上讨论这一切。拉加夫很坦诚,他既不夸夸其谈,也不避重就轻。随行的两个湿婆军则明显放松下来,这里是他们的地盘——印度教徒在乔格什瓦里的聚集地。他们指给我看唯一留存下来的穆斯林商店,一家曾叫做加富尔的绸布庄。在暴乱当中,一些湿婆军主张杀掉店主,另一些人和加富尔是发小,他们虽未保住加富尔的绸布,但至少保住了他的性命。逃过一劫的加富尔重新开张,改店名为"马拉提床垫"。拉加夫指着旁边的一家小店说:"我抢过那间卖电池的铺子。"

他又带我走到一片空地,眼前的场景分外吊诡:我们的这一侧是经棚火车站,脚下的污水管错综排列,不远处设有铁轨和转向架[①],更远一些的地方是一座座高楼。我们的另一侧是巨大的垃圾场,一群男孩在那儿打板球,拾荒者拿着铁镐,正遍地梭巡。而一周前我站在对面,一个穆斯林指着我现在的方位对我说:"他们就是打那儿来的。"

他们——拉加夫和湿婆军在这里抓到过两个误闯地盘的穆斯林。"我们烧死了他们。往他们身上倒煤油,然后一把火烧了。"拉加

---

① 引导火车沿铁轨运行,保证车辆顺利通过曲线,并具有缓冲作用的组件。

夫说。

"他们发出过惨叫吗？"我问他。

"没有。我们把他们揍昏过去了。事后，他们的尸体让人扔在铁轨边上，都腐烂了，有整整十天的时间。乌鸦来吃他们的肉，野狗来吃他们的肉。警察不肯把尸体移走。乔贾什瓦里警局说这里是戈尔冈[①]警局的辖区，戈尔冈警局说这里是铁路警的辖区。"

拉加夫还告诉我，有一个穆斯林老头往湿婆军身上泼热水。于是他们闯进他的家，将他拖出来，拿了邻居的毯子裹住，然后放火烧。"就像看电影一样，不过是无声的那种，也没有什么剧情。有人被烧着了，我们躲在一边，警察赶过来……有时我会无法入睡，想着就像我刚刚烧死了别人那样，也会有人来烧死我。"

我问拉加夫（就在我们看着对面的垃圾场时），他们烧死的那些穆斯林是否向他们求过饶。"当然，他们会说，可怜可怜我们吧。但我们的心中充满了怒火，眼前是拉达筒子楼那幅惨烈的画面。即便我们当中有人说，放了他吧，也会有更多的人说，不，杀了他。所以我们必须杀死他。"

"那如果他是无辜的呢？"

拉加夫看着我，一字一顿道："投胎成了穆斯林，就是罪人。"

维克多·雨果这样写道："所有伟大的城市都患有精神分裂。"而孟买罹患的是多重人格分裂症。在暴乱期间，城里的印刷机夜以继日工作，为每位访客配备两张名片，一张上面印着你的穆斯林名字，另一张上面则是印度名。若你在城里被人拦住盘问，是生是死，取决于你信奉罗摩大神还是真主阿拉——人格分裂成了保命的手段。

人们口口相传，说巴布里清真寺被毁彻底激怒了穆斯林，他们正招兵买马，一场血战在所难免。消息不胫而走，从小商铺传到火

[①] 位于孟买西郊，铁路沿线地区。

车厢,又传到办公楼的茶水间。每到夜晚便有车队驻扎希瓦吉公园[1]的海滩,面朝广阔的阿拉伯海打开远光灯,整夜维持警戒。人们放哨瞭望,提防据说装载了各式导弹枪械、仅一港之隔的伊朗[2]舰队前来宣战。

暴乱之后,有二百四十个非政府组织通力协作,试图让孟买恢复旧貌。整座城市竖起人墙,市民用实际行动展示团结的决心。名为默哈拉·伊克塔的非政府组织联合印度教徒、穆斯林和孟买警方,将小范围的骚乱掐灭在萌芽状态。吉里什的父亲就是伊克塔在乔格什瓦里的一员。孟买再没有发生过大规模的动乱,但经此一役,断层线[3]已昭然若揭。穆斯林自觉难以融入孟买,哪怕他们本就在孟买土生土长。

"滚回巴基斯坦!"湿婆军对穆斯林高喊。但对他们的这种叫嚣,雅拉·汗感到十分为难。因为和"滚回巴基斯坦"恰相反,他的母亲在十二岁时由巴基斯坦来到了孟买。他问我:你听说卡拉奇[4]的消息没有?"孟买还稍微强点儿。"雅拉·汗住在马希姆的穆斯林贫民区,他想让我见见他的母亲。我走到里间,看见低矮的行军床上躺着一个人。那是位老迈的妇人,身上盖着厚厚的毯子。她的手畸形了,腰部以下高位截瘫。她叫罗斯汉·简,今年已经九十岁了,她人生的前八十六年都过得很平静。罗斯汉·简谈起英属印度的旧时光,语气里充满怀恋。她说那时候的孟买多好呀,大米多香呀,小麦雪白雪白的,你带着家当走在街上,不会有人过来抢。对她这个年纪的人来说,新不如旧,过去永远比现在好。

罗斯汉·简八十六岁时还和街坊四邻走动。她会大宴宾客,杀两

---

[1] 孟买最大的公园,座落在达德拉区,在孟买独立前后见证了各种政治运动,具有独特的历史和文化价值。
[2] 古称波斯,国教为伊斯兰教,穆斯林信众达总人口数九成以上。
[3] 地震发生时,断层面与地面的交线称为断层线。
[4] 巴基斯坦信德省的首府,为该国最大城市和港口,时有暴乱和武装冲突发生。

只羊,做好印度香米,把客人们喂得饱饱的,包括上门来的印度教徒。1948年甘地遇刺后,担心遭迫害的穆斯林都很惊慌,因为一开始,人们以为刺杀者一定是个穆斯林。但到头来风平浪静,并没有发生暴动。

直到1993年1月的一个晚上,一群印度教徒冲进罗斯汉·简的家,举起这位八十六岁高龄的老太太,把她摔在了水泥地上,弄断了她的脊椎骨。现在她躺在行军床上,告诉我那些参与了暴行的印度教徒还曾若无其事地向她行触脚礼,寻求她的祝福。① 她自然祝福了他们,她宁愿他们当时就杀了她,总好过现在这般模样。

穆斯林引爆的复仇炸弹震碎了雅拉·汗的儿子就读的学校窗户。雅拉奔出去,把儿子接回了家。即便惊魂未定,雅拉仍从心里涌出了自豪感:"那些印度教徒常咒骂我们,穆斯林女人坐火车,要被他们扯开罩袍检查。如果爆炸没有发生,兴许我们都活不了。但现在,他们不敢轻举妄动了。"

暴动发生时,穆斯林室内装潢公司的女老板杜里娅·帕迪瓦拉正在家中。暴民从孟买南部的塔迪欧、拜库拉一直往北走,直穿过穆罕默德阿里路。"你能算出他们什么时候会到你家门口。"而当危机愈发接近的时刻,住在一楼的马拉提邻居为杜里娅一家提供了庇护,两家人躲到了街对面湿婆军分支所在的大楼。"我们猜他们还不至于袭击自己的房子。"不过和杜里娅家相邻的建筑就没那么幸运了,那里正好是个废纸回收站,易燃的纸张遇见汽车炸弹,后果可想而知。第二天,杜里娅在自家阳台看见有人正拆除回收站的墙体,结果一只断臂掉了出来。

"这场暴乱改变了很多有思想、有文化的人。受过高等教育、平素有教养的人也变得仇穆和反穆了。"杜里娅既不穿穆斯林罩袍,也

---

① 印度奉行尊老,晚辈会行"触脚礼"来获得长辈的祝福,认为这一举动能为他们带来力量。

不穿纱丽克米兹①,她不用指甲花染发②,甚至看上去都不像穆斯林。她对我说她会在最不可思议的地方,比如五星级酒店的休息室听到人们这样的评论:"穆斯林啊,他们活该。"但她不敢反驳,"我太害怕了。"她说。就因为经营的是一家穆斯林公司,杜里娅遭遇了各种歧视,客户拖欠款项不说,自从印穆矛盾激化,相对于其他供应商,她必须支付更高额的订金才能确保生意正常运行。

三个月后的一天,杜里娅走出办公室,打算取一些文件,她才跨出门,身后的天花板瞬间坍塌——她所在的大楼发生了炸弹爆炸。而她的哥哥在证券交易所上班,地下室的炸弹被引爆后,震碎了走廊的窗玻璃,玻璃碎渣一股脑砸在他的身上。即便如此,杜里娅心中竟有一丝快意。

"我没法为爆炸案找借口。"她强调说,"以眼还眼很可怕。"但与此同时,和杜里娅一个办公室的穆斯林坐火车时,明显感到了来自印度教徒的畏惧。"穆斯林的自尊心恢复了。"在印度,火车厢是一个人有无尊严的试验场,如今的穆斯林终于能再一次抬头挺胸了。弱势群体对强大起来的渴望,宁愿压迫别人而不受压迫,早已不是新鲜事。几乎每一个同我在孟买交谈过的穆斯林都同意,暴乱摧毁了他们的自我价值感,他们不得不无助地站在一旁,眼睁睁地看着他们的儿女被屠戮、他们的财产被付之一炬。而当复仇的爆炸声响起,印度教徒或穆斯林纷纷倒地,他们方才找回往日的力量,用鲜血的代价提醒印度教徒:我们不总是无助的,我们不再是无助的。

湿婆军一手策划的暴乱带来了他们未能预料的后果:穆斯林黑帮借由混战,为自己输送了大量新鲜血液。我就遇见了其中一位,代号黑眼,是达乌德·易卜拉欣③帮派的职业杀手。1992年,才十五岁

---

① 由宽松长裤和长衫组成的中南亚地区传统套装。
② 穆斯林圣训鼓励妇女用指甲花染甲和染发,以展示女性气质。
③ 2003年被美国宣布为恐怖分子,联合国把他的名字列在极少数同塔利班和基地组织都有联系的特殊名单上。

的黑眼和家人住在人口密集的纳加尔（一大型住宅开发区）。一个周五，他们的邻居兼朋友——一些马拉提湿婆军绕着开发区标记了所有穆斯林的房子。这一片区约有五千穆斯林。周六，湿婆军举行了公开法会，唱诗游行，一时锣鼓喧天。周日一早，黑眼在家看动画片，忽然有人敲门："我们是政府派来的。"一个声音说，"开门，出示你们的配给证。"黑眼的父亲当即用铁棍卡住大门。外面的人用力拍门、推撞，最终破门而入。他们抄起铁棍，当着全家人的面毒打黑眼的父亲。"那个打人的男孩子是我的朋友，我们一起玩过板球。他在古尔邦节①的时候还上我们家来吃过饭。"黑眼于是抱住头，向昔日的朋友求饶："你以前来我们家做过客不是吗？"那个朋友瞥了他一眼，让他滚。瘦小的黑眼一路逃到了叔叔家，哭喊着请叔叔帮忙。他的叔叔拒绝了："我还想活命呢。"他说。

　　黑眼的母亲和妹妹则把自己锁在卧室，手中握紧了杀虫药，如果暴徒强行闯入，她们预备吞药自尽，总好过惨遭蹂躏。但湿婆军并未对她们下手，在痛打了黑眼的父亲后，他们将家里的一切砸得粉碎。黑眼和家人别无选择，只得弃家逃到难民营，在那里待了三天。附近的餐馆甚至不肯给他们一口水喝，他们就靠烂番茄过活。但最糟的还不是这个。"暴乱之后，不管去哪里，我们都要乞讨。"黑眼说，这么多年过去，他回忆当时的场景，眼圈还是泛红了。"我们不得不伸手向救济站讨几块饼干吃，要几件衣服穿。"就这样迅速长大的黑眼辍了学，加入了穆斯林黑帮，开始了他的杀手生涯，他枪杀的人里包括虔诚的印度教徒兼乐坛巨星高尔杉·库马尔②。"因为暴乱，我们小区的绝大多数穆斯林都加入了达乌德帮。我也是。"

　　孟买警方向来视穆斯林为罪犯，就像美国警方视黑人为罪犯一样。1996年12月的某报头条这样写道："忠言逆耳——穆斯林更易犯

---

① 伊斯兰教重要节日，这一天穆斯林要穿新衣、屠宰牲口，将肉食分送给穷人，欢乐情景如同汉人过年一样。
② 宝莱坞电影制片人（1956—1997），乐坛大鳄。

罪"。报道称，据一项警方内部的问卷调查显示，不足孟买五分之一人口的穆斯林却创下了全城三分之一的犯罪数量。印度教徒被控的往往是意外伤人、诈骗或偷窃，而穆斯林的罪行要暴力得多。报道还引用卡夫大道警局某位探长的原话说："穆斯林所犯的罪行包括敲诈勒索、强奸、谋杀、黑帮火并、有组织汽车盗窃等。印度教徒所犯的则通常是诈骗、性骚扰、偷盗或者抢劫。"

"警方对湿婆军大开绿灯。"苏尼尔曾对我说，"能在暴乱时期接到巴尔·萨克雷的电话指示，对警局来说是件风光的事。"

1993年1月10日到18日间，人权活动家蒂斯塔·塞塔尔瓦德[①]录下了警方无线电频道的通话，以下是特警队和调度室就暴乱期间警力部署的一部分谈话内容：

> 东革里一号呼叫调度室：有军用卡车接近，车上装有牛奶和其他配给。赛义德·拉赫马图拉少校带队……人群聚集起来了……请求增援。
>
> 调度室：他妈的为什么给穆斯林发牛奶？是不是找死，不知道那里是谁的聚集地吗？

当天晚些时候——

> 东革里一号：领牛奶和补给的人已经散开。
>
> 调度室：谁允许发奶的？你们他妈的听不懂吗？不许给那些狗发牛奶！
>
> 东革里一号：是两辆……军用卡车，赛义德·拉赫马图拉少校带队。
>
> 调度室：截住车。搜他的身，去他妈的少校，他是个穆

[①] 女，孟买马拉提人，印度人权活动家、记者。

斯林!

另一地区——

　　维帕路一号呼叫调度室:马拉提车库外有暴民聚集,地点:加斯加利区,拉明顿路,可能会放火烧车库。请求支援。

　　调度室:穆斯林的车库,烧就烧吧。他妈的,千万看好了,马拉提人的车库不准碰,是穆斯林的车库就尽管烧。

　　阿萨德·本·赛义夫是个致力于消除印穆仇恨的非政府组织成员,他带我前去拉达筒子楼。和这座人格分裂的城市一样,拉达筒子楼也有两个名字,楼外有块牌匾,上书"甘地筒子楼"。一个名为"正道委员会"的女性组织为我安排了这次会面。她们的办公室就设在当初发生惨案的那层楼。

　　在她们到达以前,我坐在一家六口曾被活活烧死的房间,听一个穆斯林老人对我说:"先生,请做点什么,挪走这里的人心中的仇恨,恒河和贾木纳河① 才能一起流淌。毒素已经侵入人心了,但你还年轻,可以做一些事。"我们所在的房间让"育娃"② 的志愿者改造成了图书馆和社区活动室,同时也充当日间照料中心。眼前的穆斯林老人是当年受害人的邻居,这里的图书管理员。说是图书馆,藏书不过一纸箱,书的标题(诸如《与社区和非政府组织携手共建发展项目——政策制定者的行动议程》)解释了为何此地读者寥寥。老人告诉我,他在孟买出生,他用印地语称呼这里为"祖国"。他用颤抖的嗓音唱道:

---

① 孟加拉国三大河流之一,与印度恒河在孟加拉湾汇合,流入大海。
② 全称"统一及志愿者行动青年组织"(YUVA),致力于贫困儿童的教育。该组织遍布印度的三十个城市,拥有近十万名志愿者。

"我的祖国印度,世上最好的地方……"我听着听着,眼眶竟湿润了。这位老人家并不愤世嫉俗,也毫无讥讽的意味。他只是一个在穆斯林贫民窟工作的穆斯林图书管理员,即便他管理的书没有一本是用乌尔都语①写的,他仍然衷心为他的祖国印度唱响赞歌。

1993年1月17日,阿德瓦尼——彼时的印度人民党主席、湿婆军同盟、巴布里清真寺事件的始作俑者之一来视察甘地筒子楼,宣扬湿婆军的暴行之余也在穆斯林的伤口上撒盐。阿瑞发·汗去见这个声名赫赫的政客。他正从车里出来,四下打量着贫民窟。阿瑞发·汗本不打算说话,这时忍不住开口道:"你现在才来管什么用?"这个娇小俊秀的穆斯林女人对一心想成为印度总理的政客朗声说道:"要不是你下令开炮②,又借乘车节③推波助澜,这里的悲剧本不会发生。"她指的是阿德瓦尼此前不断煽动印度教徒的愤怒情绪,任由他们在全国范围内大规模游行,并最终指示湿婆军将巴布里清真寺拆毁的恶行。对阿瑞发的这番评论,阿德瓦尼无话可说,他回到车上,和他的随行人员、安保卫队一起,沉默着离开了乔格什瓦里。

我和穆斯林老人说话间,阿瑞发·汗和大约二十个穆斯林妇女一块儿到了,同来的还有一对印度教徒夫妻,另有两个不请自来的穆斯林少年,穿着隆基,一脸凶相。阿萨德·本·赛义夫向大家介绍了我,妇女们开始向我倾诉她们的难处:她们的丈夫被印度警方或湿婆军杀害了……此时,附近的清真寺传来宣礼塔④的钟声,女人们赶紧

---

① 巴基斯坦的国语,也是印度二十二种公认的语言之一。
② 1984年,时任印度总理的英迪拉·甘地为镇压分裂分子,下令炮轰锡克教胜地金庙,最终引发印度教徒与锡克教徒的激烈冲突,死伤惨重。阿瑞发意在指责阿德瓦尼让历史重演。
③ 乘车节是印度的大节之一。人们将神像搬到车上,车列在各街道游行,这样做是为了让因种姓或教派而无法进入神殿的信徒瞻仰神像。阿瑞发在此讽刺阿德瓦尼煽动并利用无知民众的仇穆情绪。
④ 清真寺常有的建筑,用以召唤信众礼拜,现代采用扩音器方式。

戴上了头巾。① 暴乱过后，虽情非得已，但印度教徒和穆斯林大多水火不容，这是不争的事实。哪怕住在同一社区，宵禁时，印度教徒也拒向穆斯林出售食品，这让我眼前的妇女很感受伤。

阿萨德问她们，有没有想过回巴基斯坦？

"这是我们的祖国。不管它变成什么样，都是我们的印度。"其中一个女人说，她有权住在这里，她是印度公民，她参与了选举投票。"如果我们都不投票，他们又哪里来的席位？"

印度拥有 1200 万穆斯林，占总人口的 12%，居世界第二。而孟买近 1/5 的人口为穆斯林，高出全国 1.5 倍。在印巴分治后的半个世纪，印度的穆斯林数量仍高于巴基斯坦②，选择留下的人们用脚投了票。但正如巴尔·萨克雷在巴布里清真寺被毁后宣称的："巴基斯坦没必要跨过边境对印度发起攻击，千千万万对巴基斯坦忠心耿耿的印度穆斯林迟早会武装起义。他们就是巴基斯坦的第七枚原子弹。③"萨克雷的观点正是大多数印度教徒的观点，那就是穆斯林不可能爱国。萨克雷在他的党报上接着写道："不管身处何地，穆斯林首先是穆斯林，国家和民族对他们都是次要的。"

印度人民党刻意挑唆，煽动群众对穆斯林的普遍畏惧，就好像他们是全无分别、追随穆罕默德的一个集合体。但事实上，穆斯林内部彼此仇视，比他们仇视印度教徒更甚。孟买的穆斯林也是全印最多样化的。他们不只有什叶派和逊尼派之分④，还有达乌迪博拉派、伊斯玛仪派、迪奥班迪复兴派、巴雷利派、梅蒙家族、莫普拉派、阿赫迈底亚派等等。是印度教徒发动的暴乱将四分五裂的穆斯林联合了起

---

① 穆斯林规定女性要在礼拜时蒙头，他们相信这样才蒙真主喜悦。
② 根据 2010 年的统计数据显示，印巴的穆斯林人口数基本持平。
③ 1998 年，在印度完成第二次核武器测试后，巴基斯坦也进行了核试验，成为世界上第七个成功开发并测试核武器的国家，同时也是伊斯兰国家中第一个拥有核武器的国家。
④ 逊尼派自称"正统派"，与什叶派对立。两者并列为伊斯兰教两大主要教派。

来。马拉巴尔山的达乌迪博拉派发觉他们和马丹普尔贫民窟的比哈尔逊尼派必须一致对外，因为值此大难，他们作为印度公民的权利受到了根本挑战。他们发觉原来只要身为穆斯林就被人定了罪。

坐在我对面的穆斯林少年说他的哥哥在暴乱中身亡，却无人因此受罚。但同一幢楼里的印度教徒一家被害，先后有十一个穆斯林遭到逮捕，且被判处无期徒刑。他们听说湿婆军的法人团体带着那位残疾少女的尸首在孟买示众，导致群情激愤。"拉达筒子楼死了一个女人，他们就恨不得把我们斩首。"愤怒的少年说，"但我们死了五十个人，什么也没发生。法律是他们制定的，他们可以为所欲为。天理何在？要么还我公道，要么血债血偿。我们和他们拼了！"渐渐地，房间里的女人停止了说话，那对印度教徒夫妇悄然离开，愤怒的穆斯林少年控制了谈话的走向。

他们在离开前还不忘警告我。"你可想好了再动笔。"其中一个笑道，但笑意并未抵达眼底，"如果你一个字都不写，那也可以。"

他们离开后，房间里的气氛才轻松起来。有穆斯林妇女代他们向我道歉："他们被怒火蒙住了眼睛。"其中一个说，"所以我一开始不想带他们来的。"

另一位妇女告诉我，她答应过来和我见面，家里却还有要紧事。"我人在这里，心思在别的地方。我在想待会儿还打得到水吗？是不是又要等上两小时？"在贫民窟要用水，女人们必须排队取号。三十人一组，每人两个水桶，打来的水全家省着用——多久洗一次澡、如何上大号，大有学问。"在印度教徒的聚集地，每条弄堂都有水龙头，但在我们这边，十条八条弄堂共享一个水龙头。在他们那儿，公厕遍地都是，但在我们这里，公厕已经堵塞一年多了。"

贫民窟就是垃圾场。污水露天排放，污水管在棚户间穿行，孩子们在附近玩耍，一不小心就会跌进水里。政府即便派人来清理管道，也不过是把里面蓝灰色的淤泥挖出来，随意堆在茅房外。我没法上这里的公厕，我试过一次，里面有两排蹲坑，每个坑位都充斥粪便，甚至满溢出来，弄得整个隔间都是。之后的几小时里，不管是吃饭还是喝水，我都无法忘记那幅画面，也总是闻到那股恶臭。不是我矫情，而是通过粪口传播，伤寒会在贫民窟肆虐。各处的泥污和积水孳生疟疾，令很多孩子患上黄疸病。肉铺里摊放着动物尸体，上面叮满密密麻麻的苍蝇。整个地区都弥漫着"久而不闻其臭"的可怕气味。

人们向我抱怨，说市政公司①的法人（一个穆斯林女人）和国会议员（一个湿婆军）对他们的困境置之不理。所以阿瑞发·汗只得和另外八个同样来自乔格什瓦里贫民窟的女人组建了"正道委员会"。这个组织从1988年的九名成员扩展到目前的十五名，其中大部分是穆斯林。她们一开始只是想解决如厕难的问题。孟买有两百万人无法在家中解手。每天清早，许多人不得不徒步来到铁路边，手中拿着水杯，一路沿铁轨寻找，指望有这么一小块空地可容他们蹲下身来解手。一个女人一早跑到外边，只为找到方寸之地，或者上大号，或者在经期略作清洗，实在泯灭尊严。没有任何一座城市（何况是像孟买这样富庶的城市）有借口让女性遭受这样的对待。乔格什瓦里的女人或许更幸运，她们有市政府出资建造的公厕，只不过一旦堵塞，市政府就再也不管疏通的事了。历届选举期间，都有不同的领导班子跑来贫民窟，承诺他们会尽快疏通管道。这样的承诺每一次都是空头支票。所以女人们聚集到一起，前往市政府办公厅争取她们的权益。"我们跑断了腿、磨破了嘴。"她们说。任何同印度的官僚机构打过交道的人，都很熟悉"跑断腿、磨破嘴"的意思：你必须从一个办公室跑到另一个办公室，带着你的请愿书，直到获批，不然绝不放弃。这些女人没有放弃，她们终于让一部分公厕得到了疏通。

这次成功鼓舞了她们，她们又转战贫民窟的用水问题。这里的供水时间每天只有两小时，而当人们手提水桶、在公共水龙头后排起长队时，供水会突然中断。这是当地的水管工惯用的伎俩，他们和政

---

① 地方政府的公营公司。

府供水单位串通一气,借此中饱私囊。水管工漫天要价,譬如接一段四分管要向居民收取一万六千卢比。无奈之下,四户人家只得分摊费用,每户出四千卢比。于是私接的水管蛇行在贫民窟的狭窄弄堂,纵横交错,犬牙相制。"正道委员会"为此进行了抗议游行,迫使市政府不得不增加了供水量。

居民们开始为各样和暴乱相关的问题请求委员会的帮助。一个眼见丈夫被吊在树上烧死的妇人发了疯,无法领取政府发放给暴乱受害者的抚恤金,委员会出面替她做了争取。她们工作的范围越来越广。离了婚的女人来找她们——根据穆斯林法律,一旦丈夫给出口唤,即连说三次"我休了你",他就可以解除同妻子的婚姻关系。委员会于是请来律师,为这些女性提供法律援助。她们当中的五个成员还组建了一个咨询团队,为婚姻触礁的夫妻做调解。"我们听取双方的说辞,根据实际情况给出意见和指导,试图让他们和好。如果发现丈夫有违法行为,我们会建议妻子向法院提起诉讼。""正道委员会"的下一个目标是解决配给证的问题,而在上一次地方选举时,她们还大力支持了来自贫民区的一位人民党[①]女候选人。

我问这些女性,她们的丈夫是否支持她们的工作。她们笑道:"他们一听我们提工作就骂骂咧咧的。"当地的穆斯林联盟[②]则散播谣言,说她们好出风头,成天和男人打交道,伤风败俗,不知羞耻,然后派人砸掉了她们的办公室。

这些女性还经营着一个日间照料中心,原本的地点并不在这里。暴乱之后,社区里不服管教的穆斯林少年变本加厉,愈发胆大,他们以刀相胁,逼她们让出房间,好给他们作吸食大麻之用。"正道委员会"才不得已迁到了拉达筒子楼的案发地。她们不久后又要去市政府请愿,主张拨给她们一间更大的、带锁的房间。如果孟买还有任何指

---

① 又称统一派,有别于"印度人民党"。
② 于英属印度时期成立,为印度小党派。

望，是因为所有和这群贫民窟女性一样、目不识丁但勇敢果决的巾帼英雄。基础设施的严重缺乏对她们而言不是抽象的概念，而是每一天都面临的生存难题，对此她们比男性体会更深。若要确保划拨给某个贫困地区的资金得到妥善运用，把这笔钱交给那里的女性准没错。

我问"正道委员会"的其中一员，为何不搬去稍微体面一点的单元房，而宁愿待在生活如此艰辛的贫民窟？市政府有意规划建造安置贫民窟住户的新公寓，但这里的人一个也不肯搬。"那里太孤单了。公寓楼家家大门紧闭，你死了都没人知道。而这里——"她满意地环顾四周，"这里人多热闹"。

金窝银窝，不如自家草窝。我们习惯于把贫民窟看作这座城市的毒瘤，我们以为住在那里的人一无所有，终日凄凄惨惨戚戚。但我们似乎忘了，除了简陋的生活设施，贫民窟的人和我依恋尼皮恩航海路的家，如巴黎人不愿走出他的舒适圈一样，对门前的空地、他们熟悉的左右四邻、亲手建造起来的城中村……无不充满眷恋。"我喜欢这里。"阿瑞发·汗这样评价道，"这里是我的家，我的社区。我认识每一个人，也用惯了这里的设施。"任何一厢情愿的都市再规划项目都必须充分考虑到贫民窟的人们想要紧密维系的特殊愿望。对乔格什瓦里的居民来说，比露天的排污管和堵塞的公厕更可怕的，是大城市里虽然整洁但空荡荡的一间房。

湿婆军的成员多是马拉提人，皆为印度教徒，自称"土地之子"。他们在孟买出生，也在孟买扎根，一心一意守着这片土地，世世代代替人打杂。他们的愿望很简单，也很务实：每天的工作时间不要太长，中午有从家里送来的盒饭[①]吃，一周去看一到两次电影，将来孩子们能在政府部门找个铁饭碗，谈一门好亲事。他们从不奢望名牌服

---

① 印度特有的送餐系统，每天早上由送餐人员从各家取走准备好的盒饭，送到在孟买市区工作或学习的人手上，稍晚些时候再把空饭盒送回各家。

装，也没想过要在泰姬陵酒店吃昂贵的西餐。

我认识的马拉提人很有限。我自小长大的世界在尼皮恩航海路上，马拉提人则来自另一个世界。他们来洗我们的衣裳，查我们的电表，当我们的司机，住我们以为噩梦一般的贫民窟。我们的孟买和马拉提人的孟买，完全是两码事。他们是我们的帮佣，是楼下卖香蕉的小贩，是我们在课本上读到的"山里人"。我们称马拉提人为"山里人"，而"山里人"也渐渐成为佣人的代名词。我四年级的时候，马拉提语成了必修课。竟然要学习佣人的语言，这让我们牢骚满腹。我们彼此开玩笑，编造马拉提语的起源说：从前啊，印度的每一个民族都有自己的语言，只除了马拉提人。于是他们来到湿婆神面前，求他赐给他们一门语言。湿婆神环顾四周，看见一些鹅卵石，就把石子扔到铜壶里，晃了晃，对马拉提人说："喏，这响声就是你们的语言。"那时的我们如此轻狂，对这门孕育了诗人纳姆代沃、杜卡拉姆、迪利普·契特和达萨尔的语言一无所知。

但马拉提人始终存在，他们和他们所代表的势力在我们的脚下暗自涌动、偷偷壮大。如今他们获得了政权、力量和急不可耐的自信，开始一步一步逼近我所成长起来的、名利双收之人的世界。与其说尼皮恩航海路的居民为马拉提人追杀穆斯林的暴行错愕，不如说他们对"山里人"竟敢堂而皇之闯进高楼大厦而不忿。马拉提人生活着的那个孟买，终于入侵我所熟知的孟买。而这个陌生的孟买隐藏在街角，潜伏于人群，它看不惯我们高高在上的态度，不时要痛打我们来出气。1992—1993年的印穆冲突是这座城市的地震纪念碑。一座清真寺的倒塌，放出了贫民窟里嗜血的怪物，让两个截然不同的世界自此纠葛在了一起。

我在加尔各答的爷爷和我在孟买的叔叔都在暴乱时打开家门，为穆斯林提供过庇护。叔叔还借用耆那教的寺庙，在那里备好食物——每天五千袋大米、面包以及土豆，然后冒险送到为宵禁所困的穆斯林贫民手中。

叔叔告诉我,暴乱给了他们这样的教训:"即便受过教育之人如我也不得不同意,唯有湿婆军才对付得了狂暴的穆斯林。湿婆军的确是疯子,但我们需要疯子来对付疯子。"

我从苏尼尔的手下——那个在市政府工作的小伙子那里听到过相似的理论:是勇猛的马拉提人保护了手无缚鸡之力的孟买商人。"要不是我们湿婆军,和白种人做生意的古吉拉特人也好,马瓦里人也罢,早就被穆斯林打死杀光了。生意人有什么用?"小伙子的语气里带着鄙薄,"他们只知道赚钱。"

我的叔叔越过我,看着窗外暗下来的天。他说在加尔各答的时候,他有一个穆斯林好朋友。他们一起念初三,那时才十五岁。有一天,他们去看电影,正片放映以前,银幕上进了一段新闻片[①],里面有一个镜头,展示了穆斯林在礼拜时跪下祷告的场景。叔叔在一片昏暗的影院里脱口而出,也不知是讲给谁听:"一枚炸弹就能送他们上西天。"

话音刚落他就意识到不妥,因为坐在他身边的好朋友正是穆斯林。但这个朋友一声不吭,假装充耳未闻。"但我知道他听见了。"叔叔说,即便在三十五年后的今天,坐在孟买的公寓里,他的悔意依然显而易见。"我感到无地自容,我没有一天不为此羞愧。我开始想,为什么我心中会有这种仇恨?然后我意识到,原来我从小就被灌输了这样的想法。也或许是印巴分治带来的不快,也或许是他们的饮食习惯——穆斯林杀生吃肉——总之父母亲告诉我,不能相信穆斯林。甚至我自己的儿子,我都对他说:'一旦你结婚,就离你的穆斯林朋友远点。'印巴分治让我们忘记了圣雄甘地的教导。我的爷爷和伯公是甘地忠实的追随者,但一谈到穆斯林,他们就勃然变色。我们从小不

---

① 纪实电影的一种,以社会时事为表现对象,担负新闻报道的功能,一度非常流行,通常只有十到十五分钟的长度。

被允许到穆斯林家玩,更不用说带穆斯林朋友回自己家做客了。"

隔天,叔叔坐在他设有神龛的房间做普迦①,我坐在一边,开着手提电脑工作。"别把我告诉你的那些写下来。"叔叔见我在打字,如此嘱咐道。

我问他为什么。

"我从来没有告诉过别人这些事。"

是通过对我的诉说,令叔叔开始明白他心中仇恨的源头。

我还记得在我所长大的那个孟买,一个人是穆斯林、印度教徒还是天主教徒,只是个人癖好,像可以随心选择的发型。我们班上有个男孩,叫做阿瑞夫。现在回头看他的名字,我才意识到他肯定是穆斯林。阿瑞夫是写打油诗的高手,他会教我们把爱国主义歌曲的歌词改头换面,将里头战功赫赫的民族英雄替换成绯闻缠身的电影明星。他这么做,不是因为他是穆斯林、他不爱国。他这么做,仅仅因为他是个十二岁的、调皮的男孩子。

但放到现在,这就是死罪。因为巴尔·萨克雷说这是死罪。

乔格什瓦里的湿婆军分支大楼,内有一条长长的走廊,两侧挂满巴尔·萨克雷和他已故夫人的相片,另有一尊希瓦吉胸像,以及好些健美比赛的海报。每天晚上,分支头目比库·卡马特坐在书桌后,像杜尔巴②王公那样聆听来自民间的请求。有前来应聘打字员一职的残疾人、希望家中能早日通电的居民、争吵不休请求调解的夫妻……大楼外还停着一辆救护车,和分布全城的几百辆湿婆军救护车一样随时待命,将贫民窟里的危急病人送往医院,并且只象征性地收点费用。

在像孟买这样市政服务有名无实的城市,湿婆军是民众获得公共

---

① 印度各主要宗教信徒的敬神仪式。虔诚的信徒在自家建有神室或神龛,每天都做供奉。
② 在英属印度时期,杜尔巴指由土邦王公掌权的封建议事厅。

福利的必经桥梁。湿婆军分支相当于平行政府，就如同美国部分城市里帮助移民再就业或负责修理街灯的政治机器[①]。但湿婆军自认不是政党，而是一个大型综合社会服务机构。它拥有并管理着超过八十万人的工会、学生团体、女性组织、就业中心、养老院、合作银行以及报社。

比库·卡马特很有外交手腕，热情地带我参观分支大楼。他素以廉洁著称。"湿婆军里像卡马特这样的人，实在不多了。"苏尼尔说，"他们家看的还是黑白电视。"但到了必要时刻，卡马特也会摇身一变成为地方恶霸。他和政府关系紧密，足以为苏尼尔提供政治庇护。"国会议员是我们的人，警方对我们俯首帖耳。如果我被捕，一通电话就能让我重获自由。"苏尼尔夸口道，一边点点头，"我们有代权。"

他把这个词重复了好几遍。苏尼尔雇了一个当地的穆斯林青年替他的有线电视业务跑腿。"他家还有十二个兄弟、六个姐妹。我付他钱，送他的兄弟烈酒。他为了我，揍自己的亲兄弟都没二话。这就是代权。"同样地，根据苏尼尔的说法，治好了他女儿的穆斯林巫医也有代权。我忽然就懂了这个词的意思。代权，是"代理权力"的简称。它并非你本身就有的权力，而是你代替别人行使的权力，譬如听令代为签发文件、释放通缉犯、治病救人，又或买凶杀人。一个政客唯一拥有的权力就是代权，这种权力是他的选民赋予他的。所谓民主制，归根结底是行使这种代权，不管它合法与否。在孟买，湿婆军便是这样一个有代权的组织。湿婆军里最有代权的，自然是他的党魁巴尔·萨克雷。

萨克雷极度膨胀的自我，从他幼时起就已注定。他的父亲自认是社会改革家，崇拜《名利场》的作者——维多利亚时期的英国小说家威廉·梅克比斯·萨克雷，遂改姓氏为萨克雷。萨克雷的母亲一连生

[①] 美国政界用语，指一个政党或组织掌握了足够多的选票，以控制地方政治及行政资源。

了五个女儿,迫切地求神赐一个儿子。巴尔·萨克雷的出生被看作来自上天的莫大恩德。如今年逾古稀[①]的萨克雷是个介于帕特·布坎南[②]和萨达姆·侯赛因之间的复杂人物。他有着漫画家特有的夸张性格,热衷于戏弄媒体。他公开表明对阿道夫·希特勒的称许,令西方记者一片哗然。他曾在印穆冲突最激烈之时接受美国《时代周刊》的采访,被问及印度穆斯林是否自比受纳粹迫害的犹太人,他答:"穆斯林如果和犹太人一个德性,受迫害理所应当。"乔格什瓦里贫民窟的妇女评价萨克雷"比穆斯林更像穆斯林"。萨克雷执著于穆斯林群体,几乎到了病态的地步。"他监视我们的一举一动,我们如何吃饭、如何祷告,他都观察。如果他没在报纸头条看到'穆斯林'三个字,那报纸休想发行。"萨克雷经营湿婆军党报《对抗报》,有马拉提语和印地语两种版本,足以将其仇穆的言论传遍整个马哈拉施特拉邦。

和其他黑帮成员一样,萨克雷也有好些代号:大佬、掌门、遥控器、老虎……其中,老虎也是湿婆军的标志,它是萨克雷最重要的公众形象:报纸上的他和老虎同框,广告牌上的他与老虎并列。他甚至出席了老虎保护基地的开园仪式,不遗余力和老虎扯上关系。萨克雷是个神秘的自营品牌——他喝热啤酒,抽烟斗,和自己的儿媳有非比寻常的亲密关系。

苏尼尔和他的手下这样向我形容萨克雷:和湿婆军大佬有话直说,几乎是不可能的。即便像卡马特那样善于言辞、无所畏惧的分支头目,在萨克雷面前也难免结巴。萨克雷会训斥他:"站直了!你怎么搞的,变傻了?"所以无人敢直视他的眼睛。而另一方面,"他又欣赏你同他有话直说。你最好单刀直入,他不喜欢别人吞吞吐吐。"

苏尼尔手下的小弟为每年萨克雷生日时的壮观场景激动不已。他

[①] 巴尔·萨克雷于2012年去世,享年86岁。
[②] 美国保守派政治评论家、专栏作家和播音员。是美国总统尼克松、福特和里根的高级顾问,1992年和1996年提名共和党总统候选人。2000年美国总统选举时他代表改革党。

们前往萨克雷的别墅,见证孟买最有钱有势之人排着长队向萨克雷致以问候。"我们看到那些大人物,议员啊,商人啊,在他面前跪下行触脚礼。再有头有脸的人都要先行礼,然后才能同他说话。"

"受各国总统接见的迈克尔·杰克逊到孟买时没有见别人,就见了我们大佬。"另一个小弟补充道。美国的商业巨擘——安然公司的总裁来见萨克雷,好确保拿到在孟买的能源合同。大明星桑杰·杜特(看不惯湿婆军暴行、愤而辞职的国会议员苏尼尔·杜特之子)获释后不是先回家,而是来见萨克雷,向他行礼。每一次当企业龙头、影视圈大腕、德里政要在萨克雷面前叩首,湿婆军们就感到一阵自豪。在他们眼里,萨克雷的代权在人们的朝拜中,一次又一次得到了巩固。

他们还告诉我,如果见到萨克雷,我该说些什么。"你告诉他:'即使在今天,在乔格什瓦里,只要您一句话,我们愿随时慷慨赴死。'你问一问大佬:'为实现印度民族主义,在暴乱中为您而战,不惜让双亲成为失独老人的弟兄们,您的湿婆军能为他们做什么?'"

我感觉自己仿佛成了热血青年和他梦中女神的信使:"告诉她,我愿为她而死。"但热血青年的语气里有太多的哀怨,他们责怪大佬忽视了他们为爱赴死的牺牲,战友们献上的血祭没有得到大佬肯定的答谢。

1995年3月,印度人民党的主要同盟——湿婆军在马哈拉施特拉邦崛起了。其时,孟买政府已为他们马首是瞻长达十年。政府看一眼困扰孟买的诸多问题:每一级办事机构积习已深的腐败、印度教徒和穆斯林之间不共戴天的仇恨……毫不犹豫向湿婆军拱手交出了大权。为讨湿婆军的欢心,他们甚至把孟买市名改成了印地语拼写的"孟巴"。

一旦掌权,湿婆军决定先从艺术家,尤其是穆斯林艺术家下手立威。印度最知名的画家马克布勒·菲达·侯赛因在二十年前画过一幅妙音天女①的半裸像,因此遭到湿婆军的控告。当傀儡政府着手准备起诉时,湿婆军的喉舌《对抗报》则忙着左右公众的观点。《对抗报》称,侯赛因画半裸的印度女神像,"其劣根性表露无遗。"然后它建议:"若侯赛因真有胆量,为何不画伊斯兰先知和猪②交媾?"《对抗报》的编辑兼国会议员桑杰·尼鲁帕姆还落井下石:"印度教徒,切莫忘记侯赛因的罪行!我们绝不原谅。等侯赛因回到孟巴受审,把他押往烈士广场③,让他公开接受鞭刑,直至血肉模糊,成为名副其实的行为艺术。将我们的女神描绘成半裸的手指,统统应该砍下。"尼鲁帕姆的提议最令人吃惊的一点,不是其残忍,而是其主张对侯赛因实施的刑罚,直接来源于伊斯兰教律法。

湿婆军对什么是印度文化能接受的,显出明确的崇洋媚外的倾向。迈克尔·杰克逊的印度之旅就是很好的佐证。1996年11月,萨克雷宣布竭诚欢迎杰克逊来印度巡演。这和杰克逊承诺将演唱会的全部收入(逾一百万美元)全额捐献给湿婆军的青年就业项目是否有关,我们不得而知。杰克逊的演唱会据说冒犯了不少人,包括萨克雷自己的兄弟,杰克逊所代表的美国价值观在他看来很是怪异。"迈克尔·杰克逊是何许人也?他和印度文化有什么关系?湿婆军和萨克雷为什么这样起劲?"

对此,萨克雷的回应是:"杰克逊是个了不起的艺术家,我们要以艺术家的规格接待他。他的舞姿非比寻常,鲜有人能毫发无损地模仿。"然后萨克雷指向了问题的关键:"文化又是什么呢?杰克逊代表的某种美国价值观,印度为什么不能接受?我很乐意接受杰克逊以及他所代表的美国文化。"据传杰克逊为了感谢萨克雷的盛情,在从机场去酒店的路上特意绕道萨克雷的别墅。萨克雷在事后得意地向媒体

---

① 印度教的重要女神,代表医疗、子嗣、财富、智慧、美貌和音乐。
② 伊斯兰教视猪为秽物,不可吃,不可触,也不可用于祭神。
③ 位于孟买南部地区。得名于1960年马拉提人为建邦而与警方在广场发生冲突、致百余人死亡的枪击事件。

展示了杰克逊当晚借用过的小便池。

另一种为萨克雷所喜并且同他相得益彰的文化，是大买卖、大生意、大手笔。湿婆军试图挤占左翼阵线①企业在当地的市场份额，而由湿婆军所控制的工会因为资金雄厚，腰杆子也更挺。这大笔的资金自然不是湿婆军一党缴纳的，而是孟买的商业权贵贡献的：汽车经销商、航空公司老板、宝石商……因此萨克雷的反对者不是孟买的精英阶层，而是市郊的平民、中产阶级，以及马拉提人权作家。王子犯法，尚与庶民同罪，目无法纪的萨克雷却能不动如山。1993年6月，他曾公开表示："法院判决于我如无物。法官多像瘟疫缠身的老鼠，必须采取行动，将他们斩草除根。"

斯里克里希纳法官身体抱恙，他坐在新哥特式的法院办公室，按着腰，痛得直皱眉。医生嘱咐过他不得太过劳累。但近四年来，他都独自一人调查孟买暴乱案。政府在暴乱发生后不久，指名斯里克里希纳接手这一繁重的任务。"听到那些孤儿寡母的陈述，再听警方说是人群自己发了狂，暴乱没有预谋，无人幕后策划，我实在很难相信。我不单是个法官，也是个有常识和同理心的普通人。"但斯里克里希纳没有法官应有的权限。政府请他出具调查报告，给出专业建议，而没有请他开庭审理。如果以法官的角度看待案情，斯里克里希纳说，他会判处那些当着他的面还无耻撒谎的警察以蔑视法庭罪。

我问他调查工作何时能结束。他抬头看着墙上的挂历，说："最多还有半年吧。我已经烦透了。"湿婆军掌控下的孟买政府于1996年1月停了斯里克里希纳的职，迫于民众抗议的压力才又撤销了停职处分，但额外加给他调查1993年孟买爆炸案的工作量。斯里克里希纳却无权传唤爆炸案的证人，因为案子进入特定的反恐诉讼程序后，旁

---

① 印度共产党领导的多个地方性左翼政党联盟的统称。

人不得介入。照他的说法，这两个案件本就应该分开受理，政府乱来一气，可见印度的司法体系操作之荒谬。譬如针对前总理拉吉夫·甘地遇刺一案，特设的调查委员会直到1995年——事件发生整四年后才开始传唤证人。

我问斯里克里希纳法官，他的苦心调查最终能否有一个好的结局。他想了一会儿，说："再不济，这对我的良心总算是个交代。"

印度无需向他人学习何为包容，它自己就是绝佳的例子。孟买城里百族济济，绝大多数彼此敌视，但每个群体深知其余群体的行为准则，几个世纪以来互相忍让，直到最近。我的爷爷固然不喜欢穆斯林，但对他们的习俗一清二楚，也愿意加以尊重。他穿剪裁精良的舍瓦尼①，会讲给我听穆斯林先贤的故事。在我还小的时候，我问他为什么穆斯林要吃肉。爷爷解释说："他们受的教导便是如此。"在那个年代，最虔诚的耆那教徒——不折不扣的素食者是穆斯林纳瓦卜②的臣子。他们帮助君王处理政务，但从不和食肉的君王同席进餐。或许正因为严格遵守耆那教的清规戒律，划定楚河汉界、不越雷池一步，两者才能和平共处。

两者本应和平共处——拉达筒子楼的人们告诉我，孟买城的暴乱如果放到农村，是那里的人绝难想象的。在印度农村，人们朴素安稳，不需要通过屠杀异教徒来彰显自己的信仰有多坚定。穆斯林少年对我说："如果村里有穆斯林家庭，村长会一视同仁。在城里，政客和警察却不断骚扰穆斯林。"他还解释说在农村，鸡犬相闻，每家每户对邻居知根知底。农村的流动性低，祖祖辈辈生活在这里，和抬头不见低头见的街坊四邻发生流血冲突，是绝对要避免的事情。

---

① 莫卧儿帝国时期流行开来的、形似燕尾服的传统男士长外套，多为开襟，有领，刺绣繁复华丽。
② 莫卧儿帝国赐予（南亚土邦）半自治穆斯林世袭统治者的尊称，其主要职责是维护莫卧儿皇帝在某省的主权及管理。

照这个说法，在 1995 年的选举中，孟买有近百分之五的穆斯林投票给了湿婆军，也就不足为奇了。他们打了一个这样的比方："如果把金库的钥匙给了强盗，他还有什么必要用抢的呢？"两害相权取其轻。在挤挤挨挨的贫民窟，人们最关心的是治安，是稳定。比起用水、住房和就业问题，籍籍无名的孟买人更在乎的是人身安全。根据阿斯加尔·阿里·安吉尼尔①的研究，湿婆军和其扶植的印度人民党一经上台，确实大幅减少了孟买的社区骚乱。②倒不是穆斯林在湿婆军的管控下更有安全感，雅拉·汗也说了："我们始终是他们的眼中钉、肉中刺。"而是正如湿婆军能煽动暴力、引发骚乱一样，他们同样可以遏制暴力、暂缓骚乱。他们不忘隔三差五地提醒民众：若是惹他们不快，他们会做出什么——殴打报社的某某编辑，杀死某个顽抗的租客……使暴力为其所用的湿婆军还不曾命令苏尼尔和拉加夫之流摧毁整个社区。只要握有政府金库的钥匙，它就不必非用抢的。于是孟买暂时恢复了宁静——暴风雨前的宁静。

大选（1998）

史上最大规模的权力让渡发生了。印度和巴基斯坦在脱离殖民统治后，巨大的权力转移已经产生。但更大的权力转移发生在五十年后：印度共和国把选举权真正移交给了它的十亿人民。被认为秽不可触的"贱民"达利特、历来受歧视的表列种姓及部落③，连同理应获平等对待的其他落后阶层④一起，组成了这个国家绝大多数的人民。千年以来，高种姓阶级——印度教徒、穆斯林、基督徒独揽政权。但二十世纪末，低种姓的时代到来了，他们第一次参与了政治进程，对

---

① 印度改革派作家、社会活动家。其工作重点是研究印度和南亚的社区种族暴力。
② 指因不同宗教或种族而引起的暴力冲突事件。
③ 因历史原因形成、处于主流社会之外、印度宪法规定的两类社会弱势群体的总称，又称"受压迫阶级"。
④ 印度对社会和教育方面处于劣势的种姓进行分类后的统称。

由谁来做他们的领导人有了发言权。1997年，科切里尔·拉曼·纳拉亚南当选为第一位达利特出身的印度总统。属婆罗门的议员纷纷向他行触脚礼，寻求他的祝福。国会亦提出法案：在这个国家的最高立法机关为女性保留三分之一的席位。该法案的通过不仅指日可待，且前所未有。

2000年夏天，印度的报纸头条这样写道："五千万人恐遭饥荒"。大地久旱，但饥荒并未到来。政府足够重视，为颗粒无收的人们送去了大量赈灾物资。上世纪六十年代末还随处可见民众饱受饥荒之苦的画面，但在如今的印度，因饥荒而死的人已屈指可数。一旦发生（或疑似发生），媒体的报道便铺天盖地，反对派会立即跳出来揪住问题不放，政府要应对各方质问，会处于相当难堪的境地。印度竟得以基本消除饥荒，这令孟买的精英阶层大为诧异。毕竟他们对这座城市的未来普遍持悲观态度。

然而新上任的领导人极端腐败，比昔日班底更甚。在英国顶尖学府接受教育的旧时政客，其高贵出身及显赫家境不足以令他们穷极手段搜刮民脂民膏。撇开政客不谈，如今的"落后阶层"同为一丘之貉。他们走后门、搞配额，在政府机构捞足了油水。作家阿南德穆尔提告诉我，印度行政服务局的达利特官员曾向他解释过：为何他别无选择，只得贪污腐败。因为他是麻雀窝里飞出的金凤凰，能到"皇城"德里谋得一官半职，每次回村，他的家人乃至整个贫民社区都眼巴巴地盼着他带回各种"贡品"。那位官员说："我就像是掉进蚂蚁堆的一大块方糖。"

我在1998年2月回到孟买，正值大选。选举委员会却大幅缩减开支，选举低调，几不可察。至少在马拉巴尔山地区，要不是打开电视，你竟不知尚有此事。我唯一在小区看到的竞选海报是由美国音乐电视网和李维斯牛仔裤联合赞助的，上面画着戴甘地帽[①]、留小胡子

[①] 用印度土布制成的船形尖顶白色小帽，在当年圣雄甘地领导印度人民对抗英国殖民政府时曾风靡一时，因此得名。

的男人，自称睡衣党①候选人，竞选口号是"但求动议通过"②——也只有这两家财大气粗的赞助商有钱有闲，打趣印度大选。

当年总理的热门人选是拉吉夫·甘地的意大利籍遗孀索尼娅·甘地，以及印度人民党的中坚力量阿塔尔·比哈里·瓦杰帕伊③。热心政治的中产阶级不待见索尼娅。他们自诩爱国分子，不想连总理都要像二合一收音机或名牌牛仔裤一样从意大利进口。他们不认为索尼娅是印度人，因此她在马拉巴尔山和乔巴④的支持率很低。真正欢迎索尼娅的是农村地区，她上台发言时会这样开场："我的丈夫使我的人生圆满了。"于是站在人们面前的不再是那个说着生硬印地语的意大利移民，而是印度贤妻良母的典范萨维特里⑤。她的先夫是否克什米尔和波斯混血、曾做过飞行员……都不再重要。对印度人来说，一个意大利女人嫁给了她的印度丈夫，她在意大利的一切便失去了意义。任何人都能到印度来，在这里安家落户，即便是那些离开故土二十一年的人也一样。

我如约走进办公室时，加娅万提·梅塔正坐在富美家⑥的书桌后。人到中年的加娅万提既是家庭主妇，也是南孟买选区的印度人民党议员。她此次的竞争对手是国民大会党⑦的穆利·德奥拉。要不是让加娅万提在1996年打破了不败纪录，德奥拉本可以连任七届国会委员会主席的。办公室里热火朝天进行着"拍卖"——加娅万提和答

---

① 文字游戏。在英语中，党派（party）也有派对的意思，睡衣派对指参与者须穿着睡衣的聚会。
② 通过动议也有"上大号"的隐喻，同样是文字游戏。
③ 印度人民党创始人（1924—2018），曾任印度外交部长和总理。
④ 德里一商业区名。
⑤ 取材于印度著名神话《摩诃婆罗多》，萨维特里被描绘成帮助丈夫重获视力、夺回王位的贤妻形象。
⑥ 一美国建材品牌，专门生产树脂合成的美耐板。
⑦ 简称国大党，是印度历史最悠久的政党，和印度人民党并列印度两大主要政党。

应为她提供竞选捐款的商人正就金额讨价还价。"你说过出三点七五的,还差一点二五呢。""不,我们说好了就三拉克的!"一个男人急忙说道。"我们说好的是不少于五拉克!"加娅万提丝毫不让步。一拉克相当于十万卢比,也就是四千美元。我们所在的这间办公室是眼前这个男人办公的地方,他是孟买钻石协会的官员。他和他的父亲以及妻子是印度民族主义的推崇者,但他们又自恃身份,不肯趟选举的浑水。印度人民党有意推他的妻子上台,她拒绝了,说"那都是些肮脏的勾当"。官员似乎终于妥协了,他从桌下掏出一个白色的塑料购物袋,摔在加娅万提面前。后者碰也不碰,瞧也不瞧,直接吩咐:"送到我车上。"

她的助理拿出一本收据簿。加娅万提向每一位出资人提供收据。然后他们会进一步协商,有几成资金直接给付现金,几成是开支票。茶水送到了,加娅万提抿一口茶,邀我和她一起为竞选拉票。她离开的当口,我坐在那儿,面前放着那只还没送上车的塑料袋。我凑近快速瞟了一眼,里面少说也有几万卢比,用报纸一捆一捆扎着。塑料袋上印着这样的标语:"哈尔迪拉姆调味品——千家万户的选择"。

我接受了加娅万提的邀请,一早和她约好了碰头。我无需走出很远,她的拉票地点就在江河宫后、环绕马拉巴尔山的城中村。我们走在海边的礁石上,这里已建起大片的棚户区。多数居民对加娅万提的到来无动于衷。一个男人挖苦道:"你比这里的水来得勤快,我们这儿五年才供一次水呢。"但有一户人家对加娅万提顶礼膜拜。她们端出装有椰子、油灯和线香的铁盘,在她面前做了普迦,又跪下行触脚礼。加娅万提祝福了她们。她的追随者所喊的口号也因住户的不同,从马拉提语切换到印地语,又换成英语。

居民们在加娅万提面前毫不畏缩。我们来到"空中花园"[①]附近,一个古吉拉特妇女从窝棚走出来,指着面前的一根水管说:"水库就

[①] 该花园建于1881年,位于孟买最大的饮用水水库之上。

在那里。"她指的是为整个南孟买供水的马拉巴尔山水库。"我却没有水用。我不得不辞掉干了二十二年的工作,不然我六点钟就要出发,好在七点半赶到在安泰里的单位。"她必须守在家里,在运水车开到这儿的时候拿水桶接水,不然就无水可用。加娅万提承诺她会尽力而为。然后这个女人问她:"你能解决我女儿的入学问题吗?"

"她是想进教会学校、公立学校还是私立学校?"

"沃尔辛厄姆。能把我女儿弄进去吗?你给个准话。"沃尔辛厄姆是全孟买最好的女校之一,我的妹妹曾就读的学校。这个女人如此要求,可说是强人所难了。

"既然是私立学校,就不会有政府津贴,我只能说我会尽力而为。我可以糊弄你,告诉你进沃尔辛厄姆不是问题,但我不愿意这么做。你到我的办公室来,我们一起想想办法。"

马拉巴尔山水库附近还有其他的城中村。其中一个格外美丽,竞选办公室的工作人员甚至彼此打趣:"要不要干脆到这儿住?"蓝粉二色的塑料袋散落一地,其上种有榕树,亭亭如盖。砖瓦结构的民房错落分布,屋外绿草如茵,公鸡和小鸡自由奔跑。极目远眺,可见蓝色大海上闪着金光的船只正穿梭往来。许多人家的门前停放着崭新的山地自行车,居民穿着得体,孩子们活泼健康,小区里并无露天排污管(虽然路边躺着一只硕大的死老鼠,我们不得不从它的尸身上跨过)。这些贫民区是在我离开后建起来的,它们并非临时居所,有水有电,密密麻麻包围了马拉巴尔山。整整一天里,加娅万提串街走巷,和马拉巴尔山十四个贫民区的人们见面,倾听他们的诉求。她一次也没有踏进过和贫民区一街之隔的高档住宅区。

"为什么不呢?"我问竞选办公室的工作人员。

"有钱人不肯下来投票的。"他答。在马拉巴尔山的富人区,此地"合法"居民的投票率只有百分之十二。而在相邻的棚户区,投票率是百分之八十八。因为对那里的人们来说,某个人当不当选意味着他们会否流落街头。当天晚上,我到班德拉和一个记者朋友见面。他找出了一本 1995 年他当投票站检察员时的选民名册。选民的名字以住宅区为单位，边上打了红勾，表示他们投了票。他给我看那些高档小区的选民名单，边上只有零星几个勾，最多不超过四分之一的人参与了当时的投票。而在"纳瓦吉万筒子楼"这一页上，每一个名字边上都打了勾，那里的每一位居民都投了票。这就是美国和印度——世界上最大的两个民主国家之间的不同：在印度，投票的都是穷人。

一个杀人犯不仅仅是杀人犯。在他夺取别人的性命后，他的属性之一确实是杀人犯，这让他和普通人有所不同。但他不只是个杀人犯，他也同时是某人的父亲、朋友，是爱国者和情人。当我们试图了解一个杀人犯的时候，我们会以为这重身份就是他的全部。我们紧盯着这重身份，于是很难理解为什么他和你、和我不同，最终要走上谋杀的道路。苏尼尔是个杀人犯，但我也想认识他除此以外的其他身份，想知道孟买暴乱后他是否别来无恙。所以在 1998 年的选举日那天，我决定回乔格什瓦里一趟。我打电话给吉里什，约好在教堂门①车站见。吉里什还是精瘦精瘦的，脸上带着笑，他带我回到了城郊。

我在乔格什瓦里重新见到了苏尼尔，以及曾一起喝酒的他的手下。在我们分别的一年半里，苏尼尔过得如鱼得水。他穿着雪白的衬衫和黑西装裤，戴着墨镜，一边甩着新摩托车的钥匙。三十岁的苏尼尔有了一儿一女。他一点不显得生分，马上向周围的人介绍我说："大作家，来写孟买战争的。"——他还是用了"战争"这个词。认出了我的人们纷纷对我微笑。湿婆军的分支头目比库·卡马特也在，他从三轮车上下来，握着我的两只手热情地打招呼。

---

① 教堂是指十八世纪位于同一条路上的圣多马教堂。大门是指位于烈士广场佛洛拉喷泉处的古代大门，十六世纪时作为孟买的南部边界。教堂门车站是孟买最繁忙的车站之一。

苏尼尔邀我和他一起为拉姆·奈克——印度人民党的另一候选人拉票。"肯定会有一些不中听的话。"苏尼尔笑道,"去拉票就是这样的。"投票站方圆两百米内的马路都画了白线,不许车辆通行。身边的所有人都想让我去见识一番,热心地为我带路。我在设为投票站的学校门前排队,随着涌动的人潮逐渐往里走。和我同行的还有吉里什的哥哥达门德拉。我站在门槛边,颇为感慨地看着达门德拉。手指沾满墨水印的工作人员首先核对了达门德拉的身份,然后用钢尺压住选票,撕下给他。达门德拉接过选票和一个橡皮图章,到齐胸高、用纸板搭起来的栅栏后给选票盖章、折叠好、塞进投票箱。然而对这座城市的很多人来说,投票并没有这么简单。他们千辛万苦来到投票点,却发觉自己的名字边上已经打了红勾,别人以他们的名义替他们投了票。在这个理应民主的国家,有人窃取了他们的权利,代替他们做出了选择——对他们而言唯一有意义的选择。在那个时候,他们能否证明"我是我"已经不再重要。他们迟到了。

在投票站外核对身份信息、提供相应票据的检察员是由竞选办公室独立雇用的。印度人民党的检察员一天的工资是五十卢比。国民大会党的检察员一天的工资则是一百卢比,另有普里饼、蔬菜和希拉甜点①等福利。我当即知道湿婆军所扶持的印度人民党稳操胜券:要人支持明摆着会输的一方,才需要多付钱。我和国民大会党的工作人员闲聊,他叫巴提亚。尽管从小就是国大党的支持者,巴提亚却对此次竞选不甚上心。但是他给出了一个拥护现任执政党——国大党的有趣理由:"国大党已经吃饱了,湿婆军还没有。他们都是强盗,可如果上台的话,国大党肯定比湿婆军的胃口要小。"

我欲借机多了解苏尼尔,所以请他还有吉里什到罗翰瓦拉②的一

---

① 用粗面粉和酥油蒸成的甜食。
② 孟买南部一高档商业及住宅区。

家高档餐厅吃午饭。餐厅格调高雅,点着蜡烛。"就是为了省电嘛。"吉里什说。为了掩饰不自在,他装出凶巴巴的样子,一有机会就对侍应生挑三拣四:"菜上得太慢了。"

"吉里什是大人了呀。"我说。

"他现在可有钱了。"苏尼尔表示赞同。他想说的,是吉里什也有代权了。

1991年,吉里什从伊斯梅尔·优素福学院毕业,拿到了经济学本科学位。但找工作并不顺利。"早知如此,我当初应该念一所名气更响亮的学校。"他又学了计算机编程,在上世纪九十年代初股市大好的时候当上了证券经纪人。吉里什就是这样发达起来的,所有在那时冲进股市的人都是这样发达起来的。在水资源稀缺的印度,他每天都喝得起果汁。"即便想喝香蕉汁,我们也会选更贵的香蕉买。"可惜1993年的连环爆炸案后,股市一落千丈。吉里什自那以后就给电脑软件公司打工,也接各种私活。

"金钱就是上帝。"苏尼尔又说。他去过比这间餐厅更高档的地方。他到泰姬陵酒店用过餐,至今保留着当时的收据。如果乔格什瓦里有人不信(吃顿饭能用掉两千四百卢比?),他便拿出收据给那个人看。我在孟买遇见的追名逐利的人们,都把泰姬陵酒店——这座象征帝国威荣的堡垒作为他们力争上游的标杆。因为同他们一样,泰姬陵酒店生于寒微。十九世纪时,波斯实业家贾姆希德吉·塔塔来到孟买,欲入住当时最豪华的酒店马亨德拉别馆,却被酒店以"只接待白人"的理由拒之门外。塔塔发誓要一雪前耻,于是在1903年建起了万中无一的泰姬陵酒店,其规模、装潢和消费等级令马亨德拉别馆望尘莫及。泰姬陵酒店就这样成为了自强不息者的标识。而酒店大堂和附设的洗手间是检验一个人自尊心的绝佳场所。理论上来说,任何人都能进大堂纳凉,又或者到洗手间方便。但你需要由内而外的自信,好在奢华的沙发座上、金碧辉煌的卫生间里,在阿拉伯的顶级富豪、风情万种的社交名媛、穿梭往来的门童和清洁工的注视下毫不露怯。

你若不能坚信自己属于这里，又如何叫别人相信？然后你才意识到：原来最不近人情的酒店接待不是别人，正是你内心那个自卑的声音。

苏尼尔在远离泰姬陵酒店的贫民窟长大。小学二年级时，他的双亲病重。他的父亲在卓越汽车修理厂上夜班，薪资微薄，先是得了肠溃疡，后来发展成阑尾炎。他的母亲"胃里长了一颗瘤子"。三年间，父母频繁进出医院，父亲一度被诊断为"时日无多"。家里除了苏尼尔，只有一个比他稍长一些的姐姐，姐弟俩相依为命，亲戚则冷漠以对——如果他们父母双亡，叔叔能继承一笔三拉克的遗产。苏尼尔的父母住在库珀医院，伙食糟糕是出了名的，所以绝大多数病人都让家属送饭。学校十二点半午休，苏尼尔跑出来，坐253路公交车回家，姐姐在保温盒里装好了饭菜，正等着他——她早上七点上学，中午回家做饭。苏尼尔再带着保温盒，赶在下午两点探视时间结束前冲到医院。可他往往差那么一会儿，就被门卫拦在外头，告诉他要等到四点（探视时间重新开始）才能进去。他苦苦哀求，说父母亲就在二楼的病房，饥肠辘辘，翘首以盼，但门卫毫不通融。苏尼尔是个身无分文的孩子，只得坐在医院的大门边傻等两小时，任凭饭菜迅速冷却。他看着别的病人家属给门卫塞钱，他就二话不说放他们进去。"可我连十卢比都拿不出来。我当时想，如果给爸妈送饭都做不到，我活着还能干什么？一个人要活，那就得活出个样子来。在孟买，你必须会赚钱。而只要能赚钱，杀人放火我也干。"

印度有四分之三的人口平均年龄低于二十五岁，苏尼尔就是其中的一员。他这一代人，太希望能比自己的父母亲过得好了，一旦这种期望落空，他们的愤怒无处宣泄，没有任何一个家庭或社会能够抵挡这股怒火。

在印度，无业青年如同活在炼狱。十八岁以前，你作为儿子被抚养长大，家人尽己所能给了你最好的。每天你总是第一个吃饭，然后是你的父亲、母亲，最后才轮到你的妹妹。家里本不宽裕，你的爸爸只得少抽几包烟，你的妈妈舍不得买新纱丽，你的妹妹没有学上，只为把钱省下来供你念书。所以当你十八岁成年后，你背负的是整个家庭对你的殷切希望。你不敢转身回头，你知道家人的梦想是什么，你亲眼看到这么多年来他们低三下四，吃得苦中苦，只盼你成为人上人。你从小享福，为此满怀内疚，现在到了你报恩的时候。你的妹妹要结婚，妈妈又病重，爸爸即将退休，是该由你接过这个家庭的重担了。于是你带着毕业证书、怀揣本科学历去找工作，却发现大公司要么不招人，要么已经撤离印度市场，小公司只雇用现有员工的亲属，而你是个赖加德①或比哈尔的穷小子，在孟买没有一丁点人脉。你别无选择，唯有铤而走险。你必须安抚家人说：他们在你身上的投资没有白费。你可以挨打，可以被拒，但你无法不履行自己身为儿子的义务，无法面对家人失望的面孔。早出晚归或晚出早归都不要紧，只要能赚到钱供养家人。这是你欠他们的，这是你的命。

年少时，苏尼尔开始替多拉斯②帮跑腿，为他们买吃的，一边观察他们在孟买赚钱的方式。他初中毕业考一次没过，重考才合格。等到高考的时候，苏尼尔"放聪明了"。根据他的说法，拼命复习、考不过、再补考——"傻子才会这么做。"他伪造了准考证，请了枪手代考，顺利拿到了优等。高中毕业后，苏尼尔加入了湿婆军。他屡次需要输血时，是湿婆军的弟兄们捐血给他的。这让苏尼尔深受感动，他说他们是过命的交情，实打实的亲兄弟。

再后来，苏尼尔发迹了。他不再是街头混混，他的有线电视业务拓宽了，开了一家小型钢笔厂，平时兼卖芒果，还买了面包车接待旅游团。混得有头有脸的苏尼尔出面摆平了不少地区纠纷，同警方的关系日益密切。曾有小流氓和三轮车夫起了冲突，苏尼尔为息事宁人，出让了自己的停车场准他们免费停车。他的口袋里有厚厚一沓名片，最显眼的一张上面印着"特许行政长官"。"有这张名片在手，我就是

---

① 马哈拉施特拉邦一城镇。
② 指玛雅·多拉斯，为达乌德·易卜拉欣卖命的印度黑帮成员。

孟买的大法官。"苏尼尔得意地说,尽管他顶多是个挂名的公证人。某个政党一旦掌权,笼络底下人的方式之一就是为他们加官晋爵,所以会有百来个"特许行政长官"或"执行法官"招摇过市,而其中相当一部分人劣迹斑斑。单从法律角度来说,这样一张名片并不能赋予苏尼尔实权,但也正是这样一张名片给了他渴望已久的身份和底气。当他亮出名片时,人们一见到上面的政府印章,便不会再深究"特许行政长官"的确切含义。

苏尼尔在医院的待遇也不可同日而语了。最近他的父亲又接受了一次手术,切除左侧的睾丸。手术花费一万五千卢比,这对现在的苏尼尔来说完全可以承担。他把父亲送进了孟买最好、拥有五星级设施的辛杜佳医院。没有人再让苏尼尔等在大门外。"我可以自由进出任何医院,就算是辛杜佳也不在话下。我向巴尔·萨克雷开口,萨克雷一通电话,医院只得乖乖听命。"

女儿古蒂打来电话,苏尼尔格外开心。不完全是因为听到女儿的声音,更因为他有机会向我炫耀昂贵的手机。他把手机递给我,让我和古蒂说几句。古蒂就读于圣泽维尔学院,一所全英语教学的精英学校。入学事宜是某个国会议员一手促成的,该名议员也在苏尼尔因参与暴乱被捕后把他弄出了看守所。作为回报,只要议员阁下有需要又不方便出面,苏尼尔和他手下的小弟一定愿供驱使,效犬马之劳。

但苏尼尔也有不在行的事情,比如圣泽维尔学院的家长开放日。那一天,苏尼尔到学校看古蒂。桌上放着从日本进口的各种图书,古蒂把其中一本塞进了书包。老师用英语说了句什么,苏尼尔没听懂,然后她要求苏尼尔签一份申明,她始终面带微笑,摸着古蒂的头说"看爸爸对你多好呀"。"我当时就陶陶然了。"苏尼尔回忆道,他二话不说签了名,带古蒂回家的时候,手里还握着那本进口书。第二天,一个快递员敲响了他家的门,砰地扔进来一整套百科大词典。苏尼尔这才明白他昨天同意买下了整套书,一共花去四千五百卢比,也就是至少一千一百美元。

苏尼尔和他的太太是在他代表校队参加卡巴迪①时认识的。他在决定娶她为妻前,已经同她相识近十年了。她和他同一种姓,但出身更为贫寒,因此遭到苏尼尔父母的反对。"我太太长得不好看。"苏尼尔说。但她最近作为市政厅的独立候选人②,在议员竞选中仅以八十票之差惜败湿婆军和印度人民党。若非后者因地制宜、联名竞选,苏尼尔的太太未必会输。我问苏尼尔作为湿婆军的一员,对妻子参选是否感到为难。"我们家讲究民主。这是她的选择,我能怎么办?"在下一轮竞选中,湿婆军将不得不考虑是否倒戈支持苏尼尔的太太,或买通她自动放弃选举。然而首轮选举的威力已初现端倪,苏尼尔的太太成了远近闻名的妇女纠纷案的仲裁员。年仅二十三岁的她作为最年轻的地方候选人,在三年后的换届选举中将是湿婆军不可小觑的对手。苏尼尔用蹩脚的英语告诉她:"一次一次选,输了也别哭。"

对参政的好处,苏尼尔最有发言权了。两天前,他和太太为儿子的生日派对出门采购。他们从商店出来,手里提着大包小包,站在路边等三轮车。一个孕妇和三轮车夫发生了争执:她要去乔格什瓦里的拉达筒子楼一带,他嫌那里不安全,拒载。苏尼尔的太太请交警相帮,警官对她不理不睬,她铩羽而归。苏尼尔告诉她,再去找那个警官,这次这样说:"我是议员候选人,在这个地区握有八百七十张选票。只要我想,随时可以关停三轮车站。"小交警诚惶诚恐地过来帮忙了,孕妇如愿坐上了三轮车。"我让我的妻子意识到,她手上握有怎样的权力。"苏尼尔说。

送我去三轮车站的时候,苏尼尔又指着他拥有停车许可的那块空地,对我说他光是收取停车费,每月就获利颇丰。他的有线电视生意月入过五万,加上其他合法或非法的买卖,又有两万五千卢比进账。

---

① 团队体育项目,起源于印度,类似于中国民间游戏"老鹰捉小鸡"。
② 在选举过程中,不是由政党和团体提名推荐,而是经过自身努力获得选民推荐的代表候选人。

"至少七万五啊。"我快速算了一下,"比很多大老板都赚得多了。"
"老子能耐着呢。"苏尼尔答。

我不得不承认,苏尼尔终有一日会称霸孟买。因为火烧穆斯林的"义举",在湿婆军掌权后,他被任命为"特许行政长官"。苏尼尔冠冕堂皇成了公众寄希望的人。他浑身是劲,每天十点出门,横跨孟买奔东跑西,从乔格什瓦里直到达希沙①,甚至更远的果阿邦②或赖加德,却仍然能在夜里赶回家去陪伴女儿。他不畏政治斗争中的种种丑恶,相反,他以饱满的热情投入其中,还鼓动自己的妻子参与竞选。他对这个民族持理想主义,对个人前途又极端务实。苏尼尔是在资本主义的孟买成功逆袭的典型。

这座城市新的继承者和从英国人手中接管印度的昔日权贵大为不同。他们没在剑桥上过大学,未必听说过内殿③的响亮名头。如苏尼尔之流——这些无足轻重的小人物为人所鄙夷,不学无术且不择手段,他们缺乏都市人的感性,却在最大程度上代表了这座城市的草根阶级。事实上,像苏尼尔这样的杀人犯能通过玩弄权术,在孟买通行无阻,既是民主制的胜利,也是民主制的失败。尽管并非所有政客都像苏尼尔一样双手沾血,但他们不得不倚靠苏尼尔之流才能当选。大多数孟买政客都需要庞大的竞选献金,而他们的工资以及所在党派能公开募集到的,不过是九牛一毛。所以他们不得不妥协。

并且这种妥协无处不在。我所熟知的那个孟买正经历一种深刻的悲伤:对失去自主权的悲伤,以及不得不交出金库钥匙的悲伤。我们的政治生活不再为帕西人、古吉拉特人、旁遮普人和马瓦里人所掌控。对此,纳维尔·塔塔给出了最好的脚注。1971 年,富可敌国

---

① 孟买最北部街区。
② 印度面积最小的一个邦。
③ 位于伦敦市圣殿区,是伦敦四所律师学院之一。

的实业家、泰姬陵酒店的继承人纳维尔·塔塔代表南孟买——印度最小、最富裕的选区参与议员选举。他依然落选了。和美国不同，在印度，巨额财富本身并不能为你赢得选举。现如今，上流社会想要走仕途的唯一方式，是获国会上议院的直接提名。

对传统的特权阶级而言，所谓的孟买新贵是擅闯城门、胆敢在天子脚下安睡的蛮族。对这些"山里人"，孟买唯有厌恶。它略微能自我安慰的地方，是南孟买的廉价劳动力市场因此得到了扩充。这也是孟买之所以吸引人的原因：买断一个女佣一整月的苦力，比在泰姬陵酒店吃一顿早饭更便宜。孟买的政治也是如此。它成了你一旦有钱可以雇人，就马上指派给帮手或下属完成的粗活累活，和打扫厕所、算账、接电话或在政府部门排队并无二致。"派个人过来。"我需要处理手机业务或从银行转账时，但凡打电话去，工作人员便这样告诉我。"我没有人派给你。"我告诉他们，"我就自己一个。"他们无法理解。经商也好，从政也罢，只要可能，所有人都习惯了"派个人过来"。在孟买，派别人能做的事，没有人会亲自上阵。

但也正是这些颐指气使的有钱人为孟买创造了财富以及就业岗位。他们让流落街头的孤儿寡母能在雇主家躲避风雨。富人先享有豪宅和白兰地，才轮到穷人有房住、能吃上饭。在这个后马克思主义的时代，我们不再相信让富人变穷足以使穷人变富，重新分配资源，不能解决问题。这是一种观念上的根本转变，这个国家上下为此激辩，至今未有定论。就好比国有银行的一贯态度，我们的政府对外商投资既爱且怕、左右矛盾——右翼纵然亲外，难免举棋不定，左翼始终排外，又无法理直气壮。在试行了五十年的社会主义后，谁能面不改色地说计划经济便是消除贫困的良方？今年大选期间，我唯一没从任何党派听到的竞选口号就是"消除贫困"，似乎所有人都已经默认了：我们的贫困是无法消除的。所以我们还是先来解决别的问题，比如腐败，比如民族冲突，又比如在阿约提亚是要建罗摩庙还是清真寺。

和美国在上世纪之交所经历的转变一样，印度也正经历相似的转型。在打着民主制旗号的政治机器迅速崛起，为新移民带来工作机遇和政治权力的同时，它也不惜以暴力压迫的手段不断铲除异己。最终，在美国的那些城市会掀起改革的浪潮，会推举新的领导班子，除旧迎新，势不可挡。但在孟买，这一切尚未发生。"社会底层的渣滓一跃成了社会顶层的败类。"人权活动家、守旧派代表格森·达昆哈如是对我说。当南孟买的人们为这座城市失去了以往的风华哀悼，他们真正哀悼的是他们失去了对这座城市的话语权。而对那些必须仰人鼻息、寄人篱下的外乡人来说，孟买从来都不是一座风华绝代的城市。相反，它是极度排外的、对异己除之而后快的。孟买的新继承者恐怕要花几代人的时间才能学会如何管理家园，并且管得井井有条。但我们又有什么资格怪罪他们？我们当了这么多年的城主，却仍旧不懂如何好好维护，我们把家拱手相让时，家里早已年久失修。

苏尼尔和另两个湿婆军在铁路用地上搭了三间茅屋，我请他带我去那里看一看。我们穿过一条漆黑的弄堂，进入一片空地。那上面的水泥矮房是铁路局员工的宿舍，其间零星分布着最近被拆又重建起来的茅屋。再走过去是一片更大的空地，是铁路局的垃圾场。露天排污管上架着木板，我们踏着木板走到垃圾场的边缘，从这里能看到郊区火车经过时亮起的灯光。才下过大雨，地面一片泥泞，我穿着凉鞋的脚溅满淤泥，以及其他我不愿去想会是什么的污迹。"那里——"苏尼尔指给我看，"亮着油灯的那三间。"就是他名下的茅屋。"我们拿下了这块地。"

苏尼尔把三间茅屋——妥妥的违章建筑免费让给贫民住，好确保他对这块土地有使用权。铁路局方面派人来拆了两次，两次他都把茅屋重新搭了起来。这三间屋子靠墙而建，墙是隔壁工厂的水泥墙。屋前有两根竹竿，撑起各式各样的纸板，黑色的油毡布一层一层覆在屋子外面。这些简易建材是苏尼尔从戈尔冈弄来的，前后只花了一千五百卢比。如果被拆，重建的时间不过一小时。"你多踢两下，屋子就倒了。"苏尼尔说。如果茅屋第三次被拆，他依然会把它们再建起来，这次会考虑砌点砖。

茅屋顶上是蜿蜒曲折的电线。"那是我的有线电视线。"苏尼尔说。他带我走到空地的另外一侧，那里有一堵墙，分隔出给铁路局官员造楼的工地。我们站着的地方不久会开出一条新路，和将来官员们的住宅连通起来。苏尼尔说如果真是那样他就走运了。路一开出来，他会派人过来摆摊，摊贩哪怕被赶走，还能一次又一次回来——摊位的租金就进了苏尼尔的口袋。他的茅屋用水不是问题，一墙之隔的工厂后边有水龙头，但用电稍微有点麻烦。如果住客私拉电线，电网公司只会以为是铁路局员工——这里的合法住户偷电，一旦闹起来会很难看。所以非法住户用的是煤油灯，苏尼尔只不过确保他们有居住权。"我们在这一带说了算，没人敢欺负他们。"日后，等苏尼尔决定拆掉茅屋（改造成永久性建筑）时，会付给现在的住客每户五千卢比，请他们搬走。我们沿着漆黑的弄堂原路返回，隐约看到有人从我们身边经过。苏尼尔说，假使湿婆军也能拿下上议院①，他可以立即把茅屋改建成砖房，从此以后，违章搭建就是合法建筑，临时居所变成永久住宅，不会有人再多说什么。即便不成，他还能卖掉这块地，净赚十二拉克。

最近一次的大规模拆违是在1998年大选之后开始的。五十余处铁路沿线的违章搭建遭到拆除，其中有九处是苏尼尔的"私人产业"。他到负责管事的印度人民党议员家，警告他的女儿道：你转告你的父亲，让他立即收手，"否则休怪我不客气了。"

"怎么个不客气法？"议员的女儿问他，让苏尼尔在会客厅干等。

苏尼尔告诉她：乔格什瓦里的投票站是他的地盘，票统统投给了湿婆军的同盟——印度人民党。他会让底下的人制造骚乱，令投票站不得不关停。他的那些小弟会在监狱里待上几个月，出来后又是一条

---

① 在印度，执政党如果想制定或修改法律，则必须上下两个议院投票同时过半。

好汉，但作为参选人的这位议员……苏尼尔问他的女儿：你知不知道你父亲在投票站关停的四个小时里，会损失多少张选票？

"有好一会儿，谁都没有说话。"苏尼尔回忆道，"然后她说：'你跟我来。'我说：'从今以后，拆不拆房，当不当选，端看你们的选择。'"苏尼尔对谈话的结果充满自信："他们再也不敢了。"

他们真的"再也不敢"，就任凭苏尼尔作威作福吗？我拜访了人称"拆违大王"的葛文德·拉戈·凯尔纳，从侧面向他打听。"我工作了二十年，总共拆过二十八万五千处违章建筑。"凯尔纳对我说。他是市政厅拆违办的专员，因为铁面无私的一贯作风，在湿婆军和其他政党中树敌无数。凯尔纳向我解释了拆违的整个过程。孟买市共有二十三个行政区，每个区都设有专门的拆违分队，可事实上，孟买的违章建筑是在政府和警方的纵容下才建起来的。拆违的常规操作是提前七天发出声明，要求住户出具相关文件，若七天后仍无法提供有效房产证明的，拆违就势在必行。"但我们的办事人员投鼠忌器。"何况还有吃里扒外的问题，"声明一旦发出，就会有人用钱疏通关系。"拆违办的员工"得人钱财，与人消灾"，因为一栋违章建筑收受的贿赂可能比他在部门干一辈子拿的钱都多。

即便嫉恶如仇，凯尔纳也不会在房屋还有人居住的情况下进行强拆。他和他的拆违分队在城里执法，很清楚他们的工作可能带来的后果。住茅屋的人大多一贫如洗，他们往往会破罐子破摔，暴力抗拒执法。他们朝凯尔纳扔石头，有时甚至火烧自己的茅屋。因此在拆违前，凯尔纳总要先下令移走屋内的炊具。他向我形容他的工作，就像形容一幕幕电影："有个女人站在那里，穿着脏兮兮的纱丽。她都没有水喝，哪里还有多余的水洗衣服？孩子们赤身露体，连件像样的衣服都没有。他们家徒四壁，而我们像张牙舞爪的魔鬼，冲进来，要把他们仅有的也夺去。"

还有一次,凯尔纳在达拉维①执行公务。一个妇女眼看自家的房子要被拆掉了,拦在凯尔纳面前,把尚在襁褓中的婴儿举过头顶,她抓住婴儿的腿,就那样在空中抡起来,下一秒便要把孩子狠狠砸到地上,"幸亏我们及时制止了她"。

然而拆除了的贫民窟,很快又会在原地摇摇欲坠地建起来。"贫民聚集地是很难真正拆除的,他们会不断地建、不断地建。"凯尔纳曾痛下决心,要拆除马希姆区的一个违建点。但是每次拆掉、离开,几小时后,人们就把屋子重建了起来。"我们有时一天会去两次、三次,他们就两次、三次地重建。我们拆的时候,他们躲在铁轨后面,我们一走,他们就回来了。"每拆除一间违章建筑,市政厅要花费一千卢比。而单单马希姆区的违建就有近两千处,即便是"拆违大王"也只好望洋兴叹了。

凯尔纳1976年入职。1985年,湿婆军入主孟买市政公司,凯尔纳曾被"传唤"到萨克雷位于马托什里的别墅。其时,他正要拆除一家违章经营的酒店,怎奈酒店的持有人是马哈拉施特拉邦首席部长的继子。萨克雷于是要求凯尔纳"放聪明一点",而凯尔纳自然没有听从。十一天后,凯尔纳在办公楼门前停好了车,枪声陡然响起,两枪打中了一个过路人,第三枪击穿了凯尔纳的小腿。

伤愈复工后,凯尔纳非但没有学乖,还愈挫愈勇,和孟买教父达乌德·易卜拉欣干上了。达乌德有一栋违章搭建的酒店,登记在妻子的名下。拆违的前一天,警方牵着缉爆犬,在整幢大楼内寻找有无爆炸物。拆违当天,凯尔纳带着包括边防安全部队在内的四百名官兵到达现场,用三吨重的落锤破碎机②砸毁了达乌德的酒店。从1992年至今,他总共拆除了达乌德名下的三十栋非法建筑。拆违办的同事不断受到达乌德帮发出的威胁,恳求凯尔纳莫再一意孤行。为他提供拆

---

① 孟买最大的贫民窟。
② 用以撞坏建筑物的大铁球。

违器械的承包商也因为害怕，提前终止了合同。

凯尔纳成了媒体报道的热门人物。但拆违办却开始找他谈话，说上层因为他的鲁莽举动遭受了极大的压力。办公厅决定委派职级更高的专员来监管凯尔纳小组的行动，实际上是把他架空了。凯尔纳愤而向媒体曝光了这一做法。他开始在公开场合言辞激烈地指责政府的不法行为，而孟买的中产和特权阶级将凯尔纳看作对抗腐败的孤胆英雄。市政厅要求凯尔纳立即停止这种"违反工作纪律"的做法，未果。1994年，凯尔纳终因"拒不服从上级命令"遭到停职。之后的几年间，他坐在办公室，身后的墙上挂着辨喜①的半身像，无事可做的凯尔纳干脆将人权运动进行到底。他建立了非政府组织，专门捣毁卖淫窝点，营救未成年女性。2000年，凯尔纳官复原职，他以莫大的热情重新投入拆违工作，也回到了报纸头版，再次成为中产阶级眼中的民族英雄。当然，中产阶级已经有房有车，且无需凯尔纳来拆。

暴乱发生五年后，整座城市屏息以待：斯里克里希纳法官的调查报告即将公布。"我们已经磨刀霍霍了。"报告公布的前一晚，马丹普尔的一个穆斯林青年如是说。警方严阵以待，湿婆军政府再也无法拖延。斯里克里希纳法官恳请人权组织起诉他，只为逼迫政府将一压再压的事件报告公之于众。

斯里克里希纳法官当初说，再不济，这份报告也是对良心的一个交代。事实上，这份报告做到的还有太多，孟买人应该为此感到自豪。"斯里克里希纳委员会"对1992—1993年的孟买暴乱做了详尽的调查取证，也明确了萨克雷一党和孟买警方作为事件责任人的归属。报告称："湿婆军党魁巴尔·萨克雷如久经沙场的老将，指挥旗下忠心耿耿的湿婆军发动对穆斯林的打击报复。这是精准的军事行动，有

---

① 又作斯瓦米·韦委卡南达（1863—1902），法号辨喜。印度近代哲学家、社会活动家和改革家。

组织、有预谋,非但如此,湿婆军还掌握了各辖区的投票人和其住址名单。"

对报告的一系列指控,湿婆军政府矢口否认,指责斯里克里希纳有反印倾向。但群众的眼睛是雪亮的:尊敬的斯里克里希纳法官是梵文学者[①],也是比推崇极端民族主义的巴尔·萨克雷虔诚得多的印度教徒。

在报告中,斯里克里希纳罗列了三十一位参与了暴动的警察姓名。他们要么曾枪杀穆斯林平民,要么曾积极协助湿婆军的暴行。但最终,这份报告无法令任何人受到法律的严惩。根据"斯里克里希纳委员会"成立时的相关规定,报告所涉及的口供均不能作为呈堂证供。因此,即便囊括了五百份口头取证及将近一万页证词,若要起诉参与了暴行的警察、政党头目或街头混混,斯里克里希纳法官所做的全部调查必须从头来过。所有证人要再次作证,并请律师出面代为递交他们的书面证词,案件极有可能从地方法院、高等法院层层上诉到最高法院。如果一个警察遭到起诉,作为公务员,他所服务的政府机构仍保留对他的制裁权。而法官要如何界定该名警察的所作所为并非执行公务,在本案中实非易事……所以这份如此翔实而准确的报告只有参考价值,而无法律效力。但是对暴乱的多数受害者家属而言,政府能够承认他们的受害者身份,法官愿意倾听他们的证词,已经足够了。他们对司法体系的指望仅此而已。

为了回应斯里克里希纳的调查报告,《印度时报》发表了题为"疗伤处方药"的社论,他们呼吁民众尽早忘掉悲伤、走出阴霾,却只字不提未能实现的司法公正。报社的一名记者告诉我,上头有令,对暴乱事件务必轻轻着墨、手下留情。一切相关报道,哪怕是斯里克里希纳法官的简介,在刊出前都必须经过总编的审核。管理层给出的理由是:任何公开支持调查报告的言论都可能激化穆斯林的敌对情绪。而

[①] 印欧语系最古老的语言之一。和拉丁语一样,梵语已成为属于学术和宗教的专门用语,印度教经典《吠陀经》即用梵语写成。

《印度时报》在孟买的记者当中，只有一位穆斯林。

报告发布几周后，我在象头神节①的最后一晚回到了乔格什瓦里。人们正在那里集会，卡车载着两股人流缓缓开上了十字路口。其中一组带队的是阿莫尔，一个留着长发的大高个，我在调查孟买暴乱时就见过他。阿莫尔热血冲动，唯一能劝住他的只有邻居吉里什的妹妹拉珠。他把拉珠当亲妹妹看待。苏尼尔是阿莫尔的合作伙伴，他们的生意有合法的，自然也有非法的。他告诉我说，阿莫尔一旦喝醉，狂性大发，八匹马都拉不回来。"他一个就杀死了他们三个。"苏尼尔用食指摸摸鼻子，暗示我那三个人都是穆斯林。"其中一个骑着摩托车，阿莫尔往他身上浇了汽油，烧死了他。"但就是阿莫尔这样状似狂热的印度教徒，却会定期赶两天的路，到拉贾斯坦邦的阿杰梅尔神社参拜穆斯林圣者的墓，还许了愿。阿莫尔的胡须就是最好的证明。他已经蓄了八个月的须，且戒烟戒酒，等到还愿的那天他会剃下胡须，献给那名苏菲派②的圣者。

阿莫尔的队伍里有装扮成希瓦吉、舍地的赛巴巴③和提拉克④模样的人，他们立在车头，威风无匹。他们的四周挤满老少，总有五十人，其中一马当先的三人要么戴着红白蓝三色的英国国旗帽，要么绑着同色的头巾，乍一看酷似早期的"辣妹合唱团"⑤的造型。车流加上人流慢慢向附近的清真寺进发，他们所在的这条主干道也通往警局。

---

① 在为期十天的节日中，印度教徒将象头神的神像请回家中，寓意引入财富、智慧和吉祥。在节日的最后一天，人们还会举行盛大的仪式，将神像送入河流和大海，意味着除旧布新。
② 为伊斯兰教神秘主义的一宗。
③ 印度教上师。赛巴巴（1838—1918）的本名与出生地无人知晓。他长年生活在舍地（马哈拉施特拉邦一小镇），而在印地语中，"赛"是神圣的意思，"巴巴"则是对长辈的称呼。
④ 指巴尔·甘格达尔·提拉克（1856—1920），印度国大党早期领袖之一，主张通过暴力革命推翻英国殖民统治，实现印度独立。
⑤ 九十年代崛起的英国女子音乐组合，是象征流行文化的时代印记。

"离到达清真寺还有一小时,经过它则要三小时。一旦经过,车开出十五米远,人群就散开回家了。"阿莫尔对我说。

我们接近清真寺的时候,行进的队伍几乎完全停下了。鼓手疯狂击鼓,人群随之乱舞。也难怪,很多人在来之前已经喝得醉醺醺的。尽管队伍末尾有一小群妇女(其中一人挥舞着巨大的橘色湿婆军旗帜),但男人们对舞伴无所谓挑剔。他们扭腰摆胯,搔首弄姿,种种动作不堪入目。一个孩子用手捂住了脸,也不由随着鼓点躁动。如烟似云的侯丽节彩粉在舞者中间抛洒。然后爆竹响了。轰隆——噼啪,礼花点燃,映红了整座清真寺。空气中是浓重的硫磺味,露天排污管散发的恶臭,还有人群的汗馊味。这么密集的人群,如此大量的烟花,竟没有发生烧伤事故,实乃奇迹。阿莫尔在此时爬上了卡车车顶,抓过麦克风,扯着嗓子喊道:"伟大的希瓦吉国王万岁!"

人群大声附和起来。

"伟大的印度教万岁!"

橘色的旗帜疯了一般挥舞,随着高高的旗杆在空中划出一道道弧线。

"印度教万岁!希瓦吉万岁!"这是湿婆军的口号。

阿莫尔从卡车上跳下来,但人们仍在一遍遍高喊口号。在清真寺前,另两位民族英雄——赛巴巴和提拉克被人遗忘了,只有抗击穆斯林的希瓦吉的名字不断回响。有穆斯林在一边沉默地观看,他们身前是封锁了两旁道路的警察。湿婆军发出的呐喊响彻天际。随着密集的鼓点,随着爆开的烟花,随着飘扬的旗帜,随着呜呜吹响的牛角,我突然意识到:这是一首胜利进行曲啊。

庆祝象头神节不会催生这样的狂热。在印度神话中,象头神是个耽于享乐的饕餮,而非一心屠戮人间的罗刹。但在乔格什瓦里的集会上,象头神正襟危坐,他的坐骑老鼠不见了,换成了四只状极凶恶的石膏狮子。卡车后的人们开始分发普拉萨德——祭神结束后食用的椰片和希拉甜点。刚出清真寺所在的街区,正如阿莫尔说的,人群渐渐散去，卡车加速驶向大海，好把象头神送入水中。而象头神节的高潮和真正意义就是经过清真寺的那一段游行。人们已经告诉穆斯林：湿婆军赢了。这个国家的暴动多是这样开始的。一个民族疯狂且近乎野蛮地庆祝某个神祇的节日，只为公开奚落那些与之作对的人。

清真寺又传来了宣礼的钟声。警方的疏散很及时。乔格什瓦里警局的负责人、一级警督达威尔满意地坐在警局外的椅子上，享受夜晚的凉爽。警察以最快的速度引导湿婆军的车流通过清真寺，便衣警指挥人群向前，催促卡车快开，制服警则封锁了道路两侧，不许任何人接近清真寺。穆斯林志愿者组成了人墙，站在露天排污管上，黑暗中不时有跌跌撞撞的湿婆军狂欢者倒进他们的阵营。

象头神节的集会不总是这样放肆的。在1993年的暴乱发生以前，阿尔菲·巴努——默哈拉·伊克塔委员会的志愿者还记得，游行的人们在抵达清真寺前便会停止发声，更不用说燃放烟花爆竹了。他们会快速且安静地经过清真寺，以示对穆斯林的尊重。这样喧闹的示威活动是在暴乱之后才发生的，有几年，场面极度失控。穆斯林朝游行的人群扔石头，新的冲突随时可能爆发。往年游行的人数众多，警力更多。阿莫尔会爬上卡车顶，用口号煽动人群最原始、最盲目的狂热。今年，警方要求他在车队经过清真寺前就从车上下来，他照做了。因此，尽管今晚的集会已足够嚣张，希瓦吉的名字被时时提起，爆竹声声燃放，人群的舞姿粗俗不堪，却是如今的孟买所能期望的最好局面。无人高声辱骂穆斯林，也无人朝清真寺投掷猪肉，甚至有四个穆斯林走上前来，和阿莫尔等五年前屠杀了他们家人的印度教徒共舞了一阵。

送我回家的计程车司机在车上安了一个小小的神龛：亮着灯的拱门下是一尊赛巴巴像，旁边则是一节用阿拉伯语书写的《古兰经》经文。"那是什么？"我用手指一指，在即将下车的时候问道。"这个吗？"司机回问我，一边摸了摸小拱门。他以为我指的是拱门上的彩灯。

"是那个。"我又指了指那节阿拉伯语经文。

"这是穆斯林的经文。"

"但你也在旁边供奉赛巴巴？"

"是啊。"他回过头来，脸上带着笑。我忽然就高兴起来，觉得生活仍有盼望。

我到贫民区看望阿莫尔，他和家人住在一起。我进门的时候，他刚洗了澡，全身上下只裹了条毛巾，露出结实的胸膛和粗壮的手臂。他在高速公路边上的一家大型乳制品厂上班。他的弟媳递给我一杯放了糖的热牛奶。那是浓稠的水牛奶，半固体的奶液凝结成块，上边还有黑色的斑点，我觉得难以下咽。但这是阿莫尔家的待客之道，不能拂了主人的意，所以我还是喝了。阿莫尔问我要不要留下来吃晚饭，我说不用了。他的弟媳笑着用马拉提语对他说："他看到咱们家这样，吓都快吓跑了。"

阿莫尔的家比隔壁吉里什的家更小，但必要的电器一应俱全：冰箱、电视、电话。有楼梯通往二楼的房间。阿莫尔七个月大的侄女趴在地上，伸手去够用来装水的威士忌酒瓶，她的手太小，握不住瓶身，于是哇的一下哭起来，着实可怜又可爱。阿莫尔的弟媳马上把女儿抱了起来。在这里，孤独感很难留存。阿莫尔能在婴儿的哭闹和电视节目的声响中安然入睡。近些日子他昼伏夜出，有个朋友替他到牛奶厂做工，阿莫尔付他工资，好把晚上空出来专门闹事。

和苏尼尔一样，阿莫尔为闹事而活。他们不能想象一个岁月静好的世界。他们能有今天的地位、获得相应的尊重、过上体面的生活，都要归功于这些年来他们闹的事。既要闹事，且能得以持续闹事，是敌是友就不可能一成不变，所以对他们而言，朋友、敌人乃至人命都是相对的概念。他们踩着别人的肩膀向上爬，努力确保自己不要站错队：谁和谁结盟，谁最有可能当选，让谁抽成——是工会，是警察，是政府官员抑或敌人——只为确保对方暂时不来寻仇，都大有讲究。

在孟买话里，闹事叫做拉弗达，它也有婚外情或恋爱纠葛的意思。哪里有拉弗达，哪里就有好事的围观者，一大群人聚在一起，最好凑近了眼也不眨地看热闹，生怕错过一秒。"在孟买，每天至少得有十多起拉弗达。"阿莫尔猜。而拉弗达的主力军就是街头混混。道上的大哥或政客正需要他们来维持自己的地位。阿莫尔是个混混。他太沉不住气，当不了狙击手；太不懂婉转，当不了政客；也太不精明，当不了大哥。他总是喝醉，然后赤手空拳，又或者抄起手边的任意物品：路边摊上的玻璃罐、木棍、铁棒……和人打架。他在街头混混中很有名气，也颇有追随者，但他永远爬不到苏尼尔的高度。苏尼尔闹事从不受伤，阿莫尔却带头冲在最前面，苏尼尔擅长背后算计人，阿莫尔却难防伤人暗箭。聪明人总是早早做好了下一步的打算。所以当湿婆军的分支需要继任人选时，比库·卡马特选择了苏尼尔。愤怒的阿莫尔在下一轮议员选举时作为独立候选人参选。苏尼尔灌醉了阿莫尔的竞选团队，阿莫尔输得很惨。

我们后来是在附近的一家餐馆吃的晚饭。阿莫尔承认苏尼尔有着政客的头脑。"他觉得自己已经是国会议员了。"从崇尚真刀真枪的阿莫尔嘴里说出这话，并非恭维，尽管他是个婆罗门，而苏尼尔是马拉提"山里人"。但今日的孟买正是山里人的天下，由婆罗门充当佩什瓦[①]的时代一去不复返了。对他们共同从事的非法营生，苏尼尔是那个决定如何分赃，且从中多多牟利的人。阿莫尔不是不知道苏尼尔分赃不均。有时，敌对和不快的情绪也会沸腾，他们难免要翻脸。可但凡有人对苏尼尔语出不敬，阿莫尔一定会冲上去把人教训一顿。"苏尼尔是我的上级，我的大哥。"

阿莫尔对湿婆军大佬失去了信心。"我曾经把巴尔大佬看得比天还高。但我们在牢里让人揍得半死的时候，他却坐在马托什里[②]的别

[①] 世袭任职的王朝官员，曾为婆罗门所垄断。
[②] 班德拉的住宅区。

墅，喝着小酒，搂着女人。我要把巴尔大佬的照片从墙上拿下来，换成我自己的。国大党在位四十年没能耗光的资源，湿婆军上台三年就耗光了。"阿莫尔留意到大公司纷纷撤出了孟买，他看到所在地区的就业率愈发低迷。像阿莫尔这样的人并不奢望搬进马拉巴尔山的富人区，他们的梦想更贴近现实。阿莫尔划出了家门前的一小片空地，他想把家扩建到那里，再砌一个阳台。享乐对阿莫尔之流来说，就是能去酒吧喝一杯。他们不算最虔诚的印度教徒，但也毫无怨言地遵循印度教的规定。他们对印度民族保持忠诚，但不会想以爱国之名加入军队。

阿莫尔显得若有所思。他用餐叉和汤勺吃饭，慢慢低下了头，他说："危险的日子还在前面。"

"为什么这么说？"

"人们失业在家。男人终日无所事事，但去哪儿都要花钱。如果一个年轻人决定去夜总会喝几杯消遣，那他就没有钱供养家人。你让他习惯了去夜总会消遣，习惯了这种生活方式，为了维持这种生活，他什么都干得出来。"

"所以？"我问阿莫尔。

"所以为了赚钱，杀人也行。一条人命两百卢比。"

"一个人怎么就能杀人呢？"我问，"他怎么狠得下心？"

"你是个作家，几杯黄汤下肚，你会对自己说，我一定要写点什么出来。如果你是个跳舞的，几杯黄汤下肚，你会觉得，不如跳支舞吧。如果你是个杀手，几杯黄汤下肚，你会想，杀人算得了什么。"阿莫尔活动了一下手臂，"是什么人，就会做什么事。"

为了不让底下的人净为黑帮招募，巴尔·萨克雷不得不想方设法为他们创造发泄暴力的新渠道，于是也不断制造出新的假想敌。最容易下手的目标就是艺术家，反正大字不识几个的湿婆军看不懂艺术作品。1998年，巴基斯坦知名的加扎勒诗①歌手古拉姆·阿里在孟买开演唱会，忽有湿婆军冲上台去，宣称"我们也能唱"，然后齐齐高呼"马拉提人万岁！"他们说湿婆军大佬有令：巴基斯坦艺人不得在孟买登台，巴基斯坦运动员也不得在孟买比赛。孟买大众未及反应，就没有演出和赛事可看了。警方发言人却告诉报社说，主办方不曾收到任何投诉，整个禁演禁赛的过程也没有违反任何法律法规——当然没有。这可是个杀人犯能大摇大摆走在街上，并且在最高立法机构占有一席之地的城市。他们有的是代权。

湿婆军大佬强烈抵制的，还有加拿大籍印度导演的作品《爱火》。该片描绘了德里一对妯娌间打破禁锢的同性恋情。"就因为女同性恋文化像传染病一样蔓延，婚姻不幸的女人就不该全心倚赖丈夫了吗？"萨克雷质问。他表示印度社会不能容忍"这种把结婚离婚当儿戏的西方进步思想"。因此，湿婆军在萨克雷的指示下砸毁了所有上映《爱火》的影院，并且强制电影在全国撤档。英语报纸自然一如往常发表了抵制萨克雷的社论，但苏尼尔、阿莫尔或湿婆军的任何小弟都不看英语报纸。

然而1999年1月，湿婆军终究铸下了大错。他们挑错了下手的对象——全印最受追捧的巴基斯坦籍板球运动员萨辛·坦都卡。因不满印度板球委员会向巴基斯坦板球队发出的巡回赛邀请，暴怒的湿婆军闯进委员会办公室，四处打砸，甚至毁掉了1983年印度获得的板球世界杯冠军奖杯。坦都卡不得不寻求警方保护，而湿婆军和印度人民党的头目迅速和此次暴行撇清了干系。萨克雷骑虎难下，但他的胯下之虎——湿婆军的暴民显然已无法完全为其掌控。这次的突袭不再为某个领袖马首是瞻，或出于某种特定的执政理念，而仅仅是乌合之众为满足对权力的渴望，实践他们因无能而愈加残暴的可怕妄想。他们是一群马拉提年轻人，每天干十二小时的粗活累活，忍受有钱上司

---

① 是抒情诗的一种形式，形式为对句，中心主题是爱。

("又不是咱们本地人！")的羞辱责骂，然后搭火车回家。火车厢仿佛蒸笼，空气浑浊，带着各种体味和汗水的恶臭。他们回到在贫民窟的家，父亲母亲、奶奶外婆追问他们今天赚了多少工钱。他们被时刻提醒他们的无能，他们唯一感到自己还是个男人的时候，是在暴乱的人群里打着爱国主义的旗号、声称为民族荣誉而战时，他们闯进剧院、高档公寓、受万人追捧的板球皇帝的办公室，砸碎别人的奖杯，痛揍开豪车的大人物，为依然能全身而退洋洋自得。每一天的每一天累加起来的屈辱、他们受到的呵斥、这座从来不属于他们的腐朽都市带给他们的失望……统统因着暴力的宣泄得到了洗刷。暴民的愤怒就是合理的，人群越是聚集，他们就越是暴怒。这样一个集合体煽动愤怒、消化愤怒、进一步助长愤怒，并且愤怒也反过来壮大这个集体。突然之间你不再感到无能，你觉得自己战无不胜，你觉得这座城市不再是别人的，它终于是你的了。

你有权愤怒，也因着愤怒，让城市属于你。

阿希什给了我他在安泰里的公寓钥匙，我和苏尼尔还有吉里什过去小坐。正是11月，外面下着雨。孟买的夜空电闪雷鸣，蔚为壮观。我们在阳台喝威士忌。苏尼尔脱下衬衫，穿着背心坐到扶手椅里。他不断瞥向他的新手表，不是要看时间，纯粹为了欣赏。我不止一次注意到，苏尼尔的志得意满同高楼大厦紧密相连。他这样出身的人，极少有上过三层楼的。

"孟买还会经历很多斗争。"苏尼尔说。在十年的打拼后，他决定为了孩子们的安全着想，要把事业的重心从孟买逐渐转移到赖加德。他常听闻孩子被人贩子拐走、倒卖器官的消息。在苏尼尔看来，一座城市想赚多少钱，取决于它能喝多少酒。"物价飞涨，压力倍增，于是人们借酒浇愁。年纪轻轻的股民喝起啤酒来，都是六瓶六瓶干的。"而一旦借廉价啤酒消愁,也就离用传统烈酒①买醉一步之遥了。

外面的雨越下越大,在这个季节有点反常。"是因为我们犯的罪吧。"苏尼尔自言自语道,"即使是上帝都不能原谅孟买。他创造了天地万物,但没法接纳孟买。"苏尼尔对犯罪一点不陌生。每周三、五、日,他会在他的有线电视台播放色情影片。向他提出这种要求的通常是女性观众。他去圣母玛利亚女子学院附近,那里的女人嗔怪他:"苏尼尔大哥,你没好好照顾我们。"这是个暗号。当天晚些时候,苏尼尔便会兑现"好好照顾"的承诺,在电视屏幕的一角标记星号,或在屏幕下方滚动播出这样的消息:"英国广播公司×频道改在××时段播出,敬请留意。"这同样是个暗号,知情人心领神会:某个特定频道的特定时段会播放淫秽节目。而这个特定时段必定是孟买人醉生梦死的时候。不会是周二,因为周二是拜象头神的日子。不会是周四,因为周四要纪念赛巴巴。也不会是周六,因为很多人在这一天要守哈奴曼的节期。更不会是周一,"因为整个周末的狂饮让人宿醉不醒。"所以在苏尼尔的孟买,周三、周五和周日是畅饮之夜、三级片之夜,人们欢迎前者,继而享受后者。

苏尼尔从事的有线电视业务让他在婚外情一事上从不缺乏对象。"谁能登堂入室呢?送奶工把奶送到就走了。洗衣工把熨好的衣服送来也走了。但我不一样,我能进她们的房间,甚至是卧室,待在那里修理电视。"苏尼尔承认他借"修理"有线电视之名,总共睡过十三个家庭主妇。"不过是我看上眼的,精挑细选的。"苏尼尔有自己的偏好,"一定要是古吉拉特女人。她们最欲求不满。"

"我和小区里的五个女人都搞过。"苏尼尔吹嘘道。在孟买,"搞过"可以指偷情,也可以指杀人,在苏尼尔看来,这基本是一码事。"已婚男人多久满足一次自己的婆娘?一周两次、三次?女人总是欲求不满的。"照苏尼尔的说法,他从不采取主动,也不会毛手毛脚。

---

① 用甘蔗和谷物酿的酒。

"我不想搅黄了生意。是这些女人先打电话给我,说我的有线电视网不工作了。她们在我身边坐下,她们先把手伸过来,但我不会一次就遂了她们的愿,总要多等两天。"苏尼尔不在意对方的年龄,他和年过五旬的主妇上过床。他说真该带我们去孟买城外阿裹力①人的村子看看。阿裹力人的身体异常柔软,做爱的姿势神乎其神:阿裹力男人会让女人抱住一棵树,然后把她的双腿架在自己肩上。"我做不来这种特技,但我搞过一个阿裹力女人,确实让人难忘!"

有一个人名叫桑托什,苏尼尔和吉里什谈起他的猎艳史,带着惊叹又带着窃笑。"他是我们那一带最会鬼混的人,一个彻头彻尾的淫棍。"桑托什声称把邻居拉吉的太太当妹子看待,而对方也以兄长相称,每年去求辟邪的彩绳系在他的手腕上。拉吉夫妇相信桑托什,允许他自由进出家门,却不料引狼入室,桑托什强暴了他们的女儿。"他口口声声叫侄女的那个孩子。"苏尼尔特别指出。一天,桑托什偶然发现了拉吉的太太和某医生邻居的奸情,他威胁要告发两人,以此强迫拉吉的太太也同他保持不正当关系。打那以后,桑托什会在上午溜达到拉吉家,和他叫做"妹子"的女人苟合。下午两点同自己的母亲去庙里做法事,装模作样地念一小时经。从庙里回来后去健身房,和附近的地痞流氓厮混一阵,再折返拉吉家,等着他的"侄女"五点半放学。趁"侄女"关窗换衣服时硬挤进她的房间"来一发",在拉吉下班回来前大摇大摆地离开。

这还不算完,桑托什家隔壁住着一个未成年的比哈尔女孩,他在小姑娘月经初潮后两天强奸了她,并且逼迫她维持这一关系长达五年。桑托什恶狠狠地威胁她说:"不让我搞你,我就杀了你。"他趁女孩的酒鬼父亲不在家或醉倒的时候偷偷爬进她的窗户,然后毫无人性地强暴她。贫民窟里的这种性关系谈不上丝毫温柔,它发生时不单掩人耳目,且充满兽性。某户人家的夫妻有靠着大门席地而睡的习惯。

---

① 印度食尸族。通常聚居印度北部城市瓦拉纳西附近,信奉湿婆神。

一群小流氓不知怎么知道了，便跑去偷窥，桑托什也在其中。他们透过门上的邮件投递口，看到丈夫一手搭在妻子的一只乳房上。桑托什竟恬不知耻地把手从投递口伸了进去，握住那个女人的另一边乳房。她没有惊醒，以为那是丈夫的手。但当她感觉到揉捏的力道变重，睁开眼睛，顿时吓得惊叫起来。但她不敢摇醒身边的丈夫，告诉他发生了什么。一个女人在贫民窟遭受污辱，往往是打落牙齿和血吞。因为正如苏尼尔所说的："她总觉得，家丑怎么能外扬呢？"所以施暴者更加肆无忌惮，他们专挑这些最为弱势的女性下手：幼童、少女、父亲或丈夫是酒鬼的、神志不清甚至智力有残疾的，这些人不会揭露他们，不能揭露他们，不敢揭露他们。别人会有怎样的闲言碎语？无力保护妻女、任人欺凌耻笑的男人又会有何等感受？当他们发觉事情的真相后，也大多保持了沉默。

我问苏尼尔和吉里什，桑托什"搞过"这么多女人，是否因为他相貌英俊？完全不是，他们说，桑托什是个跛子，"连初中都没毕业"，平常给大楼当保安。但他很会说话，他会到某个女人的家里，每天都去，坐在那儿拉家常：他和这家人的丈夫聊天，和他的妻子聊天，也和他们的女儿聊天。他专挑他们爱听的讲，渐渐就和他们熟络起来，然后看准了时机下手。"所以看到他在我们家出入，我有点紧张。"苏尼尔承认。

但最终，苏尼尔和他的湿婆军会安渡难关的。"湿婆军的未来大有可期。这就是孟买。"苏尼尔说，又马上用印地语纠正了"孟买"的发音："这就是孟巴。"刹那间，外面的天空有五彩的烟花升起，随即四散开来，应该是有人正举行婚礼。烟花散尽后则是漫天银白的闪电，照亮了这座对苏尼尔而言既熟悉又陌生的城市。或许这是第一次，他从这样的高度俯视脚下的孟买——那令人炫目又令人蹙眉的纷乱。苏尼尔醉了，他边看边口齿不清地说："这真是个独一无二的世界。"

有两个年幼好动的孩子在身边，在家工作对我来说变得益发困难。叔叔替我在班德拉物色到一间精装公寓，让我用来办公。我搬进去的时候，注意到墙上挂着一幅画，是伟大的自由卫士提拉克的肖像。我以为那是幅炭笔蚀刻，但又不完全像，于是凑近了细看。

"那是用人的头发绣出来的。"我的房东——一个女医生自豪地介绍道，"提拉克是我先夫的高祖父，你可以留下这幅画。"

我婉言谢绝了她的好意。

这间公寓位于班德拉的商业中心——人满为患的尔科商场楼上。楼下便是西郊知名的美食一条街。女人们在尔科商场购物，讨价还价，乐此不疲，逛累了便走到美食街，要一份普里球①，再来一杯库妃法鲁达②。周四的夜晚，附近的赛巴巴庙里传出不成调的响亮诵经声，人们纷至沓来，因为法事结束后，庙里会分发普拉萨德（当作供品祭神的面包干和蔬菜）。寺庙外的小吃摊刚在大选前被政府下令拆除，如今以浩大声势卷土重来，林立更胜往昔。但当我打开两居室的公寓大门、走入其中，顿时就把嘈杂声关在了门外。世界清静了，我的办公室自带厨卫，阳台外还有棵枝繁叶茂的老树。

苏尼尔和阿莫尔来我的新办公室同我喝酒。阿莫尔正戒酒，也就是说他不喝威士忌。我给他倒了杯葡萄酒——葡萄酒不算酒。阿莫尔把葡萄酒杯捏在指尖，小口啜饮。看留着大胡子的阿莫尔小心翼翼喝红酒，像看他出现在画廊开幕式或英式下午茶会那样不协调。

他们二人环顾我的办公室，面露赞许。阿莫尔在纳拉索帕拉③有间公寓，苏尼尔的公寓则在达希沙。但他们都没想过要和家人搬离贫民区。我问他们为什么。

"你可以给我黄金地段的公寓楼，尼皮恩航海路也好，班德拉也

---

① 空心油炸面包，内裹鹰嘴豆泥或土豆泥，配糖水食用。
② 添加玉米粉丝和玫瑰糖浆的水果冰淇淋。
③ 马哈拉施特拉邦帕尔加尔县的一个城镇。

罢，但我不会离开乔格什瓦里。"阿莫尔说。

"我们就像小孩子一样认死理。"苏尼尔解释道，"不能接受住在其他任何地方。就像你的孩子不会接受住在贫民区一样。在那里，我的孩子能在凌晨一点敲开邻居家的门，问他们要吃的。如果他们不爱吃妈妈今天做的饭，他们可以上邻居家吃。在我们那儿，上门来的孩子都是贵客，他们到哪儿都会受到款待。但你们这里不行。如果你的孩子凌晨一点敲响邻居家的门，你肯定会打他们的手心。'不可以！'你会教训他们。因为你不想让邻居觉得你家孩子连饭都吃不饱。"

"我们那儿设施齐全。"阿莫尔补充道。"设施齐全"是地产广告里常用到的词，指的是房屋有现代化的厨房、室内管道及电梯。但贫民区的"设施齐全"另有深意。"你下班回来，遇见了邻居，你站在走道上和他寒暄。但在我们那儿，如果你有急事要去医院，打声招呼，邻居二话不说会来帮你看家。"

我又问他们为什么贫民区的人们反而更团结，更令人有家的温暖的感觉？

是因为公共设施的存在，苏尼尔说。"你上公厕，难免看见形形色色的人。你跟对方打招呼：'哎呀，两天没见了。'用水也是。女人们提着水桶，挤在一个龙头下面等着打水。她们互相交谈：'我外公病了。''我儿子在农村老家，是个酒鬼。'"而在公寓里，人们有独立的洗手间，互相碰不到面。"在公寓的楼道里，人们谈论的是哪家的卧室新装了空调，或者更换了大理石台面。在贫民区的龙头下面，人们谈论的是某一家的婆媳矛盾，媳妇多烧了一口饭，婆婆怪她浪费……在公寓里——"苏尼尔总结道，"人们谈话的层次总要更高一点。"

那为什么不卖掉贫民窟的房子，去农村老家住呢？那里宽敞多了。

苏尼尔解释说："在农村，家家户户九点就关门了。"

"哪里是九点。"阿莫尔摇头，"最多七八点。"

不一会儿，阿莫尔起身去用卫生间。"你家厕所不用冲水吗？"他回来的时候问我。

我抬头看着他，一时没有听懂。"要冲啊。"我说。但苏尼尔听懂了。他领着阿莫尔回到卫生间，示范给他看如何冲水。他教阿莫尔：按下旋钮，杠杆带动水箱出水，不用特地舀水冲进马桶。

苏尼尔的生意蒸蒸日上，在孟买的地位也举足轻重，他现在要的是一份安稳。若非不得已，他不想再闹更多的事了。"一天下来，谁不想吃顿安稳饭，然后睡个安稳觉？如果还参与暴乱，无非是想赚更多的钱。"卡吉尔冲突①期间，印度政府下令禁播巴基斯坦的电视节目。但爱国如苏尼尔者也强烈反对这一禁令。他问，如果观众想看，政府凭什么要他的有线电视禁播巴基斯坦的节目？"观众付了钱，就有权看电视。"苏尼尔的经商之道足以令他把政治理念和对穆斯林的憎恶放在一边。为什么要和钱过不去，花花绿绿的卢比远比一个人在游行时举什么颜色的宗教大旗来得重要。孟买以更强有力的诱惑——贪婪让苏尼尔甚至能放下家仇国恨。

阿莫尔却对孟买的现状有更清醒的认识。"暴乱随时可能发生。"他说，"今晚就可能发生。"

喝酒没有下酒菜，大家都饿了。我们三人离开办公室，坐三轮车到了一家餐馆。阿莫尔吃了几口黄油鸡，突然抬头问我："你那儿二十四小时都有水？"他还在琢磨抽水马桶的事。

我点点头。阿莫尔百思不解。苏尼尔在一边猜测说，屋顶上一定有什么水箱吧。

又过了一会儿，阿莫尔接着问我："那你晚上一个人睡？"

一开始我以为他是在旁敲侧击，打听我是否有情人一起过夜。但

---

① 指1999年5月至7月间印度与巴基斯坦的武装冲突。直接起因是巴基斯坦军队越过了印度控制线。印度军队展开反击并夺回了失地，巴基斯坦军队撤回了控制线后。

当我强调我确实一个人睡的时候，阿莫尔马上照实说："我从来没有单独睡过。房间里总有其他人在。"这个火爆脾气的大个子觉得不可思议，我没有母亲或妻子或吵闹的婴孩在身边，究竟要如何入睡？凶神恶煞、打起架来天不怕地不怕的阿莫尔却最怕黑。

1999年，第二轮大选开始了。乔格什瓦里在选举日那天又热闹了起来。天下着小雨，却浇不熄蜂拥而至的选民们的热情。竞选办公室的工作人员各就各位，撕下一张张小小的选票，递到选民手中。比库·卡马特让苏尼尔和阿莫尔做投票动员，于是我们再一次走入了贫民区。苏尼尔熟悉那里的每一个人，他和阿莫尔用古吉拉特语同古吉拉特人打招呼："你好啊！"和比哈尔人则说印地语，和自己的同乡说马拉提语。他们催促人们快快前去投票，"投给边上有蝴蝶结记号的。"他们嘱咐道。这个国家三分之一的人口不识字，光和他们说候选人的名字并不管用。这一天走过贫民窟时，我感到一种不同寻常的寂静，这才意识到除了偶有播放的全印电视台[①]的节目外，几乎无人观看电视。苏尼尔临时关停了他的有线电视网。"苏尼尔，给点节目看吧！"一个老人央求道。"等你投完票再说。"苏尼尔如此回答。

我们回到投票站，一个湿婆军头目正和阿莫尔商量：午饭后再进行一轮投票动员。到那个时候，检票员根据手上的名册，已经能统计出谁投过了票，谁还没有。"四五个人不管用，我们需要一群弟兄。"阿莫尔这样建议，"弟兄"这个词他说的是英语。"那行，我叫上我手下的弟兄。"小头目语带笃定。这群"弟兄"会回到贫民窟，挨家挨户敲门，但凡没有投票的都会遭到他们的威吓。"就是制造点紧张气氛。"阿莫尔解释说。

尽管是竞争对手，苏尼尔却和国大党附近选区的候选人相交甚

[①] 隶属印度政府新闻广播部。

笃。此人名叫玛玛，从事电缆生意，是小拉詹[1]团伙的头目。玛玛年方而立，他在孟买出生，他的父亲幼时从种姓意识浓厚的北部迁来孟买。玛玛是低种姓，但英雄不问出处的孟买给了他和他的家人新生。"在农村，低种姓只配给高种姓做牛做马。在这里，低种姓照样称王称霸。"通过玩弄权术，低种姓掌控了这座城市。

玛玛向为他提供政治献金的捐款人痛陈利害。"你今天给我五拉克。"他对一个建筑承包商说，"我当选后，五天内就把这笔钱还给你，而且马上批准你们建公厕的合约。"苏尼尔嗤笑说，玛玛向他的选民立下的承诺是："你们选我，就不用另交保护费。"作为黑社会头目，玛玛承诺选区内凡归顺他者皆受其保护。既然警察无能，没法制止流氓对当地居民的敲诈勒索，不如就选流氓本人当他们的官长。一样要交保护费，不如花钱买太平。1995年大选时，正是基于同样的理由，让百分之五的穆斯林把票投给了不共戴天的仇敌——湿婆军。

与此同时，一个马拉巴尔山从事广告摄影的朋友打电话给我。他说他破天荒打算投一次票。"我就在以前你们家住的那块地方。"他在手机的另一头说，投票站设在沃尔辛厄姆女子学校。"我面前有两个投票箱。一个上面写着人民院，另一个上面写着联邦院。到底哪个是中央政府，哪个是邦政府？"他十分困惑地问我，对选举常识一无所知。

在乔格什瓦里，没有人会问这样的问题。我问玛玛，你觉得孟买是谁的？是马拉巴尔山的富人的，还是如今翻身农奴把歌唱的马拉提人的？

玛玛笑起来："孟买要么属于吃瓦达餐包的人[2]，要么不属于任何人。"

这些年来，孟买经历了三次大选。印度为了表明其忠于民主制

---

[1] 达乌德·易卜拉欣前同伙。
[2] 指社会底层人民。

的决心，不断做着无比痛苦又坚持不懈的努力。它必须一次又一次证明：我们是民主国家。而这个国家的人民所具有的耐心，实在让我惊奇。年复一年，别无选择，也无怨无悔，他们履行着自己投票的义务。1991年，57%的公民参与了投票。1996年，投票人数上升了一个百分点。到1998年，这一数值进一步上升，六亿印度人当中的62%行使了他们的投票权。而1999年的大选有何意义呢？斥巨资、冒酷暑在全国上下游说拉票，可选来选去，在德里执政的不就那么几张面孔？都说今年不会有人投票了，民间会刮起抵制的风潮，但最终，1999年的投票率只不过略有下滑。人们依旧忍受着高温，在投票站前排起长长的队伍。这或许便是这个国家的命数。人们不问他们为何投票，他们只管投就是了。

在马哈拉施特拉邦，自1995年上台的湿婆军及印度人民党联盟输掉了1999年在该邦的选举。他们曾对贫民区的选民承诺：要建四百万套房屋造福大众，但最终建起的房屋数量不足四千。

大佬

"你几时去见巴尔·萨克雷？"人们不断问我。

"去机场前。"我答。若访谈时不慎得罪了萨克雷，我不想在孟买久留，自找麻烦。因此，2000年6月的一个晚上，我订好了四周后回纽约的机票，把行李打包完，在同萨克雷颇有私交的马拉提报社编辑的引荐下，出发面见这位湿婆军大佬。

萨克雷的别墅戒备森严。总共179个保镖（包括154名警员、19名副警司、3名警司以及3名副警督）守卫他的安全。不论由谁执政，萨克雷出行皆乘坐防弹车，且由警方全程护送。政府还另外拨款，为其在马托什里的宅邸配备全天候安保。虎啸阵阵，老虎却只敢在重重防御的铁笼后发威。

萨克雷的别馆位于僻静的卡拉格尔路深处，带有浓重的政府规划的痕迹，号称专为艺术人士打造的住宅精品。其外墙通体雪白，处心积虑地炫耀着暴发户的品位——这种标准的孟买式的浮华让整栋建筑比实际面积看起来更为庞大。萨克雷本是寒门子弟，骤然发达，竟不知如何挥霍才好。他和家人购置了多辆三菱帕杰罗，不顾此等大型越野车在孟买只是形同摆设。马拉提的报社编辑还对我耳语，说萨克雷在屋里堆满了现金。

进屋前要过安检。金属探测仪在我身上扫来扫去，我的包被当场翻查。我们随后前往候客厅，厅里挂满希瓦吉的巨大肖像，中央是一排椅子，正对一扇紧闭的大门，在椅上就座的人目不转睛盯住大门，期望它尽早开启。我们方才落座，大门应声打开，唯有我们二人得以进入里间。那是个稍小的接待室，挂满萨克雷亡妻的相片。萨克雷曾在妻子死后一蹶不振，并与儿媳的关系日益亲密。在萨克雷的幼子乌德夫的强烈要求下，这个女人不久前搬离了这里。接待室的咖啡桌上另有两块铭牌，白色较小的那块上书："召之来战，战则必胜，深得吾心！"金色较大的那块则用红字刻着："敢不从命，休得见我。"

几分钟后，萨克雷走进了接待室。"马拉提人万岁。"他问候道，与我同行的编辑忙随声附和。我趋近，同一力毁掉我的孟买的罪魁握手问安。

萨克雷在一张茶几边的扶手椅上坐下。茶几上放着一手持矛、一手举盾的马赛[①]武士的雕像。

我开口道："我在写一本关于孟买的书……"

"是孟巴。"萨克雷立即纠正了我的发音。

"我在写一本关于孟巴的书。"我并不坚持。

但在我们的其余谈话中，萨克雷都断断续续说着英语。他中等身量，瘦骨嶙峋，有着和古稀之年并不相称的浓密乌发，戴着遮住半张

[①] 东非最著名的游牧民族。

脸的方框眼镜。穿本白色丝绸库塔①、着同色隆基与凉鞋的萨克雷不时要伸手到衣裳底下,"嗤啦"一声撕开尼龙搭扣——显然他贴身戴着腰托。九十年代时,萨克雷经历了"民族主义信仰的觉醒",他自此脱下西装,开始穿代表湿婆军的橘色传统服饰,还在颈上挂长长的金刚菩提子念珠。

空调的温度设定得很高,萨克雷自然舒适,我却汗流浃背,人中上挂满汗珠。佣人奉上的茶和湿婆军分支大楼的茶水如出一辙,汤色深浓,提神作用堪比红牛饮料。萨克雷则用玻璃杯喝某种灰白色的乳饮。他叼住烟嘴,燃起一根雪茄,我说那是古巴最好的雪茄烟。他问我美国人抽不抽雪茄,我说古巴雪茄在美国是禁运品。

为什么呢?他问我。我试图解释"禁运品"的含义。他咀嚼着我的话,显得兴致勃勃:"如果一个美国姑娘和古巴小伙结了婚,他们要怎么办呢?他在美国这么多年了,现在政府要赶他回古巴去吗?"

古巴人可以来美国,但是古巴的产品不行。我又解释说。

"那不错。"萨克雷若有所思地评价道,"是个好主意。"我却唯恐自己无意间给他出了什么馊主意。

萨克雷同我分享了他的童年故事。他的父亲是个老师,但在萨克雷的讲述中——"他是社会改革家、作家,无所不能。"萨克雷的母亲希望儿子当公务员,这在当时是光耀门楣的好差事。但他的父亲说:"我的儿子怎么可能做个区区的书记。我要他成为艺术家。"在他们家,父亲的话就是圣旨。"他一发火,我们会吓得尿裤子。"父亲给萨克雷买了一把印度班卓琴,那是种用双手弹奏的弦乐器,而萨克雷显然对音乐毫无天分。"我努力再努力,一只手练好了,配上另外一只手就不行。练好另外一只手,这只手又不听使唤……"他的父亲勃然大怒,按着儿子的手狠命往下压,直到萨克雷的手指被琴弦割破,流出血来。"我一哭,爸爸就说:'蠢货!滚出去!'"

---

① 长袖衬衫,下摆开叉,可搭配长裤(兜提)或裹裙(隆基)穿着。

与此同时，二战爆发了。萨克雷会饶有兴致地看《印度时报》头版的班伯里漫画，他的父亲则在一边观察他。他命儿子每天临摹这些漫画，他当晚要一一检查。通过临摹，萨克雷也渐渐看懂了孟买城的政治斗争：城里的古吉拉特人和马拉提人争执不下，都说孟买应归其所有。萨克雷的父亲积极响应马拉提团结运动的号召，在位于达达尔的家中秘密举行会议。萨克雷耳濡目染，不出几年，他开始为《自由新闻日报》画时政漫画。到1960年，他开辟了每周漫画专栏，继续为马拉提人的权益发声，这一专栏后来成为"土地之子"——马拉提团结运动的主阵地。但事实上，主张"把孟买留给孟买人"、自称当地土著的马拉提人或许并不清楚：孟买的土地最初是由英国人在七岛城的基础上填海造陆而来的。

　　可不管怎么说，马拉提人打败古吉拉特人，赢得了孟买之争。同样在1960年，他们照自己的语言划定马哈拉施特拉邦的地界，并将孟买设为该邦的首府。不过萨克雷的读者仍不满意，他们给他写信说："现在我们有马哈拉施特拉邦、有孟买了，但我们的工作呢？"有人给萨克雷寄来一本电话黄页。"我打开一看，哎呀，太吃惊了。那上面都是外邦富豪的名字，南印度的大老板，叫帕特尔①的最多，其次是沙赫②。"这件事促使萨克雷开办了最初的马拉提人就业中心，也为日后建立湿婆军奠定了雏形。他们为马拉提人的就业权利不断斗争，迫使孟买市场八成的职位都雇用马拉提人。但那八成职位也是孟买最低端的：打字员、速记员、营业员……"这怎么行。但除非你掌权，否则马拉提人的社会地位不可能提升。"尽管打心眼里不情愿，意识到这一点的萨克雷还是在1966年组建起了湿婆军。在他看来，这座城市如今的乱象正是由各党派造成的，"也包括我的湿婆军在内"。要执政，就必须巩固地位、笼络人心，这让萨克雷分外厌恶：

---

① 意即有土地的人，传统上来说属刹帝利种姓。
② 波斯语古代君主头衔的汉译名。

"就为了多拿几张选票,把这个国家和我们的城市弄得乌烟瘴气!"

入主政坛后,湿婆军为马拉提人争取权益的重心并未转移。1998年,沃顿商学院①欲在新孟买建立分校,未得湿婆军政府批准,因学校拒为马拉提人开放特招。班加罗尔和海得拉巴②闻讯,向沃顿抛出了橄榄枝,且不设附带条件。新孟买坐失复苏良机。

同行的报社编辑告诉我,萨克雷对马哈拉施特拉邦的地理知识竟一无所知,着实令人诧异。湿婆军的大本营在孟买,但孟买的马拉提人正迅速向外流失。孟买已不能称为马拉提人的孟买。在团结运动时期,孟买的马拉提人数量过半,是工厂雇员的主力军,而随着工厂不断倒闭,这些人不得不离开孟买另谋生路。马拉提人现在只占孟买人口的四成,另两成是古吉拉特人,剩余则是穆斯林、北印度人、信德人、南印度人、基督徒、锡克教徒、帕西人……等等。截至2000年7月,湿婆军向上议院提名的议员中有古吉拉特人、孟加拉人、帕西人、北印度人,唯独没有马拉提人。萨克雷的党派正试图扩大阵营,将触角伸往印度各地,因它深知仅有马拉提人的拥护,它已无法在印度立足。

我问萨克雷,孟买是否仍是马拉提人的天下?他毫不犹豫且气势汹汹地回答:"这一点毋庸置疑。孟巴是马哈拉施特拉邦不可分割的一部分。我们的斗志还在。湿婆军掌权一天,就无人敢在孟巴撒野。"我踩到了萨克雷的痛脚。他和他的湿婆军多年以来,所为无非地盘之争:谁有权住在孟买?马拉提人和他们的湿婆军从根本上是被排挤的"山里人",于是更要争取发声,虚张声势地宣布这个民族或那个群体不属于这里。他们和古吉拉特人斗,同南印度人抢,先后逼走了共党、达利特,现在开始迫害穆斯林。孟买和印度的其他城市一样,遍布着追问"我是谁"的人。并且这些人相信,一旦他们找到答案,也就能解答"谁非我族类"这个问题。但萨克雷一党反其道而行

---

① 美国宾夕法尼亚大学旗下的一所商学院,被公认为世界顶级的商业教育机构。
② 印度第四大城市,位于印度中部。

之。他们坚信若采用排除法，先给出"谁非我族类"的回答，自然而然就能知道"我是谁"。

报社编辑离开了，留我和萨克雷独处。我问他：为什么人们源源不断来到孟买？

"因为这里是罪犯的温床。"他答，"想不劳而获，就来孟巴。火车站是扒手的天堂。"敲诈勒索也大有市场。"你给人打电话：'我几点要多少钱，我的人在那里等。'"出于恐惧，人们会乖乖照办。根据萨克雷的说法，犯罪成本低是吸引人们移居孟买的最大理由。这不无道理。他还指出孟买的警力严重不足，而犯罪率居高不下。"来自贫民窟的'威暇'——"（他把"威胁"念成"威暇"），"来自贫民窟的'威暇'节节攀升。那里的罪犯和警察玩猫捉老鼠的游戏。你做了坏事，哪怕是杀了人，也可以安然无恙地走开，躲进贫民窟。"正像他的手下苏尼尔做的那样：在暴乱中杀人放火，依然可以躲进贫民窟求得脱身。

萨克雷告诉我什么是拯救孟买的良方："必须严格把控移民政策。把穆斯林赶走，不单赶出孟巴，也赶出印度，让他们滚回孟加拉。找出谁是他们当中的坏分子、三军情报局[①]的走狗，绞死那些人。不要遣返。绞死。我的做法就这么简单。"萨克雷对美国的出入境检验极为欣赏，外国人办理签证手续繁杂，移民更是难上加难。不像印度，他说，任何持有"移民许可"的人都能轻而易举在这里常住。萨克雷表示，孟买应该有自己的签证系统。马拉巴尔山的富人——和萨克雷政见相左的特权阶级在这一点上完全赞同萨克雷的看法。

此外，这位湿婆军大佬也极度厌恶"印度"这一称谓。他怪罪"贾瓦哈拉尔·尼赫鲁——那个人在印巴分治以后对穆斯林百般纵容。穆斯林管这块地方叫印度，所以我们就变成了印度人。我讨厌这个称呼。"萨克雷坚持"印度斯坦"才是这个国家最初以及最确切的名称。

[①] 巴基斯坦最大的情报机构。

"我们有信度河①,我们有信德省。看到没有,信度,信德,一样的发音。"但信德其实是巴基斯坦的一个省。

萨克雷不依不饶,他说我们都是印度斯坦人,这是有宪法依据的。"第十九条第一款。真是怪了,他们只看第一款,那后面的二三四五六七款呢?每一款都清清楚楚地写明,移民印度的前提是不得扰了当地人的清静。这个你们怎么不提?为什么只给我看第一款,后面的就不管了?"

或许是因为——印度宪法里根本就没有这样的条款。事实上,萨克雷所指的应当是宪法第十九条的第四和第五款,确保公民在印度领土内享有自由迁徙和居住的权利。而第十九条第一款则规定所有公民享有言论和表达自由,这一点却是萨克雷压根不允许的。他自己发明了宪法。他手下又有哪个人会去查看,好验证他的断言其实并不准确?印度宪法是世界上最长、可能也是最少有人阅读的宪法。萨克雷可以随心所欲地拆解它。

如果不是在家乡混不下去了,又为什么非要到孟买来?萨克雷质问:"那些外地人,他们的首席部长在做什么?出入有警车,住豪宅,花政府的钱,却照顾不好底下的老百姓。"他又一次把孟买的一团乱怪到了其他政客身上。"不单是孟巴,每个地方都可以是国际大都市。班加罗尔是,加尔各答也是。我们对外地人客气,他们就把客气当福气了。又不是下雨,对吧,雨水来自来、去自去,就像那首童谣里唱的一样:雨呀雨呀走开吧,请你改天再来吧……天要下雨,我们无法可想。"

我突然有种萨克雷得了失心疯的荒谬感觉。

我问他他的人格魅力从何而来。

"如果你拿着一朵花,这朵花有香味,你又做什么问香味从哪里来?眼睛看不见香气,魅力也无法用语言表达。我不知道我有没有人

---

① 印度西北部的大河,即今日的印度河。

格魅力。我不知道魅力是什么,是否有任何人拥有它。是魅力还是美丽,如果是美丽,那个人肯定是卡浦尔①——"提到这名性感女星时,萨克雷为他小小的谐音游戏得意地笑起来,"美人,美名,妙。"

我问萨克雷想以何种方式为后世所纪念。

他说他不介意被人遗忘。"我能含饴弄孙,已经足矣。"他说他不会写自传,不会参与竞选。"那是我的决定。"萨克雷不直接参政是确保其在党内威望的手段——老虎凌驾于政治之上,又能随心操控所有政客。他曾公开表明他可以遥控马哈拉施特拉邦的首席部长。"我厌恶政治,我不是政客,我是时政漫画家。"

他怀念旧时的孟买,怀念他还是漫画家的那段时光。"我在《自由新闻日报》那会儿……孟巴的人口已经很多。但那时的辉煌和激动人心,是现在不可比拟的。慢慢慢慢地,越来越多的人来到孟巴,情况急转直下。我记得那时,大约是 1942 年吧,只要我们说有老鼠,市政环卫署的人就会过来。他们带着消防软管,把管子接在路边的消防栓上,然后对准老鼠洞,打开水龙头。一部分人原地待命,手上拿着木棍。龙头一开,水管里的水就冲出来,冲进老鼠洞里。老鼠会从其他洞口逃走。水如果从这边冲进来,它们就躲到另一边去。一旦它们逃出了洞口,就有木棍伺候。那时,我们一次性能打死十几只老鼠。现在缺水缺得厉害,不能这么干了。但我住在达达尔的时候,还是让人在后院装了消防栓,只要一打开,就有强劲的水柱喷出来,那是 1945 还是 1946 年的事了。现在你很少看到消防栓了,贫民窟的那帮人滥用资源。他们把龙头打开,再也不去关上,水就源源不断地一直流、一直流。"

这突如其来的长篇大论令我摸不着头脑。"孟巴还有严重的鼠患吗?"我问。

---

① 卡丽诗玛·卡浦尔,活跃于二十世纪末至今的印度演员,十分擅长歌舞。其名卡丽诗玛(Karishma)与人格魅力(charisma)谐音。

"鼠患是一定会有的。"萨克雷答。他突然从另一个更贴近民生的角度看待问题:"要不是孟巴的市政机关,老鼠会吃我们的粮食啊。粮食我们还是有的。"萨克雷的独白到此为止,他停下了,留我咀嚼其中的深意。

佣人来报,说又有访客,是电影导演维杰·阿南德。萨克雷神秘兮兮地凑过来,悄声对我说:"他的儿子在蹲大牢呢。"事实上,蹲大牢的是阿南德的侄子。"这个人一进来,就要对我百般讨好了。"萨克雷笑道。

阿南德的侄子被控谋杀了他父亲的情妇。但阿南德进来时,对此只字未提,他说的是另一件不相干的事。阿南德经营一家影院。他的助理到制片人维纳亚克·劳特的工作室录音,结果那里的设备坏了。劳特从昨天下午起就扣留了这名助理,并送信来要阿南德支付三万五千卢比的赔偿金。阿南德把信给萨克雷看。劳特还放厥词说他当过萨克雷本人的保镖,出面替萨克雷和他"在道上混的"侄子拉吉·萨克雷收过赎金。

萨克雷拿起了电话。他记得阿南德的每一句话,于是如此这般吩咐手下:"明天正午我要见到这个劳特,任命他做敲诈勒索部部长。"一个指令外加一点风趣,有权有势的湿婆军大佬便拨乱反正了。人会带到,事情会办好,问题会得到解决。

这是尤其让萨克雷自豪的一点,他说电影明星、导演、制片人"都来找我,都是我的好朋友。他们崇拜我、尊敬我,我也确实帮他们解决难题。"报社的编辑告诉我,萨克雷对德里的政客不置可否。如果印度总理前来,他不会出门恭迎。但如果阿米塔·巴强[①]来到此地,他一定会腾出时间而且满怀期待。这就是典型的孟买处世哲学:娱乐第一,政治第二。当电影明星桑杰·杜特因参与"九三"连环爆

---

① 电影制片人、电视主持人,宝莱坞最成功的男演员之一,首位陈列于杜莎夫人蜡像馆的印度影星。

炸案而被判处十八个月监禁后,唯萨克雷有此能耐,保他出了狱。萨克雷告诉我:他的死对头苏尼尔·杜特在儿子被捕后来见他,"泣不成声,坚持要在我妻子的遗像前做火祭①。"八、九个制片人在候客厅焦急地等待他的消息,但杜特手持油灯,在萨克雷妻子的遗像前一遍一遍绕圈。因为桑杰被捕,他参演的作品不得不全线叫停,且面临撤资和下档的危机。是萨克雷的一句话让桑杰重见天日。

我问他是否认为桑杰有罪?

"他们找到一把拆开的AK-420步枪②,就因为这样要告他?"在萨克雷看来,桑杰是被当时的首席部长萨拉德·帕瓦尔陷害的。帕瓦尔和桑杰的父亲正为国大党党魁一职展开激烈的角逐。但如果法庭当真宣判桑杰有罪——"那就绞死他。"这是萨克雷常说的一句话。在萨克雷的词典里,"绞死"是解决穆斯林问题、桑杰·杜特问题或任何什么问题的万能药。湿婆军的大佬从不在理论和过程上浪费时间,他会立即采取行动:绞死他们。这样的领袖是胸无点墨又满心怒火的年轻人最能认同、愿意跟随的。

一直以来,萨克雷最强有力的支持者是十六到三十岁的青年。"热血冲动又失业在家的年轻人正如干火药,随时可能爆炸。"当他们年纪渐长,变得稳重,也就往往失去了对闹事的热情。萨克雷的支持者是年轻人,但他对他们颇有微词:"这一代人没有文化,缺乏教养。教养这个词在英语里没有对等的表达。"③最相近的大约是"三观"。萨克雷的三观异常地黑白分明:印度电影和迈克尔·杰克逊是好的,情人节则大大的坏。提及此事让他分外恼怒。"情人节!我明年就取缔它,等着看吧。他们再也不敢了。我要撕掉那些情人节卡片。情人节是什么东西?荒唐!大学生口袋里有几个钱,父亲给他们的零花钱,

---

① 将灯盏在神像前顺时针晃动绕圈的仪式。包含驱魔而去、引神而来的寓意。
② 根据作者后来的描述,桑杰被捕是因为一把拆开的AK-56步枪。
③ 此为巴尔·萨克雷的个人观点。

也不知道这钱合不合法。哎呀不得了了！要和女朋友享受生活。现在的女孩子也是这样。这代人，你们叫他们什么，可乐一代[①]，是吧，不管是可口可乐还是百事可乐，都穿着——"萨克雷面带厌恶地比一比腿，"牛仔裤！"

萨克雷说到做到，隔年2月14日，他取缔了孟买城的情人节。湿婆军接获指令，打砸了售卖情人节贺卡的商铺、摧毁了推出情人节套餐的饭店。远在土耳其、南非及澳大利亚的报纸都在头版位置报道了萨克雷的暴行。

但萨克雷终究老了。他是个疲倦的、上了年纪的法西斯。每当怒气冲冲发表一番言论后，他又会轻笑起来，显得不那么具有"威吓"。开着影视圈人士的玩笑、抽着雪茄烟的萨克雷乍看还颇有几分慈祥。所以我很难把面前的这个人，和当初鼓动苏尼尔之流发起种族屠杀的暴君联系起来。他毕竟七十三岁了。"我可以遥控政府。"萨克雷告诉我，"但我无法遥控自己的年龄。"

不过当话题转回他最热爱的对象时，怒火也重新回到了萨克雷身上。"孟加拉的穆斯林来到这里，我不知道他们在印度斯坦受到怎样的教导。"萨克雷说，德里才发生了一起爆炸案，大约二十人在爆炸中受伤，警方逮捕了一名穆斯林。有人被捕的消息在穆斯林当中传开，清真寺的大喇叭马上吹响了冲锋的号角。根据萨克雷的说法，一群穆斯林暴民，大概有一千五百人，都是身强力壮的年轻男子，他们冲进警局，强行带走了嫌犯。"我们要容忍这种胡作非为到什么时候？"萨克雷厉声质问，"穆斯林是谁？你们有什么权利？为什么不回孟加拉去！这真是太糟糕也太让人痛心了。"

这样的事件有可能在孟买发生吗？

"只要湿婆军在，除非跨过我们的尸体。"萨克雷骄傲地宣称，自从湿婆军上台，再没有发生过社区暴乱。

[①] 指喝着可乐长大、崇尚外国文化的年轻人，带有一定的贬义。

"你如何解释1992到1993年发生在孟巴的暴乱呢?"我问。

"巴布里清真寺。"他答,"这里的穆斯林没人知道勒克瑙①的确切位置,却非要把清真寺建在那儿。"但显然,萨克雷自己也弄不清楚:巴布里清真寺位于阿约提亚,离勒克瑙尚有数百公里远。萨克雷说,巴布里清真寺本就是废弃了的,但它的下面埋着一座罗摩庙,还是有印度教徒去那里参拜祷告。后来,清真寺被拆毁,孟买的穆斯林开始聚众闹事。"但你们有胆做没胆认,你们说闹事的不是我们,是从比哈尔和北方邦过来的穆斯林。这些人凭什么来孟巴,煽动这里的人?就应该当场杀死他们。所以湿婆军采取了行动。要不是我的手下,我敢肯定,印度教徒早就被穆斯林杀光了。"

萨克雷说湿婆军要打击报复,"用的是随便什么趁手的东西。石子也好,日光灯管也好,又或者是铁棍。但穆斯林有枪支弹药,早晚会把印度教徒屠杀殆尽。你随便去问谁,古吉拉特人也好,这个那个人也罢,他们都会说多亏了巴尔大佬,才保住了我们的性命。"的确,我的叔叔也说过类似的话。

"然后他们就推选了你。"

"并不是。你得救就是得救,随你怎么样。我们救人之前不会讨价还价,不指望他们答谢。在那样的时刻,救人是我们的义务。"照萨克雷所说,湿婆军脏了自己的手,打响了我的古吉拉特同胞没胆打响的战役。他们不介意像帕尼帕特②的马拉提先祖一样,和穆斯林血战到底。团结运动时期,马拉提人从古吉拉特人手中夺走了孟买。他们走在街上,见古吉拉特人就揍,一边恶狠狠地喊:"你好吗?我很好!待我用棍打断你的腿!"③如今他们则不计前嫌,宽宏大量地为昔

---

① 印度北方邦首府,穆斯林聚集地。传说为英雄罗摩的弟弟罗什曼那所建。
② 指第三次帕尼帕特战役(1761年1月14日),发生在印度古城帕尼帕特(今德里北部)。在战役中,来自阿富汗的穆斯林艾哈迈德·沙赫·杜兰尼击败了马拉塔人,但阿富汗军队也受到重创。
③ 一首马拉提语儿歌。

日对手提供保护。

萨克雷警告穆斯林："不要让我们起疑。你们就坦白说话，老实做人。不要老喊'伊斯兰不保了'，我们做什么要为伊斯兰操心？我们又不是伊斯兰教国家。"他反对穆斯林"身在印度斯坦，心在巴基斯坦。我会毫不犹豫地让他们滚蛋。"萨克雷说，穆斯林在印度本就不合情理。"什么叫印度穆斯林群体？印巴分治以后，他们就应该回巴基斯坦去！"

"你觉得孟巴还会发生类似的暴动吗？有没有不稳定因素在暗中发酵？"我问他。

"我不是占星家，也不会看手相，不能预测未来。但有一点我可以告诉你，你叫它预言也好、我的直觉也罢：如果现任政府倒台了，一定会有暴乱，然后就是内战。你听清楚，是内战。"萨克雷的语气很平静，他没有提高音量，也不曾语带威胁，只是告诉我他确定会发生的事。"到那时你就会知道，我今天所言不虚。神明保佑，我不希望战争发生，但我也知道它一定会发生。穆斯林会冲进来，不只是孟巴的穆斯林，整个印度的都是，届时便是一场全国上下的恶战。"

湿婆军会在内战中扮演怎样的角色呢？

"我们会竭尽所能战斗。竭尽所能战斗。我们不得不为印度而战。复仇是我们生而有之的权利。生而有之的权利。"

我提醒萨克雷他方才对我说过的话：穆斯林有枪支弹药。

"我们静观其变吧。静观其变。到时候再说。到时候再说。"

马拉提报社的编辑后来告诉我，他曾和一群记者一道同萨克雷谈话，这位湿婆军大佬宣称他可以预见未来。他说他"看到了异象，眼前血流成河"。编辑作势用手抹过自己的眼睛，仿佛手掌上当真沾染了一片血红。

编辑还告诉我，萨克雷从不读书。确实，我没有在他的别馆看到一本书。他不时提及的都是电影和漫画。萨克雷和文人相看两厌，他讽刺作家德斯潘德①,说他的名字谐音"垮掉的桥"。他撤走全印马拉提文学家峰会的微薄资金,然后讥笑与会者是"待售的公牛"。萨克雷喜欢的是电影人,也为电影人所喜,他们才是他的手足同胞。实打实的画面和行动力让他安心,抽象概念则不能。他的谈话常涉及印度影星乃至童谣,很多时候他并没有回答我的问题,而只是把那个时刻出现在脑海的零星想法一吐为快罢了。

我的编辑朋友早已指出,也格外让我惊异的正是这样一种不协调:一个思维如此狭隘的人却掌控着如此庞大的都市。"萨克雷缺乏被布什总统称为'远见'的那种东西。"报社编辑评价道。对这座城市错综复杂的问题,湿婆军大佬的解决办法是短、平、快的。消防栓打开要有水,这样就能冲走老鼠。情人节要取缔,这样青年男女会懂洁身自好。除了对过度移民和穆斯林的一再抱怨,对究竟是什么阻碍了孟买发展的脚步,萨克雷不能给出全面的说明。他没有对历史进程的整体概念,不理解所有大大小小的环节是如何共同运作,好支撑起这座城市巨大又脆弱的经济体系的。他唯一关心的就是马拉提人有没有钱,他的解决之道是以武力相胁,迫使用人单位必须把一部分职位留给马拉提人。

萨克雷要的是特事特办,强硬下达,立即执行,只顾眼下。甚至是正成为一种意识形态、开展得如火如荼的印度民族主义运动,也不过是从民族志愿服务联盟②和印度人民党那里借用过来的概念。萨克雷本人无法引用任何理论,来解释环环相扣的社会事件之间的关联。

1984年,萨克雷曾邀请印度共党领袖什里帕德·阿姆里特·丹吉到湿婆军的例会上发言。尽管和丹吉是老冤家,但他和萨克雷都参

---

① 普鲁肖坦·拉克什曼·德斯潘德(1919—2000),多才多艺的马拉提作家、演员、音乐家。
② 右翼印度教民族主义团体,是印度独立运动中的激进派别,仇视莫卧儿帝国及伊斯兰教。1948年,该组织成员刺杀了圣雄甘地。其中的一个分支后来发展为印度人民党。

与了当年的团结运动,同样自认是争取马拉提劳工权益的斗士,因此两人相见总有几分惺惺相惜。丹吉走上台,对萨克雷坦诚相告:"湿婆军没有自己的理论。而一个组织没有理论,是不可能一直存活下去的。"

第二天,萨克雷回应道:"丹吉说湿婆军没有理论,又说一个组织没有理论活不下去,完全暴露了他这个人的傲慢。如果真是这样,过去的十八年我们是怎么走过来的呢?"紧接着,萨克雷又捅了丹吉一刀,这一刀是致命的,他说:"你们的组织倒是有自己的理论,那为什么到头来它还是完蛋①了呢?"

湿婆军不单存活了下来,且日益壮大,恰恰因为它没有一套固定的理论。它现在走的是所谓的资本主义路线,但上世纪八十年代时,萨克雷曾为"实用社会主义"着迷。湿婆军总是搭着时代的顺风车,时代变成什么样,他们就顺应什么样的理论:反共产主义、法西斯主义、社会主义、反移民,如今则高举印度民族主义大旗,公开反穆斯林。湿婆军当然不需要理论了,它只负责实践就行。萨克雷最喜欢的,不正是"召之来战,战则必胜"的人吗?

我也会有这种直接采取行动的渴望。在这个动荡的城市奋力奔忙一天,我对其拖沓的官僚作风、腐朽的政治局势充满愤恨和沮丧。夜里我躺在床上,唯有赋予自己想象出来的独裁权才能稍得安慰:我要废除《租赁法》。市中心车辆限行。我要把高等法院的法官席一一填满,好让积压多年的案件得到受理。我要把市政府移到新孟买,把邦政府迁到浦那②。我要拆除工厂,造公园,造学校,更重要的是造住宅区——成千上万幢六层楼房,每六幢共享一个小型游乐场。我要建起巨大的莱维顿③社区,外观高度统一,造价低廉,能快速完工。已

---

① 1964年,因路线分歧,印共发生分裂。
② 印度第九大城、马哈拉施特拉邦的文化首都与第二大城。
③ 二战后为美国退伍军人和其家庭开发建设的大型社区,包括成千上万座类似或相同的住宅,拥有白色栅栏和草坪。以装配线方式大批量建造,且能快速回收成本。

经在孟买的人理应都有房住。其他人还不能进来,我要再加把劲,再腾一点空间。我的市政规划要颠覆整座城市,但不需要执法部门的批准,不需要和任何人达成共识,因为我说是就是。废话别讲,直接行动。只有这样想,我才能渐渐睡去。

2000年起执掌邦政府的国大党,其当选的原因之一是曾承诺选民会采纳斯里克里希纳调查报告的建议。国大党对选民睁眼说了瞎话。"报告发布四年多了,马哈拉施特拉邦政府仍未采取任何有效行动。"国际特赦组织如此报道。

斯里克里希纳的报告罗列了31位警察的名字,指出他们滥杀无辜或有明显渎职行为——协助或直接参与了孟买暴乱。31人中,有17人在2000年受到正式指控,但截至2003年,尚无一人接受审判,其中10人还加了薪、升了职。暴乱参与者因违反《恐怖主义和破坏活动(预防)法案》遭到起诉,这一法案通常被媒体冠以"严苛"之名。即便如此,十年间,提起申诉的相关案件共计2267起,其中六成被检方以"证据不足"为由判定结案(仅894起留有控告记录)。截止1998年3月,仍有853起案件处于未决诉讼状态,42起接受了开庭审理:其中30起宣告无罪,3起撤诉,8起宣判有罪——罪名是谋杀一千四百位穆斯林。多么荒谬。作为受害者时,孟买出动了最精英的警力,一心扑在案子上,所以"九三"连环爆炸的主谋要么被捕,要么潜逃出国。但作为施暴者且导致更多人丧生时,孟买却放任其主谋稳坐市政乃至国会议席。"对孟买暴乱的制造者整十年来的有罪不罚,向这个民族传达了令人深感不安的信息,也粉碎了民众对司法公正的信心。"国际特赦组织总结道。

巴尔·萨克雷遭到十四项指控,湿婆军政府设法撤销了其中的十三项。国大党上台后,申请恢复诉讼,控告萨克雷在暴乱期间以《对抗报》社论为媒,煽动民众的仇穆情绪。这实在是十四项指控中最轻微的一项,如果发生在美国,大概会有不明内情的人权斗士积极奔走，为萨克雷辩护。而萨克雷从未遭到拘捕。新上任的首席部长查干·布吉巴尔早些时候叛出湿婆军，倒戈向国大党阵营，如今一心一意想扣押昔日的首领，哪怕一个小时也好。布吉巴尔放话说他至少要执行一项斯里克里希纳报告中的建议：逮捕湿婆军的大佬。

"这从来没有发生过，将来也不可能发生……如果把我送进大牢，送我进去的人也休想好过。"在希瓦吉公园一年一度的十胜节① 聚会上，湿婆军大佬振振有词。如果他被捕，萨克雷在《对抗报》上写道："不仅是马哈拉施特拉邦，整个印度都要遭灾。这是穆斯林和亲穆人士以宗教之名发动的战争，所有人都要承担相应的后果。"然而湿婆军成员、国会议员尼鲁帕姆却看到了萨克雷被捕的"好处"："'九三'暴乱之后的那次竞选，我们赢得了下议院三十四个席位中的三十席。"他向我指出道，"如果这就是民主，显然人民用投票表达了他们的意见。再发生一次暴乱的话，只会对我们巩固政权更加有利。"

湿婆军的其他头目没有这么乐观，他们生怕被捕，将大部分活动转入了地下。苏尼尔接到指令，也躲了起来。他间或给我打电话，说他在乔格什瓦里的手下时刻警惕，不断搬家，不在同一个地方停留太久。他们十五到二十人一间房，出行开小型车或摩托车。他们还身负秘密任务，瞄准公共设施：公交车、火车、市政府办公大楼……发动袭击。若能栽赃穆斯林，让人误以为这是因宗教问题引发的民族冲突那就更好了，苏尼尔认为：这样一来，印度教徒才会团结一致。"如果上升到宗教层面，你就会忘记你是古吉拉特人还是比哈尔人。你们都是印度教徒，要一致对外抗击穆斯林。这一次，我们一定要把他们赶出孟买。"整座城市的湿婆军都在为下一次战争摩拳擦掌。

周六的晚上，我接到苏尼尔的电话，他对我说他要和手下一起封锁孟买。在湿婆军分支的晚间会议上，他们得到消息称：萨克雷第二

---

① 印度宗教节日。每年九十月举行，持续十天。该节是为庆祝罗摩战胜十首魔王罗波那而设。

天一早会被逮捕。我能从背景声音里听到老虎的军队那愤怒的咆哮。我从电话另一头的苏尼尔身上感受到全新的活力，一切仿佛又回到了往日的时光。

第二天，苏尼尔不时来电，告知我最新的进展。他和手下被派到了戈尔冈，而戈尔冈分支的人则来到了乔格什瓦里。这样一来，始终和他们亦敌亦友的当地警方就认不出他们来。在苏尼尔的手下发起大罢工的时刻，两百名戈尔冈警察只能在一旁观看，他们发出无用的呼喝，威胁要记下苏尼尔等人的姓名，然后逮捕他们云云。苏尼尔的小分队拦下一辆公交车，司机告诉乘客速速下车，而后不得不看着车辆为湿婆军烧毁。小分队还走进有着整面玻璃墙的商店，威胁店主若不马上关门，他们便要用石子砸碎玻璃墙。未免更大经济损失的店主只得照办，拉下了卷帘门。近八百名湿婆军分散在乔格什瓦里，截停火车，迫使出租车和三轮车停业。他们冲进当地的公交总站，车站经理亲自出面，恳求湿婆军手下留情，允许他召回所有公交车辆。就这样，整座孟买城陷入了瘫痪。

但最终发生的不是湿婆军所预言的内战，而是一场彻头彻尾的闹剧。萨克雷主动表示愿意配合出庭，由五百名警察护送着（至少表面上像后来拘捕查干·布吉巴尔时那样），声势浩大地来到法院。法官宣布驳回上诉，并进一步说明针对萨克雷的指控已超出追诉时效。萨克雷当庭获释，所用不过三刻钟。孟买城又开始呼吸了。

卡夫大道已完全是另一番模样。为祖国赢得新一届环球小姐美誉的拉腊·杜塔即将凯旋。此时此刻，"整个孟买唯一关心的——"正如专栏作家肖芭·德所称，"是谁获邀参加拉腊·杜塔的归国派对"？

种族屠杀是源于想要净化、追求纯正的病态欲望。在一些人看来，因为紊乱和混杂才导致融合与不洁。伊克巴勒[1]与真纳[2]之所以要求从印度分裂出去，是因为他们想在所谓的"圣洁之地"上建立正统的穆斯林国家。而印度的社会价值观（一个用滥了的词）从根源上就是海纳百川的。但如果客观地看待孟买，你又不得不承认它确实太拥挤了，必须有一部分人要离开。那么是谁呢？你可以从最穷的人开始算，或者是最新来的，或者是离你最远的，取决于你如何定义自己的地理位置和社会地位。所有移居孟买的人都希望有一天，他们能名正言顺地拒绝别的新移民，能扬眉吐气地告诉下一个试图挤上火车的人："下去，回老家吧，你不能待在这里。"只有到那时你才确定：你是这座城市真正的"本地人"。

1992—1993年的暴动对孟买来说是双重的灾难：对已经住在这里的人而言，这座城市变得每况愈下。而对所有想南下进入孟买的人而言，这又并不足以减少孟买的吸引力。即便再发生一次暴乱，情况依然不会改变。孟买会变成一座更糟糕的城市，同时却不会吓退那些想挤进孟买的人，甚至丝毫不能减缓新移民涌进来的速度。

迈入新世纪的湿婆军经历了重重艰险。穆斯林黑帮对其分支进行报复时，它无法快速做出反应。一些分支头目被杀，一些受到恐吓。乔格什瓦里分支的比库·卡马特收到来信，照苏尼尔的说法，是用"穆斯林黑话"写的。他们告诉卡马特：他就是下一个目标，因为他在暴乱中杀过穆斯林。穆斯林黑帮的作战指挥官沙基尔[3]做了孟买政府没能做到的事。冤有头债有主，他为暴乱的死伤者复仇，而且找对了人：那些确实有罪的人，比如斯里克里希纳报告中提及的前孟买市长米林德·瓦伊达。沙基尔比照报告，竟成为替斯里克里希纳进行宣

---

[1] 首个提出应允许印度的穆斯林建立独立国家的人（1877—1938），启发了巴基斯坦的成立，他的"两个民族"理论成为巴基斯坦的立国依据。
[2] 英属印度及巴基斯坦政治家（1876—1948）。一开始为印度独立而奋斗，后来领导了在南亚建立独立的穆斯林国家的运动，是巴基斯坦的第一位总督。
[3] 达乌德·易卜拉欣重要同伙。

判的大法官。

湿婆军的分支头目和副手做出了极不明智的选择：躲在重重保镖身后，寻求警方的保护。此举最易让他们失掉民心。保镖人数从179人降至149人时，藏在洞穴里的老虎哀叫起来。直到陆续有分支头目被害，保镖人数又恢复到了从前。老虎的牙掉了，心脏也不好，他的儿子和侄子为了争夺继承权打得不可开交。多年的养尊处优让湿婆军的首脑们变得肥胖、富有且软弱。他们一手培植起德里的政客——这个国家的内阁成员，如今反受其牵制，凡事不能出格。印度人民党成了湿婆军和其乌合之众的调解员。而在萨克雷之子乌德夫的领导下，湿婆军正彻底沦为又一个充斥无能政客的地方党派，内部矛盾日益激化，年事已高的萨克雷斥责下属把湿婆军变成了"发放养老金的臃肿机构"。

这座城市的草根阶层需要新的发泄怒火的渠道。如果湿婆军提供不了，兴许黑帮能。湿婆军必须跟上群众的愤怒累加的速度，它无法压制这股怒火，不能妄图烧尽它、消化它。诸如苏尼尔之流——"八〇后""九〇后"的那一代，他们为湿婆军受过苦、打过仗，如今功成名就，成了"特许行政长官"、成功的资产阶级商人。他们招摇过市，把自己的孩子送进最好的国际学校。后来的小弟眼见这等风光，自己又升官无门，是不会甘于现状的。若湿婆军无法浇熄他们的怒火，总有别的力量可以。这一次，可能不再是某个政党，不再是某个宗教，不再是某个黑帮。这座城市的年轻人缺乏思想，没有信仰，有的是无形又无来由的怒火，随时可能爆发。这座城市的年轻人在多重人格分裂的挣扎中，茫然不知"我是谁"。

孟巴

每座城市的历史中都会发生一起标志性的事件，就像每个人这一生都会围绕某个中心点展开一样。对现今的纽约而言,这起事件是 2001 年的"911"世贸大楼恐怖袭击。对我记忆中的孟买来说,则是 1993 年的暴乱和此后的连环爆炸案。1947 年印巴分治时,孟买并未遭遇大难。我这一代人唯一有印象的战时画面,源自 1971 年的孟加拉国解放战争:一架巴基斯坦飞机在夜间误闯印度领空,空袭警报过后,拉吉总统府——马哈拉施特拉邦政府所在地立即下令发射追踪器。爸爸赶紧让我们藏到床底下,学校也在后来的防空演习中教我们如何躲在课桌下避难。

预想中的轰炸却并未发生。不过事实上,孟买早在更久以前就经历过爆炸的创伤,这一事件也标记了孟买的新旧更替,那便是 1944 年 4 月 14 日的"斯蒂金堡号"事故。

斯蒂金堡号是一艘装载了生棉花包的货船,和百余艘等待进港的船只一样静静停靠在外海。船舱底部压强巨大,加上当时的极端高温,导致棉花包开始自燃。若单纯如此,情况尚可控制,至少对不在船上的人员不会造成威胁。但是斯蒂金堡号上恰恰还有一个秘密集装箱,正值战时①,集装箱里满载弹药,以及价值两百万美元的金条和银币②——这笔巨额财富是英国政府从伦敦运来预备注入孟买市场,以期稳定不断下挫的卢比汇率的。发现船只着火后,当时的消防队做出了致命的误判:他们非但没把燃烧着的船只留在外海,反而把它拖进了港口。当天下午三点四十五分,一声巨响过后,浓烟四起,附近古堡区的房屋窗户都能感觉到震动。二十五分钟后,又是一声巨响,古堡区的房屋窗玻璃全被震碎了。斯蒂金堡号上的秘密弹药烧着了火,整艘船在码头炸裂开来,而码头上满是不知大难临头的搬运工人和消防队员。爆炸即刻造成 298 人丧生。

然后,天空开始下雨。

---

① 可能指 1944 年的英帕尔战役,为二战期间日本对英属印度发动的战役之一。
② 相当于现在的一亿美元。

金条和银币伴随无数碎石、砖块、钢筋以及人的断肢，纷纷如大雨般洒落，连孟买最南端的克劳福德市场①也遭波及。扎维里集市②的珠宝店店主正端坐办公，突有奇重无比的大块金条击穿屋顶，重重砸在他的面前。钢筋呼啸着划过城市上空，撞破了孟买最大的火车站——维多利亚终点站的天棚。又有大铁盘锋利如刀，以迅雷不及掩耳之势削掉了马匹的头颅。码头上血流成河，遍布残破的人类遗体。整座城市仿佛被轰炸过一般，直至今日，孟买都再未见到如此惨烈的画面。

斯蒂金堡号的后遗症仍然留存。上世纪七十年代的码头工在清淤作业时，依旧能挖出当时船上运载的金条。而爆炸过后，无人打捞的船体沉入海中，残骸洋洋可观，英政府决定干脆填海造陆。他们把曾经遍布红树林的后湾③用土填平，这片小小陆地成为后来全印度规划得最糟糕的办公区域——纳里曼区，可谓现代化的孟买所能想象的最大噩梦。

在卡玛大院④二十三号楼的入口处，挂着这样一块引人注目的告示：

敬告：

此楼系危楼，随时可能倒塌。凡入内者后果自负。业主不为任何由此产生的生命或财产损失负责。

——业主特告

如果沿着狭窄的木质楼梯往上走，你会看到这幢危楼里各式各样

---

① 孟买南部最著名的市场。
② 印度最大的珠宝首饰集市。
③ 后湾海岸包括著名的焦伯蒂海滩及地标纳里曼办公区。
④ 位于孟买古堡区。

的招牌，显示这里遍布律师事务所、会计师事务所、商业银行……这些办公室装饰一新，内有空调，电脑主机箱上的指示灯一闪一闪发着光。但办公室外的公共区域则破败不堪。一楼本应是窗户的地方现在是几个大洞，墙上同样贴着"此楼系危楼，随时可能倒塌……"的告示。囿于孟买法律，业主出租房屋几乎没有收益，其唯一抗议的手段就是不对自己的房屋做任何维修。他们四处张贴警示，不过是希望吓退楼上众多租客的客户。

二战结束时，孟买又遭迎头痛击。1947年颁布的《孟买酒店及公寓租赁控制法案》（简称《租赁法》）不啻一场连环爆炸，令这座城市至今满目疮痍。法案于1948年正式生效，从此将孟买酒店及公寓的租金定格在了二十世纪四十年代的收费水准。而针对其他性质的出租房屋，法院又通过了一项附加的收费标准，规定一旦确定价格，永不能涨价。《租赁法》甚至允许房屋以此固定标准出租给现任租客的合法继承人。只要租客支付租金，房东就无权赶他离开，租赁期满后也将自动续约。《租赁法》的出台原本只是权宜之计，为在五年内保护租客不受二战时通货膨胀和投机买卖的不利影响。二战初期，孟买车来人往，军队多在此驻扎，因此租房市场供不应求。外国富佬纷至沓来，有房出租之人自然不会放过发战争财的机会，开始坐地起价。倒是外省市的印度人来到孟买，才发觉自己根本住不起房子。战时的短租客反逼得本国人民流落街头，因此有了《租赁法》的出台。

但是一经出台，要废除《租赁法》则变得难如登天。租客永远比房东多，孟买的两百五十万租客也是这座城市最大的选举人团。为了笼络民心、争取票数，所有政党都铆足了劲、团结一致地保护租客的利益，《租赁法》的有效期被足足延长了二十倍。租客还向房东这样建议：将房屋以高出固定租金一百倍的价格卖给我们，我们成为新的房主，你们也再不用为永不涨价的租金烦恼了。租客这如意算盘打得响，若当真如此操作，便意味着他们可用低于一间贫民窟住房的价格购置这座城市黄金地段最昂贵的房产。所以留房添堵、卖房吃苦的房东别无选择，只能张贴警示、拒绝维修房屋。因此岛城孟买的住房存量不会增加，房屋质量也难有根本改善——或者确切地说，房屋质量正每况愈下。全孟买有两万间被认定为危房的建筑，需要政府机构出资修缮，但真实的维修数量每年还不足一千。

只要《租赁法》实施一天，租客和房东之间的收入差异，不论多么巨大，都可忽略不计。《租赁法》实施的对象也涵盖商业用房，因此大的跨国公司和政府企业只需支付微薄的租金，便能无限期使用最豪华的办公楼。这座城市最富裕的阶层住在马拉巴尔山受《租赁法》保护的一栋栋别墅里，而这些豪宅是他们从当年作为租客的祖父母甚至曾祖父母那里继承来的。孟买始终难以振兴，很大程度上是因为《租赁法》的存在。它打击新移民、年轻人以及穷困阶级。爱侣在孟买无法筑起爱巢，外来者在孟买找不到出租房，因为所有最好的房产都已被中产阶级和富人牢牢占据。这是一个外来者要支付的最终极的学费。可叹的是这不能动摇他们前来孟买的决心，只会让他们在孟买过得很惨。

三十年代时，孟买到处张贴有"房屋出租"的告示。那时很少有人买房，房贷的概念也不存在。向银行贷款买房在今日的孟买仍是少见的做法。大多数人买房都选择全额付款。白纸黑字签好支票，以固定税率支付房产税，然后手捧装满花花绿绿卢比的购物袋来支付房款。而《租赁法》生效后，所谓的"贿金体系"也开始运作。房东会贿赂租客，让他搬出受《租赁法》保护的房屋。为维护对自己房产的正当权益，他们反要向本不想干的租客付一大笔钱。这种"贿金体系"自然是非法的，但在民间的操作又太过普遍，以至于1999年时，政府不得不将其合法化。法院受理的因《租赁法》产生的纠纷，不亚于一场场艰苦卓绝的战争。政府近来正考虑修改《租赁法》，觉得可能失去保护伞的租客们暴跳如雷，令某业委会主席不得不在警方保护下足不出户在家躲了一个月。有人曾告诉我，《租赁法》是一团拆解不清的乱麻，哪天理出头绪了，所有相关人员也就失业了。

私有财产权神圣不可侵犯。一个公民应该享有对其名下土地的永久使用权,且有完备的法律依据可作参照。房东理应能在租约期满后收回对房屋的使用权。若在市政规划中,一片土地是做公共绿地之用,则市政府有权拆除这片土地上所有挪为他用的建筑。但在1979年,印度政府取消了宪法中关于公民财产权是其"基本权利"、在私人用地被政府征收后理应得到补偿的条款。在印度,已付诸实施的法律——比如《租赁法》和《城市用地限额监管法案》——打着制度化的旗号将私有产权不断收归国有。它们使产权所有人永远有这样的疑问:我的土地真的属于我吗?也正是这一疑问,令这座城市的六成人口无家可归。没有地产开发商敢在真正需要住宅的地方造房子,唯恐下一刻被告知:这片土地的公契持有人不再是你。

大孟买地区的房屋年淘汰量是四万五千间。而每年新建的房屋数量连需求的一半都达不到。这四万五千间淘汰了的房屋于是被划分到贫民区一栏,用规划局的术语来说,就是民众对房屋的需求"能在非正规市场得到满足"。每十年,这种"非正规"贫民区的数量便翻一番。同时,孟买也有四十万间空关着的住宅,因为房主害怕一旦出租房屋就再也无法收回,所以宁愿空关。假定每间房屋可以容纳一个五口之家,四十万间房屋能为两百万人口提供住所。若《租赁法》当真允许,这座城市四分之一的流浪人口立即能有房住。

话虽如此,租客的焦虑情绪也并非毫无来由。在孟买,人们最大的恐惧之一就是流落街头。在纽约时,我曾在接待流浪汉的公益组织做过志愿者,三年的时间里,我渐渐和这群人熟悉起来。我发现无家可归会变成一种身份,没有"家"的外在事实会渐渐入侵一个人的思想,直到变成他的内在认知以及自我定位。在你自称是个待业的文员,或你父亲的儿子,或你妻子的丈夫,或一个孟买人,甚至是一个人之前,你首先会觉得自己是个无家可归的人。而住在破布搭起来的窝棚或睡在窝棚外的泥地上,其实并无差别。露天睡,空气可能还更好一些,尽管下雨时有几块破布挡雨,总比任凭大雨淋湿来得稍强一点。小时候，我们曾在家后面的建筑工地上搭起这样的小窝棚。我们用任何可以拿到的材料：纸板、破布、砖块垒起三面墙，铺好屋顶，然后钻进去，五六个小男孩挤挤挨挨地躲在里面。大孩子总要嘲笑我们："看苏科图，人家是建筑师。这是迪利普，我们的大工程师。"但我们躲在自己搭建的小小世界里，觉得更安心，更有归属感。在学校，我们会在课桌椅上画"三八线"，明确自己的领地。在孟买，即便是小孩子也已学会如何争取更多的空间。更重要的是，一旦争取到了，你要好好守着，千万不要被挤出去，否则马上会有人来抢夺原本属于你的空间。

《租赁法》导致的家不成家的怪相是孟买独有的。每年的4月1日，一列列计程车队会载着位于肯普斯角①佩蒂帕西疗养院的住客，浩浩荡荡地向在班德拉的索拉布吉疗养院进发。四个月后，同一群人则会迁徙到约胡的贾汉吉尔·巴格疗养院。再过四个月，他们又会回到一开始的肯普斯角。人群在三所疗养院间轮转，通常每一次都会回到同一幢楼的同一房间。疗养院的业主是当地村委会，他们知道如果让租客久住，租客就会变成事实上的业主，所以提供住所之余，村委会强令租客每四个月就搬一次家。部分家庭搭乘这大挪移式的"旋转木马"已长达半个多世纪。每次搬家，他们都要开出疾病证明，好为重新申请疗养院找到正当的理由。他们暂时搬走后，可把部分家具和行李留在原来的房间，但冰箱不行。装了冰箱就相当于拥有房屋产权，这是约定俗成的规矩。因此没有冰箱冷藏牛奶的住户只得靠奶粉过活。

另一由《租赁法》衍生的乱象是孟买的客房和其中的房客。我在寻找有无办公室出租时，中介向我介绍了这样一种"客房"，即借宿某户人家的某个房间。这座城市有一大群忍辱负重的房客，通常是外地来的年轻从业人员，不得不忍受每一天来自房东的刁难：最晚几点

---

① 南孟买高档社区，另一侧是马拉巴尔山。

必须进门,什么样的客人才能带上门做客,一次从冰箱最多拿走多少冰块,听音乐的时候只能开到多响……每个印度人都要恭恭敬敬接待三尊神:你的父亲、母亲,和客人。但房客不是客人,房客不是神,甚至算不上人。

民主制有这样一个弱点:如果某条荒谬的法规背后有足够多的钱或足够多的人撑腰,它就不会被废除。这就造成了最不合情理的法规却能持续得到实施的困局。在美国,我可以走进一个枪展,以比吃双人套餐更低廉的价格买到一把手枪,哪怕我神志不清或有犯罪记录。在孟买,我可以走进一间公寓,说好租一年,但在那里度过余生,再把房子传给我的儿子,业主绞尽脑汁都不能"合法"地把我赶走。上述两种情境中,我都有明确的法律条文为我背书。

于是这座城市充满了鸠占鹊巢的人。租客一旦入住,便能理直气壮地将房屋占为己有。工人为了不失业,主张持续亏本的企业不得关门。贫民窟的住户以非法手段窃取公共用地上的水和电。政府官员花着纳税人的钱,在早该退休时依然霸占职位。乘客要求铁路局进一步降低车费,尽管印度的车资已属世界最低。影迷恳请政府冻结票价,终年不变……印度政府一直以来生活在"供需平衡"的幻觉里。事实上,你为一件商品或一项服务所支付的费用,和它的生产成本丝毫不成比。

我去象岛参观那里的石窟时,曾走到一处位于侧面的庭院,在那里我可以看到两组石柱。在我右手边的石柱是由八世纪的罗湿陀罗拘陀①国王下令修建的,而在我正前方的石柱是由印度考古调查协会新建的。从右到左环视庭院,我看到的正是印度文化的迅速倾颓。右侧的石柱建于千年以前,它们比例匀亭、造型精美,柱身如婴儿的肚子微微向外鼓起。我面前的现代石柱则是毫无美感的石墩,且歪歪倒

---

① 八到十世纪时存在于印度中部与南部的一个重要王国。

倒，每一根的大小、形状和颜色都不同，上面也无任何雕刻——亏得没有，否则天晓得他们会雕出什么可怕的图案来。千年前巧夺天工的手艺，现在连拙劣地模仿都做不到了。印度出产过古代文明中了不起的艺术珍品，但外族入侵、殖民主义和现代化的强势冲击让我们甚至造不出五根像样的石柱来。

我们建起了科纳克太阳神庙①、亨比村②和泰姬陵。然后呢？孟买的建筑质量呈现严重倒退：如今的建筑比五十年前的糟糕，五十年前的建筑又比一百年前的糟糕。维多利亚中期（约 1870 年）时的孟买，其公共建筑无不包含哥特式教堂的元素。"并非为了宣扬基督教。"一位历史学家向我指出道，"在孟买兴修这些建筑的英国人，单纯认为那就是最佳品位和最美设计的代表。"所以才有了古堡区有着巨大拱门的哥特式建筑群，其下设有各色本地摊贩，打不跑赶不走，俨然都市一景。对处处透着维多利亚时期殖民审美的火车站、大学和法院大楼，你要么热爱，要么厌恶，端看你的喜好。但当你注视它们的时候，确实能感到来自那个时代的庄严宏伟。而孟买的现代建筑是没有灵魂的。

这没有灵魂的现代建筑就是我儿时的孟买印象：本地化包豪斯③式的外观，动辄几十层楼高，今日孟买新贵的红顶平房与之相比，不免黯然失色。我叔叔家的门前就有这么一幢摩天楼，只不过烂尾了，主体框架十多年前已经完成，楼里却至今空空荡荡。孟买有好几幢这样的烂尾楼。当初买下地皮花了大价钱，但楼房始终未能投入使用，

---

① 位于孟加拉湾附近的科纳克，今印度奥里萨邦。由十三世纪的羯陵伽国王那罗辛诃·提婆建造，是婆罗门教的圣地之一，1984 年被列入联合国教科文组织的世界遗产名录。
② 曾是毗奢耶那伽罗王朝在公元 1336 至 1565 年的首都，意为"胜利之城"。1986 年，毗奢耶那伽罗的废墟被认定为世界遗产。废墟中有不少以达罗毗荼式风格建成的印度教神庙，如位于亨比市集的湿婆神庙维卢巴克沙。
③ 现代主义风格。

因为大楼超出了城市的房屋限高。建筑商也知道楼房超高,但依然把它们建了起来。本以为待生米煮成熟饭,只要塞点钱打通关系,就能扫清障碍,拿到批文。但偏偏市政公司相当强硬,要么下令拆除了整栋非法建筑,要么不许工程继续下去。这件事后来交由地方法院裁定,拖成了旷日持久的官司。幸存下来的超标建筑命运几何?只怕是要服无期徒刑了。

这个国家最古老的建筑依然安在。摩亨佐-达罗[①]的城墙历五千年不倒,但七十年代建的公寓已是危房。一整天里,我们的小区你来我往,仿如耗子大军的男男女女拿着铁锹榔头,拆东墙补西墙,把房子挖得这里一个洞、那里一个坑,然后用比原先更不耐用的建材填补这些坑洞。印度没有专业的土木工程师认证机构,所有人接受的培训都不合格。拌在水泥里的黄沙从野外淘来,带着盐粒、淤泥和粪便,因此哪怕是新造的房子看上去也饱经风霜,如被鼠啮虫蚀。很多新大楼至少有一面墙终年盖着油毡布,窗户一年四季不能打开,外面搭着脚手架,工人往外墙蛛网般的裂缝里不断注入花岗岩颗粒,堪堪将房子支撑起来。一面墙补好了,居民终于能打开这一侧的窗户,另一面墙又盖上了油毡布。如此循环往复,四季不绝。

这已是拉胡尔·迈赫罗特拉在孟买工作的第十个年头了。他那融合了各种科技元素的建筑设计尤其受到业内的好评。此外,他把相当一部分精力花在了孟买都市规划机构的工作上,而这一部分的工作是无偿的。但凡有人愿意听——政府、记者、扶轮社[②]社友……拉胡尔就愿意说,说要怎样把孟买好好建设起来。"如果说得够久,或许哪

[①] 又名"死亡之丘",是印度河流域文明的重要城市,大约于公元前2600年建成,位于今天巴基斯坦的信德省。学者多认为它是在雅利安人入侵之前由古印度的达罗毗荼人所缔造的都市文明。摩亨佐-达罗的考古遗址被列入世界遗产。

[②] 由分布在168个国家和地区共约33000个扶轮社组成的服务性国际组织,总部设于美国伊利诺伊州埃文斯顿。

一天就能成真。"他在位于塔迪欧的新办公室里这样和我说道。办公室的装潢带有他标志性的、强烈的现代主义风格,而孩子们的相片为冷峻的办公室平添了几分温馨。"我们作为孟买的城市规划者,却遇到了特殊的难题。"拉胡尔说,"如果我们把这座城市建设得更好,让它变得更适宜居住,有更宽敞的公路、火车厢、住宅区,更多的外地人会被吸引过来。"我明白了拉胡尔的意思。那样一来,因为更多的人口,孟买会再一次不堪重负。这就好比造公路,路越多,蜂拥而来的车也越多,于是道路再次拥堵。"在孟买,城市规划必须将其他地区乃至全国的情况纳入考虑。"除非孟买限制移民(这倒和湿婆军的打算不谋而合),否则想要让城市变得更适宜居住,完全是徒劳的。戈勒克布尔特快列车上的比哈尔打工者还是会源源不断涌进孟买城,若他们知道一下火车就有政府出资为他们建造的房屋住,来势会更凶猛。尽管不愿意承认,但孟买的命运确实和印度的命运绑在一起,不可分割。

拉胡尔认为,孟买的衰颓是从上世纪六十年代开始的。1964年,由拉胡尔的岳父——杰出的建筑师查尔斯·柯里亚带头接受政府委托,要打造一个"新孟买"。按照柯里亚的设想,新孟买将座落在海滨大道对面、孟买岛以东,它会是孟买腾飞的希望,一座政府拥有土地权、精心布局规划的魔力之城。它有无限扩张的可能,因为它背朝整个印度大陆。

但六十年代末,政府背信弃义,把原本要建在新孟买的办公区挪到了孟买岛最南端的纳里曼。私人企业于是纷纷仿效。"他们破坏了对纳里曼区最初的规划,也等于打了新孟买一记响亮的耳光。政客和建筑商之间的金钱往来以及人情交易足以让他们弃城市规划于不顾。"拉胡尔一一点名了和当时的首席部长奈克沆瀣一气、毁掉新孟买的五个建筑商:梅克、拉赫贾、达拉马、米塔尔、图斯尼。他们在纳里曼区建起的办公大楼将永刻他们的名字,而这片区域在最初的方案里,是作教育机构和综合性住宅区之用的。

如果这五位建筑商没有单方面撕毁合约,所有他们在纳里曼区建造的办公楼本应在新孟买拔地而起。这样一来,粗具雏形的新孟买会让一切变得不同。旧孟买是南北走向的,住在城市北边的人每天坐着沙丁鱼罐头一样的火车赶往南孟买上班。这座城市若要真正崛起,则必须把它的通勤路线由南北向改为东西向。孟买大都会区是印度最大的城区,其中32%的人住在市区,42%的人住在北郊,只有18%的人住在后来的新孟买。然而,孟买72%的工作地点都集中在南部,每天要有无数人进出这弹丸之地,其交通运输的压力可想而知。

在拉胡尔看来,建筑商之所以放弃新孟买而选择纳里曼区,原因很简单:"越是供不应求,越是有市无价。这五个年轻人私下一合计,决定把规划的范围缩小——相比之下,纳里曼用地紧俏,楼房更能大卖。"被迫让位的新孟买反而沦为了郊外的住宅区。

拉胡尔摊开一张孟买地图,指出了另一种解决办法。他方才起草了一个方案,欲开发孟买岛东面的滨水区。这一大片区域如今为孟买港信托基金所有。拉胡尔把注意力转向东面,这和我们的日常习惯恰好相反。"西面确实开阔,那里的日落很美,微风徐来。"拉胡尔解释说,但一旦打开东面的通道,"就能把孟买市区和新孟买连通起来,你在巴拉德庄园[①]便能直接看到新孟买"。可惜孟买港信托基金强烈反对拉胡尔的提议。"他们开始像当年的建筑商一样,为保护自己的利益,不顾城市的死活。"

孟买以东有数千公里土地,但孟买不会因此满足,它要一路飞驰向西直到阿拉伯海,方肯停下脚步。在孟买,我们从小就学会了朝西看,因为只有看那里时,我们的视线才不受遮挡。如果孟买人走上阳台环顾四周,很快地,他们的眼睛会自动向西远眺,西面是大海的方向,有无限可能的地方。

初中二年级时,我的自然常识课老师从江河宫的窗户往外看,然

---

① 南孟买一古老欧式商业区,毗邻古堡区。孟买港信托基金总部设于此。

后对我说:"我们面前的这些建筑"——江河一楼和二楼,"都会垮掉,倒进海里。"我很惊慌,我的爷爷和我暗恋的女生就住在那两幢楼里,而我的老师断言说那两幢楼不久会倒下,因为它们建在从海里"收复"来的陆地上。老师用"收复"这个词,就好像我们一开始曾拥有那片陆地似的。

最初的最初,孟买是由七座多丘陵的小岛组成的,后来人们铲去丘陵,把小岛修平,然后填海造陆,将七座小岛连成了一座大岛。孟买的高度降低了,与此同时,它的面积扩大了。孟买的建造史是一系列人与大海的抗争史,就仿佛小孩子站在海边往里扔鹅卵石(正如我在江河宫后边的礁石上所做的那样,企图填平面前的小小池塘),这源自人类想要扩张大陆、征服海洋的原始欲望。

以造出奇形怪状的建筑物(比如贝壳状、蘑菇状……)闻名的设计师哈菲兹因同政府过从甚密,竟妄想"收复"孟买西海岸近五百英亩的人造陆地。他的这份狂妄将始终受到来自大海的严酷挑战。海水报复在我们的建筑身上,它腐蚀它们的外墙,水气爬进墙壁,让我们的薯片和豆饼受潮变软,并最终以液态从天花板渗出。每一个雨季都是大自然发动的对孟买的无情袭击,暴雨是对我们竟敢忽略基本的建筑原理的冰冷审判。政府做不到的事,大雨做到了:它能毫不费力地摧毁摇摇欲坠的危房。海水、雨水和下水管道里人类的排泄物一起,紧紧环绕着我们、我的床、我家的每一个房间,它们无处不在,穿透我苦心建起的防护,通过千百微小的漏洞,日复一日浸润干燥的墙面、地面……除了水龙头里没有水,别处都是湿的。

我十四岁时见证了一个奇迹。我打开水龙头,有干净的自来水哗哗流淌出来。我站在杰克逊高地的公寓厨房里,目瞪口呆。来美国以前,我从未见过这样的场景。在孟买,水龙头即便工作,放出来的水也不能直接饮用。孟买的水以最原始的形态呈现,必须对其进行复杂的加工。首先要用一层细纱布过滤肉眼可见的沙土,再将水装进一只大大的白色器皿,插入烛形过滤器进一步过滤。然后我们会把水烧开,尤其是在雨季的时候。最后则要把水灌进空的威士忌酒瓶,放入冰箱冷藏。或者像我爷爷奶奶会做的那样,把水装进陶壶冷却,再喝的时候就有淡淡的甜味。从放水到喝水,至少要花费二十四小时。而我是喝着隔夜水长大的。

孟买用水,完全依赖内地。它是印度唯一一个要从百公里外的湖泊将水输送进来的城市。直到十九世纪中叶,孟买尚有井水和蓄水池可用。但1896年爆发的霍乱令市政府不得不就此停止从被污染的井水和蓄水池取水。现今,孟买市政公司日处理及供水三十亿升,而这仅能满足市民七成的用水需求。无水可用的贫民窟居民不得不从流经他们所在地的、为合法用户输送水源的管道偷水。自来水公司近三分之一的供水就这样被偷走。即便是在诸如巴扬达[①]等中产阶级地区,也不时因为严重缺水爆发骚乱。最近,巴扬达的百姓因断水愤而焚毁了火车厢,警方用催泪瓦斯才驱散了他们。

拉胡尔说,孟买建筑行业的失败,在于不能让普通市民对城市规划产生兴趣,也没能让民众意识到建筑问题其实和民生息息相关。在孟买,连最权威的建筑学院(詹姆斯·杰吉伯伊帕雷尔学院)都不能系统地教授都市规划课程,何况这座城市的其他地方呢?如今的年轻人鲜有到拉胡尔的机构来与他共事的,所以我很疑惑,他要如何拯救孟买?

拉胡尔的回答出人意料地简单:开辟更多空间。拥塞的城市要维持正常运转,只有两种办法,要么开发新土地,要么利用旧土地。新孟买适合第一种办法,大片荒废的耕地如能有充足的水资源、完善的下水管道和公交系统的支持,就能开拓成为广阔的新空间。至于第二种办法,拉胡尔表示尚在调研。这种办法是对已投入使用的土地(譬如帕雷尔地区的工厂或孟买港的后码头)进行改造,旧地新用,好更符合孟买当下的需求。譬如在巨大的工业园区建学校、医院、剧院、

---

① 马哈拉施特拉邦郊区。

公园……以弥补工业区的先天不足。另一类可以充分利用的土地则划归铁路局名下——铁轨沿线已成贫民窟违章搭建的重灾区,正因如此,苏尼尔之流方能毫无愧色地侵占公共空间。

孟买人对基本需求和奢侈品的概念完全是颠倒的。乔格什瓦里的贫民窟几乎家家有电视,简陋的窝棚上丛生着银色的电视天线。中产阶级则户户有摩托车甚至汽车。孟买人吃得好,即便是贫民窟的人也不会在吃上面委屈自己。和贫富无关,真正的奢侈品是自来水、干净的卫生间、顺畅的交通以及适合人居住的房屋。如果你住在城郊,要么每天恼火地驱车四小时上下班,边开车边骂骂咧咧,要么选择搭火车通勤,挤得透不过气来——即便是头等座也不例外。而在孟买,最最贵重的奢侈品还属能够独处的空间。人口如此稠密的城市本没有私密性可言。没有独立住房的人又何谈独处,何谈能不受干扰地上大号、写诗或做爱?一座理想的城市应该允许它的公民有独处的空间,应该有各式公园或海滩,让年轻的情侣能在稍许僻静的一隅接吻。

眼下,政府雇用的规划者正试图将孟买打造成"多核城市",也就是把商业区逐渐辐射到南孟买以外的其他地方,比如班德拉-库尔拉、安泰里或欧什瓦拉。但孟买最有可能开辟出新空间的地方还是它的厂区。五十二家工厂占据了整整四百多英亩土地,其中仅少数几家还在运营。厂区里零星散布着高耸入云、色彩缤纷的后现代建筑,楼门前是香蕉树或狭窄的公路,在一片连绵起伏的工厂屋顶及二层楼高的筒子楼里显得格格不入。这些后现代建筑多是豪华的公寓,曾经百万人工作的厂区如今只有几千人居住。我到其中的一栋楼里看过房,我首先注意到的是设计师多年不变的平庸想象力:狭小的房间里安着不成比例的巨大窗户,在这个人们对毒辣日晒避之唯恐不及的热带国家毫不实用。

工人们依旧希望工厂复工。他们不认为孟买作为工业中心的时代已经过去。政府于是为工厂起草了这样一份计划书:把三分之一的旧厂房改造成面向低收入或下岗工人的经济适用房。允许厂长将另外三分之一的厂房作为住宅或商业用地对外出售，所得收入部分投入对厂房的现代化改造。最后三分之一的厂房收归国有，作为公共用地重新招标。这些工厂的薪资名册上仍有四万工人的名字，厂长巴不得工人早日退休或离世，工人们则说工厂的土地是由政府为增加就业率划拨的，不应该由厂长决定是否出售。自愿退休的工人拿着不足两拉克的退休金，很快把钱花完了，然后要么去当三轮车夫，要么变成酒鬼，要么替黑帮卖命。这和《租赁法》一样，同是孟买最突出、最悲哀的社会问题：当初建设了这座城市的人们一旦被城市抛弃，要如何确保他们获得公正的对待？

在大框架以外，拉胡尔还有一系列小步骤可以实行，他把它们叫做"微观措施"。拉胡尔表示，私人公司如果想在孟买获得回报，理应承担起相应的义务，譬如投资这座城市的市容美化工程。我们的《公民宪章》里也明确了当地政府对市民应尽的责任，因此双方皆可参照《宪章》来更好地沟通、协商。但拉胡尔最最想要的还是一个"整体性的"孟买市规划，目前的规划远不能达标，这从要如何解决天桥问题上便可见一斑。湿婆军在孟买造了五十五座天桥，想要分流人群、缓解城市的交通拥堵。需知天桥只是交通信号灯上架起的简单通道，但听上去很了不得：天桥！到底这些通道有没有改善孟买的交通，实在见仁见智。五十五座天桥多位于城郊，而市中心已无新桥可造。所以在我看来，所谓天桥，不过是让你以更快的速度抵达下一个塞车路段而已。

孟买无法自治，也不懂随机应变。它曾建筑在纺织业之上，而随着时间的推移，它需要重建在别的材料上，比如说信息。上一代人难以接受这样的现实：偌大城市，五百万工作岗位，竟要建立在抽象如信息这样的概念上——不是能亲手握住的纸张，而是电脑屏幕上转瞬即逝的字符。以工人为代表的人群还停留在十九世纪的思维模式，他们示威游行，严正抗议新经济体的入侵。他们没有看到的是，这座城市若要蓬勃发展，其经济重心必须从能用手感知的实体（布料、皮革、汽车)转移到只能用脑处理的虚拟图像和势不可挡的跨境电商业务上来。孟买必须做出改变。它不能再靠出卖体力劳动,以手工生产商品,它要靠出卖脑力劳动,传播理念、数据和梦想。而为了达成后者,它的外在结构也必须发生转变,人们工作的地方不得不从工厂改为办公室。

拉胡尔曾就读于哈佛,他最近回到那里,发觉在他离开的十年间,那座城市丝毫未变。他一个月后回到孟买,却已认不出家门前的人行道。人们把路面挖开,重新进行了铺设。孟买的外观时时刻刻都在翻新。

拉胡尔也为这种翻新不断做着努力。他为保存并修复历史街区积极奔走。"我们自问,在不同地区,黑马街区的艺术区也好,古堡区的银行区也罢,又或者是泰姬陵酒店附近的旅游区……我们的现代工具要如何为老建筑带来新生?"托拉胡尔的福,我有幸经历了在孟买最美好的夜晚。那是在邦干加[①]一座十二世纪寺庙的阶梯井[②]边举行的印度古典音乐会。这古老的阶梯井正由拉胡尔的机构协同国际银行出资修缮。但当我走出场外,环绕邦干加的贫民窟的恶臭扑鼻而来,提醒我黄粱一梦,皆是有钱人创造的美丽——两家国际银行赞助了邦干加的市容美化项目,以及那一晚的古典音乐会。它当然是美好的,因为衣衫褴褛的穷人和穷人家的孩子被拦在了门外。我在巴黎也见过相似的场景,巴黎如此美丽,因为它的穷人同样被拦在城外、困在郊区。我1977年抵达纽约时,发现纽约脏乱一如赈济所和孤儿院,而美国的任何一座城市皆是如此。孟买亦然,它兼有美丽和丑陋。美和丑在每一条街道、每一个路口寸土必争,你进我退,至死方休。

每天早晨我从书房的窗户往外看,总见人们在海边的礁石上方

[①] 马拉巴尔山附近一寺庙群。
[②] 古老的印度教阶梯式洗浴井。这些井通常建在印度教寺庙附近,以便信徒在祈祷之前沐浴清洁。它们还用于在象头神节期间浸入象头神偶像。

便。一天两次,潮涨潮落,可怕的气味便从礁石升起,向东弥漫在整个高档公寓楼群。导演普拉拉德·卡卡尔曾拍过一部叫做《孟买》的纪录片,探讨的正是在孟买如何上大号的学问。卡卡尔用隐藏镜头拍下人们在孟买各地的公厕上大号的画面,但他告诉我那只是冰山一角。"孟买有一半的人口无公厕可上,所以只能在野外就地解决。假定有五百万这样的人,如果每人每天拉一斤屎,就有五百万斤屎堆在野外。真正的故事你在纪录片里是看不到的。我没有拍摄任何女性上大号的画面。她们若要在户外方便,只能选择凌晨两点到五点间——她们唯一比较能有隐私的时段出门。"卡卡尔之所以对孟买人的如厕规律如此熟悉,是多亏了他的司机拉索尔·米安。米安总在接送卡卡尔的间歇去上大号,卡卡尔回来时常被锁在车外干等,而不一会儿,米安会小跑回来,边跑边道歉:"对不起啊老板,我拉屎去了。"米安不论把车停在哪儿,都熟知就近最佳的拉屎地点。他为自己的消化系统着想,在城市的角角落落做好了侦察。

最近,世界银行派来一批专家,试图解决孟买的卫生问题。现如今,世界银行的项目受益人不再被称为穷鬼,而叫做"客户"。但在这个项目里,它的客户不是个人,而是整个马哈拉施特拉邦政府。银行的解决方案是建议在孟买多造十万公厕。这实在是条荒谬的建议。我见过贫民窟的公厕是什么样的:它们无一能正常使用,因为粪坑经年累月堵塞,人们只得随地方便。多造十万公厕,就是把这一问题放大百倍。印度人和诸如北欧国家的人对公民意识的理解很不同。在这里,你应当保持清洁的地方就是你自己的那一亩三分地,仅此而已。我们楼里的每户人家,家里一尘不染,因为佣人每天扫地、拖地,可达两次之多。但是公共空间——走廊、楼梯、大堂、天井则满是槟榔渍,地上沾着湿垃圾、塑料袋、人类以及动物的唾液、尿液、粪便。整个孟买,即便是有钱人的住处也是如此。

这种公民意识的缺乏,或者说国民性格的缺陷是从英国人到印度民族主义团体都指出过的问题。它在潘奇拉特纳大楼——孟买钻石协会的重地也有明确的体现。大楼内的办公室装潢一新，但公共区域犹如垃圾场。一到六楼的业主因中央空调的电费太过高昂（共计五十五拉克）已停止付费，因此大楼不再为空调供电。有窗户的办公室于是安装了窗式空调，倒也相安无事。没窗户的办公室则安装了分体式空调，进气口在大楼外，出气口却对着走道。穿过走道等电梯的人便不得不在空气本就不佳的楼梯间忍受浑浊的滚滚热浪，几分钟内汗出如浆。空调的出气口对着走道，而滚烫的排气管在密布于天花板的电线间穿行，这也带来很大的安全隐患。我的叔叔在这幢楼里有办公室，他不得不威胁物业说要提起诉讼，这才让他们移走了排气管。但孟买大多数楼房在筹集资金进行整修时都会遇见重重困难，因为费用须众人分摊，所得利益也由众人分享，心不齐则事不成。

我们的政府无法让孟买变得更好，但它能给孟买起新的名字。整座城市陷入了大规模改名的狂潮。每个月，市政公司要受理超过五十起为道路重新命名的申请。在1996年4月到1997年8月间，孟买道路协会批准了123项此类申请，花费九成的工作时间将路名改为当地有权有势之人亲属的名字，并因此收到重谢——以贿赂来的方式纪念先祖，着实疯狂。然而这座城市能改名的道路终究是有限的，但等着要用父亲、上司或老主顾的名字命名道路的人还有很多。城市无路名可改不要紧，政客们高兴地发现每两条路会组成一个十字路口（是建寺庙或开伊朗餐馆的福地），这样的路口自然也可以拿来命名。孟买要如何纪念尚卡尔和佳吉杉[①]每日到盖洛德餐厅喝咖啡一事呢？最近的一个十字路口是否以此二人命名？恐怕不行，因为它最近已改名叫阿利亚·霍尔卡[②]了。那么隔开两条马路的那个路口就叫做尚卡尔-佳吉杉吧。

[①] 上世纪五十到八十年代印度电影业最受欢迎和最成功的作曲二人组。
[②] 马拉塔帝国马尔瓦王朝的女王（1725—1795），印度最杰出的女性统治者之一。

这样一来,想要以地图或路名为指南在孟买找到某个地方,几乎变得不可能了。这座城市又一重的人格分裂体现在它的两套路名上。一套存在人们的记忆里,另一套印在明信片上。一座孟买是官方的,另一座则是民间的。这座城市真正的路名就像神圣的《吠陀经》,只得口口相传。孟买的很多街区是以那里最具标志性的树木命名的。因为种有坎姆巴尔树,所以有了谐音的科隆巴拉山。因为种有刺槐(又称巴布),所以有了巴布纳斯区。因为种有班迪树(又称雨伞树),所以有了班迪集市。因为种有罗望子树,所以有了罗望子小径。因为种有长在伊罗柯树下的塔迪树(意为糖棕),所以有了同名的塔迪欧。因为种有榕树,所以有了后来的沃里[①]。而最初的椿象村变成了同样发音的钦奇伯克利区。当年的树已经不在了,但以树命名的路还在。每当欣欣然念起,不免唤醒一丝怅惘、一缕怀念。

名字就是这样,若你听久了,会对它产生感情,不论它的出处是什么。我在尼皮恩航海路上长大,而现在这条路的名字改成了拉克什米·雅穆罕达夫人路。我并未见过当年的厄内斯特·尼皮恩爵士,也不认识现今的拉克什米·雅穆罕达夫人,我只是对最初的路名深有感情,不能理解为什么要改动它。岁月流转,一个路名在听者心里产生共鸣,这和它的出处无关。就像巴黎的帕斯卡路、纽约的西四街,或旧金山的梅登小径对那些从小听惯了它们的人一样,我已习惯尼皮恩航海路的发音。它是我住址的一部分,我童年生活的一部分。它始终存在,只要我想,能随时回家。若某个市政官员决意向历史寻仇,一定要把它改名为拉克什米·雅穆罕达夫人路,他也同时侵犯了我的记忆。

印度的改名风潮大行其道。金奈从前不叫金奈,而叫马德拉斯。英国人建起来的加尔各答如今改名叫卡利卡塔。一位印度人民党议员

[①] 原孟买七岛之一。

甚至提议印度改国名为巴拉特[①]。这不仅是全印上下消除殖民痕迹的过程，也是印度去穆斯林化的过程。有那么一部分人，他们不仅想回到过去，还要回到最理想的过去、最印度的过去。但是要改名，不论是对一个人、一条路还是一座城市来说，都需要有很好的理由。硬把孟买改为它的印地语拼写"孟巴"，并没有什么好的理由。非要说"孟巴"才是孟买最初的名字，完全是无稽之谈。孟买其名由葡萄牙人所起，孟买其地由英国人所填，葡萄牙人和英国人就理应有命名权，这天经地义。古吉拉特人说古吉拉特话，或马拉提人说马拉提语时，的确按照印地语的发音念孟买为"孟巴"。但我们说英语的时候，就用英语念"孟买"，这无可厚非，并没有必要二选一。可是 1995 年上台的湿婆军命我们必须做出选择，在我们所有的语言里，孟买都要改名为"孟巴"。这就是山里人向我们复仇的方式。他们用自己的名字为孟买的道路重新命名，然后甚至强行为这座城市改名。即便住不起马拉巴尔山的房子，至少他们占据了马拉巴尔山的路名。

仅次于苏格兰场[②]

艾杰·拉尔是个有梦想的警察。他的梦想不是逮捕黑帮教父达乌德·易卜拉欣，不是获得荣誉勋章，不是用振奋人心的演讲令手下甘抛头颅。他的梦想是作为一名警察潇洒退场时，能尽情撒一次野。"我会走到总部大楼前，揭露上级长官的贪污腐败，然后朝着他们的方向撒尿，再转身，从此离开警队。"

这会是一个轰轰烈烈的结局、大快人心的结局、好莱坞大片式的结局；在明亮的晨光里，赫赫有名的警监选择用这种方式结束他的职

---

① 雅利安人时期的巴拉特王（意为"寻求真理者"）率部落一统印度河流域，其后人便用"巴拉特"来指代印度地区，类似华人自称炎黄子孙。
② 伦敦警察厅的代称。本身既不位于苏格兰，也不负责苏格兰的警备。

业生涯——他走到总部大楼前,解开裤链,朝着大楼的方向摆胯。他一手握着一只牛角,而后把牛角举到唇边。"去你妈的马特莱,收受沙基尔一亿卢比。去你妈的沙伊克,收受阿布·萨勒姆三十拉克。去你妈的冈萨尔维斯,收受小拉詹十拉克外加一间公寓。去你妈的查图维迪,嫖了达乌德送来的三个妓女。去你妈的,去你妈的,去你妈的先生们。"然后他开始撒尿。他一早上都在喝咖啡,所以现在存货满满。他就站在广场正中央,人群已密密围拢过来,其中既有他的手下,也有过路人,还有负责罪案调查的记者和摄影师。他的上级正气急败坏地冲出总部大楼,他则在此时拉上裤链,一边剔着牙一边悠然转身,走进万丈霞光。

艾杰·拉尔:爆炸案与帮派战争

以迅速破获"九三"爆炸案闻名的艾杰和他的妻子瑞图到我的朋友维德胡·维诺德·乔普拉家做客,我们就是这样认识的。维诺德是个导演,他即将执导的电影《克什米尔任务》的剧本需要好友艾杰的专业建议,尤其是警察审问武装分子的那一幕。艾杰·拉尔是警队出了名的运动达人,乍一看像个聪明的拳击手。他的下巴上有道凹坑,头发剪得极短,更像是特种兵。和我见到的其他警察不同,艾杰的穿着很有品位,他举止斯文,言谈有度,说他是公司老板(或者以他出众的外貌,说他是电影演员)也绝对有人相信。斯米塔·萨克雷——巴尔·萨克雷的儿媳兼长期伴侣就对艾杰很是着迷,曾往他家里打过电话。

"女人都喜欢艾杰。"艾杰的妻子如此说,一边叹了口气。

艾杰悠闲地坐在维诺德家的客厅,向我们透露警方审讯时采用的手段。首先,审讯不总在警局进行。"九三"爆炸案期间,艾杰的审讯地点就在特种部队大院。有时在没有安全屋①的情况下,他也不得不

---

① 执法或情报部门的术语,指适合隐藏证人或与案件相关、正处于危险中的特工的安全地点。

在行驶的警车里审问嫌犯（车窗玻璃贴了单向透视膜[①]）：艾杰在前座扯着嗓子问，他的手下在后座拷打嫌犯。

艾杰说，如果有时间，让嫌犯乖乖交代的办法是整整一星期不让他睡觉。但通常他们没这么多时间可以耗，所以另一个办法是拿老式电话线的一头接在嫌犯的手臂或下体，另一头连通便携式发电机，嫌犯在强大电流的冲击下多半会屈服。还有的时候，艾杰会把嫌疑人带往溪涧，捆住双脚、绑上大石，他的手下会架住嫌疑人浸到溪水里，任大石的重量一径把他往下拽。嫌疑人唯一不被淹死的希望、他的救命稻草便是身后的警察。如此这般在水里浸上几回，大声喘气、不停呛咳甚至高声喊叫的嫌疑人一旦从水里出来，就一五一十全招了。

"对死亡的恐惧是最有效的审讯手段。在爆炸案期间，我把几个嫌犯带到波利瓦里国家公园，在他们耳边开了几枪，他们就什么都招了。"但是对很多嫌犯而言，普通的暴力手段不足以让他们招供。"不怕死的人也不怕疼。对这些人，就要拿他们的家人做筹码。我告诉他们我会栽赃、逮捕他们的母亲或者兄弟，这样才管用。"

艾杰的手下把嫌犯带来之前，常会说："老大，你吓唬吓唬那小子。"然后他们把人押往艾杰的大办公室，一边对他说："在我们老大手上你求生不得、求死不能，我们救不了你，你小子玩完了。"他们接着"好心"地提醒嫌犯：他唯一能躲过漫漫长夜可怕刑罚的办法就是开口交代，这样他们才能代他求情，让老大发发慈悲。艾杰用一句话总结："老办法——一个唱红脸，一个唱白脸。"

如果这些都不管用，那还有最后一个办法：让嫌犯吃两斤炸糖圈，但不准喝水。"这听上去是种非比寻常、很是诱人的刑罚啊。"我说。

"你有过只吃甜食不喝水的经历吗？如果让你硬吃上两斤炸糖圈，一滴水都没得喝……"艾杰意味深长地停下了——在极度口渴的情况

[①] 从外面看不到车里的情况。

下，一个人什么都做得出来。

几周后，艾杰·拉尔从他办公室的抽屉里拿出一本皮质笔记本。本子很厚，里面有艾杰多年来针对爆炸案所做的调查笔记，同时也是我们的故事开始的地方。

孟买的有组织犯罪为两名海外印侨所控。他们一人在卡拉奇，另一人在马来西亚（又或曼谷，又或卢森堡①，取决于你关心的是哪个时区）。1993年的孟买连环爆炸是穆斯林犯罪集团的首脑达乌德·易卜拉欣的"达达公司"制造的恐怖袭击，其目的是报复几个月前接连不断的反穆斯林运动。"九三"爆炸共造成317人死亡。爆炸发生后，达乌德的主要副手、人称小拉詹的印度教徒与达乌德决裂，组建了自己的帮派"大哥帮"（因为小拉詹对他手下的弟兄而言，就像大哥一样），他发誓要除掉所有参与了爆炸案的穆斯林。这两位首领在海外遥控孟买的地下黑帮，自"九三"爆炸案后反目成仇。

在孟买，帮派战争（或者用孟买话发音——"崩派战争"）不只是两个帮派间的械斗。把"帮派"和"战争"放到一起，这个新名词涵盖了地下黑帮的全部意义，也见证了它的极端复杂。人们自称"我们是帮派战争成员"，以此和小打小闹的抢劫犯或扒手等做区分。它是一个人的永久性身份。地下黑帮含义甚广，它代表着巨大的权力，它有属于自己的传说。但同样地，在孟买，"地下黑帮"并非形容有组织犯罪的准确词汇，因为"地下"的意思是见不得光、低人一等的。可是孟买的地下黑帮实在是地上黑帮。它凌驾于我们的世界之上，可以随时俯冲下来对我们发动袭击。黑帮杀手把他们在卡拉奇、迪拜或马来西亚的指挥中心称为"上头"，而把孟买称为"底下"。已是最"底下"

---

① 欧洲内陆国家，被邻国法国、德国和比利时包围。因境内有欧洲法院、欧洲审计院、欧洲投资银行等多个欧盟机构而被称为继布鲁塞尔和斯特拉斯堡之后的欧盟"第三首都"。

的孟买，又何来更"地下"的黑帮呢？

1955年，达乌德·易卜拉欣·卡斯卡尔在康坎海岸边的拉特纳吉里[①]出生。他另有九个兄弟姐妹，父亲是犯罪科的警察。达乌德以残暴出名。有一伙年轻人抢了银行，得意忘形地跑到穆斯林的神社，把一百卢比的纸币撒在圣者的墓前，临走时还给了守墓的法基尔[②]不少钱。警方发现了这四名年轻人的行踪，下令逮捕他们，警察局长更指示要不惜任何代价追回被抢的卢比，却不料其中的两名抢匪因此被达乌德拷打至死。

达乌德在孟买中部的纳帕达起家。其时，孟买正为哈吉·马斯坦所控。马斯坦曾替人保管过一袋金币，大约受此启发，做起了走私黄金的生意。但他颇有侠盗风范，常劫富济贫，后来金盆洗手进入了政坛。马斯坦在孟买的位置则被阿富汗移民、以卡里姆·拉拉为首的帕坦帮所取代。达乌德倒卖黄金，风头正劲，渐和帕坦帮的两个首领（阿米尔扎达、阿兰穆扎比）起了冲突。达乌德的兄弟沙比尔在1981年时为帕坦帮所杀。达乌德发誓为兄报仇，枪杀了前往地方法院出庭作证的阿米尔扎达。三年后，因被警方通缉，达乌德逃到了迪拜，他和当地最大的黄金走私集团很有交情，利用印度政府严格控制黄金进出口、印度金价比中东高昂得多的事实继续走私黄金，最多时可达每年两百余吨。直到八年后印度开放黄金贸易，金价大幅跳水，达乌德才转而涉足地产、电影投资以及敲诈勒索。

1989年，达乌德的同乡——他在孟买最得力的助手、时年三十一岁的沙基尔也潜逃到了迪拜。沙基尔在孟买的位置则为一个不起眼的、贩卖黑市电影票的黄牛顶替。此人名叫拉金德拉·萨达希夫·尼卡利耶。他出生在1960年，人称小拉詹，好把他和他的师傅巴达·拉詹区分开来（当然，小拉詹之所以被称为"小"，也因为他确

[①] 马哈拉施特拉邦拉特纳吉里县的一个城镇。
[②] 指中东和南亚守贫、禁欲的苏菲派修士。

实非常矮小)。巴达·拉詹让人杀害后,小拉詹替师傅得报大仇,一时声名鹊起。他获悉枪杀了巴达·拉詹之人在看板球赛,于是雇了一个茶水工,交给他一把国产手枪,又告知他凶手的具体位置。茶水工当着上百观众的面射杀了那名枪手,然后跑了近六公里躲藏了起来。小拉詹此后又策划杀死了帕坦帮的几名重要成员,终于赢得了达乌德的青眼。

迪拜很适合达乌德。他在奢华的宴会上重现孟买昔日的风光。他请一拨又一拨孟买最知名的电影明星和板球运动员飞来迪拜做客,又包养了宝莱坞女星曼达基尼做情妇。在他逃离印度之后,他在印度的帝国依然壮大,原本他远在迪拜,可高枕无忧。但偏偏发生了1992年的孟买暴乱,然后是1993年的连环爆炸。

和孟买的许多警察不同,艾杰在富裕的班德拉长大,是个十分聪慧的年轻人。爆炸案发生那年,他在马希姆分局的交警大队当副队长。他的日常工作就是疏散孟买拥堵的交通,这恐怕是比对付帮派分子更为艰巨的任务。1993年3月12日,湿婆军总部大楼前——达达尔地区的汽车加油站发生了爆炸。湿婆军的高级官员立刻赶往事发现场。他们尤其紧张,命同在现场的艾杰进加油站查看,是否还有别的炸弹。艾杰手持警棍,在加油站的各个角落探查,并未发现异常。但是大约十五分钟后,附近电影城的停车场又发生了一起爆炸。艾杰忽然意识到发生了什么,并且是孟买向调度室发出警告的第一人:立即下令封锁机场和火车站,"这是连环爆炸案。有人想要再次引发印穆冲突。"

总共有十枚威力巨大的黑索金[①]炸弹在孟买各地被引爆。另有三枚在人潮汹涌的集市,所幸未能爆炸。作案人的目标是孟买最显眼的建筑:印度航空公司大楼、证券交易中心、半人马大酒店、湿婆军总

---

① 通称RDX,一种高能炸药,学名环三亚甲基三硝胺。

部……一天之内，有257人死亡，713人受伤。在孟买国际机场，因无法接近飞机，作案者朝通往停机坪的路面投掷了手雷。当天晚些时候，孟买警察局长萨姆拉亲临事发地点，此时仍是3月12日。两天后，艾杰通过警用无线电频道获知：警方在达达尔火车站找到了一辆弃置的摩托车。他和拆弹部队赶到那里，成功卸下了装在摩托车底部的炸弹。

局长命艾杰带头调查工作。两天来，警方对谁是幕后凶手毫无头绪。3月14日，艾杰致电他所认识的孟买最好的二十名警探，他们在夜里十一点半聚到指挥室，开始把所有信息拼凑到一起。五个小时后，即十五日凌晨，艾杰出动警力，逮捕了第一名嫌疑人。

沃里地区的西门子办公楼外停着一辆废弃的马鲁蒂铃木休旅车。艾杰在六年后依然清楚地记得车牌号：MFC1972。警方后来在车内发现了引爆炸弹的雷管。但最初看到空车的警察只以为司机在接近警方关卡时弃车逃逸，没有给予这一线索以足够的重视。艾杰则认为应该对车辆进行彻查，他要求调出相关证件，结果显示该车的车主是走私犯穆什塔克·梅蒙，代号"老虎"。这个梅蒙在马希姆清真寺后面有一处住宅。警方在粗略搜查了梅蒙的住宅后，除了一把印有制造商"巴贾杰"字样的摩托车钥匙外一无所获。艾杰没有气馁，灵光一闪，他突然想起达达尔火车站外被遗弃的那辆装有炸弹的摩托车。他派手下的警员到收押摩托车的马塔盖①警局，把钥匙插进锁孔试了试，完全吻合。

警方事后查明，骑着装有炸弹的摩托车之人（并非梅蒙本人）在路上听到爆炸声，担心自己胯下的摩托车也随时会被引爆，因此还没开到指定地点便慌忙把车停下，弃车逃跑了。他的这一临阵脱逃给艾杰留下了一条重要的线索。于是他们再次搜查了梅蒙的住所，发现了一双沾有黑色粘性粉末的凉鞋。警方那时还不知道，但这种物质正是

---

① 孟买市中心某街区。

黑索金，道上称之为"黑肥皂"。在梅蒙家的车库里，警方发现了若干包黑肥皂，其包装上印有卡拉奇的标志。"现在我们能够确定：摩托车、马鲁蒂铃木和这幢房子之间必然有关联。"

梅蒙不在家，但邻居向艾杰透露说，安泰里一个绰号"经理"的年轻人总相帮处理梅蒙的日常事务。艾杰命手下把"经理"带来问话。"我们的人也一并带来了他的父母、叔叔和婶婶。'经理'对我说：'我早就不替梅蒙干活了。'然后大声咒骂我，话说得很难听。我知道他在撒谎。我告诉他：'你没说实话。如果再不老实交代，我要连同你的父母一起逮捕了。'他显得毫不在乎。与此同时，他的叔叔和婶婶却一口一个'儿子'地叫他。他对父母不假辞色，对自己的叔叔和婶婶却显得很亲。所以我对他的叔叔婶婶说：'不然逮捕你们也行。'我的一个手下走过去，扇了他的叔叔一巴掌，'经理'的脸色变了。他说：'放过我的叔叔婶婶。我从小就过继给他们了。'我说好啊，那你拿什么来换？于是'经理'对我知无不言了。"

炸弹制造者在梅蒙的车库里用黑肥皂填满了他的车。1993年年初，有三艘船驶离迪拜港。到达卡拉奇时，船上已满载黑索金炸药和各式武器——手雷上则刻有"阿格斯"的标志，那是澳大利亚一家授权巴基斯坦制造手雷的军火公司。其中的一艘船接着开往姆哈斯拉①，另外两艘开到了更南面的古吉拉特。海关官员都收取了好处，只管对船只挥手放行。一拨穆斯林用卡车把武器偷运进了孟买，他们有专人组装雷管和电子计时器，根据不同的引爆时长，电线有不同的颜色：红色表示十五分钟，黄色表示一小时，绿色表示两小时。另一拨穆斯林端着AK-56步枪，若再有印穆冲突发生，随时准备为保卫伊斯兰而战。

"老虎"梅蒙在3月12日一早离开了家。临走前，他嘱咐手下的人道："你们都是战士。离开这里，孟买会有骚乱。"穆斯林黑帮引爆

---

① 马哈拉施特拉邦一城镇名。

炸弹，希望城市再度陷入混战，就像几个月前印度教徒对穆斯林发动前所未有的袭击，从而造成千余起伤亡一样。连环爆炸既是穆斯林的复仇，也是他们欲煽动更多暴乱的序曲。整个行动由黑帮教父达乌德·易卜拉欣在迪拜的某次会议上一手策划，所有与会者都手按《可兰经》宣誓绝对保密。

共有168人因参与爆炸案被捕。艾杰和他的手下拘捕了其中的160人，包括知名影星桑杰·杜特。"这一百六十多个人，每一个我都亲自审问。我知道他们之间的关系。"也因为这项特殊贡献，艾杰破格获得了印度总统颁发的一级军功章。通常这样的荣誉是授予服役至少十五年的警官的，而艾杰当时只做了十三年警察。

1992年的孟买暴乱发生后，湿婆军政府身为作案人，自然不可能起诉自己（正如斯里克里希纳调查报告中所描述的）。但对紧随其后的"九三"爆炸案，湿婆军政府身为受害者，则一改回避、拖沓的作风，对嫌犯（绝大多数是穆斯林）穷追不舍、彻查到底。最终有189人遭到起诉，其中44人弃保潜逃[①]。此外，艾杰和他的警队共查获2074公斤黑索金炸药、980公斤胶质硝化甘油炸药、63把AK-56突击步枪、10把9毫米口径的托卡列夫手枪、13个9毫米口径弹匣、1100个电子引爆装置、230个AK-56弹匣、38917发AK-56子弹以及482枚"阿格斯"手雷。这不是黑帮为打前哨战而储备的武器，这分明是他们为发动内战而囤积的军备。

但内战终究没能打起来。印度教徒对穆斯林的仇恨在四个月前的暴乱中暂时得到了疏解。孟买在爆炸案后也迅速恢复了元气。受爆炸波及的证券交易所在两天后便重新营业，因为电脑主机被炸弹摧毁，人们用传统的手动操作进行交易，股票价格指数甚至还上涨了十个百分点，仿佛就是要让穆斯林看看——我们没有被打垮。

---

① 指疑犯在取保候审阶段放弃保释金逃亡。

程序员吉里什介绍我认识了伊沙克,一个年轻的穆斯林企业家。伊沙克在爆炸案发生前就知道部分内情。某晚,在马拉塔·曼迪尔影院外,伊沙克随口提及了此事。他说起他为马丹普尔(现称"小巴基斯坦")地区的穆斯林黑帮效劳的日子。"大哥"塔杰很慷慨,他给伊沙克和其朋友每人每天一万五千卢比。伊沙克从不花这笔钱,他认为受之有愧,但依然为塔杰打杂。

"打什么样的杂?"我问。

"接送某人啊、威吓某人啊……我曾经别着毛瑟枪走来走去。爆炸案期间,我手头有六把 AK-56 步枪。塔杰在爆炸发生的前一晚来找我,让我把枪支、手雷还有炸药藏好。总共三十六公斤黑索金,装在一个绿色的盒子里,上面有白色骷髅的标记。还有一麻袋手雷,每个都有这么大——"伊沙克屈起手掌比了一下,"带着拉环。塔杰给了我一半的钱,都是十卢比的。我把武器和炸药埋在地里,还撒了辣椒和薄荷水在上面,这样附近的狗就闻不出炸药的味道。我爸教训了我一晚上,他说:'一旦被人发现,你知道会有什么后果吗?'第二天,一群剃着板寸的大个子来我家,付给我另一半费用。我点了一下钱,确认金额无误,把武器和炸药交给了他们。塔杰在爆炸前两小时又来找我,对我说:'转告你的家人,今天无论如何不要离开马丹普尔。'所以我们待在家里,哪儿也没去。之后我们就听到巨大的爆炸声,看到浓烟从证券交易所冒出来。我们跑到格兰特医院一看,有成堆成堆的尸体躺在那儿,每一堆总有二三十具吧。"

这才意识到他帮忙藏匿的炸药造成了严重后果的伊沙克心有余悸,他回忆起他在医院看到的画面,下意识地夸大了事实:"那里少说也有一万具尸体。"

然而塔杰和伊沙克并未因此被捕,尽管前者在爆炸案中扮演了重要的角色。伊沙克还有几颗 AK-56 步枪的子弹,是他偷留下来作为纪念的,但他到底视步枪为烫手山芋。摸了摸耳垂,伊沙克浑身打了个激灵:"我三天内就把枪统统还给他们了。"

"九三"爆炸案改变了孟买。在此之前，印度的恐怖主义通常只和锡克教徒相关，是仅限于旁遮普地区的暴力问题，孟买黑帮和宗教仇恨并无干系。但在爆炸案后，一切都变得和印穆冲突有关。艾杰说："如今，警方正面临这样的难题，就是针对穆斯林策划暴乱的印度教领导人成了穆斯林黑帮的首要目标，而印度教黑帮又紧盯实施了连环爆炸、正取保候审的穆斯林。"尽管达乌德帮里有印度教徒，小拉詹的手下也有穆斯林，"但那只是各取所需。"艾杰表示，并不代表他们各人的宗教立场。而穆斯林和印度黑帮之间最大的不同，让前者明显更为强大："达乌德帮无需为武器发愁，但小拉詹的武器都得自个儿花钱买。"巴基斯坦方面为穆斯林黑帮提供武器，而穆斯林黑帮则与三军情报局共享其走私网络和安全屋，二者一体共生、互惠互利。三军情报局的惯用手段是将休眠特工偷渡到孟买。这些特工潜伏多年，像普通人一样在孟买工作生活。必要时，情报局会唤醒这些特工，命他们在某地安置炸弹或刺杀某位政客。但这一次，三军情报局不必大费周章了，印度教徒发动的暴乱正使得潜伏的穆斯林特工沉浸在失去家人的悲痛中，对敌人欲杀之而后快。

爆炸案过后，艾杰获邀为美国大使馆和国际刑警组织就巴基斯坦如何参与爆炸案做演示。艾杰审问过爆炸案犯，也查看过他们的护照，其中四本盖有从迪拜出、由孟买入的海关图章，但日期对不上，中间整整相差了十五天。案犯向艾杰交代，在那十五天当中，他们被秘密带往伊斯兰堡①，然后驱车向北，前往阿富汗和巴基斯坦的边境。在那里，他们接受了反复的洗脑，观看巴布里清真寺被毁后，印度教徒在苏拉特②发起反穆运动的录像。录像极具煽动性，他们同时被告知："我们在印度的母亲和姐妹正遭受印度教徒的残害。"此外，他们还经受了一系列极为严格的军事化训练，包括学习如何使用精密武器

---

① 巴基斯坦首都。
② 古吉拉特邦苏拉特县县府所在地。

及爆炸装置。十五天后,他们被送回孟买,决意复仇。

1994年,小拉詹单方面宣布:和昔日的大哥达乌德决裂。他带着帮派里的印度教长老自立门户,先是飞往迪拜,然后前去吉隆坡[①]。小拉詹公开表示,他叛出达乌德帮是因为无法忍受和"印度民族的叛徒"共事,他也发誓要亲自除掉所有参与了爆炸案的穆斯林。达乌德和沙基尔派出杀手想夺小拉詹的命,而后者也命刺杀小队前往"达达公司"在卡拉奇的总部,意图干掉达乌德。与此同时,在孟买的土地上,每年有数百人在和警方交战、敌对帮派的火并以及黑帮的敲诈勒索中丧生。

但是根据达乌德的说法,小拉詹同他的决裂其实和爆炸案无关,完全是"私人恩怨"。但也正是他们的"私人恩怨"导致孟买、迪拜、加德满都[②]和曼谷不断有人横尸街头。这是一场两个黑帮大佬间你来我往、仿佛乒乓球赛的血腥角逐。孟买的黑帮分子为谁掌控最有利可图的地盘生死互搏,他们彼此屠戮,因为他们的"老大"互相仇视。不管身份多么低微,每一个惨死的本帮小弟都被看作对方大佬的无上功绩。达乌德帮有狙击手八百,而小拉詹的"大哥帮"也有不下五百名杀手。

达乌德和他的帮派在上世纪九十年代中期从迪拜迁到了卡拉奇,因为印度政府向执掌迪拜的马克图姆家族不断施压,要求引渡达乌德。帮派事务便交由沙基尔从巴基斯坦遥控,达乌德的触手也进一步伸向孟买的所有罪恶勾当,从爆炸案到谋杀再到贪污腐败,不一而足。一篇报道用"可能比文莱[③]苏丹和比尔·盖茨更为富有"这样的耸动字眼来描述亿万富翁达乌德的巨额财产。报道也刊载了达乌德本人

---

① 马来西亚首都。
② 尼泊尔首都。
③ 全称文莱达鲁萨兰国,国教为伊斯兰教。1984年脱离英国和平独立,社会福利和经济状况颇佳,2014年人均GDP名列亚洲总第五位、除波斯湾国家外的第二位(居新加坡之后)。

的抱怨:"印度政府把每一件天灾人祸都算在我头上,哪怕死了条狗也说是因为我的缘故。谢天谢地我1947年不在国内,不然他们要说印巴分治也是我捣的鬼了。"

印度宝莱坞、印巴分治以及帮派战争有一个共同的主题:妻离子散,天各一方。流亡在外的黑帮大佬的家人仍在孟买,且与他们团聚无望。"警察也知道别去骚扰达乌德的家人。他们可以杀他的手下,一命换一命。"达乌德的某个副手这样对我说,达乌德的妹妹和其余家人都在孟买,毫发无伤。"但倘若警方打扰到达乌德的家人,他们休想有好日子过。"这种无奈的分离导致了无限感伤,正如煽情的电影里拍摄的那样。在接受某报访问时,小拉詹也说:"我格外想念我的孩子。但我常和他们通话、视频。事实上,他们庆祝生日的时候,我从头到尾开着手机,就好像我也在那里和他们一起说笑,一起唱歌,参与他们的点滴快乐。"

沙基尔和他的手下常轻蔑地把小拉詹称为"贱民"。有时,小拉詹喝醉了,会打电话给沙基尔,说:"我要杀了你。""你知道我在哪儿。"沙基尔毫不示弱,"有胆倒是来呀。给我你的地址,老子这就结果了你。"他们曾情同手足,是最受达乌德喜爱的后辈。达乌德出席了小拉詹的婚礼,他的新婚妻子苏娅塔还在达乌德的手腕上系了辟邪的红绳,认达乌德做大哥。后来小拉詹背叛了这位大哥,兄弟反目,渐行渐远。

孟买还有第三大黑帮,规模相对最小,其首领曾是达乌德的手下,叫做阿伦·高里。高里进出监狱如家常便饭,在达戈迪筒子楼一带拥有绝对的统治权。他要求社区居民对他赤胆忠心。筒子楼群里的父母亲也都教导自己的儿子,让他们成年后为高里做事。高里帮又被戏称为"短裤帮",因其成员尤爱作短打装扮。他们喝最廉价的传统烈酒,吃最便宜的瓦达餐包,日常开支很是俭省。相对而言,达乌德帮要求一定的生活品质,"要去亮着灯的啤酒吧消遣。"一位达乌德帮的元老这样形容道。高里帮的成员主要是下岗工人,他们在达达尔集市摆摊卖菜,若接到指令,要二话不说暂离菜摊,替老大去教训某人。达乌德帮的狙击手对高里帮评价极高:"他们有最勇猛的狙击手。不过自从高里参政以来,他的帮派就走下坡路了。"高里开始以人民公仆自居。1997年,他甚至组建了自己的党派,一度可与湿婆军相抗衡,感受到威胁的萨克雷联合当地警方狠狠打倒了高里。在他被关押期间,高里的妻子阿莎代为管理帮派。但达乌德帮的人对我说:"帮派战争是男人之间的事。"

孟买的有组织犯罪独一无二。"所有谋杀和恐怖主义活动都从海外遥控。"艾杰说,这也解释了为何孟买警方无法将黑帮一锅端。"我们可以逮捕狙击手,如果足够幸运,我们也能抓到为他们提供武器的人。但这些不过是虾兵蟹将,真正的头目都远在海外。"黑帮教父们用不同的护照在世界各地周游,从布宜诺斯艾利斯①直到曼谷。他们通过卫星电话调度地上的军队,"然后销毁电话,让我们无迹可寻。"

孟买黑帮通过收受保护费、敲诈勒索、洗钱、赌博、走私漏税、电影投资、提供高端色情服务及毒品生意获利。最近,他们和印度次大陆的恐怖组织牵上了线,譬如斯里兰卡的泰米尔伊拉姆猛虎解放组织、阿萨姆②的联合解放阵线、安得拉邦③的人民战争集团等。这些组织向孟买黑帮出售武器,而孟买黑帮则为他们提供经济援助。"我有达乌德帮远在古瓦哈提的成员名单。"艾杰说。古瓦哈提是阿萨姆最大的城市。

艾杰还说,黑帮以提供色情服务和走私漏税赚得的钱支付其成员的日常花销、聘请律师,并给予服刑人员的家庭经济补助。而敲诈勒索得来的钱则按比例抽成。每十万卢比当中,六成归大佬,四成由小弟均分。他们还通过一种叫做哈瓦拉的无纸化系统洗钱:一袋给付孟

---

① 阿根廷首都及最大城市。
② 位于印度东北部。
③ 印度东南部的一个邦。

买某店主或宝石商的卢比能快速转换成满满一信封汇往迪拜的美元。

如今的黑帮都在想方设法洗白。他们组建公司,经营酒店、度假村、百货公司甚至银行。他们尤其钟爱娱乐产业——因其行业特殊性,导致审计困难重重,所以通常来说银行不愿为娱乐圈提供资金担保,黑帮便乘虚而入。小拉詹对孟买的有线电视网就投入甚多。他们也经手电影和各类巡回演出在海外的版权问题,并且操纵着音乐界的大半江山。

和黑帮大佬的公开声明正相反,他们当然也不可避免地参与毒品交易。但他们唯恐被对毒品走私深恶痛绝的英美政府盯上,所以尽管涉毒,却三缄其口、尽量低调。巴比妥类药物"曼陀罗"是唯一在印度大规模生产的毒品,许多亏损的制药企业都生产这种药剂。一粒包括了生产成本、沿途贿赂和运输费的曼陀罗,造价为九十九派士,也就是两美分半。这些曼陀罗的最终目的地是近南非海岸的毛里求斯。而一到南非,一粒曼陀罗的身价就摇身一变达到两美元半,上涨了整整一百倍。一个大盒子能装两吨这样的药片。"如果你能把一盒曼陀罗成功运到南非,赚的钱就这辈子也花不完了。"艾杰说。

黑帮分子不称其犯罪组织为"帮派",而把它们叫做"公司"。他们的组织也确实和公司有异曲同工之妙。和公司一样,各帮派内部有详细的分工。黑帮也有专门负责每月发放工资的财务,有负责提供武器的经销商,有独立负责武器仓储和保管的部门,有负责威胁证人的特别小组,他们出没于各个法庭,确保但凡和帮派相关的案件,其敌意证人[①]都会倒戈相向。另外,帮派里还有医生、律师、公关、侦查小队、运营安全屋的后勤,以及为入狱的黑帮成员提供完善支持的人员。为避免监狱内部发生帮派冲突,政府特意为不同帮派划定了不同监狱:高里帮成员的关押地点在叶拉瓦达和阿马拉瓦蒂监狱;小拉詹的"大哥帮"成员的关押地点在阿瑟路;达乌德帮成员的关押地点则

---

① 指已提供对本方当事人不利证据的证人。

在拜库拉、塔那①以及纳西克监狱。达乌德帮特地购置了电动三轮车和监狱附近的公寓楼，又雇来厨子和快递小哥。厨师会在公寓备好三餐，快递员则坐上电动三轮车，为服刑人员送去热腾腾的饭菜。那是一个规划周密、运转高效的送餐系统，令被捕的帮派成员甚至期待服刑的"好日子"，因其所有需求都能得到充分的满足。即便关在铁窗之后，帮派间仍存在奇怪的竞争心理。譬如象头神节的时候，阿伦·高里会给达乌德帮在塔那监狱的囚犯送一盒甜点，达乌德帮的一个小弟这样形容道："我们老大看一眼，说：'哼，就这样？'然后回赠给高里满满一大盘哈尔瓦酥糖。"

至于体坛和娱乐圈，黑帮自然也要插手。他们派出探子，四处打听当下文体界宠儿的详情，然后巨细靡遗向帮派汇报。相当一部分最终给付某位电影明星或球星的贿赂会进探子的口袋。和艾杰一样，黑帮也以信息为生。他们贪婪地、绝不停歇地从报纸、熟食店、酒店行政套房、政府办公室和因特网上寻找一切所需的资讯。

孟买的帮派之所以不断壮大，是因为他们在全世界案件积压情况最严重的国家形成了一个平行的司法体系。以下事实告诉我们，印度的司法系统究竟瘫痪到了何等地步：截至2003年，孟买爆炸案发生后的第十年，距离开庭审理仍然遥遥无期。"我们的刑事司法制度完全崩溃了。"艾杰说，"这就是为什么黑帮能这样猖獗。一栋公寓的纠纷案如果走正常的法律途径，要二十年才可能出结果，而如果由黑帮出面，两个星期就能解决问题，你算一算这笔账，你说哪个更划算？"

孟买的政客来了又走，孟买其城繁荣有时、萧条有时，但孟买的帮派战争永不会终结。帮派战争的文化和我们的城市文化紧密相连。马丹普尔、纳帕达、阿格里帕达、拜库拉、东革里、班迪集市、达戈迪筒子楼……无不如此。帮派战争的核心，就是孟买的核心。

---

① 位于马哈拉施特拉邦西部，临阿拉伯海，属孟买的卫星城。

我们和叔叔的朋友——来自美国的波兰裔宝石商共进晚餐。二十五年间,这位宝石商多次前来孟买,每次来都觉得这座城市正飞速发展,直到四年前,他说,孟买开始不进反退。这里的空气污染更严重了,我们见面的那晚有沙尘暴,宝石商说他呼吸不畅。孟买的暴力事件也不断升级,宝石商在《纽约时报》上读到孟买枪战的消息,他在康涅狄格州①的妻子要他立即回国。全世界都发现了孟买的黑帮问题。

"你家门口的路安不安全?我能步行过来吗?"宝石商这样问我和叔叔道。我们当时正从泰姬陵酒店驱车前往欧贝罗伊酒店(真应该建一个密闭的、带有空调的长堤或索道连接这两个酒店),酒店之间只有一条路可走,所以交通格外拥堵。此时已经夜里十一点了,灯光昏暗的人行道上空无一人。

"安全啊,我就会步行。"叔叔如此说。

孟买仍是个我能随时去往任意角落的城市。抢劫鲜少发生,女性在孟买不像在德里那样易受侵害。在一次社交聚会上,一位帕西族女士讲述了这样一件事:她和家人一起旅行,分两辆车走,很不巧,他们的车在一个贫民聚集地附近抛锚了,她和丈夫走下车来。人们很快从贫民窟跑出来,这让她很害怕,因为她当时穿着迷你裙。那些人来到她和她丈夫的身边,催他们坐回车上,然后齐齐用力推车,试图让车重新发动起来,可惜没能成功。此时,开在他们前面的车发觉他们掉了队,又折返回来。贫民窟的人建议他们拼车先走,把抛锚的车留下。即便确信等他们一走,车会被拆得只剩下空壳,他们也别无选择了。可第二天当他们来拖车时,发觉车子一如昨日,纹丝未动。原来贫民窟竟专门派了两个人,整夜守着他们的车。

孟买的威胁并不来自它的百姓。真正的恶意是更大规模且有组织的。

---

① 美国东北部新英格兰地区六个州之一。

叔叔给我看他的生意伙伴寄来的喜帖，十二月份是婚礼的旺季。喜帖通常是制作精美的小册子，饰有小小的象头神像，外面包着丝绸，里面是一张张代表不同婚礼环节的卡片，单张卡片就要花费五十到一百卢比。婚礼的常规流程有：宣誓仪式、新人舞会、宝莱坞之夜和正式晚宴等。叔叔打开其中的一份喜帖，主婚礼的地点匆匆写在一张小纸片上，粘贴在最显眼的位置，像是临时起意改的。那是个我从未听说过的小礼堂。叔叔把纸片揭开，露出原本的地址：孟买跑马厅。婚礼地点的改变是为避开黑帮的眼目。一位电影制片人同样寄来了极尽奢华的喜帖，但地点与之殊不相称：公寓楼前的草坪。要知道，这户人家之前的喜事可是大操大办的，当时还请了宝莱坞的明星来跳舞助兴。我叔叔认识负责婚礼餐饮的人，他早被黑帮盯上了，"我能怎么办？"他说，"他们向我索要宾客的名单，我只好给他们啊。"那黑帮又是如何筛选名单里的肥羊的呢？很简单，通过大楼承包商、每户人家的佣人、室内设计师……等等之口。

《孟买时报》报道了某富豪因担心遭勒索而低调完婚的事，作者署名为"新闻工作者"。故事末尾还有一行小字：文中人物均系化名。隐姓埋名成了在孟买保命的新手段。

在这个贫穷的国家，富人却集体担惊受怕，我们不时听到夸张的坊间传闻：某家人在五星级酒店用餐，结账时金额高达五位数，他们提出质疑。侍应生的回复是，账单也包含坐在角落里的六位男士的就餐费。他们要么选择乖乖付钱，要么选择和开来酒店的新款福特汽车说再见。

我表兄的朋友有过类似的遭遇。他接到电话，对方上来就说："你才买了新公寓，旧房子卖了八个拉克，也给兄弟们一个花花？"

表兄建议他的朋友道："花钱求太平，你就把那一个拉克给他们吧。"

"他们要的不是一个拉克。"那位朋友说，"他们要的是一个亿。"也就是一百拉克。当来自卡拉奇的勒索者再次来电时，那位朋友的父亲要了他们"大哥"的传真电话,然后发给他们一份近四年来他的个人所得税申报表,以向他们证明他真的身无分文。这堪比向美国大学申请助学基金,如今在孟买,无财便是德。

这座城市的中产和特权阶级开始恐慌,他们不能想象人命在孟买已变得多么廉价。专栏作家肖芭·德形容得很确切:"几年前,雇凶杀人的价格还高达十拉克,今天,这一价格已跌至人人负担得起的五千卢比。"她这样向读者分析道,"无业青年为只能买一套紧身胸衣的价钱干杀人的勾当。骇人听闻!这一系列数据值得我们深思。"所以富人被迫装穷,忍气吞声地改变他们的生活方式。肖芭·德在她的另一篇报道里讲述了南孟买某富家女所遭遇的两难处境:

> ……她戴起了假首饰,塑料或者镀银的仿制品。"我有种被跟踪的感觉,或许是我疑神疑鬼吧,但我真的很害怕。派对结束的时候已经很晚了,开车回家要走很长一段路,如果有持枪歹徒在海滨大道上抢我的宝格丽和卡地亚珠宝该怎么办?我甚至都换了车,把奔驰留在家里,只开马鲁蒂铃木。"

黑帮对孟买社会的影响就像布尔什维克对俄罗斯贵族的威慑力一样。左翼共党奔走呼号都未能实现的,黑帮大哥用几通电话就达成了:他们迫使孟买的权贵不再炫耀自己的财富。

而在生意场上,因敲诈的现象过于泛滥,孟买高等法院最近宣判:勒索金可计入合法运营成本,适当对企业和个人进行免税。交勒索金也是纳税的一种。既然孟买有平行的司法体系,为何不能有平行的税收体系呢?我们曾经只有一个帮派——达乌德帮,但现在的孟买,黑帮可谓遍地开花,若某商人向其中的一个帮派交了保护费,其他帮派会排着队等他付钱。因此他可能同时要向五个帮派交保护费,有些还是不具真正威胁的个体户勒索犯。收受保护费背后不成文的规定是——你给我钱,我保你不受我自己以及他人的威胁。如今这一规定已被打破:没有任何一个帮派能保你免受其余帮派的骚扰。如今的保护费没有了"保护"的意味,只是单纯的打劫,端看你要命还是要钱。

"勒索和绑架是未来犯罪的大趋势。"艾杰说,因为犯罪成本太低,只要花一卢比打个电话就行。他方才逮捕了两个敲诈大学教授的工商管理硕士,他们学习的那门课程正是如何创业。"我对他们说,你们真是疯了。他们说,我们只是比其他人更会动脑子。"绑架同样是基于人的恐惧心理才能得逞。一个达乌德帮的小弟把绑架作为副业,他会把受害者带到郊外的房间,蒙上他们的眼睛,往他们的身上扔活生生的蛇。

1999 年,艾杰接任了西北警厅一级警监一职。他的辖区覆盖从班德拉到达希沙的半个孟买,就是这半个孟买,其犯罪率却占整个孟买的四分之三。艾杰统领孟买七十二个警局中的三十一个,下有一万名警员、警司和警督。因为城市迅速攀升的勒索案案发率,艾杰取代六位资历比他更深的警监,接任了这一职位。"他们指望我上任以后挥挥魔法棒,就把问题给解决了。"艾杰说,报纸将他描绘成救世英雄,他们谈到他在调查爆炸案时的表现,把他鼓吹成唯一能解决孟买罪案问题的人选。我很想看看他能否成功。在一个美好的夜晚,我邀请电影导演维诺德一起出门散步,顺便到路口的警局找艾杰。维诺德的妻子阿努是个电影记者,她说要和我们同行。

艾杰的新办公室视野极好,能远眺阿拉伯海。我们进门的时候,正碰见一个警司和他的线人向艾杰汇报才发生的枪战。"场上是达乌德帮的人吗?"艾杰问。

警司回答说尚不明确,但"外野[①]"的零星枪战已经发生四天了"。

---

① 板球术语。外野手的作用是在场上协助投球手防止击球手得分。这里应指协助参与枪战的帮派分子。

场上、外野——就好像他们谈论的是一场板球比赛。事实上，属于某个帮派的那种刺激和为某个板球队效力的自豪感没有本质区别。帮派首领正如球队队长，必须是最聪明的那个，他要安排外野手、精心布置击球顺序，他要不时更换场上队员，也借机检验新加入者的能耐。

警司和他的线人保证，不出一个礼拜就能摸清"主力阵容"。艾杰催他们加快速度，还承诺线人说会撤销对他的立案。整个晚上，线人们来到艾杰的桌前，弯下腰来，急促而低声地向他说着什么，艾杰则频频点头，在笔记上写写画画。整个晚上，他发出各式命令，不时咆哮，不停追问，威胁犯人说他会弄残他们，甚至弄死他们，不然就加害他们最在乎的人。整个晚上，艾杰倾听着这座躁动城市的低语，搜集资源，拓展人脉。

艾杰这样定义审讯的精髓："你手上握有一点资讯，但你必须让对方相信——你知道得其实更多。"嫌犯也会掂量艾杰这话的真假，每次只肯透露一点，直到他确定能安全脱身，或不得不缴械投降。艾杰像街头卖甘蔗柠檬汁的小贩，必须使劲从嫌犯口中挤出他想要的讯息："一开始出来的是甘蔗汁，然后才是精华柠檬汁。"他如此比喻道，一边做着拧压的手势。但这不只是简单的武力相胁。"你不可能把每个嫌犯都打得身上青一块紫一块。洞察他们的心理才是关键。"艾杰会在审讯之初暗示：他已知晓一切，就等对方主动坦白。"有时这样便足够了，有时嫌犯也要试探：你到底知道多少？"因此审讯就是一场比赛，双方要打起十二分精神，时刻揣测对方的心思。而参与审讯的人员若仅仅手持警棍或电线，并无多大助益。

艾杰的手机响了。他最重要的线人正等着见他。门开了，一个异常消瘦、二十出头的年轻人走到艾杰的办公桌前，弯下了腰。

他离开后，艾杰告诉我们这年轻人名叫可汗，是个窃贼，也是出了名的花花公子，绰号就叫"小白脸"，他同好些帮派大哥的妻子都有染。"我倒羡慕他呢。"艾杰开玩笑道。但可汗时日无多了。他第一次因为行窃被带进警局时，艾杰的手下狠狠揍了他，直到他开始不停呕血。可汗告知对他诉诸暴力的警员,说他已是艾滋病晚期患者。警员们立即向艾杰汇报了这一情况。"我的第一反应是让他们把血迹清理干净,整块地面都用滴露消毒。"然后艾杰和可汗进行了一番谈话,说动他做了警方的线人。

可汗为什么会答应呢?我问。是为了钱吗?

艾杰摇摇头。"是为了能随时来警局。"做了线人,可汗便能随时开车到艾杰的办公室。"这让他觉得自己很强大。"艾杰对他的线人也很慷慨。"在他生命的最后六个月,我不介意让他活得潇洒一点。"他给了可汗一部手机,里面存了他的私人电话,可汗能随时拨打。那他的罪名呢?我问艾杰,他还继续犯案吗?

"我饶了他一两次。"但可汗因参与另两起持枪抢劫,分别被判入狱半年和八个月,这一定程度上也是种障眼法,好让帮派以为可汗不会是警方的线人。

就在方才,可汗带来一条有用的消息。某个同他有染的帮派大哥的妻子无意中透露:她的丈夫今晚会来她的住所看她。艾杰拿起手边的电话:"上次收缴的电动三轮车还在不在?能不能正常工作?"他们的计划是让可汗扮成三轮车夫,把车停在情妇家门前。艾杰的手下会在附近作便衣打扮,要么装成路边的摊贩,要么装成过路人。等帮派大哥一出现,可汗会向警方指认。若他今晚不来也不要紧,可汗说那个帮派大哥会固定去做礼拜,到时艾杰的手下埋伏在教堂外就行。

"一旦逮到那个黑帮分子,你会对他做什么?"我问艾杰。

他看看我,又看看我身边的维诺德和阿努,再把视线转回我身上,嘴角现出一抹隐隐的笑。"我有别的选择吗?"

阿努问艾杰,可汗有没有可能把艾滋病通过情妇传染给帮派大哥?

维诺德像听见妙极的电影剧情那样兴奋起来:一个和黑帮大哥的妻子上床,从而把艾滋病间接传染给黑帮大哥的特工,杀人于无形!艾杰却立即否定了这种操作:"艾滋病的潜伏期太长了,少说也要六年。六年，够他们做太多坏事了。"

接下来则是艾杰和辖区内警监的例行会议时间。那些警监个个是地头蛇，老奸巨猾又脑满肠肥，难怪艾杰背地里叫他们作"袋狸"。再之后，一名警员跑进来，报告艾杰他们截获了一辆装有假钞的轿车。艾杰问："金额有多少？"

"四拉克。"

"他们说什么了没有？"

"什么也不肯说。"

"带他们进来。"

艾杰让我们坐在办公室另一头的小沙发上。门打开了，一高一矮两个男人由三个便衣押着走了进来。

拷打立刻开始了。"谁给你的钱？说！"其中一个便衣高声喊道。

"我不知道，先生。"

嫌犯的脸上重重挨了一巴掌。他是个胖胖的信德商人，他身边的瘦高个自称是他的表弟，被警方拦下时正是他开的车。他们说的是英语，穿着也很得体。我看着这两个人，觉得他们熟悉得令人不安：如果再有钱一点、再有文化一点，他们就是和我们一模一样的人。另一个便衣从袋子里拿出一捆一捆崭新的绿色假钞——都是五百卢比面值的，总共四拉克半——放到艾杰的桌上。胖子又挨了几下耳光。"谁给你的钱？"

"我不知道，先生。有人打电话给我，让我把钱取走。"

"你是说有一个陌生人打电话给你，让你去拿四拉克假钞？"艾杰厉声质问，"你当我们都是傻子吗？把他们的衣服脱了！"

便衣迅速取下二人的皮带，对着他们用力抽打。阿努吓得畏缩起来，维诺德在一边紧紧握着她的手。

胖子这才又交代了一点。他是通过他的"小情儿"（艾杰如此称呼她道），一个米拉路上啤酒吧的舞女同假钞贩子牵上线的。

"那人叫什么名字？"

"我不知道,先生。"

"拿电线和皮鞭来。"艾杰吩咐一个便衣道。

这名警员回来时,手上拿着一根粗皮鞭,约一掌宽,皮鞭的一头连着木柄。另一名警员接过皮鞭,往胖子脸上狠狠一抽。皮革击打肉体的声音,若非亲耳听见,实在难以形容。胖子惨叫起来。警员又抽了他一鞭。与此同时,瘦高个被第三名警员一个肘击,猛地扑倒在地。拳头、皮带以及皮鞭如雨点般落在两人的脸上、背上,他们不得不蜷着身体,抱着头左躲右闪。抽在胖子脸上的那几鞭是最痛的,他几乎弓成了虾米,试图躲避无情的皮鞭。瘦高个的额头上有个红点,我看不清那究竟是血,还是在庙里点的朱砂。维诺德把阿努的手攥在自己的手心里,在她的耳边一遍一遍喃喃着什么。

"你有孩子吗?"艾杰问胖子道。

"有一个。"

"多大了?"

"五岁。"

"把他的老婆和孩子带来,当着他的面拿皮鞭招呼,看他要不要开口交代。"

"不要啊,先生!我什么都说,我已经什么都交代了。"

三个便衣肆意鞭打二人。瘦高个闷声不响地挨打,离他最近的矮个警员一皮带甩在他眼睛上,他却几乎没眨眼,好像不过是被苍蝇叮了一下。"把你刚刚在路上告诉我的再说一遍。"矮个警员命令道。

"那不是什么重要的事。"瘦高个抗议道。

警员往他脸上又招呼了一皮带。"说!"

"我的父母亲1947年的时候从巴基斯坦逃到了印度,就在印巴分治那会儿。"

矮个警员急切地看着艾杰,像是想为获取了嫌犯"身在曹营心在汉"的重要信息而受到嘉奖。艾杰却不为所动。若用这样的标准衡量,那包括副总理在内的几百万印度人都是叛徒了。

"把他们带到审讯室，先电击下体。"艾杰又转而对胖子说："从今往后，你和你那小情儿怕是没法取乐了。"

听闻此言，惊惧万分的胖子才松了口，说他早前从一个巴基斯坦中介那里拿到四十五万假卢比，又付给对方三十二万五千真钞。在二人遭受殴打的过程中，他们始终称呼他们的施暴者为"先生"，就像我们叫学校的老师或维诺德的摄影助理叫他那样。对那些一巴掌一巴掌扇在他们脸上的警察，他们一次都没有爆过粗口。反倒是我第一次听艾杰说了脏话，威胁他们"抗拒从严"。但艾杰到底还有所收敛，没有当真电击他们的下体，至少在有女士在场的情况下还没有。

"把他们俩带到桑杰·甘地国家公园，开枪打死，在尸首边放上手枪和斧子，就说他们想弃车逃跑，这才被我们击毙的。"

两人被便衣拖走了，我们三人又回到原先坐着的地方。维诺德早见过此等阵仗，正笑话阿努"经不起吓"。他在审讯时一直问阿努要不要离开，但尽管极为震惊，阿努还是睁大了眼睛，没有移开视线。"我从没见过任何人被这样毒打。我等不及要回家抱住我的孩子。"

"这可算不得什么。"艾杰说道，"都是小儿科。"

"还没动真格呢。"维诺德了然地说，"他们会被带到别的地方。"

艾杰微微一笑："去好好'度个假'。"

我在和黑眼——达乌德帮的年轻杀手交流时，对警方可能动用的"真格"有所耳闻。黑眼早前因谋杀音乐制作人被捕，警方曾剥光他的衣服，将他脸朝下摁倒在审讯室的条凳上，把他的双手和凳脚捆在一处。一名警官戴上手套，拿出一小瓶媲美浴室管道疏通剂的酸性溶液，只消一滴就能蚀穿人的皮肤。戴着手套的手掰开了黑眼的臀缝。"他们硬按着我不让我动。"黑眼对我说，"然后把一整瓶溶液倒进了我的身体。"一年多后，黑眼每一次如厕，依然会排出一团团血块。

帮忙运送假钞的表兄弟二人自然不会被击毙，他们不过是跑腿的马仔。他们的家人也不会遭到毒打。和警队里的其他人不同，艾杰并非虐待狂，他的口头威胁仅仅停留在口头而已。艾杰所使的种种手段是为用最少的暴力挖出最多的消息。既然胖子供出他有个在米拉路当舞女的情妇，那么这情妇一定会被带到警局问话，警察会设法从她嘴里套出更多的名字。情妇总是最先被供出来的那批人。

艾杰果然顺着舞女给出的线索，揪出了制假贩假团伙共七人，缴获了价值十万美元的假卢比，并且他发现：达乌德帮在巴基斯坦人的协助下，正是幕后黑手。他们的目标是在印度大量流通假钞。对那表兄弟二人的拷打让他们供出了整个输送链：这批假钞是在伊斯兰堡外的巴基斯坦政府印刷厂印制的，几块模板便能印出成百上千张带着圣雄甘地头像的假卢比。随后，这些假卢比被运往加德满都，通过铁路或公路的方式抵达印度各地。一旦入境，会有人把它们兑换成小额的真钞，或和真钞混在一起，变作在集市交易或酒吧挥霍的现金。这是境外势力以经济破坏为目的，对印度发起的新一轮侵略。而孟买作为全国的金融中心，尤其不堪一击。有传闻说印度储备银行不再经手五百卢比的纸币。部分商家也已出台这样的规定，还因此和顾客起了冲突。我去年在加德满都入住酒店时，得知正因五百卢比假钞泛滥，所以酒店不再接受这一面额的纸币。

"我们的身边竟有这样一个世界，而我对此一无所知。"阿努在从艾杰的办公室走回自己家时说道，"我真想两耳不闻窗外事，平平安安就好。"她突然意识到：原来她一直住在粉饰太平的河岸，河水却深不见底。从她装点着绿植的家往外走五分钟，就有满是痛苦、暴力乃至凶杀的湍急暗流。

维诺德在就《克什米尔任务》这一剧本请教过艾杰后，为饰演男主角的李提克·罗斯汉这样讲解道："然后子弹齐齐向你飞来，你要这么倒下。"维诺德直挺挺地一头栽倒在地，这是一个电影导演对死亡的理解。

"好极了！"大明星对此赞不绝口。

艾杰在班德拉长大，学生时代是校板球队的主力击球手。他以优等成绩从孟买大学历史和政治学系毕业,并于1981年加入了警队。艾杰在不同分局的不同部门待过,多年来对城市大大小小的犯罪活动知之甚详。他告诉我,街头艺人为了一小块能用粉笔作画的路面(譬如画一幅耶稣基督像,以期路人投掷硬币),要向统管这一区域的帮派分子缴纳半年共七万五千卢比的保护费。

在爆炸案的调查工作结束后,艾杰升任犯罪科一级警司,四年间专门打击孟买的帮派及恐怖主义活动。1996年,他犯下职业生涯的大错,带人搜查了杰德夫·萨克雷的家。杰德夫是巴尔·萨克雷的次子。老萨克雷一通电话,把"胆大妄为"的艾杰发配到外地,处理了两年偏远地区的印穆纠纷。直到1998年,有关当局觉得比起计较艾杰不合时宜的廉正,这座城市还是更需要他应对帮派战争的能力,于是将他重新调回了孟买警局。

艾杰对电影行业有着经久不变的憎恶。他的父亲是个制片人,却因无权无势郁郁而终。艾杰的父亲曾签下拉杰什·坎纳做男主角,他要来了这位超级巨星的行程表,租好了摄影棚,让人精心布置了电影场景,只等坎纳来拍一组歌舞镜头。周一时,大明星坎纳没有出现,周二也没有。摄制组已各就各位,所有工作人员翘首等待,而每一天的等待都需巨额花销。坎纳一整个礼拜未曾现身。到周六,布景不得不拆除了,美梦终究只是梦一场。同一天,艾杰的父亲第一次中风。

后来他又签了另一名演员维诺德·坎纳,向他要来了行程表。开拍当日,这个坎纳同样失踪了。他成了奥修教[①]的教徒,追随教主去浦那静修了,经纪人完全联系不上他。又一次,艾杰的父亲眼看着白花花的经费从面前流走。他第二次中风了。

"我和爸爸很亲。"艾杰说,"我曾经凌晨三点钟醒来,发觉他不在卧室。我走到花园,见他坐在外面抽烟。我问他发生了什么事,他说:'我以36%的利率借了高利贷,我该怎么办?'他已经亏掉了25

---

① 印度人奥修(本名阿恰里亚·拉杰尼希,1931—1990)创办的邪教组织。

拉克。所以我讨厌电影行业,那里面满是龌龊的勾当。我发誓我长大以后要比那些毁掉我父亲的人更有权势。"因此艾杰做了一名警察,不是律师、医生、商人或制片人,而是警察。"身穿制服就手握力量。"

作为西北警厅的一级警监,艾杰辖下的班德拉和约胡正是孟买的比弗利山庄①——宝莱坞明星生活、工作的地方。他们一旦接到黑帮的恐吓电话,就直奔艾杰的办公室,其中也包括当年让他的父亲痛不欲生的大牌演员。"他们来到我面前,自称是爸爸的好朋友。我把我爸的原话以及我们全家对他们的看法和盘托出。"于是大明星坐在艾杰的对面,浑身不自在起来。"我很想让他们滚出去,可这样对警局的声誉不好。"所以艾杰还是帮助了他们,打了该打的电话,拘捕了该拘捕的勒索犯,好让明星们睡个安稳觉。但艾杰和他的父亲到底有所不同。如今,是那些明星必须配合艾杰的行程表。

艾杰和妻子瑞图来我家做客时,我才发现他是孟买少有的滴酒不沾的警察。"我从小见过了太多酒瓶子,我不喜欢我爸喝酒,酒精容易让人失控。所以我既不喝酒也不抽烟,碰也不碰。"他又重复了一遍,像是对自己说的:"碰也不碰。"

艾杰也是孟买警察中少有的两袖清风之人。他说他一定是印度政府官员里唯一一个自己付私人电话账单的:每月两千卢比。既不受贿又出身富贵,这让艾杰和他的同事几乎完全没有共通点。"警队上的人要么恨我,要么怕我。"因此他也从不和同事私下往来。

艾杰调任后,有整整十天的时间,人们带着一篮一篮昂贵的水果和蜜饯,在警察宿舍门前排起长队。瑞图一概谢绝了送礼,包括某导演送来的香槟。警队里的其他人,尤其是艾杰的上级则来者不拒,他

---

① 位于美国洛杉矶,有"全世界最尊贵住宅区"的称号,云集了好莱坞影星的众多豪宅。

们担心艾杰的清廉会衬得他们很不好看，于是"语重心长"地教导艾杰说："做人嘛，也要实际一点。"

"黑帮试过收买你吗？"我问艾杰。

"爆炸案发生后，我的长官明示我：不要在审讯时对某个嫌犯动粗，就能轻松拿到五十拉克。他说：'你不要动这个人，他的后台很硬。我知道有人愿意出五十拉克保他。我不是让你做违法的事情，只是请你不要对他动粗。'我说：'长官，我是在你手下受的训。如果今天你不是我的上级，那我要动粗的人就是你了。'要我违背做人的信条，我会变得很情绪化。"

作为一名印度警察，艾杰的月收入仅 20000 卢比，一个跨国公司经验丰富的文秘都比他赚得多。"你的工资必须有所调整啊。"我为他打抱不平。

"已经调整过了。直到去年，我的收入还是 7000 卢比。"

"月收入吗？"

"我 1981 年刚入行的时候，月收入是 750 卢比——"约合 75 美金。瑞图米自德里一户富贵之家，在初见孟买的警察宿舍时大为吃惊：他们即将入住的房间空空荡荡，可谓家徒四壁。艾杰不喝酒，但喜食肉，且越珍稀的肉越好。他从前和父母住时，顿顿只吃肉，后来加入了警队，一整年都买不起肉吃，被调往外地分局时便干脆靠狩猎来打牙祭。他家的墙上挂着他猎来的威风凛凛的虎头和鹿头。

艾杰欲师夷长技，看别国警方是如何打击国内恐怖主义的。照他的说法，孟买警方无法以全球视角看待犯罪集团和恐怖组织之间的关联，对其缺乏系统和全面的了解；而没有一处地方警力能独立遏止有组织犯罪——即便它的势力在孟买被削弱，又会有新的势力在德里或迪拜成长起来。但印度政府对警方能接触到的外籍人士有严格限制，所以艾杰唯一能和外国专家深入交流的办法，就是暂离警队、出国进修。

1999 年，孟买成了印航劫机事件的控制塔。劫持 814 次航班的是一群克什米尔分裂分子,他们的假护照多在孟买制作。劫机者强令机长迫降阿富汗坎大哈,并通过机上电话和位于乔格什瓦里的部分组织成员取得了联系,好获知印度媒体对事件的追踪报道。事实上,机上人质的亲属在面对世界各地的新闻镜头时已显得歇斯底里,印度政府因而承受了巨大的压力,并最终向劫机分子提出的要求屈服——答应释放多名被监禁的克什米尔圣战分子,其中就有三年后谋杀了美国记者丹尼尔·珀尔①的谢赫·奥马尔。劫机者的同谋在被捕后表示,他们当时还握有欲刺杀的印度领导人名单。

艾杰预见了阿富汗和车臣的穆斯林武装分子同孟买及俄国的穆斯林黑帮间的关联。"对他们来说,孟买是必争之地。如果要弄垮印度的经济,孟买是其首要目标。他们想在这座城市制造恐慌情绪。"艾杰确知:达乌德和副手沙基尔曾在1999年8月同奥萨马·本·拉登有过会面。他们在喀布尔②城外讨论了武器的售卖以及共同合作的可能方式。达乌德帮在孟买的财政主管卡马尔这样向我解释道:"穆斯林视本·拉登为先知,而非恐怖分子。在他们眼里,本·拉登是无私的。他是沙特阿拉伯第二富有的人——真正的富可敌国,但他抛下名利,愿意像吉普赛人一样生活。为此穆斯林崇敬他,很多人愿意追随他。"

艾杰始终认为,国外的犯罪分子正紧盯孟买警方的执法漏洞,好向他心爱的城市发起进攻。1993年3月12日的连环爆炸仅用去十六公斤黑索金炸药。但艾杰缴获的黑索金有近两点五吨,"在爆炸前偷运入境的炸药总量则至少有五吨。"艾杰说,"剩下的一大半不知去向,至今未能找到。"

"下一次的暴动一定是大规模的。"达乌德帮的一名杀手预测道。

---

① 美国《华尔街日报》资深记者,2002年在巴基斯坦卡拉奇被谢赫·奥马尔绑架,后遭其杀害。
② 阿富汗首都。

他把它比喻成一场大火:"任何风吹草动都会把暴动引向别处,任何人都可能因为微不足道的原因点燃它,任何地方都可能燃起熊熊火焰。"并且和上一次的措手不及不同,这一次,穆斯林已整装待发。

几年前,艾杰接到德里一名官员的电话,说南非需要第三世界国家的警察为其本国警力做培训,他们推选了艾杰,在未来两年以教官的身份驻扎约翰内斯堡[①]。艾杰说约翰内斯堡"是世界毒品之都",他当晚左思右想,决心接受这一职位。第二天一早,他向两位对他颇为称许的前警察局长咨询此事,两人却都反对他去。艾杰上了帮派分子的黑名单,"他们这是诱敌深入,骗你到那里送命呢。"两人这样说。艾杰最终放弃了这个机会,但回头看,他说他犯了"战略性错误"。

瑞图在英国牛津念的历史系,本科毕业后向剑桥申请读硕士,剑桥为她提供了可观的助学金。她为了和艾杰成婚,终究没能成行。瑞图想去美国深造,继续学业。每次他们经过机场路时,艾杰十岁的大儿子总要问:"爸爸,我们能走那条路吗?"他知道出国是唯一能让父亲舒展眉头的方法。一旦飞机离开孟买的土地,所有烦恼便被一起抛下了。"就像按下了一个开关。"艾杰说。

"他从不带孩子去动物园。"瑞图抱怨道。

"我每天都生活在动物园。"艾杰回答说。

在瑞图和我的所有对话中,她都提及在婚后立即放弃了学业一事。她坚称那是正确的选择,她要养育两个孩子,要照料艾杰的生活起居。而作为艾杰的妻子,她也承受了常人难以想象的压力。"爆炸案后,我会半夜接到电话:我们知道你的儿子在'大教堂'上学。"对方会要求艾杰立即收手,不要再查下去。他们的儿子拉胡尔和拉梵则二十四小时有保镖跟随。曾有一次,帮派分子守在海滨大道的天桥边,等待送拉胡尔上学的车在此减速,好向车上投掷手雷。艾杰在最后一刻得知了他们的计划,命司机临时改道,这才躲过一劫。

---

① 南非最大的城市,也是经济、文化中心,治安欠佳。

孩子们上课时，教室外站着持枪的警察。大儿子拉胡尔不喜欢警察老跟着他。"这限制了他的自由。"艾杰体谅地说，"他不能像其他孩子那样去操场玩耍。"拉胡尔念二年级的时候，有一天，瑞图接到电话，说他们在拉胡尔的教室安装了炸弹。惊慌失措的瑞图给艾杰打电话，却无法接通。两分钟后，负责保护拉胡尔安全的警官打电话给瑞图，确认了这一消息，并说学校正疏散全体学生。瑞图冲下楼，跳上车，心惊胆战地一路开往学校，闯过不知第几个红灯，一边想象着拉胡尔可能发生的惨状。她在校外找到了安然无恙的儿子，把他带回了家。这样的情况发生过多次。艾杰说拆弹部队是拉胡尔学校的常客。

这也解释了为何在审讯时，艾杰的眼中常充满怒火。"正是这些人让我的家人担惊受怕，自然会让我怒从心头起。"除了巴帕特——斯里克里希纳报告中提及曾为湿婆军大开方便之门的警察局长，艾杰是孟买警察中唯一需要如此严密的安保措施的，因为他和他的家人时刻生活在威胁当中。但艾杰没有被压垮，因为他有贤内助。"瑞图以惊人的承受力面对这一切。"他之后告诉我道，"她非常坚强，从没有对我说过'你别干这行了'，从来没有。"所以现在艾杰想出国，两三年也好，逃离黑帮的盯梢，稍稍放松警惕。"眼不见为净啊。"

那一晚，艾杰和瑞图离开我家，朝楼下走去。我从厨房的窗口往外看，一辆装有警灯的白色大使牌轿车停到路边，夫妻俩坐进车里，又有人跑步上前，其中几人也坐进了轿车。他们身后，一辆满载荷枪实弹武警官兵的吉普车也发动起来，车队安静地驶离了社区。在艾杰和瑞图走出大楼以前，大使牌轿车便得到讯息，先一步抵达了。我猜一整晚，我的房门外或走道里一定遍布警卫，静待我们的会面结束。我们从未如此安全过，又或者说，我们从未如此不安过。

孟买警队是由英国人建起来的。英属印度时期最出名的警察局长、改革了整支警卫队的人叫查尔斯·福吉特。福吉特是英印混血，他奠定了以铁血手腕保卫城市的传统，因此颇遭人忌恨。福吉特认为警察最首要的任务是"把罪恶扼杀在摇篮里"。艾杰简直像福吉特的转世,当我问他是什么驱使着他日复一日穿上制服时,他回答了我四个字:"战胜罪恶。"

1857年孟买兵变①时,福吉特曾在城里微服出巡,但凡听到有人褒扬起义军,便当场将其逮捕。他在警局大楼前的广场上竖起绞刑架,请来他知道心怀不满的当地士官,指一指绞刑架,又让他们看另一边——两名叛军分别被绑在两门大炮上。民众聚拢围观,福吉特一声令下,大炮发射,整个广场都充斥着皮肉烧焦的难闻气味。

孟买商人在1859年集资给了福吉特1300英镑,在他1864年退休回英前又给了他1500英镑②,"作为我们对他以近乎专制的手段和无比饱满的热情守卫了孟买的感谢。正因他杀一儆百、极其强硬地镇压叛乱,才让我们的社会有了长治久安。"但相比之下,英国政府就没有这么慷慨了。警队资料表明:"福吉特深感因混血的身份受到大英帝国的轻视,从未获得任何嘉奖。如他一般贡献卓绝的军人,竟没有获封或被皇家授予骑士奖章,实在匪夷所思。"福吉特的养老金是用卢比支付的。在卢比汇率大幅下挫以后,他曾要求政府用英镑支付他的养老金,但始终未得回应。他八十岁时在英格兰的白金汉郡过世。怀着苦闷的心情,福吉特生前未将宅邸以他所效忠的英国皇室成员命名,而用孟买帕西贵族的名字称其为科瓦斯基·贾汉吉尔府。

福吉特离去一个半世纪后,孟买警队仍是印度之光,被看作印度警察的精英和门面。艾杰记得,他曾带领一队纽约市警察局的同仁参观达拉维贫民窟。"他们都惊呆了。"艾杰指出孟买的人口过剩问题,以及时时追踪移民犯罪的难度。"除非你有千里眼、顺风耳。我不认为世界上还有第二个城市会像孟买一样,要时刻面对如此大范围和多种类的罪案。"艾杰不知美国警队享有怎样完备的设施。"如果真像电

---

① 又称民族大起义,是印度第一次独立革命。
② 这两笔钱(1860年代的2800英镑)约合今人民币两百多万元。

影里演的那样,他们有健身房,还有淋浴间。"

《孟买时报》的编辑把孟买警队和苏格兰场作比,有意无意进行了贬低。艾杰和编辑起了争执,他反驳说有数据表明,但凡孟买警队受理的案件几乎都结案了。你们又怎么会有这么多案件要受理呢?编辑反问。因为确实就有这么多人报案。艾杰一天要接待六七十名报案人,报案内容从接获勒索电话到丈夫离家出走不等。"绝大多数人的要求都是'警察先生,把他从我的公寓赶出去',或者'那个人想把我从公寓赶走'。"艾杰对我说,"如果我让其中的一个人搬走,另一个马上会说'你肯定拿了他的好处'。"调解因《租赁法》而起的纠纷占据了艾杰的大部分办公时间。令他无法陪伴孩子做个好父亲,或无法陪伴妻子做个好丈夫的,不是帮派战争,而是《租赁法》。

问题的根源还是在于:这个人口爆炸的城市,没有与之相匹配的警力。1951年(即印度独立后四年)是一段相对平静的时期,孟买的警民比例为4∶1000。到1998年我搬回孟买时,这一比例下降到了2∶1000,也就是每一千人才配备两名警察。因此,如艾杰指出的,所有警察都不得不超时、超负荷工作。"上至局长下至警员,每人每天的工作时长达十四小时以上。某个警官的轮班可能是从早八点到晚八点,十二小时,但他夜里十点甚至午夜才回得了家。在警队没有所谓'加班'的说法。"而一个警员的月收入是四千卢比,比我付给自家司机的工资都少。警察宿舍只能容纳六成警力,另外四成只得住在贫民窟。有超过一万名警员正等待政府分房,但要入职十年以上才有排队的资格。"所以别无选择的警员只好到贫民窟的地头蛇那里,对他说:'其他人付你两万五千卢比的年租金,我付你两万,分期付清。'你能指望这样一个警员一身正气地站在地头蛇的对立面吗?他会问:'我们自己警队又给了我什么?'"一心秉公执法、伸张正义是不能为警员和其家人的生活带来多大改善的。在孟买现行的规定下,除非特别任命,否则警员升到头也不过是个警督,难怪达乌德·易卜拉欣的父亲一辈子都是个犯罪科的小警察,这倒和他是穆斯林无关。艾杰认为孟买警力中的穆斯林人数着实太少（不到5%），需要有所增加。

　　孟买警方的武器和实验室都老掉了牙。达乌德帮从巴基斯坦和阿富汗边境的集市上能拿到AK-47步枪和手雷，他们的自动步枪配有消音器。但二十一世纪的孟买警察使用的仍是二战时期的李－恩菲尔德步枪。"在印度军队的配备升级后，他们的旧式武器就淘汰给了我们。"艾杰摇头道，"我们的左轮手枪明显不够用。"刚入警队时，每次交接班，艾杰都要解下自己的配枪给接替他的警员。因此如果一个小警察面对使用毛瑟枪的黑帮职业杀手，他必须站定，撕开肩上的封套，取出笨重的火枪，上膛，把枪举到胸口，用枪管上的瞄准器对准目标，然后发射子弹……有这点时间，足够对方逃到迪拜了。

　　然而即便有先进的武器，印度警察的射击水平也让人不敢恭维。艾杰为我讲述了这样一个故事。上世纪八十年代末，他在孟买东北的分局当班。有一天他接到手下警员的电话，说一头大象发了狂，他让警员赶紧去找兽医。不一会儿，这个警员又打来电话，说出逃的大象一路踏毁房屋、卷起树木，完全超出了他们的掌控。艾杰于是赶往事发现场，等他到那儿时，兽医已经给大象打了麻醉针，让它陷入了昏睡，正由起重机吊着运到一辆大卡车上。兽医向艾杰说明情况时，那个警员不好意思地把艾杰拉到一边，红着脸说："长官，刚刚事发突然，我朝大象开了一枪。"艾杰将此事转告了兽医，请他仔细检查大象的身体。当晚，兽医打电话给艾杰，说没能找到子弹。艾杰又对兽医强调了一遍："大象的皮肤厚，请务必一寸一寸找，子弹肯定卡在了什么地方。"当天深夜，兽医第二次给艾杰打电话，说真的没能在大象身上发现子弹。

　　第二天，艾杰回到事发地点，在昨天开枪的警员的陪同下一起勘查。他们最终找到了那枚子弹，它端端正正嵌在一家小药房的门上，在离昨日大象倒下的地方不远处。"他果真没有打中。"

　　我从笔记本上抬起头来。"那名警员开枪时，距离大象有多远？"

　　"不超过三米。"

即便逮捕了嫌犯也找到了凶器，艾杰能仰仗为嫌犯定罪的辅助系统——从鉴证试验室到执法器材再到地方检察官——无一合格。"外媒声讨我们没有人权，他们不知英美嫌犯在警局的口供能被法庭采信，在孟买却不能。政府塞给我们的律师也是最差劲的，在私人执业领域的表现惨不忍睹，因为黑帮高薪挖走了所有最好的律师。"在这个经济全球化的时代，"警队仍旧是非营利组织，哪还有人愿意往里投更多的钱？"

警方为了结案率，开始走捷径。1997年，马哈拉施特拉邦的监禁死亡率居印度首位，达200起，比上一年的30起增长了500%。一年内有整整200人在拘留期间被折磨至死，这一纪录甚至远超许多军事独裁国家。但根据一份警方出具的报告，上世纪八十年代马哈拉施特拉邦的155起监禁死亡中，仅15起是由"警方介入"造成的，其余的死因则是"从床上跌落"或"被他人撞倒"。

在印度，不论贫富，人们对警局总是能避则避、敬而远之。一个朋友告诉我，他的会计卷走了他45拉克，跑到南部躲了起来。他报了警，警方逮捕了会计的妹妹。她和案件毫无干系，但他们足足关押了她二十天，只为逼迫她的哥哥快快现身。我的这位朋友去警局时，负责此案的警官竟通知他"那个女人还在"，又说"你对她做什么都行"。因为担心无辜女性的安全，我的朋友不得不请人日夜守在警局，以防那姑娘被执法者侵害。

我派苏妮塔去出入境管理局——专门负责外国人申报登记的机构取一些表格，这事儿让我叔叔知道了，对我一通指责："你怎么能让一个女人家去警局！"果然，苏妮塔在那儿受到了骚扰。办事人员用马拉提语对她说着不堪入耳的下流话。负责登记的警官还威胁苏妮塔说：只要他想，随时能把她还有孩子们送上法庭。早知如此，我真该狐假虎威一把，仗着艾杰的名头打个电话，表格就会顺顺当当寄到家里来。但我们那时刚回孟买，还用西方人的那套彬彬有礼处世为人。等我们渐渐习惯了这个说不的国家，才真正学会入乡随俗。

我的妹妹和准妹夫从旧金山飞来孟买时,我初尝艾杰手握的权势的滋味。我当时在他的办公室,向他提起这事,艾杰于是给机场公安的负责人打了个电话。我稍后来到机场公安局。"艾杰·拉尔大哥的客人,别怠慢了。"前台的办事员吩咐一名便衣道。我跟随这名警官进入了机场管控区,一路走到舷梯下,看着我的妹妹从飞机上下来,为竟然在这里见到我而一脸震惊。我带着妹妹和准妹夫穿过等待入境的人群(终于不必大排长龙的那种畅快!)直接通过了移民局窗口。海关副关长和我握了握手,象征性地问了一句:"有要申报的物品吗?""没有。"我如此说,领着妹妹和她的未婚夫,从身穿白色制服的海关工作人员面前扬长而去。他们的确没有携带任何需要申报的物品,但即便有,即便我们把电脑、烈酒、弹药乃至海洛因携带入境,此时也能安然通过,这就是权力给人的甜头。之前的每一次,我都在孟买机场感到绝对的无奈和无助。但这一次,我有警官开道,能穿过一个个禁区、打破一条条常规。

如果一直都有这样的待遇就好了。

这些日子,每到早上九点,防空警报响过之后,天就蒸人地热了起来。所有能走的人都走了,留下的人是因为这一年过得并不好——考试没通过,或者生意打了水漂——而不得不搭拥挤的火车、走滚烫的街道,忍受这座城市无比难熬的夏天。每一年都比去年更热。太阳升起得晚了,但一升起来就火力全开。整个冬天它都蛰伏着,现在到了尽情释放热能的时候。

我晚上七点到了艾杰的办公室。他正发着烧,所以把空调关了,房间里有股闷了一天的汗馊味,而且到处是蚊子,靠吸食我的鲜血为生。艾杰才逮捕了几个帮派分子,他们在达拉维的鞋厂做工,月收入在八百到一千五百卢比之间。这对数以百万计在城市打工的年轻人来说,是种悲惨的生活。他们在昏暗闷热的车间埋头干活,甚至不敢站直身体,怕悬在天花板的简陋电扇削掉他们的脑袋。他们大多从比哈尔或北方邦来，一天工作十四小时，全年无休，已到了无需动脑即可双手机械化操作的程度。若有紧急订单，他们得不眠不休地赶工。产量是按件计算的，譬如做好一只皮夹能赚十四到二十五卢比。他们可能八岁就进厂打工了，却做不过二十岁便要被辞退，因为多年劳作使他们无法像最初那样眼明手快。"他们没有朋友，没有社交圈，没有指望，也没有未来。"一个厂主这样对我说。这些打工者如果能在周日看一场马拉塔·曼迪尔影院的深夜电影，或者能在约胡海滩的人潮中看一眼广阔的大海，便心满意足了。每天下午他们蹲坐在地，直接从锅里盛饭吃。等结束了一天的工作，他们会躺倒在之前坐了十四小时的那方寸之地，从低矮的厂房里试图看外面的夜空，和不远处耸立着的高楼大厦。

艾杰向我解释这些人是如何被帮派吸引的。同村已加入帮派的老乡会带他们去啤酒吧"开开眼界"。在那儿，他们会看到老乡是如何在舞女身上一掷千金的。他们也会看到舞女来到老乡的身边，碰触他，和他调笑，并答应一起外出过夜。"对那些农村的打工者来说，啤酒吧的舞女就是玛都丽·荻西特①。"艾杰说明道。他们会想，我这老乡只比我早进城半年，他怎么能混得这样好，穿金戴银还开轿车？一旦有了这种疑问，帮派再要招募他们，自然轻而易举。你往这些打工者手里塞一把已经上了膛的枪，对他们说只要走到目标人物面前，扣下扳机然后转身跑就有钱拿，你看他们干还是不干。一个帮派杀手的平均年龄在十八到二十六岁之间（"超过二十六岁的就不是实施者，而是策划者了。"艾杰说），前提是他能活到二十六岁的话。帮派杀手也和电影里演绎的形象完全不同。"一个杀手必须毫不起眼才能迅速融入人群、不被发现。说到底，能当杀手靠的不是体力，而是扣动扳机的决心，你必须要在杀人见血后不感到一丝悔恨。"

---

① 活跃在二十世纪末至本世纪初的印度著名电影演员，被誉为宝莱坞影坛的"长青舞后"。

当晚的第一轮审讯开始了。三个便衣带进来一个蒙着脸的人,说他是枪杀了某黑帮律师的嫌疑人。面罩除下后,露出一张弱小男子的脸,他骨瘦如柴,身高顶多一米五,是那种走在大街上你根本不会看第二眼的人。蒙面的毛巾被摘掉了,这名男子犹豫了一下,不太确定地双手合十,算是向艾杰打招呼。

艾杰盯着他追问细节:"上头什么时候给你下的令?"

"十一……十一点以前。一大早的时候,大哥给我打电话,让我替他办一件事。"

"你说一大早?"艾杰愤怒地质问,一下识破了谎言,"有哪个黑帮大佬是一大早起床的!"

在便衣又带着嫌犯离开后,艾杰对我说他几乎能肯定,此人并非真凶。他应当是黑帮花钱买来顶罪的,好保住某个真正重要的人。"我还怀疑那个家伙吃里扒外。"艾杰指了指我的左侧、外间的大办公室,那里坐着一个大个子警官。

艾杰竟指控自己的手下同黑帮勾结,这令我非常吃惊。

"那人是个奸细。"艾杰说如果明天早上还没能破案,他可能要亲自审问大个子警官了。

新警局容不下艾杰。他最晚九月份就会被"请走"。艾杰的顶头上司——孟买警察局的局长即将卸任,他不知道新来的局长他是否可以信任。没法明确上级是不是和黑帮蛇鼠一窝,艾杰不得不避开他们的耳目,私下进行调查。如果让人知道了他的下一个目标,又如果嫌犯恰好来自他的上级与之结盟的帮派,必会有人提前向他们通风报信。所以艾杰只好隐藏起真正的调查目标,不能让掌管各分局的奸猾袋狸知道,也不能让他长袖善舞的上司们知道。

自从当上了警监,这两年来,艾杰晚上总也睡不踏实。他翻来覆去想着白天的各种行动,猜测帮派的下一步动作。"我早上起床以后不想进办公室。有时候真希望生一场病,我觉得自己已经被掏空了。"但如果难得有哪个周日不需要他进办公室,到了晚上,他又会开始焦虑,担心底下的分局是不是要造反。

前一天早上瑞图还对他说:"儿子需要你。"艾杰指了指放在桌上的一沓报纸,其中一张报道了拉胡尔赢得制胜一球的新闻,他是校曲棍球队的队长。拉胡尔还没有看到这篇报道,艾杰来不及回家当面表扬儿子,因此打电话给瑞图,让她转达。"我一早离开的时候他还没起床,我下班已经是深夜,他早就睡着了。我整天见不到儿子的面。"

一辆并无警用标志的马鲁蒂休旅车停在了警局外面,几个戴着头套的嫌犯从车里下来。一位警员押着今年三十一岁、原籍安得拉邦的三轮车夫走了进来,有证据表明他枪杀了达乌德帮的好几名成员。这个车夫名叫阿卡巴,在乔格什瓦里公立小学念到三年级。他穿着一件脏兮兮的、印有绿色鳄鱼图案的白衬衫,看上去有些迟钝,在努力思考时昂着脖子,不时抓一抓脑袋。"他叫什么名字来着?"阿卡巴用手指慢慢顺着自己的头发,"他叫什么名字来着?"但他确实知无不言,都没有受审,他就主动交代是他开的枪。他有过一辆三轮车,但为了给妹妹置办嫁妆,他把三轮车卖了,后来开的车是他租来的。警官对阿卡巴拳打脚踢了一番,但那其实很多余,因为他交代得异常痛快。他说第一次作案是在一个驾校,他的同伙朝受害人开了两枪,他开了一枪。

"你是怎么学会开枪的?"艾杰问他。

"我的同伙把枪递给我,让我扣扳机。子弹已经装好了。"阿卡巴最大的担忧是把自己的哥哥牵扯了进来,他说哥哥并没有参与作案,只是听令在回家途中取走了一部分酬劳。

"你全家都脱不了干系!"艾杰恶狠狠地说,"你拿了多少钱?"

"开那一枪我拿到一千五百卢比。"之后阿卡巴射杀了达乌德帮的另一位成员,在被害人等绿灯时朝他开了两枪。被害人仓皇地躲在吉普车后,却还是丢掉了性命。"我总共拿到三千五百卢比。"背上了三条人命。①

---

① 第三起谋杀作者并未提及。——译注

"那点钱你拿去干什么了?"

"我给了家人,我的妻子和孩子。我有两个孩子,一个六岁,一个六个月大。"

"那你算彻底毁掉了他们的人生!"然后艾杰问出了那个一直盘桓在我心头的问题:"你杀了人,不内疚吗?"

阿卡巴回答:"子弹打出去以后,我也不知道它们会飞到哪里。所以我离得很近才开的枪。"他伸出手臂示范给我们看,他是隔开一臂的距离开的枪。"如果要我从很远的地方开枪,我也打不中。"

押阿卡巴进来的警官转身对艾杰说:"这人是个恶魔,就地正法都不为过。"

阿卡巴被带出去以后,艾杰告诉我说:阿卡巴所效力的帮派就是最近两周大规模枪战的幕后主使。那些人是小拉詹的爪牙,要不是身上五把枪的子弹都和留在案发现场的弹道吻合,原本也不会被捕。"一千五百卢比。"艾杰重复道。这是付给阿卡巴让他夺取一条人命的酬劳。现在他要为交给妻子和孩子的那三千五百卢比(折合三十五美金)付出惨痛的代价——至少在铁窗后蹲十年。

"你在孟买见过最廉价的买凶杀人案是什么?"我问艾杰。

他想了一想,说了一个拾荒者的故事。

1995年,蒂欧奈尔[①]发生了一起凶杀案。有线人向艾杰举报,说知道凶手是谁:某个十六岁的拾荒少年,就住在垃圾场的窝棚里。少年被带进警局问话,很快认了罪。他说一个房客前来找他,这人借住在一对夫妇家。这家的男主人在玛扎加恩[②]码头上夜班,是他把房客带回家的。已婚男人上夜班,实在不是明智的选择,难以避免的事发生了:房客和这户人家的女主人产生了恋情,男主人成了他们的绊脚石——何况他起了疑心,指责妻子和房客有染,还动手打了她。于是

---

① 孟买市垃圾场。
② 位于孟买南部,原孟买七岛之一。

不久后的一天，妻子在饭菜中下药，迷晕了丈夫。这名房客叫来拾荒少年帮忙，合力将男主人的头用石块砸碎，然后把他的尸体搬到了蒂欧奈尔垃圾场。在那里，拾荒少年花两小时分尸，再把尸块逐一撒在垃圾场里。女主人则装模作样地向警方报案，称自己的丈夫失踪了。

艾杰问那个少年，杀人、运尸、分尸、带着血淋淋的头颅和残破的尸块寻找可遗弃的地点……为此他总共收了多少钱？

"五十。"少年说。

"五十万？"

"不。五十卢比。"

当时正是五月，雨季就要来了。拾荒少年需要五十卢比，好买一只麻袋铺在窝棚顶上，这样他的家不至于在一个月后的大雨中积水，所以他为在孟买的高档酒店甚至买不到一杯咖啡的价钱杀了人。

当天的审讯工作结束后，我请艾杰到我家吃晚饭。他问我俩能否合著一本书。艾杰信任我，他从不怀疑我在写书——嫌犯在他的办公室遭受拷打时，他见我坐在房间一角的沙发上奋笔疾书，在我的笔记本上一字不差地记录每一记鞭打、每一句威胁。他就不怕书出版以后他会陷入麻烦吗？我问艾杰。我唯一能让他宽心的说辞是：我书中的很多人物用的都不是真名。或许艾杰同意让我坐在那里，是因为他需要有人见证、有人记录下他生命中每一个阴郁的夜晚。也或许他同意让我坐在那里，同意我记录、出版、曝光，是因为他早已不在乎任何人的评价。

偶遇

半睡半醒间，我做了一个梦。我梦见艾杰的办公桌上有一份文件，是关于我的。艾杰正好走开了，我把文件偷带了出来。我梦见一直以来警方竟对我严密监视，他们窃听我的电话，监控我的行动，由艾杰带头的特别行动组正计划要除掉我。我赶忙跑了出去，坐上一辆三轮车。我想我必须带着家人尽快离开孟买。艾杰回到办公室后,马上会留意到文件丢了,他会派人追赶我。他们会和我"偶遇"。

偶遇,一个听上去多么无害的词,就好像在公园散步时恰好碰到了什么人。但在孟买,偶遇是指法外处决,即不经过庭审就被警方当场谋杀。警察逮捕并审问过嫌犯后,会把他带到公共场合开枪射杀。警方对媒体的解释则是他们"偶遇"了穷凶极恶的帮派分子,规劝其"缴枪不杀"无效,对方依旧向他们开火,他们不得已进行反击才枪毙了他。黑帮小弟甚至进一步简化了这个词,他们不说"他让警察偶遇了",而说"他被遇了"。

纳伊姆·侯赛因供职于孟买发行量最大的日报,是罪案调查记者,他正要会见孟买警队的偶遇专家——一级警司维杰·萨拉斯加。侯赛因答应让我一同前去。萨拉斯加的办公室位于纳帕达分局最深处一间小小的平房里。我们等着他从总部回来。

在我们等待的时候,我听见一声饱含痛苦的惨叫。走廊对面办公室的门原本是开着的,现在关上了,从里面传出一个男人的叫声。

"在审讯?"我问一位警司。

他笑了笑,点点头。办公室的其他人完全不受干扰,仍旧该看报的看报,该喝茶的喝茶。

就在萨拉斯加快回来的时候,有人递进来两大盒牛奶糖。我并未多想其中的缘由,拈起面前的一块糖放入口中。这是庆祝的奶糖,萨拉斯加刚在偶遇帮派分子萨达·帕瓦里一案中被判无罪。帕瓦里原本计划逃出孟买,他让大哥、大嫂、姐姐和小弟四人一齐坐进车里,他们的车在十字路口被萨拉斯加和他的手下截停,一家人被迫下了车。帕瓦里的姐姐知道会发生什么,她扑在帕瓦里身上,求警方"不要杀他"。萨拉斯加命人把姐弟俩分开,当着家人的面射杀了帕瓦里。他的家人为此作证,控告萨拉斯加草菅人命。萨拉斯加所在的警队于是往帕瓦里家派了一名警员,在他们家的电话上外接了扩音喇叭,这样一来,每一通打进来的电话都会传遍整间屋子。警队威胁帕瓦里的姐姐：你已经死了一个弟弟，想让剩下的那个也丢了性命吗？负责审理此案的阿吉亚尔法官认定偶遇是假、谋杀为真，但高等法院还是当庭释放了萨拉斯加，因为突然之间，帕瓦里的兄弟、姐姐和嫂嫂都改了口。四份一模一样的新证词呈上了法庭：我们之前说的不是真的，我们之前看到的也不是真的。

我在萨拉斯加的办公室期间，警局高层进进出出，人人过来同他握手、向他祝贺："恭喜恭喜啊。"其中一个还用马拉提语说："从明天开始，你又可以大开杀戒了。"萨拉斯加面带笑容听着一句句"祝福"，作为孟买最出名的偶遇警察，他看上去倒很和善，像个体面的马拉提工程师，这和他的名头殊不相符。然而就是这样一个貌似温和的人，却一力横扫高里帮，枪杀了他们最顶尖的五位杀手。侯赛因说："所以外面有传言，说萨拉斯加和沙基尔有勾结"。据说每个警察都和黑帮有千丝万缕的关联，即便是艾杰也不例外。黑帮密切关注着这些警察的所作所为：他杀达乌德帮的成员？那他一定被小拉詹收买了。他干掉了高里帮的小弟？那他肯定是湿婆军的走狗。一个警察一旦被贴上这样的标签，很难再撕下来。唯一为自己正名的方式，就是杀掉据称和你有勾结的那个帮派的成员。侯赛因询问萨拉斯加是否有意针对高里帮，他马上反驳说他也杀过沙基尔的手下。

侯赛因又问萨拉斯加总共参与了多少起偶遇，用的是怎样的枪支？

这位警司想了一想。"杀死的人数……二十吧。"

他从壁橱里拿出一只黑色的皮袋，拉开拉链，里头是一把棕色手柄、雕有北欧神祇图案的六发左轮手枪。枪管是精钢铸造的，枪上有"泰坦老虎"的标记，底下刻了点三八口径的字样以及枪支的产地：迈阿密，佛罗里达。这把枪好似五十年代好莱坞电影的道具。

我盯着枪管，问萨拉斯加夺取人命时有没有一丝一毫的内疚？

"他们不算是人。"他立即回答，"他们是动物，是垃圾。"为了能"合理"地杀人，你首先得重新为你的受害者归类，你必须否认他们和你一样也是活生生的人。

侯赛因问萨拉斯加,他偶遇的时候有没有遭遇过危险或人身伤害?从没有过,萨拉斯加说,偶遇成功的诀窍是先发制人。他说他和手下距离嫌犯很近。他承认他本人的枪法并不好,不过他也从不需要在七八米开外朝嫌犯开枪。

正如阿吉亚尔法官在"萨拉斯加偶遇帕瓦里"一案的调查报告中所写的:"若萨达·帕瓦里真如警方所称,当时使用的是如此精良的武器,即射速高达每分钟六百发、射程达三百米的AK-56步枪,那么一级警司萨拉斯加也好,三级警督德赛也罢,或是任何一名在场的警官……竟无一人受伤,实在令人称奇。除非我们的警队人人都有金刚不坏之身。"

萨拉斯加说黑帮不敢动警察,哪怕只是一个小警员。"你在《赛雅》里看到的场景——"他指的是一部印度黑帮电影,其中有警察局长被黑帮分子枪杀的场景。"只可能出现在电影里。"萨拉斯加并不认为自己会因此得罪黑帮。"我做事公平公正。我知道那些帮派分子的家人住在哪里,我从不碰他们一根指头。"

侯赛因问起萨拉斯加自己的家人。他有一个十岁大的女儿。

"你希望你的孩子长大后加入警队吗?"

萨拉斯加用力摇了摇头:不想。

我们谈话期间,不断有人到萨拉斯加的办公室来祝贺他。走廊对面房间里的审讯也持续进行着。除了被审问之人的惨叫,别的什么也听不到,没有警官的咆哮和质问,只有不间断的、撕心裂肺的嚎叫。然后我听到一种闷响,像是有什么坚硬的物体击打皮肉的声音。除我以外无人留意审讯室的动静。一名警督过来,说要把所有参与了这次偶遇的警察聚在一起,好好庆祝一番。萨拉斯加大摇大摆走出了法庭,现在又可以配枪为所欲为了。泰坦老虎已蓄势待发,准备取走第二十一条人命。

"这枪有保险[①]吗?"侯赛因问道,把萨拉斯加的配枪翻了个面。"没有。"

侯赛因事后对我说,他曾亲眼看到一个苦苦哀求的男人被警方杀死。"那根本不是什么偶遇,纯粹是冷血的谋杀。"侯赛因在事发前就被警方带往枪杀地点,他们告诉他到时候要站在哪里,嘱咐他说千万别跑出去了,子弹可不长眼睛。"杀人还要排练,多么荒唐。"侯赛因说。

他向我形容他看到的场景。当时是夜里十一点半,六名警察坐着两辆大篷车来到事先约好的地点。被害人知道难逃一劫,跪下求警方高抬贵手。"我还有孩子,先生,求求你饶我一命。我什么都听你的,我可以做你们的线人,真的,什么都行。"就在他哀告的时候,警察举枪扣动了扳机。他们按照事先计划好的,从不同的角度开枪,每人开几枪也都预演过了。他们总共朝嫌犯发射了七枚子弹,边开枪边大声咒骂,侯赛因没有在他们脸上看到任何悔恨(或能称之为理智)的表情。嫌犯倒地后,警察拿出一把左轮手枪,用手帕包着塞到已经身亡的嫌犯手中,压着扳机又开了两枪。即便在场有围观的群众,在听到第一声枪响后也早已逃离。警察又在原地等了三刻钟,直到确定嫌犯完全没有了生命体征,方才假模假样地带着他的尸首去医院。"我那一天直到凌晨三点才睡着,有整整三天吃不下饭。"侯赛因回忆道,"我看到有人为了活命跪地哀求,我看到他的血和脑浆流了一地。"他对警察的看法彻底改变了。"我憎恨他们。孟买警察是最可恶的渣滓。"侯赛因是孟买最优秀的罪案调查记者,他为当地最大的报社工作。但这件事从未能见诸报端,自那以后他才知道,媒体所报道的警方偶遇事件统统是胡扯,新闻记者不过是重复谎言的速记员。"我们是恶棍警察的秘书。"

警方、媒体和法院都努力维持着偶遇的假象。他们知道剧本该怎

[①] 打开手枪保险即锁住扳机,放下保险才能进行击发。

么写：帮派分子总是最先开枪的，警方反击不过是出于自卫。他们从不追问细节，就像他们从不愿深究印度电影里的逻辑漏洞一样。如果你相信媒体对偶遇的报道，你就必然以为所有的帮派分子都是蹩脚得不能再蹩脚的枪手。而另一方面，警方非但每一次都能全身而退，且每一次都恰好击毙了嫌疑人。

在美国，人们把穿着蓝色制服的警察称为"细蓝线"，正是这些人守护着平民的安全，确保人们能安居乐业，并把普通百姓和在暗中窥视、居心叵测的犯罪分子区别开来。如果用制服类比，那么在孟买，我们应当把警察称为"细卡其线"。但这条线非常模糊，我们不能确定它是不是起到保护的作用，我们也不能确定它保护的究竟是谁。它像是孩子用粉笔歪歪扭扭、断断续续画出来的，有时它很显眼，有时则几乎消失不见。总是有人盯着那条线，在它断开的地方乘虚而入，像水獭悄无声息消失在黑夜的水面。

民众对暴力的容忍度越来越高。1998年10月，孟买警队设立了六个特别行动组，根据侯赛因在一篇报道中的说法："其主要职能就是歼灭帮派分子。"其中一个行动组的领队是萨拉斯加，另一个领队则是艾杰。行动组不受辖区的限制，可以深入城市腹地或远赴郊区，随心所欲地选择下手的目标。偶遇一旦发生，距事发地最近的警局会立即揽下功劳。在行动组成立以前，警方已在过去9个月的偶遇中击毙了10人，而在行动组成立以后，警方在43起偶遇中射杀了53名受到指控的黑帮成员。43起偶遇，无一出现在侯赛因（或任何追踪独家新闻）的报道中，公众对此反响冷漠，无人愤而指责警方公然成了刽子手。

当你生活在一个充满恐惧的世界，你会赋予执政者——理应保护你的人以无限权力。部分商人因不肯付勒索金而被黑帮谋杀。"政府就眼看着我们没命吗？"政商两界就日益泛滥的勒索问题召开大型会议时，孟买的商人代表如此质问道。商人们愤怒，却不敢太愤怒，所以他们在会上的发言既谄媚讨好，又语带威胁。大约是错误地引用了西方的什么问卷资料,孟买人最爱把孟买警队和苏格兰场作比较,说它"仅次于苏格兰场"。而遭到警方追捕的帮派分子也不断重申这一论点,仿佛它是颠扑不破的真理似的。为湿婆军效力的阿莫尔被警方逮捕后,曾遭到严刑拷打。他被吊在半空,双手各绑在一只轮胎上,即便如此,阿莫尔还是不无自豪地对我说:"孟买警队不输给苏格兰场。"但在这一次的公开会议上,"仅次于"摇身一变成了"更优于",商人们向政府献媚,说"孟买警队比苏格兰场更强"。与此同时,他们也表达了自己的不满,威胁政府说如果警方不能尽到保护的职能,他们会停止向地方缴纳营业税。

这座城市于是继续散布着恐慌,反复向民众强调危险无处不在,把自己包装得比人们想象中更为暴戾。报纸头条报道这种暴戾,宝莱坞电影拍摄这种暴戾,而黑帮和警方都乐见其成。因为暴戾的存在,黑帮势力得以进一步增长,他们靠市民的恐惧心理为生,如鱼得水。也因为暴戾的存在,民众为求保命,益加赋予了警方法外行刑的生杀大权。

某个夜晚,在回尼皮恩航海路的家时,我搭了艾杰的顺风车。我同他说起我和萨拉斯加的会面。"他们是简单粗暴的虫害控制员。"艾杰这样评论包括萨拉斯加、普拉迪普·夏尔马和萨万特等在内的偶遇专家。"好的刑侦工作是揪出细小的线索,把它们一点一点拼凑起来,绝不放弃,直到你能破解整个谜团。"艾杰一边解释,一边表明了他对偶遇专家的不认同:"他们却不是这样。这些人是职业杀手,听令于某个黑帮,以便杀死敌对帮派的成员。"艾杰还透露说高里本人下了令,欲处死可能叛变的手下。因此,萨拉斯加或夏尔马在这个节骨眼上"恰好"偶遇了萨达·帕瓦里一伙,"显得格外可疑。他们杀人灭口,也是为了掩盖这两年来和高里的私下交易。"

身为特别行动组的领队,艾杰却不是所谓的偶遇专家。他只是利用萨拉斯加、夏尔马和萨万特等人的名声狐假虎威而已。每一次艾杰审问犯人,我都听他扬言要当场处死他们,而嫌犯不疑有他。但艾杰对手下其实管得很严,从不给他们酌处权,按他的话说:"我告诉队上的每一个人,除非得到我或副队长的许可,除非我们点头,不然不许处决人犯。话虽如此,自从我上任以来——"也就一年不到的时间,"已经默许了二十三起偶遇了。"

他究竟要如何肩负起这样的重责大任?艾杰把批准偶遇视作勇者的决定。"杀人与否,常在一念之间,更需要下令的警察有良知、有道德。"

我问艾杰是否亲手杀过人。

"暴乱期间,多少会有交火。"他小心地选择措辞,"我当班的时候,马希姆地区总共发生了四起冲突,有六人死亡。我当时在交警大队,局长命我前去增援,我自然要去。"

不过艾杰能够理解偶遇如此普遍的原因。"我们的司法体系偏袒犯罪分子,这让他们有恃无恐,对警方来说却很让人泄气。某个人因为谋杀被捕,案件四年后才开庭审理,证人受到黑帮的威胁,改换了证词,你眼看着凶手无罪释放,又要出去危害社会。法庭非但有罪不罚,而且允许交钱保释。"这和我自己的见闻不谋而合。所有同我谈过话、手上血案累累的杀手均被无罪释放了。他们真正害怕的不是被抓获,而是被偶遇。

哪怕艾杰逮捕了帮派分子,再移送司法机关,能定他们罪的概率也不超过一成。十年前,孟买的定罪率尚有四分之一,而2000年后跌到了前所未有的百分之四。在法院受理以前,案件会被积压上若干年,这是唯一可能关押犯罪分子的时段,可是只要犯人付得起保释金,或者请得动好律师,则一天班房都不用蹲。印度的囚犯当中,真正在服刑的只有四分之一,其余人都在等待终审判决甚至等待一审开庭,而每年有待受理的新案件有四万起。

我们的刑法体系需要推倒重建。我们至今参照且可能唯一参照的,是一个半世纪以前(即1861年)修订的《印度刑法典》,我们的

《刑事诉讼法典》也有半个多世纪未进行增补了。我们的执法辅助设备和从业人员必须和现代接轨。艾杰的队上有测谎仪,却没人会用;有语音识别系统,其结果却不能作为呈堂证供;代表政府的公诉人能力最弱,因而无法在律师事务所找到工作,却要和为黑帮辩护的精英律师在庭上展开交锋。

需要推倒重建的又何止刑法体系,我在和表兄见面时尤其意识到了这一点。他是个在苏拉特做小买卖的生意人,看上去忧心忡忡的,近来手头也很拮据。我告诉他我正在写书,也告诉他我见到了帮派分子。他很仔细地听,然后请我务必帮帮他。他说他为了一个什么投资项目给了生意伙伴九拉克,一部分付的是现金,另一部分用公司的股份折算。这个生意伙伴把钱给了孟买的建筑商,后者借机在房市大赚了一笔,但就是拒绝还钱(更别提支付收益了)。到现在已经过去了一年又九个月,我的表兄一个子儿都没见着,他问我能不能请帮派分子替他追回那笔钱。

"你为什么不起诉那个建筑商呢?"我问表兄道。

他定定地看着我。"我儿子今年四岁。如果我现在起诉,大约我儿子的儿子才等得到判决结果吧。"

表兄很急切,他没有告诉自己的父亲这九拉克的事,对他来说这是一笔巨款,何况他的生意愈发不景气了。某个晚上,他在房间里来回踱步,犹如困兽,手中握着一瓶安眠药,越想越是烦忧和绝望,要不是还牵挂熟睡了的妻子和孩子,他真想吞药一了百了。

我告诉他可以介绍一个人给他认识。

他琢磨道:"那个人一定要靠得住才行。如果我们的人斗不过对方的人,还是只有上法院一条路。"

印度的司法体系没法为我的表兄追回理应属于他的财产。他不得不寻求平行的司法系统的帮助。那里的执法人员效率高,收费也高。"法院做不了的,我们来做。"小拉詹手下的头号人物玛玛如此对我说道。黑帮得以在孟买盛行,归根结底是因为我们的司法体系疲软不堪。"各国的司法系统皆问题重重。"在对印度民法深入调研后，1998年的《纽约大学国际法与政治学期刊》上刊登了这样一篇文章，作者写道："但是，没有一个地方的司法系统像当代印度那样，因为案件积压和延期审理而病入膏肓。"在二十一世纪之初，印度法院积压的案件总量至少有二千五百万件，也就是每四十人当中（不论男女老少）就有一起案件有待审理。

在美国，每百万人配有一百零七名法官。而在印度，每百万人仅配有十三名法官。孟买高等法院的法官席有四成的空缺，每位法官手上有逾三千起未决诉讼案件。有资历的律师不愿意当法官，因为比起私人执业，法院支付的工资太低。在印度，提起诉讼无需缴纳费用，绝大多数案件根本无油水可捞，法院兴致索然，动辄休庭。到1996年，我们一审受理的还是1984年的案子。老百姓的诉状递得勤快，但下判决书的速度只有递诉状的一半，这也就意味着孟买高等法院每年解决旧案和积压新案的数量基本持平。

以目前的速度，还要三百五十年才能处理完所有积压的案件。

单单民事诉讼的证据收集环节，平均就要花费五年。大多数案件要迎来终审，少说得等上二十年。如今法院慢吞吞受理的很多案子还是五十年代初提起上诉的。所以我十四岁那年离开孟买的时候，如果我的家人被人起诉了，那么将近二十五年后的今天，案件可能才刚刚进入终审环节，除非我们去找像玛玛这样的人。"如果有人占着你的房子不肯走，在法院要二十年才能了结的官司，我们十天就能解决。警方、政府或者法院做不到的，我们都能做到。人们被司法系统拖得疲惫不堪，他们濒临破产、穷途末路的时候，就来找我们，请我们帮忙。你都快忘了是属于你的东西，由我们出面替你讨回来。"

在卡夫大道的一次聚会上，我遇见一位受过良好教育、常出门远行的女士，她和房东就租金问题产生了纠纷。她为如何拿回大部分钱款咨询某顾问。"绑架房东的女儿就行。"顾问这样告诉她道。那位女士非常惊讶，并表示"如果实在被逼无奈，也只好出此下策。"

在孟买想要生存，有时只得违法。我已经习惯了时时处处打破法律法规。我不喜欢贿赂官员，也不情愿从黑市买电影票，但以合法手段获取驾照或电影票是如此困难，迫使我选择了相对容易但非法的途经。如果整个国家都默认这一途经——既然我们有了平行的司法体系、税收体系，又何妨再建一个平行的经济体系呢？对它的规则我们心照不宣，它的价格始终固定不变，它的确是旁门左道，但它和我们的国民经济并驾齐驱。在孟买想要生存，你也必须通晓此地的风俗。如果你有孩子，你得知道出多少"赞助"才能让孩子顺利入学。如果你开车撞了人，你得知道塞给交警多少钱才能让他答应私了，你也得知道赔对方多少钱好让他们不来寻仇。如果你是租客，你得知道从房东那里讨多少钱再搬才划算。平行的经济体系之所以能吃饱，是因为司法体系的极度腐败和无能。英国人在印度留下的遗产、他们引以为傲的司法系统早已支离破碎。历届政府唯恐受到法律的制裁和约束，活活把我们的司法系统饿死了。1975年，安拉阿巴德①高等法院判决英迪拉·甘地②暗箱操作，其当选为总理的大选结果作废，但英迪拉随即动议修改宪法。三十年后，另一名勇敢的法官斯里克里希纳在调查报告中将萨克雷列为孟买暴乱的元凶，但斯里克里希纳并无实权，且险些被撤职。有实权的是政客，他们可以肆无忌惮地整垮法官，任凭法官席长期空缺而绝不填补。所以平行的经济体系才能逍遥地活下来，且活得大腹便便、腰缠万贯。这一平行的经济体系也不会消失，因为人类需要这样的交易系统，想付出最少的代价便获取最好的商品、最优的服务。

"孟买是帮派战争的理想地。"玛玛评价道。但凡政府撒手不管的地带——譬如司法体系、公民人身安全、行业资金的流向——黑帮就

---

① 北方邦城市。
② 两届印度总理（1917—1984），在最后任期内遇刺身亡。是首任总理尼赫鲁的女儿，印度近代最为著名、存有争议的政治人物之一。其政治方针相当硬朗，立场坚定，故后人亦称其为"印度铁娘子"。

乘虚而入。参与帮派战争的人自认为是辛劳的工人，正如沙基尔向我的一个记者朋友解释的："这个世界上有白领工人、蓝领工人……而我们是黑领工人。"

艾杰和我共同的朋友、电影导演坦努加·钱德拉打来电话，当时艾杰刚到英格兰度假。坦努加对我说：警方某高层向她的制片人兼导师马赫什·巴哈特透露了一个消息，说印度中央调查局正监听艾杰的电话，他们怀疑艾杰和黑帮有金钱往来。坦努加对此深感不安，她不愿意相信，又质疑以艾杰的工资，如何负担得起他的生活方式——出国旅游、用高档电器、戴姬龙雪① 手表……马赫什本人也对我说：艾杰最近显得很神经质，不肯在电话上多作交谈。他感叹："知人知面不知心啊。"他记得向他透露内情的警察还说，如果他有需要，艾杰会亲自出面和黑帮交涉："和大佬们交换人情。"

我直接问艾杰有没有这回事。"我入职十八年了，没有喝过人家一杯水。"他斩钉截铁地表示。他也早有觉悟："要当警察又不想同流合污，迟早要付出代价。"据他说，他的钱是一个大学同窗以他的名义投资得来的。但警局偏有人眼红，不惜往他身上泼脏水好拉他下马。"只有瑞图、妈妈和姐姐相信我。"艾杰被人举报贪污受贿，针对他和家人的调查一拖就是四年，他最近才证得清白。这四年里，瑞图精打细算，连买洗衣机的钱都不敢超出预算一分。

因此和一个多世纪前的福吉特局长一样，艾杰满心苦闷。他一样出身富裕，为事业奉献了一切，却未能得到应有的奖赏。"今天早上我开车去办公室，路过希瓦吉公园，看到一个父亲在教儿子踢足球。我就想：我这么擅长运动，却没有时间教我的儿子踢足球或者打篮球。昨天拉胡尔的学校有一场足球赛，所有的家长都到场了，唯独我去不了。我觉得非常愧对我的家人。"

---

① 法国时尚品牌。

我问艾杰未来有什么打算。"我需要警局,警局也需要我。除了出国,留在警队是我唯一的选择。"

我帮助艾杰在网上投了简历。不久后,世界顶尖的反恐权威、兰德公司①的安全研究专家布鲁斯·霍夫曼给艾杰写了回信,邀他前往华盛顿,和业界最优秀的反恐人员一道切磋研究,好在学成归国后造福孟买警队。但艾杰拿不到警察局长的推荐信,何况他的出国申请要经印度警察总署和外交部的审批。局长对霍夫曼心存疑虑。"美国中央情报局就是这样招募新人的。"他对艾杰说,"他们承诺给你奖学金,好骗你出国。"艾杰再三为兰德公司的声望作保。局长见一计不成,又生一计,"他动之以情地说,我们的仗才打了一半啊,你怎么能中途丢下战友呢?我真想说这仗我已经打了太多年了,为什么就不能换个战场?"但艾杰终究没有把话说出口,于是他仍然留在孟买,随时准备抵挡黑帮发起的新一轮攻击。

国大党在1999年重掌马哈拉施特拉邦的大权,艾杰被调任为铁路警察局局长,这招明升暗降可谓大材小用,把这个城市最出色的警探贬到了追查逃票旅客的岗位上。在调任前,艾杰因为他长期守护的一方人民"竟没有表现出依依不舍"而多少有些感伤。但作为铁警局局长的艾杰·拉尔终于能放慢脚步,甚至在周末的下午和瑞图一起"看一场三点钟的电影"了。艾杰在新岗位上和扒手斗智斗勇,这些窃贼要么趁旅客不备抢他们的背包,要么给火车上的乘客下药,伺机偷走其随身物品。上任一周后,艾杰要来了过去五年的报案记录,一一进行查看。他很快找到了窃贼的作案规律:他们多在孟买的圣塔克鲁兹和卡尔②两地间往返,那里恰是长途火车与市内火车的换乘站

---

① 美国的一所智库、非营利组织。成立之初主要为美国军方提供调研和情报分析服务。其后组织逐步扩展,并为其他政府以及盈利性团体提供服务。

② 孟买市郊、班德拉以北地区。

点。艾杰推测小偷得手后跳下长途火车,再直接搭乘市内火车以躲避警方的追捕。他派手下守住这两个车站,果然一举抓获了猖狂已久的扒窃团伙。相比以往破获的大案,这次行动或许不值一提,但这么多年以来,艾杰第一次有了陪伴家人的时间,总算能在周日为拉胡尔的球队加油助威,他的儿子别提有多高兴了。

艾杰问我维诺德近来在忙什么,他有个从前队上的朋友,想到摄影棚看看热闹。我查了查《克什米尔任务》的拍摄进度,告诉艾杰他的朋友来孟买那天,维诺德正要拍警察审问武装分子的那一幕。于是我说:"让真警察看看假警察是如何审犯人的,应该很有趣。"

"警察由谁演呢,桑杰·杜特吗?"艾杰问。

我愣了一下,因为意识到这其中的讽刺而笑起来:艾杰亲手将参与了爆炸案的桑杰·杜特送进了监狱,后者被判刑十八个月。

"比起审问别人,他倒更适合给被审问的嫌犯支支招。"在现实生活中审问过桑杰·杜特的警官大人如此说道。

桑杰·杜特事后告诉我,他和被控参与了爆炸案的其他嫌犯成了朋友。其中一人叫做萨利姆·杜兰尼,"特别有学问。"桑杰反复强调。这个杜兰尼在狱中偷偷记录下警方虐待爆炸案犯的细节,桑杰也对我吐露过一二,说有个嫌犯不堪凌辱,自杀了。

杜兰尼的这份备忘录后来让人偷送出监狱,自称受到非人对待的案犯先后把它寄给过联合国和新闻媒体。我寻找备忘录未果,终于在一次回美国出短差时,一位人权律师把它交给了我。所谓的备忘录是一捆信纸,其中的拼写错误很多,标题叫做《声音——发自地牢的呐喊》。当时是秋天,我在新罕布什尔州[①]的老旧农舍展开信纸细读,四下寂静,我边读边觉得遍体生寒。备忘录记载的审讯基本都由艾杰执行,或至少有他在场。其所描绘的折磨对象不仅限于嫌犯,还包括他们的妻子、母亲乃至襁褓中的孩子。备忘录以一种忧郁又津津乐道

---

① 美国东北部新英格兰地区的一个州。

的口吻长篇累牍记录下对女性的摧残。"美丽又有学识的新娘被剥得精光,倒在冰冷的石板上,醉醺醺的警官一边猥亵她,一边用烟头在她裸露的皮肤上烫出一个个焦瘢。"作者接着写道:"娜吉玛被迫抚摸父亲的下体,甚至要吞食他的排泄物……扎伊邦妮萨·卡兹不得不为浑身赤裸的曼苏·艾哈迈德口交,而她的年纪足以做他的母亲……女婿被逼为丈母娘宽衣解带。"读这备忘录就好似读低俗怪谈,荒诞又令人作呕。"屎尿是嫌犯的食物。警察或他们特地带进来的麻风病人往嫌犯嘴里撒尿,只为享受凌虐的快感。见识过这样变态的手段,即便是魔鬼也会感到毛骨悚然。"

我相信备忘录有一定的真实性,但难就难在确认哪一部分才是真的。据我所知,里面提到的拉凯什·库拉纳的遭遇基本属实。库拉纳在班德拉经营洗衣店和小餐馆,和据说参与了爆炸案的穆斯林毒贩皮鲁·汗略有交情。爆炸案发生后不久,库拉纳正和家人共进晚餐,警察找上门来,要求他前往警局协助调查。他告诉警察稍后就到,待警察先行离开后显得极度焦虑。库拉纳随后前去警局,又回到家里,载着妻子和一双儿女到了约胡区一处死胡同。在妻子试图张开双臂护住孩子们时,库拉纳开枪打死了他们,然后举枪自尽。到底他在警局经历了什么,让他竟选择这样一种结局?这便是真相和谣言之间的灰色地带,而根据备忘录的记载,库拉纳枪杀妻儿后自杀,是因为他在警局看到警察惨无人道地对待嫌犯的妻儿。其中一名叫做马内克肖的警官当着库拉纳的面蹂躏爆炸案犯的妻子,并对他说:"明天以前,如果你找不到皮鲁·汗,等着你老婆的就是同样的下场,我会让手下轮奸她。"

我还知道备忘录记载的另一件事确凿无疑。2000年3月,国家人权委员会命马哈拉施特拉邦政府支付五拉克赔偿金,赔偿的对象是伊克巴尔·哈斯帕特一家,赔偿的事由是在1993年4月间对这一家造成的巨大伤害。哈斯帕特是个年过花甲的穆斯林纺织工,和一大家子人住在孟买郊外的阿里包格。那里的海滩正是爆炸实施者曾偷运武器和炸药入境的地点。当地警察闻讯赶来，闯入哈斯帕特家，见客厅的玻璃橱里有个圆柱形的可疑物体，当即认定那是用来作案的火箭弹。他们逮捕了哈斯帕特全家，押着他们绕清真寺游行，质问同一社区的穆斯林为何养出了"这种蛇蝎心肠的败类"。在警局，警察当着女性眷属的面把哈斯帕特、他的儿子以及表兄脱得一丝不挂。在场的女性企图用手捂住眼睛，却遭警察用警棍击打，逼她们睁眼看。赤裸的哈斯帕特试图在女儿和儿媳面前遮住下身，被警察在背上狠狠一踢，不由栽倒在地，头撞上了桌角。执法人员对女人们拳脚相加，兼用皮带抽打。他们又在两张书桌间架起铁棍，把哈斯帕特二十五岁的儿子捆住手脚吊在铁棍上，踢皮球一样猛踹他的身体，让他一圈一圈在空中翻转。哈斯帕特目睹这一切，肝胆俱裂，宁愿儿子速死。他的儿子也险些一命呜呼，在经受了六天私刑后失去了意识，不时抽搐。一家人在拘留所整整被关了两周。

哈斯帕特的亲戚得知此事，恳请警察务必到纺织厂来。一位工程师指着和哈斯帕特家一模一样的圆柱体，告诉大侦探们：他们以为是火箭弹的东西，其实只是一个纺锤。等哈斯帕特一家终于被"无罪释放"后，他们回到家里，发觉警察已砸毁了所有家具，把搬得动的财物也都搜刮走了。他们当然提出了申诉，警方也自然介入了调查，但即便整件事有详尽的笔录，对他们施暴的警官仍无一遭到逮捕。不会区分火箭弹和纺锤的警员还调任到了情报部门。

我从美国回到印度后，拿着手中的备忘录向艾杰求证真伪。他告诉我大部分内容都是虚构的，并且指出了其中自相矛盾或有逻辑漏洞的地方。他说爆炸案的审讯工作结束后，他被嫌犯举报了四十七次，人人都说他滥用私刑，而他的罪名无一坐实。

我能拿艾杰怎么办呢？他确实是个无情的审讯者，这我亲眼所见，但他也渐渐成了朋友。"我们会想念你的，苏科图！"我临回美国前，艾杰真心诚意地对我说，"我们已经习惯有你在这儿了。"

我想有争议的不是艾杰是否虐待嫌犯，而是这种虐待到了什么程度。我们唯一可以自我安慰的，是艾杰只虐待确实违法的人，并且他的虐待方式通常只限于鞭打或电击。他对嫌疑人造成的伤痛不是永久性的，却是在司法无能为力的情况下获取信息的必要手段。而他获取的信息能救人一命，能阻止炸弹的安装和爆炸，能避免和帮派战争不相干的、无辜的人遭遇不幸。我也清楚地看到，艾杰从不享受审讯和为审讯而进行的拷打。我没见过他亲自动手。从某种程度上说，艾杰保持着绝对的中立，他不支持任何政党，不与任何黑帮交好，也不信仰任何宗教，至少在我看来如此。

人权活动家贾韦德·阿纳恩德说：艾杰在追捕湿婆军暴民时展现出的勇气鲜有人能及。新闻记者乔蒂·朋瓦尼也说：艾杰在斯里克里希纳法官面前给出的证词，要比多数警察的谎言强得多。就连桑杰·杜特也承认：艾杰是个优秀的警官。而在班德拉的普通百姓心中，艾杰是大英雄，报纸上充斥居民的溢美之词，说艾杰清正廉洁，是少有的愿路见不平拔刀相助的侠士，且不遗余力对抗贫民窟的恶势力和腐败的建筑商。

在世风日下的孟买警队，艾杰·拉尔绝对算得上是好警察。他从不草菅人命，憎恶萨拉斯加、夏尔马以及萨万特之类的偶遇专家，倒不是因为他觉得偶遇有违人权，而是在他看来，偶遇代表失败的刑侦工作。"杀人绝非小事。"他阐述道，"需要有特殊的心理驱使。"那又是怎样的心理驱使他在嫌犯无法反抗时电击他们的下体呢？艾杰始终确信：战胜罪恶是他的天职。正如发动暴乱的湿婆军坚信他们为弱势群体提供了庇护一样，艾杰也自认匡扶了正义。为对抗罪恶，他和湿婆军不惜化身罪恶，好让这座城市囿于良心不敢作恶的医生、商人、教授免受侵害。这些善良的人们一接到来自卡拉奇的威胁电话，说要绑架他们的妻儿，就命艾杰无所不用其极地惩治坏人，至于坏人的妻儿是否会受到伤害，他们便全不在乎了。

艾杰承认，黑帮频频发出对他妻儿的威胁，确实束缚了他的手脚。"我早就想离开了，但警局是我们的保护伞。如果我离职了，我的家人要怎么办？"他的儿子上下学将无人护送，他们的房门外将不再有武警站岗。"这就好像第二十二条军规①，让我无所适从，既想离开，又无法离开。"只要还在孟买一天，艾杰就必须做个警察。既然佩戴了一级军功章，他便不得脱下这身卡其色的制服。艾杰固然不会为身外之物离开警队，但就连对这份事业满心厌恶了，只怕也无法离开。

去年，一个赫赫有名的实业家向艾杰抛出了橄榄枝。他请艾杰到他的公司当安全主管。实业家开出了月薪三拉克、附赠班德拉的公寓和私人轿车的丰厚待遇。此外，艾杰无需再支付电话账单，孩子们的学费也全免，他每年还能带家人坐头等舱出国度假，只要他愿意从警队辞职、加入公司董事会，一切唾手可得。艾杰事后听他和实业家共同的朋友说，对方愿意出到每月五拉克的工资，这是他现在的月收入的二十五倍。但艾杰还是拒绝了，我问他为什么。"他们有求于我，我让他们等，他们只能在办公室外面等着我。一旦我开始为他们工作，就是我等他们了。他们等我要一个半小时，我等他们可能要三个小时。"艾杰不愿成为任何人的雇佣兵。以他的工资加上朋友替他投资赚得的钱，"足够用了，更多的钱不会带来更多的快乐。我们已经习惯了这种特定的生活，即便没有轿车豪宅，也能安之若素。"

"将来你想让拉胡尔当警察吗？"我问他。

"不，绝不。"他想让儿子读工商管理学，又或者成为一名医生。他不介意拉胡尔做公务员，或者在外交部就职也行，但千万别当警察。"我很清楚我付出了怎样的代价。早知如此——"因侦破爆炸案的杰出表现而荣获一级军功章的警监说，"早知如此，他们派我调查爆炸案的那天，我会称病请假。"

---

① 出自美国作家约瑟夫·海勒的代表作。按照所谓的"第二十二条军规"，疯子可免于飞行，但同时又必须由本人提出申请，而一旦这么做，便证明你其实并未发疯，因为"对自身安全表示关注，乃是头脑理性活动的结果"。如此一来，这条表面人道的军规就成了耍弄人的圈套。后形容人处在一种荒谬的两难中。

那为什么不试试其他谋生的手段呢，譬如下海经商？

艾杰终于说出了那句台词。在所有迂回的解释过后，在种种无法出国进修、为了保障自己和家人的安全、替父亲好好争一口气的理由背后，他终于写下了自己的大结局、他不可避免的宿命、属于艾杰·拉尔的"全剧终"："因为……我不认为我能够从事别的职业。我只会做警察，这辈子都会做警察。"

黑领工人

屠宰要持续整整三天。古尔邦节以前，人们把数以千计的牛羊牵到孟买中部的马丹普尔。吉里什受好友兼生意伙伴伊沙克的邀请，前往赴宴。我俩坐上计程车，朝马丹普尔进发。越接近目的地，街景变得越多样化，像从五彩的万花筒里折射出来的图案。广告牌矗立在通往中央火车站[①]的立交桥边上，上面印着"麻醉师甘贾瓦拉医生"的联系方式。主干道两旁是专治跌打损伤的小诊所，毗邻诊所而建的是小旅馆，旅馆的隔壁是药店，再往前去的一间门面租给了用煤球烤羊肉串的小摊，与摊子紧邻的是公用电话亭，店面让伊沙克给盘了下来，专供人们打长途电话。沿街小作坊无数，制造并出售各式焊接喷灯、皮带扣、纺织机零部件……千百种虽然琐碎但维持着孟买经济运行的必要物品。说是主干道，却被两旁不断破墙开店的比哈尔贫民窟挤得只剩下窄窄一条。贫民窟的后巷密布清真寺，平均每个弄堂就有一座。这里的人们清楚地知道印度教徒和穆斯林的分界限，彼此井水不犯河水。在暴乱发生前，二者混居于此。但1993年之后，穆斯林聚集地的少数印度教徒（反之，也包括印度教徒聚集地的少数穆斯林）迅速卖房搬走了。如今，人们把马丹普尔称作"小巴基斯坦"，印度教徒几乎绝迹，这里完全成为穆斯林的天下。

[①] 孟买主要的城际火车站。

我们坐在伊沙克略嫌简陋但装有空调的灶具配件厂办公室,他的堂兄沙赫布丁——一个二十出头、英俊堪比影星的医生向我解释了庆祝古尔邦节的意义。"真主安拉为考验我们的先祖易卜拉欣,命他杀死儿子献祭。易卜拉欣把儿子带到山上,闭眼举剑,正待刺下,安拉派天使送来了一只黑羊,代替易卜拉欣的儿子做了献祭。所以古尔邦节的意义就在于向真主献出你所珍视的东西。"

我们一行人走出办公室。

有人把一头小公牛牵到了厂房前的空地上。它是钳工车间主任特意向真主献上的祭物,为今年差点没逃过黑帮的敲诈而感恩戴德。帮派分子曾给车间主任打电话,又到工厂来找他,当时他不在,混混们告诉他手下的工人:要想活命,速交两拉克。车间主任于是向伊沙克求救,伊沙克和兄弟们手持铁棍,等着帮派分子二度上门,但混混们竟没有再出现。逃过一劫的车间主任花两万卢比买下一头公牛,预备在今天当众献给真主,表明他的感激。

孩子们由母亲带领着来到空地。"也应该让他们见识一番。"沙赫布丁说。公牛让人倾翻在地,它的头被往后拽,四肢给绑了起来。一个满了周岁的孩子由大人抱着骑到牛背上,又很快叫人抱了下来。面目威严的伊玛严[①]询问是谁要做这献祭,人群递上一张纸,他便照着念出纸上罗列的七个名字,而后吟诵了清真言[②]。屠夫跨步上前,用刀划破公牛的颈项。我站在通往伊沙克办公室的楼梯上,视野尤其清晰。我看到公牛被割开喉管,鲜血喷涌出来,因失血而突然变白的颈动脉疯狂抽搐着。牛身不自觉地抖动,它的头部在抽动,腿部在颤抖。"这肉要动上好一会儿呢。"围观之人中,一个对另一个如此说道。在接下来的一个多小时里,即便牛肉被送进厨房腌制待烹,仍会维持这种神经性的收缩。它可能突然就在案板上痉挛一下,尤其是外层

---

① 在阿拉伯语中原意领袖、师表,是伊斯兰教率众礼拜的人。
② 又称作证词,大意为"我作证:万物非主,唯有真主,穆罕默德是真主的使者。"

肌肉。

　　工厂后面的街道因染血而变得滑腻。又一头公牛由人牵着来到空地上，它的鼻孔中间穿着绳索。人们试图把牛掀翻，他们绑住了它的四肢用力推搡。但牛一倒下，又不知怎的挣扎着站了起来。可它终究寡不敌众，一个趔趄跌倒在地。一人上前合住它的嘴，另一人手握三十公分的长刀，人群密密围拢过来，里头有许多年幼的孩子。今日是古尔邦节的第一天，时辰尚早。公牛作势抵抗了一下，从喉头深处发出悲鸣。随即刀锋一闪，迅速割开了公牛的脖子，人们将牛头与牛身朝反方向拖拽，其颈部横切面完全暴露在日光下，动脉中源源不断喷出如柱的鲜血，染红了屠夫全身。新鲜的血液有种涂料般失真的色彩，不是略微干涸后呈现的深红色，而是极为鲜艳的近乎粉色的绯红。人们提来水桶，往割开的牛脖子里注水，以防血液太快凝固。已然尸首两处的牛头与牛身兀自抽动，人群任牛血流干，片刻后开始肢解它的身体。牛的胃囊被划开时，一大团混合着血液、犹带体温的粪便瞬间倾泻在地。不远处是另一头公牛的残尸，它的头已在一刻钟前被取走，正剥下牛皮时，一股黄色的液体突然自牛身涌出——那是它的尿液。

　　随着牛身被切割挪走、渐次敞开，我们得以一窥它内部的多彩宝藏：红褐色的是肝，红白相间、精巧陈列的是肋排，皮毛呈黑白褐三色，牛的眼珠仍然清澈，一段段摊平了的是它乳白色的小肠……牛身内外的布局如此精妙，不同器官配合运作、各司其职，仿佛神奇的聚宝盆。而上一秒还紧密相连的身体下一秒就四散开来，再不相干，各自为政，不受大脑管控地抽搐着，间或失禁，不断膨胀，最后变硬。孩子们掏出牛体内的脂肪玩耍，肌肉间那极富弹性的白色筋膜足以拉成床单大小。一个男人走过来，戳了戳公牛睁着的眼，它的嘴因反射忽然张开，露出一排牙。男人重复了一遍戳刺的动作，牛的嘴便再一次开合。

　　整个过程中真正让我吃惊的，是长街内外的上千牛羊，不论生死,都寂静无声。山羊不因惊恐而发出咩咩声,牛群也不因害怕哞哞地叫。屠牛宰羊之地紧挨着牛栏羊圈,可若有公牛被牵走,它那身躯庞大的同伴竟也还是自顾吃草。羊群同样如此。这些动物难道不曾察觉近在咫尺的危险信号,不曾嗅到弥漫在四周的死亡气息吗?除了一只山羊略显颤抖,动物面对屠宰的场面竟出奇的安静,甚至全无反应。它们看上去是这样认命。一头公牛任凭人们把它牵到一边,静静地俯卧在地,等待终结生命的屠刀落下,它始终睁着眼睛。刀锋过处,血溅当场的瞬间,它根本没有挣扎。

嬉笑着的孩子赤脚在遍布血污的街上奔跑,手中提着刚被切下、双目圆睁的牛头。环卫工则忙着回收被丢弃的动物内脏。附近的市政垃圾场遍布牛羊残尸,一个男人站在一只巨大的垃圾集装箱里,将被遗弃的牛内脏进一步分解,他的脚边扔满牛杂,正好可供流浪猫狗饱餐一顿。街角边是不时吆喝的卖刀郎。磨刀人不甘示弱,骑着装有砂轮的自行车,一踩踏板,砂轮就咕吱咕吱转动起来,他斜斜持着刀在砂轮上锵锵打磨,一时火星四溅。

马丹普尔的穆斯林对感官享受从不排斥。古尔邦节或婚礼期间,老一辈人会用玫瑰油浸湿餐巾,在其一角包一丸鸦片,然后塞进耳朵,便能享受一整晚的飘飘欲仙。比哈尔贫民窟的孩子们穿戴上最好的衣裳(譬如褐色的小西装和黑色的简易领结),正排队等着坐街边手摇的小小摩天轮。大人在人行道上玩套圈游戏,朝摆了满地的小玩意掷圈,若不偏不倚套中了——比方说一沓扑克牌,那这牌就归你了。狭窄的街道因血液和粪便的浸润而格外泥泞,这是一年中孟买最肮脏的社区里最肮脏的时节。通往工厂的小路上躺着一只被压扁的死耗子,尸身盖满苍蝇。一个露天沙井[①]的四壁密布巨大的红色蟑螂。剩余的动物皮毛堆叠在清真寺前,任有需要的人前来领取。来来往往的居民身穿被动物鲜血染红的衬衣,仿佛刚刚庆祝了互撒红粉的侯

---

① 供维修人员进入该段范围检修道路下埋设的电缆、供水管等设施的通道。

丽节。

　　根据孟买市法律，宰杀牲畜的地点仅限蒂欧奈尔的屠宰场，会有大批警力驱车前来，监督古尔邦节的宰杀情况。人们屠宰的自然是公牛，尽管沙赫布丁说奶牛的售价低廉，肉质也细嫩，因此更受欢迎，偷运和宰杀奶牛的人可不少。"不过这难免会引起其他穆斯林的不满。"沙赫布丁说，"如果让别的社区的穆斯林发现了，不出一会儿就会起冲突。"

　　马丹普尔不存在西方人对死亡一贯采取的回避态度。你清楚肉类不只是精心烹调后装在盘子里端出来的，更是从原本活生生的动物身上取下来的。食物以最原始的方式呈现在你面前，你亲眼看到餐盘上的肉来自何处，看到待宰的动物竭力想站直身体，而人们一直试图把它按倒。你也看到人骑在动物身上，它们在濒临死亡时依旧睁大了眼睛。你更看到在大量失血后，动物的遗体是怎样绝望地喘息和颤动。来马丹普尔以前，我只在探索频道上看过宰杀动物的画面。但此时此刻，光天化日之下，屠宰的场面在众人围观的空地上一览无遗。第一头牛被杀死的时候，吃素逾十年的我只觉得作呕，想冲上去阻止。我几乎不忍心看，却又无法把视线移开，我甚至爬到一辆手推车上，以便能靠近看得更清楚。屠夫挥舞着斧子肢解牛尸，我低头望着飞溅到我牛仔衬衣上的血迹，觉得刺眼，不敢碰，直到这滴血迹氧化发黑，成了仿佛无害的泥点，我方才松了口气。

　　现杀现吃的肉理应比冷冻多日的肉口感更好。照理说，猎人应是享用此等美味的第一人，但事实不完全如此，猎人毕竟不是屠夫，用步枪打猎意味着他们不必近身即可取走动物的性命。可是在马丹普尔，猎杀是直接且一气呵成的，人们挥刀刺进牛羊的脖子，徒手撕裂它们的身体，所有人都兴致勃勃、喜气洋洋地参与屠宰和切割。伊沙克手下的工人个个兴高采烈，今天是古尔邦节的首日，三天时间不足以他们往返农村，所以他们聚在城市，彼此庆贺。屠宰和宴乐是唯一的主题。平素穷苦的人分获新鲜的肉食，得以饱餐三日。公牛肉的肉质较老，多被做成烤串或绞成肉糜，山羊肉就细腻得多。在这三天里，市场上的鸡肉无人问津。

骄阳似火，宰割后剩余的牛羊肉没有冰柜冷藏，多留在了街上或被遗弃在水沟。自会有人沿街把肉拖走，要么分送给贫民，要么出口到波斯湾的阿拉伯国家。不到晌午，人们便开始了牛羊全席，人类作为动物，毫不迟疑地把别的动物吞进肚子里。小作坊的伙计用长长的橡皮管从山羊体内导出坚硬的黑色粪便，盛在水桶里。他又接着把但凡能食用的山羊各部位剁碎，堆在同一只水桶里，与羊粪混杂一处。

宴饮要持续三天。"到第三天晚上——"沙赫布丁说，"我们会上饭馆吃素。"

伊沙克向我们炫耀他养在工厂的宠物羊。他喂它吃羊肉，笑称"这羊全无忌口"，会大嚼特嚼茶叶和香烟。伊沙克对他的羊颇有感情，然而后天一早他便要杀了这羊献祭。

年幼的孩子带着一只只小羊羔穿过小径，他们抚摸羊羔，喂它们吃生菜叶。伊沙克手下的工人穿着一身白衣，走到冲洗阀边，打算杀掉一只两角涂成绿色的山羊。他说这些动物是"幸运和快乐"的，它们保持静默，因为它们是为宗教的缘故献身，不像其同类，仅仅成为人们的盘中餐。言毕，他跨进水泥池，挥刀割开山羊的喉咙，鲜血四溅，染红了他的白衣。

沙赫布丁对我说，在老家时，他曾杀死过心爱的山羊。"最好的献祭是把从小养大、深有感情的山羊献给真主。"根据沙赫布丁的说法，在献祭的那一瞬间，宗教情感得以战胜因对动物的喜爱而产生的不舍。"但这里的人不会这样做。他们在节日的前一天买来完全陌生的牛羊，他们唯一献上的其实是自己的钞票，所以今日这一地的鲜血都不蒙真主的喜悦。"沙赫布丁同我说这话时，正和伊沙克一起，把撕碎的面包块蘸羊肝酱食用。一部分穆斯林认为肝脏是最有营养的部位，另一些认为是心脏，还有人相信喝用牛蹄熬成的浓汤可以强身健体。沙赫布丁最爱吃的则是奶牛的乳房肉。

他接着对我说:"如果动物会说人话,多半不会被杀。"他试图为看似野蛮的杀生辩解。沙赫布丁自认心肠很软,见到杀生的场面并非无动于衷。但他的宗教信仰告诉他,真主创造地上万物为人类所享,若动物本不该为人宰杀、食用,那它们存在的目的又是什么呢?"如果有人能证明:动物存在不是为了让人享用,我就戒荤吃素。"他问我:为什么杀鸡大家不介意,宰羊就被人指责残忍?我回答说可能是因为羊对疼痛的感知更加明确吧。沙赫布丁反驳我说,对一只蚂蚁而言,它对疼痛的感知和它生命的内在价值,与大象又有什么两样呢?"或许你要问我,为什么不吃除了清真[①]肉以外的肉食,你会说肉就本质而言也都一样啊,难道奉安拉之名宰杀的动物就更洁净吗?"沙赫布丁允许别人质疑他的信仰。他看出我对屋外空地上的屠宰心存疑问(只不过没有问出口罢了),于是主动以反问的方式委婉作出了解答。

穆赫辛:达乌德帮

沙赫布丁的诊所离伊沙克的小店仅一街之隔。他俩出生在北方邦一个叫阿扎姆加尔的地方,那里专出犯罪分子,达乌德·易卜拉欣的副手阿布·萨勒姆便是其一。最近报上刊登了一篇文章,称阿扎姆加尔是印度的洗钱中心,我向沙赫布丁还有伊沙克求证,结果他俩异口同声地说:"一点没错。"沙赫布丁的爷爷是哈瓦拉(一种洗钱系统)在孟买的主要经办人。他收到客户交付的卢比以后,会以传真的方式致电沙特,待对方的经办人确认过交易码,则收款人在另一头领到的是里亚尔[②]现金。"如果对世界上任何地方的犯罪活动加以彻查,你都会发觉它们和阿扎姆加尔有千丝万缕的关联。"沙赫布丁如此宣称。伊沙克还告诉我,在阿扎姆加尔,花六万五千卢比就能从杂货铺买

[①] 清真食品不含自死物、血液和猪肉等禁忌物。
[②] 沙特货币单位。

到由尼泊尔走私来的 AK-47 步枪。"普通人为什么要买步枪？"我问伊沙克。

"可能……就是种爱好吧。"他答。

马丹普尔同样专出犯罪分子。"黑帮内部分工明确。"沙赫布丁向我说明道，"有专人负责经营房地产生意、策划谋杀还有绑架。"这个地区的年轻人愿为五千卢比的酬劳取人性命。他们因贫穷而被迫以此谋生，但一赚到钱又挥霍在酒肆勾栏。犯下命案之人本就没有明天，他们受警方追缉，甚至难逃被黑帮灭口的命运。

"犯下这类非人罪行的人，统统都在自欺。"非政府组织成员阿萨德·本·赛义夫曾如此评价残害穆斯林的湿婆军。他的说法颇耐人寻味，他没有说"欺人"或"欺神"，而是说"自欺"。动恻隐之心抑或顿起杀心，皆在一念之间，却有天壤之别——从普通人沦为凶案犯是条不归路。我已经见过了湿婆军，也见过了偶遇专家，我接下来想见的是帮派战争中的职业杀手，那些跌落深渊、每一天靠自欺才能勉强过活的人。

某个下午，我坐在马丹普尔一家便宜的小吃店，为自己、伊沙克和阿尼斯各点了一杯百事可乐。阿尼斯是伊沙克的发小，相貌清秀，为人热情。他说仅 1998 年一年，孟买的帮派战争就夺去了至少两百条人命。阿尼斯和达乌德帮多有往来，他为他们跑腿，却并非正式成员。他有个朋友是达乌德帮的职业杀手，我问阿尼斯能否替我引见，他同意了，但补充说见面地点必须在公共场合，具体方位我们事先不得而知。

两天后，我在伊沙克的小店同他汇合，我们步行到马拉塔·曼迪尔影院楼下的维纳斯咖啡厅。咖啡厅面朝大街而设，装修很现代化，照明充足，里面满是等待电影开场的情侣。阿尼斯已经到了，他的身边是个留着小胡子的矮个男人，颇为瘦削，自称穆赫辛。阿尼斯倾身对我说："他身上背着两条人命呢。"

"是七条半。"穆赫辛立即纠正道,似乎受了冒犯,"七条半!"

"是是是,七条半。"阿尼斯从"善"如流。

我们点了咖啡和果汁。我们身旁的卡座里是一群年轻的英国女孩,一看就是游客,应该是从附近的火车站过来的,很可能要坐当晚的列车离开孟买。她们在咖啡厅很安全,没有人流里流气地上前和她们搭讪。这里毕竟不是德里。我和穆赫辛单独坐在卡座,背对着伊沙克和阿尼斯——他俩坐在外面的长条凳上,像旧时驾驶马车的车夫。

穆赫辛是伊沙克的另一个发小。两人相隔十年再见,伊沙克事后告诉我说:"我们小时候常常嘲笑穆赫辛。"因为他其貌不扬,且毫无特色,就像与我擦肩而过的路人,或是电梯工,或是我叔叔办公室的雇员……总之全不起眼。但他确实有一双杀手的眼睛,黑沉沉地闪着精光。他始终直视着我,每当我垂眼在笔记本上写字时,他总要轻轻碰一碰我的手,示意我也必须直视他。

穆赫辛所犯的七桩半人命案里,有六桩半是受帮派所托,还有一桩是所谓的私活。他首次犯案是在1991年,他捅了被害人十四刀,但对方活了下来,杀人未遂,因此只能算半桩命案。第二起(同时也是真正的)谋杀,对象是菲利普斯·达卢瓦拉——一个烈酒经销商。再后来,穆赫辛陆续犯下多桩命案,其中的五桩立了案。"至于没有被警察立案的,就只有我自己知道了。"如果他被捕,穆赫辛说:"算在我头上的案子至少也得有十几件吧。"穆赫辛的杀人手段不可谓不残忍,他说这样才能杀一儆百。

达乌德帮由许多分支组成。每个分支的成员都对其余人的任务知之不详。指令从迪拜发出,他们只管执行。穆赫辛每周的花费在两万卢比左右,一半用于手机通话,五千用于抽大麻,剩余的则寄给家人。当他急需用钱时会"接单"杀人,每条人命两拉克,一半事前付,另一半事后付。如果要杀的对象不是穆斯林,穆赫辛二话不说立马行动。如果是,他会调查这人是否"该死",如果认定对方是无辜的,穆赫辛会就此收手,宁愿放弃那一拉克赏金。

"一切为了伊斯兰。"穆赫辛声称,"尤其在暴乱期间,这事关穆斯林的荣誉。"穆赫辛同时指出:爆炸案发生后,小拉詹曾说任何逃脱了法律制裁的穆斯林逃不过他的报复,因此如果没有印穆冲突,其实也就没有帮派战争了。"我没什么文化,不是读书的料,不然也不会做这种事。《可兰经》教会了我一切,我在监狱里的时候,有狱友会专门读经。"穆赫辛说他不怕死,他死是为了殉教,就离真主更近。"我有过梦想,但现在这些梦想都破碎了。我把一切交给安拉,人皆有一死。我杀过很多人,但杀人犯也有活下来的,没准我也能活下来。"

就在此时,邻座的英国女孩突然唱起了"生日快乐歌"。

我们结束了会面,踏出咖啡厅,在马丹普尔的街上走了一会儿。沿街的商店透出灯光,但隔着脏兮兮的玻璃毕竟显得昏暗,像从收音机里听到的音乐,音质多少打了点折扣。比哈尔贫民窟外,一群穆斯林孩子站在人行道上,正大声而积极地背诵乘法口诀表,年轻的老师在旁边听着,不时用教鞭敲打地面。穆赫辛略微放松了警惕,告诉我这个月16号他就要结婚了。一开始女方的父母坚决反对,但他们社区的穆斯林几乎都加入了黑帮,这让他未来的岳父母别无选择,说:"如果我们的女儿注定要嫁给这样一个人,就随她吧。"

我决定再和穆赫辛见上一面,时间更长一些,地点更有私密性一些。

几天后的下午,我们一行七人——伊沙克、沙赫布丁、吉里什、阿尼斯、我、穆赫辛,还有他的"徒弟"(一个更为瘦削的年轻人)走进拜库拉一家酒店的大堂,搭乘电梯到我包下一整天的某某号房间。我原本对伊沙克和沙赫布丁坚持同往稍感不快,以为他们是冲着客房服务来蹭吃蹭喝的,后来我才明白:他俩前来既是为我作担保,也为了以防我一言不合被穆赫辛枪杀。

这家酒店的老板是个退隐江湖的前帕坦帮成员,曾是达乌德·易卜拉欣在道上的师傅。马丹普尔的每一条街都书写着独特的黑帮传说。在摩登又有冷气的酒店房间，穿着轻便衬衫和黑色牛仔裤的穆赫辛脱下鞋，往床上随意一坐，其余人要么歪在沙发里，要么也坐在床上。吉里什本不该来，他约好了要到安泰里见客户，但"黑帮杀手"四个字足以让他把生意抛在一边。也难怪他不是个称职的商人，他对这座城市着实太好奇了。

我在穆赫辛对面的椅子上坐下，启动了手提电脑。我用"您"称呼面前的六个小伙子，而非"你"。这既是一种尊重，也向他们表明我外来者的身份。我虽身在孟买，但我眼中的孟买和他们的自有不同。

信任很重要，穆赫辛说这话时直勾勾地注视着我。"穆斯林当然值得信任，但他们也有可能变成你最料想不到的叛徒。干我们这行的，总要有那么几个能信任的人。我到这里来——"他指的是这间酒店，"完全是基于信任。我来这里，是因为我相信我的朋友。"他指的是伊沙克。"否则，我要是看到别人有手提电脑，肯定会二话不说抢过来。"

我对穆赫辛坦言我来这里也是基于信任，我知道他可以随时抢走我的电脑。我让穆赫辛意识到：此时此刻，在孟买的酒店房间，他才是最有权力的那个人，而我（一个住在马拉巴尔山的印侨）可任其摆布。我不希望穆赫辛动用这种权力，但我在口头上赋予他这种权力、承认他在力量上高我一等，这对他来说至关紧要。

穆赫辛年少时便参与安泰里的黄金走私，一晃十几年过去了，他已近而立。钱包鼓起来以后，他会迫不及待地到酒吧挥霍。后来，政府全面放开黄金贸易，黄金走私受到了冲击，穆赫辛竟跑到巴罗达①抢银行，还被警察抓住了。"媒体报道了这件事，我们的照片哪哪都是。"穆赫辛不无骄傲地回忆道。他交了一万五千卢比的保释金，重见天日，但从银行抢来的钱都充了公。等待开庭的那些日子里，狱友

---

① 古吉拉特邦第三大城市。

给了穆赫辛一个电话号码。"他对我说,你不妨和沙基尔大哥谈谈。"穆赫辛就是这样加入达乌德帮的。五年来他依然走私黄金,但"日常工作"以敲诈和绑架为主。达乌德帮就是变相的税务局,"所有人,建筑商也好,导演也好,投资人也好……都向沙基尔缴税。如果迪拜方面发了话,不论谁出面求情,哪怕是国会议员都没用,你必须乖乖交钱。"

在穆赫辛看来,加入黑帮的好处极为简单:"如果我被人杀死,我的家人会有至少一拉克的抚恤金拿。如果我被车撞死,我的家人一分钱都拿不到。"他说他的朋友阿夫扎尔被警察偶遇了,沙基尔得知此事,在半年后阿夫扎尔的妹妹结婚时给了她三拉克做嫁妆。穆赫辛出狱那会儿,母亲早已过世,哥哥又要成家,沙基尔给了他五万卢比,并且嘱咐他:"不够还有,打我电话。"

"只要我开口。"穆赫辛自信地说,"急着用车?一句话的事!"正因为帮派战争看似稳赚不赔,孟买想加入黑帮的杀手多如过江之鲫,比哈尔打工者纷纷入行,把价格一再压低。"他们坏了规矩,现在所有人都想来达乌德帮分一杯羹。"

和在场的其他人不同,阿尼斯很在意黑帮在酬劳分配上的不公平。"迪拜的大佬动动嘴皮子就有几亿卢比的抽成,而底下的小弟拼死拼活只能拿到一拉克。"

穆赫辛说他有三类敌人:小拉詹的手下、警察,还有警察的线人。如果能绑架线人,帮派分子会在撕票前对其施以酷刑;若不能,他们就当场射杀他。而如今,警方给线人配备了强有力的武器用以自保。穆赫辛曾受托杀死侯赛因·瓦斯塔拉——连环爆炸案的主要线人。瓦斯塔拉和我的警官朋友艾杰·拉尔相当亲近,他为人谨慎,极少在老巢派丰尼[①]以外的地区活动。和容易托大的新警员不同,瓦斯塔拉作为帮派分子,却早早穿起了警用防弹衣。

---

① 孟买一地区名。

穆赫辛是个经验老到的杀手，每次都会事先做好功课，会在执行任务前设法了解目标人物的癖好。一个人可能暂停工作，但他很难改变自己的癖好。瓦斯塔拉热衷板球，只要离开派丰尼，多半是为了看板球赛，那也是他的保镖放松警惕的时候。"我骑着摩托车接近瓦斯塔拉，预备开枪，但我的枪偏偏卡住了。瓦斯塔拉露出极度惊恐的表情，那是一张将死之人的脸。"穆赫辛于是一踩油门，加速逃离了现场，他没有被人认出来。一把卡壳的枪让瓦斯塔拉暂时捡回了一条命。

穆罕默德·阿里是穆赫辛的上级，和瓦斯塔拉是老相识。他原本是印度教徒，为在达乌德帮平步青云，改信了伊斯兰教。"他代沙基尔管理着大半个孟买。"枪杀未遂的第二天，穆赫辛和阿里来到瓦斯塔拉的办公室，瓦斯塔拉拿出一把枪，手臂仿佛钟摆一般来回移动，"先是瞄准了我，又把枪口对准阿里，他不断挥舞着手中的枪。"穆赫辛和阿里心生惧怕，他们起身离开，在公用电话亭拨通了瓦斯塔拉的号码。瓦斯塔拉对穆赫辛说："我知道你们是来杀我的。"穆赫辛挂断电话，对阿里说："快走。"

他们躲进格兰特路上的达娜俱乐部，在里头打牌。俱乐部的电话响了，是找他们的。穆赫辛接过话筒，竟又听到瓦斯塔拉的声音："打牌伤身啊。"他被吓得够呛。瓦斯塔拉莫非有千里眼？他一筹莫展，只得打电话给沙基尔。"还有谁知道你们的动向？"沙基尔问。斯坦利知道，他是他们分支的头号杀手兼负责人。沙基尔于是打电话给斯坦利，问他瓦斯塔拉为什么知道穆赫辛和阿里的具体方位？斯坦利的回答隐隐有种古怪。沙基尔察觉到了不对劲，他给穆赫辛回电，只说了一个字："杀。"他们走出门去，见斯坦利就站在俱乐部外的人行道上。

"我一枪命中，砰！斯坦利见我举起枪，还试图格挡。我第一枪正中他的心脏，第二枪打在他的右胸，第三枪擦过他的脖子，第四枪射穿了他的肚子。阿里上前揪住他的头发，顶着他的脑袋用完了枪里所有的子弹，然后我们才走开。我们一开枪，周围的人便纷纷逃走了。这事儿就发生在纳里阿瓦迪，离这里不过五分钟的路程。我们当时步行到拉尼巴[①]，坐公交车去了瓦达拉。当晚又回到班迪集市，好好吃了顿晚饭，我记得我们点的是鹌鹑肉。晚饭后我们玩了几局康乐球[②]，把那一天发生的一切都抛在了脑后。"

这是两年前的事了。后来穆罕默德·阿里因枪杀斯坦利被捕，穆赫辛却没有。他在报上读到阿里被捕的消息，知道自己被抓是早晚的事——阿里铁定把他供了出来。"我不怪他，他扛不住警察的毒打的。"那么瓦斯塔拉呢？"他还活着，但达乌德帮铁了心要除掉他，他躲得过初一躲不过十五。"几个月后，瓦斯塔拉从情妇家离开时，被达乌德帮的另一名杀手结果了性命。沙基尔做足了功课，发现了目标人物除板球以外的另一项癖好。

"多数时候我们选择一枪爆头，对方基本没有生还的可能。"穆赫辛如此解释他的杀人手法道，只除了有一次，他在中央火车站附近"贴着那个人的脑袋开枪，但子弹擦过他的额头飞了出去，他活了下来。我的工作是开枪杀人，子弹打滑不归我管。"穆赫辛喜欢徐徐图之，"如果有充足的时间慢慢杀死一个人，我当然情愿。但是当时的情况只允许我开了枪就跑，他是死是活完全听天由命。"

穆赫辛惯用点三八口径的手枪，最多能装九发子弹。若嫌进口手枪太贵，还有国产的卡塔猎鹿枪可以用。"这种枪的特点是留下的弹孔小，但是子弹射入目标以后会高速旋转，把身体炸开一个大豁口。另外，你每开两三枪就必须停一停，不然枪的温度过高，会把你自己的手都炸飞。"如果因为种种原因无法用枪，穆赫辛会改用剃刀或者斧子作武器。1991年他犯下那半桩命案时，用的是阿曼弯刀，一种短匕首。我问他用刀刺穿肌肉和骨骼是不是相当费力。"你切过西瓜

---

① 英属印度时期被称为"维多利亚花园"，位于拜库拉，是孟买最古老的公共花园。
② 玩法和规则类似台球，有"平民斯诺克"之称。

吗？"他反问我，"道理是一样的。人的身体比你想象中的更软弱。"

　　杀手通常都是单打独斗，但有时也会集体作战。沙基尔是第一个在刺杀行动中安排摩托车杀手的人，其他帮派见了，纷纷仿效。"一个人驾驶摩托，另一个人坐在后座，跳下车开枪，再翻身坐上车，引擎始终不能停。附近有第三个杀手原地待命，人们通常不知道他的存在。如果有必要，他会加入枪战，人群会以为我们的杀手遍布四面八方。"和发达国家的杀手不同，穆赫辛无需为处理尸首操心。他只管让目标轰然倒下，然后骑着车逃之夭夭。

　　说来不巧，穆赫辛枪杀菲利普斯·达卢瓦拉那天正好得了伤寒。按他的话说，发烧使人的思维活动异于往常，而这时要出门杀人，无疑是种冒险。正值斋月①，穆赫辛只得独自行动。他的目标达卢瓦拉颇有品位，穿夹克，戴墨镜，养着一只同他形影不离的杜宾犬。达卢瓦拉在暴乱期间给了印度教徒经济和军事上的双重支持，迪拜方面下令要除掉他。任务不容有失，穆赫辛无奈带病上岗。他拖着病躯来到达卢瓦拉的酒铺，发现身穿制服的警察端坐店中。穆赫辛悄悄撤离，预备晚间再来。他第二次去时，见铺子里仍然有人，穆赫辛当时并不知道，这些人是作便衣打扮的犯罪科警察，每周六雷打不动来达卢瓦拉的铺子收取贿赂。不多时，达卢瓦拉撇下众人和他的狗，独自到隔壁的酒吧小解。穆赫辛紧跟着他，在达卢瓦拉解手时走到他身后，举起了枪。原本这是一次轻而易举的谋杀，但发着烧的穆赫辛忽然生出了顾忌，他觉得无论如何不能在一个人解手时取他的命。他等着达卢瓦拉方便结束。

　　达卢瓦拉提好了裤链，转过身来，看到的是黑洞洞的枪口。"他

---

① 伊斯兰教的习俗，规定在伊斯兰历的第九个月，符合条件的穆斯林须恪守斋戒，每天从日出到日落期间停止饮食等生理活动，当天日落之后直至次日日出之前，则可正常作息吃喝。

害怕极了。"但穆赫辛的枪竟然再一次卡了壳。"我也害怕极了,又懊恼,想刚刚大好的时机为什么不开枪?"穆赫辛快速拉动滑套给枪退弹,然后对着达卢瓦拉的脑袋扣下了扳机。达卢瓦拉向后跌出洗手间,倒在了外面的走廊上。"我再次上膛,砰砰连开两枪,然后转身就跑。"

达卢瓦拉的手下闻声赶来,穆赫辛放了一枪,那些人四散逃开了。犯罪科的便衣警察驱车追赶,穆赫辛一边逃命一边朝身后开枪,警察为避开子弹,将车掉了个头。穆赫辛赶紧拦下一辆路过的计程车,回到家时身上的热度更高了。"我拉过一床被子盖上,昏昏沉沉地睡着了。"

穆赫辛曾多次被捕,倒没有一次是因为达卢瓦拉的案子。警察如果抓到他,便给沙基尔打电话,问他愿意出多少钱保自己的杀手无恙。一旦价钱谈不拢,警察就对穆赫辛用刑。他们拉过两把椅子,相对而立,在椅背上架起铁棍,然后屈起穆赫辛的身体,铐住他的手脚悬在铁棍上。穆赫辛仿佛倒挂在空中的烤乳猪,任警察前后踢打,在棍上来回摆荡。他们还用火柴棍撑住他的眼皮,不许他睡觉;用夹子夹住他的手指、耳垂和下体,对他进行电击。他瘦得皮包骨的身体在十二伏特电压的冲击下不断震颤,便携式发电机的手柄无情转动,火星迸溅。"电击会把人逼疯的。"阿尼斯说。

还有一次,警察铐住穆赫辛的一只脚踝,把他从天花板上倒吊下来。他们原本只想折磨他一会儿,但警局外面发生了游行,他们忙于应付示威人群,完全把穆赫辛忘了。"我就那样倒吊了四个小时,整条腿都肿了,我的脚完全失去了知觉。"

接着他摊开手掌,给我们看多次经受拷打后留下的痕迹。"没有一根手指能伸直。"作为医生的沙赫布丁实事求是地说。

警察审讯犯人时常喝得醉醺醺的,边上会有众多同事围观。"就像古尔邦节时人们围观杀牛宰羊那样。"他们拿出一把尖刀和一只柠檬,试图恐吓嫌犯:在你脑袋上把这柠檬切开,保管你知无不言。这对头脑简单而且迷信的犯人或许管用,看着持刀逼近的警察,待柠檬被切开、汁水溅了一头一脸的瞬间,出于某种心理暗示,他们会脱口交代案情。但这招对穆赫辛不管用。"我问他们,如果真是这样,那为什么还要费力拷打我,一开始在我脑袋上切柠檬不就好了?"警察顿时恼羞成怒,口不择言地咒骂他。穆赫辛则有"免死铁券"在手,他告诉他的施暴者,他已经出过庭了,他们休想偶遇他。这是一条黑白两道共同遵循的铁律:如果法官在庭审时见过了嫌犯,那他只要在押一天,就不会被偶遇。

目前,穆赫辛所在的分支只剩下三个人,其他五名成员都被偶遇了。根据穆赫辛的说法,政府曾向警方下令,对但凡背负两桩命案(及以上)的嫌犯实施偶遇。如果参照这个标准,背负了七桩半公开命案的穆赫辛实在死有余辜。此外,警方在偶遇对象手边放置的武器也暗示了他在帮派的地位。如果只是小喽啰,他们会在他的尸首边留一把六发左轮手枪。相对地,黑道大哥被偶遇后,手边放的是毛瑟枪;真正重要的大佬则有诸如 AK-47 或 AK-56 之类的冲锋枪"陪葬"。

侍应生敲门,送来了我点的一托盘三明治。直到他们离开房间,我们的谈话才得以继续。

穆赫辛出狱一年多了,但他在狱中可没受罪,相反,日子好过得不得了。"天天赛神仙。"帮派分子有自己的关押区域,穆赫辛可以肆无忌惮地抽大烟、吞服麻黄碱。达乌德帮每月给他七千卢比,另给他的家人一万卢比抚恤金。有专人一天两次前来送餐,监狱里的设施也一应俱全,包括电视机和康乐球桌。吸食了毒品的帮派分子常在球桌边消磨时间,只要买通了狱警,他们甚至能点酒和召妓。至于无人替他们买单的因犯,则靠出卖自己的肉体维持日常在狱中的开销。

因组织卖淫或贩毒(道上称之为"棕糖",即海洛因)而入狱的人,总难免遭到毒打和勒索,或许是因为他们从前太过猖狂。每天清晨四点到五点间,维多利亚终点站的后门外总有非洲裔的黑帮分子手握成袋"棕糖",大肆交易毒品。警方对他们犯怵,他们犹如泼皮无赖,不惜自残而后栽赃，在出庭时告诉法官：伤口都是警察造成的。1993年，穆赫辛被临时羁押在纳西克监狱，那里发生过一场暴动。监狱的开饭顺序总是先印度裔、后外籍人士，这引发了非洲裔囚犯的不满，其中一人往狱警的脸上泼热豆糊，后者用警棍（带铁质尖头的竹棍）反击无果，另一名非洲裔狱友上去就是一拳，登时将狱警揍倒在地。场面逐渐失控，落了下风的狱警选择"黑吃黑"，打开了关押孟买帮派分子的牢门，将恶虎放了出来。帮派分子手持自制的尖刀，进了牢房便是一顿乱砍，"速战速决，有两个黑鬼趁乱被我们刺死，但这次暴动没有留下任何官方记录。监狱里没有所谓的正义，执法是最混乱的。"

穆赫辛成婚在即，他打算在婚后"从良"："可能在什么工厂当个差。我可以去别的地方，用新的名字开始生活。"一个有价值的杀手在"干完一票大的"以后往往会离开印度，逃到迪拜，再辗转到卡拉奇。穆赫辛说飞离孟买不是问题，机场公安里有他们的人。

吉里什终于听不下去了，决定劝面前的杀手洗心革面。"做什么要等到婚后？你这就要结婚了，现在停手不行吗？"

穆赫辛却不为所动。"我要为婚礼的花销筹够钱。"他的未婚妻也对他说过类似的话：放手吧。穆赫辛不肯听，还对她说："你有本事倒是让我回心转意呀。"他们的结合不是没有感情的，他的未婚妻是他的表妹。穆赫辛信誓旦旦地说要在婚后去苏拉特，给雅辛报仇。雅辛是他的手下兼朋友，在喝水时被人一剑"削开了脑壳，牙齿都叮叮当当掉在杯子里。"穆赫辛决意为朋友的死复仇，不是因为帮派纠纷，而是"为了穆斯林的荣誉。"

"你这人没救了。"阿尼斯当着穆赫辛的面说。

身后的浴室传来哗哗的流水声，沙赫布丁正在洗澡。我们谈论死亡和酷刑的时候，他始终安静地坐在沙发上，若有所思地盯着浴室的门。我记起他曾告诉我："每个早晨我都必须做决定，如果我选择了洗澡，那么一天当中余下的时间就没有足够的水喝。"他因此并不喜欢住在马丹普尔，而当他的面前出现了无限量供应热水的浴室，他当然不会坐失良机。沙赫布丁痛快地洗了个澡，出来时简直容光焕发。

穆赫辛和阿尼斯谈起马丹普尔和犯罪分子的关联，带着被长期打压的弱势群体终于扬眉吐气、如今公然违法的逆反和骄傲。"做非法买卖的基本都是穆斯林，因为年轻一代尤其感受到经济上的压力。不论是混迹啤酒吧还是参与帮派战争，穆斯林的身影随处可见。"斋月期间，啤酒吧没了穆斯林光顾，要么闭门歇业，要么门可罗雀，而"一到开斋节，所有啤酒吧又重新挤满了开怀畅饮的穆斯林。"

孟买警方当然不会对穆斯林的犯罪活动视而不见，但穆斯林犯法者众、执法者寡——穆斯林警察仅占孟买总警力的百分之五，独木难支。"印度教徒对我们的谩骂难听得很。"阿尼斯告诉我说，"我们被当作民族的叛徒。"但这些穆斯林同样在印度出生长大。穆赫辛质问说，覆巢之下焉有完卵，如果国难当头，他们又能逃去哪里呢？岂不留下为印度而战！穆赫辛慷慨激昂地表示："一切为了普天下的伊斯兰，民族问题倒是其次的。"他时刻不忘针对穆斯林发起暴乱的湿婆军，将萨克雷称为"罪魁"。他表示达乌德帮正密切留意巴布里清真寺的动静，如果印度教徒胆敢再次发动袭击，有备而来的穆斯林必定狠狠反扑。他们已经储备了大量军火，不惜生灵涂炭。"我们有火箭发射器，还有阿富汗战争用过的那种毒刺导弹。"各地的穆斯林蓄势待发，只等一声令下。

就在昨晚，马丹普尔的帮派分子无视警方牵线，缺席了志在消弭印穆仇恨的伊克塔组织发起的调停会。这一地区几天前刚发生过小规模的印穆冲突，警方维持警戒、四处巡逻，紧张的气氛与日俱增。穆赫辛谈到未来的局势，语带敬畏："难以想象的事会一件一件发生。"他说等着我们的不是内战，而是世界大战，是全球范围内的穆斯林同敌对分子的较量，好在他们人数众多、版图甚广。"穆斯林遍布全球，印度教徒只集中在印度而已。"穆赫辛深信历史是站在穆斯林这边的。

阿尼斯表示了赞同，他对我说："如果你当真想见识圣战分子，应该去巴勒斯坦①。在那里，就连小孩子也背着AK-47步枪。"他接着列举了圣战分子的大本营：巴勒斯坦、阿富汗、克什米尔、波斯尼亚②。我曾在纽约布鲁克林的清真寺听到过同样的说法，当时讲道的伊玛目细数了世界各地的伊斯兰战场。军号声声，似远实近，天下离乱，所为不过同一场战役——它始于人们对必须惩恶扬善、除暴安良的执著，以及高呼"我即正义"的那种狂热。有史以来，善恶之争从不间断，年轻的穆斯林帮派分子前仆后继，坚信他们的生命因战斗才有意义，他们活着不为感化异教徒，而为守护伊斯兰至高无上的荣誉。他们的死敌——譬如苏尼尔和他的湿婆军则全然响应这种情感，他们自诩为印度教徒的守护神、抵挡穆斯林入侵的坚实堡垒。"你们这些马瓦里人、古吉拉特人、马拉巴尔山的有钱人，要是没有我们，早就死绝了。"孟买自古便是东西方的交汇点，是两个世界的碰撞区。穆斯林也好、印度教徒也罢，他们以为即将在孟买迎来最新一轮的恶斗。他们却不曾看到，所有战争都是对过去的复刻，今日的孟买之战就是昔日的图尔战役③、帕尼帕特战役、科索沃战争……在这块被穆斯林国家环绕的大陆，人们为宣布主权，战而复战。

电视上正放映黑帮枪战片《白鸽》，是由维德胡·维诺德·乔普拉导演的。彼时我俩尚未谋面。某个电影角色在发油生产厂被杀害了，"这一幕拍得妙极了。"穆赫辛点评道，"你看，他的血和发油混在一起。"所有人都兴味盎然地盯着屏幕。《白鸽》里的警察在事后审问杀手："被害人在哪儿？"杀手答："沃里的排水沟。"自从这部电影上

---

① 有别于巴基斯坦。中东国家，由加沙和约旦河西岸两部分组成，主要信仰伊斯兰教。
② 欧洲南部巴尔干半岛西部的多山国家，伊斯兰教为其主要宗教。
③ 发生于732年10月10日，法兰克人和勃艮第人对抗由阿卜杜勒·拉赫曼率领的倭马亚王朝的阿拉伯军队。结果法国人获胜，拉赫曼被杀。此为穆斯林势力席卷伊比利亚后吃的第一场败仗，重挫穆斯林锐气，使伊斯兰教在欧洲的传播速度大幅减慢。

映以来,"他在沃里的排水沟"就成了"他已被害"的代名词。

　　从帮派分子口中获取信息并不难:我说要把他们的故事写进电影剧本。我没有撒谎,确实有导演前来接洽,端看我能否动笔将黑帮秘辛化为电影脚本。亡命之徒的生活若以艺术形式表现出来,会不会稍稍变得合理一些?

　　于是小伙子们告诉我,为了让我的脚本更写实,我笔下的人物要用道上的行话。在孟买黑帮,指代任务、性爱和死亡的是同一个词:卡姆。所以"我卡姆了那个人"可以指"我杀了他"、"我和她上过床"或"我为他卖命"。

　　为在从事一系列非法活动时躲开警方的耳目,黑帮逐渐完善了一套暗语体系。譬如说,数字一到四十皆对应不同的意思。女人的代号是"二十六"。她的情人是她的"狮崽"。此外,一个女人的代号也可能是不同品种的大米,例如籼米、粳米、糯米等,他们说"那是印度香米"的时候,往往指"她是个舞女"。而舞女们工作的啤酒吧被称为"学校"。性爱则常用"停课"来代替。

　　枪械也有众多代名词,比如活计、器皿、糖果、风琴、棍、凉鞋、擀面杖等。它也常被称为马儿,显然,枪支之于杀手就好比马匹之于中世纪武士。穆赫辛说,冲锋枪(或"机关枪")因其突出的扫射能力而被称为吉他、喷壶或扫帚。他亲切地称呼小手枪为阿嬷,子弹则是阿嬷的孩子,又或者叫药片、胶囊、米粒。手雷被称为土豆、石子或石榴。剑被称为大高个。

　　杀人的婉词叫"拍外景"。如果要毁尸灭迹,黑话则是"把包裹寄出去"或者"把他的名字划掉"。帮派大佬下达必杀令时,会吩咐底下的小弟"给他洗个头"或"算他个整数"又或"带上槟榔"。槟榔是婚庆及礼佛时必备的贡品,杀手临行前会嚼槟榔以期好运,因此这种水果不知不觉和杀人联系到了一起。

　　在黑帮的行话里,性爱与死亡一体两面。有人习惯把枪称为"车",而"驾车"既可以指开枪,也可以指做爱。女人和毒品常被称为"货",大麻是"黑金"。警方是"鸟儿",警车是"油灯"。

许多名词是从板球术语当中借用过来的,我在艾杰审问嫌犯时经常听到。黑帮的探子被称为"外野手",他们在杀手"上场"时负责望风,在被害人"出局"后功成身退。黑帮大佬酷爱板球,他们花大把时间观看球赛,并邀请明星球员来他们躲藏的国家一聚。他们享受操纵比赛结果的特权,为此定期贿赂球员打假球,再用赌球的方式大赚一笔。

在道上,搜集情报又叫做"打响指",比如"我要对某某下手,你先替我打个响指。"金钱往来叫"摇号"(比如"你摇到的是几号?")或"短信"(比如"你收到一条短信。"即"你收到一万卢比。")黑帮谈及金钱时会尽可能地低调:一拉克常被称为一卢比,挪用公款叫"募捐"。

当一名杀手去往海外,不论是迪拜、马来西亚还是多伦多,他都"回乡去了"。除孟买以外的任何地方都被称为"乡下"。

酒店的楼下正巧设有婚宴,规格不低,来自拜库拉的穆斯林中产阶级你来我往。我们选在此时离开酒店。驱车经过市中心时,阿尼斯指着一间名为"金矿"的啤酒吧说:"这里发生过两起命案。老板谢蒂是印度教徒,他有两个保镖。达乌德帮向他收保护费,他不肯交。第二天他走进酒吧,发现自己保镖的头被扔在了桌上。"

我在卡马提普拉放他们下车。"我们去第五大道快活快活。"穆赫辛说,他五年前戒了酒,但戒不掉吸了十五年的大麻。"吸大麻百益而无一害嘛。大麻酚能让我冷静下来,我这人容易冲动。"同时,毒品也令这伙年轻人饥肠辘辘、欲火中烧。他们会先吸毒,然后进食,最后嫖娼——大麻据说还有壮阳的效果。"这就是我们的生活。每天下午一点起床,至于几点睡觉,完全没个准数。"对这毫不规律、总有阴影相随——迟早要么被杀要么被捕的生活,穆赫辛和他的同伴并无不满。他们日夜流连在这座灯红酒绿的城市,从马丹普尔的烤肉摊转战康乐球俱乐部,又出入卡马提普拉的大烟馆和勾栏院,四处厮混,宣泄怫郁。他们聚集在市中心,伺机窥探有无挑起事端或加入斗争的可能,以便从中牟利。他们密切关注一切风吹草动,如证券经纪人紧盯电脑屏幕或粮油商观察将临的雨季,一点点征兆便足以挑旺他们的兴奋。

结束酒店的会面后,我前往沃里参加一个晚宴。我到的时候,公寓里已或坐或站着七八对夫妇了。那是一个狭长挑高的房间,散布精美的古董家具,墙上挂着各式抽象画(画着一张张残缺涂黑的脸),令人仿佛置身伦敦苏活区。房主在加州生活了十年,刚回孟买,客人也多有留美经历,在沃顿商学院或哈佛上过大学,还有为数不少从杜恩① 毕业的校友。人们谈话的内容围绕下一代的教育、不景气的经济或旧时的趣闻展开。我们啜饮着主人提供的法国红葡萄酒,听最新款的环绕立体音响播放厄莎·姬特② 和安妮·雷诺克斯③ 的动人歌声。不一会儿,一个白肤金发的女人走了进来。我远远看过去,以为她是美国人,等听见她纯正的孟买口音我才意识到:她染了头发,也做了美白,并且煞费苦心地防晒。

我失口告诉了一位宾客我今天下午的遭遇。很快,房间里的人聚拢过来,热切探听我和职业杀手的近距离接触。人们对我所描述的马丹普尔大感诧异,正如两晚前伊沙克、吉里什和沙赫布丁对我所描述的百万富翁的派对感到惊奇一样:"这些人长什么样?谈吐如何?作什么打扮?"我懊悔自己一时口快,但我又需要这样一个过程,好让我在一天的倾听后用诉说的方式对故事加以梳理,再于隔天化作笔下的文字。我和这群并不相干之人分享我听到的故事,而慢慢地,他们也加入了诉说的行列,这些投资银行家或实业家讲起了自己的故事。他们假借"某某亲戚"或"朋友的朋友"之名,间接承认曾成为黑帮的

---

① 位于北阿坎德邦,始建于1935年,是印度最好的寄宿制学校,被誉为"印度的伊顿公学"。
② 美国歌手、演员,以独特的歌唱风格闻名。
③ 苏格兰女歌手。

目标,且以向黑帮的敲诈屈服、支付了勒索金而告终。我这才恍悟穆赫辛和他的帮派原来离我们并不遥远。我从窗户往外看,仿佛在幽静的路旁见到了穆赫辛的身影,他正和他的同类聚在一块儿,窥伺着灯火通明的室内移动的人影。敌暗我明,他们看我们要比我们看他们清楚得多。

我向主人告辞,一位银行家顺路送我回去,他问我在孟买上哪儿能买到枪。他说他曾在妹夫的农场打过猎:"开枪的一瞬间是我人生中最痛快的时刻。"

几个月后,阿尼斯向我汇报了穆赫辛的近况。他终究没能结成婚,我们在卡马提普拉分别后的第三天,犯罪科的警员逮捕了穆赫辛。他们塞住他的耳朵、蒙上他的眼睛,把他带到一处不知名的地方,整整拷打了三天。他们要求穆赫辛转做警方的线人,为警方铲除敌人。"他宁死不从。"阿尼斯说。因此警察打电话给沙基尔,后者用三拉克赎了穆赫辛的命。穆赫辛一获自由,立即往北逃走了。他从苏拉特给阿尼斯寄来一篇谋杀案的报道,报道旁边刊登着他的照片。"祝贺我。"他在电话里这样对阿尼斯说。穆赫辛信守诺言,以牙还牙,当真为他的朋友雅辛复了仇。

萨蒂什:叛变者

我坐在"叩应服务"外间闷热的办公室,等待卡马尔为我安排和达乌德帮的二把手——沙基尔的会面。吉里什交游广阔,卡马尔是他的大学同窗,也是达乌德帮的总管。他手握财政大权,黑帮分子和其家人皆仰赖卡马尔的资助(尤其是在他们被杀或被捕后),因此通缉令上的头几号人物也要尊卡马尔一声"大哥"。手腕通天的卡马尔有张略显狡诈的脸,他穿着考究,英语熟极而流,既有本科学历,也有与生俱来的经商天赋,为达乌德帮打理诸多白道生意,同时直接参与黑道的一切活动,在道上声名显赫、人敬三分。马丹普尔的穆斯林（譬如阿尼斯和穆赫辛）曾是替卡马尔端茶倒水的小喽啰。"没我的允许，他们不敢坐下。只要我在房间，他们就得一直站着。"

叩应服务是一家负责郊区物流的公司，也是卡马尔的生意当中最正大光明的一项。公司的介绍上这样写道：

> 叩应服务，你叩我应——在您拖着疲惫的身躯下班回家以前，只需一通电话，您点的餐会从指定饭店由我们为您送达餐桌。同样只需一通电话，我们会自维修点将您的电视机送回家中，确保您在餐后看上喜爱的节目。而您第二天要穿的西装会在干洗熨烫后由我们送交贵府。

叩应服务的营业执照上是某印度教徒的名字，他只拥有公司百分之十五的股份。真正的大股东卡马尔（曾用名沙希德）躲在幕后。吉里什的这位朋友频繁改换自己的名字，好像其他生意人更换办公室一样轻易。每当使用一个假身份的风险变大，每当这个假身份累积了太多恶名，卡马尔便另换一个身份登场。此时的卡马尔正坐在里间的办公室，作为穆斯林社区的"大哥"为一对夫妇出谋划策。这对夫妇的女儿从奥郎加巴德①逃家，和情郎私奔了，他们想找回女儿。不一会儿，大约是解决了手头的事情，卡马尔从办公室出来，到街角的公用电话亭给沙基尔打电话，好安排我俩的会面。

沙基尔问他："你认识这个苏科图·梅塔吗？他是你的朋友？"

"他不是我的朋友，是我好朋友的好朋友。"

"调查一下他的情况再说。即使要见面，我也想先和他通个电话。"

---

① 位于马哈拉施特拉邦，得名于莫卧尔帝国的奥朗则布，他将帝国都城设于此处。

回到办公室以后,卡马尔向我提议:把最真实的黑帮战争写进电影脚本,要有别于之前那些荒腔走板的影视作品:"这可不是童话故事。"为此他愿意协助我做实地调查。我可以前往迪拜,花十五天时间观察黑帮的运作模式。我会亲眼看到帮派分子对孟买的无限思念,也亲眼看到他们在迪拜貌似光鲜实则郁郁的情态——除了道上的营生,他们没有真正的生活,闲来去必胜客喝果汁,或者买来宝莱坞的光碟整夜观看。他们时刻挂念故乡,猜想父老兄弟要如何庆祝传统节日。卡马尔曾在迪拜和沙基尔共处了两周,他注意到那盘《我爱我的印度》的卡带让沙基尔播放了太多次,磁粉都快掉光了。

在卡马尔看来,我确实应该写这个剧本,这样政府才能知晓帮派战争的实际情况,也才能制定出打击帮派的最佳策略。在黑道举足轻重的"大哥"卡马尔对我说:此乃造福社会之举。如果政府有心把黑帮的敲诈勒索控制在合理的范围之内,就应当允许走私有利可图。"要重新收紧对黄金、进口手表还有电子产品的贸易政策。既然不可能消灭黑帮,就必须学会与黑帮共存。"卡马尔还说,有时黑帮内斗,仅仅是为了在报上扬名,这样一来,普通百姓才会对黑帮常怀戒惧。"仓库储藏的是商品,黑帮储藏的是人们的恐慌。"

在出发执行任务前,一些杀手会从阿杰梅尔神社求来丝线,作为护身符系在彼此的手腕上。"所有黑帮成员都是敬神的。他们时时刻刻意识到自己在犯罪,因此把性命交到神的手上。"神才是最终极的"大哥"。卡马尔办公室的墙上、桌上贴满了《古兰经》的经文,他一天要做五次礼拜(穆斯林称其为乃玛孜)。和很多帮派分子一样,卡马尔在手臂和胸前佩戴着绿色的塔威兹护符。吉里什来找老同学的时候,总发觉他和手下(或者访客)乐此不疲进行着对教义的探讨。他们把手头的生意丢到一边,参照《奥义书》[①]和《古兰经》等反复比较印

[①] 古印度一类哲学文献的总称,是广义的吠陀文献之一,因而常被理解为婆罗门教与印度教的经典。

度教、伊斯兰教和基督教的差异,不加贬低,全然赞扬,这种兼容并蓄的极大热情让吉里什颇难消受。

卡马尔在办公室新装了空调,但蚊子的数量有增无减。吉里什尝试着拍死一只,打开手掌,却见上面空空如也。"你干不了我们这行。"卡马尔评价说,"你连只蚊子都打不到。"

吉里什因为孟买糟糕的空气质量倍感不适,每到夜晚便呼吸困难。他试遍各种偏方,包括去看传统印度医生:主张阿育吠陀①术的、采用顺势疗法②的、自称哈基姆③的……直到最近,他在卡马尔的推荐下到米拉路上见了一个灵媒④。人们到灵媒那里,请她告诉他们:我远在美国的双亲是否康健?灵媒的回答比打国际长途划算得多,且据说从不断线。卡马尔常去拜访这位灵媒,好得知达乌德帮在迪拜的近况。警方可能正监听帮派分子的电话,灵媒却能借助异世界的网络,为分隔两地的人牵线搭桥,安全无虞,其对黑帮的价值不可谓不巨大。

另一个常来卡马尔办公室的人名叫扎米尔。他留着小胡子,二十岁出头,身量矮小且消瘦。扎米尔为卡马尔在达曼⑤的建筑工程监工,每天单单通勤就要花七小时。他对黑帮知之甚多,向我透露说啤酒吧的侍应生、舞女、经理(甚至包括街角的理发师)都是黑帮情报网的重要成员。

我所期待的和沙基尔的通话未能立即兑现,但卡马尔帮了我一个更大的忙:他促成了我和达乌德帮头号杀手的会面,此人"正从班德

---

① 意为"长生之术",为印度教及佛教的传统医学。
② 为一种替代疗法,1796年由山姆·赫尼曼所创。此理论指出,如果某个物质能在健康的人身上引起病人患某病时的病症,将此物质稀释震荡处理后就能治疗该病症。
③ 草药医生。
④ 可请示鬼神来满足人们现实生活中的愿望的人。
⑤ 印度达曼-第乌中央直辖区的首府,位于古吉拉特邦南端。

拉逃往波利瓦里"，一路被警方追缉。卡马尔告知那名杀手，说我在写关于黑帮的电影剧本，杀手答应和我"在最危险的地方"——南班德拉或北波利瓦里碰头。

7月的一个下午，我们在孟买市郊巴扬达的长途汽车站见到了他们。我们是指我和自告奋勇前来的维克拉姆（他是我的朋友，在写一本关于黑帮的小说）。他们是指扎米尔和那名黑帮杀手。我们走进车站旁的小咖啡店时，扎米尔正嚼着葫芦巴[①]香饼。他指了指窗外忙着打电话的某个人："就是他。"

扎米尔几口扒完了午饭，和我们一起走到外面，向我们介绍刚跨出电话亭的杀手：他留着胡茬，穿格子衬衫、牛仔裤，手上戴着护符和戒指，约摸二十五六岁，身量结实，面貌英俊，双目炯炯有神。我们刚见面时他用的是一个名字，更信任我以后用的是另一个名字，我到迪拜后又得知了他的第三个名字。他的真名无从考证，我姑且称他为萨蒂什吧。

我们乘嘉鲁达（一种加长型的电动三轮车）前往酒店。三轮车的后座能容纳八人相对而坐，前座能容纳三到四人，端看车夫的意愿了。交通略显拥堵，但萨蒂什命车夫加快速度。从我的角度看不到前方的路况，萨蒂什可以。车也好，人也好，牛也好，在萨蒂什眼里统统是障碍，我只听他对车夫说："别怕，超过去，把他挤开。"

三轮车在一块广告牌前停了下来，上面印有"麦克斯韦尔度假酒店"的字样。广告牌上除了游泳池，还画有毫不相干的直升机和袋鼠。我们顺着沿山脊而建的小路走，路的左侧是一排老洋房（间或有一两座小教堂），门柱上刻着天主教圣徒的名字。路的右侧是稻田，在雨中显得格外青翠，更远处是白色海浪不住翻滚的滩涂。蒙蒙细雨之中，四周的景致竟分外温柔可爱，让上山的三里路变成了一种

[①] 又称云香草、香苜蓿或香豆子等，不仅是蔬菜，也是药材。

享受。

等走进酒店,我们才终于明白了广告牌的含义:入口处的凉亭里摆着供儿童乘坐的投币式摇摇车,其造型正是玩具直升机和袋鼠。我来到前台,和老板商量钟点房的价格。正讨价还价的时候,有两名员工走到了老板身边。

"警察来了。他们说有搜查令。"

身材矮小、蓄着一把大胡子的老板慢慢点了点头。"是嘛?你去告诉他们:只管进来搜。"他很清楚警察不会真的走进大堂。

我最后以五百卢比订了一间房,我们上楼去看,房间正符合要求,有一张床,还有几把塑料椅。我打开背包,取出电脑,听萨蒂什向我诉说他犯下的第一桩谋杀案。

他当时还是小拉詹的手下,小拉詹派人送来两把"糖果"(指手枪),一把给了萨蒂什,一把给了他的锡克教朋友。起初他们只是拿着枪把玩,或用枪威胁别人。一天,萨蒂什的女友带他到庙里,在他的右手腕上系了辟邪的红绳,边系边对他说:"诸恶莫作。"第二天,小拉詹便命他们除掉一个参与了爆炸案的穆斯林。目标人物三十出头,已不再替黑帮做事,如今潜心向善,定期到清真寺礼拜。

萨蒂什去杀他时,"我在他的眼中看到了愤怒,还有惊惧。"萨蒂什举起右手,他看到手腕上的红绳,想起了女友嘱咐他的话,于是"改用左手开枪,但我用不惯左手,子弹打偏了,击中了他的小腿,他转身就跑。我对他有那么一丝同情,他只是爆炸案里的小角色,我真要对他做什么的话,保管他跪地求饶,可我犹豫了。他一路跑进自己家,我怕打中他的孩子,所以收了手。"可枪声到底唤醒了萨蒂什内心的某种东西,他边走边对空鸣枪,民众纷纷从他身边逃跑。

任务失败了,从上头来的指令也催得更紧了:必须枪决参与了爆炸案的穆斯林。包括萨蒂什在内的四人只得展开第二次刺杀行动。他们等在人流密集的公交站点,手持精密武器,分别是九毫米口径的格洛克、毛瑟枪、点三八口径的左轮和半自动手枪。四人在手机上设好座标，其中一人守在目标人物身旁，其余人盯住撤退路线。他们把武器藏在塑料购物袋内，各就各位后"给在目标人物边上的同伴信号，他一枪爆了那人的头，我们又补开了好几枪，确保他毙命，然后逃离了现场。有人被流弹误伤了。我在原地站了几秒钟，见到处都是鲜血，那人的脑袋炸开了花，他的血液还在沸腾，像煤气上烧开了的水。"

这是萨蒂什犯下的第一桩谋杀案。"从那以后，我就开始了杀手生涯。"

我们用夹杂英文的印地语交流。萨蒂什是个聪明人，他会把全副注意力放在你身上，看着你的眼睛，强势而清晰地表达观点，并不指望得到你的同意或者同情。他曾是化学系的学生，原本再有一年就能拿到本科学位了。

七岁的时候（即1981年），刚上小学的萨蒂什眼看着母亲被活活烧死。我问这对儿时的他产生什么影响没有。

"第二天我就照样吃巧克力了。"

萨蒂什的父亲——某税务局高官声称妻子是自焚而死的，警方则认为他有重大作案嫌疑。他因此被停了职，收了监，服无期徒刑。多年后，不断上诉的他终于被高等法院宣判无罪，当庭获释。

无人看管的萨蒂什在安泰里念英语学校。他成绩不错，排名总在班级前十。"但家里发生的那些糟心事"让他开始结交学校里的小混混，并且不断闯祸。他曾对着黑板尿尿，遭到校方停课的处罚。"家里人发现了我们的所作所为，晓之以理、动之以情地劝。"萨蒂什说话的时候，格外喜欢用"我们"来代替"我"，不是因为他对某个团体或组织忠诚，而是躲在"我们"背后，可以模糊"我"的概念，借此逃避相应的责任。

和女生约会需要钱，萨蒂什又很缺钱。为此，他和他的混混朋友做扒手、偷车甚至干脆明抢。有时行窃并不顺利，他们会反过来挨揍，"如果我们有枪，情况就不同了。我们去戏院看电影，一边想着，如果能有把枪该多好啊。"一个北方邦的朋友被卷进了斗殴事件，萨蒂什和他的伙伴为其两肋插刀，捅了对方的人，但那人有黑道背景，不好惹，因此北方邦的朋友给了萨蒂什一把国产手枪，那是他的第一把枪。"我们没事就照镜子，得意地别着枪四处晃。"并且越来越渴望"开一枪试试"。萨蒂什回顾往昔，或许不记得结交了什么样的人，但一定记得用过什么样的枪。在他成年生活的不同阶段，他像别的男人难以忘怀交往过的女人一样，能历数在腰间别过的每一把枪。

萨蒂什曾在"九三"爆炸案期间出售枪支弹药，他那会儿还是大学生。他的同伙被偶遇专家萨拉斯加逮捕了，警方在他们身上共搜出十八把进口手枪，顺着他们的交代来抓捕萨蒂什，结果扑了个空，于是拿枪顶住萨蒂什父亲的脑袋，逼他说出儿子的下落。萨蒂什的父亲向警察求情，拿钱贿赂他们，务请他们放他的儿子一条生路。

萨蒂什终究被带进警局问话。警察当着他的面毒打并电击他的同伙。那一晚，萨蒂什得知他也难逃一劫。他在拘留所的牢房里，对即将到来的审讯满心惧怕。他忽然想起一个穆斯林朋友曾教他的咒语，据说很管用。当警官前来提审他时，萨蒂什闭眼装睡，一边拼命默念那句咒语。警官站在牢房外，居高临下地看了他好一会儿，竟真的走开了。"直到今天，我依然相信这句咒语的力量。"萨蒂什说。

警方没能找到萨蒂什和爆炸案的直接关联，放他走了。他在深夜回到自家楼下，发觉家里仍然亮着灯。他打开家门，看见父亲、哥哥和妹妹都坐在那儿。"我从小没了母亲。"有生以来第一次，他看到父亲哭泣。"他说：'我以为你会好好读书，将来做个医生。'"萨蒂什在那一刻被愧疚感击倒了。他回到马哈拉施特拉邦乡下，他的爷爷至今住在老宅。爷爷是个很严厉的人，他让萨蒂什干农活。萨蒂什扛着犁地的工具，每日辛勤耕耘，却连饭都吃不饱。他终于病倒了，爷爷不肯买药给他吃。哥哥又给他写信，说出门在外生了重病，暂住在一间小旅馆，想立即见他一面。萨蒂什向堂兄借路费和医药费，却遭到了拒绝。"真是五味杂陈啊。"萨蒂什回忆起当时的情景，"我替黑道卖命时从不用为钱发愁,清清白白做人了,却只配穷得叮当响。"他果断跑回了孟买。

萨蒂什在孟买的空运公司找到一份差事,公司靠走私盈利可观。拿到第一个月的薪水时,萨蒂什给父亲买了一块手表,他说"我至今都记得他高兴的样子"。后来萨蒂什和上司闹翻了,跳槽到堂兄的物流公司干活:他必须在火车开进孟买的入市税[1]站前把货物扔到窗外,然后跳出还在行驶中的火车,抱着偷运进来的商品,从税务员的眼皮子底下溜进孟买。有一天他犯了一个错,他请邻座的乘客把包裹推出窗外,结果装着进口纱丽和机器零部件的包裹掉进了火车底下,被碾坏了。萨蒂什非但拿不到提成,还要赔钱,和堂兄不欢而散的他再度辞了职。

再后来,一个老朋友联系上了萨蒂什。此人刚出狱不久,在狱中结识了不少黑帮分子。萨蒂什在他的鼓动下加入了小拉詹的大哥帮,也因此犯下人生中第一桩(以及后来的许多桩)谋杀。小拉詹和某制片人围绕其投资的电影产生了纠纷。制片人认为随时有几十名保镖相护,可以高枕无忧。萨蒂什使出一招调虎离山,在制片人的住所点着了火,趁保镖冲出去灭火时走进了他办公室。制片人正在打电话,他的对面坐着几位访客。"我们对着他的胸口就是一枪,让他见鬼去吧。那几个访客吓得话都说不出来了。我们迅速跑出来,开车逃走了。"

正值九十年代初,旁遮普的锡克教徒常制造恐怖袭击。其中一人接到上头的指令,欲召集孟买的枪手刺杀一名警察。萨蒂什和其余四人参与了这次暗杀,也因此被捕。他在伯蒂亚拉[2]监狱待了四个月。那是一座巨大的监狱,恐怖分子可谓济济一堂,有博士学位者有之,

---

[1] 对进入城市的商品(仅限在马哈拉施特拉邦及旁遮普省内使用、消费的)进行评估并纳税的一种制度,导致严重的物流问题。
[2] 旁遮普邦东南部一城市。

是官二代者有之——萨蒂什的狱友是税务局副局长的儿子。萨蒂什本应被单独关押,但"我们用两千卢比贿赂狱警,给我俩安排在了同一间号子"。他们的隔壁关押着另外三名囚犯,大伙隔着水泥墙玩宝莱坞电影歌曲的接龙游戏:譬如上一个人如果以"你"字作结,下一个人便要用"你"字开头,唱一首新歌。牢房里于是回荡着恐怖分子嘹亮的歌声,暴徒们扯着嗓子唱着缠绵悱恻的爱情歌曲。

在监狱的时候,萨蒂什通常负责清理绞刑架。绞刑架搭在平台上,顶上悬有套索,平台的地板做成了活门,打开后,死刑犯垂直坠落,因拧断颈椎身亡。萨蒂什要清扫平台,常有成群的鹦鹉飞来,地板上洒满了鸟粪。活门下的房间也要打扫,据萨蒂什说,观看绞刑的人无法想象囚犯从活门坠落、然后被吊死时所经历的痛苦。底下的房间遍布人的屎尿和舌头。犯人在套索间挣扎、被夺去性命的那几分钟里会因巨大的冲力大小便失禁,并且咬断自己的舌头。

出狱后,萨蒂什、萨蒂什的同伙和旁遮普的警察得以化干戈为玉帛,其中一名警官甚至提前替萨蒂什争取到了保释——萨蒂什毕竟是政府高官的儿子,哪怕他的父亲曾背负杀妻坐牢的臭名。如今,每当旁遮普的警察到孟买公干,萨蒂什和手下会等在车站,随后送他们去卡马提普拉一间名为007的夜总会"放松放松"。萨蒂什对那里的收费标准了如指掌:"花一百五十卢比可以叫到面目姣好,还是大学在校生的小姐作陪。一个小时的收费是三百卢比,过夜是七百五。"带警察去红灯区是萨蒂什"礼尚往来"的方式,在他看来,旁遮普的警察实在非常好客。

某天,在旁遮普的时候,萨蒂什受邀到一名警察的家中做客。晚饭异常丰盛。"他也知道我热衷那档子事。"所以晚饭后,这名警察让萨蒂什跨上他的子弹牌摩托车后座,一路呼啸着开到了郊外。他们停在一间屋子的前面,警察敲响了那户人家的大门。男主人来应门,警察用枪指着他的脑袋,他的妻子就站在他身后。"我的警察朋友对我说:你带上这人的老婆,到卧室去乐一乐。"萨蒂什依言照做了。"我很快完事了。"谁料这名警察也来一逞兽欲,萨蒂什竟站在床边看着。"他的动作极其粗暴,我再一次亢奋起来,所以我抓住那个女人又来了一发,她一直哭喊'不要,不要!'"警察告诉她乖乖从命,"他说'这是我们的客人'。"她的丈夫和女儿就在隔壁。"男主人被随行的警员拿枪指着。在旁遮普,警察完全可以无法无天。"我问萨蒂什有没有染指这户人家的女儿。他说没有,她才十八岁,"对这样一个小姑娘下手,我于心不忍。"

萨蒂什试图为自己的行为辩解:"反正那个女人肯定和别的什么人有一腿。既然她能和野男人搞,和我们为什么就不行?"

我听着他的叙述,数次停下了打字的手。我花了很大的劲才压抑住真实的感情。我又问萨蒂什:开枪时他是否感到害怕?

子弹的声音会驱除恐惧,他如此回答。"第一发子弹冲出枪膛以后,我的头脑一片清明。好戏这就开始了。"不同的杀手有不同的解压办法。杀人后有人喝酒,有人吸毒,有人嫖娼。萨蒂什烟酒不沾,也不碰毒品,他会直接回家、洗澡,"我总要在事后洗个澡",为哈奴曼献普迦,再坐下吃一顿全素的大餐。他甚至不碰鸡蛋,他说乳肉制品令他易怒:"吃肉让我每天都有杀人的冲动。"萨蒂什本是坚定的肉食动物,即便早饭也无肉不欢,但出狱后,突然之间他把荤全戒了。"吃素让我心绪平和,不再轻易发怒,能更好地专心工作。"

沐浴食素后的萨蒂什会陷入长久的昏睡。"有些杀手在杀人后睡不踏实。"萨蒂什有这样一个朋友,每次杀了人都很难自处。"他说死者的冤魂会坐在他的胸口",试图挖出他的心脏报仇。那个杀手整晚不敢闭眼,直到巫师献上一计:"他说你可以侧过来睡,这样冤魂就没法一把够到你的心脏了。"所以现在这个杀手总侧着身子睡觉,一旦看到冤魂来房间找他,他便蜷成一团,牢牢护住心脏。

还有一些杀手会产生精神分裂。譬如某医生的独子(同时是医学院的在读生),每当在家里遇到不顺心的事,便要跑出去作乱,吸毒吸得疯疯癫癫的不说,杀人时还有怪癖:会挖出受害者的大脑,用刀剁得稀烂。萨蒂什竖起手掌,在空中做着不停砍斫的动作。

"这人现在在哪儿?"我问。

"回医学院继续上课了。"

据萨蒂什说,杀手内心敏感,容易一根筋,这让他在恋爱关系里缺乏安全感。"即便爱上一个女人,我也不知要如何表达。我如果全心全意地爱她,我的爱会成为她的负担,让她想逃开。她如果和别的男人多说一句话,我就想杀掉那个男人,然后也杀掉她。我还没有这样做,但我怕终有一日,我爱的女人会死在我手上。"萨蒂什推说大约是看了太多电影,才让他对爱情产生这么极端的态度。

当然,和杀手交往的女性也清楚男友的身份,以及这其中所蕴含的风险。她们同意这种恋爱关系,或许是为了基本的生活保障,有时也出于同病相怜的心理。"舞女和妓女更懂我们,也更爱我们。她们了解我们的处境:在道上混的,要么杀人,要么被杀。她们同样如此,只不过无枪傍身,所以寻求一个可以依靠的肩膀。"若杀手穷困潦倒或被警方通缉,总能在舞女家暂时藏身。"像回到了自己家一样。她们疼惜我们,所以躲藏的日子并不那么难熬。"

萨蒂什有过认真交往的女友,她出生在德里的医生世家,自己也是医生。他们是大学同学,当时萨蒂什的锡克教朋友同样结交了医生女友。"和这样的女朋友约会花销很大,她们来自上流社会,习惯了富裕的生活方式。我们会去泰姬陵酒店又或者里拉①喝下午茶。"他们在一块儿有差不多两年的时间。"我从身到心都很满足。"但萨蒂什的女友试图改造他:他是化学系的学生,"她想让我转念病理学,和她一起做医生。"他们在交往快满两年的时候分了手。"那一阵我变得歇斯底里,疑心病很重,怀疑她背着我和医学系的男生交往。我开始打她、骂她。她说:'你尽管打我,但不要污蔑我对你不忠。'"她对他死心塌地不假,可也对职业选择坚定不移。萨蒂什看不到他们的未

---

① 孟买一豪华酒店。

来。"我已经走得太远,回不了头了。一旦我被捕,她和她的家人会因此蒙羞,所以我提出了分手。"

若干年后,萨蒂什曾试图与前女友复合,但她避不见面。"几天前的早上,我去执行任务,没找到目标。我等在达希沙的酒店外面,看到她经过这里,往亲戚家去。她也看到了我,但装作没看到。之后我给她打了很多个电话。我的朋友要是知道了,肯定会骂我,但我忍不住一直拨她的电话。"

在脱离了小拉詹帮后,萨蒂什和手下为曼彻卡尔帮效力了一阵子。曼彻卡尔帮专做毒品生意,也专挑格利扬-东比夫里[①]的医生下手进行敲诈。曼彻卡尔帮的人多数来自落后阶层(表列种姓和表列部落),本身一穷二白,但付钱给杀手时颇为爽快。萨蒂什为他们走私枪支,常去尼泊尔或北方邦"进货",也在那里"犯下过命案"。偏远地区总因种姓纷争不断,年轻人除了消灭异己别无信仰——荣誉拴在枪杆子上,而自制炸弹售价低廉,花一个半卢比随时可取。"制作炸弹的人无所谓人性,已经烂到根子里了。"萨蒂什曾拜访为当地的武装分子提供武器的某国会议员,向他提议:如果他肯为萨蒂什在孟买的任务出力,那么萨蒂什愿意为他在北方邦的生意铺路。一天早晨,萨蒂什在野地里解手,忽然听见身后的村落传来枪声。当地的塔库尔族和婆罗门又爆发了激烈的冲突。萨蒂什和六十个武装分子冲进婆罗门所在的村庄,鸣枪示威,全村人仓皇而逃,一人被杀,多人受伤。"我们好不威风,俨然一支军队。"

萨蒂什在小拉詹帮那会儿"成绩斐然":他犯下了两次谋杀、五次谋杀未遂,以及一系列协助杀人案。两个月前,他转而为达乌德帮效力(他称之为"胡子帮",指的是达乌德的小胡子),在短短几周内已执行了两次任务。萨蒂什投向达乌德帮的原因很简单:他们的酬劳更高,用的武器也更好。"杀手一般有两个爱好:女人和枪。子

[①] 孟买大都会区一卫星城市,马哈拉施特拉邦市政公司总部位于格利扬。

弹飞出去的瞬间会有快感,看到目标人物倒下,这种快感会变得更加强烈。"

我问萨蒂什,他杀的那些人会不会向他求饶?"有些会,所以更应该马上开枪,而不是等着他们开口求饶。"

结束当天的谈话后,我们走出酒店。萨蒂什说:"我喜欢这样的地方。"夜很静,空气凉爽。"这里就像农村一样,我的思绪能沉淀下来,不过几天后我又会坐立难安。"在我们等三轮车的当口,萨蒂什问我:"路中间是什么?"远远的有动物的身影,起初我以为那是猫鼬,但萨蒂什端详了一会儿,说:"是被车撞了的猫。"一辆白色马鲁蒂铃木正从我们身边加速驶过。那只猫没有发出叫声,它试着重新站起来,一瘸一拐地爬到路的另一边。那场景极为奇特:它费力地撑起剩下的半边身体,然后不支倒地,胡乱扭动着,像一截长长的毛毛虫。

"你们会怎么做?"萨蒂什问我和维克拉姆道,"有两种选择:要么把它送回路中央,给它一个痛快。要么把它抱到路边,它也是死。你们会选哪个?"

"我要是有趁手的工具,现在就了结它的痛苦。"维克拉姆说。

那只猫慢慢挪到路边,接着又爬回路中央。"它也是这么想的。"萨蒂什观察道,"你下得了手吗?"

"我不知道。我只打过两次猎。"维克拉姆答。

"孟买的中产阶级就像那只猫,也在垂死挣扎。而我们——"萨蒂什指包括他在内的所有杀手,"能给他们解脱。"三轮车在我们的面前停下了,我们坐车离开。猫还留在原地,等着下一辆迎面开来的车终结它的苦难。

上车后的萨蒂什开始了他的属灵独白:"神就好比你赚来的血汗钱。你闻不到钱上的血汗味,但不代表你付出的血汗不存在。同样的,你看不到神,但你知道他确实存在,我们都是他场上的队员。"

在黑帮术语里,"打主场"是暗杀某人的意思,而最大的主场是神的。萨蒂什说我弄错了写作的方向,我应该像我们的先祖般若那样,在追求灵性上狠下工夫。"般若洞晓一切,但静默不语,他只一笑而过。"

我问萨蒂什是否对灵性有研究。"我不用研究,我回到自己身上找答案,所谓'万物皆备于我'。你知道我什么时候思想最深刻、最有创造力吗?上厕所的时候。我所有的计划、我的工作都是在茅房构思完成的。"

我们开车经过警方的临检关卡,他们正查看车内有没有情侣,以防热恋之人跑到前面荒凉的滩涂上耳鬓厮磨、有伤风化。顺利通过关卡后,我们四人来到萨拉希餐厅,一群喝高了的警察正在里头大声嚷嚷:一人在劝另一人的酒,还有一人打了个大大的酒嗝,又有一人脱下衬衫,起身朝后门走,他在衬衫里面又穿了一件衬衫,衣领处的标签露在了外面。"他们准是来收账的。"对被帮派分子称为"黑民"的警察,萨蒂什的语气中带着明显的厌恶。

几天后的周五,我和萨蒂什约好了第二次见面。扎米尔在我们第一次见面以前就说:"这只是预告。"所以周五上映的才是正片:除萨蒂什以外,扎米尔还会另外带一名杀手过来。这一次维克拉姆没能成行,他要在德里接受一家电视台的访问。

扎米尔乘着三轮车来接我,我试着和他搭话,但他惜字如金,好似绷紧了弦的弓,这让我对二度会见杀手也紧张起来。在通往酒店的路上,我们和扎米尔的手下会合了——不是两个人,也不是四个人,而是总共八个小伙子。我们一行十人简直像个方阵。为什么?扎米尔却没让手下搭我们的车。我继续没话找话,问扎米尔有没有出过国,他说还没有,但下个礼拜他就要动身去迪拜了。这又是为什么?我知道杀手在"干了一票大的"以后通常会逃到国外避风头,所以扎米尔这一次打算杀掉谁呢?

我问他会面是否绝对安全,扎米尔说既然是他带我来的,那多半没有问题。"但是干我们这行的,凡事难有定数。"他说,"如果我接到上头的电话,让我'干掉那个苏科图',我还是会照做,即使你是我最好的朋友也不例外。如果我不做,我自己就没命了。"

我在酒店前台登记的时候,扎米尔说待会儿房间里只会有四个人。那他的八个手下为什么要和我们一块儿来?"他们是来游泳的。"他解释道。和上次的酒店相仿,这家酒店的窗外也有树,房间里有床、不锈钢衣柜、书桌和两把椅子,陈设简单,是偷情或者行凶的绝佳场所。唯一多余的摆件是你自己,所以你到这样的房间来,用你的存在装点它。

不一会儿,萨蒂什到了,他今天剃了须,穿着红白宽条纹的衬衫和牛仔裤。和他一起来的还有他的锡克教朋友,是个身材高大、自称米奇的年轻人。我拿出手提电脑,米奇坐在床边的椅子上,他穿着紧身的蓝色圆领衫,底下的肌肉把布料撑得鼓鼓的。米奇留着精心修剪过的络腮胡,不时用手爬梳自己短短的头发,或许是不习惯不戴头巾的感觉吧。

米奇又很快站起身,他撩起圆领衫,从牛仔裤的裤腰上取下别着的手枪。他把枪交给萨蒂什。萨蒂什握住细看,又转向我。

他把枪递到了我的手上。

我掂了掂枪的份量,将它翻了个面。这是一把灰色九毫米口径的毛瑟枪,枪膛是钢制的,上面的标记和序列号都故意磨掉了。枪身有不少刮擦的痕迹,显然常被使用。枪在我手上显得特别大,萨蒂什指给我看弹夹的位置。米奇说这弹夹能装十发子弹,但通常他们只装七发,因为如果装得太满,托弹板容易坏。弹夹能在十秒内清空,萨蒂什取出里面的子弹给我看。子弹是铜制的,中间填有软钢弹芯,每一颗上面都刻着政府军械库"坎普尔工厂"的缩写标记。买这样一把枪的花费在三拉克左右,一粒子弹的售价在七十到一百八十卢比之间。萨蒂什和米奇对这把枪很是自豪,像谈论自家的孩子一样对它津津乐道:"它能在你身上炸出老大一个洞。"米奇说。他自然知道,才二十岁出头，米奇已经在六个人身上炸出过大洞了。

米奇喜欢听"后街男孩"①的专辑，也喜欢听毛瑟枪发出的声音。"那枪声里有种独特的东西。我哥的一个朋友听我试枪，他对我说：'你看我手臂上的汗毛都竖起来了。'"米奇鼓动我："只要开个两三枪，你就会自信起来，更别说连续射击了。枪声就是有那种力量。"据米奇说，AK-47或其他精密武器发出的声音没有这种特质，就好像他在比较的是大牌歌星们的音色。米奇为帮派大佬跑腿，在不肯交保护费的商人面前开枪，好像放唱片一样稀松平常。"他们敬酒不吃吃罚酒，非要听到我开枪，或者等子弹打穿他们的手脚才肯交钱。"被枪声震慑的商人立刻乖乖掏钱。通常情况下，正如湿婆军的小弟，黑帮杀手在这座城市无权无势，于是他们用开枪乃至杀人的方式从被害人身上攫取权力。

"我们和炼金术师正相反。"萨蒂什说，"凡是我们碰过的东西都会变成铁。"

萨蒂什拿着枪把玩，取出弹夹，扣下扳机，又把空弹夹装回去，用枪瞄准我们，再把弹夹取出来，填好子弹……他在房间里挥舞着手枪，笑着指向扎米尔，用嘴唇发出轻轻的噗噗声，像是要把扎米尔凭空吹走。

米奇便是那个招募萨蒂什到旁遮普刺杀警察的锡克教朋友。他们一行五人从孟买出发，揣着事先拿到的枪，开着一辆玛鲁蒂铃木执行任务。得手后被警方一路追赶，于是他们扔掉枪，爬上货运列车的车顶，再跳下车，跑进了铁路沿线满是古树的森林里。警察打着手电进行拉网式搜索，他们被逐渐包围了。森林里弥漫着冰冷的雾气，追赶的脚步声从四面传来，五人决定既然插翅难逃，干脆朝其中的一个方向走。最终抓住他们的那一队警察命他们在空地上排成一排，等着他们的是枪决的子弹。可就在那时，另一队警察赶到了，两队为谁应

---

① 自上世纪九十年代中期以来最受欢迎的美国流行音乐男子团体。

该揽下抓捕的功劳争执不下,后来的那一队警察要求先审问他们五个人,然后再枪毙不迟,萨蒂什他们得以活着离开了森林。"我们常默念神的名字。"米奇说,"或许这就是我们活下来的原因。"

萨蒂什在此时举起手中的枪,瞄准后扣下了扳机。

旁遮普分局对五个人的审讯开始了。萨蒂什的腹股沟让人割开,他演示给我们看:切口呈对角线状,一条从右腹直到左侧骨盆,另一条从左腹延伸到右侧睾丸的下方。警员还拿来辣椒粉,撒进萨蒂什流着血的伤口,反复揉搓。

米奇受到的刑罚是另外一种花样。他被五花大绑,两个魁梧的警员站在他的身体两侧,各执一根巨大擀面杖的两头,使尽全力把他从头碾到了脚。米奇痛得破口大骂。"你那样折磨过一个人以后,最好是杀了他。"这是米奇的建议,"如果你放了他,就再也没有任何人或者任何事能唬住他了。"

五个人被关押了一段时间,但审理案件的法官让帮派收买了,所以他们又平安回到了孟买,而他们在旁遮普的丰功伟绩已经传开。成了香饽饽的五个人开始承接私活(他们称之为"独立业务"),为各个党派"摧毁政敌"。他们曾受雇于国大党的上议院议员,准备除掉其竞争对手——印度人民党的一位候选人。此人利用职务之便(机场地勤),靠走私发家致富,并在选举期间受到警方的保护。但萨蒂什和米奇设法弄走了警方的人,潜进他的办公室,打倒了他身边的保镖,拿刀砍伤了他。他们本可以一举杀掉对方,但候选人在关键时刻吐露了他和内政部长的关系,因此捡回一条命。不明真相的公众举行了示威,要求严惩袭击者。可偏偏萨蒂什和米奇也认识内政部长,还同他合过影,况且他们拿钱办事,对印度人民党本身并无敌意。他们不单受雇于国大党,也为印度人民党或共和党出面行刺。"我们支持的不是政党,而是个人。"米奇说。他们对政治毫无兴趣,不参与任何游说和拉票。"政敌之间互相倾轧,我们不过是听令行事,对事不对人的。"萨蒂什解释道。

"有些人很识时务。"米奇补充道,"另一些要花一点时间才想得明白。还有一些不见棺材不落泪。对不同的人,我们用不同的办法。"但有一名政客是他们真心敬仰的。"如果要我们选一个人来领导这个国家——"萨蒂什说,"我们会选阿塔尔·比哈里·瓦杰帕伊,他是实干家。如果他发动革命,我们一定支持。他单身了一辈子,政治就是他的爱人。瓦杰帕伊没有丑闻,所有党派都敬重他。"瓦杰帕伊最让他们佩服的一点,是下令做了核试验。"全世界的目光都聚焦过来,他们看到了印度不可小觑的力量。"米奇赞扬道。

"也是瓦杰帕伊发动了卡吉尔战役。"萨蒂什指出,"其他国会议员没有能耐做到这一步。"他们尊崇瓦杰帕伊果断的决策力和强大的战斗力,"现如今,谁还记得圣雄甘地呢?"萨蒂什反问道,尽管他还是用了"圣雄"这个尊称。

即便参与了旁遮普地区的恐怖主义活动,即便为躲在巴基斯坦的穆斯林黑帮大佬卖命,萨蒂什和米奇仍然坚称他们是爱国的。"爱国主义和帮派战争并不矛盾。"萨蒂什说。事实上,他们前一天还在讨论卡吉尔冲突,他们说如果有机会,愿意前往卡吉尔为印度而战。萨蒂什更表示:如果达乌德帮命他做有损国之根本的事,他会选择退出。他最大的愿望是除掉那些谋划了爆炸案的穆斯林:"他们做了错事。"仍然留在孟买、参与了爆炸案的从犯不是他的目标:"那些人不过是小喽啰、在家里窝藏武器的帮凶。"他想杀的不是这些人,"而是'老虎'梅蒙,达乌德,还有沙基尔"——真正掌管达乌德帮的首脑。萨蒂什坐在酒店房间,当着扎米尔、米奇和我的面,宣称要杀死他理应效忠的对象。(扎米尔事后告诉我,他欣赏萨蒂什的这种坦诚:"至少他心口一致。"能当着扎米尔的面大声说出要除掉他的上级,是"有种"的表现。)

我询问萨蒂什和米奇每天的作息。

"我们多半睡得很晚。"萨蒂什答,"凌晨两点看完电视才休息。一觉醒来吃早饭,然后做普迦,差不多就是中午了。大多数时间花在打电话上。我们也找年轻的女大学生取乐。穿名牌,开好车,用手机——七成的女人吃男人这一套,和不那么肤浅的两成女性我们讲英语,剩下的一成小姐用钱能买到,加起来正好十成,总之没有我们钓不到的女人。"不过愿者上钩的异性可别把他们当成冤大头。萨蒂什接着对我说:"像你这样的绅士是做不来的——我们第一次约会的时候送女人巧克力,是指望第二次约会就和她上床。"

米奇则说(我不知他是认真的还是开玩笑):"我们也想遵守传统的那一套,'男女之大防'什么的,不主张未婚先孕。"米奇想"遵守传统",或许是因为他有过心碎的经历,因为他又补充道:"女人总会离你而去的,一旦有比你更优秀、更有钱的人出现,她会马上抛下你和那个人在一起。"

"母爱才是最纯粹的。"萨蒂什说,尽管他对母爱的感受实在不多。"她不会想:'这孩子考试不及格,她不是我儿子,那孩子这次考了第一名,他才是我的儿子。'妻子或情人的爱永远达不到这种程度。"萨蒂什的观点相当奇妙:"我们错事做绝,反而能得到家人更多的爱。哪天警察上门来,通知家人把我们的尸首领回去,他们一定会抱住我们说'儿子,我们爱你。'一想到那种爱我就做不了坏事,我甚至撒不了谎。"所以他尽量不去想它。

"所以我这人无牵无挂。"米奇说,"一个人只有在我身边的时候我才想到他。他如果疏远我了,我一定更疏远他。譬如我的首领,他远在天边,我甚至不在乎杀了他。女人也是这样,我和她们交往不会超过一周。我的家人同样如此,不见面的时候,我压根不会想他们。"

萨蒂什不懂父母亲为何生下他。"他们一定很后悔。"

当一个人跪求杀手莫取其性命,说:"不要杀我,我的孩子还小。"这实在是他能给出的最糟糕的理由。认为杀手会因此放你一马,意味着你假定杀手有同理心(哪怕再隐秘)。但很少有杀手是父亲,也很少有杀手和自己的父亲保持着良好的关系。对你我来说高于一切的亲情——最该饶人一命的理由(不要杀我,不要让我的孩子没有父亲）对杀手来说一文不值，并且这种亲情的纽带恰恰是他一直想割断的。在他们看来，让你的孩子失去父亲，是他们帮了你孩子一个大忙。

突然间，萨蒂什对我说："你的这种访谈毫无意义。它没完没了。"他再次建议我："如果你改做灵性方面的研究，说不定会找到上帝。"

"每个人的故事，到头来都一样。"米奇附和道，同样认为我对黑帮的实地调查是在浪费时间。

"一件案子了结了，更多件案子会发生。"萨蒂什说，"之前没有这么多案子的，但现在人们有枪，犯案必然会用到子弹。这是神的主场，每个人都必须参赛。所以你看，我们的存在毫无意义，我们的故事从一开始就注定了结局。"

"可能两小时后我们就死于非命了。"米奇说，但他做好了准备。"这世间万物我们已经看遍。"

最近，萨蒂什和米奇正藏身在达希沙以北的某个地方。我后来问扎米尔：为什么他们不会在这里被捕？扎米尔解释说因为警局有辖区之分。如果某个辖区内发生了罪案，除非该辖区的警察能抓到嫌犯，否则警局的声望会受损。其他辖区的警察不会自愿帮忙，而理应负责的警局也拉不下脸来求助，这就好比自己做饭和向人讨饭的区别。孟买的警队深陷派系之争，帮派分子掌握了这一点，充分加以利用：他们知道所有偶遇专家的名字，对维杰·萨拉斯加、普拉迪普·夏尔马还有萨万特等人的"战功"知之甚详。和黑帮的顶尖杀手一样，偶遇专家也算闯出了名堂，同样受黑道的推崇。"苏尼尔·曼恩这一阵表现不错。"米奇评价道，仿佛谈论的不是偶遇专家，而是某个板球选手。

但孟买的黑帮杀手到底变得惴惴难安了。他们的同伙在多次偶遇中被杀，上头的大佬却不许他们回击。萨蒂什称："我们随时都想干掉警察，可上头的人怕和警察为敌，唯恐警方报复，端掉整个帮派。"为了生存，黑帮大佬反与警察合谋，杀掉自己有反心的手下。萨蒂什想改变这种局面："如果多几个警察丧命，偶遇就会终止。政治斗争也好，帮派战争也罢，都是依靠杀手才完成的。一旦杀手觉得上头的人不再值得他们卖命……"据萨蒂什说，已经有被压榨利用的不满情绪在杀手当中发酵。

达乌德帮试图为像萨蒂什这样在逃的杀手提供便利。他们辗转于各个安全屋（城市里各处保存完好的建筑），有新手机用，乃至有车开。"我不必每周更换住处，但我的手下需要。"萨蒂什说。他的情况非常特殊，截至目前他已为三个帮派效过力，每个帮派都清楚买不到他的忠心。和达乌德帮的穆斯林所宣称的不同，萨蒂什为黑帮效劳不是出于所谓的信仰；和小拉詹帮道貌岸然的印度教徒不一样，萨蒂什甘做黑帮的一杆枪也并非因为爱国。他纯粹是为了钱。近来他需要筹一笔钱，他的一个朋友搞砸了任务，正在蹲大牢，而他的妹妹急等着钱办婚事。萨蒂什对小拉詹或达乌德毫无感情。"我对他们没有忠诚可言。"他说，"也没有信任。"

卡马尔对我提起过"叛变者"这类人，说他们从一个帮派投向另一个帮派，通常是因为和大佬不合，于是另觅高枝，也可能是因为私人恩怨："比方说这大佬杀了你的兄弟。"于是叛变者偷偷放出风声，想要倒戈，另外一个帮派的大佬会说："你的诚意呢？"这叛变者就杀掉上一个帮派的成员（也或许是首领）作为投诚的礼物。但从此以后，他无论去哪里都难以获得信任，也总是在警方审讯时第一个被供出来。"这样的人如果不再有利用价值，会直接让黑帮灭口。"

萨蒂什还很年轻，只有二十五岁，但他已无法从帮派战争中脱身。"离开也毫无意义。我有那么多对头。"他在每个帮派里都树了敌。他还记得他杀掉的第一个人——那个曾参与爆炸案的穆斯林已经"从良"了，不在道上混了，"有了妻子和两个孩子，但还是被人找到"。萨蒂什常设想自己死亡的场景："我见过了太多生死。我如果命数已尽，只求速死，死前能拉上一个当垫背的就好。"

每次执行任务前，萨蒂什会举行仪式为自己祝福。"不论任务成功与否。我不接受其他人的祝福，因为只有我自己能为我在这世上的一切负责。我信因果报应。"然后他转问我："你信善恶有别吗？"

我说我信。

"只有弱者才信。我的父亲勤勤恳恳工作、辛辛苦苦挤火车上下班，但我不用。我坐在那儿，随便接个电话，对着某人开一枪，就有一拉克进账。对我来说这不算什么，可我的父亲做不到。他把这个叫做犯罪，叫做是非观，叫做原则，其实这只不过是他的怯懦。"

萨蒂什有个表兄，是土木工程师，在家备受宠爱。他替建筑商打工，每月能赚上几千卢比。"我在家就从来得不到那种宠爱。我赚的钱比他多多了。到底我们俩谁更成功，很难说。他那种小打小闹的也叫成功，我虽然能赚大钱，但没用。"萨蒂什嫉妒他的表兄，嫉妒他受大家喜爱，他说两家人一定常拿他们俩作比较。可萨蒂什又瞧不起他的表兄。"他见识短浅。"还是孩子的时候，有一天他们大吵了一架。表兄家的隔壁是一家菲亚特汽车制造厂，当时那种小汽车在孟买很流行。萨蒂什和表兄像所有小男孩一样，对汽车很痴迷。萨蒂什听说过时髦轿车的名字，比如丰田和奔驰，他对表兄说奔驰是世界上最昂贵的轿车。他的表兄每天看着崭新的菲亚特从工厂运出来，坚持说菲亚特才是世界上最昂贵的轿车。"我当时真想拧下他的脑袋。"萨蒂什回忆道，"这人就是个井底蛙。"

萨蒂什问起我的学历，我说我念到硕士。"我也相当于半个硕士了。"他说，"干我们这行的必须能快速思考，自信心也要足——在一群人当中击中那个目标，需要远超常人的自信心，而有了这股劲儿，我如果肯在数学啊，科学啊，又或者生意上下点工夫，保准能获得好成绩。"萨蒂什认为他如果在孟买经商，一定能成功。"你知道为什么吗？因为没有人能勒索我。在孟买，想要生意做得好，你必须和黑道有交情。"

但萨蒂什近来情绪不稳定。他过去一冥想就是好几个小时，如今却做不到。孟买连同孟买的空气让他心浮气躁。"在孟买，你总是和死亡不期而遇。"甚至在火车上也不例外。"你坐过维拉尔①特快吗？坐一次火车能让你血压飙升，我在车厢感受到的压力比在杀人现场都大。"

几天前，萨蒂什刚坐过维拉尔特快列车，火车厢以最典型的孟买特色被挤得水泄不通。萨蒂什被迫贴在和妻儿以及兄弟同行的某个古吉拉特人身边，动弹不得。他礼貌地请对方稍微挪一挪，给他腾一点地方，那个古吉拉特人却生气了："你别得寸进尺！"他对萨蒂什喊。他的兄弟抓住萨蒂什的脖子，萨蒂什本想踢他一脚，却踢到了古吉拉特人的儿子。他对撞到了孩子感到抱歉，古吉拉特人见有家人撑腰，萨蒂什又独自一人，开始不依不饶，骂萨蒂什是"该死的山里人"，一边举起手中的雨伞，作势要打萨蒂什。萨蒂什一手按在枪柄上，"我当时在犹豫，到底要不要开枪。"他好声好气劝古吉拉特人的妻子："阿姨，你说说他。"古吉拉特人举高了雨伞，萨蒂什握紧了腰间的枪，那一刻他突然想：要是这人告诉围观的乘客，说是萨蒂什先非礼了他的妻子呢？人群会不分青红皂白地涌过来，场面必定会失控。所以萨蒂什还是松开了握枪的手，后退一步跳下了火车。"但我肯定还会再见到这个人的。"萨蒂什边笑边模仿古吉拉特人试图拿雨伞打他的样子。这个人对自己差点小命不保一无所知——所以说千万不要激怒帮派分子，不管是为了多么微不足道的事。对普通人来说再平常不过、转身即忘的小摩擦，对像萨蒂什这样的人来说却是巨大的挑衅。一点点的自尊心受挫都会令他们顿起杀心。一旦让人小瞧了，杀手的反应和他们受到的轻视并不成正比，他们的性格建立在自恋之上，那是一种既极端自私又自暴自弃的复杂特质。

萨蒂什再一次强调，说孟买的空气让他蠢蠢欲动。"我即便睡着

---

① 位于孟买大都会区。

了也不得安宁，感觉总有事要发生。"他吃饭时浑身燥热，思忖着：我真想杀人。萨蒂什问我："你开过枪吗？"

"没有。"

"你想开枪吗？"

我笑起来。

"我喜欢你那个同伴的回答。"萨蒂什向米奇复述了上一次临别时，维克拉姆曾说过的话。"一只猫在路中间，快要死了，我问他会对那只猫做什么，他说：'如果手头有工具，我就结果了那只猫。'是个坦率的回答。"但我不一样。"你可不是什么绅士！"萨蒂什说，"你比罪犯更坏。"

"何以见得呢？"

"受教育程度越高的人，做坏事的时候越奸诈。你会更冷酷，更以自我为中心。你用金钱和伴随金钱而来的权力为别人制造痛苦。"

"什么又是绅士呢？"米奇自言自语道，"我弄不懂。"

"绅士就是扼杀了所有欲望的人，因为他们没胆。"萨蒂什说，"我上大学的时候，每天只有十卢比零花钱。我父亲说他当年连十卢比都没有，每天是步行去上学的。可我不认命，我去偷钱，然后和女朋友坐三轮车到学校。我不怕，所以我泡到了妞。"

萨蒂什举起手中的枪，露骨地问我："你怕死吗？"

我的回答至关重要。我的回答必须让他满意。

他正往枪里填子弹。"你认为你死之后会发生什么？"

我从电脑上抬起头来。我说我的宗教信仰告诉我：我死后会到达清静境界，与梵合一。

"想功德圆满可没这么简单，你死之后又不会马上获得解脱。"萨蒂什指出。

"我知道啊。"我说，"大概要转世个几百万次才行吧。依我此生造的孽看，没准我下辈子会投胎成一只蚂蚁呢。"

所有人都笑起来，紧张的气氛消除了。我暗自松了口气。

萨蒂什脱下牛仔裤，只穿着短裤，在我和米奇继续对话的时候去酒店的泳池游泳了。米奇急于离开孟买，他问我怎样才能到加拿大去，又或者美国，又或者德国。"我能和你一块儿走吗？你只要捎我到当地的机场就行，剩下的我会自己解决。"他说他学过电脑编程，在国外也有亲戚，应该趁还有命在，尽快离开这是非之地，毕竟孟买发生新一轮暴乱的可能性很高："这一次肯定是有预谋的，情况会变得很糟糕。"

萨蒂什游完一圈回来，身上裹着酒店提供的浴巾，正听我们说话。"穆斯林储备了大量武器，我们的友邻巴基斯坦可是鼎力相助啊。"萨蒂什往脖子上一圈一圈绕着念珠，"印度教徒拿什么来打仗呢，加农炮吗？"

"九三"暴乱期间，萨蒂什一伙人趁乱打劫了不少货船和布料店，但他也救过穆斯林朋友的命，替对方弄到了新身份"阿玛尔"（印度教徒名），然后把他藏了起来。"我们只越货，不杀人。我的朋友杀女人，我不喜欢那样。"他直指萨克雷是制造暴乱的元凶，说斯里克里希纳的调查报告"尽善尽美"，湿婆军再怎么否认也没用。一个虔诚的印度教徒（尤其是仇穆的马拉提人）会说出这样的话来很不寻常，不过萨蒂什本就不是寻常的印度教徒，他和他的伙伴为宗教狂热，他们的信仰却各不相同，堪称"存大异求大同"的最佳典范：萨蒂什是印度教徒，米奇是锡克教徒，扎米尔则是穆斯林。"我们当中还有天主教徒，可他们放不下女人，对钱也不上心。"

萨蒂什坐到地板上，在脸上盖了一块粉色的毛巾充当蒙头巾，然后开始祷告。枪放在他右手边的床上，他快速而大声地背诵《吠陀经》的经文，一边轻微地前后摇晃身体，又将手臂高举过头，手掌朝天摊开。于是房间里呈现出十分奇异的景象：一个半裸的男人在距枪支一臂之遥的地方用古老的语言祷告，而我在和他的同伴说话，不时用电脑打字。萨蒂什祷告了差不多一刻钟，他起身，又跪下以额触地，再站起来。他坐回床上后的第一件事是拿起手枪，轻轻抵住额头。"手枪就是神啊!"他用英语如此说道。

"能饶命又能害命的,不是神是什么呢。"米奇颇有哲理地说。

"我觉得你是一个很坏的罪犯。"萨蒂什突然对我说,"你杀过人吗?"

"没有。"

"害什么人丢过性命吗?"

"没有。"

"他的智慧线很长。"萨蒂什对米奇说,指的是我的掌纹。他从房间另一头便读到了我的手相,而我的手相告诉他:我是一个很坏的罪犯。

天色渐暗,我面前的这两个人越发坐立难安。他们一下午都在用我的手机打电话,不论他们打给谁,我的号码都会存储到对方手机的芯片上。他们当然也能从我的手机联系人里找到我家和我朋友的电话号码。只要按下快捷键1,屏幕上就会显示我家的电话,如果再选"是"确认拨打,他们就可以和苏妮塔通上话。这个突然冒出来的想法让我慌了神,我顿时感到手脚冰凉。

我合上电脑,结束了我们的会面。米奇把枪插回裤腰,我跟随他们一路走出房间,脚步发飘,整个人都是虚的。

在回程的三轮车上,我见路边有两个人,一人的手中端着气枪,另外一人打着手电,两人面朝树丛的方向站着。第一个人开了一枪,一只鸟扑棱着翅膀从树上跌了下来。几天前,就在这同一条路上,我们看到了那只濒死的野猫。

我们在镇上下了车,经过警局门口的时候,米奇昂首走着,不时用手爬梳一下头发。我们都知道他身上藏着枪。穿过巴扬达的铁轨以后,远处的火车已隐约可见,萨蒂什忽然问我:"有谁能解答我的疑问吗?我有很多问题。谁有可能知道所有的答案呢?"

"什么样的问题?"

"哲学问题,民族问题……你不肯答,你只是一味地听。老实说,要么是你不会答,要么是你不想答,所以故意不说。我需要有人回答我的问题,不然我没法好好冥想,即便是做普迦也像例行公事。"我们走进之前来过的萨拉希餐厅,萨蒂什说:"因为有疑问,所以我心神不宁。我的工作没法完全满足我,就像你做爱但始终没办法高潮。"

在餐厅坐定后,我不打算再回避:"把你的问题说来听听。"

萨蒂什微微一笑,倾身过来。"什么是神?他的生命是有始有终的吗?"

我答说:我的爷爷曾教导我,根据《薄伽梵歌》的说法,神是"无始、无中、无末"的。

萨蒂什说有那么一次,警方逼近了他和同伴,他们随时会被偶遇。"我们坐在房间里谈起神,像其他男人谈到女人那样平常。我们讨论神是不是有始有终的,他怎么能凭空出现呢?然后我们就放弃了。因为寻求答案会让我们陷入烦恼,所以我们开始默念神的名字。"

我说根据《薄伽梵歌》的教导,他们的第一种做法被称作智者瑜伽,也就是企图用智识来追寻神,他们的第二种做法叫作奉爱瑜伽,也就是用虔诚的心思来追寻神。

萨蒂什的下一个问题是:"什么是对,什么是错呢?"

我说我无法替你作答。绝大多数人的是非观是父母亲或宗教信仰教给他们的。但这些规定有时又自相矛盾:比如人们告诫你杀人是不对的,但又说为了祖国上阵杀敌是正义的。所以我告诉萨蒂什:既然问题来自他的内心,他应当回到内心找解答。

他说这些问题一直困扰着他,它们让他害怕,让他不安。他问了我下一个问题:"我们为什么要划定疆界?为什么叫印度'祖国母亲'?为什么唱爱国歌曲?"

我说我也不知道为什么。自从我移民美国,便不再相信爱国主义,国界对我来说意义不大。印度的地域划分是当年的英国人定下来的,而分别身处印、巴的两个旁遮普人可能比同在印度的旁遮普人和阿鲁纳恰尔邦[①]人更有共同点。

这时，扎米尔开口了。他委婉地表示他并不同意我的观点。他举了一个例子，说如果你有一间房子，那么用地界把自己家和邻居家隔开是必要的做法，不然邻居可能侵占你的财产。同理，如果没有地界之分，巴基斯坦势必会侵吞印属克什米尔。

萨蒂什想知道：他何时能找到所有这些问题的答案，不然他一日不能安心。

"你想过自杀吗？"我问他。

"我心绪不宁的时候想的是杀人，而不是自杀。或许我还不够勇敢吧。"他问起自称为了信仰而战的穆斯林杀手穆赫辛，"你当时对他说了什么？你有劝他回心转意吗？"

"我有什么资格劝他回心转意？"

这个回答令萨蒂什满意。"总算听你说了一回实话。"

萨蒂什认为吃素是他"回心转意"的第一步，之后他兴许会戒女色，再之后是摈弃其他一切的欲望。但他不明白为何他的性欲越来越强，单单一两次做爱已经不能满足他。"这是为什么？"

我说性欲是人为繁衍后代而产生的本能，他却说他想一个接一个消灭自己的本能。"我们不能有弱点。当我们执行任务的时候，只许成功不许失败。"

"那如果你去刺杀什么人，对方的手上也有枪，他先一步杀了你呢？你觉得这是一种失败吗？"

坐在一边的米奇回答了这个问题："被杀的人当然不愿意承认自己失败了，但旁观的另外五个人都会说他输了。"

我再次提起《薄伽梵歌》的教导：尽人事以听天命，足矣。

"这《薄伽梵歌》可真管用。"萨蒂什说。他知道凡事终会有解答，

[①] 印度的一个邦，与南部的阿萨姆邦和那加兰邦接壤，该邦大部分地区位于中印边界纠纷地带，其合法性不被中国政府承认，中国宣称拥有对该邦的绝大部分地区的主权，称之为藏南地区。

而答案往往在他心中，顿时感到轻松不少。他邀我一块儿到马哈巴莱斯赫瓦尔①度假，说他接着便要着手计划在金布尔②的另一项任务。他和米奇压低了声音同扎米尔交谈，随后分头离开了餐厅。

他们走后，扎米尔告诉了我这两个人的曾用名。但真正让我吃惊的是米奇的身份，他竟是萨蒂什效力的达乌德帮的死敌——小拉詹帮的杀手。萨蒂什脱离小拉詹帮的时候，米奇没有走。他今天来是为了警告萨蒂什：达乌德帮参与了爆炸案的某个人即将遇刺，他向萨蒂什透露了那个人的姓名，让萨蒂什催促对方赶快逃。他这么做是出于朋友义气，也因为他对暗杀的目标心怀同情：那只是个无名小卒，当初不过是听令行事。扎米尔若有所思地说："盗亦有道啊。"他靠回椅背上，点燃了一支香烟。"我总算能放松一下了。在酒店那会儿，我真怕他们会开枪，心里七上八下的。"我们离开酒店时，扎米尔先行一步，飞快叫来了三轮车。他不敢让萨蒂什和米奇同我们一块儿步行，唯恐他们半路作怪。这两个人已经手痒了大半天了，在酒店的时候就问扎米尔能不能在浴室开枪，萨蒂什还把子弹凑到鼻端，状似贪婪地嗅闻。

再度和杀手见面的那天，出发以前，我在电脑上键入了"梵天"二字，又用退格键删除，这样神的名字就融入屏幕，肉眼看不到了。这两个字也仿佛筑起的一道水坝，得以洗净我接下来的一天将要记录下的烧杀掳掠。我不喜欢萨蒂什，也不喜欢米奇。如果有那么一天，警察或者黑帮取了他们的性命，我不会感到难过，不会为他们遗憾，不会对他们想念。

可即便如此，即便如此……当我和他们坐在一起的时候，当我紧

---

① 马哈拉施特拉邦萨塔拉县的一个城镇。在英属印度期间曾为孟买省的首府，现为旅游胜地。
② 位于孟买东郊。

张地随他们传递的枪支移动视线，看着弹夹卸下，子弹被一次次装填，看着枪管瞄准不同的人，看着扣下扳机的手指——他们的动作如此之快，像表演三公术①的魔术师，他们会不会一个大意，把子弹留在了里面，却误以为弹夹是空的？这些人——这些认为善良只是弱者的借口、是井底蛙的专利的人，我和他们同处一室，我的心中难道没有一丁点的兴奋吗？为什么我听不厌他们的故事？为什么和他们相处的九个小时过得这样快，为什么我竟像坠入爱河的青年，丝毫不觉时光的流逝？

在我和萨蒂什第二次会面的隔天，以及再之后的一整天，我恍恍惚惚穿过孟买的大街小巷，觉得平常人的生活黯淡无光。我和苏妮塔到城里去见老朋友，去看电影，去吃晚饭，而我身边的世界如此平庸，如此琐碎。人们谈论的话题多么不足挂齿啊：工作、纳税、购物。在这个孟买，无人谈论上帝，或罪恶，或功德，或死亡——除非这死是突发的，是和家人相关的，人们才用快速而惊慌的方式应付它，且希望愈早摆脱它愈好。但我和每分每秒面对着这些问题的人有过长时间的、深入的探讨，这怎能不令我兴奋？我上一次以这种深度拷问人生，还是和临终的爷爷一起，他正躺在叔叔位于孟买的家中。但即便是那个时候，我也远远不像几天前那样触及问题的核心。

日常对话让我倍感无聊。"你还要去几次呀？"苏妮塔和朋友这样问我，为我的安全担忧。他们弄错了大前提，所以也问错了问题：他们只以为我反复去见帮派分子，是为了获取更多的写作素材。

沙基尔：流亡的教父

几周后，我听卡马尔说：扎米尔途经波斯湾，"到迪拜去了。"

"他几时回来？"

---

① 一种用三张纸牌下套的骗术。在向玩家展示目标纸牌后，迅速重新排列纸牌以使玩家混淆。玩家有机会选择三张牌中的一张，赢则获得双倍赌注，输则丢掉赌注。

"他不会回来了。扎米尔是未来的黑帮教父,和你见面的杀手听命于他,他直接听命于沙基尔。不出几日,你就能从报纸头条上读到他的名字。"我想起那个小个子的精干男人,他在我和萨蒂什交谈时很少插话,但显然萨蒂什对他言听计从。卡马尔说正因为有扎米尔在场,我才能全身而退,不然"你要是不当心说错了话,他们很可能一枪崩了你。枪就是这样一种东西,再无能的男人握着枪,也会感觉自己充满力量。"

我对卡马尔说我依然想到巴基斯坦去,和沙基尔见一面。卡马尔建议我先到迪拜和安瓦尔碰头,他是沙基尔的弟弟,做物流生意,和帮派事务并不相干。安瓦尔会带我前往卡拉奇,届时或许能和沙基尔说上话。卡马尔常常提到沙基尔,他们一起共事,彼此熟悉。

在卡马尔的描述中,被尊为"老板"或者"哈吉"[①]的沙基尔矮小瘦弱、其貌不扬,朋友们叫他"光明顶",因为他基本上全秃了。沙基尔的父亲从前在玛扎加恩当码头工,被辞退后接些油漆船舶的零活补贴家用,他的母亲替人筛米赚工钱。家里一共五个孩子,七口人住一间小小的屋子。沙基尔排行老二,高中毕业后先是在电器铺修电视,后来倒卖假表,间或替帮派收债,不久引起了达乌德的注意。

沙基尔"一战成名"是在某次海关查封走私黄金的时候。他那时还是达乌德帮的小弟。德里的海关气势汹汹地上门来,沙基尔毫不犹豫地跳进了窗外的排水沟。海关查验屋内的黄金,清点具体数目,随后鱼贯而出。沙基尔一直在底楼守着,拿枪指住第一个跨出大门的工作人员,硬把黄金又抢了回来。他扇了为保命被迫就范的海关几巴掌,然后放他们走了。恼怒异常的海关连同警察封锁了整个纳帕达地区,只为通缉一个人:"那个矮子。"达乌德帮打通了各个关节,沙基尔得免牢狱之灾。1989 年,沙基尔弃保逃往迪拜。

---

① 原意为"巡礼人",是伊斯兰文化中给予曾前往麦加圣地进行朝觐,并按规定完成朝觐功课的穆斯林的尊称。

沙基尔有两个女儿，如今也都在巴基斯坦，但对那里极度憎恶——憎恶归憎恶，她们没有别的地方可去，必须依赖沙基尔的收入过活。在巴基斯坦，沙基尔的消遣之一就是用巨大的投影仪通宵放西部片。

"什么样的西部片？"我问。

"枪战片。"卡马尔答。

卡马尔和沙基尔感情甚笃，他评价沙基尔"为人朴实，跟我说话的时候从不高高在上。'老弟，你可以这样做。'他会说，就像我的大哥一样。"卡马尔说沙基尔不记仇，除非你实在大不敬。他还有一个名字：正义天平[①]。卡马尔解释了这个名字的由来。他说有个老人欠了人家八拉克钱，债主告到沙基尔这里。老人被独自带到沙基尔的办公室，当时卡马尔正在里面打康乐球。老人陈情说急需用钱，女儿的嫁妆实在等不得了。"沙基尔当即表态：'那你一个子儿都不用还。'还另外给了他两拉克救急。"

在司法体系难保司法公正的时候，黑帮大佬介入纷争，化身法官。他们借鉴法院的调解模式，且坚称逢案必核，不会偏听一方一味索赔或追债的诉求。这倒也合乎情理：被告如果欠债，难免要百般抵赖，但如果他是让人诬告的，更要呼天抢地地喊冤。由黑帮执法反获公正判决的情形在孟买屡见不鲜，以至于当法官本人成为受害者时，他们求助的对象也是黑帮。1999年11月，孟买高等法院的某法官请求沙基尔为他追回一笔非正式储蓄计划[②]的投资。黑帮律师沙伊赫为这名法官牵了线，据警方向民众披露的监听内容显示，其部分对话如下：

沙伊赫：老板，高院的法官在我边上，他是个老实人。

[①] 正义女神像最初作为司法公正的标志出现在欧洲各城市法院。女神右手持天平，好比衡量诉讼双方提出的证据，象征公平的审判。

[②] 指不通过依法设立的金融机构或用超出现有法律规范的方式来融资的活动，包括非正式银行、保险、股票、债券、基金、博彩类产品等。

法官（接过沙伊赫的电话）：愿您平安祥和。①

沙基尔：平安、平安。请说你的情况。

法官：我想追回一笔钱，欠我钱的那个人叫——

沙基尔：稍等。法希姆，拿我的笔记本还有笔来。他欠你多少钱？

法官：总共四十拉克，是我、我儿子和女婿的积蓄。

沙基尔：你说他的店叫什么？

法官：（如实相告）

沙基尔：啊，是在锡安②的那家吗？

法官：是的，是的。

沙基尔：我知道那个人。他欠了一屁股债，记录在案的有两亿卢比，我会让他先还你的那笔钱。

（沙基尔借机谈到警方的法外行刑。）

沙基尔：对警方的偶遇，你为什么不采取任何措施？

法官：因为没有人上诉啊。

沙基尔：会有的，也有过。不过即便阿吉亚尔法官给出了有罪裁定，偶遇仍然不断发生。警察显然压根不在乎触犯法律。

法官：这是司法不公，他们知法犯法。

（沙基尔描述了一次偶遇的详情。）

沙基尔：在所有这些偶遇当中，从来没有一个警察受伤。

法官：他们的确应该尝尝受伤的滋味。

沙基尔：所以我要拿这些警察怎么办呢？

法官：您自有判断。

沙基尔：确实。

---

① 穆斯林常用问候语。
② 孟买达拉维以东的一社区。

这是两个法官之间的对话，更确切地说，是法官和求助者之间的对话。"记录在案的有两亿卢比。"更有权势的法官在让书记员递上卷宗后如此说道。求助者对法官恭恭敬敬，称"您自有判断"。大法官责备他容忍警察的胡作非为，但也安慰他："我会让他先还你的那笔钱。"在这个特定的案件中，判决生效后却没能得到执行：律师沙伊赫遭黑帮同伙杀害，警方事前窃听了他的电话，方才无意中截获法官和沙基尔的这段对话，扣除诉讼费后的余款（即所谓的判决金额）自然再也到不了法官的手上，正如警察局长辛格总结的："身为法官却对司法系统彻底丧失了信心，竟为私人原因求助于黑帮，好获得有利的判决。"实为司法之耻。

卡马尔向我披露黑帮的一系列内幕，因为我从事的是新闻媒体行业。他希望通过我，让我们的政府、社会、司法体系以及各帮派知道："人不为己，天诛地灭。没有永远的朋友，只有共同的利益。"扎米尔不是萨蒂什的朋友，他只是利用萨蒂什达到自己的目的而已。达乌德和沙基尔也互相提防。"两人为种种恩怨闹得很不愉快。"沙基尔需要达乌德的钱活命，作为回报，他护达乌德不受小拉詹的暗算。但沙基尔在卡拉奇已自身难保："恐怕三军情报局的人很快会对他下手。"巴基斯坦怀疑沙基尔是双面间谍：在帮助巴方打击印度的同时，也为印度提供巴基斯坦的消息。印度政府如果有得选，会宁愿支持沙基尔而不是达乌德掌权，毕竟沙基尔没有参与过爆炸案。"沙基尔确实激进，对印度教徒绝不留情。"卡马尔承认，"但他从不对平民下手。"而策划爆炸案的元凶是躲在卡拉奇的达乌德和"老虎"梅蒙。"他们有求于巴基斯坦，所谓人在屋檐下，不得不低头。"黑白两道有这样一个共识：达乌德在卡拉奇貌似座上宾，实为阶下囚。艾杰·拉尔也说："达乌德作茧自缚，他需要三军情报局做他的靠山。一旦回到印度，等着他的是死路一条，要么被对头暗杀，要么被手下篡权。"

尽管如此，身在异乡的达乌德仍旧过着极尽奢华的生活，收集豪宅、香车、护照、女人。他穿阿玛尼西装,沿卡拉奇海岸驾驶快艇,一路猎杀海鸥,好不得意。可惜纵有金山银山也无法挽回爱女的性命,达乌德年仅九岁的女儿玛利亚在1997年时殒命卡拉奇,死因是脑膜炎。达乌德为此备受打击,无心掌舵,把帮派大业交由兄弟阿尼斯和沙基尔共同打理。但一山难容二虎,等达乌德一死,达乌德帮内部势必会有一场恶斗。

卡马尔对沙基尔说:苏科图诚心诚意要来巴基斯坦采访你,遭到了沙基尔的反对。他说卡拉奇目前的局势很不好:"内战随时可能爆发。政府对从印度过来的人查得很严。"他提出一个折中的办法,说既然我飞回美国的时候会在迪拜转机,那么他可以在那个时候接听我的电话。这对我来说倒是个一石二鸟的好主意:扎米尔也在迪拜,我很想知道他过得好不好。

扎米尔在机场外面等着我。他有好几天没剃须了,眼睛里布满血丝,但一见到我,他马上露出了微笑。还是清晨,他五点半就来候着了。和扎米尔一块儿来的年轻人刚刚接到电话,说上头的意思是让我们先坐计程车去酒店。

如果孟买能有孪生姐妹的话,那一定是迪拜。横看竖看,迪拜都是孟买梦寐以求的理想状态。我们坐车穿越簇新的城区,一路畅行无阻,我对扎米尔说迪拜就像昨天才建起来的,这和米拉路的景象真有天地之差:宽敞的美国轿车快速经过一幢幢摩天大楼,路上人影全无。扎米尔来迪拜已经一个月了。"你喜欢这里吗?"我问他,他毫不迟疑地摇摇头。

计程车在酒店门口停了下来,同行的年轻人和司机就一迪拉姆[①]车资起了争执。等我登记入住后,这个年轻人忽然啐道:"巴基斯坦人真混蛋。"他一路上言语不多,我直到在电梯里才确认他也是孟

---

① 阿拉伯联合酋长国的流通货币。

买人。

"怎么了？"扎米尔问，"刚刚那司机是巴基斯坦人？"

"是啊，那个蠢货。"

午饭是在一家印度餐馆吃的。我在饭桌上见到了吉里什的又一个大学同学，是个敦实的马拉亚利[①]人，加入达乌德帮后把印度名斯里改成了伊斯兰名沙伊布。扎米尔和沙伊布一起向我诉苦，说迪拜的阿拉伯人称他们为乞丐或杂种，他们常受到歧视和羞辱。比方说在电话局的时候，印度人和巴基斯坦人老老实实排队等着，而穿阿拉伯长袍的当地人会直接走到窗口，他的业务是最先得到受理的。"如果孟买来人了——"已经在迪拜定居好些年的沙伊布说，"我们总是会急切地问他：'孟买怎么样了？'"

扎米尔告诉沙伊布：孟买建设得极好。"五十五座天桥！你能用最快的速度从安泰里到可拉巴[②]。"扎米尔有从米拉路跳上火车坐到波利瓦里，然后到安泰里，再到达达尔的亲切回忆。他记得一路上绿树成荫，而迪拜的大马路总是光秃秃的。当然，扎米尔最想念的还是他的家人，家是最让他有归属感的地方，如果他晚归，会有一大家子人替他担心。但在这里，他们不得不自己洗衣做饭、打扫厕所。他们住在他们所厌恶的城市，看着印地语电视，频繁和在孟买的手下联络，妄想在迪拜复制出一个孟买。"我们在本地人当中没有朋友。"扎米尔说。依我看，他们在任何人当中都没有朋友。

当天晚些时候，扎米尔和我走进迪拜亮着霓虹的夜。阿拉伯联合酋长国的街上满是应召女郎：极为年轻的马来女孩和白皮肤的俄罗斯姑娘穿着热裤，在空旷的大道上摇曳生姿地来回踱步。我们进了一间酒吧，我点了一杯爱尔兰黑啤，大口喝着。"我回不去了，孟买再也

[①] 为印度南部喀拉拉邦及中央直辖区拉克沙群岛的达罗毗荼原住民。

[②] 原孟买七岛之一，现为孟买市一地区。

容不下我了。"扎米尔实事求是地说。他不久前才命萨蒂什暗杀了一个名叫萨利姆的穆斯林，此人原是他们的同伙，后来跟着小拉詹做事，连杀了三名爆炸案犯，他的下一个目标正是扎米尔。他在扎米尔家附近踩点，这事让沙基尔知道了，果断指示："叛徒，杀。"

扎米尔于是派萨蒂什绑架了萨利姆，把他关在车里拷打。萨利姆对着电话求饶，请扎米尔饶他不死。"他的声音抖得很厉害，情绪也很激动。"扎米尔将手掌摊平，做了个左右晃动的姿势。萨利姆说他以后不敢了，他保证从此只为达乌德帮卖命。扎米尔怒斥他是穆斯林的叛徒，说这话的时候他正在公寓的楼下来回走，只不过这公寓不在孟买，而在阿拉伯海另一头的迪拜。

但要杀萨利姆有个技术难题：沙基尔承诺过孟买警方，达乌德帮在选举期间不会动枪。萨蒂什不得已，只好持刀行凶，将萨利姆开膛破肚。"鲜血喷出来，连肾脏都清晰可见，持刀的人没点胆量万万不行。"扎米尔评价道。萨利姆死后半小时，萨蒂什再次给扎米尔打电话，报告说任务已顺利完成。从周一到周三，萨利姆横尸米拉路一栋建筑的天台，没被人发现。派萨利姆刺杀扎米尔的小拉詹自然从周一起就知道手下失踪了，他向警方报了案，一并告诉了他们扎米尔家的位置。警察在扎米尔家门口守株待兔，却不料当时的扎米尔已身在迪拜。

扎米尔的家人很紧张。他自从逃来迪拜以后，还没能和他们通过话，唯恐警方窃听他家的电话。扎米尔的兄弟在审讯时被弄哑了，扎米尔托卡马尔付给警察五万卢比，好赎回哥哥的一条命。"如果他们杀了他——"这个小个子男人激动地说，"我可能会投炸弹，总之什么都做得出来。"扎米尔另付了一大笔钱保释萨蒂什的姐夫，他协助萨蒂什杀了萨利姆。沙基尔总共给了扎米尔两拉克"活动经费"，亏得扎米尔没做"接单"的一锤子买卖，如果他用一拉克揽下这活（一拉克已经算多了，其中的五千卢比还要分给实际动手的萨蒂什他们），一旦花销（比如事后给警方的贿赂）超出预算，扎米尔再伸手向沙基尔要钱就显得难堪了。也好在沙基尔从来不设固定的价格,活动经费的多少与任务的难易成正比,扎米尔可酌情多需多取、少需少取。"黑帮在这点上有求必应。"

扎米尔深感达乌德帮的慷慨。他和沙伊布等人合租公寓,年租金是三万五千迪拉姆。他有自己的洗衣房、电视机、立体音箱,还有最新款手机,每月的电话费高达七万卢比。此外,任何他的家人需用的开支(譬如筹办婚礼)都会由沙基尔第一时间送达。扎米尔估算了一下,把他安顿在迪拜,每年要花掉沙基尔十八拉克。所以尽管厌恶迪拜,扎米尔仍旧尽心尽力,他把两百手下留在了孟买,自己则在迪拜远程指挥——策划刺杀行动、安排逃逸线路、制定应对警方审问的策略(如果杀手被捕的话)。他用铅笔列出各种图表,帮助自己更好地审视孟买的局势。

啤酒喝完了,我们打算换一个地方继续。空气湿漉漉的,一家夜总会的门口林立着舞女的招牌。我们拐进夜总会解手,我走向小便池,扎米尔进了边上的隔间(这是两个异性恋上公厕的不成文规定),他很快又把门打开,快步走了出来。"有蟑螂。"他说,这个未来的黑帮大佬被吓得落荒而逃。我果然看到地上有白蟑螂。

夜总会的二楼被分成了两个隔间,音乐声不绝于耳。"巴基斯坦音乐!走过路过,莫要错过。"门童邀我们进有加扎勒诗歌手驻唱的房间。"印度舞!看一看瞧一瞧咧。"另一个门童不甘示弱,招呼我们进有舞娘的啤酒吧。两人竭力推销着:"这边请!这边请!"扎米尔毫不迟疑地进了有印度舞女的房间,我紧随其后。说是啤酒吧,委实挂羊头卖狗肉。酒吧里鲜有客人,录音机里放着印侨才喜欢的老歌,比如《他骗走我的心》,又比如《我们的情书》。从孟买来的胖姑娘入乡随俗,穿着阿拉伯妇女的裤装端坐在舞台上,她身边的干冰机徒有其表。"在孟买的时候,每个酒吧都坐着那么几个犯罪科的警察,要是没有保镖环绕,我休得安宁。"而在这个奇特的国度,几乎没有人知道扎米尔究竟是谁。身在迪拜的扎米尔默默无闻,形单影只,落落寡合，既安全也悲伤。

这便是流亡真正的意义吧：某种冥冥之中的力量阻碍着你回家。如果扎米尔硬要回去，他一出机场就会没命，要么是被警方偶遇，要么是被小拉詹暗杀。所以他不得不在他所厌恶的国家待下去，在每一个夜晚坐在客厅看全印电视台的节目，好一解思乡之苦。他梦想着再次搭乘米拉路上的火车，但现实只允许他吹嘘孟买的那五十五座天桥，在一次又一次和手下的通话中亲自下令，一点一点毁掉让他魂牵梦萦的故乡。三个月后，扎米尔或许会前往卡拉奇（又或者曼谷），不论去哪里，总之那会是比迪拜更令他痛恨的地方。他说在迪拜，至少人们还算守规矩。被流放的扎米尔属于很特殊的难民类型，他不是政治难民，也不是经济难民，而是罪犯难民。

沙伊布在我的酒店房间一次次拨打长途电话，试图联系上沙基尔。底下的人尊沙基尔一声"大哥"，说他是虔诚的穆斯林，每天祷告五次，不饮酒，不抽烟，不玩弄女性，也不说脏话。我的朋友——罪案调查记者纳伊姆·侯赛因曾质问沙基尔："你怎么能说你是为伊斯兰而战？你枪杀穆斯林，这样也叫为伊斯兰而战吗？"

"先知已逝，安拉在上。"沙基尔回答，"我们在地上的人得尽我们的本分。"

沙基尔的弟弟安瓦尔带信给我："愿你在迪拜顺遂平安。这里一切都好，你无须担心。"我没有提到"沙基尔"三个字，但安瓦尔一点即透，主动安抚了我。

达乌德的母亲在孟买过世了（系自然死亡），达乌德却只能在卡拉奇伤心。同在卡拉奇的沙基尔前去吊唁，这次会面却导致两人的关系进一步紧张，沙伊布不确定我还能不能采访到沙基尔。我在超市买了三百迪拉姆面值的电话卡，给沙伊布充值用。电话再一次打通了。终于，我听到沙伊布的声音起了变化："是，大哥。是，大哥。"他对着手机这样说，表情严肃起来，站在房间的一角，许久都没动。手机被递到我的面前,沙基尔的声音从另一头传来。

他一再向我明确:他从不接受采访,他不需要出名。他会答应和我通话,仅仅是因为我——一个美国人千里迢迢地赶过来,他不忍心拒绝。沙基尔说的是文绉绉的乌尔都语,在迪拜和巴基斯坦的这些年甚至改变了他的母语口音。整个通话过程中,他都显得平易近人、放松而且自信。他从不犹豫,这是一个习惯了发号施令的人。我从他的声音里听不到威慑,只有理应得到服从的坦荡。比如谈及可能让他陷入麻烦的事件时,他会说"你不必在书中过多着墨"。而对那些显得刁难的问题,他会选择迂回作答,就像老练的政客一贯做的那样。

我问沙基尔是否想念孟买。

"世界上找不到第二个孟买了。我想念我的同胞,我的祖国,那里的空气和蓝天,那些我熟悉的面孔,我的亲人。"沙基尔以近乎诗歌的方式竭力表达他对孟买的渴望。"孟买就像美味珍馐,吃过一次便再难忘怀。我想念所有的家人,但更重要的原因是——我想念孟买,因为我在那里出生。一个人不会忘记他的出生地,不会忘记他的童年,他坑耍过的小径,附近的街区,上学的时候到郊外野餐,去看电影,和朋友一起嬉笑,他对那点点滴滴满怀眷恋……我的故事正是这样的。"沙基尔说,仿佛电影演员一丝不苟地念着旁白,"我读到高一,还想继续念书,我的愿望是长大以后参军,或者从政也行。你知道小时候大家都会写《我想成为＿＿＿＿＿》的作文,我想成为一名军官,所以我在作文里就是那样写的。我想为祖国战死沙场。一个人对国家怀有的强烈感情,有些人只是嘴上说说而已,有些人却会付诸行动,我就是后者。可惜造化弄人,我没当上军官,反而成了达乌德帮的指挥官。"沙基尔怪罪警方:"他们间接毁掉了我的生活,我不得已和黑道扯上了关系,终于成为今天在你面前的这个人。"

我问他如何能从这么远的地方遥控这么庞大的组织。我没说"从卡拉奇",沙基尔的手下已告诉我不下十几次了。

"请不要在你的书里提到这个地方的名字。"沙基尔要求道,"我把计划告诉在孟买的手下，他们按自己的方式具体实施。我们当然有通讯的办法。"沙基尔在电话上耗时极长，他也表达了对因特网的赞叹。"只需要轻点鼠标，全球新闻就会呈现在你眼前！"他每天花两小时上网，也浏览孟买的各大报纸，尤其关注财经板块，看谁近来是市场的宠儿。"电子媒体是最大的资讯来源，其次是政治期刊，而你正是从业人员。"再次便是沙基尔自己的情报网。"我在孟买有联络人，你们还没收到甚至收不到的消息，我都一清二楚。"沙基尔同时是藏书爱好者，他自小喜欢阅读，尤爱间谍小说。"我最多三刻钟就能翻完一本。"

我问他和小拉詹势不两立，是不是因为爆炸案的缘故？

"你听仔细了。"沙基尔的语调阴沉了下来，"全孟买都知道，小拉詹和达乌德帮决裂不是因为爆炸案。案发前一年，也就是1991、1992年的时候，他已经有了反心，这人果然忘恩负义。我们当时收拾了他的三个手下：迪瓦卡尔·丘季、阿玛尔、桑杰·赖贾德，第四个要解决的就是他。这十多年来，达乌德把他养育成人，虽非亲生，胜似亲生。小拉詹见东窗事发，忙不迭地向达乌德行触脚礼，一边哭哭啼啼地说会痛改前非，所以达乌德到底没有杀他，而是选择了原谅。小拉詹见他的缓兵之计奏效，在爆炸案发生后半年离开了迪拜，就此一去不返。他必须有一个叛变的理由，所以告诉人们是因为爆炸案的缘故。但他明知是谁策划了爆炸案，实情又是如何的。"

"是谁策划的爆炸案？"我问。

"我们现在最好不要谈这个。"沙基尔建议。

外界传说穆斯林必力挺达乌德帮，而印度教徒全入了小拉詹帮或者高里帮。沙基尔表示传闻并不属实。"我们的帮派里有相当多的印度教徒。"他把这一比例定在百分之五十，即穆斯林和印度教徒各占一半。在印度教节庆期间，达乌德帮甚至会发钱给教众。"我们的宗旨是——"沙基尔强调说，"一切以人为本。"

我问他对警察的看法。和杀手们一边倒的态度不同，沙基尔的立场显得十分中肯。"确实有部分警察和帮派勾结,但这不意味着整个部门都无可救药了。即使是在今天,孟买仍然有正直的好警察,他们不偏不倚,肯为民做实事。"沙基尔能体谅警察的苦衷,哪怕他们在履行公务时必须除掉他的手下。"但偶遇应该针对的,是确实对公众造成了危害的人。"执行偶遇的警察要秉承良心还有职业道德。"不让无辜的人流血,因为那个人同时是别人的儿子、某个家庭的顶梁柱。"可警察最近偶遇了很多平民。"他们这么做,纯粹是宗教迫害了。这四个月以来,印度教警察杀了很多穆斯林,说他们是达乌德帮的人。但事实上,四分之三的受害人我都不认识,和达乌德帮也毫无关系。"据我在孟买亲眼目睹的情况看,沙基尔给出的这一数据还是比较公允的。"警察把某个人抓来,审问之后杀死,说他是达乌德帮或者小拉詹帮的成员。"沙基尔补充道,"达乌德帮也好,小拉詹帮也罢,警察杀了人就是杀了人。"沙基尔指控警方滥杀无辜,他这话后果严重。人们当然会质疑他的粗暴假设(以及险恶用心),尤其沙基尔还身处印度的敌对国家巴基斯坦。但他本人言之凿凿,也切断了所有和解的退路—— 此生既不与达乌德帮决裂,则必然继承大统。

我又问沙基尔如何看待近来在克什米尔发生的战争。

"苏科图先生,战争是一样很坏的东西,人们在战争当中丢掉性命,我们的经济被摧毁,整个民族倒退一百年。那么谁又能从战争中获利呢?是那些大批贩卖武器导弹的人。如果把他们赚到的钱用在穷人身上,那么不单是印度,每个国家都会好过得多。"沙基尔坚称,和他的名声正相反,他热爱印度,愿意为它而死。"这一点毋庸置疑。一个人不会背叛他的出生地。一个人理应为祖国献身,这对他来说是至高的奖赏,是无上的尊荣。参军不是为了去打板球的,也不是为了锻炼筋骨,参军是随时准备好为国捐躯。"

这个印度次大陆最大犯罪集团的首脑引用肯尼迪总统的话,对我说:"不要问国家可以为你做什么,要问你可以为国家做什么。"然后吩咐我道:"这其中的深意,你不妨好好揣摩。"

沙基尔赞成把权力移交给年轻的一代:"那些对未来有规划的人。"在他看来,如今的政客"是行将就木的老朽,他们唯一的未来就是等死,不管那是在一年、两年还是五年之后。"他对他们尤其厌恶,列举他们深陷的一桩桩丑闻:皮革风波、饲料诈骗……沙基尔用孟买人最喜闻乐见的比喻形容罪犯和政客的区别:"罪犯好比银幕上的演员,一举一动,众所瞩目。政客躲在幕后,他们的动作往往隐而不现。但不论是台前还是幕后,他们做的是同样的事情。政客是比我们更危险的罪犯,我们彼此内斗,而他们正破坏世界。"沙基尔支持孟买的哪个政党也显而易见:"湿婆军已经毁掉了马哈拉施特拉邦,倒是国大党上台以后做了不少好事。"

我问他对目前的生活是否满意。

"一个人总难感觉完满,不管是行善还是作恶,终其一生都有不得已,也总有不可得。我的参军梦从一开始就破灭了,现在的我对明天还有什么梦想,什么愿望呢?"沙基尔反问道。他的惆怅是宝莱坞式的:"人生这个剧本的走向也好,我们的'全剧终'在哪儿也好,只有安拉知道。"

他有什么悔恨吗?

"作恶就是作恶,你没法美化这一点。我认为要么是我们的世界不对劲,要么是我自己不对劲。"

我问他作为自认敬虔的穆斯林,他要如何把热心宗教和取人性命联系起来?

"敌意和宗教各自为政,无法共融。敌人会死,但敌意不会。一个敌人倒下了,会有更多的敌人站起来。而以宗教之名行敌视之事,不单我如此,你也一样。"沙基尔又自我辩解道:"我只能说我从不对无辜的人下手,不会为了敲诈勒索害人性命,那太不值得,也太可悲。"他进一步宣称:"我有大把其他的生意,没有必要因小失大。"沙基尔还指出,正因为敲诈勒索可以借电话完成,常有人冒用他的名头进行犯罪,敲诈不成便行凶杀人。而当警察抓不到真凶又急于结案时,便把各种罪名胡乱堆到他的头上。

即便如此,沙基尔也坦承:"做错了就是做错了。犯罪就是犯罪。"人死后会有审判,但"也应该给人改过自新的机会。如果让莫须有的罪名跟着他一辈子,翻不了案了,那他的人生就变成了——"沙基尔用了一个英语单词:"单行道。"

充值的金额归零了,我们的通话被迫中断。一分钟后,沙伊布的手机响了,接通后传来沙基尔助手的声音,沙基尔随即接过了电话。我听到一连串的汽车喇叭声,或许他正困在车流里,或许噪音是从打开的窗户飘进来的。沙基尔说他没有太多的时间,"可我想:你是大老远从美国来的……"他再次提醒我要领情,何况"公众应该知道我们的真面目。人们已经完全歪曲了我们的形象。"但普通人又何尝不被误解呢?"总有喜爱你的人,也总有憎恶你的人。"沙基尔接着问我道:"现在你告诉我,你对我怎么看?"这是个奇怪的问题。他急于知道我对他的印象,是单纯想讨我的喜欢,还是试图打探我会如何塑造他在书中的形象,若不满意能及时制止?我和沙基尔谈话时,他底下的小弟正凑在电脑边,不发一语地看我打字。我必须小心应付。

"你说话像个诗人。"我回答,我知道怎么赢得同胞的欢心。

达乌德帮的二把手果然很高兴。他卖给我一个人情:"如果需要我替你摆平任何事情,随时打电话给我。或者让底下的人带话,或者直接联系我。"我猜这是沙基尔讨好记者的手段。政府有福利分房,节庆时公司会派发点心,而黑帮大佬承诺会替我铲除敌人,一言既出,驷马难追。这是黑帮最上好的库存,也是天大的情面。我向沙基尔道谢,说我暂时没有这样的需要。

"我知者尚寥寥,知我者又几何。"沙基尔在通话结束前说,语气里颇有点自得。

我和扎米尔在酒店的大堂道别。他重复沙基尔的话道:"我们大哥说了,你在孟买如果有任何困难,随时打他的电话。"

我的童年所充斥的并非暴力,而是对暴力如影随形的恐惧。我渴望有人替我出头,护我在江河楼、在学校免受欺辱。如今我有了好些保护者:艾杰·拉尔、卡马尔,还有沙基尔本人。即便我已非当年的我,即便曾霸凌我的大块头长大后成了我的朋友,知晓黑帮大佬愿为我伸张正义、能够彻底摧毁我的敌人,依然为我增添了别一种安全感。

我在孟买和纽约向好友复述了沙基尔的这个人情。他们的眼中现出渴望的神采,女性尤其——她们不介意请人代劳,男性则更倾向于亲自动手,用枪或刀都不妨。他们半开玩笑地数算着:如果能有一次暗杀别人的机会,他们最想除掉谁——其中既有从前的伴侣,也有现在的同事。我大感意外,这才发现原来每个人都幻想过杀死爱之愈深、恨之愈切的人。

我怀揣着沙基尔的人情行走在孟买,仿佛吞下了一粒定心丸。我应对威胁时更冷静了,被挑衅了能包容,对鄙薄我的人不再切齿。因为有特权,我乐得摆出高姿态。因为能使坏,我反而成了一个更好的人。

2000年4月,沙基尔的手下射杀了湿婆军的两个分支头目。苏尼尔和阿莫尔走上街头,命三轮车停靠路边、商店落闸歇业,迅速封锁了乔格什瓦里。湿婆军在预备警的高度戒备下聚集起来,摆出开战的姿态,并要求国大党政府为"执法不力"引咎下台。国大党迫于压力,不得不缉捕凶手。艾杰·拉尔悄悄告诉我,其中一名湿婆军头目之所以被杀,是因为"他和一个穆斯林女人搞到了一起"。艾杰的语气中带着知晓内情的得意:"沙基尔对印度教徒染指穆斯林很光火,于是下了格杀令。"

吉里什愈发如惊弓之鸟,他在周日的晚上打电话给我:"你知道湿婆军的那两个头目是谁杀的吗?凶手我们都认识。"卡马尔给他看了警方在报上刊登的嫌疑人画像(好请求市民协助),吉里什一眼认出那正是萨蒂什和米奇。

我向卡马尔询问详情。他说计划是扎米尔定的，由萨蒂什和米奇负责动手。"他俩现在可算是出名了。"达乌德帮要为被湿婆军杀害的穆斯林报仇，于是在相对亲穆的国大党上台后，继续瞄准了湿婆军的分支头目下手。曾让这些头目指使得团团转的警察对他们的遇害虽谈不上乐见其成，但也多少带有对凶手的包庇和纵容。

我所掌握的信息既关键又危险。我清楚整个孟买警力都在搜寻（或至少装作搜寻）的两名杀手的身份。甚至是艾杰也搞错了对象，他以为刺杀分支头目的是尼尔什·柯卡姆。警方为尽快给公众一个交代，在追捕萨蒂什和米奇的过程中不惜杀害与案件无关的人（包括尼尔什·柯卡姆），二十四小时内，已有四人在三起偶遇中分别被杀。然而我知道真凶的名字，知道他们的饮食习惯、恋爱经历、宗教背景，我也知道是谁远程操控着他们的行动，我更知道谁会在严刑逼供后说出他们的藏身地。

于是在那一刻，我结束了对黑帮杀手的追踪。但和我的调查不同，孟买的帮派战争永远不会结束。因为它的核心不是黑道的彼此厮杀或黑白两道的生死较量。它的核心是别着毛瑟枪的青年试图利用政治、改写命运、对抗历史。它的核心是革命，而奠定革命道路的是一场接一场的谋杀。

卷二

欢　娱

吃瓦达餐包的人

江河楼于我是历史。我多希望它只剩残砖碎瓦。我没能和它道别，我故意不和它道别。除非必要，我一秒都不想在里面多待——逼仄空间对我的影响之深，我重回孟买时方才意识到。在尔科商场楼上觅到合意的办公室后，不出两个月，我也终于在班德拉租到了房子，挥别了江河楼。我和班德拉从无交集，对我来说它陌生一如巴塔哥尼亚[①]。班德拉曾是城郊，也是天主教徒的聚集地。我唯一认得的天主教徒是学校的老师，我对天主教的全部认识则来自印度电影：信教的女人穿短裙，男人爱酗酒。我因此格外喜欢他们。等年岁渐长，我发觉和天主教徒相处更加自在，不像和古吉拉特发小在一起时那样拘束。和天主教徒的待客之道不同，去古吉拉特人家吃饭空有精心烹调的素食，却无开胃佐餐的烈酒。

班德拉的新公寓——我们称之为"家"的地方是某知名影星的故居。她在八十年代的平行电影运动[②]时期颇有几部代表作，可惜天妒红颜，佳人已逝。她的妹妹答应把房子租给我们，整个谈判过程却与

[①] 指南美洲安第斯山脉以东、科罗拉多河以南地区。主要位于阿根廷境内，小部分属于智利。
[②] 在印度发起的新电影运动，认为电影不仅是一种娱乐形式，也应关注严肃的社会问题。受意大利新现实主义电影的影响，平行电影和商业影片形成鲜明对比。

当时租下江河楼的公寓有天壤之别。我和宝石商（我们在江河楼的房东）握手为盟，大笔一挥签了约，而班德拉公寓的合同之冗长详尽，属我平生仅见。在中介的推波助澜下，双方从一开始就彼此提防、互相怀疑。房东罗列了各项条款，唯恐我们在租约到期后卷走房间里的窗帘杆、各式灯具乃至卫生纸架。我们像预备签署《反弹道导弹条约》的军事专家一般，对合约的每一字、每一句都仔细推敲、锱铢必较。哪怕在签约完成以后，板着脸的房东也没有握我的手，更没有祝我在新居住得愉快。《租赁法》让孟买变成了一座毫无信任可言的城市。就为了一间距市中心一小时车程、没有电梯的三层楼公寓，我尚且要忍受房东的百般刁难和横眉冷对。

但这的确是间美好得多的公寓，为此"自讨苦吃"也算值得。所有江河楼缺乏的元素，这里一应俱全。公寓的正前方是有幢丑陋的粉色建筑不假，可除此以外，自左手边起是一望无垠的大海。我的大海。我可以放心打开窗户（再也不会有垃圾飘飞进来），头顶是辽阔的蓝天。我们的新居干净整洁，实木家具大气优雅，更紧要的是室内光线充足。整个下午，光影不断变化着，怎么变都怡人，明亮而不刺眼，即便是雨季也有温柔的光照。住在江河楼的日子已令我忘却孟买亦有迷人的自然采光。我在周一的下午站到窗边，向外远眺，视线所及处空无一人。这里是印度，而我竟不见人烟！我得以奢侈又贪婪地瞭望远景，悠闲地凝视棕榈树和退潮时懒洋洋的海水。近处的人家把毛巾晒在晾衣绳上，无风，毛巾立得笔直。啊！终于有佣人来对面的窗口收衣服了。多一个人无妨，毕竟"万径人踪灭"也太寂寞了些。

孩子们的卧室外面种着一棵杏仁树，某天早晨它忽然长出一片鲜红的叶子，在浓密翠荫里显得分外醒目。我们大感稀奇，这片叶子一夜间变了色，仿佛有一只调皮的手将红艳艳的颜料涂了上去似的。

经过一年的适应，我们在孟买的生活方式已和在曼哈顿东村时几无分别。我们再次交到了好友，也逐渐累积起财富。苏妮塔的朋友、我的朋友，又或我俩共同的朋友遍布亚欧美三大洲，有朋自博帕尔、纽约、德里和伦敦来，或是至交，更难得有知己，连同我的妹妹和堂表兄弟一道，千里相会，不亦乐乎。人们不介意进屋没有现成的晚宴恭候，也不介意相帮切洋葱或剁姜丝。有人挽起袖子在厨房打下手，有人趁机躲在窗边抽大麻，有人毫无形象地在客厅地板上躺成大字，任我的儿子骑在他的肚皮上，又或者陪孩子们搭玩具小汽车。我们为客人提供啤酒、葡萄酒乃至烈酒。食物用心烹制，装盘尽可随意。有时我们会放音乐，孩子们随乐声起舞。客人三五一群，你可以随时离开，又随时加入谈话：或许"绿色和平"①的志愿者正试图解决小区公寓装修污染超标的问题。或许他们在谈论摄影技巧和达娅妮卡的最新影展。或许他们在为某个朋友是否应该和现任女友结婚操心。或许你压根不用说话，只需不断将毛巾盖在头上、旋即取下，便足以将我的小儿子阿卡什逗得咯咯直笑。客人中有曾经的爱侣、日后的怨偶，他们已分道扬镳，有充分的理由彼此憎恨，却在这里不期而遇，因此不得不收起戾气、维持表面的和平。而当酒过三巡，多年来的不合忽然烟消云散，哪怕第二天酒醒后再度成为累世的仇人，此刻在酒精的作用下，他们仍是昔日的亲密爱人。在所有人都熏然薄醉以后，饭菜终于上桌。锅子直接从煤气上端下来，菜肴里故意多放了辣椒，好让我们被酒精麻痹的味蕾尝出些许味道。我的孩子要直到凌晨一两点客人离开后才睡觉（或直到他们累得昏睡过去为止）。这一幕幕场景如此熟悉，不论身在何地，我们都愿这样度过长夜。

心愿不变，我们的心境改变了。我们掌握了各种生活技巧：如何与杂货铺的老板、计程车司机以及亲戚们讨价还价。苏妮塔的印地语渐渐变得流利，她不再让佣人欺生。我们知道了绝不在九点半前赴他人的晚宴。刚到孟买时，我们尚照纽约的惯例八点登门，而后不得不

---

① 1971年由美国和加拿大裔环保主义者成立的非政府环保组织，总部设在荷兰阿姆斯特丹。

干坐喝茶,看女主人一边忙着打扮,一边要进厨房做饭,一边还怕冷落了我们,不时地礼貌性地寒暄。我们找到了购买螺丝刀、床单、牛至①以及电脑的最佳地点。孩子们不再病个没完,即使他们生病,我们也不再那样忧心忡忡。孟买空气不好,水质不佳,食品不卫生,因此所有的孩子都常常生病,但这个国家仍有十多亿人口,十多亿精瘦、多病但活生生的人口,其中一些还活得异常精彩。

即便是班德拉的公寓,各种设施亦常损坏。空调频繁罢工,我书房里的那台在我写作期间不时滴水到我头上。公寓自早上九点半起准时断水,到晚上八点半恢复供水。整个夏天(连同雨季在内)皆是如此。窗外大雨瓢泼,室内的奢华浴室却滴水欠奉。我们于是在龙头下摆了一溜色彩鲜艳的水桶,等着晚上恢复供水后将它们一一装满,第二天清早起来便有水可用,且能提前做好分配和存贮。刚到孟买时,我们必然会对这样的不便深感沮丧,但如今我们已司空见惯。若佣人一周不来,我们就自己做家务。如果马桶的水箱开裂了,我们已掌握了诀窍:打电话让人来修,但不是找管道工,而是找电工,他为人正直可靠。电工会带管道工一同上门,若见后者又要在收费上动歪脑筋,便会支开这心术不正的人,自行为我们修理水箱,他会用水泥将陶瓷箱体粘合好。倒不是说我们肯定就不再吃亏上当了,但我们已非初来乍到,我们在和金钱打交道的事上已交了不少学费,也舍弃了美国人规规矩矩的那一套。有一天晚上我还骗倒了计程车司机。他在午夜刚过时送我们回家,走夜路收费更高,但我的手表慢了几分钟,当时正显示 11:57。我把表给司机看,他按入夜前的标准算我车资。下车后苏妮塔批评了我,我方才意识到我在孟买已变得多么狡诈。

在孟买,我们也学会了利用"影响力"。我曾打电话到西印度汽车协会,想为外地来的访客预订车展的门票,被告知票已订完。我向叔叔求助,他打电话给朋友,那个朋友略施影响力,奇迹般地让主办

---

① 即俄勒冈叶,烹调时与番茄、乳酪搭配,因常撒在披萨饼上,又名披萨草。

方"凭空"挤出一张票来。要不是这件事给我提了个醒,我几乎快忘了有无影响力所能造成的巨大差别。作为芸芸众生中的一分子、默默无闻的普通人,你能做的着实有限。凡事都要通过某个人才能办成。订票员非得走私人关系才肯松开指缝,而买火车票、电影票、租公寓或谈婚论嫁……无不如此。要达成目的,必须通过朋友的朋友、熟人的熟人、亲戚的亲戚才行。缺乏这一层层的人际关系网,在孟买你将寸步难行。你不能够跳过这一张张面孔,直接找到那个并不认识你的人,也不能只透过一根电话线,要求素昧平生的对方满足你的要求。若剥除一切关系,单论供需,那么仅剩的是银货两讫而非人情交换。一个朋友从孟买去往伦敦,极为惊诧地发觉不用同任何人打交道就能在网上买地铁票、订戏院座位、叫外卖……而当你想在马泰兰①预订酒店房间,或去购物中心买电影票时,你必然要四处打听:"有谁认识那个谁的谁?"所以尽管有种种不好,在这里建起了关系网、拥有影响力的人们依然选择留在了孟买。

周日的时光仿佛流淌得格外缓慢。一大早,整个卡尔和班德拉地区弥漫着咖喱鱼的香气,家家户户搅动勺柄,等着热腾腾的美食出锅。大都市最难得的亲密与安宁,在班德拉周日的午后俯拾皆是。人们睡到午时方起,吃一顿丰盛的早午饭,喝一杯冰镇的啤酒,揽过爱人久久温存,接着又沉沉睡去。夜幕降临后沿海边的卡特大道漫步,又或看一场三周前就订好票的电影;走到更远些的纳里曼区也不妨,可以带孩子们坐旋转木马,欣赏蓝绿色的海水上漂浮着的点点椰壳,远观沿岸高楼在沃克什沃路上拔地而起。若你打算从烈士广场的弗洛拉喷泉处起行,去往古堡区,那走上一天也不会厌倦。那里的街道才是街道真正该有的样子:宽阔平整,绿树成荫,有宏伟宫殿矗立两旁。周日的午后是人之所以为人而不只是动物的分水岭。一周里的其

---

① 马哈拉施特拉邦赖加德县的一个城镇。

余时间，人们回家已太迟，仅够满足最基本的需求：饿了便吃，困了就睡。而在周日，我们重新成为有思想、懂情趣的人。

乔达摩学会了孟买话——劳动人民的市井之语。他发脾气的时候会用孟买话对苏妮塔说："讨厌妈妈。"他终究在和他血脉相通的国家找到了归属。楼里的孩子正庆祝侯丽节，令我惊讶的是乔达摩也破天荒地参与进来，同他们一起欢笑。楼下的停车场成了男女老少的嘉年华，每一张面孔都沾满彩粉，再辨不出谁是佣人、谁是主人。人们要么喝酒喝得醉醺醺，要么抽大麻抽得飘飘然。这一天百无禁忌，你甚至可以触碰任何一位女性。

在印度，人们对我的儿子很友好。机场休息室的接待员跟在我们身后，为我们倒咖啡，给孩子们端饼干。她和乔达摩说悄悄话，讨论他们各自拥有的每一件玩具。正读晨报的生意人抬起头来，用泰米尔语和阿卡什打招呼。我的两个孩子带着自信与陌生人接触，他们把手撑在客人们的膝盖上，拉扯女性的头巾玩耍。等回到美国后，他们需要学习如何与彼此以及外人保持适当的身体距离，他们必须了解人们不喜欢被陌生人碰触，虽然在孟买的班德拉——属第一世界的地域，这种碰触时刻上演着。一个定居纽约又返回孟买的朋友对去她家做客的阿卡什感到恼怒，因为我的儿子管不住手脚，总要摸她屋里的音响又爬上她的桌椅。那一天在回程的路上，计程车司机忽然对我们说："小孩子是受神灵庇护的。成年人爱记仇，脸皮薄，但遇见同样的事，小孩子却能转身即忘。"

有钱人上戏院、开派对、去国外旅行。而穷人家有孩子，孩子是他们的开心果、小棉袄。他们工作一整天，深夜才从维拉尔火车站回到家，他们的孩子却还醒着。父亲不会责怪他的儿子第二天起不了床、上学要迟到，他们愿意看见孩子的笑脸，每天的这半小时是他们第二天辛苦劳作的最大动力。杀人犯、妓女、文员、管道疏通工人、接不到戏的演员……他们每一天在外奔波，就是为了回家时能看到年幼的女儿向他们跑来，抑或从睡梦中惊醒，责怪他们为什么不更早一点回家。节假日的时候，大人坐在房间的一角，一边看着自己的孩子和邻居家的孩子一块儿玩耍，一边评价每个孩童的习性与癖好，像中世纪意大利宫廷的吟游诗人般热切追随小孩子的一举一动。到了晚上，他们或许会带上儿子（连同邻居家的小鬼一起）去看电影，无视五岁以上儿童不得免票的规定，把逃了票的孩子抱坐在膝上，一边观看阿米塔·巴强在银幕上的英姿（那些聚光灯下的宠儿！），一边吃妻子准备好的自制零嘴。直到小小的孩子没能忍住睡意（不论他本人有多不情愿），一点点垂下脑袋、缩起身体睡熟了。剧院里的空调不制冷，他的儿子今年六岁了，但在父亲看来这孩子还是那样轻，轻到坐在他膝上时几乎没有份量。即便有，他也承受得心甘情愿。

孟买是谁的城市？小拉詹帮的玛玛曾对我说：孟买属于吃瓦达餐包的人。那是筒子楼居民、三轮车夫、贫民窟的孩童、书记员、警察乃至帮派分子的午饭。

我问叔叔办公室的人：上哪儿能买到印度最好的瓦达包？他们异口同声地回答："博卡！"我在炎热的午后穿过市中心，沿途寻找博卡的铺子。时间不算充裕，人们告诉我博卡每天只出三小时的摊，从下午四点到晚上七点（又或到当天的瓦达包卖完为止）。我走过路中央被掘开、露出深坑的小径，经过菜市场、小葡萄牙区（其中一些全孟买最五彩斑斓、极具欧陆风情的老洋房里仍住着最初迁徙此地的天主教徒的后裔）、婚庆用品店、耆那教诊所，最终寻到了博卡的小摊。摊前已排起两列队伍，男女各一列，人人手中攥着卢比。博卡坐在小凳上，正舀取面糊炸薯饼。旁边一块破旧的小黑板上写着：

博卡秘制
瓦达餐包　4 卢比
油炸薯饼　3 卢比
瓦达包胚　1 卢比

我等着油炸薯饼出锅，周围的人同样在等待。我绷紧了肌肉，捏着钱，随时准备着。一旦博卡把漏勺从盛满滚油的大桶里提起来，上面装满一只只外覆金黄裹粉、好似贝涅饼①的薯饼时，人群的骚动便开始了。他们攥着钱的手一径往前送，给出一张张十卢比的纸币让伙计找零，伙计的面前则摆着放满两卢比硬币的托盘。没有人是只买一只瓦达包就作罢的。于是一轮下来，并不是所有的人都能买到，不好意思争抢的食客只好等下一轮薯饼出锅。已经做好的瓦达包胚里事先抹了酸辣酱：上半边是绿色的鹰嘴豆泥，下半边是红色的蒜泥果酱。伙计总是先招呼女顾客，他伸直一只手，舀过才出锅的两只薯饼，行云流水般在打开的瓦达包胚上一边放一只，再将包胚合起递给饥肠辘辘的食客。我拿着属于我的那份瓦达包，走到离摊位稍远一些的地方，略微挤压中间的薯饼，只见外层的瓦达包胚上现出稍许裂纹，薯泥连带红绿色的酱料溢了出来。我一口咬下去。外层面包胚的松软香甜很好地中和了酱料的酸辣。内里黄褐色的薯饼炸得脆脆的，带有葛拉姆马萨拉②的独特香味，且能吃到如腰果般的完整蒜瓣，经咀嚼后爆出异香，当真是口口美味、口口享受。一只瓦达包便足以果腹，而博卡的瓦达包色香味俱全，着实名不虚传。我像是忍饥挨饿许久的人吃到大餐一样满足。

火热的瓦达包下肚，自然带来口渴的感觉，我走进不远处的冷饮店。店里用富美家建材隔出一个个卡座，环境宜人，颇有平和又休闲的氛围。墙上有用马拉提语写的"饮品推荐"，每一款皆标榜有养身功效。譬如醋栗汁可治尿频、夜盲症、心烦，姜汁可缓解胃胀气、支气管炎、痛经等。多数冰品都很好喝，且和风靡世界、独占鳌头的可乐大异其趣。事实上，这里的本地可乐（譬如马萨拉可乐）足以和正

---

① 一种法式无孔甜甜圈，其弹性口感类似于油条。
② 由多种辛香料磨成粉混合而成，如胡椒、丁香、豆蔻、孜然、肉桂、草果、花椒、芫荽籽等，常见于印度北部和南亚的烹饪中。

统可乐分庭抗礼，味道大相径庭却毫不逊色：虽然看上去也是冒着气泡的棕色饮料，但里面加了马萨拉香料（即柠檬、矿盐、胡椒和小茴香）。制作一杯马萨拉可乐的方法是先把寻常的可乐倒一部分进玻璃杯，然后舀入几勺马萨拉，可乐便会从杯底往上疯狂冒泡。侍应生站在一边，待泡沫消了，再往杯中加入可乐，又等上一会儿，直到把剩余的可乐全部倒完，原汁原味的印度可乐就这样诞生了！面对西方文化的入侵，我们的态度是接受它、改造它。我们将可乐迎入当地饮料的万神殿，不过多添了香料，使得这外来的饮品更富生命力：其所含的可卡因在被西方禁用后，又一次回到了印度的可乐里。

我因中心城区的空气污染不断打喷嚏，鼻子都被擦红了。但此刻我坐在安静的冷饮店，着迷地欣赏外面忙碌而奇异的街景。一排排小店鳞次栉比，每一间都出售特定的商品，为这座城市提供微小而不可或缺的服务：为木制家具打蜡的、替人打字的、卖发油的、出售烟花爆竹的、卖洽巴提烤饼的、提供丧葬服务的、做手工皮鞋的……经营这些店家的已是他们的第四代传人。店开在底楼，店主住在楼上，象征性地付几十卢比作为房租。店面从上午十一点开门，直到晚上九点打烊。店主们和全世界的小商贩一样，最清楚上哪儿去买价廉物美的街头小吃，譬如玫瑰雪葩①或西米露。当他们的外地亲戚来孟买游玩时，他们便是走街串巷最好的向导。而这些人的孟买一日游和我的如出一辙，常以去马拉塔·曼迪尔影院看深夜电影作结。世代经营店铺的人们不足以富裕到搬离这里，也从未想过搬离这里。他们的孩子会继承家业，而他们的生意在英属印度时期就已开张，几十年来他们早已站稳了脚跟，在这城市一隅拥有属于自己的那份舒适、熟悉、游刃有余。

孟买的伊朗餐馆再度成为我经常光顾的地方，不论是会见朋友还

---

① 主料为果汁的冰淇淋。

是单纯为了纳凉。我儿时最喜欢的一家伊朗餐厅叫纳兹咖啡厅，它在印度独立后开到了马拉巴尔山，拥有绝佳视野，收费却很低廉。我每次回孟买都会去纳兹，坐在最高处的露台上（只额外收取十五卢比）眺望焦伯蒂海滩，挥手挡开馋嘴的乌鸦，边喝啤酒边和来自各地的朋友聊天。但湿婆军政府容不下这里，他们带着万丈怒火，决意毁掉这座城市一切的美。不顾纳兹主人的严正抗议，政府将本是私产的土地强行收归国有。他们拆毁咖啡厅，在原有的地基上建起水质监控站。经营纳兹的利润太微薄，风景太温柔可爱，它根本不是粗暴的现代孟巴的对手。

伊朗人于二十世纪之交到达孟买。他们是来自波斯农村（譬如亚兹德[①]）的拜火教徒，不富裕却异常勤劳，因宗教的缘故在家乡受到迫害。他们和生活在孟买的帕西人截然不同。后者虽同为伊朗拜火教徒，但八世纪前后就迁来印度河流域了。

在印度靠做餐饮谋生的伊朗人专营烘焙和各类小吃。印度教徒有这样一种迷信：在街角开食品店不吉利。伊朗的民俗却恰恰相反，他们便放心大胆把商店建在十字路口，笑迎四方客，商店敞亮不说，采光和通风也好。伊朗商店的装修多采用大理石台面和柚木靠背椅，墙上挂着落地镜和拜火教宗师琐罗亚斯德的肖像。店面深处有供客人洗手的台盆，上方张贴一系列"顾客须知"，由颇具幽默感的诗人尼辛·艾策克耶[②]串联成了一首打油诗：

> 别忙于写信
> 您还没点单
> 请不要梳头

[①] 位于伊朗中部，是亚兹德省的首府，拜火教的文化中心。2017年，其历史城区被列入世界文化遗产。
[②] 犹太裔印度诗人、剧作家、编辑和艺术批评家（1924—2004），印度后殖民文学的奠基人之一，对印度的英语文学有重大影响。

会弄脏地板
勿施恶作剧
经理正察看
不论何种姓
欢迎您再来
若有不周到
还请多包涵
若您尚满意
赏光多宣传
愿神赐福您
笑口每常开

伊朗餐馆的菜单相对固定：茶、咖啡、面包、波尔森牌黄油、椒盐饼干、蛋糕、烤饼、牛油餐包、全熟水煮蛋、馅饼、番红花手抓饭、羊肉手抓饭。多数人来这里是为了消磨时间，顺带避暑：在桌边就座，点一杯茶，或读报，或看窗外的街头表演。和受中产阶级热捧的旁遮普或中国餐厅不同，伊朗餐馆无论是价格还是氛围都十分亲民，无需顾客节衣缩食方敢踏足。也因此，伊朗餐馆的顾客多是外来务工人员，他们睡的是大通铺，吃的是茶水和烤饼。如果连烤饼都嫌贵，还有大饼可供选择。对劳动人民来说，这是最廉价且易有饱足感的食物。而加了一勺又一勺糖的茶水则是补充体能的好帮手。

七十年代时，南印度人开的熟食店逐渐取代了伊朗餐馆。再后来，满大街的啤酒吧又迅速替代了南印熟食店。伊朗餐馆老板的后代对家族事业并无兴趣，在强调"知识就是力量"的新世纪，所有人都相信教育才是最好的出路，所以家中经营伊朗餐馆的年轻人宁愿从事其他正职或出国留学。后继无人的伊朗饭店被改造成了银行和百货公司，另一些对内部重新进行了装潢，划出特定区域以满足不同人群的需求，有仅供喝茶的"家庭房"和提供啤酒的"限制区"。

深得我心的伊朗餐馆除已被拆毁的纳兹外另有一处，以当时的孟买市长布拉伯恩勋爵命名。它1934年就建起来了，最初是一间马厩。拉希德·伊兰尼是"布拉伯恩"的老板之一。他无父无母、无妻无子，却有一屋子近四千本藏书。拉希德兼做影评人，同时向全孟买的作家、画家、制片人开放自己的公寓。布拉伯恩是孟买少有的保留了朴素风貌的伊朗餐馆，收费低廉，餐点也简单，只提供鸡蛋、面包、牛肉糜、饼干和茶。十二年前，拉希德在菜单上添了啤酒这一选项，现在每到夜间，餐馆里基本全是来喝酒的人——他们往往是为了等下班高峰过去再上路。"这种等待方式可真不错呀！"拉希德叹道。他想尽可能保留布拉伯恩的原貌，他做得很好：在消费高出十倍的孟买餐厅也买不到像布拉伯恩这样宽敞的空间。

三十年前，布拉伯恩引进过一台点唱机，花一卢比可以点播一支帕特·布恩[①]、猫王或宝莱坞电影的歌曲。"我们也想紧跟时代的步伐。"但不久后人们就发觉了问题：音乐声太大了。布拉伯恩的伙计不是把当天的账交由老板过目，而是在他们耳边报出营业额。老一辈的几个老板多少有些耳背，他们抱怨"完全听不清伙计说了些什么"，于是决定移走点唱机。布拉伯恩又恢复了昔日的安静，偶尔且唯一的噪声是喝醉了的棉花供应商嚷嚷着讨论板球时发出的。

布拉伯恩的节奏几十年如一日。每天六点半开门，第一批顾客正等着喝茶，第二批顾客则是帕西计程车司机，他们通常会点一碗"多糊"（帕西人把"豆"念成"多"）外加一只面包当早饭。"午后的时光波澜不惊。"拉希德如此形容道。等华灯初上，餐馆才真正热闹起来，人们相约来此小酌。附近有个大型的布料市场，商人们总在七点前后来到布拉伯恩。他们的社交圈非常狭窄，回到郊外的家中又无酒可喝，因此收工后来布拉伯恩点两杯啤酒、聊一会儿小天，权当过瘾。

---

① 美国歌手、作曲家、电视人物，仅次于猫王的五十年代成功音乐人。

晚上十点，布拉伯恩准时打烊。拉希德说："作为酒吧，我们的关门时间确实早了点。"

但布拉伯恩的顾客大多上了年纪。一大清早，座位就被老主顾们一一占据，他们多是帕西人或天主教徒。一群约五个帕西老人有各自的专座，若被安排到别的位置会摆脸色。如果某人抢占了他们的固定座椅，他们会坐在紧邻或对面的那桌，又或围成一圈杵在那人身旁，沉默地盯住他以表达不满。"这也算是种执拗吧。"拉希德说。一旦坐进称心的位子，老头们会语带愤愤地讨论当天的新闻。不过他们的首要任务是抖开《贾姆伊·贾姆希德周报》①，浏览讣告栏。这份报纸面向帕西居民发行，其讣告栏是当地伊朗社区的规模不断缩小的倒计时。

每天下午三点，一位帕西老先生会出现在布拉伯恩。侍应生一见他坐下，便照例端上三杯茶水。不知为何，老先生始终要求三杯茶水同时摆到面前，他会另点三份烤饼，蘸取同一个杯子里的茶水食用。一旦入座，他会郑重其事地在桌上摆一枚五十派士的硬币当小费。来布拉伯恩的其余客人比老先生富有得多，但从不给小费。而这老先生被人骗走了房产，如今流落街头。他整日坐在不远处拜火教神庙的院墙下，靠教徒的捐助艰难度日。沙希德感慨地说："这样一个靠别人接济才能过活的人，最清楚给出或收到哪怕五十派士的价值。"摄影师苏妮·塔拉普莱瓦拉给这位老人拍了照，作为其"帕西人"摄影系列的一部分。她特地冲印了照片送给老人。老人瞥了一眼，不肯要，把照片还给了苏妮："承蒙抬爱。"

---

① 亚洲第二大古老报刊，主要用英语（兼用古吉拉特语）发行，受众为印度伊朗及帕西社区的居民。

燥热之城

孟买在夜里才真正活过来。白天的它养精蓄锐,只等夜幕降临。日落后,这座流光溢彩的城市渐展迷人的风姿,比赛、首映礼、派对、晚宴交相辉映,啤酒吧、酒店、迪斯科、花街人头攒动。孟买的夜没有时间的概念,它挣脱了白日衣冠楚楚、严谨端方的束缚。孟买的夜充满暗示和挑逗:衣着考究、风度翩翩的男人挥洒风流,婷婷袅袅、凭栏抽烟的女人千娇百媚。

"如果让犯罪科的警察抓住,他们首先会问你的情妇是谁。"杀手穆赫辛如此说,"干我们这行的,多数有情妇。"有些会和情妇成婚。帮派分子与酒吧舞女天生一对、各取所需,步入婚姻却不守婚约。忠贞于他们并无意义,正如穆赫辛所说:"我既做不到不出轨,强求她守妇道有何用?"

穆赫辛的朋友阿尼斯说:"在孟买,人们的品位多种多样,怪癖无奇不有。"色情业则无处不在。最底层的是尼泊尔妓女——北印度的比哈尔人会找的"小姐",半小时的嫖资约二十到五十卢比。"她们人尽可夫,我们正眼都不会瞧一下。"帮派分子猎艳的对象是酒吧的舞女。孟买遍布上百间酒吧,又称啤酒吧、夜总会或舞厅。在金布尔或马拉德等城郊地带,每个街区都有自己的酒吧。男人前来捧场,将钞票撒向舞女,并以为这就是爱情。被舞女和她们的金主称为"酒吧圈"的小小世界在孟买独一无二。对我来说,它也代表着孟买所有引人入胜的元素:金钱、性爱、死亡以及演艺圈。

照阿尼斯的说法,故事通常是这样发生的:某个帮派分子成了一间酒吧的常客,他在里头相中了心仪的舞女。他想象自己护她免受坏人的欺凌,又或者她为他包扎枪战留下的伤口。他在离开酒吧前和舞女搭讪,问她下班后是否有空。她笑着让他明天再来。他隔天晚上又去那间酒吧,坐在那里盯牢了她。她也记得他,偶尔对他嫣然一笑。他让侍应生打赏,为她一掷千金。她的舞似乎跳得更卖力了,她朝他的方向扭动腰肢。他一直待到酒吧关门,上前讨要她的电话号码。她不依,让他第二天再来,说会等着他。于是他每天都去同一间酒吧,打赏的小费越来越多,终于有一天,在他几乎不抱希望的时候,她快速往他手中塞了一张纸条,上面写着他渴盼已久的她的芳名,还有电话号码。

第二天当他醒来(已近中午),第一件事就是给她打电话。必然是无人接听的,又或者转到了语音信箱。他不停拨那个号码,直到下午两点,一个犹带睡意的声音含混地说:"喂?"他们便这样开始了通话。在这巨大而荒凉的城市,她成了他一吐心事的对象。她倾听他与妻子的不合、同父母的摩擦,她理解有时他的"工作"并不顺利,她担心他没能好好吃饭。"你吃过午饭了吗?"她问他。

"吃了。"

"吃了什么呀?"

"随便吃呗,一只瓦达包。"

"那能叫午饭吗?你也太马虎、太不爱惜自己了。"

"那我过来,你做饭给我吃好不好?"他小心试探道。

"今天不行,我哥哥要来。改天吧,改天我亲自下厨给你做饭。我也不知道为什么,总觉得我俩特别投缘。从没有人像你这样懂我。你今晚会来酒吧吗?我等你。"

每天下午他们都通电话。每天晚上他都去酒吧,他看着舞台上的她,感到一种特殊的亲密。这酒吧里有这么多人,这城市里有这么多人,唯有她知晓他的秘密,唯有她关心他有没有好好吃饭。他坐在桌边,桌上摞起要给她的小费,他不时抽一口烟、喝一口酒,此外便目不转睛地看她的表演,看她随着五十卢比一首的乐曲摆动胯部,他不停递给侍应生五十卢比,她便一直为他跳舞。他幻想她躺在身边同他絮语的样子,忆起今天下午她说为了不错过他的电话,她慌忙从淋浴间出来,衣服都没来得及穿上。

他想和她在酒吧打烊后独处,每一天都想。"我们周末去肯达拉①度假吧？"他提议。

"不不，我是喜欢你，但我不是那种随便的女孩。我和酒吧圈的其他人不一样。"

他一直来酒吧，一直在她身上挥霍，一直约她外出。

"还不行，还不行。"她也一直不答应。她未曾说出口、为了吊着他因此不能说出口的，是"你休想"。她已经成了他梦中的女神，他觉得她在酒吧看他的模样和看别人不同。她为其他人表演仅仅是为了赚钱，当她转向他、来到他的桌前时，则显然是真心为他舞蹈。下午她不是才亲口承认过吗？有天晚上他没能到酒吧去（大哥临时派了任务给他），第二天，一过中午她就打来电话，听上去都快哭了："你昨天上哪儿去了？我快担心死了！你的工作太危险。再也不许这样了听见没有？如果你晚上不能来，一定、一定要提前给我电话，不然我整晚都盯着酒吧的门看，盼望下一秒你就能走进来。我的舞伴注意到了，她们笑话我：哎呀呀，你的小狮崽哪里去啦？"

这一次他约她出来喝咖啡，她总算没有拒绝。毕竟前一晚他在她身上挥金如土，从他手中飞出去的大把钞票在她旋转舞动时如风似雨般洒落，在酒吧射灯的照耀下分外抢眼。所以周六那天他们约在希拉潘纳购物中心见面。她对他的出现显出由衷的喜悦。他们沿百货商场的柜台漫步，就仿佛一对来自马拉巴尔山或冲山地区的普通情侣。她光彩夺目，他注意到别的男人看他时充满赞叹和嫉妒的眼神。他们走过一家电器商店，她猛地叫出声来，转身对他说："你瞧那台榨汁机，多好！医生说妈妈每天早上要喝一杯鲜榨果汁的！"此时不表现，更待何时？他走进商店，问也不问价格就让店员"把那台榨汁机包起来"。他们接着逛。"那件衬衫的款式真别致。"她说，"穿在我弟弟身上一定好看。"而作为替她买下衬衫的奖赏，她会牵着他的手走进旁

---

① 马哈拉施特拉邦以西一处山地，风景绝佳，以观赏日落和瀑布闻名。

边的内衣商店,让店员向他们展示最性感的情趣内衣。她会摆出打量的模样,将胸罩和丁字裤拿到身前比划,又叫他细看内衣的面料,一边故作娇羞地痴痴发笑。店员看多了这样的表演,他谨守本分配合着演戏:拿出店里最昂贵的内衣,刻意用恭维且恭敬的语气称呼他为"大老板"或"先生"。店员热情地说要为他们各倒一杯可乐,好让她在可乐端上来以前"慢慢挑,慢慢选",一旦他举步要离开,店员会马上叫住他说:"哎呀,先生,冷饮这就端上来了!"人精似的店员完全清楚他拉不下脸来问任何一件商品的价格,因此胡乱开价——有什么关系呢?反正女孩隔天就会捧着这一大堆内衣回到店里,在一番激烈的议价后和店员平分退款。但此时的他无需知道这些,他满脑子都是她穿着内衣的模样:红色的蕾丝胸罩、透视款的内裤……就是今晚,他要看到她穿上这些内衣,然后他要看到她一丝不挂。

一下午的购物花掉了他至少一拉克。他必须向大哥伸手要钱了,作为回报,他也必须多接几单任务、多参与几次械斗。走出商场的时候,他语带迫切地对她说:"今晚下班后你跟我走。"他再也不会默许她的推托。她也清楚到了该让他得逞的时候,不然她会就此失去一台提款机——失去他不打紧,失去他的钱很可惜。

所以她说:"好,今晚。"酒吧打烊后,他在外面等她,他们会坐计程车去五星级酒店——欧贝罗伊或泰姬陵或海洋广场[①]共度良宵。

又或者,如果这女孩足够有想象力、讲究一点诗意,她会使出阿尼斯告诉我的那一招。

"哈吉·阿里清真寺下午一点的果汁,你大约不曾喝过。"阿尼斯说。哈吉·阿里清真寺是苏菲派圣者的陵墓,其棺椁所在的小岛与陆地之间是一条长长的堤道,平日游客如织,印度教徒和穆斯林都来此寻求先人的祝福。堤道在涨潮时会被海水淹没,每年雨季的大潮更会卷走为数不少的善男信女。计程车司机途经清真寺总提心吊胆,不停

---

① 座落在海滨大道的豪华酒店。

祈求神明保佑。而到了夜间，堤道上摆起各样的果汁摊。我小的时候，父母亲如果带我下馆子，则晚饭后必来哈吉·阿里清真寺。我们坐在车内，会有卖果汁的小贩将新鲜果汁递到窗口。海风自西面吹来，凉意顿生，加了马萨拉香料的冷饮据说有益健康，也让喝的人精神为之一振。我当时不知毒贩用果汁摊作掩护，常运送整船海洛因入境（这是阿尼斯和穆赫辛后来告诉我的）。对年幼的我而言，哈吉·阿里清真寺是个可以喝到清凉饮料的美丽地方。

阿尼斯继续说他的故事：下午一点的时候，追求者在哈吉·阿里清真寺旁的计程车里等待酒吧女。他焦急地扫视迎面走来的每个人、靠边停下的每辆车。她迟到了，他以为她耍了他，变得烦躁和恼怒，但她在最后一刻露面了，夺走了他的呼吸。她坐进他所在的计程车，裸露在迷你裙外的大腿光滑细致。他闻到她身上的香水味。她穿着无袖上衣，美得摄人心魂。她却没有对他微笑，也没有看他的眼睛。她打量着人行道，正找寻着什么，直到她看见扛着鸟笼的卖鸟人。

她给了计程车司机五十卢比，让他下车走走、喝杯果汁。

她招呼不远处的卖鸟人，对方走上前来，一只只娇小的鸣禽在鸟笼里扑棱着翅膀，它们的喙子鲜艳，颜色各不相同。舞女请求男伴买几只鸟儿，六只五百卢比（"想更有情趣的话，买一打也行。"阿尼斯说。）然后她摇起车窗，打开鸟笼，小鸟倾巢而出，用活力与歌声填满了车内狭小又昏暗的空间。她这才愉快地笑起来，请男伴加入她的巧心游戏：他们试图抓住那些玲珑鸟，胡乱挥舞着手臂才勉强可及。有时一不小心，他们会撞到对方。这对男人来说是头一遭，切莫忘记，直到此刻以前他还没有碰过她。鸟儿或许停在她的肩头，他迅速去抓，但到底慢了半拍，于是他的手掌落在她的肩上。若鸟儿飞过她的胸前，那么根据游戏规则，他同样得全力以赴。他的动作总快不过鸟儿的，他的手朝前探，握住的却是一样更为柔软也更为坚挺的东西。小小的菲亚特车厢里充斥着莺声燕语、他的开怀大笑以及时不时地女性短暂的喘息。终于、终于，在几个世纪的耐心等待之后，舞女和她热切的追求者在汽车后座缱绻缠绵。鸟儿在四周惊慌地拍打翅膀,对此他们已充耳不闻。

半小时后,等计程车车门大开,已然断气的鸟儿被纷纷抛掷在路边。倘若还有幸存者,它们重获自由后会迫不及待地向西飞去,渡过暗沉沉的海。

蒙娜丽莎跳舞

我最初光顾啤酒吧是为了解惑。我不明白为什么会有男人愿意在那里一掷千金。孟买酒吧的舞女若是走运,一晚赚得的小费是纽约高端脱衣舞娘的两倍。两者的区别在于:孟买的酒吧女无需陪睡,且不准触碰客人——说来奇怪,她们比寻常的女职员裹得还要严实。

某晚,一个叫做穆斯塔法的年轻人带我前往沃里,他曾是我的朋友阿希什的软件公司主管。我们的车沿大道行驶,路边"嘉年华"酒吧的招牌已暗。凌晨时分,酒吧早歇业了,但我们的车还在缓慢行进。到一条小巷前,某个就地坐着的男人问:"住酒店吗?"(像是某种暗号。)穆斯塔法和我下了车,见有人从黑暗中走出来,将我们的车停到了小巷对面。原先的男人用手一指,引我们踏进了漆黑的小巷。我正以为我们来错了地方,小巷尽头却有灯光一闪。我们朝光源迈步,愈走愈近,一个壮实的男人向我们行额手礼[①],他的同伴——依样举着手电筒的人在下一个路口等着我们。待完成这一场接力,终点站是一家酒吧的后门。门打开后是另一个世界,灯光炫目,乐声震天,在凌晨三点依然充斥酒精和汗水。所有包厢人满为患,每一间里有十来个舞女,穿着全套纱丽和略嫌挑逗的紧身露背绸丽[②]。其中一两个女孩稚气未脱,一定是垫高了胸部才有和脸庞殊不相称的成熟身

[①] 穆斯林向对方致敬时,要在深鞠躬的同时把右手举到前额上,食指指向额头,其余指头上指,故称"额手礼"。

[②] 印度传统服饰,为同一块布裁出的合身短上衣。

段。穆斯塔法对我说,这里的客人多是宝石商和银行家,我认出身边的胖男人是叔叔的朋友,而他在看到我时也明显愣了一下。

穆斯塔法在牛市时做起了证券经纪人。正逢上世纪九十年代中期,他如果向散户虚报其个股的成交价(哪怕只是每股低几派士),一天就能净赚两拉克的差价,并把这得来太过简单的钱同样轻易地挥霍在啤酒吧。后来牛市变作熊市,穆斯塔法却还能继续混迹啤酒吧,喝加了可乐和苏打水的朗姆酒。

客人在酒吧一掷千金,此言不虚。他们走进舞池,来到最受他们青睐的舞女身边,将一沓纸币高举过她的头顶,然后一甩手,任纸币漫天飘洒,纷纷扬扬落在两人之间。一张张纸钞在舞女的头顶盘旋,将她笼罩,仿如光圈,又仿如礼炮拉响后的五彩纸屑,而金额越大,她脸上的光彩就越夺目。直到地上铺满厚厚一层卢比,侍应生忙上前捡拾,事后交给舞女作为打赏——这是灯红酒绿的孟买对她的最高褒奖。

相对羞怯的爱慕者会把小费交给侍应生,由后者捏牢,掌心朝下,对准舞女的头顶像切牌一样精准地发射纸币。这样打赏的目标更明确,捡拾起来也更容易。另有一些客人喜欢玩游戏。譬如在面前放十张纸条,每一张上写着从几千到十万卢比不等的金额。相熟的舞女翩跹而来,取走一张纸条便能获得上面所写相应的小费。还有一个男人独自坐在桌边,随着乐曲声双目迷离地唱。他面前摆着一堆十卢比的纸币,他每隔一会儿就拿起两张,高举空中,对快速取走纸币又快速离开的舞女视而不见,只自顾陶醉地唱歌。舞女则像池塘里的金鱼,见有面包屑撒下便来争抢,抢完即毫不留恋地游走。

客人还能为自己选中的舞女献"花环"。"花环"是用塑封的五十、一百或五百卢比纸钞做成的,在该舞女为你点的歌伴舞时,会始终挂在她的脖子上。若你对她感到厌烦,若你醒悟了她要的只是你的钱,你甚至可以当着她的面把钞票摔在她脸上。若要展现你最不在意、最轻蔑的姿态,你可以背朝舞女,往她所在的方向抛出成百上千张纸币,并始终面朝酒吧的其余客人,保持微笑。最后你要将空着的双手举到空中,向围观人群宣告:对你来说,金钱和舞女一文不值。

"他们为什么要这样做?这些人从中能获得什么回报呢?"我问穆斯塔法。

"五分钟的关注。即便是汽车修理工也可以来酒吧,获得舞女五分钟的关注。"啤酒吧是孟买鲜有的不谈阶层的地方,唯一要紧的是你身上钞票的颜色。不管是汽车修理工、无业游民还是南孟买的商贾、富得流油的生意人,都不免白天和五大三粗的男人打交道,夜里听自家肥胖婆娘的唠叨。酒吧可能是他们唯一能正大光明打量美丽女孩的地方——美丽且年轻的女孩,年轻得足以做他们的女儿。当这样的一个人走进酒吧,不论他有多老、多胖、多丑,在接下来的两个小时里,他可以做一回私人订制的明星,他就是沙鲁·汗[①]。他若点了一首歌,他便拥有那首歌的每分每秒,他会随着音乐一起歌唱,向后仰头,挥舞双手,和临时充当女主角的舞女深情对望,也动情对唱。舞女并非真唱,只是在比照电影依样舞动之余对对口型。所有的电影歌曲都是事先录好的,轻易就让每一个客人沉浸在"我自与众不同"的假象中。

电影导演维诺德·乔普拉从未去过啤酒吧。他想到那里体验生活,为下一部电影寻找素材。我联络了穆斯塔法,他为我们安排了一个名叫帕里什的向导,晚上九点出发。帕里什是个条形码印刷工,胖胖的,有一口被烟草熏黄了的牙。他带我们去格兰特路附近的"迪尔巴"——位于一幢低矮建筑二楼的啤酒吧。迪尔巴空间狭小,其中的一名舞女相当醒目。与别的舞娘相比,她的个子更高,脚步更重,体格更强健,肤色也更白皙。她有一张漂亮的脸蛋,但几乎不怎么舞蹈。"那是赫妮。"帕里什对我们说。

[①] 印度当代最成功的男演员、节目主持人、制片人,有"宝莱坞之王"的称号。

我是从纳伊姆·侯赛因——我的罪案调查记者朋友那儿首次听说赫妮的。侯赛因说你知道吗,孟买最出名的舞女叫做赫妮,侯赛因还知道赫妮最大的秘密:"她其实是个他。"那晚在迪尔巴,维诺德和我向赫妮表明了身份,我给了她一百卢比,对她说我们在为电影写剧本,想同她谈一谈。赫妮很礼貌,但当我问她能否在酒吧外见一面时,她用了孟买人惯常说不的策略,推说直到"下个礼拜"才可能有空,她近来没法和我们外出,因为"老家正巧来了亲戚"。

我们于是移步仅相隔几个街区的第二家酒吧。"从前,人们来孟买是为了参观印度门。"帕里什说,身穿制服的门童正为我们拉开酒吧的大门。"现在,他们来孟买是为了光顾'蓝宝石'。"

蓝宝石!这唤醒了我多么亲切的回忆。从前的蓝宝石餐厅、如今的蓝宝石酒吧座落在繁华的格兰特路商业街中央,入口处曾悬挂着"星级餐厅"的标牌。此时此刻,跨进大门的我突然垂涎起多年不碰的唐多里烤鸡[①]。童年时,爸爸常在周日带我们来蓝宝石打牙祭,美味的粉色鸡肉让人胃口大开。那肉质如此鲜嫩,我仿佛还能听到咕咕叫唤的活鸡在后厨被割断脖子的声音。而每次离开蓝宝石、沿着海滨大道散步时,我可以放心大胆地问爸爸任何问题,他会耐心、详尽地一一作答:从飞机如何飞上天,到英迪拉·甘地为什么要宣布国家进入紧急状态[②]。蓝宝石在我幼时的记忆中添上了重彩浓墨的一笔。

"这里就像宝莱坞的片场。"维诺德评价道,把我拉回了现实。我们的前方是两间包房,每一间里都有一个小舞台,彩色聚光灯照亮随着乐曲翩翩起舞的女人。她们一丝不苟重复着宝莱坞电影里的身

[①] 起源于旁遮普、流行于南亚地区的一种烤鸡,使用香料及酸奶把鸡腌成红色,再放进名为"唐多"的泥窑内烤制而成。
[②] 上世纪七十年代中期执政的英迪拉·甘地为巩固政权,宣布国家进入紧急状态,在此后的十九个月里逮捕反对党领袖、停止实行宪法赋予公民的权利、进行严格的新闻审查等,后被认为是当代印度民主政治史上最黑暗的时期。

段和舞步,穿着飘逸的雪纺绸纱丽和露背绸丽,好似从雅什·乔普拉①或苏拉杰·巴贾特亚②的电影中走到了舞台上。我们的身后另有三间包房,分别是剧院厅、贵宾厅和穆札舞③厅。剧院厅里摆放着沙发以及阶梯式的排凳(好像体育馆那样),如此一来,舞女无需弯腰同客人说话,每个人也都有清晰的视野。贵宾厅相对最小,也最独立,沙发以环绕房间且最接近演出者的方式摆设。它酷似我在江河楼的公寓,满布欧式的古典雕塑和镀金的镜子,兼有描绘宫廷舞娘喂印度王公喝葡萄酒的壁画。而当你坐在最宽敞的穆札舞厅时,你伸直了双腿正想放松一下,忽然发现你的腿竟搁在女性的乳房上——眼前的每张玻璃桌都由一件雕塑支撑,雕的正是露出双乳、膝手并用抵住桌子的女性形态,她们那用粘土塑造的乳房丰满挺翘,好似两座小小的山丘。在蓝宝石,各个包房间有走廊相连,走廊另一侧是舞女的化妆间,里头的镜子上粘着一整排酒吧女信奉的神祇(主要是女神)的贴画。

贾曼是最先留意到她的人。他是俄罗斯版《花花公子》杂志的第一位马瓦里编辑,也是我在纽约结识的朋友。他曾半开玩笑地说想带印度酒吧的舞女回莫斯科,好给他的杂志当模特。贾曼周游印度各地,先是德里,后是拉贾斯坦邦,现在来到孟买。他希望找到这么一个女孩,一个代表了印度火辣之美的女孩,以便为他说斯拉夫语④的《花花公子》读者带去别样的风味。我之前便从穆斯塔法那儿听过蓝宝石的盛名,因此在带维诺德"体验生活"前的两个月,我和贾曼第一次踏进了脱胎换骨后的蓝宝石酒吧。

---

① 印度导演、编剧、制片人(1932—2012),被誉为"宝莱坞爱情片之父"。
② 印度编剧、导演、制片人。
③ 脱胎自印度古典舞卡萨克的一种性感舞蹈,曾是上流社会专享的表演艺术,一度被视为情色娱乐的同义词。
④ 印欧语系的一个语族,是前苏联国家的主要语言。

我们一开始注意到她，是在她随"反骨搭档"①改编的《巴西》一曲热舞的时候。在多少有些拘谨的舞女当中，她是最高挑、发如瀑、笑容亮如星辰的那个。仿佛电影中的女主角出现的那一刻，镜头聚焦在她身上，周围的一切——舞台上所有其他的女孩都显得面目模糊了。

贾曼为她着迷，认为她是他走遍印度所见最美、唯一敢公开卖弄性感的女人。"和她相比，那些孟买富家女算得了什么！"他在连续几晚同"孟买富家女"搭讪无果后大声说道。眼前的这个舞女很懂背对观众所能引发的遐想，她向前倾身，缓慢地以显然是模仿性爱动作的舞姿扭动臀部。不是遮遮掩掩的暗示，而是大大方方的展示。她随即转过身来，露出少女特有的甜美笑容。她的嘴唇丰厚，颈项修长，有着大大的眼睛和小而微翘的鼻子。贾曼给了她一百卢比，试图盖过巨大的音乐声告诉她：他是《花花公子》的编辑，他们能否在她下班后见一面？她请他明天再来，贾曼解释说他明天一早就要飞往莫斯科了。既然是这样，她答，显然他们只好错过了。但她向贾曼报上了名字，我姑且称她为蒙娜丽莎吧。

时间快进到两个月后。今晚的蓝宝石座无虚席。但我们到达时，酒吧还是为我们腾出了地方，侍应生请一些客人挪一挪，替我们留出了最好的座位。今晚的蒙娜丽莎穿着鹅黄色的纱丽和绸丽，她走到我们的座位后头，和米内什说话。米内什是穆斯塔法的另一个朋友，他三十出头，是个戴眼镜的矮个男人，秃顶，穿一件柠檬黄色的衬衫。蒙娜丽莎认出了我，或者假装认出了我，她笑起来，说："你好哇！"米内什向她介绍了我，然后指着我的同伴问蒙娜丽莎是否认得："你听说过维德胡·维诺德·乔普拉这个名字吗？"蒙娜丽莎惊讶地张大了嘴巴，眼睛瞪得老大，仿佛见到失联多年的亲友般难以置信。她

---

① 荷兰的欧陆舞曲乐团。其歌词简单或无实际意义，节拍重而快速，有饶舌部分。

马上自报了家门，用的却是维诺德的电影女主角的名字（这是米内什提醒我们的）。她很快又回到舞台上，这一次不是为了台下的观众跳舞，而是在导演面前试镜。其他舞女不过是模仿原版歌舞剧的动作，她们试图复制玛都丽·荻西特或玛尼沙·柯伊拉腊[①]的举手投足。但蒙娜丽莎的舞蹈由内而外散发着热力，她后来说她是照着镜子自学跳舞的。维诺德目不转睛地看着蒙娜丽莎的表演，从专业的角度赞扬她道："如果这姑娘出身马拉巴尔山，完全能走上宝莱坞的巅峰。"

蒙娜丽莎身边的年轻姑娘（她们都非常年轻）穿着蓝色的纱丽和绸丽，她跳着跳着停下了舞步，忽然站住不动了。她直直看着观众，嘴里咀嚼着什么。片刻后，她吹出一个粉色的泡泡，这泡泡越变越大、越变越薄，终于"啪"一声破了。一个上了年纪的白人男子连连叫好，拿着一张十卢比的纸币不断吆喝。舞女们面面相觑，不情愿上前去拿，总算有一个舞女碍于礼貌、十分敷衍地收下了。这白人老头还沉浸在身处昔日殖民地的荣光中，浑然不觉自己是整个酒吧最小气的客人。

蒙娜丽莎一舞方毕，回到了我们这桌前。我向前探出身，手中拿着一百卢比，对她说我正和维诺德合作写电影剧本，很想和她谈谈。她一把将钱推开（酒吧女拒收小费，真是破天荒头一遭），在一张纸上写下她的联系方式，然后递给了我。在孟买，"电影"二字果真是有魔力的。

几天后，蒙娜丽莎走进约胡区"海洋公主"酒店的咖啡厅，她向我走来时，所有人都转过头来看她，男人的眼中带着情欲，女人的眼中带着嫉恨。她穿着牛仔裤和厚底鞋，上身套着红色的拉尔夫·劳伦背心，黑色蕾丝胸罩的肩带从背心底下滑了出来。她胸口的皮肤像是

[①] 尼泊尔籍的宝莱坞明星，演技出众，因出演维诺德胡·维诺德·乔普拉执导的电影而名声大噪。

被太阳晒红了，但事实上是前一天的侯丽节红粉还未曾洗净。她将头发高高扎成一束马尾，并为这样的"不修边幅"向我道歉："我才上了发油。"她一刻钟前刚刚起床，为了赴约多少有些匆忙。

她对我说："你右手边有个穿棕色上衣的女孩。"我随意地往右一瞥。"看到和她一起的那个男人了吗？"他的年纪要大得多，皮肤松弛而黝黑，留着胡子。他们坐在桌子的同一侧，正一起浏览菜单。"她也是舞女。我一进来，我们就认出对方了。"

蒙娜丽莎说蓝宝石拥有全孟买最好的舞女，她们性感貌美、肤白腿长。但酒吧圈的女孩多来自农村（很少有孟买本地人入这一行的），她们十多岁时被父母、姐姐或介绍人带到舞厅，待到二十五六岁时就必须"退役"了。她们住在佛拉斯路或"国会大厦"附近的红灯区，那里的房租贵得离谱，就连一间一无是处的小房间，月租金也要一万卢比，外加七拉克押金。但相对地，付的钱多、住的人也多，那样安全就更有保障。三四个女孩往往合租带空调的房间。她们都有手机，一些人还有自己的车。绝大多数舞女会攒下钱来寄给农村的父母，好在家乡置办房产。"她们赚的每一笔钱，都有一大家子人等着花呢。"蒙娜丽莎如此说。

来蓝宝石的客人有些还是少年，从家中偷来为数不多的钱消费。蒙娜丽莎从不在"乳臭未干的小孩"身上浪费时间。下一年龄段的客人则是二三十岁的青年，"英俊，年轻，友善。这些人是舞女常芳心暗许的对象。"但她不能公开这份感情，不能表明只忠于某个客人。"来蓝宝石的客人为的是满足自尊心。如果某个舞女对他尤其亲密，他会理所应当觉得'她是我的'，他便不再珍惜她。"因此当酒吧女爱上什么客人的时候，她若足够聪明，必然不会轻易让对方知晓。

蒙娜丽莎解释说：在酒吧圈生存的要旨就是让客人爱上她，并且相信她也抱有同样的感情。我问她究竟如何才能做到，她要怎么让一个男人为她痴狂、愿意把所有的时间和金钱花在她的身上？

她说她的手段是名妓共享的秘密。当看见某个男人第一次在蓝宝石挥霍时,她会给予他全副注意力、对他绽放最迷人的笑容(蒙娜丽莎的笑容自有一股力量,能让你感到你还没有被生活浸染得那么粗鄙和不堪。)"所有人都想要我的身体。"蒙娜丽莎说,"他们首先看的也是我的身体。在蓝宝石,客人总是先用色眯眯的眼光打量我,然后才注意到我的舞蹈。他们认为我就是他们看到的那个样子,我不介意,我也没法介意。"一旦变成她的常客,蒙娜丽莎会每天和对方通话,慢慢引他说出心事。"我也会耍点小脾气,让他替我做这做那,就像个被宠坏的孩子。"在他们建立起更为牢固的关系后,"我还会要求他:'除了我,你不准和别人说悄悄话。'我像妻子照顾丈夫一样照顾我的客人,不断向他们发送信号:'我只属于你。我只属于你。我只属于你。'"

若这客人扪心自问,或许也清楚:在孟买,无人独属另一个人。但他允许自己被愉悦的假象蒙住双眼——蒙娜丽莎是因为太爱他,爱到连他和别的女人说话都会嫉妒。诚然,酒吧圈舞女的生计完全取决于她们能否精准掌握男人的心理:做什么会让他们亢奋,说什么会让他们心软。有这么一种客人,当他得到舞女的身心后便弃之如敝屣,可能还会向朋友吹嘘:"我得到她易如反掌,换你也可以。"所以舞女就干脆和这样的客人逢场作戏,他们各取所需,即便她之后换一个金主他也浑不介意。但她不会轻易和体面的、有所顾忌的、展示出绅士风度的客人上床,因为她吊住他越久、越晚让他得到她,从他身上捞到的油水也越多——所谓的"好男人"往往愿意多花钱。

如果蒙娜丽莎无意自荐枕席,她会表现得尤为敬重那个客人,做他的朋友、妹妹乃至女儿,直到他慢慢不再以情欲的眼光看待她。她恭维他:"你脾气真好,心地也好。"在他尚且觊觎她的身体时,她巧妙周旋,接近的是他的心。"当他像照顾女儿一样照顾我时,就是他爱上我的时刻。"等他意识到蒙娜丽莎无法回报以爱情,自会斩断情思。又或者,她也擅长扮演迷失在大都市的小女孩的角色,要在他的羽翼下寻求庇护。"不管一个男人在外面多能呼风唤雨、坚不可摧,面对无助的女孩时他必定没有招架之力。"这出戏对生意人尤其管用，他们通常年纪偏长、习惯了统领他人，在孟买有权有势，对蒙娜丽莎的求助根本无法拒绝。从某种程度上说，他们把蒙娜丽莎视作了养女，而你不会和养女发生肉体关系。

假使有两个常客同时出现在蓝宝石，蒙娜丽莎要兼顾到他们。"我先对其中一个微笑，然后是另一个。"蒙娜丽莎的客人来自印度以及世界各地，包括美国和迪拜。她喜欢外省市乃至外国的客人，他们多是"养父型"的生意人，不常追问她昨晚在哪里过夜，她无需像对孟买的客人那样，每天花大把时间与之纠缠。但她依然给足了他们面子，不时打电话问候，在他们前来孟买时全心陪伴。

一部分舞女在出手大方的阿拉伯客人当中尤其受欢迎，另一些在马拉亚利人或锡克教徒当中受到追捧。蒙娜丽莎讨厌马拉亚利人，也讨厌锡克教徒，因为他们总是语出不逊。她在西方游客中是宠儿，他们来到蓝宝石，称赞她说："你太火辣了！"可惜他们不懂打赏的规矩，给她的小费是一张张一美元的纸币，蒙娜丽莎笑他们"外行"。

对蒙娜丽莎最为痴迷的客人来自拉杜尔[①]，是个水泥承包商。拉杜尔曾发生过地震，造成一万五千人死亡。该名承包商和政府关系密切，竟从灾后重建的项目拨款中挪用了几百万卢比，其中一部分便给了蒙娜丽莎。此人连续半年来蓝宝石消费，每次在蒙娜丽莎身上一掷就是几万卢比。有一回他到海得拉巴出差，对蒙娜丽莎相思如狂。他给她打电话，说想见她一面，随即快递来机票。蒙娜丽莎一早坐上飞机，和承包商在海得拉巴的机场碰面，聊了半小时天，再坐同一班飞机返回孟买。就为看一眼她的模样，他付给了她五万卢比。

酒吧圈的舞女若想赚外快，会参加在私宅举办的派对。这种派对分为两类：一类被戏称为"国大党派"，即客人不得触碰舞女，只单纯看她们跳舞。另一类是"印度人民党派"，意味着任何客人皆可对

---

① 马哈拉施特拉邦一城市。

舞女为所欲为。派对有时也包含脱衣舞演出，有随行伴奏的乐队、歌手和女招待。某一晚，蒙娜丽莎受雇参加私人游船上的印度人民党派对，船只从印度门起航。她一上舞台跳舞，男人们便不请自来，贴着她舞动不说，还毛手毛脚地将小费塞进她的乳沟和腰带，始终不肯离开。她跳完一支舞，赶紧从房间逃到了顶楼甲板。仍有两个舞女留在底下，她见其中一人公然接客（男人们在房间外排起了长队），两小时里总共接待了二十个嫖客，"有些人的动作极为粗鲁，有些还算轻的，有些则喜欢咬人。"那一晚，蒙娜丽莎只跳了一支舞，也只赚到一千卢比。她到底不是应召女郎。

我们早前通话、决定今天的会面时间和地点时，蒙娜丽莎曾向我透露："我和米内什在谈恋爱，已经有一年了。"我想起我在酒吧遇到的那个男人，无法想象书呆子一样的他和光彩夺目的蒙娜丽莎在一起的画面。他们实在不般配。

"没有人会娶我的。"蒙娜丽莎如是说。

"怎么可能，总会有那么一个人。"我反驳她。

"不，没可能的。哪怕我们是因为相爱才在一起，我又如何融入他的家庭？如果我和他们一起出门，去拉贾斯坦也好、班加罗尔也罢，如果我在酒吧的客人遇见我、认出我来，那要怎么办？"此外，她也对结婚毫无兴趣。"我能自力更生，不靠任何人过活。我绝不愿为了五千卢比的生活费向丈夫伸手要钱。"蒙娜丽莎沉吟道："在我这个年纪，很少有女孩能赚这么多钱。何况我赚得足够多了，而且赚得有尊严。"听一个世人眼中的妓女说她赚钱赚得有尊严，原本应当是荒谬的，但我偏偏没有这样的感觉。"男人都尊重我。"蒙娜丽莎说。对酒吧圈的舞女而言，尊严才是最重要的，它比性更合意，比爱更长久。

蒙娜丽莎深爱孟买。她在这里盛放，若在德里她会凋谢，换作纽约她会枯萎。同我身边在马拉巴尔山长大的女孩不同，蒙娜丽莎对美国并无向往。"孟买正适合我。"她说不出十年，印度会像美国一样自由。蒙娜丽莎喜欢金钱带给她的自由。她热衷购物,买了一辆马鲁蒂800,撞坏了,于是升级买了辆马鲁蒂爱斯提姆。在结束蓝宝石的工作后,她会独自流连在孟买的各大舞厅。"我喝酒,去迪斯科,打桌球,随心所欲。在孟买,一切皆有可能,我能穿任何我想穿的衣服,这种生活多么自在!"蒙娜丽莎带着自信穿行在孟买。若她在迪斯科看见顺眼的男生,而他的女友正如护食的母鸡般牢牢守着他,那她一定会在离开前走过去,抓住他的衣领凑近了说:"你真帅!"她大笑道,"下次他就会一个人来迪斯科了。"

蒙娜丽莎不认为自己长得好看。她觉得她有的是性感。她主动告诉我她的三围:32-28-36。她曾去过泰姬陵酒店名为1900的迪斯科,在那里,就连大明星沙鲁·汗都对她驻足凝望。

我指了指她的脖子,她戴着一根黑色的线绳,前端打了个结。"那是什么?"

"我的护身符。从钱姆达马塔寺的难近母[①]那里求来的。可灵验了。"蒙娜丽莎笃信难近母。

我问起她的学历。她说她在一所古吉拉特学校念到初三。

"你是古吉拉特人?"我非常吃惊。

她点点头,笑起来,露出不怎么整齐的牙齿。她的父母原籍索拉什特拉[②]的安雷利。她原名叫鲁帕·帕特尔。此刻的蒙娜丽莎让我更有亲切感了,我不由用一种全新的眼光看待她。要知道,和她们的客人正相反,舞女鲜有是古吉拉特人的。而留意到蒙娜丽莎籍贯的客人会点《她夺走我的心》(赞美迷人的古吉拉特姑娘的情歌)请她伴舞,以博美人一笑。蒙娜丽莎和我还有一个共同点:我们的家人都从事宝石生意。她的父亲和弟弟是宝石切割工。蒙娜丽莎自己也在城郊的宝

[①] 印度教的主要女神,被认为是湿婆之妻雪山神女的两个凶相化身之一,尚武,作为降魔女神而受崇拜。
[②] 又名卡提亚瓦,印度西部地区,地处古吉拉特邦西南部的阿拉伯海沿岸。

石车间工作过几个月,将未经打磨的钻石切割成更小的颗粒。"我每天穿着纱丽克米兹,抹好了发油去上班。"那不是她想要的生活,她很快便厌倦了。

她在孟买站稳脚跟后,曾回过一次安雷利。我问她发生了什么。"村里的狗对着我狂吠。"

蒙娜丽莎在孟买卡里纳区的贫民窟长大。"是生下我的那个人把我领进酒吧圈的。"她没有使用"母亲"这个称谓,她的父母很早就离异了,她的母亲——一个啤酒吧的女招待在蒙娜丽莎十七岁那年将她送进了舞厅。她痛恨她的母亲,三年前就从家里搬了出来,独自居住,这三年里她几乎没有见过母亲的面,但依然不时给她寄钱。她的父亲留在了古吉拉特,蒙娜丽莎从不和他联系。

她想过从事除了在酒吧跳舞以外的其他职业,比如当模特。但她也知道除非有人力挺,不然休想有出头之日。他们会捧你到一定的位置,然后威胁你:和我上床,不然你什么通告也拿不到。"你们的世界就是这样的。"她对我说。

"我的世界可不是这样的!"我抗议道。

我拿出手机给鲁斯特姆打电话,他是个广告摄影师。我初遇鲁斯特姆是在考虑租下某间公寓做办公室的时候,房子没租成,反倒和房东鲁斯特姆成了朋友,他那帕西人独有的处世观深深吸引了我。鲁斯特姆说会去蓝宝石"实地考察",如果可能,他会给蒙娜丽莎拍一组硬照。

我是在结束和蒙娜丽莎的会面时才注意到那些伤疤的。

她正从桌上拿什么东西,向上摊开着手,从手掌根部到手腕再到手肘遍布密密麻麻的划痕。她的另一只手也一样。我决定斗胆一问:"这些伤疤是怎么来的?"

"割的。"她说,一边看着手上的疤痕。"这道伤口缝了八针。"然后她指着皮肤上一大片凸起来的圆点:"这些是用香烟烫的。"

我用手指碰了碰她的伤疤。"是谁干的?"

"我自己。"

"为什么?"

"一次是我离家出走以后,还有一次是失恋的时候。"她总共割了五次腕,每次用的都是刀片。上一次就发生在三个月前。

"当时发生了什么?"

"我很孤单,也活腻了。"她的割伤太严重、太频繁,以至于她的经脉已无法为手掌提供足够的血流。她的手腕像坑坑洼洼的石子路一般满布伤痕,她无法提起重物。某一次割腕时她下手太狠,导致手掌几乎完全断开,医生不得不重新将她的手接了回去。她才二十岁。

我们正要离开咖啡厅,蒙娜丽莎说从这里步行到她的住所只需五分钟。"有空上我家?"我咀嚼着其中的意味。她是请我去她那儿过夜吗?我想不是的,咖啡厅的楼上就是酒店客房,她不必舍近求远。所以这是好客的印度人才会发出的邀约:请你作为客人来我家吃饭。

于是我回复她:"你有空也上我家。"

我们并肩走出五星级酒店,所有人的目光再一次落在蒙娜丽莎身上,连带着也落在我身上。蒙娜丽莎有种特别的点头方式,纽约的年轻女孩也会这样:微笑过后把头微微前倾,随即后仰,据说这个姿势最初是从非洲传过来的。蒙娜丽莎喜欢被人注视,喜欢得到关注。

鲁斯特姆在时尚圈颇有名气。女人们和他上床,然后成为朋友——这种奇特的友谊在她们允许他拍摄的照片当中有充分的体现。鲁斯特姆正处在这样一个年纪,按他本人的话说:"和我上床的模特一定不能小于二十岁,否则我就像个恋童癖了。"

我带鲁斯特姆去蓝宝石见蒙娜丽莎。她确实鹤立鸡群。照舞曲的出场顺序看,蒙娜丽莎是压轴的主角,其余人是配角。她今晚穿着一身黑:黑色纱丽及大露背的黑色绸丽,跳舞时全情投入,整个人跪在了舞台上,上下半身以不同的速率扭动,她的肚脐是中轴线,她的长发如飞瀑。这个年轻的古吉拉特女孩以动物般的原始张力舞蹈着,这种张力在小小的舞台上拉扯她身体的每一部分：她的双腿、腰臀、胸部、手臂、嘴唇、头发和眼睛，这种张力束缚她，同时也释放她。

鲁斯特姆以老道的广告摄影师的眼光审视蒙娜丽莎和其他舞女。"拍洗发水广告的人看到这样一头长发，真要乐疯了。"他评价蒙娜丽莎道，"她称得上是年轻版的普罗蒂玛·卑迪①。"但鲁斯特姆的目光更多地落在蒙娜丽莎身后穿粉色纱丽的女子身上，她更娇小，下巴上有道凹坑，也几乎不怎么跳舞。"我明天就能替她拿到代言。"鲁斯特姆说，这样的女孩才是业内人士想要的、孟买的广大中产阶级乐于接受的："甜美，脸蛋圆润，不具威胁。产品广告和宝莱坞电影需要的是这样的面孔，能反映也符合这个时代的需求——怡人的、快乐的、美好的。"

鲁斯特姆承认蒙娜丽莎更有吸引力，但她的野性在以推销面霜或纱丽为目的的广告里并不讨巧。女人会抵触蒙娜丽莎身上原始的性吸引力。"她拍电影会更好。"鲁斯特姆说，"她上镜吗？"他转问我。

"这我可不知道。"

台上的蒙娜丽莎跳舞至一半，忽然停下了动作开始祷告。男人们目不转睛地看着她。她止住了双腿的踢踏、臀部的扭动和献媚的姿态，背对所有人向难近母喃喃絮语。那是一幅震慑人心的私密画面。

鲁斯特姆四下打量着蓝宝石。"这就是个变相的脱衣舞俱乐部啊。"他的身边坐满渴望与女性温存的男人。鲁斯特姆愈发感恩自己的职业："神明保佑。"他仰望虚空处，一边点了点头。

当晚，鲁斯特姆送我回去。江河楼外面站着一个中年男子，他穿着衬衫西裤、握着手机，预备扬招计程车。我很确定刚刚在蓝宝石看到过他。"在酒吧度过梦幻般的夜晚，再回家叫醒老婆同房，这个人的理想与现实差得不止一星半点啊。"我说。

---

① 奥迪西舞名家（1948—1997），奥迪西舞以"三道弯"造型著称，动作柔软，体现典型的印度教石雕的优美姿态。

"所以我坚持不婚是有道理的。"鲁斯特姆答。

我请蒙娜丽莎一道前往鲁斯特姆的工作室,好让她亲眼看一看鲁斯特姆的作品,确定他真的不是情色摄影师。我们到的时候,玛丽卡——印度最当红的模特正在里头闲逛,穿着纱丽克米兹的玛丽卡就像个邻家女孩。"你出演过那部古吉拉特宣传片!"蒙娜丽莎压低了声音用印地语说。

在我们浏览了所有作品、走出工作室后,蒙娜丽莎突然对我说:"她也有疤。"

"什么?"

"玛丽卡。我看见了,就在手臂上。"

鲁斯特姆后来证实了这一说法。我见过玛丽卡不下七八次,却从未留意到她手上有疤。而蒙娜丽莎见她不过五分钟,她说玛丽卡显得有些紧张,语速过快,笑得也有点刻意,所以蒙娜丽莎扫了一眼她的两只手腕。我这才知道玛丽卡的故事。她是某已婚男人的情妇(这男人还有三个孩子),有一整年的时间,玛丽卡从公众的视野当中消失了,没有人知道她和谁去了哪里。一年后她重出江湖,以雷霆之势再次席卷模特圈:凭借绝色的脸蛋和浅色的眼珠,玛丽卡能让任何她代言的产品大卖。她也不再是某人的情妇,她在神庙和情人秘密结婚了。据说那个人在黑道可只手遮天,曾威胁多嘴之人小心脑袋。因此玛丽卡一直待在他的身边,不论是出于恐惧还是出于爱。她会叫来一堆全不相干的人到家里吃晚饭,然后带着他们上别人家做客,并在中途接到电话后一走了之,整夜不再出现,把所有客人扔在另一个陌生人的家里坐立难安。

她也知道她的情人不会离开结发妻子,便割破手腕来记录绝望。全孟买割腕又幸存下来的女人大约同属某个自残姐妹会,所以她们一眼就能认出对方是同道中人。孟买最顶尖的模特和最热门的舞女有这样一个共同点:她们在手腕上书写无处发泄的愤懑,她们割腕留下的疤痕就好像帮派分子宣告性的文身。

一天下午，蒙娜丽莎来到我用作办公室、位于尔科商场楼上的公寓。她当天穿着朴素的条纹圆领衫和黑色牛仔裤。我们本打算去饭店共进午餐，但她说她不饿，而我也刚吃了三明治。我们需要一个能坐下来安静交谈的环境，所以选择了上楼。我把钥匙插进锁孔的时候，再三告诫自己要镇定，努力控制着右手不至于颤抖。

进屋后，我提出做冰咖啡。蒙娜丽莎同我一起走到厨房。我正把牛奶倒进玻璃杯，她一下坐上了料理台，长长的双腿在半空荡啊荡。我在公寓接待过不少客人，却无人跳上料理台，摆出这几乎是下意识的随性姿态。我突然意识到我已经太久没和二十岁的姑娘独处过了。蒙娜丽莎看着我泡咖啡，露出忍俊不禁的表情。"你忘了放糖。"她说，一边大笑起来。她喜欢在咖啡里加很多很多糖，到她离开的时候，我的糖罐几乎空了。待我第二天踏进厨房时，发觉她清洗了咖啡壶、咖啡杯和所有餐具，将它们整齐地一一搁在料理台上。她不肯让我洗碗或替她盛饭，这在她看来不是男人应该做的事情。

蒙娜丽莎送了我一样来自故乡的礼物，是她最近去阿麦达巴时买的。那是一只手工打造的布艺箱，专门给我放文件资料用的。她说"生下她的那个人"给她的见面礼却是抱起呱呱坠地的她，抛在了屋外的门廊上。

"生下蒙娜丽莎的那个人"在孤儿院长大。当地人会去那里挑选适龄的女孩做新娘。蒙娜丽莎的父亲怀抱这一目的前去，他看中一个美貌的女孩，不顾家人的反对娶了她。他们成婚后住在乡下，和他的六个兄弟、姑嫂以及孩子们一起。他不时对她暴力相向，他的家人也肆意殴打她。

在蒙娜丽莎出生一年半后，她的母亲诞下了一个儿子。她父亲的兄弟为此雀跃，因为其中一人膝下无子，在他的要求下，蒙娜丽莎的父亲便做主把才出生的儿子过继给了他。"生下我的那个人没有发言权。"她的母亲一生都要忍受和儿子相隔不远却骨肉分离的事实。蒙娜丽莎再没见过她的这个弟弟,"即便见到我也认不出来。"好在蒙娜丽莎的母亲又诞下了次子,起名维贾。这一次孩子没有被送走,这给了她莫大的安慰。

他们一家人随即搬到了孟买,住在贫民窟。蒙娜丽莎的母亲和时常接济她的男人发生了婚外情。她的父亲发现后企图吞药自杀,未遂,和将他送医、照料他康复的妻子离了婚,带着一儿一女回到乡下。蒙娜丽莎那时只有五岁。她家在当地有间大房子,院子里养着水牛,她是打着弹珠长大的。"我从小就喜欢和男孩子一起玩耍。"

"我曾经很爱我的父亲。"蒙娜丽莎说,用的是"曾经"。她幼时生了场重病,家人做好了替她收殓的准备,可她大叫一声"爸爸!"挺了过来。这样的蒙娜丽莎是父亲的掌上明珠。"如果他看到我掉哪怕一滴眼泪,都会说这不是眼泪,是珍珠,你可不要轻抛。"但家中的女眷见蒙娜丽莎的父亲已经离异,还带着两个拖油瓶,怕受牵累,对他们很是疏远。那几年他们缺衣少食,每一餐都要数好有几张烤饼才敢坐下吃饭。蒙娜丽莎七岁时,她的父亲回到孟买和前妻住了一阵,不久又离开了,并且撇下了蒙娜丽莎和弟弟。他随后续了弦,又生了两个孩子。

"我不知道父亲会离开。"蒙娜丽莎说。他骗蒙娜丽莎他要回一趟农村,很快回来。"等我知道父亲再婚的时候,完全懵了:他把我忘了吗?不再爱我了吗?既然如此,我绝不会主动再去找他。"蒙娜丽莎已经十年没和父亲说过一句话了。他最近打电话来蓝宝石找她,她拒绝接听。

她的母亲也另外找了情人,带着两个孩子搬到那人的家里。蒙娜丽莎记得那个男人待她和弟弟不错。至于是谁先离开的谁——那个男人抑或她母亲,她却记不清了。有一天她放学回家,正是雨季,蒙娜丽莎沿着高速公路的隔离栏走,像孟买所有孩子都喜欢做的那样仰头承接雨水,把自己淋成了落汤鸡。她的母亲见她浑身湿透,也像所有父母一样生了气。只是她的怒火完全超出了常理,她从此再不许蒙娜丽莎去上学,并对她施以极端的暴力——这兴许是她在女儿出生后一直想做的事情:她用洗衣服的棒槌痛打女儿。早在蒙娜丽莎自残以前,她的身上就已遍布伤痕。她常因被母亲打得过重,以至于几天都下不了床。一旦她的母亲觉得她在和男孩调情,对她劈头盖脸就是一顿打。若她觉得蒙娜丽莎做的饭不入味,照样打。在她的母亲忙着取乐的时候,蒙娜丽莎不得不洗衣、打扫、做饭,与其说是女儿,不如说像奴隶。到她十七岁的时候,她早已对母亲的殴打麻木了,那个生下她的女人对她拳脚相加时,她会一动不动坐在地板上,一边抽烟一边用手臂环住膝盖,任凭雨点般的拳头落到身上。有一次她曾离家出走,但警察找到了她,将她送往儿童收容所。收容所比家更可怕,里面的孩子多来自贫民窟,院方会挑选幼女送给政客亵玩,才十二三岁的女孩就有怀孕的。

因此年少的蒙娜丽莎在同龄人还"背着书包上学堂"时被困在家中,只得趁母亲外出时看一会儿电视。她这才发现原来贫民窟外另有一个世界,那个世界离她这样近又那样远,那里没有丧心病狂的母亲、弃她而去的父亲,那里有生来就为跳舞的年轻人。"我看着音乐频道,有一种奇怪的感觉。我觉得我应该有男朋友,倒不是为了做爱,我想和他在一起,因为我们志同道合。我想穿电视上那种短裤短衫。我特别喜欢跳舞,我想要获得自由。"

她偷溜出门,去城郊参加舞蹈比赛。从小到大,蒙娜丽莎都因为个高腿长被笑话是"电线杆""长颈鹿",而现在这成了她的优势。她以一曲拉·阿伦①的《真丝手帕》斩获舞蹈比赛的冠军,也赢得了一众男青年的关注。"我家门外挤满了男孩子,人人都想看我一眼。"有男孩亲了她,让她坐在他们的大腿上。待蒙娜丽莎的母亲发觉后,她冷冰冰地告诉女儿她已将她许了人,对方二十八岁,比蒙娜丽莎大了整

---

① 印度流行音乐女歌手、演员。

整一轮。

蒙娜丽莎被逼和"未婚夫"在纳里曼区见面。她决定开门见山。她对那个大了她十二岁的男人说，她已经有男朋友了，她恳求他告诉她的母亲：他是因为自己的原因才不能娶她。但"未婚夫"丝毫没理会蒙娜丽莎的哀求，也全然不尊重她的隐私，他将蒙娜丽莎的原话照搬给了她的母亲。等着蒙娜丽莎的又是一顿毒打，并且这一次，她的弟弟也加入了施暴的行列。再也受不了的蒙娜丽莎终于起来反抗，回嘴说："我这辈子都不会结婚的！"蒙娜丽莎的母亲一怒之下将女儿领到了一间叫做迪帕的酒吧，她说既然你这辈子都不打算嫁人，那便从此做个舞女吧。

第一次有客人把一百卢比纸币做成的"花环"套在蒙娜丽莎的脖子上时，她当着在座观众的面啜泣不止。作为古吉拉特人，她被教导要对财富心怀感恩，但这分明是用金钱堆砌起来的侮辱。好在酒吧里的其他女孩对蒙娜丽莎很友善，她们教她如何化妆，帮她快速适应了酒吧圈。城郊和市区酒吧的运作方式并不相同。在城郊，头牌舞女可登台唱"独角戏"，因此蒙娜丽莎一晚常跳两支独舞，外加六支双人舞。她在城郊的酒吧有独立的化妆间，可以径直走到经理的办公室，坐在他的大班椅上，后者笑一笑，对她十分纵容。蒙娜丽莎从迪帕起家，在夜间爱人、加哈拉那、拉特纳公园都跳过舞。她的舞向来以性感出名。"我跳舞时无所畏惧，也一无挂虑。"她深谙挑逗的技巧。"裸露是种艺术，是欲拒还迎。"在酒吧圈，蒙娜丽莎被视为堕落的象征。

她还在加哈拉那跳舞时，一个四十出头的男人每天来捧她的场。他是高级酒吧的常客，阅女无数，专挑足以做他女儿的年轻女孩下手。他日复一日打赏蒙娜丽莎，直到终有一天她答应在下班后同他见面。蒙娜丽莎喜欢上了这个人。"他对我很绅士，像照顾小女孩一样照顾我。"这个男人是电影制片人，名叫哈里·维拉尼。他的妻子跳楼自杀了，留下他和两个儿子，一个八岁，一个十岁。哈里·维拉尼也开始接济蒙娜丽莎的母亲。

在印度，破处的隐喻是"取下鼻环"。新婚之夜，当一个马拉提丈夫预备同他的新娘行周公之礼前，会轻轻摘下她佩戴的巨大金色鼻环——他是第一个有此特权的人。而当酒吧女失身于某人时，也有独特的比喻，那被称作"蒙上头纱"：从此尝到羞耻的滋味。所以整个过程会尽可能地延后。当恩客想夺走舞女的童贞（就像蒙娜丽莎那时经历的一般），他会先联络舞女的母亲，问明这舞女的身价，头牌舞女（如蒙娜丽莎者）的初夜至少值五拉克。如果还有别的客人竞价，舞女的母亲会建议客人们"等她再长大一点吧"，实则为了抬高价格。在接下来的几个月乃至几年里，这位母亲会不断要求客人为她们家买这添那。

哈里·维拉尼不愿等这么久。一天晚上，他让蒙娜丽莎来日沙酒店与他共进晚餐，并叮嘱蒙娜丽莎打电话给母亲，说她会稍晚一些回家。蒙娜丽莎来到酒店，发觉哈里订好了楼上的房间。待四下无人时，哈里就势骑到了她身上。蒙娜丽莎害怕极了，她请他住手。"我说下来，你快从我身上下来，我不喜欢这样。但他半诱奸了我。"半诱奸——不能算强暴，也不能算勾引，更像是自信一定会得到蒙娜丽莎的男人耍的卑劣手段。蒙娜丽莎回到家时，她的母亲瞥她一眼就知道发生了什么。"她从我走路的姿势便猜到了。"蒙娜丽莎说她把童贞白白送给了哈里，因为她爱着他。如果他半夜打来电话，她会二话不说赶到他的身边。他向她诉说所经历的一切风霜：从他刚来孟买时如何穷得只能露宿街头，到他后来如何在电影界崭露头角。他承诺会送她一栋安泰里富人区的公寓。他保护她，用他的权势为她遮挡风雨。

直到某一天，哈里付给蒙娜丽莎的母亲两万卢比，带着蒙娜丽莎去了印多尔[①]，他正在那里参与剧本的编写。另一个编剧指着蒙娜丽莎对哈里说："这妞我喜欢。"他们给了蒙娜丽莎两瓶兑了烈酒的啤酒，这是蒙娜丽莎头一次喝酒。然后这个编剧又走过来，开口让蒙娜

[①] 中央邦和摩腊婆地区的商业中心，位于孟买东北方。

丽莎陪他睡一次。在一旁的哈里请他"随意"。但酒精已经上头，蒙娜丽莎呕吐起来。"这样谁也没法碰我了。"她为这件事感到心碎，并以最孩子气也最无奈的方式报复了哈里："从此以后，我再也看不起他了。"

蒙娜丽莎的母亲以为女儿钓到了大金龟，越发索求无度。深知何时应摆脱酒吧女的哈里在半年后甩掉了蒙娜丽莎。"他以为我爱他爱得彻底，还特别小心翼翼，怕我会做出什么极端的事来。"

不久后的一个上午，蒙娜丽莎的母亲早早把她叫了起来，赶她出了家门。蒙娜丽莎先是住到了姑妈家，然后在拜库拉租了一间小房子。她也是从那时起认难近母做了母亲，去庙里为难近母做奉献（这多少让她的生母感到沮丧）。离家后的蒙娜丽莎第一次企图自杀，亏得有萨马尔出现，救了她一命。

那是 1996 年的 9 月 15 日，在拉特纳公园酒吧。蒙娜丽莎永远记得这个日期。她有一个朋友，名叫阿迪。阿迪是她的"哥哥"，而蒙娜丽莎有许许多多个这样的"哥哥"。她和他们的这种关系充满了印度独有的意味深长，"兄妹"之称有效中和了性的吸引，使他们得以保持相对安全的距离。当蒙娜丽莎认某人作"哥哥"时，对方不单会放弃将她变作爱人的指望，也会承担起从此保护她的义务。

十五日那晚，阿迪偷了父亲的车前来拉特纳公园，他一手环着自己的女伴，带蒙娜丽莎和另一个朋友一块儿兜风。阿迪的这个朋友是个英俊的穆斯林男孩，才十六岁半，比蒙娜丽莎还小了一岁，叫做萨马尔。四人本打算一路开车到洛纳瓦拉①，但不久便有一辆车紧追其后，超过了他们，最后逼停了他们。阿迪的父亲从车里下来，满脸怒容。他各打了阿迪和萨马尔一个耳光，但对阿迪的女伴和蒙娜丽莎不置一词。他一望即知她们是舞女。阿迪被父亲拽回了家，同行的酒吧女悻悻归去，只剩蒙娜丽莎和萨马尔相对而立。

---

① 马哈拉施特拉邦浦那县的一个城镇。

"我们于是回到我的公寓,整整三天没有出门。有大概两三个月的时间吧,我们每天像疯了一样不停做爱,两次、三次、四次、六次、十次……我们陷入了癫狂,不知疲倦,喝酒助兴,日夜缠绵。"

三天后,萨马尔回家取钱,然后回到蒙娜丽莎的公寓,两人继续度属于他们的蜜月。他们在夜晚去迪斯科,在那里流连忘返。他愿意听她过往的每一个细节。蒙娜丽莎停止了工作,萨马尔也不再上学。在他们相识两周后的某个晚上,萨马尔带蒙娜丽莎去了一间酒吧,他对她说在这里能赚到比在拉特纳公园多得多的钱。蒙娜丽莎说这是她迄今为止收到的最好的就业指导。那家酒吧的名字叫做蓝宝石。

"我依然对这个世界充满惧怕,若我从来都孤身一人,可能已经彻底毁了。"但难近母保佑,她找到了萨马尔。"我看着萨马尔,从他身上感受到了过去十七年没有过的爱。"

萨马尔来自一个大家族,他是卡里姆·拉拉的孙子。而这个卡里姆正是帕坦帮的首领,七十年代称霸孟买的黑道大哥。萨马尔有着少年人特有的张狂,他会对蒙娜丽莎夸口:"我半年后一定能成大事!我这就去迪拜,你等着瞧吧,我一定会赚大钱!"他们的恋爱也充满少年人特有的不经事:"我们就像小孩子一样,不是吵架就是打架。"有一次两人又起了争执,蒙娜丽莎穿着单衣就冲到了街上。两个三轮车夫经过,见这样一个秀色可餐的姑娘独自走路,便上前同她搭讪,叫她跟他们走。感到害怕的蒙娜丽莎返回楼上,将此事告诉了萨马尔。他冲下楼来,抽出皮带,对着两个车夫噼里啪啦一顿打。"他是穆斯林,有那种牛脾气,不许别人染指他的东西。"萨马尔嘱咐蒙娜丽莎不要再作暴露的打扮,但蒙娜丽莎不听。"他希望我像穆斯林女人那样裹上罩袍,但我是古吉拉特人。"就连和萨马尔的父母见面时,蒙娜丽莎都没有妥协。那是在萨马尔姐姐的婚礼上,蒙娜丽莎身穿黑色纱丽和紧身绸丽,萨马尔的父亲见到她时,吃惊地问萨马尔道:"这姑娘是谁家的?"

蒙娜丽莎也见到了萨马尔的奶奶。"他说:'这世界上我最爱的人就是我奶奶,其次是你。'"但萨马尔的家人不可能接纳蒙娜丽莎做他们的(孙)媳妇,因此萨马尔做了极少有客人会做的事:他搬出自己家,和蒙娜丽莎住到了一起。他的家人为此不喜欢蒙娜丽莎,他也越发不敢对他们坦白蒙娜丽莎的职业。"若他们发觉我是酒吧女,会杀了萨马尔的,所以他不得不说谎。"他们同居后不久,蒙娜丽莎在米拉路上买了一间公寓,她也同时负担起萨马尔的日常开销。萨马尔没有任何收入,他还是个少年。

一天晚上他们去马德岛①狂欢,在海滩上喝酒跳舞。日出时分他们返回市区,途经一条小路,蒙娜丽莎指着下面的房子对萨马尔说:"我家就住那里。"她的母亲就住那里。萨马尔决定和蒙娜丽莎一起登门。他们双双出现时,蒙娜丽莎的母亲威胁说要报警。蒙娜丽莎当时还未成年,警方可以强制送她回家。而这时萨马尔发话了,他昂着脖子请蒙娜丽莎的母亲休要恐吓女儿,有事冲他来。这是第一次有人替蒙娜丽莎出头,护她免受母亲的欺凌。

蒙娜丽莎不止一次怀上过萨马尔的孩子。她试了各种偏方堕胎:吃番木瓜、喝滚烫的放了粗糖的辣椒水,然后粗暴地做爱,直到血流不止。有一回她已怀孕三月有余,却在跳舞时意外流产了。"我哭了很久,我本打算生下这个孩子的。"同居多日后,蒙娜丽莎到底还是离开了萨马尔。她对离开的原因很是坦率:"因为他不赚钱。我对萨马尔说,我要的是你自己挣的钱,不是你父亲的钱。"蒙娜丽莎想离开酒吧圈,但萨马尔不是可以托付的良人。

他们仍然通电话,但她不再和他见面。每年八月(蒙娜丽莎生日前的两个月),萨马尔会问她想要什么礼物,然后存钱为她买金手镯或鸡心项链。他问她:"如果我赚钱了,你会嫁给我吗?"她不会的。"我不会嫁给萨马尔,因为我们相恋一年半后,我又和别的男人在一起了。曾经只属于他的东西已经被别人拥有。从此以后,我看不起的

---

① 马哈拉施特拉邦一美丽海岛。

人是我自己。"蒙娜丽莎觉得她就像史诗《罗摩衍那》里的悉多[①],只不过她确实不再清白。

在蒙娜丽莎和萨马尔分手后的一晚,一群来自香港的青年踏进了蓝宝石。其中有个格外俊朗的信德人,名叫维杰。他不着痕迹地同蒙娜丽莎调情,她给了他自己的联系方式。维杰是风月场上的老手,他在孟买的每个酒吧都有情人:迪尔巴、红粉佳人、金鹅、嘉年华……和萨马尔一样,维杰自有一套,他会握住某个女孩的手,施展魅力彻底征服她。他容易落泪,女孩们为他的眼泪动容。除夕夜时,他的朋友正手持玫瑰为蒙娜丽莎念情诗。维杰二话不说把这朋友拖出酒吧,揍得对方头破血流。"换作任何女孩都会以为维杰爱上了她。"

维杰是游戏花丛的高手。蒙娜丽莎打他的电话,他说半小时后给她回电。她守在电话机旁,三小时过去了……四小时白白流逝,他始终不回电。蒙娜丽莎于是再次打他的电话。维杰在他们的这段关系里完全占了上风,他还向朋友炫耀他如何能从舞女身上讹到钱。他对蒙娜丽莎一毛不拔:"我没有用过他哪怕五派士。"蒙娜丽莎对维杰爱得最痴迷的时候,他说急需用钱,她马上给了他两万五千卢比。他从未归还。"我也从不向他讨要,我给他钱是因为我爱他。"蒙娜丽莎说,"他有本事从任何人那儿骗到钱。"我听过很多这样的故事,酒吧女多年来供着吃软饭的嫖客,只因她倾心于他。而最大的输家是这些酒吧女。和她们一样以爱之名行骗、把她们当傻瓜利用的,正是她们的情人、父母和兄弟姐妹。

最终,维杰抛弃蒙娜丽莎,和另一个舞女好上了。蒙娜丽莎险些崩溃。从酒吧下班后,她会把剩余的时间都花在迪斯科舞厅。她酗酒,除了酒精还沾上了毒品,经常抽大麻不算,甚至还吸过万恶的海洛因。她在天亮后回家,哭着入睡,醒来后把啤酒当早饭。蓝宝石

[①] 罗摩的妻子,曾被罗摩质疑其忠贞,于是走入火堆中向火神发愿,以证清白。

的常客米内什在那段时间照顾蒙娜丽莎,他为她付房租,送她去迪斯科。"他是我患难时的朋友。"米内什爱上了蒙娜丽莎。她则利用他的感情,喝醉后去公寓找他,嚷嚷说"我好热",然后脱得一丝不挂,在米内什的床上睡得不省人事。米内什一声不响替她盖上毯子,默默守着她。

三个月前,我和蒙娜丽莎还未见面的时候,有一晚她去了嘉年华酒吧,在那里遇见了维杰和他的朋友。她正同他们说话,骤听维杰向她介绍新女友。蒙娜丽莎强撑着与对方寒暄,内里一败涂地。酒精帮她咬牙坚持了下来。她回到家,咕嘟咕嘟灌酒。第二天晚上,她在蓝宝石跳舞,情绪异常低落。"我突然对未来充满了迷茫。"她断然离开酒吧,开车回家。米内什当晚也在蓝宝石,他注意到了她的反常,于是打她的手机。她不接。他又打座机,她还是不接。米内什跳上车,一路开到约胡,按响了她的公寓门铃。蒙娜丽莎来开门时,地板上全是血,离她用刀片疯狂自残已过了三刻钟,她是决意去死的。她用音箱放着"除了女孩"[①]的《失踪》,那是她和萨马尔曾共舞的曲子。她会故意在迪斯科点这首歌,并让唱片骑师[②]当众宣布:"由萨马尔为爱人蒙娜丽莎深情献上!"好让她的心上人感到羞窘。《失踪》的歌声一遍遍在屋子里回荡,蒙娜丽莎喝得酩酊大醉,一边流泪一边狠狠割破了手腕。

米内什让她举起手来,她的静脉都被割断了,从伤口里探出来。米内什拧开"大师精选"的瓶盖——蒙娜丽莎方才用来买醉的威士忌,将酒液倒在她的伤口上。"我连眉头都没有皱一下。"她坐在那儿,用另一只手取出一根香烟,点燃了,边抽边听米内什打电话给家庭医生。他为她在医院安排好了病房。

她第一次试图自杀时,事后懂得冷静地包扎,并去医院让医生上

[①] 英国独立音乐人组成的夫妻档乐队。
[②] 简称 DJ,指选择并播放事先录好的音乐的迪斯科司仪。

了一副石膏。那一次连同第二次割腕都无需缝针。第三次她割开手腕后缝了八针。但这一次,不单静脉裸露,她的手已近乎断裂、变黑坏死。她在医院接受心电监控,医生像对瓷娃娃一般小心待她,他们给她注射了镇静药,将她的手重新缝合起来,整整四十五针。直到现在,她的三根手指仍无法正常弯曲,她果真没有对自己留情。

她对我说这些话时闭着眼睛,在大口吸烟的间隙轻微地摇晃身体,自言自语着什么。

"你在祷告吗?"我问她。

"我不告诉你。"

她为什么要那样做?为什么割腕、用烟头烫手臂?

"我生气。"

"对谁?"

她自己。当她对某个男人感到气愤时,"当他不明白我想要什么、需要什么,我就生自己的气。我没有花过他一分钱,为什么我对面的这个人如此待我?"这是她常用的表达,称呼男友为"对面的这个人"。因为找不到"对面的这个人"亏待她的原因,她觉得错一定在自己。一定是因为她不够好,所以他才这样自私和狠心。

蒙娜丽莎出院后,米内什猜到她可能再次企图自杀。尽管他爱她,还是给情敌萨马尔打了电话。他和萨马尔相识,甚至一度打算合伙卖手机。米内什向萨马尔诉说了内情,然后悄悄离开了。萨马尔立即赶到了蒙娜丽莎家,她的手上还缠着绷带,他为她洗澡穿衣,为她打扫房间,做了一个孟买男人(何况是黑帮大佬的孙子)通常绝不会做的事情。他守了她整整七天七夜,他们像孩子一样相拥而眠,但没有做爱。可米内什不知道这些,他躲得远远的,夜不能寐。"我想象着他亲密地碰触你。"他事后对蒙娜丽莎透露道。

两个男人都提出和蒙娜丽莎同住。"忘掉过去,和我一起重新开始。"蒙娜丽莎一点点让米内什进入了她的公寓,也进入了她的生活。米内什曾在她那儿留宿,他的父亲——一个财大气粗的律师在他回家时大发雷霆。他便给蒙娜丽莎打电话,说他准备离家单独租一间公寓,现在就可以和她结婚。但只有一个问题。

"我问:'什么问题?'他说:'你得先说我愿意。'"

但蒙娜丽莎对米内什并无爱欲。萨马尔是个英俊少年,帕坦帮的后代,脾气火暴的浪子。米内什是个矮小的古吉拉特人,秃顶的四眼,站在蒙娜丽莎边上像个小跟班或服务生。"米内什是个好人,我尊敬他。"一个月前,蒙娜丽莎委婉地对米内什表示:她并不爱他,她说她应该尽早离开,不再耽误他的时间、浪费他的金钱——他每月在蓝宝石挥金如土,为他们同居的公寓付房租,还要给她上迪斯科和买衣服的钱,从五星级酒店为她订餐。米内什听后痛哭流涕,求蒙娜丽莎留下来。可蒙娜丽莎决定快刀斩乱麻,她说他们还是能见面、说话、做朋友,"但近一个月来我们不再维持肉体关系。"米内什甚至和其他女孩约过会,回到公寓后还告诉了蒙娜丽莎约会的细节。

蒙娜丽莎有两种人生。一种在酒吧度过,同无数客人厮混。另一种在迪斯科消磨,或干脆在家看电视、蒙头睡大觉。她从不在早上六点前休息。我们对话的时候,如果我搞混了她的这两重身份,她会立即指出:"那是我的工作,一个充满谎言的世界。"有一次在电话里,我用英语说我正准备"躺下睡午觉"。她问我那是什么意思。我解释给她听,她重复了一遍,恍然大悟:"躺下。说谎。说谎也可以是躺下。"[①] 在蒙娜丽莎的世界里,说谎和陪睡本就只有一线之隔。

"穆哈兰姆月[②] 的时候,酒吧可安静了。"有一天她对我说,"所有错事都暂停了。"

"你觉得你的工作是错的吗?"

"当然是错的。在酒吧喝酒也是错的。"

---

① 英语单词说谎(lie)兼有"躺卧"的意思。
② 伊斯兰历第一个月,也是全年第一个圣月。

我问她是否觉得蓝宝石剥削人。

"只要不过分都还好。"她回答。"我花了两年才明白：男人到酒吧来是因为厌倦了家庭，厌倦了照顾妻儿，厌倦了办公室日复一日的工作。舞女的存在是为了解男人的渴。这很糟糕。为什么我们没有财运？为什么我们遭报应？因为我们在利用别人的不幸。"蒙娜丽莎误解了我的问题，她以为我问的是蓝宝石是否剥削客人。她以为不论她或其他舞女发生什么（譬如爱上客人反受虐待），都是咎由自取，因为她们利用了那些男人寻求慰藉的渴望。

"我很容易受到吸引，进而喜欢上一个人。"蒙娜丽莎解释说，"即便是现在，我也依然喜欢哈里，至少他曾经照顾过我。"蒙娜丽莎前一阵在"曼越美"跳舞，看到一张熟悉的面孔，那是哈里。她走上前怪罪他："你毁掉了我的生活，你教会我喝酒、抽烟，我之所以变成今天这样，全是因为你！"然后她停下了怒气冲冲的责备，因为当她细看面前苍老的男人时，发觉在迪斯科闪耀的灯光下，他的眼里蓄满了泪水。

哈里陷入了困境。一天早晨，报上刊登了"当局签发制片人逮捕令"的头条新闻。哈里·维拉尼因无法偿还某金融公司的三十五拉克贷款遭到逮捕，且不可保释。我打电话给蒙娜丽莎，转告了她这一消息。

"我又高兴又难过。"她说，语气里却丝毫没有幸灾乐祸的成分。她为哈里终因对她（以及其他女孩）的所作所为付出代价拍手称快，但也很难过："他到底还是沦落到了这种地步。"哈里的电影并不卖座，蒙娜丽莎说"他退出了酒吧圈"，就仿佛哈里同她一样受雇于这个行业。在蓝宝石的时候，米内什也有过类似的说法："我已经在酒吧圈七年了。"酒吧圈有这样一种魔力，甚至让它的客人把混迹其间作为他们的首要身份，至少是在夜晚的时候。

蒙娜丽莎突然用英语对我说："你是我最好的朋友！"

这些日子里，她也是我最好的朋友。

她问我："你的家人在哪儿？你怎么独自在孟买？"

"我的家人多数在美国。还有一些在英国，孟买也有。我妈妈和她的家人长期住在肯尼亚。"我没有告诉蒙娜丽莎我有妻有子。我牢记她和萨马尔——帕坦帮大佬的孙子关系密切一事。她受黑帮庇护，而我不想让我的家人同那个世界扯上一丝一毫的关系。对所有我采访过的杀手、舞女和暴徒来说，我独居在尔科商场楼上的公寓，但那实际上是我的办公室。如果发生什么不测，如果因为我的写作或其他任何原因让他们打算向我寻仇，那么他们能伤害到的只有我。

"遇见你之前，我从不和任何人详谈我的生活。"蒙娜丽莎说。而我正侧耳聆听。

鲁斯特姆打来电话，预约好时间让蒙娜丽莎去他的工作室拍照。

蒙娜丽莎的车是一辆满是凹坑的马鲁蒂爱斯提姆，空调不工作了，副驾驶座的头枕不翼而飞，保险杠上的油漆也一片片剥落，而她其实没有驾照。蒙娜丽莎赤着脚开车，她说如果穿厚底鞋，踩离合器时不方便。我坐进车里，见里头粘满难近母的贴画。我们在浓重的汽车尾气里一路驶往市中心。正是下午，天实在太热了，但蒙娜丽莎还是一如往常地活泼。

我们在伊露斯电影院前下车，满大街的人都扭过头来看蒙娜丽莎。我观察着所有人的脸，男男女女像观看网球比赛那样齐刷刷地转过脑袋。一些人原本沉浸在自己的世界里，直到蒙娜丽莎从他们身边经过，他们才慢半拍似的停下来。我仿佛能听到一辆辆汽车急刹车的声音。如果附近有狗，大约也会吠叫起来。蒙娜丽莎穿着浅绿色的吊带衫，她昂着头，大步流星地走。我们到附近的咖啡店点了一份简单的三明治。在那里，所有人也都转过头来看蒙娜丽莎，要么是鬼鬼祟祟地，要么是不由自主地。蒙娜丽莎感到好笑，她说即便穿最普通的纱丽克米兹，她也要将它裁剪成诱人的样式。"想看的尽管大大方方看，不想看的管好自己的眼睛。"她对全孟买下令道。

但在工作室里,卸下了自信的蒙娜丽莎头一回显得紧张和羞涩。鲁斯特姆为她配备了两个阴柔的男化妆师、两名助手、灯光师、伞和其他道具。他请蒙娜丽莎摘掉胸罩,不是因为他想看她的胸部(鲁斯特姆看过的裸胸足以喂饱整间托儿所的婴儿),而是因为胸罩肩带留下的压痕至少要一小时才能消(哪怕你是孟买最受欢迎、瘦得火柴棍似的广告模特),穿露肩装时很不好看。蒙娜丽莎依言照办,没脱吊带衫就直接取下了胸罩。然后鲁斯特姆提出了一个更为大胆的要求,他请蒙娜丽莎取下颈上的黑色绳结。她摇了摇头。不一会儿,化妆师也请蒙娜丽莎取下绳结,她再次拒绝了。她说除了难近母的护符,她什么都可以摘下。

摄影棚的空间很大,灯光打好了,鲁斯特姆调高了音箱的音量,按下了手中的快门。镜头前的蒙娜丽莎不是个好模特。一名助手用吸尘器的软管将她的头发吹到脸上,但风同时吹起了她的颈绳,让她看上去像受绞刑似的被勒住了脖子和下巴。我第一次留意到在黑色天鹅绒上衣的遮盖下,蒙娜丽莎的小腹有赘肉。她的笑容并不对称,嘴唇向左歪得厉害,而在强烈的灯光下,她两只手臂上的每一道伤疤都无可遁形。鲁斯特姆用英语向她发号施令:"假装玩头发!向后甩头!"我不确定蒙娜丽莎能完全听懂,音乐声很大,她正努力忍住不因过于不自在而傻笑。鲁斯特姆偏好的音乐:菲尔·科林斯[①]、艾拉妮丝·莫莉塞特[②]、嘻哈……不是蒙娜丽莎熟悉的类型,她在卖力表演,却无人打赏。当黑白照最终呈现出来的时候,蒙娜丽莎的表现显然欠佳。她不是可以说动孟买的广大妇女在看过广告后抢购洗发水、电冰箱或卫生巾的那个人。

---

① 当代英国摇滚乐与流行乐歌手。
② 加拿大女唱作人。

和蒙娜丽莎相识两个月后,我正忙着从江河宫搬家到班德拉,无法及时回复她每天打来的电话。蒙娜丽莎向那时还在追求她的米内什抱怨:"苏科图疏远我了。"她以为她知道为什么,然后在某天上午打给我的电话里问道:"我有什么事让你失望了吗?"

我说没有,我只是单纯很忙。

"每个人都想要我。"蒙娜丽莎用英语说。比起自吹自擂更像陈述事实。

她前一天只在蓝宝石胡乱吃了个三明治,现在姑妈给她做好了饭。"你吃过饭了吗?"她问我。我说我正准备吃。"那过来和我一块儿吃吧。"

蒙娜丽莎住在约胡一栋中产建筑的底楼。她的公寓外有一个小间,放着两张褪了色的沙发,除了坐在上面脱鞋外不作他用。公寓里有独立的厨房、传统带蹲坑的卫生间和两个卧室。卧室没有座椅,所以来蒙娜丽莎家的客人都坐在床上。电视机永远开着,边上是一套组合音响。整间公寓非常昏暗,石膏吊顶开裂了,墙面斑驳不堪。但蒙娜丽莎仍旧显得很快活,她把我带来给她的玫瑰花束放在床头柜上(旁边是一只无精打采的玩具猩猩)。卧室里还有一排酒杯,不过继她上次割腕后就没再装过酒水了。蒙娜丽莎在厨房为难近母建了很大的神龛,围以用红白两色鲜花做成的花环。冰箱里只有水、奶酪和一包蔬菜。

第一次到单身印度女性的公寓后会发生什么?她会给你看家人的照片。蒙娜丽莎有两张弟弟维贾的小照。她很爱维贾,他今年十七岁,长得肤白俊秀,身高快有一米八了。她觉得他应该去当模特。但他中途辍了学,不时在宝石厂找切割的差事。他知道蒙娜丽莎的职业,会借口出门看望朋友,悄悄在周日下午来见她(如果被他们的母亲发现了,肯定要跟来)。维贾到蒙娜丽莎的公寓看电视,她做手抓鸡肉饭给他吃。对蓝宝石的客人来说,周日他们须老实待在家——他们明媒正娶的妻子身边,所以周日对酒吧女而言是休息天。

弟弟是蒙娜丽莎唯一保持联络的家人。其余亲戚（包括从出生起过继给伯父的大弟）都在乡下，以为蒙娜丽莎早早结了婚，对她靠什么谋生一无所知。这也是她不主动联系父亲的原因："这样人们就不会发现了。"没有了农村的亲人，蒙娜丽莎在酒吧找到了替代品。电视机上方挂着蒙娜丽莎在海滩抱住一个小女孩的照片。"那是我的女儿。"名叫穆斯甘，是蒙娜丽莎以酒吧圈的方式"领养"的女儿。穆斯甘也是蓝宝石的舞女，来自印多尔，今年才十三岁。她是蓝宝石为数不多的雏妓，其他舞女对她很是照顾。很快，她会把初夜以几拉克的价钱卖给客人，或许是阿拉伯人穆罕默德——他过去五年来都是蓝宝石的常客，也砸钱买下过雏妓的初夜权，他有一次评价蒙娜丽莎道："你看上去太可口了。"

蒙娜丽莎建议我们坐在她睡觉的床上，我将枕头垫在屁股底下，盘起双腿，她也同样坐上来，离我很近。我第一次见识她穿着紧身健美裤的长腿。她拿过另一个枕头，指着上面的血迹对我说："这是我割腕的时候弄的，我没洗掉。"我们身后随意扔着一本便利贴，上面写满一串串数字，大多是以98开头的，意味着它们都是手机号，边上是某个男人的名字，而女性的名字边上则是座机号码。蒙娜丽莎是那种男人不会把家庭电话给她的女孩。

她问我吃不吃辣，我说吃，结果叫苦不迭。那是我在印度吃过的最辣的食物：香辣小土豆、菠菜豆糊、洽巴提烤饼和手抓饭。蒙娜丽莎又拿出一红一绿两瓶泡菜，从里头往我的盘子上舀了更多的辣椒。我早就饿了，所以大口吃起来。最初很享受，但马上感受到了痛苦——我想从某种程度而言，任何人同蒙娜丽莎的关系都会变成这样。我不是不能吃辣，不管住哪儿，我的厨房里一直备着哈瓦那辣椒，可眼下这种程度的辣还是让我消受不起。我看看蒙娜丽莎，她面不改色，食辣若素。"所以他们才对我说：你真火辣。"她说，一边用长长的手指将豆糊和米饭捏在一起。在谈论食物时，蒙娜丽莎用的是古吉拉特语，这是她唯一会说家乡话的场合。她的古吉拉特语带有浓重的索拉什特拉口音,她对此很在意。她更喜欢印地语:那是孟买的语言,宝莱坞的语言,黑帮分子的语言。而古吉拉特语是真正的母语,是贴近心的音符,作为连接叙述者(她)和记录者(我)的桥梁,毕竟显得太过亲密。

蒙娜丽莎向我诉说她的性觉醒:发掘身体的需求并以之取乐。她说农村的女孩可不天真,她们懂得用茄子自慰、对树干做爱。在搬到孟买后,蒙娜丽莎"对自己产生了兴趣"。她十一岁那年经历了月经初潮,"我正在睡觉,突然醒过来,感觉下身湿漉漉的。我想:发生了什么?谁做的?我感到烦热,讨厌自己变成这样。我一整天都坐在那儿,思考到底是怎么回事。"她的母亲当然不会教导女儿任何生理常识,她教会她的只有惧怕。"小的时候,她甚至不让我和爸爸睡同一个房间。"

蒙娜丽莎说青春期的时候,电视上播放的音乐录影带会影响她的梦境。"我会做春梦,醒来后非常害怕,以为有人趁我睡着时做了什么。"她甚至为此去看过医生。她当时十六岁,月经推迟了一个月没来,她想确定自己不会因为做春梦而怀孕。即便到了现在,如果有较长一段时间没有和人发生性关系,她也会用自慰的方式给身体"放电"。"我睡觉的时候习惯在双腿间夹一只枕头,稍稍摩擦我的大腿根就能让我高潮。"最近,她发觉洗澡水有同样的功效。蒙娜丽莎把手淫称为"放电",是个有趣的表达(我此前从未听过这种比喻),仿佛一块静置太久的电池,其内部的电量若得不到释放,可能导致电池泄露或爆炸。

为什么在印度,性爱对多数中产阶级而言异常乏味?蒙娜丽莎对此有深刻的见解:"因为丈夫向来和父母同住。他从事的是家族生意,不能做真正想做的事情。他必须遵照父母之命成婚,和妻子之间并没有爱情。他们的结合是例行公事,双方对此感受一致:不过是生理需求而已,不过是在'放电'。他如果有情人,他的做爱方式一样乏善可陈,即使想尝试新花样也有心无力。他的妻子在家做饭、生儿育女，对外面的世界并不关心。她们必须迎合丈夫的需要，而她们自己的需要可以忽略不计。很多女人终其一生都不知道什么是性高潮。她们的生活围绕一日三餐展开，闲来在家看电视。即便夜里躺到床上，她们对丈夫念叨的也是'你妹妹今天做了这个，你嫂嫂下午说了那个。'"这不是幸福婚姻该有的样子。而蒙娜丽莎把不幸福的婚姻归因于孟买人极端不幸福的性生活。如果一个人生活的方方面面，无论是职业还是婚恋都得服从安排，如果一个人尚未出生，他的道路就已经注定，那么他的性生活也必然无趣，从姿势到技巧都循规蹈矩、一成不变，哪怕想即兴发挥也毫无头绪。头脑僵化的人不可能像充满探险精神的蒙娜丽莎和萨马尔那样，轻松且频繁地经历性爱的高潮，以及生而为人的各种乐趣。

据蒙娜丽莎表示，男学生的性爱技巧普遍更好。他们不介意喝醉，看成人电影，敢于创业，用自己的方式书写人生。她喜欢他们不走寻常路的自信。她想让鲁斯特姆为她拍一组裸体写真。在她告诉我这一切的时候，我感到房间里的空调仿佛不工作了。在她告诉我这一切的时候，她正把枕头紧紧夹在双腿之间。

我对蒙娜丽莎说会把书中可能引起争议的人名统统改掉。"你想在书里用什么名字？"

"为什么？不不不！"她喊起来，挥舞着拳头。她想用真名被大家记住，她无需隐藏，不介意曝光。

我还是坚持让她用化名。我说当她的隐私被写进书里、继而出版以后，很难预料那会给她带来怎样的影响。她于是给出一个名字："菲纳尔菲。"

"菲纳尔菲？那是小狗常用的名字。"

她说哪里常用了？何况没有关系，她喜欢就行。然后她又给出了第二个名字："蒙娜丽莎。"

所以蒙娜丽莎就是这么来的。这名字当真适合她，美丽、神秘，还带有一丝悲伤。

我们去了蒙娜丽莎一直向往的"就在拐角"——一家时髦的新咖啡厅。我当时很紧张,怕被人认出来,然后问我:"孩子们近来怎样?"蒙娜丽莎提议到达曼海边的度假村过周末("当然是和另一些朋友一起啦。"她补充道。)她说她周日的时候百无聊赖,想起我,而我不在,她只能独自去斯特林影院看夜场电影。我没敢照实说我当时也在斯特林,和我的妻子一道坐在观众席里。我们极有可能在散场时相遇,而我不得不向她坦白苏妮塔的存在。如果要维持我和蒙娜丽莎的友谊,如今才对她承认我有妻儿,似乎已经太晚。我们的关系既做不到百分之百诚实,也就只能始终保留几分秘密。

我们到底没有去达曼度假,我带蒙娜丽莎去吃晚饭,然后看电影。我们在影院附设的游戏厅玩"生死竞速"。蒙娜丽莎要了咖喱角和两份爆米花,在我们坐在后排看《虫虫危机》[①]时咔嚓咔嚓嚼得起劲。她兑换了很多游戏币,电影结束后又一头钻进游戏厅,兴致勃勃地玩"荒野大镖客"。我试着忽略我已不再年少的事实,但无论如何都无法假装自己还停留在二十岁。

晚些时候,我们到"兰花"——机场边新开的酒店等米内什。在我放弃陪蒙娜丽莎去达曼度假以后,凭借执著、耐心的追求,米内什又以男友的身份回到了蒙娜丽莎身边。"兰花"的中庭设有景观瀑布,巨大的水流从高处倾泻而下。我和蒙娜丽莎边吃东西边有一搭没一搭地讨论着世界杯。我渐渐意识到撇开酒吧圈不谈,我们真正能交流的东西非常少。她不知道法国或肯尼亚在哪儿,没有丝毫离开孟买、回农村或出国的愿望。当我对她说我要动身前往德里,可能在那里见到瓦杰帕伊时,她的表情波澜不惊。

"那可是阿塔尔·比哈里·瓦杰帕伊,现任印度总理!"

"我不知道现任印度总理是谁。我只知道英迪拉·甘地、拉吉夫·甘地和圣雄甘地,我们从小被教导要记住的名字。"她没有读过

[①] 皮克斯制作的 3D 动画电影。

哪怕一张报,也从不看电视新闻。

不一会儿,米内什到了。他今年三十二岁,但看上去比实际年龄苍老得多。他穿着宽松的短裤,脑门秃得厉害,唇边有一圈黑渍,大约是长期抽烟留下的。米内什念的是古吉拉特学校:"我是个地道的农村小伙。"他有法学学位,但从不执业。相反,他开了一家出口美国的电脑软件公司,去年到美国出了四次差。米内什还是个业余编剧,像许多编剧一样渴望在十年后建起自己的党派。我俩用英语交谈,谈如何招聘信息技术员、正版软件有多贵、税收高得离谱,蒙娜丽莎夹在我们中间。我们都对她有所隐瞒:我没有告诉蒙娜丽莎我有妻儿,米内什无法告诉家人他有蒙娜丽莎。只有蒙娜丽莎坦坦荡荡,她也没有必须隐瞒什么的家人。夜已深,她很困倦了,她不属于这里,也无法加入我和米内什的对话。她如此年轻美丽,应该和与她同龄的人交往——那些尚且充满活力、双目明亮、比我或米内什的动机都更纯粹的年轻人。

差不多在同一时间,我在德里的摄影师朋友达雅妮塔·辛格预备来孟买拍一组照片。她原本只打算待两天,但达雅妮塔向来为支持性工作者及性别不明者(譬如变性人)的社会活动积极奔走。我向她形容了孟买酒吧圈的情形,她当即决定跑一趟,结果这一待就是好几个星期。达雅妮塔用镜头一路追随着我的朋友们。在蓝宝石,看到蒙娜丽莎因为我的到来格外高兴、在我面前跳舞也格外带劲时,达雅妮塔说:"我担心她会爱上你。"

"或者正相反。"

"那没可能的。"她说。为什么?我正准备问她。

"你怎么可能不爱她呢?"她说,"我都已经快爱上她了。"

蒙娜丽莎把我和达雅妮塔介绍给了蓝宝石的经理比克。比克是个举止温和的帕西人,在接手蓝宝石以前是"吃技术饭的"。我问比克对蒙娜丽莎的看法。"她和其他舞女不同。"他说。

"怎么个不同法？"

"我喜欢她。"

比克是孟买酒吧最受爱戴的经理，舞女们愿为他赴汤蹈火。整晚跳舞是很辛苦的体力活，在这届政府设下午夜的宵禁前，舞女们会从晚上九点直跳到第二天早上八点，只在凌晨两点半时稍作休息，吃顿宵夜，之后继续舞蹈，直至太阳高挂天空。当她们体力不济时，比克会敦促她们"打起精神！"舞女们就又像拧紧了发条的娃娃，卖力舞蹈起来。

但比克从不碰她们一根指头，她们像学生称呼老师一般叫他"先生"。蒙娜丽莎更是对老板的情绪变化敏感到了极点。一次，她正和前男友维杰闹不愉快，流失了不少客人。有个忠实的主顾叫做拉吉，每次来酒吧带着四个配枪的保镖，为蒙娜丽莎一掷千金，他见她所有的注意力都集中在维杰身上，自然感觉受了轻视。一天晚上，蒙娜丽莎本应带着"徒弟"（一个新来的舞娘）一块儿登台，向她展示各种表演技巧，但心事重重的她跳着跳着停了下来，站在舞台上握着"徒弟"的手发呆。比克自后台目睹了一切，对蒙娜丽莎冷落客人本就不满的他终于喊道："醒醒吧你！"蒙娜丽莎伤心地回到家里，边喝酒边哭，对受到比克的责备很是委屈。隔天她回蓝宝石上班，给比克看她浅棕色的胳膊：那上面有六个用香烟新烫出来的焦瘢。"是你逼我这样做的。"从此以后，比克再没有大声同她说过话。

达雅妮塔在午后为蒙娜丽莎拍照，她在蓝宝石空荡荡的走廊上试图捕捉蒙娜丽莎的美。我不能肯定她是否也捕捉到了我所熟知的那个细节：在随《魅力》或《巴西》的歌声舞动时，蒙娜丽莎会突然转身，向前蹲伏，透过散落面庞的发丝紧盯着你。她并没有笑，不指望取悦你，她直勾勾注视着你，嘴唇抿成一条线，用几乎带着愤怒的、单纯的性感挑衅你。"我害怕那种原始的挑逗。"达雅妮塔说。随着时间的推移，当我逐渐看到蒙娜丽莎更为美好的一面时，我却不该忘了她的这种表情。我不能忘掉她建立在性爱和情欲之上的本能以及本领。男人只见她扭动的臀部,想象剥下那层薄薄纱丽后诱人的光景。但你实在不必动手,蒙娜丽莎自会为你代劳。

达雅妮塔把外景地选在了周六夜间的纳里曼区,她想看看蒙娜丽莎在大庭广众下被拍会有什么反应。蒙娜丽莎没有表现出焦虑或害羞。她能听见路人彼此询问:"这女孩是谁?我是不是在哪儿见过她?"这是第一次,围观人群没有说:"看哪,是那个舞女。"他们说的是:"看哪,是那个模特。"

几天后的一个晚上,我即将离开蓝宝石,和蒙娜丽莎在海洋广场见面(她要先卸妆、换下演出服),酒吧的泊车小弟上前对我说:"米内什大哥请你坐他的车走。"很快,蒙娜丽莎的男友从酒吧出来,开车送我去酒店。我并没有邀请过他。

我们三人——我、蒙娜丽莎和米内什坐在酒店靠窗可凭眺海景的桌边,但现在是凌晨一点半,窗外漆黑一片。米内什那晚喝了不少酒:六杯威士忌外加三杯龙舌兰。我没有问,他自动自发解释了男人去酒吧的目的:"为了挽回一点自尊。我在蓝宝石可以发号施令,对蒙娜丽莎也好,对比克也罢。我在家就不行。我总要有个能发泄的地方。"

米内什诉说他的故事,用的是英语。"我从七年前开始去酒吧,在每个酒吧都有相熟的舞女。我曾经连进酒吧的门都不敢,那时候我是个单纯的人,如今不是了。我爱上了这个女人。我看中她,花钱买下她。老实说,那就是花钱买自尊。"米内什在谈到感情经历时用的是第三人称。"有五年半的时间,这个男人去酒吧,看着蒙娜丽莎,和她成了好朋友,但到第六年半的时候,他忽然对另一个男人产生了妒忌,你不禁会想:啊,他这是爱上她了。"就像帮派分子在谈论刺杀任务时常用第三人称一样,以第一人称承担爱情的重量或谋杀的罪名,总归很难。

"我在那时意识到:我坠入了情网,我需要这个女人。"米内什继续说道,"我和很多酒吧女上过床,恐怕两只手都数不过来。一旦上床,我再也不会回到同一间酒吧,也就不会对同一个女人产生依恋。而我和这个女人上床的隔天依然回到了蓝宝石。有一段时间,我们并没有发生关系,但她睡在我家。我送她去迪斯科舞厅,直到她早上六点喝得醉醺醺地回来,我一整晚都睡不着,担心她被人利用。倒不是怕她和别人上床,而是怕她喝醉后同别人交心。"

米内什把酒吧圈称为"产业",他和其他主顾与酒吧经理乃至舞女一样,都是这产业里的一环。"男人去酒吧是因为对现实不满,或者自卑。而如果我付足够多的钱,我就能让这个女人不看其他客人。酒吧圈归根结底是个服务性行业,只要我有钱,她们就必须为我服务。她知道一旦我吃醋了,她就能利用我的虚荣也好、自卑也罢捞到更多的钱。"

米内什把他的自卑归结为原生家庭的问题。"我在家里没有存在感。我想要得到关注,我多么希望妈妈对我说:儿子,辛苦了,来喝杯茶。但她从不正眼看我。我在酒吧花钱的时候,却有两百双眼睛看着我。今天比克叫我米内什大哥,因为我是蓝宝石的大客户、大肥羊。如果我几个月不出现,他们就会说这家伙现在是穷光蛋了。"他们会明白他被酒吧女榨干了。米内什对舞女耍的伎俩一清二楚,他知道她们如何玩弄手段以满足他的自尊心。譬如说,客人送了一件圆领衫给舞女做礼物,她一转身便把衣服送给了另一个客人,说这是他们爱的信物。第二个客人于是到处炫耀,他会穿着这件圆领衫、呼朋引伴来到酒吧,吹嘘说:"这是她买给我的。"

米内什是勾搭酒吧女的行家里手。他说那就是一场较量:舞女们想方设法从客人身上捞油水,而客人只肯花最少的钱便奢望睡到舞女(或者更妙,让她爱上他)。"若我足够聪明,我会连着十天打赏她,但从不问她的姓名。到第十一天的时候,我才上前对她说:'亲爱的,今晚我将无法入睡。即便我睡着,你也会走入我的梦里。而当你走入我的梦里,请问我该如何称呼你?'"这是米内什第一次和蒙娜丽莎搭讪时的台词，他当时连着打赏了她许多天，却始终没和她说过话。他这样解释道："在酒吧，你必须用电影桥段似的夸张手法来凸显自己的不同。"他说如果他在迪斯科遇到像蒙娜丽莎这样的女孩，得做些别的来吸引她的注意力：譬如展现舞技。"蒙娜丽莎或许不这样认为，但我的舞其实跳得很好。你不需要英俊的相貌。外表是有欺骗性的，这一点每个女人都知道。"确实，蒙娜丽莎的舞伴这样评论他们二人道：女神和她的四眼跟班，比女神老不说，还比女神矮。

"我可以实话实说吗？"米内什问我，"你以为蒙娜丽莎最初和我上床是因为什么？她是想报复那个甩了她的负心汉。"

而现在，已被"扶正"的米内什也和蒙娜丽莎的朋友一道外出，譬如十三岁的穆斯甘。据米内什说，穆斯甘对他满心爱慕。"酒吧圈还从没有客人同时带两个舞女去看电影的，我是第一个。"

"当你在某个舞女身上不惜代价地花钱，而她对你百依百顺的时候，她看中的是你的钱，而不是你的长相、善心或者谈吐。"我向米内什指出道。

"但那就是金钱带来的力量不是么，至少我可以为拥有这些钱感到自豪！"另一个蓝宝石的客人曾向米内什透露他和某固定舞女交往的内情："我在兰吉塔身上花了那么多钱，我睡了她那么多次，相当于每晚要付三千卢比，但谁让我爱她呢。"

米内什抽了一口烟，对蒙娜丽莎说："如果我把花在你身上的钱用到其他舞女身上，少说能供得起她们二十个。"

蒙娜丽莎一言不发，她也浑不在意，就好像米内什谈论的是今天的天气。

米内什转而对我说："蒙娜丽莎的身子妙极了。"

我问他对蒙娜丽莎和其他客人见面有什么感受。这时蒙娜丽莎插话了，更像是对米内什强调（而不是对我）："我可以和客人出去喝杯咖啡吧。那是我的工作。"

"去吧。"米内什歪着头吐出烟圈,"我信你。"他又转过来对我说:"我总是告诉她,我是上辈子欠了你的,所以这辈子来还。"

我问米内什他和蒙娜丽莎的未来会怎样,他是否觉得她在影视或者模特圈能有所发展?

"据我所知,那是吃人不吐骨头的行业。他们会利用你,不论是身体上、精神上还是情感上。她的身体已经被酒吧圈搞垮了,所以你害怕——"米内什突然用起了第二人称,"你怕如果她涉足影视圈或模特圈会彻底崩溃。尽管她有能力大展拳脚,不论是走秀、拍电影还是电视剧,可我不许她进那个圈子。或许是我的自卑感作祟,害怕失去她。因为要不是自卑,我不会在酒吧圈一混就是七年。要不是自卑,我今天也不会出现在这里。或许我就是在自欺欺人,或许我一分钱存款都没有。"

米内什终于探到了问题的核心,他反省的结果大约连他自己都吃了一惊。"这些年你总共在酒吧花了多少钱?"我问他。

"我不想去算,总之是很多钱。"

我请他说个大概的数字。

"我不想去算。"他再次恳求道。不愿面对那个数字,不愿面对计算他究竟有多愚蠢或多上瘾的那个过程。"我们换个话题吧。"

蒙娜丽莎取出一根皮筋,用双手将头发拢起,在脑后束成高高的马尾,发梢自她的头顶垂落,挂在面颊两侧。她委实太过美丽,又异常可爱,令人心醉继而心碎。有人甘愿出五万卢比,只为一睹她的容颜。

在车里挥手道别时,我注意到米内什的左手臂上有两条很深的划痕。"我不小心打碎了窗玻璃,伤口流了三天血。"他说。蒙娜丽莎后来对我吐露了实情。米内什曾去蓝宝石找她,她满口答应稍后在约胡的公寓见。他照常去她的公寓,她却不在,他知道她说了谎。她去见另一个客人了。米内什当天喝了不少酒,又抽了大麻,冲动之下割开了自己的手臂。血汩汩流淌,他用餐巾擦拭后离开了。等蒙娜丽莎回到家，这才发现染血的餐巾，不一会儿门铃响起，是米内什折返回来，想取走落下的餐巾。她为他包扎了伤口，他在她的床上沉沉睡去。隔天一早他去看医生，伤口缝了十一针。孟买顶级酒吧的顶级主顾也加入了自残者联盟。

蒙娜丽莎有自残的家族史，家中的每个人都至少有过一次自杀的经历。上个月，她的弟弟受不了母亲的恶言相向，过量服用了安眠药。她的父亲曾试图毒杀出轨的妻子，然后服药自尽，亏得才十岁大的蒙娜丽莎半夜将他送往急诊室。[①] 她的母亲因受不知第几任情人的虐待而喝过农药。当然还有蒙娜丽莎自己，那远在她失恋以前——她曾吞下杀虫剂，企图逃避母亲的毒打。"孩子嘛，最会有样学样了。"她解释道。

而现在，整整十二年后，蒙娜丽莎将第一次见到当初弃她而去的父亲。

她最近和母亲碰了面，母女关系似有所缓和。她们一起去"艾索世界"主题公园，蒙娜丽莎终于开口叫了她"妈妈"。她的父亲打电话给前妻，得知了蒙娜丽莎的近况。听说女儿有时会回家，便打算来孟买小聚。他一整天都在问前妻，用的是蒙娜丽莎的本名："鲁帕打电话来了吗？鲁帕打电话来了吗？"他甚至没有看过蒙娜丽莎成年后的照片。母亲问蒙娜丽莎是否愿意见一见生父，蒙娜丽莎答应了。

我问她紧不紧张。"怎么不紧张，我怕见到他一个字也说不出来。"

"需要我陪你一起去吗？"

她略微想了一想，很快说："好。"

[①] 此处应为蒙娜丽莎的父亲第二次企图自杀。据前文描述，他第一次意图自杀时蒙娜丽莎才五岁，当时将他送医的是他的前妻。

我在米内什位于约胡的公寓楼外等蒙娜丽莎。公寓楼后面有一尊巨型"四不像"：说是红色的象头神像，却又糅合了湿婆、罗摩和哈奴曼的形态，共七头十四臂，为眼镜蛇膨大张开的颈部所笼罩。蒙娜丽莎走下楼，转身和米内什道别，后者打着赤膊，正从二楼的窗户探出身来。我们坐进开着冷气的计程车，去往米拉路。蒙娜丽莎才刚起床，睡眼惺忪的。她把头靠在我的肩膀，闭上了眼睛。我顿时想起、而后迫使自己忘记——她才从另一个男人的床上起来，未及沐浴，身上还残留着性爱的味道。

高速公路标记着蒙娜丽莎的生活轨迹。公路的一头是她长大的贫民窟，她指着沿路的房舍给我看。巴扬达地区浩大的古吉拉特建筑群——几百幢多层建筑遍布荒草丛生的空地，其中一幢是她的姑妈在她逃家后容她藏身的地方。看哪，还有戈尔冈和波利瓦里的酒吧，她在里头跳过舞，来的客人多是粗野的马拉提建筑工和害羞的比哈尔小伙（他们在城里帮忙养牛）。公路另一头的米拉路是她曾买下公寓（一室一厅，带阳台）和萨马尔同居的地方，就在她母亲家的对面。她后来以四拉克的价格卖掉了公寓，把其中一拉克存了定期。"然后拿着剩余的钱醉生梦死，很快花完了。"她翻了个白眼，又闭上了眼睛。

原本住在佛拉斯路上的舞女正快速向米拉路迁徙。正午开往米拉路的火车在格兰特路站停靠，上车的多是吵吵嚷嚷的舞女。就连昂贵的斯特林学校也逐渐塞满了舞女的孩子。米拉路就是一座小孟买，没有人问你从哪儿来，因为所有人都是新移民。

我们越发接近目的地了，蒙娜丽莎又紧张起来，她摊开手掌，复而握拳，像模拟一只跳动的心脏。我给了她一个拥抱，将她的手握在掌心。

我们走进她母亲的公寓，她的父亲坐在客厅的扶手椅上，跷着二郎腿。他是个秃顶的中年男子，目光柔和，穿着汗衫和隆基。"你好啊，爸爸。"蒙娜丽莎说，仿佛十二年的分离不曾有过，她只是外出散个步而已。

"行触脚礼！行触脚礼！"她的母亲在厨房喊道,"你有太久没见到你父亲了。"

蒙娜丽莎走到父亲面前,但没有行触脚礼。她握了握他的手。她怕他会生气,她觉得似乎在父亲的脸上看到了怒火。

我也走进来,坐到沙发上。蒙娜丽莎坐在我身边,离她的父亲远远的。

"你们上次见是什么时候？"她的母亲问。

"十年前吧。"蒙娜丽莎答。

"没那么久,我来学校看过你,记得吗？"她的父亲说。但当时的蒙娜丽莎选择了避不见面。

"你的头发快掉光了,还有了啤酒肚。"蒙娜丽莎观察道。

她的父亲笑起来,没有对女儿的外表作任何评论。

蒙娜丽莎的母亲又走进厨房,她还穿着棉质睡衣,是个已过不惑之年但依然看得出昔日美貌的妇人。蒙娜丽莎的弟弟维贾这时进屋来,他有着高高的个子,还十分青涩,正如照片上那样俊秀。他很爱笑,不过他的一只门牙缺了一半,显出黄棕色。

蒙娜丽莎的父亲自我坐下后便盯着我看,却一言不发。电视打开后再没有关上。我们——离家十几年的父亲、在陌生人面前跳舞谋生的女儿、将女儿卖到酒吧的母亲、最近才试图自杀的儿子,以及我——都松了一口气:我们可以假装看电视而不必没话找话了。当他们问我"你是做什么的？"的时候,我答:"我是个作家。"非常有效地终结了一切寒暄的可能。

像米拉路上的多数公寓一样,这套两室一厅是经努力打拼、属中产阶级的房产,是来自贫民窟的人们鱼跃龙门的第一步。客厅刷成了粉色,装修很新,打扫得也颇为干净,开窗带来的除了良好的采光和通风,还有成群结队的蚊子。一面墙上挂着一只布谷鸟钟,边上是放大了的维贾的近照,我在蒙娜丽莎的公寓见过。"我要再挂两张照片上去,一张在这面墙上,一张在那面墙上。"维贾说。

"谁的照片？"蒙娜丽莎问。

"我自己的。"

蒙娜丽莎快速别过了头。

她执意让维贾拿来她小时候的相册。相册里的她像孟买所有古吉拉特人家的女孩一样——像我的亲妹妹一样，牵着弟弟的手冲镜头笑着。整本相册里没有一张她父亲的照片，只在最后插入了两周前她和穆斯甘、维贾还有他们的母亲去主题公园和水上世界时的合影。蒙娜丽莎与穆斯甘在维贾的镜头前不遗余力绽放着青春活力，穿着一样的红背心和黑色紧身裤，尽显妩媚。在其中的一些照片里，她们摆出嘟嘴的姿势，在另一些照片里，穆斯甘正亲吻蒙娜丽莎袒露的肚皮，两人都穿着泳装。蒙娜丽莎问她的父亲有没有看过这些照片，他沉默着点点头。

不一会儿，他起身走进了卧室。蒙娜丽莎跟了进去。她的母亲从厨房出来，笑着告诉我道："他掉眼泪了。"父女俩在卧室待了大概一刻钟，我在客厅看肥皂剧，说的是一家人正为什么矛盾闹得不可开交。

父女俩若无其事地回到客厅，就维贾的职业展开了热烈讨论。维贾念到初二就辍学了，他现在有两个选择：要么专心做宝石分拣，这比在工厂当切割工人赚钱，前景也更好；要么去肯尼亚，到他姑妈的小旅馆帮忙。不管怎么选，切割工的活儿总归没有盼头，挣的钱丝毫不比在办公室打杂或骑三轮车多。蒙娜丽莎希望维贾去肯尼亚，这样他能尽早独立。

"但我不想去！"维贾抗议道。他听说肯尼亚的犯罪率居高不下。

蒙娜丽莎进厨房帮忙做洽巴提烤饼。她揉着浅棕色的面团，把它越搓越长，直到面团从她的手掌间垂下来。她又将面团掰成小块，在木质砧板上擀开，扔进平底锅，再把锅放到火上。面饼受热胀开，饼皮膨大如气球，仿佛随时要腾空飞走，又在蒙娜丽莎浇上酥油的一刹那塌陷下去。

我是座上宾，受蒙娜丽莎父亲的邀请留下吃饭，就仿佛这里还是他的家。我坐在地上，面前放着盘子，饭菜没有蒙娜丽莎一贯吃的那么辣：有洽巴提烤饼、茄子咖喱煲、豆糊、米饭、炒尖椒。我正吃饭的时候，蒙娜丽莎的母亲从厨房出来，手上端着热腾腾的烤饼，指挥女儿"快换快换"。于是蒙娜丽莎拿过我的盘子，把已经冷掉的洽巴提烤饼换成新鲜出炉的，换下来的饼则放到她自己的盘子上，由她负责吃掉。

蒙娜丽莎的母亲为没能款待我道歉："我不知道来的是个男人。这丫头只说要带朋友来，我还以为是个女孩子，不然肯定会做吉祥菜①招待你。"

受责备的还有今日旷工的维贾。"他能有什么借口？"他的父亲说，"工厂边上就有茅房！"

"我都这么不舒服了还怎么去上班？"

"他今天腹泻。"蒙娜丽莎对我解释道，"但那不是不去上班的理由。"

维贾请我评评理："你说我都这样了还怎么工作？"

他的母亲反复唠叨："吃点米饭，吃点酸奶，你的胃都空了。"维贾忍着肠胃的不适，百般不情愿地坐下和我们一起吃饭。

一餐结束后，蒙娜丽莎的父亲打了个饱嗝，依照农村的习惯将水杯里的水倒进碟子，边倒边就着洗了洗手。他请我照做，所以我照做了，在水流下快速冲洗了手指，碟子上残余的豆糊接触到杯中的冷水，变成了土黄色。"果然是咱们古吉拉特人！"蒙娜丽莎的父亲见我照做，如此赞许道。"他当然是古吉拉特人了。"蒙娜丽莎附和。她在厨房的洗手盆里洗了手。她的父亲移步客厅，坐回扶手椅上继续读古吉拉特语报，边读边默不出声地蠕动嘴唇。他显然像回到自己家一样放松自在，若不说明，没人能猜到他和妻子已离婚多年。"我们在乡

---

① 古吉拉特邦的特色菜，用砂锅炖煮的蔬菜大杂烩。

下有五栋房子呢。"蒙娜丽莎的母亲说,"都是一层的大平房。一栋是我先生的,另外四栋是他兄弟的。"

午饭后,蒙娜丽莎和弟弟展开四肢躺到地板上,头枕着靠垫彼此嬉闹。他呵她的痒,她揪他的头发。"姐弟俩很亲。"他们的母亲说,"小时候他们闹矛盾,到我这里告状,如果我打了弟弟,姐姐会站在角落哭,如果我打了姐姐,弟弟又掉金豆子。姐姐从小是个假小子,而弟弟像个大姑娘。维贾要是被楼里的其他孩子欺负了,鲁帕会冲下去揍他们,那些人高马大的男孩子见了她都害怕。维贾不像姐姐这么皮实,我掐他一下他就要哇哇大哭,说我下手太重。有时候趁他睡着了,我会给他扎两个小辫。"姐弟俩的母亲把头发拢起来,在太阳穴的位置用双手抓住,像是握着魔鬼的两只尖角。"我们以前还会给他穿上罩衫,把他打扮成女孩的样子。"

维贾露出了灿烂的笑容。

"他直到四年前还尿床呢。我们睡在一起,我醒来后发觉睡衣都湿透了,鲁帕的头发也惨不忍睹。所以她的头发才这么乌黑油亮。人家问她:你保养头发的秘诀是什么呀?她应该回答:我弟弟的尿,那就是我的护发素。"他们的母亲大笑起来,维贾急于让她住嘴,发觉无论如何办不到,便只得装作不在乎地自嘲:"或许我应该灌了尿拿出去卖。"

然后母子二人将矛头对准了蒙娜丽莎,向我描述她惊人的胃口。她的母亲细数她每天的食量:早饭要吃多少张煎饼,午饭要吃几两米饭,晚饭要吃两顿才饱。"两盘波夫巴哈吉,还有十几只面包!"维贾说。

蒙娜丽莎跟着笑。"在儿童收容所的时候我一直哭,但饭还是要吃的。所以我边吃边哭,边哭边吃。"

在我这唯一的观众面前,这家人卖力表演着,但他们竭力隐藏、又野蛮又丑陋的东西终归还是露了出来。我说我该走了,蒙娜丽莎的母亲却坚持让女儿和我一道走,即便后者已准备好了睡午觉。这个啤酒吧从前的女招待满脸堆笑地请我下次务必再来——我是从美国来的，我大约很有钱，她的女儿一定要和我一起走。

在回程的火车上，蒙娜丽莎很安静。我们站在敞开的车门边，让微风吹进来。她对我说她跟进卧室后，她的父亲用双手捧住她的脸，面对多年不见的女儿失声痛哭。他说他想念她。"他为抛下你道歉了吗？"我问。

蒙娜丽莎摇摇头，没有。

相反，他对蒙娜丽莎说他的离开是她主动要求的。在她十岁的时候，她发觉母亲出轨，而父亲也另有情人，于是气恼地让他"离开这个家"。"他总归那么听我的话，满足我的一切要求，即便我是一个年方十岁的孩子。"蒙娜丽莎对我、更多的是对她自己如此解释道。

她的父亲请她保守一个秘密，不要告诉她的母亲：他在乡下有三辆车。如果让他的前妻知道他的第二任妻子生活得更好，她会难堪的。"即便到了现在，父亲也依然爱着母亲。"蒙娜丽莎对我说，然后笑道："不然他为什么给她打电话？看到他们在一起，我打心眼里高兴。"

她把头枕在父亲的膝上和他说话。她对他形容酒吧圈的点滴，他让她早点嫁人。"做我们这行的，没可能结婚的。"她答。她请他下次来孟买时去她的公寓坐坐，她会亲手做好饭菜。我问她当时是否落泪了。"没有。"

"为什么呢？"

"我哭不出来。一个人听着音乐的时候我才会掉眼泪。一旦歌曲开始播放，眼泪就涌出来了。"

我忽然明白了这家人的眼泪为何这样少。如果蒙娜丽莎、她的母亲、弟弟维贾一感到痛苦或经历情绪的波动就允许自己掉泪，那他们的眼泪早已流干，蒙娜丽莎的血恐怕也早已流干。所以和前半生就抛弃了她的父亲再见面时，她可以看着他哭而自己强忍眼泪。不，这种说法并不准确,她没有强忍眼泪。她没有强忍任何情绪。年满二十的蒙娜丽莎·帕特尔小姐早已懂得:当遭遇巨大痛苦的时候,除了坚强她别无选择。她已在人前练就钢筋铁骨,对如何摈弃痛苦驾轻就熟。

我慢慢喜欢上了蓝宝石。我喜欢那里欢乐的气氛。人们在孟买度过艰辛而无情的又一天,来这里纵享他们喜爱的音乐、美酒、灯光和漂亮女人的舞步。舞女们也享受这段时光,被众星捧月的同时还能养家糊口。客人之间因为酒精的作用建立起某种友谊。男人们和朋友一道,叫欢乐的气氛削弱了他们精明的直觉,把辛苦赚来的钱大把挥霍在舞女身上:看哪,金钱于我如粪土。五彩的纸币在酒吧贬值了。

每当蒙娜丽莎看见我和朋友走进蓝宝石,她的脸上便现出高兴的神采。门卫轻易放行了,蒙娜丽莎那挽住我们的手臂就是万能钥匙。我们来到贵宾厅,蒙娜丽莎一声吩咐,座位即刻为我们腾了出来,而别人只能干站着。蒙娜丽莎放弃了只要为其他男人献舞就唾手可得的上万卢比,在我最喜爱的乐声中轻歌曼舞。聚拢来看的帮派分子、警察、生意人、阿拉伯酋长和各地游客都伸长了脖子,好奇我究竟是何方神圣,为什么一来就有预留下的最好的座位,而蒙娜丽莎对我这般恭敬,又能从中得什么好处?

蒙娜丽莎总结得好,她知道爱情中最强有力的武器就是双耳——用来倾听。

她向达雅妮塔解释性、爱和友谊的区别:"性是什么?性什么都不是。你需要的是整晚不离开、听他在枕畔呼吸、第二天睁眼还能看见的人,仅此而已。床伴关系顶多维持一年半载,而知心朋友可以相伴一生。在男人当中我只有一个真朋友,就是苏科图。我俩之间是纯粹的友谊,没有爱情的成分。"

"那么米内什呢?"

"我们最初只是朋友,后来爱情一点点渗了进去。很奇怪。"蒙娜丽莎把爱情形容得好似污染物。

我对我的诗人朋友阿迪尔·朱萨瓦拉说起这些。"蒙娜丽莎是让男人坠入情网的专家。我跟踪她的生活,从一月份起几乎每天和她见面或者通话。"

"哦,那么她做到了。"

"做到了什么?"我问,然后马上意识到了答案。

"所有人都想要我。"蒙娜丽莎曾如此对我说。孟买的人都以为我也想要她,当他们看到我在酒吧受到热情的款待,便推测蒙娜丽莎同我有染。他们所不知道的是——我清楚蒙娜丽莎内衣的颜色和式样,我清楚她做爱时的偏好,我清楚她何时悲伤、何时绝望、何时快乐。比起拥有对一个人如此亲密和全面的了解,性爱又算得了什么?

"有一个人知道我全部的人生。"蒙娜丽莎对达雅妮塔说,"我告诉了苏科图一切的一切。"通过对我或多或少、时断时续的诉说,蒙娜丽莎将她的人生注入了我的笔端。而对她和我来说,这种倾诉会有什么后果呢?

恐怕就是在某些时刻,我笔下的蒙娜丽莎终究会比她生活中的原型更栩栩如生、更引人入胜吧。或许蒙娜丽莎把我当作又一个为她着迷的傻瓜。但若她得知我所倾心痴迷的并不是她,该有多么惊讶。我所倾心痴迷、我舍得一掷千金、我以文字为彩带向她抛撒、在字里行间细细雕琢的蒙娜丽莎远超她现实中的投影。我越是提笔疾书,我的蒙娜丽莎越是舞步飞旋。

红灯区

街头摄影师马丹请我带他去卡马提普拉——孟买的红灯区转转。孟买的红灯区至大至广,某位达利特诗人曾把整个孟买称为"卡马提普拉"。结束采风后,我和马丹坐进一间满是男客、面向街道开设的酒吧。这一地区仿佛露天公厕,空气里弥漫着令人不悦的尿骚味。一楼沿街的橱窗玻璃上张贴着广告:"汽车旅馆。内设空调。"男人要么独行，要么三三两两经过站在昏黄街灯下的烟花女——他们当中不时有人上前攀谈，不客气地打量妓女的年龄、五官和胸部大小。上了年纪的妓女则坐在附近的门廊下，随着夜渐深沉，越发显出疲态。

马丹打趣着对面桌的马拉亚利青年。他叫谢赞·巴布，正打算到迪拜的酒店打工，因为转机的缘故要在孟买停留一晚。"我们招个小姐来，三人轮番上怎么样？"马丹没有一句正经话，他指指我，继续对谢赞胡说八道："这个人正欲求不满呢，他来者不拒的。"

毛头小子谢赞才花了一百五十卢比就嫖了个安德拉邦妓女。他喜欢小姐们表现得温柔可人。他听说迪拜的俄罗斯娘们睡一夜要一千（"她们可体贴了。"），塔吉克①妓女也不错，还有那些矮个子——她们是什么地方的人来着？对了，菲律宾。菲律宾的妓女再好不过了，不像在沙特，要召妓难如登天。②谢赞在老家门格洛尔③的时候，曾和非洲来的女留学生打得火热。"黑人女孩可会照顾人了。和她们在一起你要很绅士、非常绅士，至少要撑足三四个月，之后她们就任你索取了。"照谢赞的说法，这套模式放之四海而皆准。

谢赞提起不久前的经历：矮墩墩的皮条客带他进了房间，里头有五六个妓女，他选了安德拉邦的那个。他们去了另外的房间，她问要不要脱光衣服，谢赞说不用（他怕得病，"性病也就罢了，艾滋多吓人哪。"）他倒是把自己剥了个精光，在黑暗中躺下听凭她摆弄。她给了谢赞一个安全套，谢赞向她讨了第二个。马丹大为惊骇："你还一戴戴俩？我讨厌那玩意儿，箍着太不舒服了。"

马丹一直开谢赞的玩笑，鼓动他问外面的站街女愿不愿意同时接三个客人。谢赞真的去了，回来后说嫖资是每人一百卢比，三人给打八折，房间和酒水另外收费，毒品也是。方才嫖妓时，妓女给了谢赞

---

① 塔吉克斯坦简称，中亚国家之一，位于阿富汗、乌兹别克、吉尔吉斯和中国之间。
② 沙特严厉打击卖淫嫖娼，最高可判死刑。
③ 印度卡纳塔克邦南部海港城市。

一粒毒品,收了他二十卢比。谢赞觉得那是大麻,但马丹说多半是哈希什①。"吸过毒再做爱,很久都不会射精。"谢赞深有体会地说。

他甚至在嫖娼的间歇走到屋外,给在门格洛尔的母亲打了个电话。"你在哪儿?"他的母亲焦急地问。"我在酒店。没出去过。""你吃饭了吗?"她又问。"没有,不是说了我没出过酒店。"

红灯区的女人和孟买其他地方的女人并无显著分别,只除了这里有更多东亚面孔——更多尼泊尔女人,剩下的是黑皮肤的马拉提和安德拉邦女人。她们的身边常有孩子环绕,她们的穿着也并不挑逗,就像要外出看电影或者下馆子那样在头上簪着花。谢赞问她们肯不肯肛交,被严词拒绝了。"那你们肯做什么?"他又问。其中一个妓女指了指自己的胯下:"不嫖拉倒,少废话。"另一个妓女对谢赞说:如果给她一百卢比,她倒是可以用木头搞谢赞的屁股。这些站街女恪守底线,对和什么人上床以及怎样上床显得很有原则。不一会儿,一个皮条客走到站在路灯下的两个妓女身边,掏出账本记着什么。两个女人付了钱,他收下,记好账,不发一语走开了。我也走开了,留下依然困惑的谢赞和孟买的八百万妓女——八百万赤裸裸的故事。夜还长。

孟买因性欲蠢动,它是燥热之城。外来务工人员、三轮车夫、一心想进宝莱坞的年轻人、广告模特、世界各地的水手来到孟买,寻找刺激与温存,不介意在任何隐蔽的角落发泄欲火。他们在火车厢、车站、计程车后座、公园乃至公厕做爱。海边的礁石是最受青睐的地点。在卡特大道又或丑闻坊②,常可见成群男女两两交缠。他们背抵大石、面朝大海,身后的千万过客亦不妨他们亲热,因为人们看不到他们的正面,何况左右情侣皆忙于爱抚接吻,无暇他顾。越是陌生的人,越能激发性欲:看,阳台上有个晾衣服的女人,她刚洗过澡,湿

---
① 大麻的树脂,包含和大麻素相同的活性成分,但比未筛分的大麻芽或叶的浓度要高。
② 传说中印度总督的女儿与马拉提王公之子相约私奔的地方。现为一商业广场。

漉漉的长发披在肩上；看，教会学校外有群女学生，她们穿着短裙，露出一截小腿……"孟买就是一间大卧室。"我的女佣如此说。她对哪些人家的女主人会到哈吉·阿里清真寺与司机偷情一清二楚。

但这种对性的饥渴不仅限于社会底层，阶级分明的孟买对性异常痴狂。在中餐馆、在欧贝罗伊大酒店，三五成群的社交名媛在午饭时公开谈论情人。沃克什沃路上的白领看着音乐录影带里搔首弄姿、浓妆艳抹的西方女人，既无法在现实中一亲良家女孩的芳泽，便愈加沉迷从网上下载色情电影。年轻的男模在选美比赛前喃喃祷告，上了年纪的帕西男同性恋则梭巡着洗手间，试图偷窥他们的下体。赞助此次选美的实业家被戴了绿帽，他的妻子让人拍到和其中一名参赛者有染。这卷录影带不巧落到了某个商业对头的手中，对方于是召开内部紧急会议，商讨如何处理这卷带子——用得好是金矿，用得不好是地雷。他们最终决定先不公布录影带的内容，静观其变。这就是孟买。无论是在街上、摩天大楼、五星级酒店、啤酒吧还是筒子楼，女人被男人持有，也为男人辖制，而红灯区的女人是男人宣泄情欲兼情绪的下水道。

程序员吉里什带我去见他的又一个大学同学斯里尼瓦。我们在夜晚来到一间地下室，斯里尼瓦就在那里给证券公司打工。他是个戴着眼镜、十分快活的年轻人，终日用连在路由器边上的电脑下载色情影片，堪称狂热。斯里尼瓦在卡马提普拉长大，那里的男孩子十岁出头就会把父母给的零用钱凑到一起，招妓为自己口交。直到一年前他还和朋友小聚，花五百卢比到公寓或酒店开房，并在事后交换女伴。和斯里尼瓦发生关系的妓女多半会说：你的出身并不差，你不该做这种事。但斯里尼瓦热衷情事，"这是人类会做的最简单的事情啊。"他说。

几个月前他得了黄疸病，体重减轻了十公斤，因此暂停了嫖妓，也戒了酒。现在他基本痊愈了，打算下个月就恢复以往纵情声色的生活。在那之前，他只能通过下载黄片解馋。他还新买了一款电脑游戏,玩家可以用鼠标做各种操作,界面上的女人会给出相应的反馈,譬如把鼠标对准她的下体移动,扬声器便会播放录制好的女性呻吟。

在斯里尼瓦的带领下,我们前往他康复后必定会光顾的地点、孟买最大的勾栏院——"国会大厦"。它以街对面国大党的总部大楼命名。今年八十六岁的看门人会自豪地告诉你:当年圣雄甘地为独立运动静坐示威时,就坐在这里。这位克己复礼的国父一生中最了不起的战斗不是对抗大英帝国,而是抵挡自身的情欲。他若地下有知,想必不会对印度独立后的现状感到高兴,因为街对面挂名"音乐学院"的建筑物却是妓女、酒吧女以及她们醉醺醺的客人的大本营。穿着高级成衣和手工皮鞋的男人站在那里,一边和正在煮饭的女人调情,一边将烟叶吐在这座城市最肮脏的角落——到处是露天的排污管,堆积着腐烂食物的地面湿滑不堪。侯丽节的时候,国会大厦里的女人疯闹起来,她们喝得大醉,抓过什么人便往排污管拖,或拿血淋淋的卫生棉蘸着排污管的淤泥往对方身上拍。

我们的身边尽是打开的门窗,形形色色的女人在里头洗衣、洗澡、煮饭、来回料理家务。这是她们的住所,常客来此接她们,带往酒店或旅馆"办事"。我小心地绕过垃圾桶,斯里尼瓦却毫不介意:"放眼皆是美景,垃圾不足为惧啊。"他带着赞许环视这百花丛,群芳争艳,品目繁多,拈花惹草的代价则从五十卢比(附近皮拉大院的行情)到一千卢比(斯里尼瓦偏好的价位)再到五万卢比(由宝莱坞小明星相陪)不等。

和许多舞女一样,蒙娜丽莎的朋友兰吉塔也住在国会大厦。她从安泰里富人区的豪华公寓搬到了此地肮脏不堪的小房间,月租金却不低于一万五千卢比(另须支付好几拉克的押金)。尽管兰吉塔在乔格什瓦里买下了一套舒适得多的公寓,"但住国会大厦,安全有保障。"蒙娜丽莎解释道。在这里,所有人都知道同为舞女的邻居靠什么谋生,所以无需遮掩,不会有业主因为舞女们的职业和日夜颠倒的作息提出抗议。

皮拉大院因同一地区建于十九世纪的皮拉剧院得名，是尼泊尔妓女的聚居地，大院内外有百余栋建筑，每一栋的楼梯上都站满妓女，在你经过时"抓住你或你手上的行李，把你拖进房间。"将我们送往目的地的计程车司机如此说明。我问他三十卢比能买春宵几刻。"五分钟，十分钟，十五分钟，这取决于你。"说话间正有穿着隆基、叼着卷烟的男人从皮拉大院出来，神情颇闲适自在。他们是劳工、车夫、小贩——靠身体在白天卖苦力的人，而到了夜里，他们前来大院寻欢，花钱买另一具同样卖苦力的身体。

我们此行的目的地叫巴楚尼瓦迪，推开一扇不起眼的小门，门后是星罗棋布的巷道。沿街的头几家铺子卖的是烤串，店门前一摞摞的冰块上铺满新鲜的、充当佐料的绿薄荷，不论什么钟点来，总有男人坐在这里就着洋葱吃烤肉。巷道更深处的房间好似一座座开放的玩具屋，自诩音乐家和舞蹈家的男男女女你方唱罢我登场，这里好戏正酣，穆扎舞伴奏、塔布拉手鼓以及簧风琴的声音交织在一块儿，从屋内传出，在小巷里回荡。我让计程车司机找间有空调的房间，谈个表演的价钱。他回来后说三首歌三百卢比。我们欣然答应，在门口脱下鞋，进门后就地坐在床垫上。房间里有装着酒水的冰箱，冰箱上摆着电视机和一台小音响，另一边的橱柜顶上插着一面纸质的印度国旗。肤白胜雪的歌手用带乌尔都语口音的印地语问我们想听什么：是加扎勒诗歌还是传统印度歌曲，是喜欢听新歌还是偏好老歌？稍作停顿后，她以一首加扎勒诗歌开场，由另一个女歌者和声、塔布拉鼓手和簧风琴手伴奏。她的歌声平平无奇，击掌打节拍时却令人咋舌——那是我听过的最响亮的击掌声。她并没有戴指环，指缝间也无乐器隐藏，但她的掌声偏有种金属的质感。她将手指弯成特定的角度，恰到好处地双掌互击，在小小的房间里真有雷霆万钧之势。不一会儿进来一个穿绸缎的漂亮女孩，模仿宝莱坞电影中的穆扎舞镜头挥舞手臂，又不断旋转，但她的模仿委实糟糕——太糟糕以至于显得滑稽，令人忍俊不禁。事实上，很多舞女会在酒吧打烊后来巴楚尼瓦迪，继续跳舞直到天亮。巴楚尼瓦迪没有打烊的时间，它无门户之见，遗世而独立。

三首歌很快结束了，我们和歌者交谈起来。房间里挂着她年轻时的照片，像是在音乐厅参加什么演唱会。她和屋子里的其他人都从瓦拉纳西来。她说从前的纳瓦卜会请艺伎教导自己的儿子男女之事，现在自然不是这样了；而真正的穆札舞也并非电影里所表现的那样。"达乌德过去常来这里，一待便是一整晚。任何他相中的女孩都得为他表演，而只要演出者开口，任何金额他都愿意付。"对这里的人们来说，黑帮大佬的光顾于他们是莫大的荣耀，是电影明星或政客的到访都无法比拟的。

我们起身离开，小巷的街道脏得不可思议。坐在屋外的行军床上系鞋带时，我的左手沾到了什么东西。我将手指凑到鼻端闻了闻，像是呕吐物的味道。在这里，屋内有灯光、音乐和乌尔都语诗歌。屋外则是遍布人类排泄物的垃圾场。

回程的时候，计程车司机向我细数孟买的猎奇俱乐部：有允许女人裸体但不许喝酒的，还有在外国游客和阿拉伯人当中极受欢迎的——可任选四百舞女中的一个，到隔壁的酒店共赴巫山。甚至有男客租下公寓，带蒙着双眼、处于哺乳期的女人上门，然后轮番近前吸吮乳汁。在这座不夜城，不同类型、各种价目的肉体应有尽有，无人必须承受沮丧或孤独。

天快亮了，我独自坐在计程车上，加速前往市郊。黎明时分，机场方向的客流高峰还未出现。自维拉尔始发、满载渔家女的火车也还未抵达站台。时间仿佛静止了，所有的城市在这静止的一刻都是相似的。酒吧已经关门，夜间受爱戴的人们必须回家了。

两种人生：赫妮／曼努吉

我对蒙娜丽莎提起过赫妮——那个男扮女装的舞者。"赫妮是男儿身女儿心。"蒙娜丽莎直言不讳，"她是我的好朋友。"一天晚上，我正预备在蒙娜丽莎下班后和她会面，地点在通宵营业的海洋广场咖啡厅。不一会儿她出现了，对我耳语道："迪尔巴有个派对，赫妮还穿着演出服，不过在外面披了罩袍，这样可以吗？"蒙娜丽莎告诉赫妮，说她非常信任我，并说服了赫妮一道前来。她把她的朋友带到了安静又奢华的酒店一楼的咖啡厅，我第一次在灯光下看清了赫妮。她的皮肤很白，脸上没有髭须。原籍信德的赫妮在孟买出生，现年二十五岁，她（确切说是他）的原名叫做曼努吉。我们喝着冰咖啡、吃着薯条，慢慢走近了赫妮在酒吧圈的人生。

曼努吉受邻居萨莉塔·罗伊斯的影响，对酒吧圈产生了兴趣。"赫妮是我的徒弟。"萨莉塔后来对我说。她从前是个周游世界的舞者，她的母亲在曼努吉还有哥哥迪内什无人看管时帮忙照顾过这两个孩子。"你知道他们家的情况吧？这哥俩的童年可不怎么幸福。"曼努吉的母亲靠从新加坡走私为生，曼努吉自九岁起就帮着母亲一块儿偷运货物，往返新、印两地达三四十次。

是萨莉塔最先让略显女气的曼努吉为她伴舞的。有时，她会在家举行私人派对，小曼努吉看着舞者们的表演，暗想：我可以跳得更好。有一天，萨莉塔要在酒店办一场演出，一个伴舞的打电话给她，说临时出了点事，没法上场了。萨莉塔环顾四周，她的目光落到了邻家孩子曼努吉的身上。她在征得曼努吉母亲的同意后把孩子带去了酒店，拿过一根假辫子，用十来只发卡固定在曼努吉的脑袋上。但曼努吉一上台，辫子还是掉了下来。观众却很友善，纷纷说："这女孩真甜，像蜜糖一样！"从此以后，萨莉塔的母亲就称曼努吉为"赫妮"，也就是蜜糖的意思。观众当中也不乏探子，问赫妮是否愿意去酒吧跳舞赚钱。赫妮就这样开始了她在酒吧的生涯，以及赫妮／曼努吉的双重身份。"好像人们都在等着我似的。"赫妮说，"好像他们在等待女主角登场。"

曼努吉在肯达拉的英式寄宿制学校念到初一，因男同学企图在厕所强暴他的"不端行为"被连带除了名。刚进酒吧圈的时候，她的合同上写明每天的收入是一百卢比,这对她的母亲来说是笔不小的数目——她从新加坡走私滚珠轴承被抓,一天里就罚掉了过去三年所赚到的钱,还欠了五万卢比的债。她把结婚时穿的纱丽裁开,做成演出服,将十三岁的儿子送进了酒吧圈。

从旁遮普来的客人给初出茅庐的赫妮留了纸条,说她被酒吧的合约坑了。此人在瓦希①有自己的酒店,叫做玛雅吧。赫妮在母亲的怂恿下跳槽到玛雅吧,大受欢迎,老板提出只要她愿意变性,且在变性后和他上床,便有一拉克可拿。赫妮二话不说离开了玛雅吧,到萨金纳卡②的"天帝城"跳舞。她在那里大放异彩,待了足有三年。酒吧老板为她痴狂,甚至不惜割腕,侍应生一律叫赫妮"大嫂",她俨然有了女主人的派头。

赫妮的父亲为制片人西皮跑腿(回收电影票据),始终难以接受妻子走私得来的非法收入。他看着儿子穿上裙装、在陌生人面前搔首弄姿,想必更不自在。他渐渐同赫妮疏远了,但赫妮的母亲对家中额外的收入异常高兴,她鼓励孩子投身酒吧圈,说千万别和钱过不去。第一次有客人带赫妮外出购物时,她请他给父亲买了几样礼物:百慕大短裤③、衬衫,还有两升装的芬达。赫妮回到家,把礼物推到父亲面前,父亲收下了,他们还喝了芬达以示庆祝。赫妮的母亲眼见此情此景,又惊又喜:"父子两个今天倒喝起来了?"赫妮的父亲回答说:"我的儿子第一次赚钱孝敬我,当然值得喝一杯。"随后他祝福了儿子。赫妮还记得他的原话:"他把手放在我的头上,对我说'妳这辈子会混出名堂的!'"赫妮的父亲用的"妳"是阴性的第二人称,这意味着他接受了儿子奇特的谋生方式。那一晚赫妮的父亲有事外出,他从达达尔下车,一辆卡车自对面加速驶来,将他撞飞了出去,他倒在

---

① 新孟买一地区。
② 安泰里一区域名。
③ 一种长至膝上两三公分的短裤,款式比较随意,最初为百慕大岛的男士配半筒袜穿,所以得此名。

行驶中的公交车面前,当场身亡。

有一天,国会大厦的舞女请赫妮一块儿去新开的酒吧,那酒吧的名字叫做蓝宝石。赫妮很犹豫,她听说国会大厦的皮条客常到蓝宝石找"货源",好充实花名册。但一踏进酒吧,赫妮的疑虑就烟消云散了。她在蓝宝石演出,整个酒吧为之沸腾。"再来一个,再来一个!"底下的观众喊道。她说好只跳一支舞的,但客人和佩尔韦兹——蓝宝石的老板不肯放她走。佩尔韦兹对赫妮的男儿身毫不知情,等萨莉塔·罗伊斯据实以告后,他早已不在乎了。"是赫妮成就了蓝宝石。"经理比克如此对我说。

初到蓝宝石的赫妮只有十六岁,是最年轻也最有创意的舞女。构思一支舞蹈的时候,她会想:电影里是怎么演的?她会为不同的场景更换不同的服装,根据歌词从印度传统服饰改换成西式礼服。若歌曲含有阿拉伯元素,她会穿上薄纱般的阿拉伯长裙。若歌曲带有民谣的节拍,她会戴上缀有金铃铛的脚链。若伴奏恰好是《斜戴帽子的人》,她会拿着一打帽子上台,一顶一顶扔向观众。是赫妮开创了酒吧"你呼我应"的先河。她会高喊:"哦耶,哦耶!"观众则回应:"哦耶,呜——哇!"她会跃上客人的桌子跳舞,仿佛海伦(六七十年代无可比拟的卡巴莱[①]演员)再世。她的穿着带有浓郁的东方风情,她会妖娆地舞到客人身边,在对方坐着的时候将光溜溜的腿架到他的肩膀上,"人群彻底被点燃了"。

赫妮也开启了多种表演的新风俗。"我会闭上眼向观众席射箭",然后请被射中的目标上台来,对他们说:"你也为我们跳一段舞吧,一小会儿就好。"她甚至用自己的钱反过来打赏客人。观众异常高兴,整个酒吧都为大明星赫妮疯狂:如果她打赏客人五十卢比,他们会还她五百。赫妮打破了表演者和观众的定式。"我不希望女人在台上跳,

---

[①] 起源于1880年代的法国红磨坊,是一种集喜剧、歌舞及话剧等元素为一体的娱乐表演,场地主要为设有舞台的餐厅或夜总会。

男人光坐在底下看。"在某个舞女生日那天,她的大主顾雇人用水果装点起蓝宝石的走廊——凤梨、芒果、苹果、橙……贴满了墙壁,又从天花板上垂吊下来,让人仿佛置身果园。赫妮随手摘下水果,连同胶带一起粘在位高权重的客人身上,这些平素呼风唤雨的男人裤子上粘着香蕉、胸口贴着橘子,滑稽地四下走动,舞女和观众的笑声差点掀翻了屋顶。酒吧打赏的小费从多年前的五卢比变为后来的一百卢比,直到五卢比再也无人使用。赫妮若把钱撒向客人,对方会用一整捆一百卢比的纸钞回敬。她接钱接到手软,乃至根本捧不下,而打赏的人依然蜂拥而至。"我曾经向客人撒了钱就走,哪管他们扔回给我多少。"她的这种任性遭到了比克的批评:"不要让客人给你的钱躺在地上太久。"赫妮对蓝宝石过于重要,以至于她在这个全世界最昂贵的商业区之一拥有酒吧圈里最高的荣耀:属于自己的化妆间。

其他舞女不再同赫妮说话。她们盼着她倒大霉:兴许有哪个客人爱上她,爱到从此再不许她出来跳舞。但赫妮对金钱没那么执著,她真正喜欢的是表演本身,是听到观众拍着手喊:"再来一个,再来一个!"当她跳满整场、汗如雨下的时候,"感觉像饱餐了一顿。"赫妮自出道以来为史蒂文·西格尔①和沙基尔等各类名流演出过。她在内罗毕巡演了两个月,在非洲各地、雅加达②、毛里求斯和新加坡都有客人。她登上过《悟性》③杂志的封面,也上过普里娅·坦都卡④的节目,但都是作为女人、以一个酒吧舞者的身份。她的秘密鲜有人知晓。

赫妮曾试过隆胸。有一段时间,她每天的收入在三万五千卢比左右,她想如果她有丰满的胸部,小费会更多不说,或许还能得到星探的青睐,请她出演什么电影也没准。"我想要有乳沟。"她一直都用胶带紧紧缠住胸口,好挤出乳沟,"有胸"的假象为她赢得过口哨声,但

---

① 美国动作片演员、监制、武打教练,拥有合气道黑带七段。
② 印度尼西亚(前)首都及最大城市。印尼于2019年正式宣布迁都,地点尚不明确。
③ 印度知名女性时尚杂志。
④ 印度女演员(1954—2002)及社会活动家、作家。

她撕下胶带时总不免把皮肤也撕破。曼努吉变身赫妮的过程是在开往酒吧的计程车上完成的。她会戴上胸罩，在里头塞手帕或海绵填充，有时她不得不用捏成一团的报纸来垫，但粗糙的纸张摩擦皮肤，奇痒无比。因此她想做手术，一劳永逸地解决问题。她找到印度最好的整形医生，做了硅胶隆胸。她在手术后醒来，感到胸前两股陌生的重力将她一径往下拽。她有了梦寐以求的三十二寸胸部，却尖叫不止，大喊着"拿走！把它拿走！"医生劝她耐心等上一个月，说她会逐渐适应填充物的。赫妮离开医院，坐上了计程车。

车不当心撞上了减速带。

"那两团东西剧烈颠簸起来，我不得不用力抓住它们。"赫妮让司机马上送她到另一家医院，她疼痛难忍，想立即摘除才植入的假体。一听说为赫妮手术的是鼎鼎大名的某医生，第二家医院彬彬有礼地把赫妮请回了家。那个晚上，蓝宝石的舞女团团围在赫妮身边，不时戳一戳她的胸口："赫妮姐，这里头是什么呀？真不小呢。"在几周的物色后，赫妮终于找到了同意手术的医生，替她取出了假体。她撩起衬衫，给我看她胸前的疤痕。

赫妮的所作所为在街坊四邻看来是"有伤风化"的。她刚出道那会儿在乌尔哈斯讷格尔①的一间酒吧跳舞，那里是信德人的聚集地，赫妮的很多亲戚都住在那一带。她的叔叔在附近开了一爿小店，酒吧的客人向他嚼舌：你的侄子打扮成女人，在酒吧跳舞呢。他于是对赫妮的父亲说："让你儿子以后绕道走，免得别人笑话我。"赫妮非常难过，但她尊重叔叔的意愿，再没有经过小店的门前。后来她功成名就，这个叔叔回头来找她，问她借三拉克盘下另一间店面。赫妮自然把钱借给了他，她还为家人购置了公寓，给哥哥迪内什张罗起了手机专卖店。

迪尔巴的保安——一个骨瘦如柴的青年爱上了赫妮，每晚会给她一百卢比小费。他常打电话来，很羞涩也很礼貌。如果赫妮的声音略

---

① 马哈拉施特拉邦一城市。

微显得含混,他会马上为把她从睡梦中吵醒而道歉。"你吃饭了吗?"他试着搭话。"睡得好不好?"他很了解她。这是赫妮的原话:"他很了解我。"就好像她身上只有一件值得了解的事情,就好像知道了赫妮男扮女装的身份就知道了她的所有。这就是为什么秘密具有欺骗性,为什么我们那么急于想知道秘密——它给了我们一种一旦获悉就仿佛知晓一切的错觉。

一些来酒吧的客人以为他们掌握了赫妮全部的秘密:她是个变性人。达乌德帮的二把手沙基尔就是其中之一。他来过蓝宝石几次。赫妮记得他是个非常矮小也非常有礼的人。他从不把钱直接撒向舞女,总是让手下代劳。他出手阔绰,会请赫妮在一舞结束后为他祈祷。他觉得上帝对变性人格外垂怜,愿意聆听他们的祷告。"愿你平安祥和。"这位黑帮大佬对赫妮说,"请为我祷告吧。"但他从不公开称赫妮为变性人,不会砸了赫妮作为舞女的招牌。

赫妮给我们看她请摄影师拍的一组写真。起初的几十张是她做女性打扮的样子,穿着花哨,画面俗丽。后面的照片则更小,是她作为曼努吉时的模样。两者的差异如此显著——曼努吉留着山羊胡,穿牛仔裤或西装,他甚至算不上女性化。"我的两种人生。"赫妮解释道。白天是男人,晚上做女人。这种身份的撕扯对赫妮有什么影响呢?这种身份的撕扯把她推向了酒精、毒品以及婚姻。

萨莉塔·罗伊斯教会了赫妮喝伏特加。赫妮并不喜欢酒精,她会在父亲喝啤酒时不悦地大声抗议。但伏特加到底超越了情感上的好恶,且将赫妮引向更烈性的饮品,最终变成她不可或缺的需求。有一天晚上,正逢禁酒期①的蓝宝石却迎来了三个已经喝高了的客人,他们显得格外兴奋。赫妮问他们喝的是什么,他们举起手中的酒瓶,里面装的是含高浓度可待因②的辉瑞止咳糖浆。赫妮喝了一口,一种令人愉悦的麻痹感自脊椎升起。从那天起她就离不开这种药水了,很快

---

① 印度的国定假日(如独立日等)禁酒。
② 一种存在于鸦片中的生物碱,可自吗啡中制得。

发展到一天要喝八九瓶的地步。一瓶辉瑞止咳糖浆的售价是三十卢比，但赫妮派去买药的酒吧小弟见她神志不清，一瓶要收一百卢比。客人闻风而动，买来止咳糖浆作为讨好赫妮的礼物。这种药水是最受酒吧女喜爱的麻醉剂。在孟买中部一些特定的药房外，凌晨一点仍有成群年轻貌美的姑娘排队嗑药，仿佛醉酒般不知今夕何夕。

可待因弄坏了赫妮的身体。她戒药很久后需做胆结石手术，却在手术中途醒了过来。用惯了含高浓度镇静成分的止咳糖浆，普通的麻醉药已很难在她身上起效，医生不得不用更烈性的药剂让赫妮陷入昏睡。药物成瘾令赫妮难以自控，她会在跳舞至一半时举起客人的酒杯，将其中的酒液一饮而尽。与此同时，"师傅"萨莉塔发觉客人不再来她的私人派对，而改为捧赫妮的场，益发嫉妒的她开始四下宣传赫妮的真实身份。赫妮和萨莉塔不再交谈，他们的关系迅速冷却。客人们则肆无忌惮地取笑赫妮，叫她变性人、同性恋。他们会大声喊："喂，娘娘腔！""阉人！""软蛋！"

赫妮在蓝宝石的最后一晚因为药物的作用而格外亢奋，一个客人语出不逊："滚吧死娘炮，你不配待在这里！"赫妮将此事告诉了保安，保安告诉了经理比克，但客人并未被赶走。不愿再忍气吞声的赫妮拎起酒瓶，朝继续骂骂咧咧的客人头上砸去，玻璃划伤了对方的眼睛。赫妮头也不回地走出舞池，收拾好随身物品，离开了登台整整九年的蓝宝石。几天后，她在白马酒吧谋到了一席之地。

离开蓝宝石的赫妮嗑药嗑得更凶了，每天要花四百卢比买止咳糖浆。她的母亲和哥哥如临大敌，收走了她的钱，于是她用刀片划开了手腕。但据她回忆，她是在家门口这么做的，随时会有人经过、通知她的家人。"若我独自一人时割腕，没有人会注意到。"赫妮笑道。割伤并不深，送医后无需缝针。

酒吧女的个人史刻在她们的手臂上。赫妮给我看她手上的另一道疤，说当时有个痴情的伊朗客人声称爱上了她，一打赏便是四万卢比。但有一晚他也打赏了索娜丽——对赫妮眼红不已、正使出浑身解数欲将伊朗肥羊抢过来的舞女。索娜丽从旁煽风,对伊朗人说赫妮要的只是他的钱。伊朗人转问赫妮这是不是真的,赫妮拿过一只酒杯,砸碎了,用尖利的玻璃割开手臂,说她还可以刻上"我爱你"三个字来证明。伊朗人吓坏了,求赫妮万勿自残,并问要如何弥补他的错失。"你去告诉索娜丽,让她给你缠上辟邪的红绳。"赫妮要求道。伊朗人于是当着全体客人的面招手让索娜丽过来,给了她五千卢比,让她撕下一片头巾缠在他的手腕上,在所有人的见证下认她做了妹妹。伤口还在淌血的赫妮听着索娜丽的咒骂,感到一阵得意。她赢了,伊朗人三年来始终珍藏着她用来割腕的碎玻璃。

"所以他不再打赏索娜丽了?"我问。

"也会,但不多。男人给妹妹的钱远不及给情人的多。"

在赫妮药物成瘾最严重的时候,她的母亲和哥哥迪内什以两瓶止咳糖浆为诱饵,骗她出门去了浦那。赫妮到那儿以后才发觉,她此行的目的是和一个叫乔蒂的信德女孩订婚。而当时的赫妮昏昏沉沉的,任人摆布。"就像一头奶牛。"她模仿着牛头左摇右晃的姿态。如今,赫妮已成婚四年了。"我不爱我的妻子。我知道爱应该是什么,如果你爱一个人,你必然了解对方的所思所感,而对方同样如此。"尽管曼努吉不爱他的妻子,他依然想要孩子,两个男孩。"因为男孩总是和妈妈更亲,这样他们就和我更亲。"然后她才意识到自己说了什么,马上纠正道:"男孩总是和爸爸更亲。"

我问赫妮是否和客人发生过性关系。

"我有妻子,她可以满足我的生理需要。"但赫妮给了自己的客人(尤其是那些相貌出色的年轻客人)一点小小的自由。"我和他们舌吻。"她想了一想,说:"多奇怪呀,一条舌头追着另一条舌头,把我的牙齿都舔遍了。我对客人说,我早上都不需要刷牙了。"

"那些人跟你亲热的时候没意识到你不是女人吗?"我问。

"他们哪里顾得了这么多。一个饿坏了的人才不管吃到嘴里的饭菜是什么味道,哪怕是隔夜的也不要紧。"赫妮如果不想和客人在电话里聊天，也有办法。她会接起电话，假装自己是赫妮的妹妹，对满心热切的客人说："赫妮没法听电话，她拉屎去啦。"她毫不留情地毁掉了营造浪漫必备的精致美好，让倒了胃口的客人迅速挂断了电话。

在结识舞女以前，赫妮对如何接吻一无所知。"一个小娘们教会了我。可我不喜欢。她当时喝醉了，亲得我只想吐。"但赫妮至少得给她的客人这点甜头，所以她允许客人同她接吻。他们会坐在车里，客人把赫妮抱到大腿上，将手伸进她的圆领衫，试图解开她的胸罩。她会像女人那样推拒："今天不行，我身体不舒服。"不是所有的客人都会在这时停下的，一些仍从背后解开她裙子的拉链，而赫妮会在秘密即将暴露的前一秒抓住他们的手。他们便反握住赫妮的手放到自己的裆部，或改为揪住她的头发，将她的脸按到他们的胯下。"那些混蛋、人渣，他们按住我摩擦耸动，直到宣泄出来。你一眼能认出他们是什么样的人，急不可耐，饥不择食，一旦满足了就扔下你不管。"赫妮说她不会当真和客人上床。哪怕有人吹嘘"我睡过她了"，她也并不介意。"这对我的生意没坏处。会有更多的男人对我说：让我们也上你的车坐一会儿。"这便是赫妮，一个化身美娇娥戏弄男人，又在最后一刻制止他们的男儿郎。

蒙娜丽莎和赫妮都没有单纯的男性朋友，也没有足以护她们周全的人，这让赫妮陷入过非常危险的境地。酒吧圈的"剑齿虎"——最臭名昭著的客人、所有舞女的噩梦是个叫做迈赫穆德的男人。他的事迹人尽皆知。赫妮说："迈赫穆德是性虐待狂，他会用香烟烫、用针扎舞女的私处。"他当年看上了国会大厦的一个舞女，而他表达喜欢的方式是往她的嘴里撒尿。他和这舞女生下了一个女儿，舞女不堪凌辱，不久后逃到了迪拜。作为报复，迈赫穆德在女儿成年后把她送回了国会大厦，逼迫她也做了娼妓。

有一天，迈赫穆德让赫妮到金布尔参加私人派对。"他是穆斯林。"赫妮说，"你知道他们的德性。"在赫妮的客人当中，古吉拉特和马瓦里人是最慷慨的，因为他们最富有。我突然记起赫妮一家都是信德人，是印巴分治时从巴基斯坦逃来的难民，她对穆斯林的排拒或许由来已久，且事出有因。当她来到迈赫穆德的住所时，见迈赫穆德的手下正痛打某个被绑来的人，他们用曲棍球棒打折了他的腿，地上全是血。人被他们拖下去了，迈赫穆德转身对赫妮说："你是个跳舞的，来吧，跳支舞给我们看。"赫妮听出了他语气中的威胁，自然并不想跳。但迈赫穆德很坚持。赫妮不得不在筒子楼中间跳起了舞，家家户户都从窗户里探出脑袋，边看边往赫妮身上扔不值钱的硬币，二十五派士的，或者五十派士的，好像打发叫花子那样。然后迈赫穆德把赫妮领进了一间茅屋，锁上了门。他提出要同她上床，赫妮试着哄骗他。"我对他说，我手按《古兰经》起誓，我不做这种皮肉生意。"迈赫穆德无耻地回答他也手按《古兰经》起誓，必定要同赫妮上床。"他说，你要么和我睡，要么和我的十个兄弟睡。"接下来发生的事有两个版本，时而被描述成悲惨的强奸，时而被描述成虎口脱险，端看赫妮的心情。今晚，赫妮选择的是第二个版本，她说她告诉迈赫穆德：她必须回蓝宝石跳完今天的最后一场舞，随后就回来。迈赫穆德于是让她走了，她第二天便从孟买逃到了乡下。

但我之后在《悟性》杂志上读到对赫妮的专访，她声称被迈赫穆德毫无人性地强暴了，并曾在事后吞服拜尔杀虫剂企图自杀。我问赫妮哪一种说法才是真的。"他当时朝我扑过来。"赫妮说，"要亲我。我使劲躲开了，他从床上摔了下去。"之后的情形可想而知。

"你真的多次企图自杀吗？"我问，指的是那篇报道里的内容。文章生动描述了赫妮如何喝杀虫剂、割腕、疯狂用膝盖跳舞直到流血的情景。赫妮发出沙哑的笑声。"我为什么要自杀？女人才那样做。杂志发行的当天，母亲、萨莉塔和我都大笑不止，多么博人眼球的内容：'妓女！强奸！'"

不过迈赫穆德终究遭到了报应。他又去国会大厦找乐子，被受害者认了出来，女人们蒙住脸，将他团团围住。她们人多力量大，把他揍倒在地，逼他喝排污管里的水。她们还一度凑钱悬赏迈赫穆德的项上人头。接单的杀手对迈赫穆德开了一枪,子弹射偏了,打中了他的朋友,这让他愈加光火,而他一光火就容易头脑发热——酒吧圈的剑齿虎终于犯下一桩让警方无法置之不理的案子:他强奸了一个南孟买的富家女。忍无可忍的警察逮捕了迈赫穆德,将其痛揍一顿后关进了监狱。"现在他大约冷静下来了。"赫妮说。

"每个人都应该有两副头脑。"赫妮突然表示,"热血上头、不免冲动的时候放进冰箱冷冻一下,用剩下的那一副工作,直到你原本的头脑冷却下来。"

蒙娜丽莎和我整晚都在咖啡厅同赫妮说话。天快亮时我们走出咖啡厅,与赫妮道别,继而坐到海滨大道可俯瞰海面的栏杆上。这座城市刚刚苏醒,有晨跑的人陆续经过。一个乞丐蹒跚地走来,蒙娜丽莎给了他钱。她施舍每一个乞丐。我第一次看到有"女王的项链"之美称的海滨大道在晨曦中沿海湾、分区段熄灭了灯光。蒙娜丽莎望着脚下的波涛,指给我看在岩石上攀爬的海蟹。她问我:"你相信现在就是争斗时[①]吗?迦乐季[②]会降世,湿婆的第三只眼[③]也会打开?"

她认为在迦乐季降临前,这个世界还要好几百年才会毁灭。"因为世上还有很多好人啊。"她不愿离开面前的大海,她愿意就坐在那儿,谈论这世上善良的人们,谈论他们如何得着慰藉,谈论我们还能像这样谈论多久。她数算我们的每一次会面,就像我和当年的苏妮塔见面前会做的那样。她惊讶于我们每一次都能找到新的谈话内容。她坐得离我很近,胸罩的上半部分从松松垮垮的衣领里露了出来。但她

---

① 印度教中四个宇迦(又称为"时")的最后一个,充满罪恶,此时的人性彻底堕落。争斗时结束的阶段被称为劫末,世界将被毁灭。此后新的宇迦循环开始,世界获得重生。
② 印度教神祇毗湿奴的第十个(也是最后一个)化身,会在争斗时的劫末降世,在世上履行保护婆罗门、征服邪恶的神圣使命,并开创新一轮的完满时。
③ 传说湿婆额上的第三只眼能喷出毁灭一切的神火,会在争斗时的劫末杀死所有天神和人畜。

还是个孩子,她想去主题公园滑水上滑梯、尽情玩耍。她坐在海堤上,清晨的潮汐漫过来、漫过来,一下一下拍打沙滩。她穿着牛仔裤和拉链外套,无忧无虑地晃着腿。而我小心翼翼坐在她身旁,紧张地望着底下陡峭的堤坝。"我曾经想,死了也好。"蒙娜丽莎说,"可我改主意了。现在我想好好活下去。"

"是什么改变了你的心意?"

"没什么。就是突然想明白了。"

我也突然想明白了:为什么年长的男人会爱上比他们年轻的女人。不是因为她们的身体,那足够点燃情欲,但不足以维持爱火。他们爱上她们,是因为她们的心——新鲜,干净,遭受过痛苦却不愤世嫉俗,经历了风霜但还不曾冷硬。他们需要这份新鲜,他们汲取这种干净。

赫妮也想请达雅妮塔在蓝宝石为她拍照,但比克不希望看见她再出现在酒吧,哪怕是作为客人。比克在舞女有难时总尽力相帮,但他始终没有原谅赫妮,这让她心碎。她发誓她已戒掉了可待因,也不嚼烟叶了,她保证不会再喝客人的酒。她为过去犯的错道了歉,为何比克迟迟不肯接纳她?我的直觉是:赫妮的毒瘾和她不能重回蓝宝石跳舞并无干系。"你真应该看看她五年前的样子。"比克对我说,"没有人能猜到他不是女人。"

赫妮只好请达雅妮塔去她家为她拍照,于是邀请了我、蒙娜丽莎和达雅妮塔一块儿上门做客。赫妮家的公寓楼紧挨着动物园,凌晨四点便能听到狮子的吼声和猫头鹰的啸叫。那是一幢美丽的老房子,建造商是美白功能显著的阿富汗雪花膏的发明人。赫妮买下了整个楼面,一间房给母亲住,一间给哥嫂,一间给她和妻子,还有一间留给奶奶。各个房间有门相通,却从不打开,所有人都用屋外长长的走廊。赫妮总待在自己凉爽又昏暗的套房,吃午饭、接待访客或看电视。房间有独立的浴室,客厅里放着曼努吉和妻子用来睡觉的沙发床，墙上贴着画有两个白胖婴儿的海报，阳台设有神龛，也兼做厨房。

曼努吉坐在沙发床上，穿着黑色带纽扣的衬衫和牛仔裤，声音也变得更低沉了。赫妮残留的唯一痕迹是他在脑后扎成一束的长发、涂着甲油的手指以及因除毛而坑坑洼洼的面部皮肤。曼努吉给我看1995年时他哥哥婚礼上的照片。照片里出现的却是赫妮，她正被蓝宝石的老板佩尔韦兹拥着，边上还有许多酒吧的常客。既然他们为婚礼出了份子钱，则到场致谢的必须是赫妮，而非曼努吉。

我问他："你参加自己的婚礼时也是以赫妮的形象示人吗？"

"不，是以曼努吉。你以为赫妮想走入婚姻的坟墓吗？"

曼努吉的妻子乔蒂在这时走进了房间，她是个白皙高挑的信德女人，二十出头，颇为美丽。她言语不多，与其说是害羞，不如说是内向。曼努吉和乔蒂并不相配，作为夫妻则显得感情冷淡。"如果乔蒂和我的朋友同时给出意见，我会选择听朋友的。"曼努吉早先告诉我道。

他曾简单提过他的某次恋爱："很久以前有那么一个女孩。"他说她很美，住在佛拉斯路上。那时曼努吉还未订婚，他们会一路开车前往肯达拉，跳一整夜的舞，然后回到他的公寓。"她是知晓我全部过往的唯一女孩。"他们关系亲密，"有过深吻和爱抚，但不曾做爱。"这段恋情维持了两年，在双方家人的施压下最终破裂。现在她已是三个孩子的母亲了，仍旧住在佛拉斯路上。

差不多五点的时候，曼努吉坐到镜子前，他穿着汗衫，此刻的胸部依旧平坦。每天黄昏时，他会穿上垫得厚厚的胸罩和三层紧身胸衣。但他近来起了皮疹，他掀起衬衫给我看，当真惨不忍睹。我有生以来第一次听到一个丈夫对他的妻子说："把我的胸罩拿给我。"乔蒂以耐心、精湛，甚至在我看来带着爱意的手势帮助曼努吉变身成为赫妮。她替丈夫穿上绸丽、折好纱丽，在曼努吉用发卡固定假发时恰到好处地按牢某几个地方。曼努吉说："有时我一边打扮一边说话，忽然瞥见镜子里的自己,连我都要愣一下:这是谁呀?"他的化妆技巧如此娴熟,他的伪装手段这样高明。

我为赫妮和曼努吉共用一具身体却能楚河不犯汉界而大感惊奇。在知悉赫妮并非女性的客人当中,一半以为她是同性恋,另一半以为她是变性人。但她都不是。她不是住在男人身体里的女人,不是基佬,不是阉人,不是变装爱好者,而只是为了生计男扮女装的人。她的衣柜同查特拉或塔玛沙①表演者的衣柜无异——这些在传统戏剧里扮演女旦的人用一生塑造某个女性角色,直到这个角色变成了他们全部的人生。

知道赫妮真实身份的人在她和曼努吉之间作了必要的区分。我和米内什在某个早晨站在海滨大道边,看达雅妮塔为赫妮和蒙娜丽莎拍照。蒙娜丽莎背靠栏杆,赫妮从后面抱住她,作势吻她的脖子。

"你会嫉妒吗?"我看着眼前的场景,问米内什道。

"我不嫉妒赫妮。但或许会嫉妒曼努吉。"

甚至是曼努吉的家人也会搞混他的身份。有一次我打电话找赫妮,她的母亲说:"她还在睡觉呢,睡得很熟。"白天在家时,曼努吉穿着短裤汗衫,和寻常男性无异。当他和妻子用信德话交谈时,从不会(哪怕是不经意间)用阴性人称来指代自己。而当赫妮在酒吧和客人或其他舞女对话时,也从不会(哪怕是不经意间)用阳性人称来指代自己。他到底是如何归纳这两个身份、将它们分门别类扮演好的?

"因为我从没有真正爱过,没有爱过女人,也没有爱过男人。"曼努吉阐释道,"如果爱或是爱的苗头钻出来,我的整个生活都会发生改变。"若他真的爱上某人,他就没法以赫妮的身份对女友袒露心迹。"我必然会变回曼努吉。"他会想随时随地和她说话,哪怕是在酒吧里也不例外,而爱情会夺去他说谎的能力,无法在心爱的人面前假装自己仍是个女人。爱会暴露你、让你变得脆弱,并杀死建立在真我之上

---

① 印度传统民族戏剧,女角由男性反串。

的所有伪装。如果曼努吉坠入爱河,赫妮就必须死去——被曼努吉炙热的爱情杀死。乔蒂不会带来这种威胁,因为曼努吉不爱他的妻子。事实上,正是乔蒂在每一晚帮助曼努吉变身成赫妮的。我有那么一种感觉:乔蒂对赫妮可能比对曼努吉更亲近。

酒吧女为爱献身,要的是钱,若对爱交心,要的则是命。她们全身心的投入是曼努吉所不能理解的:"现在蒙娜丽莎又一次陷入了爱情,却还想浮出半个脑袋留在水面。我不懂这些人。爱是那把砍断救生通道的斧子。我不会坠入爱河。"曼努吉重复道,"在酒吧圈,我们已经弄丢了自己。"而敞露真我是获得真爱的必要条件。

我们走到赫妮家公寓楼的天台,夜晚的灯光正适合达雅妮塔摄影。蒙娜丽莎穿着简单的黑裙,美得惊心动魄。她在脑后松松挽了个髻,达雅妮塔称赞她天鹅般修长的颈项,她在镜头前舒展开来,绽放迷人的光彩。拍摄结束后,蒙娜丽莎说她饿了,别人递上什么来她都吃得一干二净。乔蒂感到好笑:"她有点疯。"她说,"但这世界需要一点疯狂。"我在这不大的空间感到由衷的开怀,我们从性别到婚姻状况都截然不同,从我——有两个孩子的已婚男士到达雅妮塔——声称镜头就是情人却出轨爱上蒙娜丽莎和赫妮的女摄影师,到一人分饰两角的赫妮——是男也是女,成婚又单身,到曼努吉的妻子——渴望怀孕生子的乔蒂,再到最有女人味、显得最快活也最有可能和婚姻无缘的蒙娜丽莎。

蒙娜丽莎与赫妮为晚上的表演互相给对方化妆,她们显然很享受这个过程。

"我的脸会不会太白?看上去像鬼似的?"蒙娜丽莎问。

"在鼻翼这里打点阴影[①]。"曼努吉答。她们只是去工作,但你光听她们的欢声笑语,会以为她们正准备参加派对。我看着她们,感到羡慕:男人从没有这种时刻,能和其他男人一起在聚会前互相打气。

---

① 指阴影粉,用来修饰面部轮廓的化妆品。

"天哪，你美极了！""孟买今晚会拜倒在你的石榴裙下！"这样的过程比派对本身更有趣。

对赫妮来说定是如此。迪尔巴的生意并不景气。"我昨天才赚了四百卢比。"蓝宝石的前皇后如此说，在最鼎盛的时期，她每天的收入是现在的一百倍。赫妮把她少得可怜的进账归结于她不能也不会和客人发生关系。"陪睡就有钱赚。"她恳求比克让她回蓝宝石，而后者不回她的电话。她对此很是介怀：让蓝宝石如日中天的舞者却不再受蓝宝石的欢迎。"这甚至都不是钱的问题。"赫妮叹了口气，"我在蓝宝石能跳的舞，在迪尔巴多半跳不了。"这是对一个艺术家的鄙薄和她最大的悲哀——她的作品无人懂得欣赏。

蓝宝石不放过赫妮，又或许是她不放过自己，仍期待终有一日能披上往日的光辉。赫妮走投无路，甚至屈就给流浪汉、午休时的政府机构文员、无所事事的小混混——有闲没钱的人做日场表演。每当她和比克或佩尔韦兹提及重回蓝宝石一事，他们从不直接拒绝。他们总是让她等。等这一轮大选结束以后。等第三个舞厅重新开张以后。等宵禁时间顺延以后。等这个地区不近人情的警监调任以后。这个说不的国家惯用逃避的策略，如今我对这一策略已足够熟悉。所以赫妮下午在家百无聊赖地看电视，晚上在夜店束手束脚地跳舞，等着蓝宝石或许有一天会打电话来。

迪尔巴和蓝宝石的客人不可能没注意到曼努吉的性别。这是否才是蓝宝石门庭若市、声名大噪的原因？赫妮是否无意间掀起了孟买的同性恋狂潮，但所有自欺欺人的顾客都必须小心掩藏、要花钱看伪装得比女人更女人的男人跳舞才稍稍心安理得？

我对湿婆军的苏尼尔提起过蓝宝石。"是那个变性人工作的地方啊。"他毫不迟疑地说。他去那里看过赫妮的表演，至今还记得她跳的舞。我这才渐渐意识到：原来赫妮最大的秘密，是她的身份根本就不是个秘密。了解内情的男人会把朋友带到酒吧，眼见他们为赫妮痴迷，再笑话他们竟看上了一个男人。许许多多人都知道赫妮是男儿身：模特、帮派分子、计程车司机、新闻记者，但他们都以为自己是唯一或极少数知晓这个秘密的人。

赫妮给我看她十五岁时的照片，照片上的她穿着短裙和时髦的外套。若我年轻二十岁，会愿意和这样的女孩约会，她苗条、有吸引力，符合大众对美的定义。但随着年龄增长，赫妮逐渐丧失了这种美。她的脚步不再轻盈，下颌骨变宽，体重增加，肚脐深深凹了进去，在圆鼓鼓的白肚皮上异常显眼，也异常缺乏女性美。绝大多数女人都在和时间赛跑，她们怕上了年纪会失去美貌。而赫妮与时间的赛跑更绝望，也全然不同，她若上了年纪会失去性征。

赫妮和曼努吉为身体的主权而战。曼努吉想要肱二头肌，可以留胡子，长啤酒肚。赫妮想要丰满的胸部、光滑的皮肤、挺翘的臀。赫妮在孟买外科医生的协助下常能赢得与曼努吉的拔河。她服用减肥药，一次三粒，好减轻体重。"我在婚后长出了肚腩。"她坚称。但想要改变的愿望偶尔也会朝反方向发作。有一次，赫妮吃下点在额头的朱砂，希望让嗓音变得更低沉，更接近曼努吉该有的声线。她在大约一年前剪短了头发，当时她已决定退出酒吧圈，正试着找一份男模的工作。他请摄影师为他拍了一组硬照，随即前往广告公司应聘。但在接待室里，他看到了其他男模：有着发达肱二头肌的结实猛男，极具阳刚之气和侵略感。他马上意识到自己毫无机会，曼努吉根本没法谋生。所以他回到酒吧，戴上假发和胸罩，重新把赫妮请了出来。

我猜不单是性别，赫妮的性生活也是双面的。曼努吉在白天与妻子同房，而夜里，赫妮跟随不同的男人坐进车里，与他们接吻，让他们摩擦她的身体直到射精。赫妮／曼努吉就像雌雄同体的蚯蚓，两头各不相同也各不相干，这让她尤其孤独："我想有那么一个朋友，和我一样为了生计男扮女装的人。"赫妮知道有那么几个男孩子化了女性的妆容，仍穿着男性的衣服在小酒吧跳舞，仿佛稀奇的玩物。但他们是同性恋。

我注意到曼努吉在手上系了红绳。他说几个变性人最近来到他的住所,祝福了他哥哥的孩子,并在小婴儿的手腕上系了辟邪的红绳。这些变性人早已听说赫妮的大名,他们主动来找她。有一天,他们当中最出名也最漂亮的变性人——来自卡马提普拉的索娜姆来蓝宝石看赫妮跳舞。"她以为我和他们是一样的。"索娜姆问赫妮为何还在浪费时间,她建议曼努吉尽快做变性手术。赫妮想知道索娜姆是如何丰胸的,结果得知了一种药物的名字,这种药是用来为哺乳期的妇女催乳的。索娜姆告诉赫妮:每日注射二百五十毫升,赫妮将用量翻了个倍。两周后,她的乳房就长到了柠檬大小,穿紧身衣时被勒得很痛。"我当时一心想进影视圈,有点走火入魔了。"曼努吉终归害怕荷尔蒙的变化会影响性功能,家庭医生又给他开了另一种激素,这才令他的胸部恢复平坦。

赫妮甚至贿赂了海关官员,取得了单独的护照。照片是她还没长胡子的时候拍的。但近几年来,她每晚要花几小时拔除髭须,这让她的脸上长满粉刺和色斑。为了拔起长在毛囊里的发根,必须破坏毛囊,"但表层的皮肤很硬,像蛋壳一样。"她说,而且每次除完毛都会渗血、发炎。她的客人已逐渐注意到她的皮肤状况。赫妮的变性人朋友于是给了她这样的建议,让她选择剃须而不是拔毛。他们说赫妮的担心是多余的,长期剃须并不会使毛发增粗、皮肤变色。所以曼努吉让乔蒂为他买来了吉列剃须刀,他说:"他们告诉我不要刮反了。那是什么意思?"我向这个二十五岁的男孩演示剃须的正确方法:由上往下顺着毛发生长的方向刮,就像我的父亲在我十六岁时教我的那样。

赫妮因被误认作变性人而有过荒谬的经历。一次,某个客人连续十五天给她打赏,然后说想私下和她谈谈。不妙啊,她想。但这个客人解释道:"我是想请你召集你的兄弟姐妹,找到这个人,他欠了我三十五拉克。我要讨回这笔钱。"赫妮马上意识到,对方以为她是变性人。他大概盘算着:如果赫妮和一大群同样变了性的"兄弟姐妹"到欠债人的办公室且唱且跳、边奚落他边没羞没臊地掀起裙子,那个公然受到羞辱的人会乖乖还钱。

赫妮的气还没生完，自有打算的客人就做出了更夸张的事。不久后的一天，某报"市民服务"专栏刊登了这样一则广告：

> 债务堆积如山？
> 不用发愁！
> "独一追债"诚意推出：
> 专业受训的变性人
> 保证为您
> 速速追回钱款
> 现接受个人、银行及企业部门预订

底下是一个马塔盖东区的地址和一串电话号码。我打过去的时候已经是空号了。

除夕夜

1999年12月，蓝宝石终于再次接纳了赫妮。新上台的国大党政府对城市的管控没那么严了，酒吧的歇业时间得以延后，有些则彻夜开放，蓝宝石因此需要更多的舞女登台献演。赫妮在家附近的哈奴曼神庙许了愿，若能重回蓝宝石，定会接济穷人。两周后，她的愿望成真了。她的哥哥迪内什还做了个梦，梦见五十一只椰子。赫妮于是和迪内什到神庙还愿，向哈奴曼献上五十一只椰子，又买了价值一万一千卢比的吃食，沿途分发给食不果腹的穷人——男人们给酒吧女的打赏便以这种方式重新回馈给了这座城市。

一回蓝宝石，赫妮一晚至少能赚两千五百卢比（是在迪尔巴时的十倍），且吸引了不少新来的客人——不是所有人都清楚赫妮的背景。她绞掉了眉毛上方细碎的小头发（而不是用镊子拔除），她认为这是她走运的原因。对赫妮来说，须发决定了她的命运。

"你是新来的舞娘吗?"有客人问她。

"是啊,人家还是处女呢。"赫妮答。

我不知怎么就成了蓝宝石的向导,不断有人缠着我,非让我带他们去蓝宝石一探,有时我会答应下来。去过了蓝宝石的人们反应各异:有的感到惊奇,有的感到嫌恶,有的感到失望。某位作家请我带蒙娜丽莎前往孟买最高级的地段参加派对,我需提前告知蒙娜丽莎如何穿着、怎样言行。我的朋友们想为她拓宽交际面,指导她,也保护她。另一些人却没这么友善。"她是酒吧女的主力。"体育经纪人如此评论。"一点朱唇万人尝。"音乐频道的总监垂涎道。"你情愿淹没在她的眼波里。"罪案调查记者频频揶揄。若我果真将蒙娜丽莎介绍给他们,这些人只怕会更放肆。"她会被生吞活剥的。"社交名媛安努拉达·坦登警告我道。蒙娜丽莎足以应付在酒吧接近她、打赏她、赤裸裸表示想和她上床的男人,但她对南孟买迷人的绅士毫无抵抗力,她会轻易交付芳心、落入他们的陷阱。而之后,蒙娜丽莎的手腕上又会多出一道划痕——很可能也是最后一道划痕。她的手腕已没有多余的地方标记又一次心碎神伤了。

蒙娜丽莎给了我除夕夜去蓝宝石的通行证。那是一张小小的蓝色卡片,镶着白边,上面没有蓝宝石的名字,只有地址,底下印着矮精灵[①]的图案和这样一行字:"仅限受邀者参加。"照理说只有出手最大方的客人才有这种通行证。

除夕夜的时候,蓝宝石里满是爱侣。那一夜播放的是多愁善感、催人泪下的怀旧情歌,是最适合男人和他们的真命天女倾诉衷肠的曲子,是他们曾花前月下彼此相拥时的动听旋律。这些歌曲不为催生激情爱火,而为表达诗歌永恒的主题——正如伟大诗人法伊兹[②]所说:爱的失丧。除夕夜,酒吧里的所有爱侣终究会分手,即便不是今晚,

---

① 传说中的爱尔兰生物,有红胡子,穿戴绿色衣帽,喜欢收集黄金。
② 巴基斯坦诗人(1911—1984),"进步文学运动"的核心成员。

也会在不久的将来。蓝宝石是用无望的爱筑起的宫殿。

"我们给那些傻瓜以幻想，直到今晚。"蒙娜丽莎说，"我们对他们说，三十一号的时候来酒吧呀，我们约会。"如果客人自认他对某个舞女而言是特别的，那他最好今晚来到这里，向全世界证明这一点，不然新年一到，她的脚步就不再为他停留了。去年除夕，名叫赛义德的大主顾为舞女索妮大张旗鼓地庆祝，一晚便在她身上砸了九拉克。

蒙娜丽莎为我带路，像分开海水的摩西一般领我走进人满为患的穆札舞厅。人们为我腾出空间，移开了靠垫，我左手边的男人把一堆十卢比的纸币朝自己的方向挪了挪（一些钱掉进了靠垫之间的缝隙，另一些落在了靠垫下面），好让我不至于一屁股坐到钞票上。时隔多日，我再一次见到了舞台上的赫妮，终于明白了人们对她痴迷的原因。不是因为她的长相，正相反，这是我第一次把女装时的赫妮当作男性看待：他的肚皮略微鼓了出来，上面用海娜[①]手绘了四叶草的图案。他穿及膝的裙装，戴着一顶假发，脸上罩着面纱。随后他开始了舞蹈。曼努吉瞬间消失无踪，赫妮又回来了。

只见她随着伴奏的节拍在舞台上飞旋，其间膝盖三次点地，便如一道金光般从舞台的这一头舞到了另一头，动作快得令人屏息，台下爆发出热烈的掌声。赫妮是蓝宝石体力最好的舞者，但即便是她，到凌晨一点半时也累得够呛。她倾身过来对我说："我晚上七点就开始跳舞了。"好在她收到的小费也非常可观。那一晚，赫妮赚了一万一千卢比，抵她在迪尔巴时好几个月的收入了。她说我们一定要一起吃个饭，这次她请客。"是有原因的。"她停顿了一下，眉毛高高扬起，她正努力憋住不要笑。"你猜得出来吗？"

"你要当爸爸了！"

"是的。"他的妻子怀孕了。不出什么意外的话，曼努吉年底前就

[①] 古老的人体手绘艺术，所用颜料提取自一种名叫海娜的植物，所绘图案可在皮肤留存几日到几周不等。

能当上父亲。而赫妮会成为一个母亲。

　　舞女在除夕夜的行头十分昂贵，有些可高达十万卢比。娇小的卡维塔头戴价值三万五千卢比的装饰，对此赫妮不满地问我："你不觉得有点夸张吗？"我倒不太同意她的看法，谁让她自己也戴着蓝色的头巾（上面悬挂着沉甸甸的金球）和镶有花朵图案的彩色美瞳，用赫妮的话说："这么性感，不戴才是罪过呢。"除夕夜的一切都是"有点夸张"的，没有人会介意。

　　穆斯甘也在，她比蒙娜丽莎更高，肤色更白，也更年轻。她才刚满十五岁，已经在纠结到底该为爱还是为钱失身。天平的左边是富有的阿拉伯人穆罕默德，右边是穆斯甘心仪的某位少年。蒙娜丽莎建议她把第一次留给喜欢的人，"不过拉祖下定决心要买下穆斯甘的初夜权。"拉祖今年五十岁了，是个定居美国的印侨，他给了穆斯甘一拉克作为"首付"。蒙娜丽莎让穆斯甘再等等，至少拖上一年半载，甚至根本不用理睬。但穆斯甘有点心动了，在她看来，美国人拉祖给的可是一大笔钱。

　　贵宾厅里坐着一群古吉拉特人，他们招来风尘女作陪，其中一个对谁都投怀送抱。她身穿一袭黑色纱丽，轮番坐在男人的大腿上，任他们同时对她上下其手。不知是开玩笑还是被惹恼了，一个古吉拉特人猛地将她一推，她重重跌在地上，头撞到桌角昏了过去，随后被就势拖走了。他们会对她做什么？她才二十岁上下，仍旧昏迷着，他们绝不会放过她。

　　蒙娜丽莎也在招呼一群古吉拉特人，他们身量高壮，留着警察特有的八字胡，正同蒙娜丽莎在舞池跳舞。"我从他们身上捞够了本。"蒙娜丽莎附在我耳边悄声说。但这是一项精妙的艺术，她不得不和他们共舞，好确保有源源不断的打赏，但又必须保持一定的距离，不至于令他们激动到失控。因此她的舞蹈是热情的，但并不挑逗，她不曾摆动臀部。每次他们想伸手抚摸她时，她都用灿烂的笑容打消他们的念头，他们如扑火的飞蛾，跟随她从一个房间舞到了另一个。

蒙娜丽莎当晚的收入没有预期的那么多。她帮着舞女们穿好纱丽，十一点半才从化妆间出来，错过了打赏最丰厚的两小时。她在蓝宝石收获的小费不像从前那么多了，客人都知道她跟了米内什，再和他们出来约会不过是喝杯咖啡。而蓝宝石还有大把舞女，不论是性还是爱皆可自由追求、大方赠予。失之东隅，收之桑榆，这么想着的蒙娜丽莎试图在别的领域一展身手，譬如模特界。而所有人都告诫她：想当模特，必须先学英语。她于是请来家庭教师为她上课，改用英语设置语音信箱："这里是帕特尔家，抱歉现在无法接听您的电话……"米内什教了她这几句话，包括如何停顿，以及语调怎样转折，这让她听上去像个表列种姓出身的接线员。

蒙娜丽莎的未来究竟会怎样呢？她退出酒吧圈后能做什么？我终于直白地问鲁斯特姆：蒙娜丽莎有没有可能进军广告界？"我不这么认为。"他回答，"以她的长相和气质……"蒙娜丽莎无法成为高端模特。她的脸足以颠倒众生，但不适合拍摄日用品广告（比如旁氏面霜）。她的英语很糟，高中都没毕业，更不用说有本科文凭了。她可以为电影或音乐录影带伴舞，但年收入可能不及现在一周的进账。她能发光的地方是蓝宝石的舞台，但她最多只剩三四年的时间。舞女吃的是青春饭，当青春不再，她们必须退出。

蒙娜丽莎把鲁斯特姆和达雅妮塔为她拍的照给蓝宝石的舞女看，后者的反响相当冷淡。照片是黑白的，在多数酒吧女看来是很悲惨的颜色。在她们的老家农村，拍黑白照片是因为付不起彩印的钱。蒙娜丽莎试图向她们解释这是艺术照，但她在酒吧根本找不到知音。

我带蒙娜丽莎去我的朋友曼吉特家，参加鸡尾酒会。曼吉特可俯瞰椭圆广场[①]的公寓十分宽敞。她是美国知名杂志的记者，当晚来的宾客不是外交官就是律师，他们对待蒙娜丽莎的方式是最有教养的人社交的方式。蒙娜丽莎惊呆了，因为即便这些人知道她是舞女，仍旧

---

① 南孟买的一级公共绿地，建有大型板球及足球体育场馆。

"像对待家人"一样和蔼地问候她。曼吉特只不过给她倒了一杯橙汁、与她闲谈,并且避开了所有可能让她感到难堪的话题(比如她的工作),这对蒙娜丽莎来说却是莫大的恩情。她把能被遥不可及的孟买上流社会接纳看作齐天洪福,对我带她前来无比感激。在这里,无人对她虎视眈眈、动手动脚,无人对她劈头盖脸地打赏或说露骨至极的下流话。她在参加完这样的晚宴后须即刻回蓝宝石工作,马上便有舞女过来指责她昨晚抢走了客人(蒙娜丽莎给了那人电话号码),并且当着其他舞女的面用最恶毒的话咒骂她。蒙娜丽莎毫不示弱地反击,两人扯着嗓子尖叫,差点动起了手。酒吧女不时要彼此撕咬、抓扯,直到比克出面制止。蒙娜丽莎就这样夹在两个世界当中,一个可望而不可即,即便她踏入也不会真正被接受;另一个她亟待逃离,却一次又一次把她拽回原地。在夹缝中求生,她这一路注定会无比孤独。

她梦想着弟弟成婚的那一日。"我会为他举办盛大的婚礼。我要一直跳舞,真的,直到筋疲力尽。"

"那你自己的婚礼呢?你打算什么时候结婚?"

"我这辈子都不会结婚的。"

米内什亦非良人。除夕夜时他并未出现在蓝宝石。他的生意伙伴出卖了他,向米内什的父亲告密说他的儿子正和酒吧女同居在一起。强势的父亲命儿子即刻回家,迅速处置了他约胡区的公寓不说,还设下宵禁,严格监管米内什每月的话费账单。除了打共用电话,米内什甚至不能和蒙娜丽莎通话。她几乎见不到他了。

米内什去年过得并不好。他的软件生意亏损严重,向蒙娜丽莎借了两万五千卢比,至今未还。他求蒙娜丽莎一定要等他。他有一个姐姐和一个妹妹,都还没有出嫁。如果世人知道她们的兄弟和酒吧女牵扯不清,她们能找一户好人家的希望便更渺茫了。他说一旦姐妹俩出阁,他就再也没有了顾忌,定要和家人摊牌,同蒙娜丽莎走到阳光底下。但米内什的姐姐已经三十好几了,依然未婚,恐怕短时间内成家的概率也不大。蒙娜丽莎等着米内什腾出时间,她已等得心焦继而绝望。她开始和其他客人——年轻的古吉拉特和马瓦里男人同进同出,"喝杯咖啡。"

蒙娜丽莎没再见到父亲。他一直说要来孟买,但一直不来。"他有自己的家庭,我不想打扰他。"她接受了他们之间的距离,不管是地理上的还是情感上的。蒙娜丽莎没有朋友。她只有酒吧的主顾、偶尔出现的米内什、她的母亲和弟弟,以及我。她计划着和我一起外出:去某某餐厅吃饭,去"冰与火"(新开的迪斯科)跳舞。一个下雨天,在我的妻儿已动身回美国后,蒙娜丽莎在下午一点时来我的公寓,她一直待到晚上八点,吃东西,睡觉,看电视,和我聊天。她打电话给米内什,说在我这儿很放松。在她生命中这段没有朋友的时间里,我是一个既非金主也非爱人的选择。

我终于告诉蒙娜丽莎我有妻儿。我给她看苏妮塔和孩子们的照片,向她解释为什么我的采访对象大多不知道他们的存在,以及我现在有多遗憾,因为她没能认识(也再不会见到)乔达摩和阿卡什。但她说没有关系,她已经习惯了被骗,习惯了这个"充满谎言的世界"。她没有生我的气,也不说"我真希望有机会见到孩子们"。每一个她所认识的人都有需要隐藏的那一面,都有上了锁不许她进入的房间,那房间里有她父亲的第二任妻子,也包括米内什曾经被蒙在鼓里的家人。这个二十一岁的女孩为我提供婚姻指导:"婚姻就像皮筋。"她说,拉扯着发圈的两端,再松手让它弹回来。"好在你不是那种自私自利又好吃懒做的男人。你对我都不曾撒手不管,可以想象你会把娶回家的爱人照顾得多么好。"

曼努吉很兴奋,他才拿到孩子的超声图。"我看到一张小小的脸,那两个小圆点是两只手。"但怀孕也带来了很多问题,譬如乔蒂常在深夜把他叫醒、差他跑腿,好随时满足她对饮食的各种要求。她在头三个月里相当烦躁,曼努吉正考虑暂时把她送回浦那的娘家。赫妮在蓝宝石的收入也减少了,警察临检让酒吧的关门时间不再固定,要么是午夜，要么更晚。赫妮才做了胆结石手术，这让跳舞对她而言变得越发困难。

牛市已经结束，酒吧圈也辉煌不再。"好像又回到了刚入行那会儿。"赫妮说，"人们重新开始用五卢比打赏。"而男人对严严实实裹着纱丽的舞女——她们的笑容、只可远观的臀部或快速抚过他们脸颊的手指已不能感到满足。"他们要的是公然接吻和大胆的爱抚。"赫妮厌恶地说，"酒吧圈已经等同于夜生活，一切都是为了性。"而这恰恰是赫妮没法和其他女孩竞争的。

她有一个最大的心愿："我渴望在有生之年以曼努吉的身份走到人前，再也无需遮掩。"她想让曼努吉也成为一个响亮的名字，或许是作为化妆师，或许是作为时装秀或电影的服装造型师。他想用赫妮的存款开一家物流公司，像哥哥迪内什那样买几辆可供出租的轿车和卡车；又或者和我同去美国，到他姑妈的小店帮忙，再不济可以去那里的同性恋酒吧跳舞。等孩子满周岁以后，赫妮就要离开酒吧圈了。不论如何，她的生命已不长久，曼努吉才是最终的赢家，这是从起初就注定了的结局。但眼下她还活着，她活着的时候确是一道美丽的风景。

蒙娜丽莎也表示不出几年就要彻底退出酒吧圈。或者进修服装设计，或者在美容院工作。如果她存够五十拉克，还可以开一家精品女装店。她说酒吧圈和孟买的迪斯科还有大学一样，"统统西方化了。"很快，酒吧女不会再穿层层叠叠的纱丽，"她们会换上短裙，越短越好。"客人们知道自己要什么。从前的时候，他们连续光顾酒吧两周，却不问舞女的姓名，如今他们单刀直入问："约还是不约？"

蒙娜丽莎说她的梦想是在赢得"世界小姐"的头衔后上台发言。

她推测那会引起怎样的轰动：等举国上下发觉印度女性的新典范是舞女——一个风月场上的暗娼竟胜过来自马拉巴尔山富人区、念教会学校的女大学生时，"报纸的头条会怎么写！这就像投下了一颗原子弹。"蒙娜丽莎多想上台发言，她为此健身、上演讲课、箍牙……

但她快二十二岁了,参加选美为时略晚。

她的梦想不是当真赢得冠军的头衔,而是能在千百万观众的见证下作那番演说。"我会告诉每一个人:我是来自酒吧圈的舞女。你们可以收回奖项、拿走奖金,但我只是想证明,证明我也可以站在这里,酒吧圈的舞女也是社会的一分子。我去酒吧是为生活所迫,但我不曾背叛自我。"蒙娜丽莎用英语说完了这段话,她近几个月来的苦练初见成果,只为有朝一日能站上璀璨的舞台,面对巨大礼堂和电视机前的全国观众,问一声:"我来自酒吧圈,我登台跳舞,何错之有?"

酿造欢愉

马丹普尔的人们翘首以盼。宝莱坞终于要荣归故里了。大明星即将走下银幕,来到面前,几乎触手可及。到底是哪个明星要来?是卡丽诗玛·卡浦尔还是沙鲁·汗——取决于你信的是哪个版本的流言。

即将开拍的电影叫做《战斗》,由娇小自信的年轻女导演坦努加·钱德拉执导。她的上一部作品反响平平,但这一部就不同了,正如她向我解释的:"角色将和剧情融为一体。"《战斗》会是宝莱坞版的《沉默的羔羊》[1],由普丽缇·泽塔饰演爱上帮派分子的犯罪科实习探员,有那么点类似朱迪·福斯特[2]当初的角色。我把坦努加和她鼎鼎大名的制片人马赫什·巴哈特介绍给了孟买最黑暗的地下王国,找来真正的帮派分子,确保这部黑帮电影能顺利开拍。

阿尼斯叫来四十几个兄弟维持现场的秩序。他们控制人群的办法

---

[1] 经典惊悚片之一,改编自托马斯·哈里斯的同名小说,描述联邦调查局实习女探员抓捕连环杀手的经过。
[2] 童星出身的美国著名女演员、导演、制片人,在三十岁前两度获封奥斯卡影后,曾出演《沉默的羔羊》女主角。

是推搡人群。我亲眼看到叫做法里德的高个子来回扇了围观者四个耳光，对方是个吓得目瞪口呆的比哈尔打工仔，瘦小的他抬头看着法里德，又羞恼又害怕，似乎想说些什么，但到底没有胆量。目睹了全过程的警察冲上前去，用带有铁质尖端的竹棍抽打人群。警棍击中柔软的身体，人群尖叫连连，孩子在挥舞的警棍底下抱头鼠窜，大人沿小径夺路而逃。

今天真是马丹普尔的大日子。

"他们五分钟内就会回来的。"阿尼斯说。

五分钟内人群都回来了。

马丹普尔的小作坊停止了营业，肉铺和裁缝店无心生意，在拍摄地门前卖煎饼的师傅以前所未有的热情揉着面团。人们流连在煎饼摊前，当被警察或阿尼斯的手下驱赶时，便借口说在等煎饼出炉，轻易不肯走。我们的头上是铁皮屋顶，在阳光的炙烤下变得滚烫，但上面少说站了二十个人，有些几乎倒挂屋檐，在铁板烧一样的屋顶上一律光着脚丫。与我们相邻的那间房子破了个洞，我从洞里看到三张孩子的脸，像从密林往外窥探的基路伯[①]。其余的孩子则爬上四周围可俯瞰后院的房顶，不时被大人赶下屋脊，也赶出了我们的镜头。性格诙谐的警官把摩托车停在屋外，好笑地劝说围观群众："没什么好看的，走吧，走吧，回去孝敬你们的爸妈，希尔柏·谢迪[②]还有阿米塔·巴强四点才过来呢，等一下排队还来得及！"

作为唯一立足商业电影圈的女导演，坦努加对于能在马丹普尔开机异常激动。摄制组的男性成员皆对黑帮感到畏惧，坦努加、普丽缇和她的女助理却面不改色。当普丽缇走下面包车，边接电话边往前疾走时，用人墙筑起的警戒线挡不住人群的山呼海啸，那是我第一次见识"围攻"[③]的双重含义。普丽缇那毫不起眼的女助理奋力推挡人群，

---

① 传统基督教艺术中所描绘的长着孩童样貌、有翅膀的小天使。
② 宝莱坞女演员。
③ "围攻"和"暴民"在英语中是同一个单词（mob）。

对警察或阿尼斯的手下并不买账的人们竟在女助理的小身板前屈服了。"这就叫大发雌威啊。"她说。

今日拍摄的是普丽缇前往黑帮老巢、面见首领的一幕。她在我身边坐下，我对她作了自我介绍。普丽缇于是问起阿尼斯的手下："他们杀过人吗？"我说是，他们中的许多人应该都背着命案。普丽缇睁大了眼睛。"你能指给我看是哪些人吗？"她像黑帮为她着迷一样，对黑帮也充满了惊奇。人们欲一睹她的芳容（她穿着白色老海军[①]圆领衫和厚底跑鞋的身姿），她想看的却是黑帮杀手的真面目。

帮派分子和妓女对宝莱坞充满好奇与向往，反之亦然。就其本质而言，电影是对非法世界的入侵，它是我们窥视禁忌的眼睛。多数人终其一生难见谋杀，除了在银幕上。多数人终其一生也难见偷情，除了在银幕上。电影是法外之人、事、物的媒介，是我们探照内心深处阴暗地带的手电筒。对在法外游走的犯罪分子和性工作者来说，电影又足够贴近现实，正如契弗[②]的小说之于韦斯特切斯特[③]的生意人，电影对蒙娜丽莎和穆赫辛而言是源于生活、略高于生活的真实写照。

阿尼斯对我说："你看我的脚。"它们显出一种不自然的褐色，表皮皱巴巴的——这大半天里，人们在阿尼斯试图阻挡他们时不断踩踏他的脚。阿尼斯的手下在今天以后有得受了，谁让他们对老百姓挥拳相向，又在警察挥舞警棍时袖手旁观。但今天他们还同摄制组在一起，他们便是电影世界的一部分，帮助实现的正是他们自己的梦想。

不久又有警察赶到，带队的警监要求摄制组速速撤离，说《战斗》剧组未能获得相关的拍摄许可。负责人忙出面赔笑脸，却不管用。紧随其后的上议院议员（活像黑帮分子的彪形大汉）挥着手杖落井下石："马上停拍，清场走人！你们影响群众的正常生活了。"但坦

[①] 美国一服饰品牌。
[②] 约翰·契弗（1912—1982），美国小说家、短篇故事作家，被认为是二十世纪最重要的短篇小说作家之一。
[③] 纽约州东南部的一个县。

努加快马加鞭,力争拍完黑帮分子吃手抓饭的一幕。演员的面前放着一大盘油腻腻的米饭,我们能听到坦努加提高了音量喊:"继续吃!不要停!"警监也好、议员也罢,过来找茬的目的是为了收取贿赂,可是坦努加没有意识到这一点,她就必须在午饭前撤走摄制组。她不得已砍掉了街上的戏份,因为围观群众实在太多,一再缩小镜头也无济于事。坦努加妄想在孟买驱散人群,着实有点不切实际。

最终采用的镜头虽不多,但在马丹普尔进行拍摄的那个早晨有着超乎人们想象的巨大意义:对阿尼斯、他的发小伊沙克、伊沙克的医生表兄沙赫布丁,以及所有帮助完成拍摄任务的人而言皆是如此。伊沙克经此一事,到哪儿都被人要求从中牵线,好让他们和电影明星见上一面,或让他们在电影里跑个龙套。参与电影的制作改变了伊沙克和沙赫布丁在社区的地位。剃头师傅还是每天给沙赫布丁修面,却拒绝收钱,他只希望沙赫布丁带个话,等明星再来时能和其中一位合张影。沙赫布丁的妻子在马来西亚,她不信丈夫当真见到了这些大明星,她始终觉得他在吹牛。这是他们到老都会津津乐道的话题,也是他们的孩子津津乐道的话题:"我爸爸见过普丽缇·泽塔。马赫什·巴哈特来过我们家的店,他还坐下来点了一杯可乐。"

不论是拍艺术电影还是主流商业片,电影人都是天大的梦想家。在印度,他们的梦想必然比普通人的更大。在印度,他们做的是集体的梦、十亿人口的梦。这扭曲了电影人的性格,也导致他们的极端膨胀。孟买的电影人狂妄自大,这源于他们渴求浩大声势而不得的痛苦。制片人阿米特·卡纳在某报专栏里这样写道:"从此,印度星球将沿轨道逆行,欢迎见证印度民族的终极报复。这是印度价值观席卷西方的开端——二十一世纪新的文化入侵。"在新千年之交,整个印度娱乐产业价值三十五亿美元,是全球三千亿产业的冰山一角。但在制片和收视率方面,印度拥有最广阔的市场前景,其一千部故事片、四万小时电视节目和五千首歌曲向全世界七十个国家出口。每一天,一千四百万印度人在遍布全国的一万三千所影院观看电影。在世界范围内,每年购票观看宝莱坞电影的人数比看好莱坞电影的多出十亿。电视产业也蓬勃发展,印度有六千万家庭拥有电视,其中两千八百万观看的是有百余频道、在城市及农村都备受欢迎的有线电视。比尔·克林顿在1999年访问印度时曾特别指出:"孟买的电视频道数量比多数美国城市都多得多。"

印度是少有的未被好莱坞攻克的土地,西方电影只占本土市场份额的百分之五。印度电影人也是足智多谋的集大成者,在几乎所有国家的电影产业都向好莱坞臣服的当下,印度以其独有的方式应战:它接纳好莱坞,吞并好莱坞,然后反刍好莱坞——糅杂了其他一切已知元素的西方电影在东方的土地获得了新生,且长出截然不同的面貌。

印度导演其实厌恶"宝莱坞"这个称谓,他们说孟买的电影产业比宝莱坞古老得多。就连美国的电影制作也是在这片东海岸起家的,随后才于二十世纪初搬到了加利福尼亚。法国的卢米埃尔兄弟发明了电影放映机,在巴黎首秀时引起轰动,旋即在1896年把这项新技术带到了孟买。几个月后,一个叫做巴哈特韦德卡的马拉提人便在孟买拍出了摔跤比赛和马戏团耍猴的短片。正是电影让所有印度人的一生仿佛都在孟买度过,即便对那些从未到过孟买的人也一样。坎普尔和喀拉拉邦[①]人看印度电影,能立即辨认出镜头里宽敞的海滨大道、约胡海滩、通往西方世界的大门——安泰里的希瓦吉国际机场。并且孟买之神秘不同于洛杉矶——好莱坞有大把经费在摄影棚里搭建整座城市,而印度电影产业依赖的布景是真实存在的街道、海滩和高楼大厦。

印度的商业电影就是音乐剧,通常包含五到十五首歌曲。西方的制片人为收益更可观的电视剧抛弃了音乐剧,从而也抛弃了电影。因为音乐剧需要规模和排场,若用十九寸的电视屏幕观看则完全变了味道,显得寒酸。何况评论家和观众对好莱坞的音乐剧还有一个不合理

---

① 印度西南部的一个邦,濒临阿拉伯海,文化发达,是知名的人文圣地。

的要求：他们希望每一首歌都紧跟剧情。印度电影却无需参照这一霸道的原则，因为我们的观众在进入影院前便做好了全心投入的准备。在这片信仰尚且火热的土地，要全心跟随剧情走并非难事。不只在印度，中东、俄罗斯以及中亚的观众也对剧情十分宽容，他们仍然相信母爱、相信祖国、相信真情。好莱坞以及西方社会已不再如此。我们在杰克逊高地的俄罗斯邻居会和我们一起唱拉兹·卡普尔[①]执导的电影主题曲。"这些电影都很干净。"一名纽约的埃及裔计程车司机这样向我解释道，"适合全家老小共同观看，里面不会有什么让你尴尬的镜头。"

到二十世纪末，印度电影人首次对印度电影产生了不可弥合的分歧。一部分人认为：圣何塞[②]的计算机工程师想看的电影，不会合比拉斯布尔[③]农民的胃口。所以像雅什·乔普拉、萨伯哈什·哥亥、曼尼·拉特纳姆、卡伦·乔哈尔这样的大导演转变了他们的作品风格，以适应海外市场的审美，并且从长期来看，也是电影真正的收益所在。坦努加说这些导演的信条是："我们的电影里容不得穷人，只展现美。"

此次返印前，我一年平均只看一部印度电影。它们乏善可陈的情节通常让我撑不过开头就想作罢。更有甚者，海外市场在印度寻求的是没有情节的音乐剧：空有优美的歌曲却回避戏剧冲突，譬如《情到浓时》——基本就是包含十四首歌曲的加长版婚礼录像。这些印度电影已舍弃了我在英美的家人仍旧保持的传统习俗。如今，印度的新人结婚时穿的服装、搭的布景、举行的仪式都是从他们每晚看的电影中学来的，新郎新娘跳舞时的乐曲不再是和原生家庭依依惜别的离歌，而是活泼热闹的宝莱坞歌舞。

[①] 优秀的宝莱坞电影导演。
[②] 美国加州旧金山湾区一城市。
[③] 印度恰蒂斯加尔邦一城市。

在印度，我们的电影聚焦的是中产阶级年轻人的担忧：世代以来的父母之命、媒妁之言。现在，所有人都指望依靠自己在大学（或出社会以后）找到真爱。人们指望女人看看电影便自学成才，懂得如何调情兼玩爱情的游戏。在海外，印度侨民想要的是都市化的印度，富裕又时尚的印度，他们梦想在其中长大并渴望于此刻居住的印度。所以他们要看的是没有波折的甜蜜故事，即便是死敌也能握手言和。浪漫轻喜剧正符合这一标准，一团和气，是可以在周末带孩子观看、好向他们展示何为"印度价值观"的不二选择。至于听着《罗摩衍那》长大的比哈尔和北方邦农村人则依然渴望诉说，渴望倾听，渴望更多的故事，所以专为他们拍摄的低成本电影才充满暴力、原始的性欲以及宗教色彩。如此看来，印度电影可以团结比哈尔人和德里人，甚至是比哈尔人和卡拉奇人，但没可能让比哈尔人和伦敦人的观影审美达成一致。

我幼时的孟买还没有电视。我那时的梦想比如今城里娃的梦想广大得多，因为和他们不同，我从小看的是比电视屏幕大几百倍的电影。电影给了我做梦的素材，我幻想着英雄救美，在千钧一发时挽回心上人的名节。我的幻想紧贴电影情节，而我那个年代的电影则紧贴史诗的情节。我生于城市，无缘听诵经人在日暮时分唱响哈里卡撒[①]，因此不得不去影院上史诗故事的速成班。尼皮恩航海路上没有电影明星，即便有也早已息影。童年的我不识电影人，就像我不识罪犯、妓女或政客一样。那时的电影以一种安全的、与生活脱节的方式存在，电影演员离我如此遥远，以至于我对他们的想象还不曾被现实打破。

我搬去美国后看印度电影，纯粹为了怀旧。花四美元就能在伊购影院一睹故乡的风貌。上大学以后，我益发认为家乡的电影荒谬可

---

① 以泰米尔语作为主要媒介，是对印度史诗和圣典的解释性叙述，用加入音乐伴奏的歌曲形式呈现，类似戏剧。

笑，渐渐不再观看。这次回孟买以前，我发觉若要和拍摄了这些电影的人言之有物地对谈，必须再上一次印度电影的速成班。我并不期待完成这份功课。

1998年夏日里的一天，我身处即便是印度人也不得轻易进入的阿鲁纳恰尔邦。高速公路旁茶水铺的老板娘不无自豪地说："看那儿——咱们村水箱的边上，那是《烈火恩仇》的拍摄地，沙鲁·汗当时就在那里。"是电影为偏远的山郭写下新的志书，旧日的部落神祇已为来自孟买的新神所取代。而在毗邻印度的不丹①，在只有一条街的村庄，张贴的电影海报上也有坦努加的名字。这个如此与世隔绝的国家却清楚孟买电影人的饮食习惯和最新绯闻，就好像他们和宝莱坞明星是天天打照面的邻居似的。

该怎么定义南亚人呢？一种说法是：但凡热爱印度电影——听见《崇拜》或《怦然心动》的主题曲会充满由衷欢愉的，就是南亚人。印度电影的台词便是我们的官方语言，印度电影的配乐便是我们的流行歌曲。

维德胡·维诺德·乔普拉：《克什米尔任务》

那时我刚回孟买。一天下午，我和作家维克拉姆·钱德拉（女导演坦努加·钱德拉的哥哥）约好在泰姬陵酒店见面。我打维克拉姆的手机和他确认，他说他在班德拉，而我晚些时候也要去那里，于是干脆改约在班德拉见。维克拉姆正在妹夫家讨论电影剧本，问我愿不愿意来。他的妹夫是个电影导演，名叫维德胡·维诺德·乔普拉。

维诺德的家在班德拉的小葡萄牙区（是十分紧凑的天主教徒聚集地）。一栋六层小楼矗立在蜿蜒的小径边，私人电梯把我带到了四楼，映入眼帘的是布置温馨的客厅，整面落地窗外是怡人的棕榈树、沙滩和大海。室内的装修十分奢华，却并非宝莱坞式的俗丽，没有到处悬

---

① 位于中国和印度之间喜马拉雅山脉东段南坡的一个南亚内陆国。

挂镀了金的镜子，也没有巨型的水晶吊灯。我和维诺德握了握手，他身材挺拔，精力充沛，完全不像快五十岁的中年人。他在公共场合的标志性打扮是头戴棒球帽（好遮住略显稀疏的发顶），但他在家不戴帽子。维诺德正和维克拉姆还有阿西奇·乔希（一个古吉拉特年轻编剧）写电影脚本。脚本说的是克什米尔地区的冲突问题，我童年时最崇拜的偶像阿米塔·巴强已答应参演。巴强扮演的角色叫做可汗，是名警官。而大明星沙鲁·汗将扮演浪子回头、洗心革面的前武装分子阿尔塔夫。维诺德是在斯利那加[①]长大的印度旁遮普[②]人，他们家的老宅被巴基斯坦武装分子一把火烧毁了。他的上一部爱情电影《无畏之心》票房惨淡。

第二天，我打电话给维诺德的妻子阿努（维克拉姆的妹妹、坦努加的姐姐），想了解印度电影产业的近况——阿努是《今日印度》[③]的首席记者。接听电话的却是维诺德："我们想你啦，伙计，不来和我们一起讨论剧本吗？"于是我再一次前往班德拉，和维诺德、维克拉姆以及阿西奇商讨电影的剧情、角色和支撑角色的动机。接下来的两年里，在甚至没有正式签约或口头协定的情况下，我成了《克什米尔任务》的编剧之一，我做到了成千上万的印度人梦想做的事情：参与制作一部宝莱坞电影。

印度电影的剧本与其说是用写的，不如说是用讲的。导演必须用无与伦比的热情表达自己的观点。尽管维诺德说旁遮普话时再生龙活虎不过，我们针对剧本及台词的交流用的却都是英语。印度的电影产业为中产阶级所垄断，新入行的、英语又不甚流利的人处于极大的劣势，必须尽快迎头赶上。在我所目睹的印度电影的拍摄过程中，导演的指令（不论是对情节的推进说明、对演员的指导还是对场务的

[①] 印度查谟和克什米尔邦的夏季首府。
[②] 和巴基斯坦的旁遮普省做区分。旁遮普地区横跨印度西北和巴基斯坦东北两国。印度籍旁遮普人的主要信仰为锡克教和印度教，巴基斯坦籍则主要信仰伊斯兰教。
[③] 英语新闻半月刊。

吩咐）全用英语下达。两年前，我曾和沙鲁·汗和玛都丽·荻西特共进午餐，听他们谈论他们喜爱的美国影视剧（譬如《沉睡者》《家有杰克》《X档案》等），也听他们抱怨国家广播公司（全印电视台）强令他们在访谈节目中说印地语，而他们甚至不知道某些英语单词对应的印地语是什么。

维诺德的书房里堆满了外国导演的英语剧本。他说《克什米尔任务》是他执导的最后一部印度电影。如果票房表现好，他想用收益拍一部好莱坞影片。他在拿他的职业生涯做赌注——继《无畏之心》后，维诺德尚且亏损一亿卢比，如果《克什米尔任务》也惨败，他在电影行业将无法立足。"要是电影不卖钱，我就要抵押房产了。"观众在进影院前已对故事有了大致的了解（对于这样和时事紧密挂钩的电影，媒体会不断跟进报道），但电影本身不能出现挑战政府对克什米尔问题立场的画面，也不能出现挑衅或丑化武装分子的情节（以防他们一怒之下跑来炸飞导演的房子）。克什米尔问题的极端复杂性（当地人民感受到的压迫和排挤、其经济及政治体系的崩塌迫使人民起来反抗的无奈）在剧本中不得提及，维诺德反复强调："我不想这部电影充满争议，不想收到反对分子的死亡威胁，不想我的电影被禁。审查委员会的人说一套做一套，他们当着我的面会夸'好作品啊，乔普拉先生。'一转身却把它定为限制级。"这样一来，观看电影的观众须年满十八周岁，大大有损票房。对印度人来说，看电影本是一家老小齐出动的娱乐活动。

每天下午，我们坐在维诺德家风景绝好的书房，边喝茶边集思广益。我很快学到了如何构建剧本，了解了其中的每一场、每一幕都须具备戏剧的张力，而不只是传达特定的信息。维诺德说："我本不该做这个。我恨不得你们三人到别处去，回来就能交给我现成的本子。我应该做的仅仅是执导。"他在否定我们的想法时会给出两句致命的评论："太商业化"（违反他作为艺术家的审美），以及"观众不买账"（增添他对电影不卖座的担忧）。尽管很多想法是我们提出的，但采纳与否、如何采纳取决于维诺德，他自有本事博采众家之长。

维克拉姆倾向于将剧情复杂化的操作。维诺德对此持有疑虑："别忘了我们拍的是印度电影，不是英语电影。"维克拉姆是《洛城机密》的忠实影迷，他用这部经典犯罪片的架构为自己笔下的剧情辩护："《洛城机密》我看了七遍，但哪怕再看七遍，每次也都有新发现。"

"如果《洛城机密》是印度电影，那在本土市场肯定撑不过一天。"维诺德说，"要搞懂它的剧情太费脑筋了。"

我向维诺德指出：印度观众完全有能力理解复杂的剧情，毕竟我们的同胞是听着全世界情节最为错综的神话故事《罗摩衍那》和《摩诃婆罗多》长大的。这两部史诗巨著里的每一个人物都具有多面性，故事的架构庞大、支线繁多，传递的观念是否道德也充满争议，需要观（听）众具备高度的思维能力。要读懂这两部史诗殊为不易，何况它们还以悲剧——主角的死亡收场。但《克什米尔任务》到底不是我或维克拉姆或阿西奇的电影，它是维诺德的电影。他完全为它痴迷。有一次，他和阿西奇在就某个场景该怎样配乐做探讨时哼起了基肖尔·库马尔的《亲爱的和我一起来》。他们随即放开歌喉、展臂而唱，直到整首曲子末了，直到脸上洋溢喜悦、容光焕发。这已经和他们手头的工作没有干系，那是两个电影人为享受片刻的欢愉而开的小差。维诺德对电影全情投入，在展示某个暴力场面时，他也不由自主变得暴力。他会把脸凑到你面前，抓住你的衬衫领口大喊出台词："我他妈的要杀了你！"这种戾气极富感染力。我晚上回到家，苏妮塔告诉我有人恶作剧，按了门铃又跑开。"他们要敢再来，看我怎么收拾这些该死的混蛋！"我脱口而出，然后才跪下做晚祷。

真正让我惊奇的不完全是剧本的写作，而是听维诺德解释什么能为政治大环境所接纳，什么不能。就像报纸上提到的那样，我们在创作的过程中必须十分小心，以免"伤害到某个特定群体的感情"。维诺德再三思索要为女主角设定怎样的宗教背景，什么可能冒犯观众，什么会受市场欢迎。最终，他决定安排角色"错位"，即可汗夫人——穆斯林警官的妻子恰好是印度教徒，而武装分子阿尔塔夫的女友苏菲则是穆斯林。我们在制作电影时所受的约束也是这个国家特有的，譬如——维诺德不能使用淡出[①]的手法。他刚从电影学院毕业那会儿，曾在一部作品中用过五次淡出，不解的观众却以为影院忽然停电了，嘘声一片。在农村地区，放映员会从胶卷中剪掉淡出的部分，以防观众因不满而闹场。

《克什米尔任务》起先的结局是：女主角等待着生死未卜的男友，当见他从直升机上生还时，她笑道："你还活着！"那是电影的最后一句台词。但维诺德思忖片刻，摇了摇头："太晚了。阿尔塔夫坐进直升机以前，影院的灯光就会重新亮起，放映厅的大门已经打开。"在印度，观众有预知电影何时结束的天赋，何况还有头顶的灯光在大结局前五分钟亮起、放映厅大门敞开作为佐证。带着孩子的观众需提前离场，到影院外招呼计程车或三轮车。因此即便待在放映厅，电影的最后五分钟也是看不到的——前排的观众早已站起来四下走动。所以多数印度电影的最后五分钟以歌曲或前情回放作结（这种纯粹拖延时间的结尾往往并非结尾），就仿佛将死之人见生前的一幕幕于眼前闪过。于是《克什米尔任务》的"大结局"是重播电影的插曲，同时展现主角梦见在雪中打板球的荒诞场景。

印度史诗对印度电影的影响自然深刻。当可汗夫人请求阿尔塔夫——她昔日的养子念在父子一场、放下对准可汗的枪时，这一幕被毫无悬念地称为"贡蒂[②]的劝慰"。正如其他宝莱坞电影，《克什米尔任务》歌颂的也是母爱——印度的艺术作品不可能批判的一种情感。亲人团聚是宝莱坞永恒不变的主题，几乎每部电影都花两个半小时描

[①] 镜头剪辑手法，荧幕由亮变暗，常用于故事或段落的结束。
[②] 《摩诃婆罗多》中英雄迦尔纳和般度族五子的母亲，曾恳求私生子迦尔纳不要杀死同母异父的弟弟。

述传统的世代同堂如何变为都市的核心家庭[1]、单亲家庭或离异家庭，而家中成员又如何克服种种矛盾与困难，重新走到一起。照这一分类来说，《克什米尔任务》应归为社会电影，它是那种令家庭主妇在日间场观看时，会用绣花手绢不停擦眼泪的作品。维诺德本人像所有印度电影里的好儿子一样，十分孝顺母亲。有一次他临时取消了和我们外出就餐的约定，就因为他的母亲说日食当天必须禁食。

推动《克什米尔任务》情节发展的指导思想，对譬如爱荷华作家工作坊[2]（我曾待了两年的地方）的西方编剧而言必然十分陌生。我设想过若把印度的剧本给爱荷华的作家看会发生什么。我对这部电影的贡献微乎其微，我提出的意见往往背离标准印度电影的模式，维诺德会对我说："我们没法这样拍，观众会造反，他们会掀掉座位、火烧电影院。"

我默默收回了我的建议。

维诺德没有危言耸听。印度人对待电影，像意大利人对待歌剧般投入。当认为主角偏离他们的设想时，印度观众会动粗。就在我们编写剧本期间，我们读到了这样的报道：卢迪亚纳[3]的观众在《救赎》的首映式上因主角——他们心中的偶像和英雄被刻画成恐怖分子而大失所望，为泄愤砸掉了整个影院。我顿感身为剧本撰写者的重责大任，一边小心翼翼构思电影，一边警惕届时坐在前排、可能手持汽油罐的三轮车夫会有什么反馈。

我问维诺德对印度的艺术电影作何感想，他的评价并不高。"在印度，同普通百姓谈论艺术电影，就像和他们说希腊语或者拉丁语，这是我们自殖民时期便有的文化断层。艺术电影是给西方人看的，除非你是伽塔克——只在孟加拉拍专门给孟加拉人看的电影。即便像雷

---

[1] 指只有父母二人与未婚子女共同居住和生活的家庭，与之相对应的形式为大家庭。
[2] 美国爱荷华大学文理学院下开设的写作班，是各地作家交流和学习的圣地。
[3] 旁遮普邦最大的城市，为多元文化的交汇地。

伊[1]这样的名导演，凭借《大地之歌》[2]一炮而红后，他得到的支持也来自西方社会，而不是孟加拉。"

维诺德对艺术电影当然有发言权。我在和他第一次会面时就了解到：他曾获奥斯卡提名。刚从大学毕业时，维诺德拍了一部有关印度流浪儿童的短片《擦肩而过》，获得了当年奥斯卡最佳纪录短片奖的提名。他之后拍摄的另两部艺术电影也受到业内的一致好评，却叫好不叫座。迫于经济压力的维诺德于是转拍商业电影：惊悚片、浪漫爱情片等。他的第一部主流电影叫做《白鸽》。黑帮分子极其喜爱这部作品，他们说这是头一回有印度导演对他们的生活作了还原。我还记得穆赫辛曾在酒店房间观看《白鸽》，然后指着其中的一个场景对我说："这才是黑帮在现实里真正的模样。"

打那以后，维诺德只拍了两部电影：《爱在烽火云起时》以及《无畏之心》。从业二十年，仅有五部故事片问世——其他宝莱坞导演每年至少推出一部新片，维诺德的作品却为何间隔如此之长？

"主要的原因还在于剧本，而我不是编剧。"维诺德厌恶为他称之为"傻蛋"的观众编造老掉牙的剧情。"我常要面对的难题是：我们的观众是电影盲，这就像和赫姆·巴哈杜尔谈论莎士比亚。"赫姆是维诺德家的尼泊尔厨子。"我担忧的是为了让赫姆们看懂莎士比亚，我不得不一次又一次简化剧情，而等真正遇见能够欣赏莎士比亚的观众时，我已经丧失了呈现莎士比亚的能力。"

诚然如此。我也逐渐发现：在宝莱坞工作的人远比他们创造出来的作品聪明。维诺德对我说："为了让印度的观众看懂电影，我们时刻逼迫自己降低智商。你写这本书用的是英语，你倒是试试看用印地语写呢，那样你才会明白我的悲哀——读者看不懂，你的书一本都卖不掉，你连孩子的学费都交不起。"

---

[1] 萨蒂亚吉特·雷伊（1921—1992），知名印度裔孟加拉导演。
[2] 首部引起主流国际影坛注意的印度独立电影，是现今公认史上最佳的电影之一。

维诺德有时也想，如果一开始他的艺术电影能取得成功，或者他在提名奥斯卡后留在美国，那他的生活又会变成什么样？他会喟叹是不是在人生的岔路口做错了选择，是不是没有活出他原本能够拥有的精彩？"我想为世界影坛贡献自己的力量，想拍出走向国际的电影，想要不断成长。但我困在孟买，又能往哪里去？我也可以终日躲在书房，坐拥实木家具和我的按摩浴缸，此生停滞不前。"

就像电影中针锋相对的可汗和阿尔塔夫一样，维诺德的内心也有两个唇枪舌剑的声音。一个声音属于大导演伽塔克和玛尼·考尔的弟子、黑泽明[①]的崇拜者、毕业自浦那电影学院的先锋制片人维诺德，另一个声音属于为迎合观众而不敢在作品中点到即止，也为了向同父异母的哥哥[②]证明自己的商业价值、对孟买的主流电影一再妥协的导演维诺德。但凡能和某一个自己全然和解，成为彻头彻尾的宝莱坞商业电影导演或一心一意的艺术电影制片人，维诺德也不至于如此痛苦。这种痛苦和纠结在他的电影中也有体现，这让他既无法因作品的艺术性斩获奥斯卡，也无法因作品的商业性取得票房佳绩。

维诺德依恋自己的家，却对这座城市无甚好感。"孟买拴不住我的心，如果能带着朋友搬到佛罗里达定居，我压根不会犹豫。孟买自湿婆军上台后就变成了一座愚蠢透顶的城市。要说是谁毁掉了孟买，那铁定是巴尔·萨克雷。"某政府官员曾明示维诺德：他若想免缴《无畏之心》的税费，必须去见巴尔·萨克雷。政府调控电影市场最行之有效的手段，不是电影审查，而是电影纳税。取得免税权会大大降低电影票的售价（达五成），同时可能意味着一部电影是血本无归还是大获全胜。但维诺德不会到萨克雷面前俯首称臣。他说如果湿婆军的党魁想找他的麻烦，他会头也不回地离开这个国家。

[①] 日本知名导演（1910—1998），一生共执导了三十部电影，其中许多具有世界级影响力。

[②] 指拉曼南德·萨加（1917—2005），印度导演，以将《罗摩衍那》改编成大型电视剧著称。

孟买悄悄掀起一股所谓的"新退出印度运动"①的热潮。约五十名孟买先锋人士（舞蹈家、演员、外交官等）由某帕西理发师从中牵线，组成了一支自我流放的队伍。这个理发师掌管这座城市最鼎鼎大名的几颗脑袋，她邀维诺德和阿努加入先锋人士的行列：他们决心集体移民温哥华，为此召开了会议，请来相关专家举行讲座，解释出国的流程以及在加拿大如何生活。这些人都很富有，完全承担得起办加拿大绿卡所需的二十万美元。这是典型的孟买人对流放的幻想：他们想离开孟买，但又要带着孟买同行。"新退出印度运动"的成员期待跨越半个地球后，依然生活在他们的舒适圈，到环境更为宜人的北美重建马拉巴尔山。

多年后人们会问我："他到底长什么样？走路的姿势如何？"

我们在阿米塔·巴强的别墅，我正同他本人（而非他在杜莎夫人蜡像馆的复制品）握手。巴强（更确切地说，是巴强在银幕上的形象）伴我长大，这是我第二次见到他本尊。第一次是1979年的时候，在纽约皇后区的多豪影院，巴强在台上为新片《黑石》的首映做宣传，我在台下远远凝望，满是崇拜。巴强是当时印度最有名的电影明星，他因拍摄特技镜头受伤时，全国上下皆为他的康复祈祷，另有成千上万的民众在冲山医院外排起长队，等着为他献血。

巴强本人比在屏幕上看起来的更为高大，穿着宽松的白色丝质帕坦西装。他在同我握手时忽然绽放笑容，我从未见过有人能瞬间露出这么多牙齿。那不是因愉快或出于礼节而展现的笑，更像是按下了某个开关，我面前的白牙仿佛闪着光。片刻后，开关又关上了，巴强的表情恢复了平静，甚至微微显出一种恍惚。

在他的别墅外，一天二十四小时都有人蹲守，期盼见他一面以求

---

① 借名"退出印度运动"，后者是圣雄甘地于1942年8月为印度快速独立发起的非暴力抵抗行动，目的是让英属印度政府尽快走上谈判桌。

达显①。在别墅里，巴强端坐书房，卡其色的真皮沙发椅和乌木家具为房间平添了几分华丽。书房的一面墙上挂着一幅巨大的人物画，画的是一群孩子争相围在一台放映机前的画面。巴强的书桌上摆着一摞录像带和两本书，一本是他父亲②的诗集，另一本是保罗·莱瑟③的《夫妻之道》。

维诺德事后问我："你觉得他的头发是接的吗？他前额的头发看上去有点奇怪。"后脑勺的也是，以一种不甚自然的方式拖到了脖子。令巴强烦恼的又岂止脱发，他几乎走投无路了——他出演的前几部电影均票房惨淡，他的演艺生涯正遭遇重大危机。当巴强从毛里求斯打电话给维诺德时，后者正因维克拉姆所写《克什米尔任务》的故事大纲兴奋不已，忍不住爆了粗口："这他妈的会是部绝妙的电影，你就他妈的等着瞧吧！"巴强有礼地作了回复，同意那会是一部绝妙的电影。当天晚些时候，维诺德对在比他年长得多的巴强面前失言心怀歉疚，但这也暗示了巨星巴强无奈的新处境：导演可以像粗野的水手一样骂骂咧咧，而他只得听着，不能挂断自己拨出的国际长途电话。在前几部电影均告失败后，巴强不得不向导演讨要角色。

和一般的孟买电影导演不同，维诺德严格按照现有的剧本进行拍摄，但光有落成文字的剧本不足以（也无必要）为我们签到合适的演员。维诺德必须亲自讲解剧本的内容，这就是我们此次拜访巴强的原因，我们要告诉他《克什米尔任务》是个怎样的故事。

对于电影该如何影响观众，巴强的见解是："要牢牢抓住他们的心，让他们从头到尾跟着剧情走。"他想出演一部《土匪女王》④式的新电影，一部突破性的、可引为范例的作品。巴强有强烈的主角意识，希望自己是唯一的亮点，我们的电影要展现他作为可汗警官的"聪

---

① 字面意思是"注视"，印度人相信见到圣人或神像的面有助于修行。
② 哈利万什·拉伊·巴强（1907—2003）是颇受尊敬的印地语和乌尔都语大诗人。
③ 美国喜剧演员、作家。
④ 以印度传奇女土匪普兰提毗为原型，荣获第43届印度电影最佳影片奖。

明——绝顶聪明"。

在听完剧本讲解后,这位昔日的巨星提议:"能不能让整个制度做电影里的反派?"他继续表态道:"普通人是受误导的。"巴强说他看过奥利弗·斯通执导的《刺杀肯尼迪》,这部电影颠覆了他的世界观。在印度,政客也好、电影也罢,向百姓灌输的皆是谎言(不论百姓自认有多精明)。而如今大众已经觉醒,开始意识到整个制度的腐坏才是他们之所以不幸的元凶。所以现在正定胜邪、皆大欢喜的烂俗结局已不能让观众满意。

巴强希望我们拍出一部振聋发聩的电影,好让更多的人认清现状。他想让男一号和男二号——警察可汗和武装分子阿尔塔夫在剧末和解相拥时被同一颗子弹杀死。"让我们为观众留下一些真正值得思考的东西。"他建议道,"他们会在散场后继续坐在影院,揣测是谁开的枪,然后他们会说:'该死的,是那万恶的制度的错!'"

"审查委员会那边要怎么解释呢?"我问,记起维诺德说他不拍有争议的电影。

"不用担心审查委员会。"巴强挥了挥手,像赶走一群苍蝇。他说他在印度国防大学拍摄的《成长》(巴强饰一名教官)曾遭军方抵制,不少军官向巴强抱怨电影情节脱离实际,并暗示会向审查委员会施加压力。"大不了就禁播啊,我对他们说,你们要写实?那我正好可以拍一部真正反映军队生活的电影:前线的监守自盗、枪支走私啊,上级长官和下属的老婆搞到一起啊……"军官们闻言立即退缩了,说哎呀别管这些了,咱们先去喝一杯吧。阿米塔·巴强如电影男主角般大获全场:面对敌人的发难毫不胆怯,并轻松将其斩于马下。我感到内心一阵骚动。

维诺德在和巴强会面后于阳台踱步,他问我对巴强的建议有什么想法。我说公众恐怕难以接受一部主角双双身死的电影。艺术电影和商业电影最基本的不同就在于:影片结束时,商业电影的主角依然活着。维诺德坚持想让阿尔塔夫、女友苏菲及养父可汗在剧终时团圆,因此反复排练了回复巴强的话："先生，我们的制度可能正毁掉普通百姓。但如果我同时杀死两位男主角，我们的制度一定会先毁掉我。"

是什么导致了巴强的阴谋论呢？或许是他的仕途失意：1998年，在和博福斯军火丑闻[①]扯上关系后，巴强被迫辞去了议员席位，其电影制作公司的大名刊登于各大媒体的头版头条，他的电影票房大幅下挫，公司收益一落千丈，房产险遭银行抵押。在丑闻爆发以前，这个国家是如此拥戴他，拥戴到愿为他捐血的地步，所以怎么可能是印度人民收回了对他的爱与信赖呢？不会的，一定是别的什么出了错，一定是我们的整个制度害了他。

我们在深夜带着修改后的剧本再次拜访了巴强。他那同为演员的妻子贾娅·巴强、儿子阿彼锡以及家庭会计师都在。贾娅是个端庄优雅的女性，我仍能从她身上看到她出演《身份》和《美丽明珠》时那令人愉悦的风姿。我们在客厅坐了一会儿，吃着点心谈论方才公布的《斯塔尔报告》[②]。巴强把最近在东非发生的美国大使馆的轰炸事件看作美国政府转移公众视线的伎俩（好让百姓不再关注克林顿和莱温斯基的性丑闻）。我又一次感到挥之不去的"阴谋论"对巴强的影响。

已经凌晨三点了，我们和贾娅道了晚安，上楼走进巴强的书房。巴强看着维诺德在克什米尔拍摄的外景镜头：它们展现了一个绮丽而宁静的国度，有着老旧的平房和于精美园林间飞流直下的瀑布。巴强对修改后的剧本赞不绝口，我却感到他已十分疲惫，只想尽快结束与我们的会面。我们在一小时后走下楼梯，却见贾娅仍在楼下昏暗的灯光里忙碌，地毯吸走了她的脚步声。我们对贾娅说我们以为她已经睡着了。"我每天至少要到四点半才睡。"她如此回答。

[①] 上世纪八十年代，印度曝出政客在向瑞典知名军火商博福斯公司采购武器的过程中受贿达十三亿美元的特大丑闻，致使当时由拉吉夫·甘地领导的政府倒台。

[②] 由独立检察官肯尼斯·斯塔尔针对美国前总统比尔·克林顿的性丑闻所出具的调查报告。

"我们一家都失眠。"阿彼锡和会计师从阴影里走出来,他们也没睡。他说这话时不无自豪。

巴强同样走下楼来,在摆着盐渍点心的桌前坐下,贾娅又端来一盘拉贾斯坦邦的特色甜点。他们仿佛做足了准备,又能聊一个小时。我和维诺德赶紧告辞了,把这一家夜猫子留在了屋里。

沙鲁·汗——扮演阿尔塔夫的首选来到维诺德家,听导演讲解剧本。以传统的审美来看,沙鲁不算英俊,但很聪明、专注,且充满活力。他穿着一件黑衬衫,纽扣直开到胸口,露出光滑无毛的胸膛,蓝色牛仔裤的裤管太长了(遮住了底下的运动鞋),他没有把它们折起来,反而任其拖在地上磨破了边。我第一次见沙鲁·汗是在《我心狂野》的剧组。当时拍摄的正是男女主角首次相遇的场景:她在路边和小贩为一只西瓜讨价还价,这时沙鲁·汗出现了,环住卖西瓜的小贩(一个黑皮肤、留着大胡子的伙计)低语一番,小贩垂下脑袋,依言将西瓜装进了塑料袋。在我儿时的电影里,男主角因从土匪手中勇救佳人获得芳心,而如今的他们靠帮忙砍价博红颜一笑。

沙鲁·汗走进维诺德家的客厅时,我们正和顺路来吃午饭的艾杰·拉尔聊天。沙鲁对艾杰异常恭敬,因为艾杰在他被黑帮勒索时救过他的命。维诺德的佣人兼厨子赫姆不在厨房,阿努于是说她来泡茶。沙鲁见我们和艾杰还有话要说,马上起身道:"不不,我来泡茶,我泡的茶可好喝了。"随即走进了厨房。

佣人赫姆不一会儿上了楼。"他这时进厨房,大概会吓出心脏病。"维诺德说。赫姆果然进了厨房,看到正有人捣着豆蔻果实预备泡茶,对这不速之客(他当时以为是别的佣人)抢了他的活干很不痛快。直到沙鲁端着托盘走出来,赫姆发现我们对待他的态度不似对待佣人,方才意识到刚刚在厨房的这个人是谁。明星并非与生俱来的,明星之所以为明星,是因为镜头的美化以及追随者的幻想。沙鲁是目前印巴两地最炙手可热的大明星。印度士兵近来抓获两个试图从克什米尔非法入境的巴基斯坦少年。他们想潜入印度不是为了加入圣战组织,他们不顾生死跨越边境,只为来孟买见偶像沙鲁·汗一面。

和男主角相比,女主角的人选不那么重要。在动作片里,女主角的作用只比布景稍微大那么一点。维诺德已和美丽的塔布进行过接洽,但某个发行人建议他:"谁当红就选谁。"我在坦努加拍摄《战斗》时见到的普丽缇·泽塔有着相当活泼讨喜的笑容,并且她是喜马偕尔邦①人,一个山里姑娘,正符合片中的设定。普丽缇因此成了《克什米尔任务》的女主角苏菲——武装分子阿尔塔夫的心上人。

维诺德请老朋友杰基·史洛夫出演影片的大反派。我在前几次回孟买时便见过杰基和他的朋友,他们常在尼皮恩航海路上的游戏机房出没,颇有女人缘。杰基和别的印度演员不同,说话时总看着你的眼睛。他是个日渐发福的大个子,在维诺德家没少因为贪吃饼干而受到助理的责备。维诺德和杰基(朋友们称他为"杰古")的关系是轻松、饱含友爱和嬉笑的。他们一起走过人生的低谷,杰基一度欠了维诺德五拉克,他开给维诺德二十张支票,每一张都跳票②了。

和传统的印度电影不同,我们的这部电影里没有和反派演对手戏、招摇过市的女二号。为什么宝莱坞电影不再需要女二号?我问坦努加。"因为女一号同时也是女二号。"她解释道。在卡巴莱表演的鼎盛时期,诸如海伦之类的美艳女角是银幕上唯一作性感打扮、酒到杯干、扭腰摆胯的人。而现在的女一号足以完成上述的所有镜头,在如今标准化的印度电影里,至少有一首歌舞是表现日后成为贤妻良母的女一号挑逗男主角的。而为男主角所吞并的则是喜剧角色(常由阿斯拉尼、帕因塔尔、强尼·沃克等人塑造),他们负责衬托男主人公,或幽默或滑稽,会在关键时刻展露那么点花拳绣腿。阿米塔·巴强承担了电影中的喜剧角色,他也是印度影坛唯一足够德高望重、在搞笑

---

① 印度北部的一个邦,毗连中国西藏自治区。
② 指因支票账户内没有钱,银行无法兑现支票,遂把此空头支票寄还给支票持有人的行为。

时依旧显得正义凛然的演员。

涉及政治和恐怖主义话题的流行电影越来越多，这在我儿时的孟买难得一见。印度以电影为外交手段，应对威胁其领土完整及国家尊严的企图。近来的许多印度电影都讲述了由种族不明的犯罪分子在背后操纵、单单针对我国的惊天阴谋。镜头里不时闪现爆炸和恐怖分子的画面，以及与恐怖分子合谋、戴甘地帽的本土政客的形象。这是对动荡时局最简单粗暴的解释：恶意自境外而来，印度独立后的历届政府统称其为"外国势力"，他们宣称只要抓住真凶，一切便会回到正轨。这个人或许躲在巴基斯坦，又或许藏身瑞士，正蛰伏在华丽的大别墅里，和他的爪牙密谋摧毁印度斯坦。

我观看《克什米尔任务》的成品时，对里头的很多镜头并无法认同。在写电影脚本时，我更像一个律师，把连我自己也不相信的话塞进我笔下人物的嘴里。单从政治角度而言，我希望通过电影表达左倾[①]的观点。我认为我们应当在作品中强调：复杂的社会和经济因素才是将人推向恐怖主义的根本原因，尤其是在克什米尔地区。我在1987年前往印控克什米尔时，曾在那里目睹了全印最为腐败的政府，所有和我交谈过的当地人都希望脱离印度，不只因为我们的双重标准：印度始终主张对几乎全是穆斯林的查谟-克什米尔邦的主权，理由是印巴分治时，这片土地的王公哈里·辛格（一名印度教徒）曾同意加入印度联邦；与此同时，我们却拒绝海得拉巴与朱纳格特[②]的穆斯林领袖行使自由意志、加入巴基斯坦，理由是海得拉巴和朱纳格特的主要居民是印度教徒。我向维诺德表明了我的观点，但仅此而已。这是他的电影，而我只是编剧。

维诺德想迎合的是这样一种颇受欢迎的设想——合一的克什米尔

---
① 指政治上追求进步、同情劳动人民的倾向。
② 古吉拉特邦一城市。

主义,这一古老的理念鼓励斯利那加神社的穆斯林和商羯罗[①]神庙的印度教徒在同一个国家、同一片土地上和谐敬拜。维诺德对祖国近代以来的种种不堪并非视而不见。他一度说:"是印度人毁掉了克什米尔,而这一暴行已持续了五十年。我就是克什米尔人,我很清楚这种感受。"但《克什米尔任务》仍借可汗——亲印的穆斯林之口较为客观地表达了维诺德对印度政局、对受人利用的武装分子阿尔塔夫和对来自阿富汗的狂热宗教分子——大反派希拉尔的看法。电影中有这样一个情节,当某印度高官质疑可汗对国家的忠诚时,可汗愤怒地说:"德斯潘德先生,这不仅是穆斯林的悲哀,也是印度的不幸,像我这样二十一年来保家卫国、身先士卒的军人必须一次又一次证明自己的忠心,仅仅因为我没有一个印度名字,我是穆斯林不错……但我对祖国的爱无需叫做德斯潘德的政府官员的认可。"

我们的剧本在为印度和克什米尔问题归责时尽量做到平衡。但所谓的平衡是迫不得已且杯水车薪的。譬如在我们的笔下,某穆斯林武装分子如此解释他加入恐怖组织的原因:"他们(在印度)羞辱了我的母亲,所以我拿起枪逃到了这里。"但这个勇敢的声明在下一句话里必须得到及时的补充及补偿——只见武装分子手握家书,又道:"但我跨过边境,(克什米尔)这里的人对我的妹妹做了同样的事情。"这种各打五十大板的平衡让审查委员会不至于举起删掉镜头的剪子。这种各打五十大板的平衡也让实际生活中的恐怖分子不至于对着导演的胸口来一枪。

在剧本创作的过程中,我们不断请教军方,以检验我们虚构的世界在现实中是否站得住脚。在克什米尔,维诺德曾让情报局的高官过目手稿,这名官员质疑剧本里的一个镜头:可汗在审讯时直接射杀了两名武装分子。"你竟砰砰两枪把他们崩了!"情报局的官员对维诺

[①] 婆罗门教吠檀多派的集大成者(788—820),认为这个世界是梵制造出来的,而解脱就是亲证梵与我的同一。

德说,"要换作是我,一根手指都不会动他们,因为每砍掉一根手指,我掌握的筹码就少一点。如果我砍掉他的一只胳膊,那我的筹码又少一点,如果我杀了他,那我就什么筹码都没有了。"对情报局的人来说,身体是很珍贵的资源,要留着慢慢地、一点一点地施加痛楚,每一个器官、每一枚指纹都有价值。

阿米塔·巴强毫无预兆地打破了约定。他给维诺德发了一份传真,说在尚未讨论电影的"各项问题"前"非常遗憾地决定放弃出演"。维诺德盯着手写的传真看了许久,不满地咕哝:"这字写得……到底是'各项问题'还是'金额问题'?"维诺德特地买了一大束白玫瑰,又到巴强府上劝他回心转意。巴强表示手头另有由他和沙鲁·汗共同出演的作品要拍,实在分身乏术,定要缺席《克什米尔任务》了。既然巴强指望不上,到底要找谁出演可汗一角呢?想在印度觅到有名望又有阅历的男演员并不容易,因为他们人到中年便开始发福兼脱发,又坚持要和二十来岁的女一号演对手戏——不是演她们的父亲,而是演她们的情人。

雪上加霜的是,沙鲁·汗也将退出《克什米尔任务》的主演阵容。维诺德考虑再三,说沙鲁的片酬太高,他恐怕要执导大半年的广告片才负担得起。在孟买,真正赚钱的可不是拍电影。沙鲁·汗接拍《克什米尔任务》的酬劳是三十拉克,为此要在多地往返,工作时长达几个月。而他用三天出演百事可乐的广告就能赚到十倍的钱。他之所以接拍电影,是因为若没有电影,他在广告里便无人认得。商业广告带来的利益让明星得以维持他们的生活方式,从而又间接补贴并帮助了电影行业的运作。作为回报,电影担负起拉动商品销售的责任。印度电影的广告植入程度在好莱坞闻所未闻。男女主角会因可口可乐赞助的某一首乐曲,围绕巨大的可乐罐道具载歌载舞长达六七分钟,没有人会介意。商业的就是艺术的,印度电影并无雅俗之分。

我终于在洛纳瓦拉度假区的影院看到了维诺德的上一部作品《无

畏之心》。

　　印度影院和西方的不同，绝无可能出现集体静默、昏昏欲睡的景象。你甚至无法让任何一个观众闭嘴。每个人有话便说，常不自觉地和片中的角色对谈。如果镜头里出现神像，人们可能朝大屏幕扔硬币或直接在过道上拜倒。婴儿哇哇乱哭，四分之一的观众在播放歌舞时起身，去放映厅外买零食饮料。复杂的台词根本是白搭，耳语更行不通，因为多数时间里你都听不清角色在说些什么。印度影院的噪声如此之大，以至于银幕上是一出戏，观众席里又是一出，所有音乐都以最大音量来播放。从前还不总是这样，如今你问：去洛纳瓦拉的影院该怎么走？人们回答你：要看"有声电影"啊，你得往那里走。

　　观众对《无畏之心》显然毫无敬畏。他们大肆讥笑故事情节，在女主角表现出亲近男主角的迹象时连声起哄。我在电影上演温情片段时起身去外面买冰淇淋。"这些人真是不像话。"苏妮塔在我重回座位后对我说，"竟然取笑母女俩的温馨时刻。"母亲正和女儿开玩笑，说她有个走丢了的双胞胎妹妹，这原本应当是好笑的、符合传统电影模式的，但不懂欣赏也无法理解的观众偏偏沉默了——令人不安地沉默。

　　《无畏之心》不是一部好电影。情节毫无新意不说，第一次担纲女主角的演员也表现得委实糟糕（从头至尾眼神飘忽、不知所云）。维诺德把电影的失败归咎于女主角的不专业，他说每一场戏都要在她身上浪费大量的时间，反复重拍。有一幕她应该举起右手按住脑袋，却一再举成了左手。在演错了太多次以后，维诺德冲到她面前，抓起她的右手咬了一口："这点疼会让你记住待会儿该举哪只手。"维诺德是印度电影界的维尔纳·赫尔佐格[①]，行事为人有那么点癫狂。

　　在阿米塔和沙鲁都退出《克什米尔任务》之后，维诺德打算同我合写另一部电影的剧本。故事主要发生在伦敦，说的是身在海外的印

[①] 德国导演、演员、编剧。

巴同胞仍有和解的希望。电影探讨的是印巴分治后的状况，名字叫做《土地》。维诺德设想有那么两个士兵，一个是印度人，另一个是巴基斯坦人，他们分别在孟买和拉合尔[①]长大，家庭背景相似，于印巴战场相遇，结果两败俱伤，机缘巧合下转入伦敦的同一家医院接受治疗。在那里，他们逐渐意识到他们对彼此的憎恨是如此肤浅，他们原本属于同一片土地。

《土地》的剧情矫揉造作，却宣扬了某种大爱，歌颂的是世间的真善美，并且紧跟报纸头条："兄弟友爱满人间""印巴关系的春天已到来"。电影的灵感来自1999年一趟从德里前往拉合尔（途经瓦加[②]）的旅程。当时，印度总理瓦杰帕伊坐公交车（不是飞机，也不是加长型豪华轿车）前往拉合尔，与政敌纳瓦兹·谢里夫[③]进行和谈。宝莱坞敏锐地意识到：这一事件将在印度次大陆的历史上画下重彩浓墨的一笔。我同时接到马赫什·巴哈特和维诺德的电话，请我帮他们编写电影剧本，而主题正是五十年前发生在此地的激变。印巴分治切实影响着此二人——维诺德是生活在克什米尔的印度旁遮普人，马赫什的母亲则是穆斯林。宝莱坞早早参与了这场对祖国母亲的活体解剖[④]，部分原因在于它是鲜有的穆斯林和印度教徒平分秋色的产业。穆斯林作家写下了印度的神话史诗，而长着十个脑袋的印度神祇吐露的却是乌尔都语。

宝莱坞从根本上为旁遮普人和信德人所垄断，它由印巴分治时期的难民接手，曾是四十年代的孟买权贵嗤之以鼻的低贱行业。从这个角度来说，宝莱坞之于旁遮普人，正如好莱坞之于犹太人[⑤]。印巴分治带来的爱恨情仇演变成了印度版的《罗密欧与朱丽叶》，只不过

[①] 巴基斯坦的第二大城市（仅次于卡拉奇），旁遮普省的省会。
[②] 印巴边界上唯一有道路相连的地方，位于印度旁遮普邦阿姆利则与巴基斯坦旁遮普省拉合尔之间。
[③] 曾三次成为巴基斯坦总理的商人及政治家。
[④] 指印巴分治。
[⑤] 好莱坞电影业是由犹太移民从无到有发展起来的。

改换了名字，叫做《莱拉和玛吉努》或《希尔与然珈》。成百上千的印度电影描绘了不顾一切阻挠（不论是暴君父亲还是独裁政府）相爱的男女，或在历史的洪流中被冲散又相遇的同胞兄弟。印巴分治带着它席卷一切的悲情和壮伟为宝莱坞奠定了基调、铺设好了剧情。它最符合传统电影的模式。又或许将宝莱坞缔造成如今的模样、饱受离乱之苦的难民心底有那么一丝隐秘的感激- ——是印巴分治造就了宝莱坞电影。

1999年，卡吉尔战争在印巴边界的山区爆发了，《土地》的拍摄计划全面停止。《土地》终归于尘土。我们从"友邻巴基斯坦"一夜间回到了《克什米尔任务》的主题：仇敌巴基斯坦。表现这场冲突的电影纷纷发行，哪怕无关（而仅有军人或打击跨境恐怖主义活动的警察角色）的电影也被宣传成对卡吉尔战争的预言。《克什米尔任务》的剧本反而险些跟不上时事的变化。要预测公众在电影最终上映时如何看待巴基斯坦人（是把他们当作好兄弟还是杀人狂）是不可能的。维诺德现在最大的噩梦是卡吉尔的战况超出掌控，譬如一方向另一方投放了原子弹。"那我们的电影不就过时了！"《克什米尔任务》可没有原子弹，却会被一败涂地的票房炸得片甲不留。

维诺德到底还需重新选角。涉嫌参与"九三"爆炸案、取保候审、问题缠身的桑杰·杜特替代了阿米塔·巴强。桑杰的事业正处于低谷，和事发前不可同日而语。而顶替沙鲁的则是二十五岁的新人演员，他是七十年代曾当红的电影明星的儿子，目前只参演过一部由父亲执导、距上映尚有月余的电影。他的名字叫做李提克·罗斯汉。

某天上午，李提克来到维诺德的家听剧本讲解。我首先留意到的是他让人心动甚而心惊的好相貌：碧绿的双眼、挺直的鼻梁、坚毅的下颌、健壮的手臂以及热衷健身才有的、每一寸肌肉都恰到好处的完美体型。李提克礼貌而谦逊，仔细聆听着维诺德的解说。但启用他做男主角（且不论他所扮演的阿尔塔夫一角有多重要），维诺德确实冒了很大的风险——若李提克的处女作《爱有天定》上映后遇冷，则极有可能《克什米尔任务》的票房也不乐观。可维诺德已经等不起了，电影预算也不容他再行拖延，何况李提克的片酬并不高。开拍势在必行。

好莱坞无法拍印度电影是有原因的：宝莱坞的签约方式会让华尔街专注明星维权的律师瞠目结舌，恨不得从欧贝罗伊的顶层套房一跃而下以示抗议。

维诺德联系了好几个音乐导演，问他们对电影的配乐和歌曲有什么想法。他同阿努·马利克——《无畏之心》的作曲人通话时，对方在听说了他的处境后变得异常情绪化。他们在周日上午通了整整两小时电话，马利克拍着胸脯表示愿意无偿帮忙。他在电话的那一头抹眼泪，抽抽搭搭地说比起他们的友谊，钱算得了什么！维诺德忽听嘎嘣一声响，像是什么东西被咬碎的声音，忙问马利克："你怎么了？""我在吃萝卜呢。"作曲家答，"稍等一下，我马上就吃完了。"维诺德只听马利克咔嚓咔嚓飞速咀嚼了一阵，随即又回到电话边，准备洒下新一轮热泪："我一派士都不会要你的！不用担心钱的问题。"

印度电影在国内共有五个发行区域，另有一个专门面向所有海外市场。某发行人来找维诺德，想买下电影在印中地区的发行权。他递给维诺德一张空白的支票："先生，价钱随你开。我永生难忘你导演的《白鸽》！里面有这样一个场景你还记得吗？就是主角看后视镜的那一幕，我永生难忘！"在印度电影业，谈买卖定然要情绪化，恬不知耻的恭维则是必需品。

叫做巴加迪艾的加尔各答发行人也来找维诺德，后者立即与他热情拥抱，如久别重逢的老友。我事后方知这是二人首次见面。"恭喜你有新作品啦。"巴加迪艾说，不知指的是维诺德刚出生的儿子，还是预备开机的电影，又或两者皆是。我们和巴加迪艾谈起演员阵容，他催我们速找当红明星、最受欢迎同时也最吉利的演员。巴加迪艾分析了上百部电影，找到了一些幸运组合——只要有此二人出演，电影一定大卖。倒不是因为他们的演技有多出众,而是他们联手便会带来好运。"比如拉齐和苏雷什,他们一起出演的作品没有一部不红的。请他们在你的电影里露个脸嘛,即便只是小角色,他们甚至不用演对手戏。"巴加迪艾用大半生的时间思考:为什么有的电影会火,有的不会。他认为在明星当红时善加利用他们的名声至关重要。他若有所思地给出了他累积下来的人生经验(我以为是哲理),也道破了无数人为"出名要趁早"而苦苦奋斗的原因:"明星就像口红,说不红就不红了。"

巴加迪艾是来谈钱的。他声称《无畏之心》在班加罗尔和比哈尔的收益不超过十五拉克,他为此损失惨重。但他一再强调他做发行看重的是声望,而非金钱。即便预知电影不会卖座,倘若是由维诺德执导的,哪怕亏本他也接。巴加迪艾对维诺德百般示好:"你是我们电影产业的中坚力量啊。"两人之间的不愉快几不可察。

待他一出门,维诺德便问我对这个巴加迪艾怎么看。我说我觉得他靠不住。"那个满嘴谎话的混账想讹我钱呢。"维诺德说。在巴加迪艾负责发行的地区,《无畏之心》的收益少说有四十拉克。而发行人装进自己口袋的钱通常是总收益的百分之十——他上报的数目越小,意味着被他私吞的钱越多。可惜交易都是用现金完成的,维诺德也无法查证该地区所有院线的确切售票额。"我无能为力。"他说当初会相信巴加迪艾,是因为导演雅什·乔普拉的推荐。巴加迪艾刚才离开前还说:他这就动身往雅什家去,他们约好了在那里见面。维诺德于是让助手给雅什打电话。雅什·乔普拉根本不在家,他甚至都不在孟买。

维诺德当然要起草合约,但通常不会签名。"干我们这行的,合同毫无意义。"他说。一个明星的片酬完全取决于他上一部电影的票房。为降低风险,他会同时出演三四部电影,早上还扮演警察,下午就成了恐怖分子,晚上则是吸血鬼爱人。维诺德伸手拿过桌上的一张纸,递给了我。那是宝莱坞严防死守的最高机密——一纸合同。它以会让法律界人士啧啧称奇的语句描述了明星的具体酬劳,以维诺德式的夸张、白纸黑字记录下了他的口述。

亲爱的桑杰：

主题——《克什米尔任务》

第一、我认为过去几周以来围绕上述主题（《克什米尔任务》）所产生的进展——不论是剧本方面还是配乐方面，以及（最重要的！）你对这个项目表现出的热情和投入的心力——是惊人的。我由衷相信我们的拍摄计划正大步向前。

第二、我感激你的诚意，但我更看重我们的友情。我不希望我们在其他更为琐碎的细节上面（诸如报酬等）存在任何误解，以至于影响我们的合作关系。所以我要坦诚而且直率地主动向你提及薪金一事，并落笔成文，以兹证明我们已就此事达成共识。

第三、我固然想参照市价予你应得的薪酬，但请勿忘：我与常人不同，不屑向某些特定的对象求助，以获得并不清白的资助。我们约定好的薪金是二十五拉克。若电影收益不佳，则我将支付给你的酬劳是〇卢比。望知悉。

顺祝

万事如意！

维德胡·维诺德·乔普拉 上

又及：如果电影大卖，我将额外支付你二十五拉克奖金。

这行"又及"是维诺德手写的。他与三名主演签订的合同一模一样，只不过名字和金额略作了修改。若电影收支平衡，男二号李提克的酬劳是十一拉克，若票房惨败，他只能拿到一拉克，如果电影大卖，将另有十拉克的奖金。女主角普丽缇的酬劳则是十五拉克（收支平衡)、一拉克(票房惨败)、另添十拉克(如果大卖)。尽管这些数字后来随电影经费及李提克的人气飙升而水涨船高,维诺德仍为自己留下了万全的退路。若《克什米尔任务》像《无畏之心》一样收益不理想,他须支付三位主演的全部费用是少得可怜的两拉克。维诺德和音乐导演、摄影师及其他演职人员也作好了类似的约定。无人能预支酬劳,有时甚至完工后也拿不到钱。"《无畏之心》卖得不好,我的美术指导当时 分钱也没拿到。"但维诺德设法补偿了对方。他在拍广告时找来了同一个美术指导,付给了他三倍于市场价的酬劳。"这是印度的国情,同样的事不可能在美国发生。"维诺德说。

《克什米尔任务》需要至少四首歌曲。在理想状态下,唱片公司希望一部电影能有八首歌,这样音乐卡带的两面都能录到。但考虑到战火纷飞的克什米尔地区,以及两个新仇旧恨涌上心头的主角并非最合适的宝莱坞配乐主题,维诺德最初的想法是收四首歌曲,至少能录满音乐卡带的一面。"另一面可以干脆用背景音乐。"但到电影杀青时,我们已经有了七首歌曲,数量几乎翻了一番。这是另一项被预算不足逼出来的创造性发明。一部印度电影最早的金主其实是购买音乐版权的唱片公司。维诺德的电影在海外的销量通常很不错,电影的音乐卡带也卖得非常好。他的电影向来以极为出彩的配乐著称,哪怕从未看过《爱在烽火云起时》的人,也一定听过主题曲《当我遇见她》,且能跟着哼唱。维诺德在《爱在烽火云起时》尚未开机时,就靠电影音乐净赚了三亿卢比,提前回收了大半成本不说,还扩充了电影拍摄所需的经费。

维诺德念着拉哈特·印多尔[①]为《克什米尔任务》的歌曲所作的词,歌词中提到花朵、祖国、毁灭和爆炸。我问维诺德:是否这些歌词总用乌尔都语写成?他说:"印地语还是乌尔都语,其实没有这样

---

① 广受好评的乌尔都语诗人、宝莱坞词作家。

泾渭分明。"既然这是一部关于克什米尔的电影，自然会更多地使用乌尔都语。民族主义导演维诺德像其他所有导演一样，偏好的电影语言是印度斯坦语①，而非单纯的印地语。

为电影作曲的音乐人是三个广告界的年轻嬉皮士：尚卡尔、伊赫桑和罗伊，分别是印度教徒、穆斯林和基督徒。我称他们为"欢喜三兄弟"。他们在工作室为我们演奏了《克什米尔任务》里的三首歌曲。三人在音乐中广泛使用各地的素材，"这里加入了布隆迪圣鼓②。"伊赫桑说，随后又将"塞内加尔圣咏"配了进来——这一选段取自云集多方音乐元素的汇编《受难曲》，是马丁·斯科塞斯执导《基督最后的诱惑》时和音乐人彼得·盖布瑞尔合作的唱片。我们在工作室谈到尼诺·罗塔③、范吉利斯④、约翰·柯川⑤的音乐，也谈到将手鼓、吉他、钢琴、水钟和船桨划过湖面的声音混合起来的音效。早在彼得·盖布瑞尔或保罗·西蒙⑥听到对话鼓⑦的鼓点以前，印度电影音乐就吸收了来自世界各地的声音。"几个世纪以来，传遍天涯海角的不是乐器，而是节拍。"罗伊说，一边用嘴打着拍子为我们做示范。他说正因为如此，沿海地区的国家不管相隔多远，其音乐常共有同一种基本的节奏。

孟买如今的音乐和我小时候听到的已大为不同。它更多地依赖电子乐器及非洲音乐的旋律。许多印度乐曲会在中途加入浑厚的黑人男声，用他带着笑意的歌声表达对二重唱里女声的爱慕。男声低沉，女

---

① 印地语和乌尔都语的统称。
② 东非国家在特定场合表演的一种鼓乐，声音洪亮，富有震撼力。
③ 意大利作曲家（1911—1979），常为电影（如《教父》系列）配乐，作品广为流传。
④ 希腊音乐家，风格集电子、新世纪、古典于一体，以为电影《火战车》《银翼杀手》《1492：征服天堂》《南极物语》等制作配乐而成名。
⑤ 美国爵士萨克斯风表演者和作曲家（1926—1967），开创性地运用调式并成为自由爵士乐的先锋。
⑥ 美国流行音乐歌手、唱作人。
⑦ 非洲最古老的乐器之一。

声高亢，正是印度人喜爱的歌曲演绎模式。知道代唱歌手的印度人也越来越少，曼吉茜卡①姐妹不再占据印度电影歌曲的半壁江山。随着电子音乐的崛起，自动合成的背景音乐足以和印度电影歌曲中的人声相抗衡，且前者常更为重要和显著。大众喜爱这一新的音乐形式，广大劳动人民在伴奏下欣然起舞。老一辈的人听后却皱起眉头，像老一辈人惯做的那样对新鲜事物表达不满。他们对新生代的音乐人将经典老歌重新编排、在震耳欲聋的迪斯科舞曲里混合雷鬼电音和嘻哈饶舌大为气愤。突然之间，轻歌曼舞与温柔民谣成了吉光片羽般的珍稀存在。

电子音乐为印度电影的作曲人打开了一扇通往新世界的大门。他们欣喜已极，无需再向器乐专家讨教，好分辨桑巴和梅伦格②的不同节拍。新世纪的音乐人可以用仪器轻松读取光盘上的汇编选段，并直接下载加以使用。罗伊的电子混音器还能显示它合成的音乐种类，只要样本有节拍，则不论是小提琴、非洲鼓、祖克③、塞内加尔咏叹调还是西达科④，混音器的模仿无一不包、无所不能，就连欧洲古典音乐也难不倒它——印度的音乐人当然没有忘记莫扎特，他们用邦哥鼓和康加鼓⑤把这个十八世纪的威尼斯神童打扮起来，让他摇身一变穿上了印度斯坦的外衣。印度电影音乐正如印度宗教，所有妄想征服它的野心反被它吸收、同化然后反刍了。对印度电影音乐和印度宗教来说，民族的便是世界的，世界的也是民族的。

我在夜晚携家人同看《怦然心动》——一部极具娱乐性的印度电影，尽管剧情虎头蛇尾。电影里没有反派，是旁遮普人当道的宝莱坞最典型的纯爱故事，讲述了印度中产阶级最怀恋的美好时光：校园和

---

① 印度最知名的代唱歌手，为一千多部印地语电影录制了歌曲。
② 发源于多米尼加、具有拉丁风情的音乐，热烈欢快是其最大的特点。
③ 源自非洲一种节奏性很强的音乐。
④ 源自非洲裔加勒比人的乡村音乐。
⑤ 源自非洲的打击乐。

初恋。我对影片中的校园似曾相识,对剧中的人物设定如此熟悉,我试着回想究竟在哪里见过此情此景。几天后,一篇对《怦然心动》道具师的报道让我恍然大悟,因为文章里有这样六个字:里弗代尔中学。难怪我熟谙电影情节,原来它是美国漫画在印度的复刻——二十年后,贝蒂和维罗妮卡依然在为阿奇争风吃醋。①《怦然心动》的导演是看《阿奇漫画》长大的,我也是,为了一窥美国的生活,更为了逃离我年少时的印度。

我的儿子乔达摩会唱《怦然心动》的主题曲以及印度童谣《我有一头小马驹》,他也会唱"水叮当"②的《芭比娃娃》和全世界儿童熟知的《一闪一闪亮晶晶》。他从东方和西方收集能为自己带来欢愉的素材。他的宝莱坞歌曲储备(以及词汇量)开始猛增,而让我念念不忘的宝莱坞歌曲已陪伴了我大半生。在被问及回美国后最想念印度的什么时,乔达摩毫不犹豫地回答:"电影。"当他身在纽约心想孟买时,他会走在遥远大都会的街头,唱响《怦然心动》的主题曲。一个在美国的印度男孩唱着改编自美国漫画的印度电影的主题曲,这是一场尽显文化媚俗的乒乓赛,从东方抵达西方又从西方返回东方。除了透过《薄伽梵歌》和梭罗的随笔《公民不服从》③,乔达摩也终于得以乘着歌声的翅膀,在两个世界之间往返飞翔。

合作《克什米尔任务》期间,维诺德对我敞开了家门和心门。他有过三任太太,"没有一个知道怎么做煎蛋卷。"他抱怨说。但两任前妻都常拜访他的住所。有一次他背痛,我走进他家,见这位导演躺在

---

① 美国畅销漫画《阿奇漫画》里的情节,主人公阿奇是个十七岁的高中生,就读于里弗代尔中学。
② 丹麦的一支流行舞曲乐队。
③ 亨利·大卫·梭罗(1817—1862),美国作家、诗人、哲学家。在《公民不服从》里讨论了政府和强权的不义,为公民主动拒绝遵守若干法律提出辩护,其理念对圣雄甘地在印度推进民权运动影响甚深。

地板上,他的三任太太(阿努戏称这是维诺德的"后宫")分别替他按摩着身上的不同部位。维诺德和阿努成婚时,他把她带到第一任岳母的家,老太太在阿努的额头点了提拉克①,祝福她说:"从今往后你便是我们家的女儿了。"维诺德不认为离婚后应当停止爱他的前妻;更重要的是,他不认为离婚后他的前妻应当停止爱他。

我不确定为何维诺德会选我来合写剧本。但我渐渐意识到,比起编剧,他更想要一个朋友。我开始成为乔普拉家最亲密的友人,他们邀我出席私人场合:家人的生日、纪念日等等。没有外人,通常只有维诺德和阿努的直系亲属、我的家人以及艾杰·拉尔一家在场。维诺德的本领之一是将别人的生活过成自己的。他每天上午给我打电话,问我几时到他家讨论剧本。当夜幕降临,我预备告辞时,他会马上耷拉下脑袋,显得像要独自度过长夜般寂寞无助。起初我照着维诺德的心意,在上午十一点拜访他,等我了解到他那时还未起床后,就没那么听话了。

苏妮塔和孩子们提前回了美国,我还要在孟买待上两个月。有一天,维诺德把我叫到他家,吩咐厨子赫姆道:"从现在起,你每天做好午饭和晚饭,让司机给苏科图送去。"我当然不肯,但维诺德不顾我的推拒,执意如此。于是每天下午,他的司机带着保温饭盒出现在我家门口,为我送来份量十足的旁遮普菜、中餐又或意大利素食;每天早晨,另有司机前来把空饭盒取走。在这个贫困、公共卫生毫无保障的国家,每天送达的新鲜食物满载深厚的情谊。我竟在看似不相干的电影世家找到了我的归属和亲人。

我邀人们来家中参加生日派对,气氛却并不热络,一来人数不多,二来宾客互有嫌隙。维诺德改了拍摄日程特地赶来。他到得晚了,筵席已散,但他一进门,周围便热闹起来。他才出席了圈内的

---

① 用朱砂、糯米和玫瑰花瓣等材料捣成糊状后点在额头的吉祥痣,印度人相信这样可以消灾辟邪,也是喜庆的象征。

一个聚会,除了一肚子的酒精外,尚有各式笑话和八卦与我分享。突然之间,我的生日派对正式开始了。我在那一刻充满对维诺德的感激和喜爱之情。在孟买的两年多里,他是那个始终慷慨好客、愿随时陪伴着我的朋友。维诺德的热情是旁遮普式的,并非默默付出、不计回报,但他身上那丰沛的活力和神奇的凝聚力确能让每一个人感觉愉快,能令无聊的聚会变得欢腾且融洽。结识维诺德以后,我始觉凡事皆有可能:结婚离婚,日进斗金,坐拥班德拉的豪宅,过大起大落的人生。维诺德行走世间,自带电源,他是性能强劲的干电池,是动力十足的核潜艇。

马赫什·巴哈特:《我心悲痛》

马赫什·巴哈特的情绪很坏。我们身处《亲爱的孟买》剧组,正拍摄移居孟买的中产阶级既渴望出人头地又不愿打破农村价值观的故事。坦努加·乔普拉是马赫什的助理,此刻于事无补。"我很生气。"马赫什在片场用麦克风说,语气阴沉沉的,"你们的表演毫无激情。"

镜头展现的是男演员昌奇·潘迪在剧中的住所,正如他的台词所说:"我的露天泰姬陵酒店。"浓缩了发达起来的中产阶级标配:陈列着一瓶瓶"皇家芝华士"的酒吧、电视机、厨房、"德国风格的洗手间,坐便器是从五星级酒店偷来的。"(昌奇·潘迪在电影中的另一句台词。)剧组在"快乐之家"旅馆以及沃里盲童学校的楼顶临时搭建起这一略嫌浮夸的布景。我们的上方是西亚特轮胎的巨型广告灯箱,正极为缓慢地闪着红灯。现场有大约一百五十人:灯光师、音效师、演员、场务以及一大群完全无所事事的人。"没几个人知道自己在做什么。"马赫什厌恶地说,"所以我们的电影才如此粗糙。不像在好莱坞,所有人都是专业的。我管的这个烂摊子不是剧组,是再就业中心,那么多人不用鞭子抽就不干活。"印度电影工业和这个国家的任何产业一样,雇用的人数远超实际需求。主演(尤其是昌奇)一次又一次说错台词,剧组只得陪着他一遍又一遍重拍。"巴哈特先生,请过来一下。"昌奇在最新一轮排练后恳求道。马赫什原地不动:"你需要的不是我过来。你需要的是背熟台词。背——熟——台——词!"

《亲爱的孟买》与多数印度电影无异,兜售的是样板式的孟买:富豪、香车、美女、黑帮、警察、奢侈品。对来自比哈尔的打工者而言,走在南孟买的街头就像走在片场一样不真实。马拉巴尔山的天价公寓楼不会让这个外来者有勇气对自己说:"终有一天我也要住在这里。"他走进的是一个梦,就像眼前浮华而荒诞的布景。即便是真的,一场大雨也会把一切冲刷殆尽:床、酒吧、卫生间、从"电信运营商那儿偷来的"红色电话亭。

我也说不清我在见到马赫什以前存有怎样的假定:他是谁呢,一个"若为金钱故,凡事皆可抛"的商人、艺术家、花花公子?马赫什以废话连篇著称,不论对什么话题(哪怕是和电影完全无关的)都要发表意见,恨不得报纸引用他的每一句发言。而站在我面前的马赫什是个体重超标、皮肤松弛的光头,看上去远不止四十九岁,但还算有魅力,也足够讨人喜欢,并且是我见过最能和年轻人打成一片的人。

他正在写电影脚本,背景设在暴乱时期的孟买,主题是他的母亲。马赫什的母亲一生怀揣着两个秘密:她是别人的情妇,因此马赫什和他的兄弟姐妹都是私生子。她也同时是什叶派穆斯林。有一天,马赫什的母亲在一座结婚礼堂前停下脚步,让大女儿进去打探。事后,她反复追问女儿婚礼的各种细节:新娘长什么样?新郎看上去好不好?并一整夜伤心落泪。那天是马赫什的父亲——她的情人大喜的日子,他到底娶了个门当户对、信印度教的女人。

然而即便在婚后,马赫什的父亲也从未断绝和情妇的往来,他是古吉拉特的婆罗门、低成本电影的制片人。他来到情妇和孩子们的家中,"一向缺乏完成度。"马赫什像评价电影作品一样评价他的电影人父亲。"他从不脱鞋或换衬衫,也从不像其他父亲一样,会穿着背心坐在客厅里看报。"马赫什深爱他的母亲,她今年八十多岁了。"我小的时候会提来萤火虫装在瓶子里,然后放它们出来点缀妈妈的头发。"他如此说,轻轻笑起来。

他正酝酿的这部电影叫《我心悲痛》,既关于他的母亲,也关于印穆冲突。马赫什发誓这会是他执导的最后一部电影。他平均一年要拍不止一部,在他二十五年的职业生涯中已拍了二十七部电影。马赫什对执导的过程深感厌倦了,他说那是需要精神高度集中的苦差事,没日没夜,结果却往往毫无意义。他现在甚至会"电导"某些作品:他不愿每天开车前往片场,不愿必须表现出巨大的热情,因此他在驾驶途中或坐镇家中给片场的演员打电话,以电联的方式下达所有指令。

"我对电影最早的记忆来自一场试映会,我当时坐在大人的膝盖上——或许是妈妈抱着我,或许是阿姨,也或许是女佣。那是我第一次看到有黑白画面的银幕,于是伸出手想触摸它。"马赫什模仿小孩子伸手慢慢抚摸巨大银幕的样子。"但当我真的靠得很近的时候,发现银幕上只有黑白两色的颗粒,我再也看不到画面了。然后我就被大人拉了回来。我如今的生活也变成了这样,我再也看不到当初让我着迷的魔法,电影变成了流水线上的产品,再也没有一双手把我拉回来,好让我看到更大、更完整的画面。"

马赫什说在《我心悲痛》里,男主人公母亲的第二个秘密直到最后才揭晓——当他不得不决定按哪一种习俗为母亲举行葬礼时。电影以插叙呈现了孟买暴乱的过程,主人公守在母亲的病床前,而萨克雷的手下正在医院外四处作乱。他当然不会在电影里提到萨克雷的名字:"我并不想拍扯上政治的电影。"

印度的电影工业和印度的红灯区奉行同一准则:来者是客,只要足够有钱或足够会赚钱。电影的出品人可能是坚定的印度民族主义者,词作家没准是原教旨主义的逊尼派穆斯林,扮演印度教徒的明星本身是穆斯林,扮演穆斯林的女主角则是不折不扣的印度教徒……对观众来说这无关紧要。但1993年的孟买暴乱确实颠覆了电影工业的权利金字塔。底层的场务成了大胆的造反派,他们质疑权威、要求特权。湿婆军的暴民聚集起来，前往各个摄制组搜捕穆斯林雇员。不知马赫什的母亲也是穆斯林的印度教徒，曾当着马赫什的面羞辱其他穆斯林。马赫什手下的灯光师在"九三"暴乱时被困情况最严重的纳帕达，灯光师的妻子在电话里向马赫什求救："他们这就来抓我们了！"马赫什正想派人施以援手，场务（一个印度教徒）上前来告诉他：工会要求巴哈特先生不必理会穆斯林。马赫什愤怒地回答："这和他是不是穆斯林无关，他首先是我的员工！"

我们探讨如何在《我心悲痛》里表现上述情境。马赫什认为：正因男主人公对母亲爱得深沉，因此格外痛恨自己的父亲——那个只是来同他母亲睡觉的人。"这就是一种三角恋。"他解释道。在母亲的葬礼上，当男主人公缓缓迈步，印度教、伊斯兰教和基督教的经文纷纷浮现在他的脑海。"我本人对这些经文再熟悉不过了。"马赫什说。从前他的母亲也曾带他去天主教堂，让他"亲吻耶稣基督的宝血"，她又带他去穆斯林神社，让他默诵"真主至大"。给年幼的马赫什洗澡时，她会教导他："你是讷格尔的婆罗门，你的族人姓巴尔加瓦。"她自认嫁给了她信奉印度教的情人，所以隐藏起作为穆斯林的那一重身份。小时候，马赫什憎恨母亲的穆斯林身份，会故意打断她做礼拜。长大后，他却要用这部电影为母亲正名。但他的母亲是有顾虑的。在暴乱期间，她曾问马赫什：给他的两个女儿起穆斯林的名字是否安全？马赫什"有着穆斯林名字"的大女儿叫普嘉，她会在《我心悲痛》中穿越回过去、饰演自己的亲奶奶。

和维诺德一样，马赫什厌恶这个如此优待他的行业。"我们的影视圈是病态的。它累积的不是金钱，而是炒作带来的罪孽。"他现在每拍一部电影都战战兢兢，唯恐不卖座，毕竟十有八九的电影难以回本。马赫什已丧失艺术的直觉："我可以分析电影运作的各种模式，但再不会有天马行空的叙事能力。"可是作为电影人，他依然清楚他从业的意义："我们拍电影的，就是为了酿造一点欢愉。"

坦努加为感谢马丹普尔的人们在她拍摄《战斗》时给予的帮助,特地安排了一场试映会。两个世界终于奇妙地相遇了,我书中的场景得以在现实里成真。蒙娜丽莎、吉里什、苏尼尔、卡马尔、鲁斯特姆、伊沙克以及他们在马丹普尔的亲朋齐聚一堂。放映结束后,这些人沿走廊站成两排,羞怯中带着忸怩。马赫什与坦努加在队伍的最前头和我说话,他俩才去了附近的新奇影院,见上座率极高,百余位观众全神贯注欣赏着他们的作品。《战斗》受到业内评论家的猛烈炮火,"但当我看到新奇影院的那么多人——"坦努加说,"我觉得他们的认可比专业人士的观点重要得多。"

"那些人才是你唯一的观众!"马赫什情绪激动,"永远不要忘记这一点。"

我们在跑马厅边上的驰骋餐厅摆庆功宴。表现了孟买暴乱的导演坐在实际制造了孟买暴乱的人对面——苏尼尔带着年幼的女儿"来看大明星",此刻正耐心地喂她吃饭。但饭桌上的对谈到底没能建立起来:主宾的社会地位实在太悬殊了。

出乎坦努加的意料,这场试映会还为她行了额外的方便。两天后她打电话给我,语气慌张,说电影才上映三天便见诸电视屏幕——班德拉和波利瓦里的有线电视运营商正非法播放她的影片。海外发行人为在印度本土市场也分一杯羹,常设法将电影拷贝卖给当地的有线电视运营商。对印度电影来说,第一周至关重要,这七天决定了电影的票房走向,而如果人们已经能在电视上看到电影,谁还会掏钱进影院呢?坦努加想让我转告同样经营有限电视的苏尼尔,请他不要在乔格什瓦里播放《战斗》。苏尼尔当即表示知道此事的幕后推手是谁(换言之,是为哪个帮派大佬效力的),并和对方达成了协议:孟买及塔那地区的有线电视运营商会在接下来的一个月内停播《战斗》。他这么做是为了感谢坦努加邀他去试映会的善举,不过苏尼尔的人情可不是免费的,坦努加为此要支付给"幕后推手"五万卢比。

"这摆明了是勒索啊!"我抗议道。

"没关系,这样已经很好了。"她答。

电影人会不遗余力保护他们的作品免受盗版侵害。为不让《无畏之心》遭盗版光碟和无良有线电视运营商的摧残,维诺德曾跑遍印度各警察部门,恳求他们加强执法力度。他向阿麦达巴的警察抱怨说:对《无畏之心》的侵权已经发生(甚至在电影上映以前),警官于是召来城里主要的有线电视运营商,令他们站成一排。"我要怎么处置他们?"他问维诺德。

"打断他们的腿。"维诺德不假思索地说。

"没问题。"这名警官答。

我在周一的上午打开报纸,看到在"希琳"二字(穆斯林人名)下刊登了一帧极为醒目的老妇人的相片,但她的额头以印度教徒的方式点了朱砂。马赫什的母亲去世了。她在大银幕上的形象却即将诞生。

随着《我心悲痛》上映日期的逐渐临近,对马赫什是否为私生子的争议也甚嚣尘上。马赫什的电影以及他的大半人生都建立在他是私生子的前提下。他的父亲现在却跳出来抗议,登报表明自己同马赫什的母亲乃合法夫妻。两家人互相谩骂,撕扯得很难看。"我的母亲确实是他的情妇。"马赫什坚称,"尽管他们一再说已经结婚了,但无法提供相关的法律文件证明他们的说法。"马赫什的私生子身份对他的自我认知极为重要。如今他是名流,当年的野种成了明星,可以在十亿观众的见证下用七十毫米胶片打败自己的心魔。他的母亲——尽管一生都要隐藏对上帝以及情人的爱,也终于在亲孙女的演绎下于银幕转世。希琳成了受人尊敬和爱戴的对象、合法合情合理的女神。通过庆祝自己的非婚生子身份,马赫什仿佛一并消除了其非法性。艺术是他打败心魔的主阵地。

在电影上映前,最后也最关键的一步是审片。我们等在自由影院的天台,直到委员会结束观影和讨论。走进放映厅时,委员会主席对我们说的第一句话是:"首先要恭喜你们拍了一部非常审慎的电影。"

马赫什、坦努加和我背对大银幕，站在前排的座位中间，面向我们的评审：四女一男，他们要么像医生，要么像会计。

主席问我们为何把片中的穆斯林警察塑造成正面角色。坦努加马上说：不不不，那个警察是印度教徒。"他叫什么名字来着？"主席问。马赫什与坦努加互看一眼，解释说：他确实是印度教徒，只是恰好有个穆斯林名字沙拉德，同时也是出演这个角色的演员的本名。委员会要求电影明确体现这一点，好让观众"不至于产生警队里也有印穆冲突的错觉"。"尽管我们都知道这不是事实。"主席补充道，另外她建议：影片中反派警察的台词"这个穆斯林"应改成"这个人"。

马赫什对委员会的看法照单全收。这是他的最后一部电影，他已经历过二十七次讨价还价的审片。他刚才在电梯里还对我说：他第一次参加审片时才二十一岁，和委员会发生了激烈的争执，拒绝按他们的要求剪掉任何画面，愤而从自由影院一路疾走到了马希姆。他以为二十五年后情况会有所好转，但并没有，唯一改变了的是他自己。他已不像当年那样奋不顾身了。

委员会再一次赞许了马赫什的"审慎"：电影里没有裸露的镜头，没有直接的暴力动作和粗鄙的台词，对处理非婚生子这样的敏感话题也非常小心。但因为这部电影同时涉及印穆冲突，委员会仍然决意把它定为限制级。

这对《我心悲痛》的收益是致命一击。家长不能带未满十八岁的孩子进影院，等于流失了相当一部分观众。

马赫什以极为克制的态度请委员会收回成命："我不是要为自己辩解，但我真的认为青少年也应该看一看这部电影。"马赫什说如果十四五岁的孩子能被电影试图传递的信息打动，愿意怀揣理想为建设更包容和团结的印度而奋斗，那无疑是造福社会的。但委员会拥有最终的决定权。主席表示会再作考虑，明天会另行通知马赫什。如果他们坚持要把电影划为限制级，对电影的版权销售和后续的电视频道播放也会产生不利。因此电影人若当真为经济效益考虑，最好莫碰政治题材。这就是现实，而现实必然是限制级的，它既不适合儿童，也不适合青少年。

委员会到底还是把《我心悲痛》定为了限制级。尽管主席据理力争，欲评电影为通用级①，但其他成员唯恐电影上映后惹出麻烦，委员会要承担监管不力的风险，便想将（表现警队内部印穆冲突的）情节给警方高层过目以取得首肯，免得他们秋后算账。

而随着事态扩大，《我心悲痛》被定为限制级反而成了最无关紧要的事情。印度中央电影审查委员会（简称"中审会"）的主席在没有看过电影、只浏览了故事大纲的情况下竟将《我心悲痛》提交内政部待批。原因之一是——据这位主席（一个已淡出影视圈的女演员）说——中审会（主要由家庭主妇和有大把空闲的男人组成）的成员在看过电影后彻夜难眠。他们一致认为既然电影要在全国上映，就应该正式提交联合政府审议。把一部暗示政府亲手制造暴乱的电影拿给当权的政府官员审批，纯粹是自找麻烦。只要"老大哥"愿意，马赫什的日子会非常难过，他所有的拍摄项目（包括电视剧）都可能被叫停。马赫什已经说过这是他的最后一部电影，他不想为此失去尊严，不想像其他电影人一样去巴尔·萨克雷处摇尾乞怜。

马赫什的大女儿普嘉也出席了我们和马哈拉施特拉邦首席秘书——萨布拉曼亚姆的会面。我作为电影的剧作者之一与父女俩同行。我们坐在靠海的政府办公厅，透过两扇巨大的窗可见外面的天空和印度航空的总部大楼。这里人迹罕至，为孟买鲜有。首席秘书萨布患有白癜风，体胖心却不宽，对特地前来充当花瓶（以及润滑剂）的女明星普嘉不假辞色。他不动如山地安坐在那儿，像一只最最骄傲的井底蛙。

萨布诉说了他当年是如何力排众议、主张批准曼尼·拉特纳姆的

---

① 适合所有人观看。

电影《孟买》上映的。他说他是唯一坚持"艺术家有权保留自己观点"的政府官员。军方反对他的做法，但片子最终还是过审了，因为导演拉特纳姆去见了萨克雷。甚至连阿米塔·巴强都亲自出面，请湿婆军的党魁高抬贵手。《孟买》也是关于印穆冲突的，而当电影为暴乱归责时，印度教徒和穆斯林被各打了五十大板。萨克雷在看过电影后只要求剪掉一个镜头：影片中以他为原型的人物为所犯的屠杀和纵火罪道歉。萨克雷对自己的"英勇作为"只有自豪，他从不打算出面道歉。

"你看，拉特纳姆花钱买到了太平。"萨布如此说，暗示马赫什也照做。马赫什拒绝了。萨布随即道：那么中审会多半会发表声明，禁止电影上映。但在声明发出以前，电影恐怕会在现有政府审查的基础上递交更上一级的机构进行裁定。"而裁定的结果一天不下来，你就一天没法提起上诉。"萨布指出。他补充说马赫什拍这部电影的时机很不凑巧——斯里克里希纳法官的报告刚刚公布，湿婆军的镇压最是来势汹汹。"如果你的电影有任何反印度教的倾向，如果你的作品反映的是'九三'暴乱的真相，它必定是反印度教的，也必定不会有上映的那一天。"

马赫什坦言他的电影确实站在反印度教的立场上。

既然如此，萨布肯定地说："那它只能待在胶卷盒里。我们一定会禁播。"他说这实在稀松平常，今天早上他还禁演了一出音乐剧。他直言不讳地表示他确实认同印度教徒应为暴乱担责的说法，但无奈的是"现任政府和湿婆军沆瀣一气。如果执政的是国大党，你就不会遇到这样的问题。"

马赫什和坦努加试图解释，说影片只投射了暴乱事件的始末，没有实际展示任何相关的场景。并未看过电影的萨布则重复：如果影片具有反印度教的倾向，且对孟买暴乱做了如实的描绘（不论多么隐晦），"那它将难见天日。""印度教徒还是把他们那一套看得很神圣的，哪怕他们自己不承认。"萨布笑道，"穆斯林就更别提了。"回忆起马赫什早期的电影，譬如《摘要》和《意图》在观众心中激发的强大情感，萨布又道："如果《我心悲痛》也是这样，那就麻烦了。"在旁人看来，马赫什的电影容不得克制与委婉：锡克教徒永远佩着剑，穆斯林要戴小白帽、穿一千零一夜式的尖头鞋。马赫什不要演员收敛，他戏里的哭必定是嚎啕大哭。坦努加作为《我心悲痛》剧本的合著者，向我传授了印度电影成功的秘诀："拨动观众的心弦。"她说印度的观众是用心感受而非用脑思考的。这种最具感染力的热情可以推翻政府乃至王朝。而我们的这届政府可以容忍有关印穆冲突的纪录片，却绝难容忍情绪饱满、批判印穆冲突的主流商业电影。欧洲启蒙运动[①]的浪潮毕竟还未抵达印度洋，风中传来的只言片语轻飘飘没有力度。这片土地上的所谓民主，尚且在两股政治势力的对撞下努力求中庸。

马赫什又说，印度总理曾表示很欣赏他的作品，若他去德里觐见总理，或许事情还有转机。萨布笑道："你的好总理有老鹰一样的内政部长为他看家护院。电影不消你说，自会有人放给他看。"也自会由上至下传达禁播的命令。

马赫什和坦努加在排灯节[②]期间依然四处奔走，忙着疏通各政要关节，甚至把事情捅到了媒体上。包括孟买警察局长在内的更多政府官员看到了电影，提出在中审会第二轮审片时派警队代表到场，确保电影中无任何诋毁警方的镜头。"电影里有好警察，人们不当一回事，但一出现坏警察，马上群情激奋。"警察局长如此解释道。

马赫什终究屈服了，他剪掉了一些画面，又补拍了另一些以讨好中审会。根据委员会出具的书面报告，他把电影中暴乱分子所戴"代表某特定政党的"橘色头巾换成了黑色。"某穆斯林角色宣泄怒火"的镜头因为"不必要"被删除了。同样被删除的还有警方偶遇嫌犯的

---

① 发生在十七到十八世纪欧洲、继文艺复兴后的又一次反封建思想解放运动。
② 每年十月下旬或十一月上旬由耆那教、印度教和锡克教教徒所庆祝的为期五天的重要节日，家家户户点亮蜡烛或油灯，以光明驱走黑暗，祈求繁荣和幸福。

情节，以及由影射萨克雷的角色所发表的讲话："我们已经忍耐得够久，如今到了种族清洗的时候。"马赫什想鱼与熊掌兼得——既成为媒体报道中勇于对抗法西斯暴政的英雄，又不妨碍他的最后一部电影大卖。

在剪掉了所有"政治不正确"的镜头后，《我心悲痛》在各大院线上映。马赫什梦想成真，他因拍摄这部"为国家一体化做出特殊贡献的最佳故事片"获得了由印度总统颁发的荣誉勋章。

打拼者和难近母

已是黄昏，我坐在约胡区日沙酒店外的露天茶座，看夕阳逐渐沉入大海。日沙是蒙娜丽莎失身于制片人哈里·维拉尼的地方。日沙也是电影明星和黑帮大佬频繁出入的场所，他们在这里观察别人，也被人观察。

阿里·彼得·约翰不介意在日沙的泳池边消磨时间，何况伏特加和鸡肉三明治无需他自个儿掏钱。他倒并非蹭吃蹭喝，阿里靠贩卖他人的故事偿还酒资饭钱，还大大有余。正如他昔日的酒友马赫什·巴哈特形容的，阿里是"打拼者的上帝"，《银幕》杂志[①]专栏作家的身份给了他在宝莱坞通行无阻的权力。

阿里是两个世界之间的信差，是连通上流和下等孟买的导管。光以外貌评判，他非但算不上气宇轩昂，且显得粗鄙和猥琐。他留着络腮胡，从不认真扣好衬衣纽扣，像个邋遢的走私犯不说，一副斗鸡眼也很不讨人喜欢（他看着你时，你却不知他在看哪里）。但阿里的文笔一流，所谓人不可貌相，他的专栏文章竟好似一篇篇讲道，充满神圣的使命感和高尚的道德观。

阿里对稳赚不赔的低成本电影（多为色情和恐怖片）以及拍摄电影的首陀罗和贱民阶层了如指掌。翻开《银幕》杂志，低成本电影的

[①] 在印度发行的电影周刊。

宣传彩页随处可见，它们的拍摄周期短（不超过一周）、对场地的要求低（租一间马德岛的平房即可）、要应付的审查相对宽松（金奈的审查委员比孟买的仁慈得多）。低成本电影在北方邦、中央邦和德里的小戏院上映，往往比大片更卖座。从片名（《魔鬼与死亡》《饥渴的灵魂》等）可知"它们混合了恐怖与色情片的元素，并佐以震耳欲聋的音乐。"阿里解释道。部分影院老板会在放映深夜场电影的间隙随机植入真正的色情片，其内容和原来的影片毫不相干，却是吸引男性观众的根本原因。

听着阿里的描述，你果真能感受到他为何成了打拼者（想在宝莱坞闯出名堂、心比天高命比纸薄之人）的保护伞。阿里对女性打拼者心怀怜悯。他说一百个来孟买闯荡的女演员中："真能走运的不超过十个。"试镜的地点通常在约胡区的滋沙酒店，阿里取其谐音，称之为"自杀酒店"——不时有女演员禁不住又一次落选的打击，在酒店房间寻了短见。

对阿里来说，电影总和性爱及死亡紧密相连，它们代表的都是机遇。"从前，每当有重要人物过世，学校就会放假一天，我们便能去影院看电影。"阿里的家在安泰里东区——清贫的基督徒和沃里族原住民的聚集地。难有出头之日的十八线艺人多在那儿租房住，"这些人入侵我们的地盘，也入侵我们的文化。"沃里族的女人异常美丽，而龙套演员会对她们吹嘘："我们是从宝莱坞来的。"年少的阿里曾被夸夸其谈的打拼者唬得一愣一愣的，等长大后得知这些人"不过是外来务工人员"，尤其令他感到幻灭。他如今常在安泰里的酒吧见到这些人的身影（譬如非法经营的雅里路酒庄、乌尔瓦什啤酒吧、里欧传统烈酒吧等）。他们依旧坐在脏兮兮的窗帘布后面，喝着九卢比一瓶的德西酒，梦想着征服世界。他们向同为打拼者的酒友夸口："我明天就要和阿米塔·巴强一起拍戏了。"

"这么多年了，我还是对他们报喜不报忧的本事深感吃惊。"阿里说，"他们的不如意绝少让你知道。"混得稍微像样一点的打拼者住在固定的几家（传说中会带来好运）的旅馆，比如班德拉的码头招待所，只因拉金德拉·库马尔[①]曾在那里小住。阿里说打拼者的每日简餐基本如下："八卢比一份的拼盘，有米饭、六张普里饼或两张洽巴提烤饼，外加一勺豆糊。如果店家特别慷慨，会给你一小碟稀薄的酸奶和两勺蔬菜。找对了吃饭的地方，可不愁营养不均衡。要是老板心情好，有时还会赠送甜点。"对跑龙套的打拼者来说，穆斯林餐馆是他们的最佳选择，花二十卢比就能吃到一顿美味的手抓饭。

阿里和我坐三轮车前往雅里路。夜晚的雅里路繁忙喧嚣，沿街遍布小吃店。阿里指着其中一爿店的伙计对我说："那个人有一肚子的故事，随时等着向人倾诉。而和他境遇相仿的人，在孟买又何止千百。"打拼者不一定全是演员，也可能是编剧。他们恳请制片人和导演见他们一面，当场演绎自己写的剧本。他们在需要调动感情时纵声大笑或号啕痛哭，在武打场景中挥拳踢腿、跳跃腾挪。他们在描述剧情时替导演省了选角的工夫，直接代入心仪主演的名字："维诺德·卡纳在奔跑，他跑着跑着……倒下了，就地翻滚一圈……还是被人抓住了。"阿里模仿着打拼者的口吻讲述道，"但在现实生活中，梦想成为维诺德·卡纳的演员却是不得志的，无戏可演时只好借酒买醉。"

雅里路上的公用电话亭外满是等待打长途电话回家的年轻人，安慰家人（也安慰自己）说他们出头的日子近在眼前。阿里解释说演艺圈是个等级森严的地方，即便龙套也分三六九等。拿电影的一个场景举例，在派对上西装革履的角色多是一线演员，他的片酬必然是配角——站在他身后的二线明星的两至三倍。如果有打拼者酷肖阿米塔·巴强或沙鲁·汗，他或许可以做专职替身。而如果打拼者身为女性又神似某位女星，则可能沦落到在花街柳巷卖弄姿色的地步。初

[①] 六十年代最成功的宝莱坞男演员（1929—1999），在四十多年的演艺生涯中出演了超过八十部影视剧。

来孟买的异乡人若涉足风月场，自然会选中花名册上的"巫山神女"，愿意付重金以期一会。昏暗的灯光加之紧张的情绪，兴许真会让他以为同女星本人共度了春宵。往后每次在银幕上再见神女，他都会又羞涩又暗自得意。

阿里答应介绍我认识一个"真正的打拼者"，他名叫艾伊杉。

几天后，我们坐在玛拉雅制片公司的简陋食堂，不过照阿里的说法，有五台吊扇的食堂已符合"五星级标准"了。我们面前的桌子是用巨大的可口可乐广告牌改造成的。坐在我对面的是个初出茅庐、打扮入时的青年，戴着耳钉，脖子上挂着金色的泰迪熊吊坠。这就是打拼者艾伊杉，他的哥哥希泰什坐在他边上，兄弟俩没有半分相似之处。"要不是来孟买打拼，他可不会坐在这里。"阿里肯定地说。艾伊杉不是比哈尔农村的打工仔，他原本在迪拜有自己的布料生意，五年来经营得有声有色。他是信德人，也是海外印侨，过去二十五年的人生中有过辉煌，也经历了落寞。他既坐过迪拜的奔驰和劳斯莱斯，也搭乘过孟买的市内火车。在他的母亲卖掉珠宝、为家人重回斋浦尔[①]购置房屋以前，一心追梦的艾伊杉曾和另外十三人挤在安泰里一间一室户的公寓里。他自十六岁起便梦想做电影的男主角，闲暇时翻来覆去地端详《银幕》的明星插页。不久后，他在孟买做广告策划的叔叔替他争取到一次当模特的机会，艾伊杉拍了一组平面照，赚了八百卢比。对一个斋浦尔少年来说，这八百卢比的意义远超它所带来的购买力。

艾伊杉在斋浦尔念到高三，后随家人迁往迪拜，在那里替阿拉伯富商经营布料店，一个月能赚七万卢比。海湾战争爆发后，生意不景气了，艾伊杉常回孟买。他始终觉得他应该从事别的什么职业、更贴近他心意的职业。迪拜有个超市老板，绰号"星仔"（他消息灵通，对各类明星八卦嗅觉敏锐）。有一天，星仔走进艾伊杉的布料店。"他以

---

① 拉贾斯坦邦首府。

前便常对我说：金麟岂是池中物，一遇风云便化龙。"那一天他又对艾伊杉讲："这家店不过是你的休息站，你在此略微歇脚、稍作停留，又该上路了。你的终点不在这里，总有一天你会有大出息的。"

艾伊杉于是向星仔吐露了他的梦想。"他当即对我说，放手去做。你一定会遇见很多困难，但不要轻言放弃。"

所以怀揣少时星梦的布料店经理离开迪拜，只身前往孟买。他到达这座城市时，孟买已改名叫孟巴，因此新鲜出炉的打拼者也决定为自己改名。父母给他起名叫马赫什（典型的中产阶级思维），他顶着这个平庸的名字生活了二十多年。上世纪五六十年代时，穆斯林演员尚需以印度教艺名博取观众的好感（譬如原名穆罕默德的迪利普·库马尔），到上世纪九十年代则全无必要了。即便印度人民党和湿婆军一手遮天，这个国家最耀眼的影视巨星仍是三位尊姓为汗的穆斯林：沙鲁·汗、阿米尔·汗、萨尔曼·汗。于是马赫什把名字改作了艾伊杉，既透出乌尔都语的韵味，也掺杂宝莱坞式的浮华。

艾伊杉报名参加了各类培训班，比如舞蹈班、武术班、演艺班。舞蹈班每月的学费为一千卢比，武术班为三个月五千卢比，演艺班则收费一万五千卢比。武术班教授跆拳道，教练把学员带到海边，教他们电影中的武打技巧，比如如何纵身一跃、就地翻滚以及摆臂挥拳。艾伊杉为我们做演示，"用借位的方法"看似击中对方的身体，而观众听见的"砰砰"声来自后期的配音。艾伊杉以为武术班的指导老师罗斯汉·坦尼耶对他另眼相看。"老师有一年半的时间都让我做他的助理。"他自豪地说，随即补充道："当然是义务的。那是我的荣幸。"

艾伊杉陆续接到低成本电影和电视剧的邀约，但他的目标十分明确，对出镜的机会并非来者不拒："我是奔着男主角去的，我想主演的是宝莱坞大片。"他果真遇到一个制片人，承诺在下一部电影中让他出演男主角。每隔两个月，艾伊杉便询问制片人电影的进展如何，总是被告知他们"还在物色导演"。导演没能物色到，艾伊杉却不再主动争取别的角色，始终坚信翻盘的时机近在眼前。他足足等了一年半，在此期间丢掉了所有其他的演出合同。

大约五个月后，重振旗鼓的艾伊杉在工作室偶遇导演奇坦·阿纳恩德，他递出了自己随身携带的硬照。阿纳恩德是巴基斯坦籍的传奇导演，也是印度电影王朝最鼎盛时期的参与者和见证者。他正打算拍一部讲述印巴分治的电影，一个穆斯林女孩与印度教徒男孩相爱的故事。艾伊杉接到阿纳恩德的电话时，正在朋友家做客。"你被选中了。"阿纳恩德对他说。"我又惊又喜，不知所措。"艾伊杉回忆道，"我当即做起了白日梦，想象场记一打板，导演说'开始！'的时候要怎么演。"艾伊杉在剧组待了九个月，录制了七首歌。随后，八十七岁的阿纳恩德便生病了。"他的肝出了问题，两叶都是。"艾伊杉说。不久，阿纳恩德与世长辞，拍了一半的电影自然也夭折了。

艾伊杉的家人和朋友劝他早点断了念头，踏踏实实回迪拜做布料生意。"他们不懂，能坐在奇坦·阿纳恩德身边，听他不厌其烦地指导我演戏，这对我来说有多重要。作为演员的我更快乐。但我在斋浦尔的父母不知道奇坦·阿纳恩德是谁。他们只顾向神明祈求：'让我们的儿子回心转意、早日回家来吧。'"

艾伊杉决定留在孟买，因为他深知一旦离开，他再也无法回来。"现实就是如此：不管你有多卑微，生活都会让你更卑微。"打拼者艾伊杉在蹉跎了岁月后，连要接到曾不屑一顾的电视剧龙套角色都有困难了。在上世纪九十年代中期经济大萧条时，电影演员为求生存，随时愿意接拍电视剧。而电视剧导演并不因为屏幕变小了（相对电影而言）就一味降低启用演员的标准。换言之，若非一线电影演员，也难得电视剧导演的垂青。艾伊杉仍然随身携带硬照，每天前去各大制片人的办公室。"和我一样进出办公室、厚着脸皮讨生活的人有千千万万，我很清楚我这些照片的命运。"

我在维诺德办公室的厚影集里见过这样的照片，是维诺德在挑选配角时偶尔会参阅的。照片涵盖可能入镜的各类人群，老幼妇孺，无所不包，有貌极俊美的青年也有丑态毕现的流氓，有拘谨保守的妇人也有俗艳风骚的妓女。照片归入影集,又自影集被选中,是打拼者在演艺道路上踏出的第一步。

每天早上,艾伊杉都去健身房或在户外跑步,以保持身材健美,或至少看上去健美(这一点更重要)。他务必在置装上狠下工夫,直到成名。一旦大红大紫后,他就能和宝莱坞家喻户晓的男星一样,不必顾忌中年发福、穿着邋遢了。艾伊杉的白色马鲁蒂已破烂不堪,车前盖上有一大块锈斑,车门在关上时发出吱吱嘎嘎的声响,但他依然花钱养着这辆车。"要进制片公司,首先得有车,门卫不单放行,还会对你敬礼。如果坐计程车去,门卫会让你掉头,坐三轮车的话呢,他会对你盘问个没完,如果你干脆步行,根本休想进公司大门。我在迪拜的时候,人家都叫我'老板',但在孟买,是我一口一个叫人家'先生'。对打拼者而言,这就是生活:你必须学会溜须拍马。"

艾伊杉有个不解的困惑:"我不懂他们问我'你有过拍戏的经验吗?'意义何在,如果不给像我这样新入行的演员机会,那我什么时候才能累积起他们看重的经验呢?"对此,艾伊杉觉得女性打拼者的道路"还相对容易些,只要愿意用身体来换"。他因此不曾涉足"男同性恋和潜规则泛滥"的模特圈。他有时也憎恶千千万万为了出名、愿意不计代价往上爬的竞争者。"张三李四早晨对着镜子刷牙的时候都在想:纳那·帕缇卡[1]可以大器晚成,为什么我不行?但这让真正有才华的人要获得机会变得更难了。"

初来孟买的艾伊杉为明星的励志故事所感动,比如米特胡恩·查克拉博蒂。"他是我的偶像,曾经流落街头、饱经磨难,却始终没有放弃梦想,一路奋斗直到出人头地。"艾伊杉对米特胡恩如此崇拜,甚至为他和父亲起过冲突。他在斋浦尔的家中贴了米特胡恩的大海报(特意塑封过的),艾伊杉的父亲从迪拜回来,没多想便摘下了海报。艾伊杉为此绝食抗议。家人怕他当真饿出好歹来,不得不屈服了,把

---

[1] 印度知名电影演员、编剧。

海报重新挂回了客厅，从此天天对着黑皮肤的米特胡恩。

艾伊杉仍在苦苦追寻那个让他一炮而红的机会。他知道近年来愈发紧缩的开支不允许剧组冒险、轻易起用新人担当主角。但正如出演《塞雅》里的反派一角前多年不得志的曼努吉·巴帕依，艾伊杉也需要一个能令他一飞冲天的角色，并且他确信这一天终将到来："是金子总会发光的。"

"老一辈打拼者的故事是灌输给新生代的有毒鸡汤。"阿里悲伤地说，"一例成功的个案足以毁掉一千个失败者的人生。"毕竟，印度能有几个阿努帕姆·卡尔呢？阿里说卡尔也曾是个打拼者，他从老家西姆拉来到孟买，还未成名的时候常从班德拉一路步行到地天剧院。他当时只有两条土布做的库塔可穿，又舍不得替换，便在晚上洗掉一条，早上把还湿答答的库塔套在身上，用体温焐干。一日三餐靠瓦达包充饥的卡尔给贫民窟的孩子辅导功课，以此赚取微薄的薪资（每月五十卢比）。后来马赫什·巴哈特慧眼识才，让他出演电影《摘要》，如今的阿努帕姆·卡尔既是名演员也是大导演了。"但这样的故事只会误导农村来的年轻人，让他们执著于成为下一个阿努帕姆·卡尔。"阿里强调说。

我告诉艾伊杉我回美国时会在迪拜转机，中途要停留一至两天。艾伊杉说他喜欢迪拜的生活。"司机很守规矩，开车从不轻易变道。"

他还留在迪拜的家人相当富裕。我问艾伊杉是否考虑回迪拜去。

"我依然爱着印度。"他的口吻仿佛对妻子承认不忠的丈夫。

他当然知道如果返回舒适、便捷的迪拜，日子会好过得多。但孟买对演员来说有种独一无二的吸引力。"在孟买可见浮生万象。而演员需要的正是观察生活。"艾伊杉对孟买的观察从飞机降落这片土地的那一刻便开始了，他望着与机场相邻的贫民窟，注视这座城市满当当的打拼者。"他们同生活的斗争每分每秒都在持续。不论天雨天晴，从不停息。或许我这样的人就是对这种生活上瘾，每分每秒都需要斗争、需要新鲜事。"艾伊杉说即使离开孟买，没过两天他便想着回来了。

阿里说他还不如艾伊杉:"我离开一天就想回来了。"除孟买以外的一切地方都令他不自在。他最近到坎贝①小镇看了半场电影——影片放映中途,银幕上突然出现一行字:"乾杜拉尔·沙赫逝世。"乾杜拉尔·沙赫显然是镇上的重要人物,于是电影提前散场,观众扫兴地各回各家。

艾伊杉来孟买想闯出一番名堂,他也清楚那很困难。"但没想到会这么困难,而且越来越难。"他有支持他的亲朋好友,手头的积蓄也够维持两三年的生活。最初他以每月五千卢比的价格租了一间公寓,但实际的花销在三万五千卢比左右。他一周外出就餐两次,常宴请途经孟买的堂表兄弟,又带难得进城的亲朋故交到酒吧消费。

随着星途愈显暗淡,艾伊杉花钱不再如往日般大手大脚了,他现在每月的开销在一万一千卢比左右。他很幸运,有好友免费出让公寓,让他一住便是两年。他也不再去迪斯科跳舞,甚至不再上饭馆打牙祭。"一道咖喱虾要三百五十卢比,太奢侈了。"艾伊杉学会了自己做饭、打扫。

他的哥哥希泰什说亲戚们收回了对艾伊杉的经济支持,他却照旧从迪拜给弟弟汇钱,也劝他莫再胡闹、自讨苦吃。"我打国际长途给他,一说就是二十分钟——"

"要花五千卢比呢。"艾伊杉插话道,显然也感受到哥哥对他的关心。

"我对他说,你完全可以在别的地方过上更好的生活。在孟买的日子何时是个头,这四年来的每一天都是煎熬。"据希泰什回忆,艾伊杉为接不到戏找的借口是:最近是雨季,没法拍摄。象头神节快到了,大伙都放假了,再之后是排灯节,紧接着又有祭祖节,剧组全面停工……希泰什终于忍不住对艾伊杉发了脾气,不是因为他没赚

---

① 古吉拉特邦阿纳恩德县的一个城镇。

到钱，而是因为"他的心理状况让人担忧，对我来说这更紧要。"希泰什恐怕"默默承受痛苦的"艾伊杉会误入歧途。"一个人诸事不顺的时候，难免行差踏错。"

而艾伊杉已诸事不顺到不愿回斋浦尔老家的地步。"人们总是问我：'你怎么还没出名？'不过是点头之交的迪拜朋友也在电话里问我：'你还没混出名堂吗？'我的父母、亲戚、所有看热闹的人都说：'连那谁谁都红了，怎么还没轮到你？'我不知该如何回答这个问题。是啊，'怎么还没轮到我？'有时我责怪神明，有时我沉默不语。"

艾伊杉是难近母的虔诚信徒。"我在家里建了一个小小的神龛，濒临崩溃时就跪倒在女神的面前。我总觉得是女神在磨炼我的耐心。"几乎每隔两个礼拜，无助的艾伊杉便要在难近母的神像前痛哭流涕，问她为何如此残忍？为何迟迟不肯给她最敬虔的信徒一次机会？

几个月后，阿里通知了我一则好消息，说艾伊杉签下了某低成本电影的合约，确认出演男主角。阿里认为其中有我的功劳："他之前苦等四年，统共见了你两面，马上成了男主演。你是他的贵人啊。"

我在日沙酒店再次见到了阿里和艾伊杉，了解了事情的来龙去脉。艾伊杉在九夜节①的时候照例向难近母祷告，这一次女神终于响应了他的祈求。艾伊杉接到合作过的某女星助理的电话，说有导演正为新戏选角。他前往试镜，一小时后同剧组签订了合约。电影讲述的是难近母的神话。传说她有九个化身，其中的一个常年茹素（印度教徒吃素的传统由此而来）。在大地久旱时，难近母的这一化身曾降临人世，她的眼泪滋润了干涸的土地，浇灌了蔬菜作物，免去了人民饥荒之苦。而目前印度上下蔬菜奇缺，导致菜价过高（一斤洋葱要三十卢比），民众纷纷抗议，政府为此备受诟病。说来也巧，难近母却在

---

① 为印度教主要节日（每年九十月份）。信徒们每天祭拜难近母的一个化身，九天后将特制的神像沉入水中，并举行大规模的游行和庆祝活动。

此时向艾伊杉显灵,令他得到了梦寐以求的工作——在大银幕上歌颂难近母的慈悲。

因为是低成本电影,所以使用的是相对廉价的十六毫米胶卷(会在拷贝时转换成常规的三十五毫米胶卷)。预算少,薪酬也不多,同样对难近母三跪九叩的制片人同时担任发行,免得"没人肯花钱买电影的版权"。但至少有一点值得安慰,照艾伊杉说的:"他们确实想拍完电影。"为此最大限度地利用起现有的资源:演职人员的住所是出品人阿加瓦尔先生在北阿坎德邦的山间木屋;新铸成高三十三米的时母①像——将频频出镜的难近母化身会在拍摄结束后捐给赫尔德瓦尔②的难近母庙,如此一来,剧组既做了功德,又旺了寺庙的香火,此前徒有其名而无神像的难近母庙的法师自然乐见其成。

"电影首先会在农村上映,必然要大肆宣传新的女神像。"制片人可能根据不同的地区为电影起不同的名字:在农村,《礼赞难近母》是个贴切的片名;而在城市,《外国婆婆本地妻》或《天降神迹》则更合适。电影已录制完成了五首歌曲,歌手还颇为知名。(艾伊杉另外贡献了一首哀伤的情歌及一首男女对唱。)这五首歌曲中,有两首是不折不扣的拜赞,可谓这部电影的王牌——它们势必会让虔诚的印度教徒在观看电影时起身,双手合十进行祷告。每当镜头里出现女神像时,观众会朝大银幕扔硬币,有些甚至会带着火祭的灯盏前往影院,在那两首拜赞歌响起时手握灯盏、沿银幕挥舞。"谁让导演希夫·库马尔正经历信仰的觉醒呢。"艾伊杉说。

希夫·库马尔在波吉布尔县③是个响当当的名字。他其实是个热心宗教的人,和罗陀之主④关系密切,发誓戒酒戒肉,却"自甘堕落"

---

① 传说中从难近母额头幻化出来的血腥女神。
② 北阿坎德邦一个重要的朝圣城市,数以百万计的香客、信徒和游客聚集在恒河岸边沐浴,洗涤罪孽。
③ 比哈尔邦的一个县。
④ 十九世纪以来在印度颇有影响力的宗教思潮,相信"罗陀之主"一直通过人间"真师"向世人布道,带有鲜明的上师膜拜色彩。

拍了三部色情电影，分别叫做《无耻》《不幸》以及《每况愈下》，偏偏这三部电影都很卖座。

"希夫·库马尔也曾是一个打拼者，还是我资助他上的大学。"阿里说。希夫毕业后先是做制片助理，随即入了导演一行，再后来就拍出了《无耻》。"《无耻》讲述的是色情行业，男人愿买，女人被卖，几乎每隔三幕戏就有限制级镜头，但毕竟欲说还休、点到即止。"所有歌词都带有色情的暗示，但希夫将色情拍出了悲情的意味，阿里说："让人觉得'这样的事情本不该发生啊，太惨了！'审查委员也一致说：'电影传递的信息真是深刻啊！这是一部杰作！'"于是《无耻》在各大院线票房火爆。

希夫·库马尔的第四部电影会在台拉登①、赫尔德瓦尔及穆索里②三地拍摄，时长逾四十五天。女主角拉施高挑个儿，身段苗条，有着"典型的印度人的长相"（艾伊杉语），换言之，拉施是个黑皮肤的姑娘。这部电影的出现解救了艾伊杉于水火。"自从我们上次见过面，我一直被家人缠着，情绪很不好。"艾伊杉对我说。有个算命的到他家来，当着他哥哥和表兄的面说艾伊杉纯粹在虚度光阴。"你这是造孽啊。怎么就不肯回家呢？"他的家人谨记算命先生说的话，"不断催我：'听见没有？算命先生也这样说了，你快别胡闹，放弃当演员的念头吧。'"

可紧接着，艾伊杉便拿到了主演《礼赞难近母》的合同，他终于可以扬眉吐气了。

他的家人有何反应呢？

"他们很兴奋，这是肯定的。"哥哥希泰什直到看见剧组提供的去北阿坎德邦的火车票，才信了艾伊杉的话。艾伊杉听导演讲解过剧情，但还未看到剧本，"我也没打算向他要。"他说。

---

① 北阿坎德邦首府。
② 位于北阿坎德邦喜马拉雅山脉山脚下。

阿里赞同他的做法。"即便是大明星也不好这样做，问导演讨剧本看是大忌，除非你不想在剧组待了。导演最讨厌这种人：'你以为你是谁？怎么，觉得我告诉你的不算数？'"

艾伊杉预备放低身段、以绝对谦卑的姿态进剧组。"这样没有人会觉得面上过不去。我对导演说，哪怕剧组不管饭我也来。"阿里提醒艾伊杉拍戏期间不能长胖；而如果剧组的伙食好，长胖是必然的。艾伊杉回答说他带了跑鞋，每天的健身不会中断，饿了只吃粗糖和花生。向来慷慨的他把好友免费提供的公寓无偿借给了他的穆斯林邻居——那户人家在他外出拍戏期间正预备办喜事。在孟买，房产是公有的，一个人的栖身地总四处轮转。

进剧组后没多久，艾伊杉来到我在尔科商场楼上的办公室。他看上去神采奕奕，每天的海滩慢跑显然发挥了作用。艾伊杉说他对拍摄全情投入："我想和角色融为一体。"他说他最终的梦想是和名导演合作，比如维诺德·乔普拉。但我不认为他是在暗示我介绍维诺德给他认识。艾伊杉不至于那么工于心计——他的问题恰恰在于他太没有心计了。

《礼赞难近母》的拍摄中止了。全印电视台有令，命导演尽快完成另两部电视剧的拍摄任务。希夫·库马尔肥水不流外人田，干脆让艾伊杉出演了其中一部电视剧的男三号（女主角的第二任丈夫）。艾伊杉分三天出演这一角色后，理应有分期付款的一万卢比作酬劳。只是三天拖成了二十二天，这倒不打紧，唯一的小问题是："票款尚未结清。"[1]

《礼赞难近母》剧组最终入住的并非投资方的山间木屋，而是制片人开的民宿。艾伊杉和另一位演员同住。房间漏水不说，同屋的演员又是个老烟枪，且睡觉时鼾声如雷。既闻不得烟味也受不了鼾声

---

[1] 指付款方尚未将应付款汇入银行账户，即便开具支票也无法提领。

的艾伊杉录下室友的呼噜声给制片人听,在征得同意后搬到了别的房间。

电影的预算不是少,而是少得可怜。制片人连多余的音乐卡带都匀不出来,所以艾伊杉从录音师那儿偷拿了一卷。他给哥哥看的剧照也是从剧组顺手牵羊的。经验不足的制片人没请够工作人员。"所以我不拍戏的时候就给导演当场记。我会叫'安静!'然后打板。"这让艾伊杉和围观群众闹了点不愉快。那一天是周六,而周六归土星神娑尼[①]管。娑尼的脾气很坏,连带着艾伊杉也易怒起来。某个围观的浑小子多次打断了拍摄进度,既是男主角又兼场务的艾伊杉请他保持安静,结果双方的口角升级成了肢体冲突。艾伊杉随身掏出一份剪报,赫尔德瓦尔某报的头条这样写道:"民众痛打新戏男一号。"但艾伊杉坚称事实正好相反:"我二话不说揍了那个混蛋。"但他很庆幸报纸没有那样写。如果他被描绘成对群众动粗的男演员,当地的小混混可不会放过他。

《礼赞难近母》的耗片比[②]是一比一。"通常我们的拍摄都是一遍过,除非不巧有路人挡住了镜头。"那就不得不再来一遍。每天开工前,全剧组焦灼等待着服装师从市场淘来演员当天所需的衣物——置装真好似买菜。而制片人见剧组下榻的民宿外正举办衣饰展销会,灵机一动,命艾伊杉前去"大甩卖"的摊位挑选合适的衣服,拍摄时穿在身上,拍摄结束后再寻各种理由将衣服退还给摊主。

电影讲述的是素食女神的故事,演职人员却常吃不上蔬菜。每天的菜单上除了土豆还是土豆。"顿顿吃,就连酸奶里也放了土豆。"早已感到腻味的艾伊杉试过明示暗示各种办法,甚至编了打油诗讽刺,制片人听后却只怪他牢骚满腹。摄制组的部分工作人员久经片场,对

---

① 源自印度神话,印度占星学认为娑尼(土星)主管星期六。
② 指全部拍摄素材与影片最终时长之间的比值。一般为确保完成影片中的某一片段,应计划拍摄至少十倍的素材。耗片比越高,电影的成本越高。

争抢食物毫不脸红,"他们一哄而上,煎饼四五张一拿,又把仅有的蔬菜统统舀光,端着盘子躲到一边去了。我们只好在队伍后面空等,看有没有多余的菜再端上来。"

情况越来越糟。一天,剧组的伙食恰好是奶酪咖喱和素饺。艾伊杉吃饭时有反复拨弄食物然后送入口中的坏习惯,这一回却变成了"好"事——他不当心捏碎了一只素饺,发现里头窝着一只完整的蟑螂。隔天,他在米饭里吃到了蠕虫。忍无可忍的男主演于是担负起片场的又一职责:清扫。他找来扫帚和拖把,气势如虎地冲进厨房,直到把地刷得铮亮才停下。

艾伊杉将供奉着的难近母像也带到了民宿,为她在房间里建了一个小小的神龛。他觉得最近如此可怕的伙食是女神对他的警示:"若非亲眼看到,我真难想象还会有那样的食物,可见是难近母正教导我——这也是生活的一部分。"

在食品危机发生的同时,我的童年偶像也出现在了剧组。艾伊杉向我出示了一张照片,上头是个穿橘色僧袍的男人,"达拉·辛格。"这个名字带我倏忽回到了过往——"达拉·辛格大战金刚"。作为印度最了不起的职业摔跤手,达拉·辛格就是勇士的代名词。凭借在摔跤场上获得的成功,他得以立足娱乐圈不说,甚至被任命为印度上议院——联邦院的议员。导演希夫·库马尔与辛格私交不错(曾启用辛格的儿子做男主角),因此请来辛格在《礼赞难近母》中客串笃信女神的僧人一角。达拉·辛格在印度妇孺皆知,听闻他来片场的消息后,过路的司机将公交车开下高速公路,停在附近的小镇上,所有人都下车朝辛格跑来,边喊"达拉大哥!达拉大哥!"边向他行触脚礼。

达拉·辛格只在剧组待了一天。据说他从不吃米饭,但依然身强体健、老当益壮。剧组的伙食并未因辛格的到来有所改善,"那一天吃的还是土豆。"艾伊杉和辛格谈起他们的伙食——饥肠辘辘的剧组成员最在意的问题,每天看着一篮篮作为道具的水灵蔬菜却吃不到、碰不得,实如百爪挠心。辛格同意艾伊杉的看法,"他说:不管一个人从事什么，不首先为了满足温饱吗？若连一顿像样的饭都吃不上，又何谈艺术追求呢？"心有戚戚焉的艾伊杉于是为辛格送去了水果。

剧组的土豆还是源源不断。艾伊杉干脆自己去市场置办伙食。每天早上，他在房间里摆好丰盛的早饭：奶酪、果酱、面包、黄油、水果。剧组人员进他的房间报到，吃饱喝足后准备开工。有时，艾伊杉也会自掏腰包给剧组买晚饭。这种种花销可不少，他的片酬是两万一千卢比，现在分文未得，已经倒贴进去一万三千卢比了。我问他这笔钱制片人给不给报销，他大笑起来，说有一次，载着剧组全体成员的公交车在半道上抛了锚，已经到饭点了，而公交车最早也要凌晨两点才能到德里。制片人于是拿出四百卢比，让全车二十个人下去吃晚饭。"他是个穆斯林不假，但要论算计和抠门，绝对堪称吠舍中的吠舍。"吠舍是印度第三大种姓，一度被视作奸商的代名词。四百卢比当然是不够的，因此打拼者艾伊杉责无旁贷为大伙买了晚饭，花去一千两百卢比。他没有提出分摊费用。"我开不了口对同剧组的人说：'你们每人记得还我四十卢比啊。'"难怪在电影中饰演艾伊杉母亲的女演员称他为冤大头。

拍摄《礼赞难近母》的过程至少让艾伊杉认清了一个事实："除非有天时地利人和，不然我永远成不了大明星。"不会有像萨伯哈什·哥亥、雅什·乔普拉这样的大导演在他身上豪掷几亿卢比。艾伊杉也知道他过于轻信了——曾承诺会捧红他的导演和制片要么敷衍塞责，要么撒手人寰。他应该把情绪攒起来留到镜头前释放，而不是在生活中也如此多愁善感。

但与生俱来的乐天又让艾伊杉觉得："纳那·帕缇卡四十二岁才走红呢。"他今年不过二十五岁。

艾伊杉翻过剧照影集里的一页，停留在其中的一张照片上，那上面的他戴着美国骑兵帽，被一群人团团围住，正在签名。终于，布料商艾伊杉也能为追随者签名了。"那是我最风光的时刻。"他回忆道。人群在他晨跑时紧跟在他身后，他们向民宿的前台打听：这儿是不是住着一个电影演员？我们想见他。"他们会三五成群进我的房间，同我握手。我多么希望我的哥哥也在这里，能亲眼看到这些事情。"艾伊杉说他从前常去某个阿姨家蹭饭，那户人家有三个女儿，都喜欢上了他。她们给他打电话，不时往孟买寄明信片。和他同一个剧组的女演员甲请女演员乙带话，说对艾伊杉芳心暗许。结果带话的女演员乙也迷上了艾伊杉。他一律婉拒了："我说我一年半前刚刚经历了一次分手，无意再投入熬心费力的恋爱。"夕阳的余晖从窗户照射进来，为艾伊杉的面庞更添光彩。"我还是很有异性缘的。"

有传言道1999年5月8日是世界末日。报纸上铺天盖地都是这样的消息：夜观星象，天降凶兆，北斗南移，紫微暗淡……人们纷纷从古吉拉特的阿兰港——世界最大的拆船码头往农村避难。仓皇逃离孟买的也大有人在，尤其是迷信的古吉拉特人。湿婆军的苏尼尔借机倒卖起了长途汽车票，狠狠发了一笔灾难财。我在那一年的夏天给阿里打电话，问为何许久不曾听到艾伊杉的消息。阿里笑得上气不接下气："艾伊杉那个傻瓜——"竟回斋浦尔去了。渐渐有了名气、除《礼赞难近母》和电视剧外正预备接拍新戏的艾伊杉忽然接到父亲打来的电话："儿子，末日将至，我们一家人必定共进退、不离弃！"艾伊杉的父亲从迪拜飞回了斋浦尔，艾伊杉也在5月6日坐火车赶往老家，同父母、哥哥一道等待末日降临。这一等便错过了签约第二部电影的时机。"他说要回老家避难，我还以为他在开玩笑。"阿里说，"但他是真的为难，左手忠孝礼义，右手自由叛逆，他不知该如何做自己。"

世界末日当然没有来临，艾伊杉于是回到北阿坎德邦继续《礼赞难近母》的拍摄。他曾在返回孟买后，和阿里一起来我的办公室品酒谈天，当晚我的朋友——社交名媛安努拉达·坦登也在。有漂亮女性在场，让阿里和艾伊杉如沐春风、更为健谈。积极表现的艾伊杉和安努拉达说起他的电影，一边试着寻找类比："你听说过《礼赞萨陀悉主母》① 吗？"

"你真当人家是土包子？"阿里啜着伏特加小声嘀咕。

艾伊杉带来一台小小的摄像机，为我们播放未经剪辑的电影镜头。"大家现在看到的是《礼赞难近母是怎样炼成的》。"画面一闪，镜头里的艾伊杉正坐在迪斯科的沙发座上，面前放着一瓶烈酒。一群打扮入时的舞女正用英语演唱《我为她狂》。

"这一幕是说我误以为妻子和我的堂弟有染，所以借酒浇愁。"

"伦理大片呀。"阿里调侃道。

在印度电影中，作为道具的七十年代威士忌酒瓶里装的是可乐。但《礼赞难近母》预算有限，因此"可乐里还要兑水，一瓶可乐能装满六只酒瓶。"而艾伊杉得大口灌着稀释得不能再稀释的可乐，假装自己喝得烂醉。待把液体喝空后，为了表现角色内心的苦闷，他要将玻璃酒瓶往前一抛，两名助理正站在摄像机后，早早张开了床单等着接住酒瓶，以便再次使用。正因经费短缺，摄制组在用完了制造烟雾效果的粉末后，为继续拍摄某一浓雾中的场景，创造性地改烧起了牛粪。烟气刺痛了艾伊杉的眼睛，也导致了另一个剧组喜闻乐见的结果："我的眼泪止不住地流，正好连买眼药水的钱也省了。"

第二轮拍摄的进度很吃紧，每天要从中午直拍到午夜。这一次，为防止老资格又厚脸皮的工作人员抢走大部分伙食，制片人想出了一个点子：他用塑料袋提前为所有人装好了食物，定量分餐。饭菜是从当地锡克教徒开的餐馆做好送来的，用料多，分量足："放奶酪像不要钱似的。"但制片人又犯了抠门的毛病，不肯再多花一丁点钱买盘子。因此剧组成员只能直接从塑料袋里吃饭，每人四袋，有米饭、煎饼、豆糊和蔬菜。但塑料袋的结实在难解，大伙不得不用牙齿撕开袋子，往往嚼了一嘴的塑料薄膜。艾伊杉对制片人说：如果将来谁给

---

① 该电影将萨陀悉塑造为象头神之女满愿女神。这部低成本电影上映后引发崇拜狂潮，原本六十年代才出现、只在口头流传的萨陀悉从此进入了印度的万神殿。

《礼赞难近母》的剧组做尸检,一定能从每个人体内找到各式各样的塑料袋碎片。"制片人这才觉得过意不去,给答应捐赠难近母像的寺庙打电话,请对方赞助了一百只盘子。"

不出几日,平添塑料袋风味的饮食就让艾伊杉遭了罪。"我的肠胃唱起了反调,一直拉肚子。"民宿老板家的厨房近在咫尺,锅碗瓢勺的叮当声响令虚脱的艾伊杉又是苦恼又是向往。好在老板的女儿对艾伊杉颇有好感,在他的请求下端来了米豆粥①。艾伊杉喝了粥,腹泻的症状缓解了。

摄像机的镜头又一闪,只见年轻的女主角正在河水中挣扎,她手臂乱舞,声嘶力竭,仿佛若非男主角及时相救便要身亡。我们纷纷评价说女主角演技逼真,为这一幕浑然忘我。

"因为那并非演戏,她不会游泳,是真的要溺水了。"艾伊杉说。

而在恒河河畔进行拍摄殊为不易。艾伊杉回忆道,当他面对女主角深情款款唱起"绿草苍苍白雾茫茫,有位佳人在水一方——"时(艾伊杉边唱边打着响指),镜头外的恒河里却漂浮着一具具死尸。

我们继续观看录像。不一会儿,一只光头闯入了视野。"那是谁?"我问。艾伊杉解释说那是苦行僧的脑袋。电影的拍摄地之一在赫尔德瓦尔,"不管剧组去哪里,总有几十个苦行僧在附近转悠,他们都是瘾君子。"这些做完了当天早课的苦行僧围观神话故事的拍摄,堵塞了往来的通道不说,还要求在电影里露个脸。鉴于他们当中的很多人是危险分子,剧组不敢不应。"比哈尔或者北方邦的地痞流氓只要在当地留下犯罪记录,就跑到赫尔德瓦尔剃成光头、假扮僧人。"

我问艾伊杉他们的电影几时上映。

他停顿了一下,说:"要先找到买家。"

《礼赞难近母》有个强大的竞争者:一部叫做《女神》的同类型电影(且里面有更多难近母显灵的情节)。艾伊杉正考虑要不要自己出

---

① 易消化、适合病人食用的小米料理。

资买下《礼赞难近母》在拉贾斯坦邦的发行权,他自信能收回成本。为此他需要至少两拉克为电影做宣传——请三轮车夫带着扩音喇叭绕农村骑行,广而告之新的年度娱乐大作即将上映。制片人又打听到孟买北郊要新建一座难近母庙,导演唯恐被新庙、新女神像抢了风头,命所有演职人员从今往后加紧向难近母诵经。

艾伊杉比我第一次见他时自信多了。除非我重复上好几遍,不然他不会回答我的每一个问题。即便我重复了问题,有时他仍会避免作答。他不再立即回我的电话,开始临时取消我们的会面。不是因为他不再尊重我,而是他的身份改变了。走进我的办公室后,他会自动自发坐进扶手椅。但他依然为我们沏茶,不时往玻璃杯里续水。

我在班德拉一家豪华影院观看了《礼赞难近母》的试映。观众基本都是艾伊杉的家人、朋友,以及另两位发行人。电影演职员表的各项工种下往往只有一个人,而打拼者艾伊杉对电影的贡献似乎没能得到应有的认可,他们甚至把他的名字误写成了"艾伊彬"。

这不单是一部神话电影,正如艾伊杉告诉我的:"它融合了爱情、动作等各种元素。"一线明星的天价片酬迫使主流商业片的导演和制片人转战低成本电影的市场。而低成本电影要盈利,主要有三种方式:一是拍成恐怖片(无需明星出镜),二是拍成色情片,三是拍成宗教片。"或者三合一:恐怖、色情与密宗元素齐备。"《礼赞难近母》正是这样一部电影。

它描绘了神话背景下,素食女神难近母战胜邪恶势力的故事。故事发生在农村,村里的大户人家有两兄弟,弟弟的老婆刁蛮泼辣,哥哥的妻子贤良淑德。弟弟梦想着前往美国。有一天,一个云游四方的僧人途经村庄,唱响了难近母礼赞,受到感染的村民都来敬拜女神,弟弟也在其中。女神响应了他的祷告,立即有电报从美国总部发来,说职位正好有空缺。品德高尚又心地善良的大嫂于是变卖了嫁妆,为这个兄弟和他的妻儿(艾伊杉出演成年后的儿子一角)买好了赴美的机票。多年后,一言一行早已变得西式的一家人从美国归来(以印航飞机的两次起降交代了这一情节),托运了一皮箱钱(十拉克)欲挽救哥哥在家乡不景气的生意,但就像托运贵重物品必然会发生的那样,他们的行李被航空公司弄丢了。晴天霹雳!

饰演印侨的艾伊杉首次出镜时颇显得不修边幅,他穿着牛仔衬衣、牛仔裤,戴着美式骑兵帽。扮演艾伊杉恶毒母亲和虚荣妹妹的女演员则身穿休闲圆领衫和短裙。随着剧情的推移(制片人显然对大甩卖的衣饰展销会物尽其用),艾伊杉以波点背心配鲜红领结的造型亮相,而母女俩的服装从起初风光无限的高开叉半身裙换做了落魄后打补丁的褴褛衣衫。

艾伊杉终于成为传统意义上的男主角(而不只是男演员)。他头顶主角的光环,能让一切不可能变得可能:载歌载舞,扭腰摆胯;徒手打败三名持枪歹徒——他的拳头如此有力,以至于违反基本的物理学原理,在接触到对方身体前便发出"砰砰"的闷响;他失恋时必定猛灌威士忌,做生意保管赚大钱。

《礼赞难近母》的剧情走向仿佛难近母的心思般难以揣测。电影采用好似跳接①的手法描述主人公接连经历的重大转折:成婚、被扫地出门、婚姻触礁,却不向观众交代其中的细节、动机和目的。上一秒还沉浸爱河的主人公下一秒便兀自心碎,中间的剧情需要观众自行联想。因此每当主人公取得些微胜利,都是献给观众的一次惊喜。你永远不知道接下来会发生什么——和看主流印度电影不同,我的注意力被前所未有地抓牢了。

《礼赞难近母》全不回避压迫广大农民的难题。艾伊杉吃着除了土豆还是土豆的剧组伙食,曾对制片人半真不假地说:"我们在你眼里,就好像没有嫁妆的新娘。"但在电影中,难近母实打实拯救了艾伊杉那同样没有嫁妆的新娘。被贪心不足的亲家母打断了婚礼,言语羞辱不算,还命自己必须拿出嫁妆——这是一个女儿待字闺中的农村

---

① 不同于传统剪辑中场景的连续性,跳接以一定的逻辑将不同时空的场景接在一起。

老父所面临的最大困境。新娘在绝望中向难近母祷告，于是主持正义的不是参照《刑法典》①宣判的法官，而是化身老妇人、带着金银珠宝、绫罗绸缎现身的难近母。当恶婆婆同自己的哥哥（鲍勃先生）密谋偷走这些妆奁时，所有财富瞬间化作了灰烬。

电影以难近母的显灵串联各个桥段，譬如她用神力隔空将一碟碟食物送往神龛，当饥肠辘辘的反派追着食物跑时，她便借机用人们供奉她的神像（由粘土制成）砸对方的头和肩膀。在电影中常以有着亮蓝色皮肤、佩戴耀眼金饰的少女形象出现的难近母总能很好地诠释何谓"山重水复疑无路，柳暗花明又一村"。

唯一抢了难近母风头的，大约就是礼赞难近母的摔跤手了——达拉·辛格饰演片中穿僧袍的苏菲派修士。"所以他是穆斯林？"我问艾伊杉。"不，他就是个僧人，我们也不清楚他的宗教背景。"他可能是穆斯林，也可能是印度教徒，云游四方为女神献歌。农村地区的观众不会对这一细节感到困扰。负责电影配乐的词曲作者是耆那教徒，大反派鲍勃先生的扮演者、电影的联合出品人沙希德·汗是穆斯林，同时也是难近母的信徒。

电影还展现了一个有趣的现象：一旦嫁作人妇，从前穿迷你裙和小短靴的姑娘便老老实实裹上了纱丽。当艾伊杉扮演的角色躺在用鲜花装点的婚床上时，新嫁娘并不惜取春宵，反倒呜呜吹响了海螺，在新郎逐渐沉入梦乡时唱起献给难近母的拜赞歌。不久后，她在千钧一发之际救小姑子免于婚前失贞。"你可真老土！"被坏了好事的男子愤愤指责女主角道，她难道不知这在国外再寻常不过了吗？"可这里是印度。"洁身自好的新嫁娘用带着浓重孟加拉口音的英语义正词严地说，"玩弄女性的贞操就了不起了？这是任何国家的文化吗？你倒说说有哪一所大学是传授和鼓励这种粗野罪行的！"

---

① 印度法律规定：婚姻的缔结以女方给付嫁妆为前提的属犯罪行为，涉事者当判处半年以上五年以下监禁。

我忍不住笑出声来，直到我发觉在场所有年长的女性观众都很严肃。我不得不捂住嘴，又用力咬住手掌平息笑意。这部电影的受众对"此地无银三百两"的反讽免疫，所以丝毫不觉其中的荒诞。几天后，我向蒙娜丽莎转述此事，依旧觉得好笑："这部电影太逗了。"但蒙娜丽莎同样面目端严，并且立即纠正我道："没什么逗的。这是一部关于难近母的电影。"

印度电影深深扎根于史诗，《礼赞难近母》也不例外。贪婪的母亲叫做吉迦伊①，邪恶的舅舅鲍勃先生叫做沙恭尼②，对主角忠心耿耿的堂弟把艾伊杉和他的妻子分别比作罗摩和悉多，又称自己为罗什曼那③。这些名字是农村观影者的指路牌，每一个角色对应已知的神话人物：坏继母、好兄弟。印度观众不喜欢预料之外的情节，除非那是报道试映会盛况的新闻稿，而稿件末尾有这样一行小字：难近母保佑看过电影、口耳相传之人功德无量。这行小字也酷似《摩诃婆罗多》及许多印度神话的序言，印度人相信：哪怕只是倾听神明的故事，也能为倾听者带来福报。

中场休息④时，《礼赞难近母》的导演希夫·库马尔对我说：他试图以青少年喜闻乐见的方式传递影片的主旨。这就解释得通脚踏十五公分高跟鞋、身穿（我至今在银幕所见最短的）迷你裙招摇过市的女主角一旦出阁便规规矩矩做人、恭恭敬敬拜神的巨大反差。"青少年喜闻乐见的"镜头还包括电影中（对难近母朝参暮礼之余）出现的各式超短裙、近乎透明的衬衣、吻戏和带有性暗示的粗俗对白。希夫·库马尔拍过不同类型的电影，但主要是色情喜剧，如今他自创了一种全新的电影类型：神话色情喜剧。

---

① 《罗摩衍那》中贪心不足、反受其害的拘萨罗国王妃。
② 《摩诃婆罗多》中犍陀罗国国王，在俱卢之野战斗中被偕天杀死。
③ 《罗摩衍那》中拘萨罗国三王子，与大哥罗摩同甘共苦。
④ 至少三小时的印度电影通常分为上下半场，有中场休息。

库马尔声称电影的预算是八十拉克，艾伊杉却说最多不超过四十。在电影行业，每个人都有自己的"折扣价"，即报出的数字要相应减去多少才属实——库马尔的显然要打五折。但不论预算多少，和大制作的电影不同，《礼赞难近母》铁定能回本，其中一个原因是北方邦的政府高官笃信难近母，拜倒在女神像前的他们免了电影的税。

　　宝莱坞杂志《超级电影》也为《礼赞难近母》造势："最近，一部在北方邦取得绝佳票房的神话电影异军突起。宗教题材长盛不衰，不时像龙卷风横扫整个市场。"可惜的是，这场龙卷风在向南移动的过程中渐变为和风细雨，最终完全消散了。《礼赞难近母》在北方开了个好头，却未能在孟买上演。因为在孟买，无人死于饥荒，这座城市需要的不是坚持吃素的女神，而是解决住房的女神、疏导交通的女神、约束政府的女神。

　　但有着九个化身的难近母到底以她自己的方式影响着艾伊杉的生活。一晚，艾伊杉在沃里的表兄家做客，表兄定要留他过夜（甚至预备好了牙刷和替换衣物）。艾伊杉三次要走，三次被挽留，但他总归心神不宁，于是坚辞表兄，开车上路了。在回安泰里住所的途中，大约凌晨两点的时候，艾伊杉经过马希姆清真寺，见前方道路上围了一群人。他的第一反应是：难道又发生骚乱了？毕竟这里是穆斯林的聚集地。人群上前来拦住艾伊杉的车，让他开门。他这才看清路中央躺着一个女人，被计程车撞倒了，血自她的头部和大腿汩汩往外流。肇事司机已经逃逸，而受害者需立即送医。人们七手八脚将她抬上艾伊杉的车后座，艾伊杉载着她前往最近的里拉瓦提医院，到医院后发觉她身无分文，便又一次掏出钱包，为这陌生人垫付了两千卢比治疗费，又整夜陪在她的床边。第二天，艾伊杉费了一番工夫才找到受害者的家人，为他们叫好了计程车（预付了车资），请司机载着受伤的女病人前往北郊的马拉德——相对不那么昂贵的医院。

　　艾伊杉觉得一切皆是难近母对他的考验。"我从表兄家开车出来，当时还想着要去难近母庙还愿，那里也是我庆祝生日的最佳地点。"艾伊杉热切盼望长途跋涉到难近母庙参拜。他说要不是难近母一再催促他半夜动身、恰好经过事发路段，那个出了车祸的女人很可能已经死了。所以他更要和父母去难近母庙庆贺自己的二十七岁生日，禀报女神他始终遵从她的指示。

女主角拉施继《礼赞难近母》后主演了电影《头号舞娘》，从有玉洁松贞之志的虔诚新娘摇身变作招蜂引蝶的花街女郎。艾伊杉则就此失去了影踪，或许回斋浦尔老家甘做一个平凡人，或许飞往迪拜重拾了布料店的营生。

被告：桑杰·杜特

维诺德告诉艾杰·拉尔：桑杰·杜特将确定出演《克什米尔任务》。好朋友竟要启用他亲自审问过的嫌犯做电影男主角，艾杰当时的评价是："这不就演成《恐破法》了？"他指的是桑杰因参与"九三"爆炸案而被控违反的《恐怖主义和破坏活动（预防）法案》。不过事实上，在和维诺德的电影扯上关系的人当中，桑杰还不是唯一因谋杀（或协助谋杀）遭到起诉的——买下《克什米尔任务》音乐版权的拉美什·陶拉尼涉嫌谋害音乐制作人高尔杉·库马尔[1]，刚刚获得保释。

我在维诺德家第一次见到了桑杰。接演可汗一角对他来说是不小的挑战，因为这个角色原本是为阿米塔·巴强精心打造的。桑杰和维诺德、阿努还有我坐在阳台上。"你们和他一比，简直像从小人国来的。"阿努笑说。确实，桑杰是像雷龙[2]一样的大块头。

我提起在德里的摄影师朋友达雅妮塔·辛格，桑杰说："那是我的妹子。她每次来孟买都住我们家。"达雅妮塔和桑杰是老同学，他

---

[1] 根据作者的表述，直接谋杀高尔杉·库马尔的应是受雇于阿布·萨勒姆的达乌德帮杀手"黑眼"。

[2] 最大型的恐龙之一。

一直把她当亲妹妹看。在寄宿学校的时候，桑杰是最常受到体罚的学生。他是背景显赫的星二代，父亲是印度家喻户晓的演员兼国会议员苏尼尔·杜特，身为穆斯林的母亲则是宝莱坞最负盛名的女演员纳吉丝。心怀不忿的老师对桑杰分外苛刻：这小混蛋以为自己是谁？照打不误！有一次，桑杰因为犯了什么小错，被罚手脚并用地爬上满是碎石的山坡。石子磨碎了桑杰手臂和膝盖上的皮肤。第二天，还不解气的老师扯掉桑杰身上的绷带，让他再爬一遍。还有一次，桑杰被体罚得太厉害，以至于迟迟不能痊愈的伤口都生了坏疽，他的父母不得不把他送往德里的医院进行救治。在英式寄宿制学校念书时，桑杰尚且是个瘦弱的孩子，他寻求称霸校园的锡克教学生的帮助。他让达雅妮塔将红绳系在他们的手腕上，间接与那些混混成了兄弟。他自那时起便迷恋枪支和健身。

马赫什对我说桑杰闭口不谈他在狱中的经历。达雅妮塔也说过同样的话。但坐在维诺德家阳台上的桑杰非常友善和坦诚，或许是因为维诺德也在的缘故。"那是我最黑暗、最不堪回首的日子。"桑杰说。娱乐圈的同行在他被捕后冷漠以对，"唯独这个人——"他指了指维诺德，"唯独这个人支持我、相信我。"桑杰的案子仍需多年才会有进展，若判决对他不利，他要向上一级法院申请复议，离结案也就愈发遥遥无期。他邀我第二天和他一块儿去法院报到。

特别法庭设在阿瑟路上，我们在法院门前下车，繁忙街道上的某个行人认出了桑杰，用印地语大喊一声"《子弹盒》"！那是桑杰最新上映的电影的名字，正式片名叫做《死囚的爱情》。整条街的人都回过头来盯着我们。和桑杰一样取保候审的同伴对他耳语了几句，说他们的另一个同案犯在焦伯蒂海滩被小拉詹帮的人暗杀了。桑杰显然对被害人很熟悉。我感觉他把这些不法分子看作了真正的亲人，他在他们中间找到了寄宿制学校里缺席的朋友——能保护他不受同学霸凌、老师虐待的江湖弟兄。

我们又开车回到桑杰的公寓,他两周前才搬来这里,从公寓可见班德拉美丽的海滨。我们坐在摆有金丝楠木家具的书房里,桑杰替我端来茶水、加入白糖,用勺搅匀后递给了我。他说起他问题重重的青春期,像孟买上流社会有钱有闲的男孩一样接触毒品:"起初只是为了显得合群,想抽一点大麻、结交女朋友,无伤大雅。"但大麻不能满足桑杰的需求。"每十个人当中就有一个上瘾的,我便是那个人。"他开始用更强效的毒品代替:眠酮、可卡因、海洛因,"我什么样的毒都吸过。"他重复了一遍这句话。"我整天待在厕所,加热锡纸以后吸毒,要么睡觉。"他替自己找的借口是:"我活得很辛苦,妈妈在我二十岁时就过世了。"桑杰的母亲在 1981 年时死于癌症,几年后,在同一家医院(曼哈顿的纪念斯隆-凯特琳癌症中心)他又失去了罹患脑瘤的妻子。桑杰曾在隆冬独自走上纽约的街头,边走边暗暗垂泪。

他向水沟集市[①]的毒贩购买毒品。我记得穆赫辛曾告诉过我,说桑杰会到那里"和穆斯林一起抽大麻"。他们为他自豪,也为他的穆斯林母亲自豪。渐渐地,桑杰意识到自己的毒瘾已深,终于远赴美国密西西比州的杰克逊市戒毒。他为万宝路香烟所宣传的男性气概着迷,在戒毒所里认识了养得克萨斯长角牛的朋友。桑杰在孟买还有存款,打算和这个朋友一起投资农场的生意。他在德州待了一个月,直到他的父亲前来找他,花了两天连哄带劝求他回了孟买。

我们说话间,桑杰的手机响了,他对电话那头的人(或许是某个问他为何不在片场的导演)撒谎说:"我在阿利巴格。"[②]他又拨通了另一个人的号码,这一次声音更低缓,语气柔和得多。

桑杰对家中的女性尤为爱护。达雅妮塔说她在孟买时,每次借宿桑杰家,不管多晚回来,桑杰必定在客厅等她。见她平安进门,桑杰抬腕看一看表,再抬头看一看达雅妮塔,随即不发一语朝自己的卧室

---

① 南孟买的出口商品和珠宝集散地。
② 马哈拉施特拉邦一城镇。

走去。

他因此也对安保措施格外上心。"我喜欢枪。"桑杰承认。在暴乱期间，他始终认为家人会遭遇不测，时刻为他们有性命之忧而担惊受怕。他深信狂乱的印度教徒会来迫害杜特一家，因为他的母亲是穆斯林，而他的父亲又公开同湿婆军作对。根据艾杰·拉尔的说法，桑杰于是打电话给达乌德·易卜拉欣的弟弟阿尼斯和副手阿布·萨勒姆，请他们快递几把"吉他"（即 AK-56 冲锋枪）来孟买。艾杰说桑杰到案后交代："爆炸案案犯挖空了一辆马鲁蒂铃木，用 AK-56 冲锋枪和手雷重新填满，把车从巴基斯坦开到了孟买。他们自然无法在大马路上卸货，所以想到了利用桑杰的车库。而桑杰和无数影视圈的人一样，对黑帮充满了好奇和向往。"

艾杰对桑杰殊无好感，但不可否认的是，"九三"爆炸案发生时确是桑杰演艺生涯的巅峰。他出演的《恶棍》创下了当年的票房收入之最，桑杰饰演受雇于黑帮的杀手，电影的宣传海报上这样写道："完美演绎'这个杀手不太冷'。"当艾杰着手侦办爆炸案并抓捕案犯时，桑杰还在毛里求斯拍戏。他在道上的朋友于是前往他家中取走了枪支，欲销毁物证。警方后来在铸造厂发现了其中一把冲锋枪的复进簧和导杆，以此立案逮捕了桑杰。

桑杰认为，他被捕是萨拉德·帕瓦尔捣的鬼。帕瓦尔和桑杰支持率奇高的父亲是角逐国大党党魁一职的对手。乔格什瓦里一名在市政府工作的穆斯林曾明确表态："苏尼尔·杜特在哪个党派，我就投那个党派一票。"

帕瓦尔在事发后向桑杰的父亲承诺：只要桑杰认罪，不出两周他就能把他弄出监狱。"但如果我认罪，等于承认我也是爆炸案的同谋，那对我的形象和名声会有怎样的影响？对我的家人又会造成怎样的打击？"

父亲让桑杰从毛里求斯回来，说帕瓦尔拍着胸脯保证：他顶多在警局待两小时就能回家。但当桑杰从机场到达大厅的自动扶梯下来时，等着他的是两百名持枪特警，为首之人正是艾杰·拉尔。桑杰被带走接受审讯，随后被关进了阿瑟路监狱。他在狱中的头一晚被纳益帮的在押犯"请"到了他们头头所在的牢房。这个头头在伦敦上的大学，原本是个工程师，回到孟买只为和他做黑帮大佬的哥哥团聚。（维诺德的黑帮电影《白鸽》正改编自这两兄弟的故事。）头头问桑杰蹲班房的感受如何，桑杰说他很想念父亲，头头仗义地摸出手机递给了桑杰。他的父亲在深夜十一点接到儿子从牢里打来的电话，别提有多惊讶了。

桑杰入狱后不久，父亲来探视他。"我已经无能为力了。"他对独生子坦言。"我哭了很久。"桑杰回忆说。他无法获得保释，因为政府不允许。最初审理本案的帕特尔法官一心想扳倒桑杰，桑杰的律师于是要求主审法官回避，申请被驳回不说，还让帕特尔越发怀恨在心。

在监狱里，桑杰是被单独关押的。"他们说我在狱中性命难保，为了我的人身安全考虑，必须隔离监禁，完全是他妈的胡扯。"有三个月的时间，桑杰不见天日，羁押他的牢房不过两米见方，他在这方寸之地刷牙洗澡、吃喝拉撒。家人为桑杰送来了食物，但一入铁窗便早早被其余人抢光。他只能靠难以下咽的监狱伙食为生。而真正让人发狂的是小黑屋的寂静。

桑杰于是和大自然交了朋友。每晚会有四只麻雀自小小的排气扇飞进来，桑杰伸出宽大的手掌，掌心里是他省下的一点面包屑。他在鸟儿啄食的片刻贪婪而小心地抚弄它们的羽毛，他太渴望触碰鲜活的生命了。他也和沿着排污管攀爬的蚂蚁交朋友。"蚂蚁是种神奇的生物，它们有自己的语言，如果一只蚂蚁走错了方向，另一只会马上告诉它。"桑杰便俯卧在地，几小时一动不动地观察着蚂蚁，在它们因搬不动食物而为难时帮它们一把。"如果面包屑对它们来说太大了，我会把它移到排污管的另一边，就像帮它们用直升机空运了食物一样。"监狱里没有钟表，但桑杰知道大概的时间，因为每天都会有一只袋狸大驾光临。"我给它起名叫将军大人，每天午夜它准时钻进来，一点钟的时候离开,就像巡视营房的将军。"

然而虫鸟鼠害对桑杰的吸引力到底是有限的。他三个月没能见到自己的家人。有一天他发了狂性,对着铁栏杆一通撞,直到头破血流,狱医替他缝了十针。监狱高层感到了害怕,这才结束关他的禁闭,允许他和另外二十一个来自旁遮普、脾气暴烈的恐怖分子同住一室。这些人把桑杰照顾得很好。"他们是容易冲动但也讨人喜欢的锡克教徒。"他们给桑杰做吃的,找来石块砌起炉灶,施了魔法般将监狱的可怕伙食变得更营养、可口。

各帮派的杀手在监狱里难免厮混一处。桑杰结识了不少人,也留心观察所谓的"招新":老资格的黑帮分子会从入狱的新人中挑选身手灵活、头脑聪明的,说服他们加入帮派,为他们安排保释,承诺照管好他们的家人。桑杰在出狱后和拍摄帮派电影的导演分享了这些知识,并把在狱中见到的各式人物融入了他的新角色。他饰演黑道分子的本领因此无人能出其右。两年的铁窗生涯至少丰富了他的演技。"人们说我对角色的诠释更纯熟了,我的眼神中常流露出痛苦。"

可是桑杰在外表上和黑帮杀手没有丝毫相似之处。我对他说我所见过的杀手无不瘦小干枯,桑杰点了点头,说他也注意到了相同的事情。"但他们的眼神完全是冰冷的。"他还注意到了黑帮以及恐怖分子的另一项特征:"越是罪案累累的人越是敬畏神。他们花很多时间祷告,也憎恨这该死的政府。"桑杰在狱中同样沿袭了这一传统,每天祷告的时间长达四小时。

入狱后最糟糕的事情是什么呢?我问他。

"是这种不解:为什么是我?为什么把我关进来?我看到杀人如麻的凶手大摇大摆地走出监狱,不禁想:大不了我也去杀人好了。我入狱时体重九十公斤,三个月里瘦了三十四公斤。"警方却并未就此放过桑杰。"他们在我面前对其他人用刑,企图让我开口认罪。"

所以桑杰·杜特有理由愤怒,尽管他在《克什米尔任务》里扮演的是忠心爱国的穆斯林警察。"他们说印度是最大的民主制国家,完全是一派胡言。"桑杰说,他对"历史遗留问题"自有看法:"英国人滚蛋以后,留下一大堆烂摊子。阿姆倍伽尔[①]改写了这个国家的宪法,但无力改变这个国家的司法体系。对英国佬来说,为印度的自由和独立而战的斗士,譬如提拉克这样的人,统统都是恐怖分子。当我们的宪法和实际执法背道而驰的时候,一切都是瞎扯淡。"

桑杰书房的墙上有一幅漫画,画的是桑杰正一边举重一边抽烟的情景,作者是湿婆军党魁的侄子拉吉·萨克雷。巴尔·萨克雷是桑杰唯一不敢得罪的政客,他一手炮制了让桑杰如此难安以至为保护家人免受其害而索要枪支的暴乱。萨克雷借机向全孟买宣告:他有能耐教穆斯林认清地位,也有本事饶他们暂时不死。为展示他的"宽大胸怀"和对印度电影的无上热爱,萨克雷命湿婆军政府释放了穆斯林女演员纳吉丝之子——桑杰·杜特。

马赫什·巴哈特直呼桑杰为"罪犯",但这没能阻止他启用桑杰做最新一部电影的男主角。2000年的时候,算上《现实》和《克什米尔任务》,桑杰已在复出后拍了三部电影了。同帮派分子的近距离接触让他确信:他们远比电影人高尚。"道上的人反而诚实坦荡,不像浸在影视圈大染缸里的那些戏子,勾心斗角、互相倾轧。看不惯别人风头正劲,就买通媒体在首映会上喝倒彩,再贿赂记者在报纸上刊登负面影评。"桑杰对杜特家人人从事的演艺事业竟如此厌恶,以至于隔着桌子我都能感受到他的切齿。

我问他等终于结案后想做什么。他说先赚个几百万美金吧,然后他要搬到纽约去,做他真正想做的事情。他在曼哈顿的梅西百货公司对面有一间小公寓。他想在那里开一家牛排馆。他对美国所有知名牛排馆如数家珍:威廉斯堡的皮特·罗格牛排馆、芝加哥的莫尔顿牛排坊、纽约第四十三街的斯巴客牛排餐厅……无论如何,他想离开孟买。"我曾经深爱这个地方,但现在,孟买太危险了。"他的女儿在加

[①] 印度宪法之父(1891—1956),达利特(贱民)领袖。

州湾畔地区上公立学校,他为她高兴。"受教育对他们来说是件快乐的事。在孟买我看不到这一点。你学的是屁用没有的东西:奥朗则布在公元几几年侵略印度?谁他妈在乎这个?"

桑杰请我留下吃午饭。他往嘴里一勺一勺扒着菠菜,光是菠菜,没有米饭也不配面包。我对他梦想着开牛排馆却像牛一样吃草感到惊讶。他解释说他一贯高蛋白的饮食对肾脏造成了很大的负担,所以现在以吃素为主。他的私人健身教练因过量服用合成代谢类固醇[①]心脏病发,不得不回威尼斯海滩[②]休养一段时间。桑杰严格遵守少食多餐的规定,每餐基本只吃煮菠菜。

几天后的周一,我和桑杰再次前往特别法庭,参加爆炸案的听证会。我们半路去接了一个叫做哈尼夫·卡达瓦拉的人,他就住在尔科商场附近。

"你也是同案被告?"我问哈尼夫。

"我们都是无辜的。"桑杰重申。

哈尼夫是个没什么名气的电影制片人,也是餐馆老板,他是被控为桑杰提供 AK-56 冲锋枪的人之一。我当时并不知道,但我身边坐着的这个人死期将至。2001 年 2 月,哈尼夫在尔科商场不远处被人射杀——小拉詹亲自为哈尼夫下达了有罪判决。至同年年底,这位帮派大佬连同警方一起杀死了本案一百三十六名被告中的七人。

而此时,对哈尼夫的命运还一无所知的桑杰正坐在车里,见缝插针比对着各项拍摄日程。每当沿途出现庙宇,桑杰都会行礼后默默献上祷告。

我花了一上午企图进入法院,却是徒劳。对面阿瑟路监狱的警卫同样尽责,核对着各式访客的身份:律师、取保后每周前来报到的被

[①] 一种可以在短时间内增加肌肉量、提高耐力的激素,滥用会引起心血管问题。
[②] 美国加州一海滨区域。

告、带着一双年幼儿女来见丈夫的妇人（孩子们穿着最体面的衣服）、穿黑色罩袍绝顶美丽的年轻女孩（来探视服刑的男友）。

主持听证会的科德法官终于在下午时开恩，允许我进办公室采访他。说是采访，更像是法官大人的独白，从我身为作家的天职，到孟买此城的特性，再到司法在其中扮演的角色等等，包罗万象。科德法官边说边嚼着薄饼，他的左腮鼓鼓囊囊的，像里头长了一颗瘤子似的。他请我务必让我的读者对印度留下好印象，告诉"那些外国人"印度有全世界最好的司法系统。"不然他们还以为我们是原始人呢。"科德说他亲自记录了手头 13000 页证词中的 8000 页。"为了这个案子，我一天都没请过假。没有请过事假，也没有请过病假，神明保佑。"科德身边有 23 个保镖，他在见过艾杰·拉尔后又额外申请了 15 名警卫。

听证会快开始了，照桑杰的说法："就像一场家庭聚会。"果然，警察、法警和被告熟络地彼此交谈，互问近况。桑杰指着前排的座位对我说："你坐那里。"他向我微微一笑，转身朝后排走去，"我们是被告。"

法官入席，他身后的墙上并未悬挂圣雄甘地的画像，这倒不太寻常。法庭开始点名，总共 124 个名字。"哈尼夫·卡达瓦拉！"被点名的人站起身。"萨利姆·杜兰尼！雅库布·梅蒙！"我扭头看后排，木质板凳上黑压压坐着 124 名被告，除去一旁的 5 个女人，这 119 个硬汉外表沧桑、内里坚硬。"桑杰·杜特！"我们的电影明星半站起来，又一屁股坐了下去，淹没在人堆里。

听证会的议程逐一推进，律师提出诉求，希望科德准许他们的当事人免于出庭，因为小拉詹帮的杀手正对被告虎视眈眈。无人使用面前由法院提供的话筒。我坐在前排（律师们的身后），正对着法官，但我听不清科德在说些什么，更遑论坐在后排的被告。他们也不在意，谈论着世界杯和道上各样违法的生意。法警不时对他们打手势："嘘！嘘！"于是谈话声倏忽轻下去，但不一会儿便恢复了先前的音量。头顶的电扇将涌进来的热浪又扑打出去,窗外是高高的棕榈树和蔚蓝的天。庭上的气氛一片祥和,坐在我身旁、罔顾禁令把手机带进法庭的男人睡着了,脑袋一顿一顿的。他醒来后拿出一份报纸,偷偷摸摸地读起来。我望着墙上的钟,期盼时针走得再快一点,心不在焉地想着午饭要吃什么,以及这一个或那一个女人,正如我从前在万般无聊的课堂上会做的那样。头顶的风扇、后排座位连绵不绝的嗡嗡声、法官和律师漫长的讨论……让我仿佛回到了当年的教室。法院即将休庭两周,对那一百二十四个被告而言,今天是放暑假前最后一天上学,空气中弥漫着懒散、轻松、欢快的因子。和真正的学校不同的是,到毕业那会儿(以案件目前的进展看,至少还要十年),等待表现欠佳者的不是补考,而是绞刑。

法官给了被告两周的休息时间,说只要不出印度,他们哪儿都能去。"但别让我听到你们又闯祸了。"他警告道,活像个校长。走出法庭后的桑杰对我说:"这压根就是个笑话,我们可以逃往尼泊尔,不会有人知道。"

我们开着桑杰的车驶离法院。在十字路口停下时,报童们照例跑上来,其中一个把脸贴在镀了膜的车窗玻璃上,他看到了桑杰。"桑杰·杜特,你在《边境战争》里表现不错。"另一个孩子说:"桑杰·杜特,买份杂志吧。"桑杰又好气又好笑:"他妈的,来份《印度午报》。"他摇下一点车窗,付钱后拿过报纸,孩子们紧紧围在他的车边。桑杰浑不理睬,自顾浏览起来。"看看我们的大忙人都做了些什么。"他指着萨拉德·帕瓦尔宣布脱离国大党的头条新闻对我说。孩子们固然对桑杰着迷,但也只有一会儿——对面车道的红灯亮起,商机又来了,他们将大明星留在原地,呼啦啦跑向对面的马路,瘦小的身体顶着大大的脑袋,里头装满最切合实际的梦想。

我开车载着爆炸案的嫌犯从法院回家,途经孟买的大街小巷,而无论街头还是巷尾都贴满被告人桑杰·杜特的巨型海报。

星梦与黑帮

《克什米尔任务》终于开机了。维诺德向来爱引用费里尼[①]的话，譬如："唯一宽容且拥戴独裁者的地方就是片场。"

影视城回荡着维诺德（因使用扩音器而愈加）洪亮的声音："安静！"巨大的片场冷气开得十足，所有人都穿起了毛衣，仍不时有人感冒。除正儿八经的演职人员以外，跑龙套的、临时顶班的、单纯看热闹的，现场可谓人山人海，连屋顶和伸展台上也不例外。除非挡到了镜头，不然无人驱赶他们，也无人理睬他们。我问维诺德是否当真需要这么多人手，他给出了肯定的答复。在宝莱坞，管理一盏灯要三个人，摄制组恨不得为每一件道具都配备一个工作室。此外，政府官员频频出入片场。教育部秘书曾携家人同来，顺带解决了维诺德孩子的入学问题。

维诺德是我生平所见最勤奋的人。他正一心多用，同时做着三件事：打电话、阅读电影的相关资料、回答我的提问。他的格言是："天道酬勤。"维诺德对创作的每一个细节精益求精。"你放心交给别人来做吗？"他反问我，"别人肯定得过且过啊。"维诺德结束了一天的拍摄，深夜才回到家，嗓子都哑了，我问他发生了什么。"我在片场大喊大叫，骂了人也打了人。"他真的揍了自己的助理导演。

《克什米尔任务》的部分拍摄地在斯利那加，维诺德不得不在武警的保护下坐防弹车往返片场。他们在拍摄中途听见巨大的声响。"是爆竹声，当地人正庆祝十胜节呢。"维诺德对剧组成员这样说，然后请摄影师加快速度。当天收工后，他命人尽快清空场地，大伙儿这才意识到：穆斯林聚居的克什米尔怎么可能庆祝印度教的十胜节？方才确实发生了爆炸。事后，人们在距片场两百米的政府秘书处发现

[①] 费德里柯·费里尼（1920—1993），意大利艺术电影导演、演员、作家，作品风格独特，五次摘取奥斯卡金像奖，被认为是二十世纪影响最广泛的导演之一。

了火箭推进榴弹，此次袭击共造成四人死亡。但当天的拍摄到底完成了。

还有一次，扮演武装分子的演员正沿运河奔跑，当地警方在运河另一头设立了监测点，看见"武装分子"的身影即举枪瞄准了他。反恐警察直到最后一刻才意识到那是一名演员。当炸弹以战争之名在克什米尔各处爆开时，维诺德正为了娱乐效果炸飞达尔湖[①]上的游船。真实的战斗和电影场景之间的界限如此模糊，几乎令人难以分辨。

《克什米尔任务》的大反派最终并未设定成巴基斯坦人（谁让维诺德的电影在巴基斯坦有那么多追随者）。经过修改，电影中的密谋者对着镜头向世界范围内的恐怖分子、黑帮大佬、各国政要及情报人员宣布的是："我们是独立组织，不为任何政府效忠。"但电影前景[②]中有个躲在阴影里的人物，只能看到他的剪影，他才是密谋者听令的对象、真正的幕后黑手。维诺德命对白编剧阿图·提瓦里蓄起大胡子，贡献了这个镜头，他称阿图为《克什米尔任务》的"奥萨马·本·拉登"。

到电影的后半部分，爆炸与谋杀发生的间隙，阿尔塔夫和女友苏菲在乐曲声中畅想童年往事，仿佛又回到了有瀑布和鲜花点缀的梦幻山村。而彼时的斯利那加已太危险，维诺德无法带剧组进入克什米尔继续拍摄，因此这首歌舞的录制是在孟买完成的。我们见惯不怪地在孟买的摄影棚里重建了克什米尔，芳草茵茵的地毯上遍布假花，皑皑白雪则用棉絮做成。在孟买，我们无需太把战争当一回事。即便是战火纷飞的年代，也总要为爱情和歌舞腾一点空间。

在维克拉姆满意地宣布《克什米尔任务》"大结局已定"后不久，我去了一趟维诺德家。代替沙鲁·汗出演阿尔塔夫一角的李提克·罗

[①] 位于斯利那加，是克什米尔最著名的风景区。
[②] 指在镜头中位于主体前面的人或物，用以陪衬主体或组成环境的一部分。

斯汉在处女作《爱有天定》(由父亲拉克什·罗斯汉执导)上映后成了印度最闪耀的新星。《爱有天定》在海内外各大院线名噪一时,有报道称毛里求斯的年轻女影迷和印度的众多女孩一样,看到李提克出现在银幕上时激动得昏倒了。

这股名为李提克的狂潮在各地引发了骚乱。赖布尔[①]一家影院的老板打电话给李提克的父亲,语气相当慌张。他说大量女性观众向影院索要李提克的照片,他急需二十万张印有李提克签名的海报。李提克在泰姬陵酒店喝咖啡时,遭疯狂女影迷的围堵,酒店员工只得偷偷将他从后厨领了出来。他在城郊的意大利餐厅和女友共进晚餐,却被认出他来的人们骚扰得片刻不得安宁。闻风而动的人群聚拢过来,甚至有双层巴士特地停靠在路边,乘客蜂拥而下,只为冲进餐厅看他一眼。

因此《爱有天定》上映第一周就拿到了孟买院线百分之九十九的票房回款,创下了历史之最。并且和其他电影不同,随着时间的推移,《爱有天定》的观影人数呈稳步增长,而非逐渐下降。李提克本是《克什米尔任务》的第三号明星(合约上写明给他的片酬是十一拉克,比女主角普丽缇少了四拉克),但他如今的身价发生了翻天覆地的变化(高达每部电影两亿卢比),有大把导演和制片人捧着钱排队争抢他。"我夜不能寐,几近发狂。"他对维诺德坦白道。

民众对李提克疯狂崇拜的部分原因,是这个国家的传统偶像——板球皇帝刚刚失掉了公信力所导致的。不少运动员被卷进打假球的丑闻,为金钱出卖了祖国的荣誉。当萨辛·坦都卡和李提克一齐亮相板球明星赛时,体育馆内经久不息的掌声是献给宝莱坞新秀而非板球大师的。在这个多媒体时代,至今只拍了一部电影的李提克被迅速捧上了神坛。

所以《克什米尔任务》"已定"的大结局当然要推倒重来了。"事到

---

① 印度恰蒂斯加尔邦一城市。

如今，我们不可能再让希拉尔被三军情报局杀死算数。"维诺德说。大反派不能死于"看不见的敌人"之手，票房冠军李提克必须做电影里的大英雄。维诺德请我为李提克写一个真正属于他的大结局，让李提克（而非桑杰·杜特）绽放最耀眼的星光。我设计让李提克饰演的角色在同他的另一位养父——大反派希拉尔搏斗时杀死对方：杀死希拉尔，意味着阿尔塔夫杀死了最坏的那部分自己。"也因此成为英雄。"维诺德说，点了点头。警察可汗的地位在票房收益面前动摇了，桑杰从男一号变成了男主演之一。

为拍摄改编后的大结局，维诺德在影视城的人工湖边建起了一系列棚屋，又雇人运水来输入地下管道，以供拍摄需要。散布各个角落的烟雾机为身在孟买的剧组蒙上了一层克什米尔特有的迷瘴。《电影手册》杂志如此描绘当时的场景：

> 正值盛夏，水中的微生物腐烂分解，不时发出浓郁的恶臭。导演和剧组成员在这样的环境下不懈工作了月余，试图把水、雾、风控制在最理想的状态，直到他们身上吸饱了臭味，不论洗多少次澡都不能完全去除。

我带乔达摩到影视城观看电影大结局的拍摄：七百五十升汽油造就的轰轰烈烈的爆破。维诺德有一个传统，就是在动作片的末尾毁掉布景。拍《爱在烽火云起时》那会儿，他一把火烧掉了花八十拉克建起的庞大布景。《克什米尔任务》也遭遇了相同的命运：特意搭建的十层楼高的棚屋被熊熊火柱吞噬，瓦砾和烟灰如大雨洒落，又被风吹得迷住人的眼，剧组成员纷纷逃散。维诺德叫爆炸的冲击力撞得仰天摔飞出去，扬声器里立即传来指令："快拿冰块来，导演的屁股受伤了！"我抱起乔达摩跑到与人工湖相邻的山坡上，只听片场的煤气管道接连不断发出爆裂声。我们眼见各色火焰从四面窜起，燃烧着的各样道具从天而降，又在地上点着了火。剧组人员四下奔跑，试图扑灭火苗。前来附近观光的官员和他们的妻子停下了登山的脚步，回转来，带着那么一丝丝"隔岸观火"的快感津津有味地看着。

早在杀青前，维诺德就因为出售电影的音乐和发行权狠赚了一笔。而据李提克炙手可热的程度看，《克什米尔任务》没理由亏本，甚至可能大卖，至少还未上映就万众期待——因《爱有天定》而为李提克痴狂的女影迷听说他出演了新电影，早就翘首以盼了，更不用说剧本、音乐、执导和其他各种因素为电影加的分了。于是我不无愉快地发觉：我对电影的贡献和它的商业前景其实没有任何关联。

维诺德对李提克当真是"人尽其才，物尽其用"。他在片场对穿着背心的李提克说："咱不怕露肉。他们以为《爱有天定》那点镜头就够意思了？我们在《克什米尔任务》里还要露得更多，多多益善。"维诺德指挥李提克来回穿脱衬衫。这个已经大红大紫的青年演员从出场开始（自屋顶一跃而下）就在并不必要的情形下展现身材，好让观众一再看到他放松时也健美紧绷的肱二头肌。

李提克迅速登上了印度最大的新闻杂志的封面。每一天，各大报纸要刊登几十篇有关他的文章。盛名之下，他仍然像从前一样谦逊，当用监视器回放某一镜头时，维诺德和我坐在椅子上看，李提克则跪坐在地上。我同李提克握手时，注意到他的右手有两个拇指，确切说是除正常拇指外另有赘生。他并未在出生后接受手术，因为印度人相信双指会带来好运。或许真是这样，这个当了五年助理导演、生活上曾捉襟见肘、以外景地帐篷为家的年轻人一周内成了人口十亿的大国最闪耀的明星。而今年年底，春风得意的李提克将和相恋多年的女友完婚。

"情况很不错啊！"替《克什米尔任务》拍摄剧照的鲁斯特姆说。

"不是一般的不错。"

情况好得过火了。古语有云：祸兮福所倚，福兮祸所伏。对李提克而言，倘若太走运，可能祸事会接踵而至。于是一月里的一天，李提克最亲的人——他的父亲拉克什·罗斯汉正要坐进奔驰车，两个年轻人走上前来，用一把点三二口径的手枪朝拉克什连开六枪。其中两发子弹打中了拉克什，一枚卡在他的胸骨，免去了他穿心之死。那是《爱有天定》正式发行后的第四天。拉克什·罗斯汉颇有先见之明地将发行权捏在了自己手上（而非授权发行人代理），所以一夜之间成了宝莱坞最富有的人。同行纷纷来探望拉克什，致以慰问又表达惊惧，彼此询问着："为什么？"

维诺德告诉了我为什么："有人想让李提克替他们卖命。"

脱离达乌德帮、近来自立门户的黑道大佬阿布·萨勒姆想借李提克的东风。代萨勒姆出面的宝莱坞导演在事发前找到拉克什，让他给儿子带话：乖乖签约出演由萨勒姆投资的电影。拉克什拒绝了。斯米塔·萨克雷——湿婆军党魁巴尔·萨克雷的儿媳也提过类似的请求，但拒绝斯米塔无甚风险，因为湿婆军在新一届大选中败北，不再掌权了。拉克什不断接到萨勒姆的威胁电话，却只提醒儿子李提克"开车小心"，此外并未多言。两天后，穷凶极恶的杀手朝拉克什开了六枪。外界一致揣测经过这回的教训，罗斯汉父子终究向黑帮妥协了。这和传统印度电影的模式不同：父亲遭遇枪击，儿子非但没有复仇，反而做了敌人投资的电影的男一号。在这样的情形下，李提克或许无法（也不愿）打起十二分精神贡献精彩的表演，但他一出现在银幕上就足以让怀春少女昏厥，所以黑帮完全不用担心电影的收益。娱乐圈的潜规则终于由心怀恶意的帮派分子改写，自此愈发黑白颠倒、是非不分了。

《克什米尔任务》的两大男主演终归笼罩在了黑帮的阴影之下。年长的那个与黑帮牵扯不清，方才获得保释，年轻的那个一夜成名，连累父亲遭黑帮枪击。在孟买，星梦与黑帮实在互相映照、彼此交汇。

这还要从上世纪九十年代电影投资的特性说起。多数宝莱坞电影都拿不到银行的贷款，必须仰赖私人投资。因为银行既不理解也不信任宝莱坞。拍一部电影所需的资金是庞大的，遑论电影公司可能同时开拍好几部电影。从投资到回本往往要好几年，倘若电影不卖座，情况势必更糟。谁的手上会有这么多闲钱呢？只有黑帮。他们也乐见黑钱经彩色电影胶片的运转被洗白。一部票房大获全胜的电影，发行一个月后便有四倍于投资的收益进账。因此对黑帮而言，电影投资是将非法收入转为合法盈利的最快捷的方式。若没有了黑帮的资助，印度的电影产业会顷刻间垮塌。电影人将不得不仰仗银行和证券经纪的垂怜，而后者的电影品位自然与黑帮大佬的截然不同。若没有了黑帮的资助，印度电影人的星梦不可能做得这样盛大、暴戾、热情奔放。

黑帮在钦定演员阵容时有得天独厚的优势。他们招徕籍籍无名、言听计从的导演和制片人，致电眼下最当红的明星，命其取消现有的拍摄计划、加盟黑帮投资的电影。一旦有名角出镜，至少能保证电影收回成本。黑帮对取得电影的海外版权尤为热衷，并对谁能走出国门有绝对的话语权——集结了宝莱坞演员和音乐人的班底从巴塞罗那一路飞往波士顿，哪里有印度人（或热爱印度电影的人）居住，就在哪里做宣传和巡演。

黑帮和宝莱坞之间奇特的共生关系，正如我和坦努加在马丹普尔见到的那样。印度电影人对黑帮分子的生活大感惊奇，并从中汲取灵感、以之作为拍摄的素材。而黑帮分子（从混迹孟买街头的杀手到流亡海外的幕后大佬）是宝莱坞的忠实拥趸，且效仿他们在银幕上的形象打造自己的言行。和所有孟买人一样，黑帮分子也是追星族，他们为能支配并诋毁电影明星而感到自豪。沙基尔曾当着制片人的面称拉克什·罗斯汉为"光头"，把李提克叫做"花花公子"，直呼沙鲁·汗为"结巴"。这是黑帮不损一兵一卒便向同胞立威的方式：他们的一通电话可让在电影里徒手对抗千军的大明星屈膝下跪，为求活命而向黑道混混痛哭告饶。当然，黑帮分子中也不乏对电影人嗤之以鼻的。达乌德帮的财政大臣卡马尔曾在宗教讨论之余谈及圈内人的"金玉其外，败絮其中"（譬如制片人和导演逼迫女演员牺牲色相以换取角色的种种作为）。"这是一个低贱的行业。"卡马尔不以为然地说，办公室里的其他人纷纷附和："是，低贱的行业。"黑帮分子同宝莱坞明星的关系错综复杂，既充满向往又带有厌恶。这个始于金钱的问题，最终关乎的却并非金钱。

维诺德的好友曼莫汉·谢蒂拥有印度最一流的电影胶片洗印设备，他接到了阿布·萨勒姆的勒索电话。（此前，萨勒姆下令杀害了拒付勒索金的音乐人高尔杉·库马尔。）在维诺德的建议下，曼莫汉向艾杰·拉尔寻求保护。艾杰正准备休假，曼莫汉问他是否如萨勒姆所愿付钱了事，艾杰回复说这样不妥，其余帮派会有样学样。曼莫汉认为出入皆由配枪武警护送有损形象，所以大部分时间选择足不出户。一天，难得出门的他正下车朝办公室走，听闻身后不远处传来"咔哒"声，竟是杀手欲夺他的性命未果——枪卡住了。曼莫汉飞奔进办公室，惊魂未定，他直觉这是萨勒姆的警告：一月底前必须交钱。

果然，萨勒姆的电话追了过来："这只是预告，正片就要开场了。"萨勒姆想用曼莫汉杀鸡儆猴：公众以为勒索犯只会口头威胁，而且多数都被警方偶遇了？不，人们会在报纸上重新读到阿布·萨勒姆的名字，这样接到他的电话才会心惊胆战，无人不从？

勒索问题泛滥成灾，为此，马哈拉施特拉邦内政部长查干·布吉巴尔决定和孟买的制片人举行会谈。艾杰建议维诺德不要出席，因为与会的制片人多和黑帮有着千丝万缕的关系，他们的身份是公开的秘密。所以维诺德到场并表态（要求政府严厉打击黑帮的勒索恶行）是不明智的——黑帮的眼线（他们在电影行业的代理人）会一五一十地向上头汇报会谈的内容：来了哪些人，每个人都说了些什么。此外，就连出席会谈的政府官员也和黑帮过从甚密。

但维诺德和坦努加·钱德拉到底赴了鸿门宴。周六的晚上，座谈会在西高止山的国宾馆举行，我和他们同往。无人拦住我询问身份。在孟买，如果你看上去就不好惹（不会忍耐任何盘问），门卫通常不敢拦你。我们到达时，宽敞的会议厅里已满是制片人、几个二线明星、查干·布吉巴尔、孟买警方高层以及十几家电台的新闻工作者。比起座谈会，这里更像新闻发布会的现场。待媒体记者和摄像统统离开房间，会议才正式开始。警局犯罪科科长西瓦南丹首先发言。在回答为何南孟买的制片人不常被列为黑帮勒索对象的质问时，西瓦南丹竟表示"可能因为南孟买的制片人并未从黑帮那里获得电影投资"。

查干·布吉巴尔和孟买警方都抱怨电影人遭黑帮勒索后绝少报案，而但凡向警方求助者皆安然无恙。曼莫汉·谢蒂反驳道：他接到萨勒姆的电话后，第一时间寻求艾杰和西瓦南丹的保护，但两人都安慰他，说萨勒姆在孟买的势力不足为惧，"可以忽略不计。""多亏了那把不怎么好使的枪我才捡回一条命。"曼莫汉总结道。

在座的制片人群情激昂，纷纷向查干·布吉巴尔谏言。其中一人说："这些人不是罪犯，是叛徒。但你我心知肚明，他们被'请'进警局后，受到的是贵宾式的礼遇。"他的声音渐渐拔高了，"对待叛徒绝不能手软啊，就该把他们一家老小都抓来，靠墙站成一排，格杀勿论！"

西瓦南丹坚持"用数据说话"，自豪地向我们汇报被偶遇的黑帮分子人数进一步增加，1999年时更上升到了"前所未有的"89[①]人。无人胆敢指出同时上升的还有孟买的犯罪率。偶遇的频繁发生并未遏制勒索行为，相反，来自黑帮的勒索太过猖狂，以至于我们不得不在此召开会谈，商讨对策。另一制片人表示他同样接受了警方的保护，但帮派分子在他家门口枪杀了他的保镖。"我们要保护的人是你，不是来保护你的人。"警察局长反唇相讥，"你不是毫发无伤吗？"而保镖自然是易耗品。

维诺德质问政府为何非但不引渡藏匿海外的黑帮首领，反而公开因受警方保护而欠税的电影人名单？他表示作为纳税人，电影从业人

[①] 作者曾在后文表示：1999年，官方公布的偶遇人数实际为83人。

员无需额外缴税,并有权要求政府保护其人身安全。如果政府持续不作为,孟买的电影人完全可以考虑把产业转移到钱德拉巴布·奈杜①治理下高效有序的海得拉巴。电影产业是孟买的经济支柱,若没了它,孟买便垮了大半。

但维诺德的威胁是徒劳的。他早已对我言明:"孟买终归是最好的落脚点,印度的电影产业根本毫无选择。"宝莱坞之所以在马拉提人主导的孟买而非印度教徒主导的德里安家落户,不是意外。因为支撑起电影的不是语言,而是梦想。孟买始终是亿万印度人共同的渴求和寄托。

查干·布吉巴尔承诺会采取行动。"印度是民主制国家,我不能公开说这些话,但我可以告诉你们,我已经决定对勒索犯进行最严厉的惩罚,真的,最终极的惩罚,绝不手软的惩罚。"政客的话,听过便罢。

走出会议厅时,我们见到了艾杰的接任者——西北警厅新上任的一级警监,其辖区内的班德拉和约胡是影视明星的聚集地。"我初来乍到,人生地不熟。"这位警监让维诺德放心,"但我对工作尽心尽责,过去五天里我们已经偶遇了两个帮派分子。"

回家的路上,我们途经约胡一处垃圾遍地的停车场,上书"警察专用"四个大字。

"你看看。"维诺德指一指车窗外,"警察尚且如此,这个国家没救了。"

事情发生得比我们预想中要快。电影尚未杀青,第一通电话就打到了维诺德的办公室。电话是维诺德的会计接的,说维诺德正在片场拍摄大结局。"你转告他,给阿布·萨勒姆回电。"对方留下一串电话号码,啪嗒挂断了。到了晚上,同一个人又打来电话:"为什么还不

---

① 安德拉邦首席部长。

回电？我要一枪爆了他的脑袋！"

制片主任赶到片场，维诺德一见他煞白的脸就知道出事了。他没有回复萨勒姆，反而一个电话打给了时任印度内政部长的阿德瓦尼。阿德瓦尼请他稍安勿躁，说必定保他平安。不出一会儿便有武警陪同维诺德上车，出入皆有全副武装的警察尾随。维诺德的家、办公室和片场有十五名保镖日夜轮守。

第二天，维诺德说事情解决了，他接到一通电话，那个本应凶神恶煞的声音这回却说："都是兄弟，昨天得罪了。"有人暗地里疏通了关系，让对方手中的木偶放下了瞄准维诺德的枪。我当晚去维诺德家，他兴致颇高，正围着儿子手舞足蹈。后来我们坐在客厅外的窗台上，边喝威士忌边遥望将圆的月亮。我这才知道让萨勒姆收回必杀令的不是阿德瓦尼，而是桑杰·杜特。当初将装满枪支弹药的马鲁蒂开进桑杰家车库的，正是萨勒姆，他和桑杰一道被控参与了爆炸案，是（如今潜逃在外的）第八十七号被告人。萨勒姆多年来让达乌德呼来唤去，又不得不因为案子的缘故暂时夹紧尾巴做人，他如此渴望参与电影制作而不得，于是自学成才，当上了勒索电影人的专家。桑杰在听说维诺德的困境后给萨勒姆打了个电话，提醒他："我因为你足足吃了两年牢饭。维诺德是我兄弟，只有他在我落魄的时候对我不离不弃。"

事实证明，签下桑杰·杜特甚至比签下李提克更为明智，维诺德幸运地选对了演员，得以逢凶化吉。阿米塔·巴强绝无可能让萨勒姆收手。

阿努却依然被吓得不轻，维诺德吹得再天花乱坠也只是火上浇油。"我哥是马尔代夫度假村的大股东，走，我们去那里养一支私人军队，到时候把坏人一网打尽。"维诺德说他要给法鲁克·阿卜杜拉[①]打电话，让他派克什米尔的武警来保护他们。"我是克什米尔公民。"

[①] 查谟-克什米尔邦首席部长。

他要和李提克一起在德里召开新闻发布会，在印度已沦为"香蕉共和国[①]"的当下寻求海外的政治庇护，这样一来，觉得丢脸的印度政府才会对勒索犯采取行动。他甚至要买一把防身的左轮手枪！三杯威士忌下肚的维诺德觉得躲在家中、由持枪警卫保护是对他的莫大侮辱。他身为旁遮普男儿的血性受到了藐视。他已经想好了要对萨勒姆说的话："你这狗娘养的混蛋，敢不敢来卡特路，我们一决生死！"

勒索电话没有再打来。但以防万一，维诺德计划在电影上映（2000年10月）前离开印度。

天上掉下了馅饼。索尼三星影业决定买下《克什米尔任务》的海外发行权。首映地点设在纽约的时代广场，这会是首部在那里上演的印度电影。随着上映日期的临近，我们的电影未演先红。印度菲维克白胶的代表早早与维诺德进行了接洽，表示颂扬民族一体化、印穆大团结的《克什米尔任务》尤其符合菲维克的企业精神（毕竟他们的广告语就是"粘合印度"），为此他们愿出一亿卢比成为电影的合作伙伴。维诺德拒绝了，他责怪助手竟想松口——不是因为菲维克白胶的提议太庸俗，而是因为对方的报价太低。

索尼影业包下航班头等舱和商务舱的座位，把连同我在内的四十九人带往首映式现场，并在伦敦和纽约的五星级酒店订好了房间。但李提克和普丽缇·泽塔双双缺席，令首映礼的星光大打折扣。为什么呢？我问阿努。

"因为萨勒姆。"她答。

没有流亡在外的黑帮大佬的准许，宝莱坞明星不得离境。李提克和下令枪杀他父亲的男人签了约，答应明年为他做巡演。虽是初次登台，有李提克在海外的人气作担保，巡演必然场场爆满。在此之前，

[①] 对普遍贪污、有强大外国势力介入支配、具裙带资本主义色彩的国家政治及经济体系的贬称。

阿布·萨勒姆不希望李提克出国为他人的作品做宣传,哪怕只是一部电影。为此他向拉克什·罗斯汉下令(由他的手下射出的子弹才从拉克什胸口取出没多久),命李提克"安分地待在家里"。他也禁止普丽缇和桑杰出国,但鉴于后者同他的特殊关系,他格外开恩,准了桑杰的海外之行。黑帮大佬同时也是移民局官员,各随己意允许或拒绝他人出入境。

人们对《克什米尔任务》褒贬不一。他们称赞演员的演技和电影的配乐,但也客观地指出剧本存在的漏洞,譬如我们未能提及促使克什米尔的年轻人成为武装分子的原因:他们每一天所要承受的压迫和痛苦。还有一些评论则有失公允,是由业内颇具影响力的前影评人兼现任导演散播的——维诺德因对方在公共场合(戏院楼厅)侮辱阿努而挥拳相向,两人就此结下了梁子。他唯一后悔的是当时没再打重一点,好让那个缺乏教养的混蛋跌出栏杆、砸到底楼的座位上。

但观看《克什米尔任务》的成品到底令人愉悦。维诺德出色的掌镜能力、他与生俱来的艺术感在电影中得到了充分的体现。当年少的阿尔塔夫握着枪躲在门后、等待养父母归来时,毫不知情的可汗与妻子说笑着进门、上楼、穿过房间、按下电灯的开关,镜头在光与影、明与暗之间瞬息切换,实乃绝妙。桑杰·杜特的表现也可圈可点,他演活了一个被苦难压倒又负重前行的丈夫、父亲以及军人。《克什米尔任务》上映一周后问鼎当年的票房。每天有一百万人观看我们过去两年来倾力塑造、反复打磨的剧中人。

《克什米尔任务》剧组的最高殊荣是获印度总统的接见。作为罪案加身的公众人物,桑杰·杜特和音乐发行人拉美什·陶拉尼也获邀前往总统府。

专栏作家阿里·彼得·约翰代表《银幕》杂志采访了桑杰。

阿里:几年前,当你绝望地独自躺在阿瑟路监狱漆黑的地牢时，恐怕绝难想象今日的盛况。踏上总统府的台阶时，请问你心里作何感想？

桑杰：难以置信，恍如梦中。以戴罪之身受到总统的接见，与他握手，实在让我受宠若惊。大约这片土地的神明也知我是被人陷害的，终有一日会还我清白吧。得总统纳拉亚南的亲切鼓励，是我人生中最难忘的时刻。我那一晚睡得如此香甜，深感我的印度仍然爱我，印度人民愿意爱我，盼望我诸事顺意。

成功净化了一切污名。

我们的电影在克什米尔地区上映时，贾姆穆影院的观众一分为二：印度教徒为桑杰欢呼，穆斯林则为李提克喝彩。这大大出乎我的意料——克什米尔的武装分子视李提克为代言人。且不论电影的结局如何，他们为有这样英俊的、红遍全印的明星饰演他们中的一分子而欢欣鼓舞。《克什米尔任务》刻画了武装分子，却不曾给维诺德惹上麻烦，相反，它吸引着更多的人加入进来，同普丽缇一起载歌载舞，想象自己也是天神一般的李提克。克什米尔民众喜欢这部电影，因为它至少表现了他们的年轻人并非无缘无故变成武装分子：李提克饰演的阿尔塔夫是在家人惨遭印方突击队杀害后才决意报复的。克什米尔人希望从主流印度媒体得到的理解竟如此之少，如此容易满足。

而在就克什米尔问题三次与印方爆发战争、不断派遣破坏分子潜入印度边境的巴基斯坦，《克什米尔任务》的插曲《小蜜蜂》依然成了婚礼的必备曲目。我们理论上的敌人忽略了电影所要传达的讯息，将其时事性排除在外，随乐声起舞的同时只专注于印度电影永恒的核心：男和女、父与子，爱情的追逐、亲情的冲突。事实上，抵制《克什米尔任务》的反而是国内的右翼势力。印度军方抱怨电影对武装分子的处理过于宽大——还是有"某个特定群体的感情"受到了伤害，却并非我们预计的那个群体。电影上映后不久，一锡克教组织曾要求维诺德公开道歉，并剪掉电影中某锡克教警察因脚下的船只即将爆炸而吓得尿失禁的镜头。锡克教徒宣称这对他们尚武剽悍的民风是种歪曲。

当李提克人生中的第三部电影上映时，他的知名度已近疯狂。在校女生用圆规在手臂上刺下他的姓名缩写。百事可乐不过在一支广告中略微调侃了李提克，即遭全国上下千万青少年的自发抵制。加尔各答警方拦下了一拨又一拨想偷乘火车乃至飞机来孟买见偶像李提克的少年。老师试图没收教室里各样李提克的海报和周边产品，但总是徒劳。李提克的面孔出现在学校笔记本的封面上，配以他的励志名言："渴望变作他人是对成就自我的亵渎。"部分官员于是建议利用李提克的名声达到教育的目的。某某校长也认为：如能创造性地在课程中加入李提克元素，便能够做到寓教于乐。"比如说，在告诉学生马哈拉施特拉邦的首府是孟买时，可以说'就是李提克向人们挥手致意的地方'。又或者在教授股骨的概念时，可以说'就是李提克·罗斯汉身上最长的那根骨头'。"

物极必反，超级明星李提克的好运终究是会用完的。《克什米尔任务》上映一个月后，一则谣言传遍了加德满都，说李提克曾在电视采访中表示痛恨尼泊尔和它的人民。我想到我所认识的那个温和有礼的年轻人，完全无法相信他会说出这样的话来。但众口铄金、三人成虎，尼泊尔的左翼学生联盟非但上街游行，且砸毁了放映《克什米尔任务》的影院、烧掉了李提克的海报与人像，继而准备火烧印度驻尼泊尔大使馆。在与当地警方发生冲突后，两名青年学生被当场射杀，当晚又有三人死亡，共计一百五十人受伤。尼泊尔政府下令禁播李提克的一切作品。李提克随即在电台发表辟谣声明，说他们家几十年来用的都是同一个尼泊尔厨子，早已视之为家人，他实在没有理由憎恶尼泊尔和其人民。但左翼学生的情绪未得安抚，他们专挑在尼泊尔做生意的印度人下手，打砸抢掠、火烧店铺。加德满都为此瘫痪了好几天，暴动几乎迫使尼泊尔政府下台——即便李提克否认了所有指控，尼泊尔左翼执政党的一百十三名议员仍集体要求总理柯伊拉腊引咎辞职。曾让无数少女为之倾倒的面孔，如今激起的却是切骨之仇。非爱即恨，民众的反响从一个极端走向了另一个极端。我再一次领会了维诺德的苦心，他唯恐电影引发公众不满的担忧并非多余。在世界上的这个角落，人们甚至愿为谎言赴死。

清者自清，不出几周，流言的源头找到了。最初传播消息的加德满都某报曾隶属尼泊尔最大的有线电视台，后被激进的左翼学生引为喉舌。鉴于三军情报局早已将尼泊尔作为据点，组织对印度的渗透破坏活动，达乌德帮在巴基斯坦的势力自然要趁《克什米尔任务》之机，在对印度向来友好的尼泊尔兴风作浪一番。根据印度情报部门的调查，达乌德帮令某报刊登关于李提克的不实言论，又令同一家有线电视台停播印度电影，并延迟多日才放出李提克的辟谣声明。这一次，险遭杀害的不再是李提克的父亲，而是他自己所扮演的角色。

《克什米尔任务》是维诺德的执导生涯中最具商业价值的作品。尽管电影上映一周后票房逐渐下滑，但包括维诺德在内的制片人、国内的发行方以及各大院线都赚得盆满钵盈。维诺德正和索尼影业接洽，看有无可能拍摄一部英语电影，那会是他离开印度的新筹码。"再过十年，天晓得我们票选出来的政府会不会让我们在孟买没了活路。"维诺德说。回到纽约后的一天，我收到一份来自孟买的特快专递，里头是一张电影海报。那是维诺德的新作，名为《象棋》。电影的剧本、演员和预算八字还没一撇，但已经有了海报，上面颇为阴森地印着一个梦中的棋盘，标语是："一场棋局，两名棋手，孰死孰生，未完待续。"底下另有一行字，毫无悬念地写着："维德胡·维诺德·乔普拉导演"。在维诺德看来，宣传造势是电影制作的第一步。

维诺德仍邀我合写剧本。"别管你的书了。"他说，"现在还有多少人会看书呢？但电影的观众有千千万。"维诺德是对的。电影（尤其是商业大片）有着书籍无法媲美的魅力。对我而言，也再没有比做宝莱坞的编剧更令我有归属感的事了。以电影剧本为媒、替家乡同胞筑梦的我方才真正感到被这片故土接纳。宝莱坞是一群人的孤独,它如梦似幻,歌舞盛大,万众瞩目。宝莱坞又是一个人的狂欢,外国人休想靠近,外来者不得染指。

卷三

旅　途

记忆的地雷

孟买唯一值得一提的气象就是雨季。今年的第一场雨来得早，才五月中旬，我便闻到了山雨欲来的味道。我对大楼里的工人说："要下雨了。"

"这就下吗？"他们问，很吃惊。

这就下。我太熟悉这种味道了。

从儿时至今，向来如此。雷要连打四天，我们抬头看灰白色的天，在火辣辣又湿漉漉的空气里和动物一块儿大喘气。忽然就刮风了，风卷起沉睡的沙土，打着旋把它们吹走。"今年夏天比以往更热，也更长哪。"尽管去年以及过去的每一年人们都这样说，这是夏末秋初的老传统了。

这样的天气更适合踢足球、跳房子、打弹珠。漫长而炎热的夏季不是打板球的好时候[①]，我们无精打采地挥着球板，百无聊赖地等待天气凉爽下来。

每一天阴云都积得更厚，有时会变成浓黑的乌云。鸟儿飞快地扇动翅膀，像要赶在暴风雨前尽快逃离。我们穿着旧衣裳来到院子里，等待着，期盼着，很快失去了耐心，互相追打嬉闹，捉弄那些身材瘦

---

① 在印度，板球赛季多在春天到夏初。

小又不甚灵活的玩伴。我们戳破汽车轮胎，在女校的院墙上写乱七八糟的打油诗，听邻家的老太太念叨着："要下雨啦。要下雨啦。"

可是雨没有下下来。

农民严阵以待，政府高度警戒，谁让报纸上满是揪心的天气预报。女校的绿草坪蔫了，不许人踩踏，我们却偏要溜进校园，在校工精心维护的花圃里打曲棍球，把娇嫩的花苗碾在脚下。

大海也懒洋洋的，快要睡着了似的，急需一场大雨唤醒重新涌动的活力。我们来到浅滩一试身手，捕捞退潮时悄然留在岩缝间的小鱼小虾。

城市缺水严重，水管里空空如也。

没有水洗身体，也没有水洗被身体穿脏了的衣服，就连喝水都成了问题。运水车逐一从内陆抵达，佣人们提着水桶大排长龙，为能打到这又咸又涩的水支付高昂的费用。可是她们难免冒失，水没提回家便在中途洒了一半，让干渴的大地迅速吸收了，女主人见状自然要训斥她们一番。

夜晚，疲惫的人们梦见河流与瀑布。他们在影院观看克什米尔的鹅毛大雪，还有女主角翩翩起舞时被大雨打湿的纱丽。他们凝视银幕上从天而降、源源不断的水流，不论是雪水还是雨水，不论是天然的还是人工的，他们的凝视如此贪婪，他们如此沉默。他们买来录有海浪奔腾和溪水潺潺声的卡带，听着清澈山泉叮咚流淌，方才渐渐入睡。

直到那一天。你知道暴雨将至，你闻到它从海上登陆的味道。风刮得越发紧了，沙尘暴显出威力，仿佛全世界的尘土都升到了空中，自打开的窗户倾泻进来。如果你正在楼下玩耍，那你必定要停止游戏，捂住嘴巴，闭上眼睛。沙尘钻进你的头发、你的眼睛，你从未像此刻一样讨厌夏天，你一整天都汗流浃背，你再也忍受不了哪怕一秒钟的闷热。

头顶的云快速涌动，仿佛天庭正有两军交战、谍报频传。天变成了青黑色，好像吞下毒药的湿婆的青颈①。

然后，第一滴雨落了下来，细如牛毛，几不可查。你还以为自己弄错了，大约是空调在漏水吧。

树叶沙沙地响，树枝在风中簌簌抖动。风坏脾气地摔打门窗，不时传来玻璃碎裂的声音。鸟儿急切地朝筑在大楼檐下的巢飞去，它们清楚一切并非错觉。

又有几滴雨同时落下，这一回所有人都明白过来。佣人和太太们冲到窗边麻利地收衣服。

一道巨大的闪电撕破天空，随即是仿佛劈向地心的隆隆雷声——然而这并非雷声，而是千万孩童发出的欢呼，因为终于、终于！倾盆大雨如约而至。你出了那么久的汗，你的身体太渴望它的浇灌，你和奶牛还有乌鸦一样早早察觉了它的逼近，现在它总算来到了。父母教育过你：不要在第一场雨落下来的时候站在外面，但你不会听，他们训斥你也不管用。第一场雨是黑色的，带着大气中所有的尘土和污染物，如果淋到了会生病，但你才不在乎。满世界的孩子都出门来了，他们在大雨的街头、停车场、水渠边手舞足蹈。车流也向孩子们臣服，因为无法无天的孩子有势不可挡的雨季给他们撑腰。豆大的雨点密密地砸下来，你被困在铺天盖地的雨幕中，远处近处，除了水还是水。这就是雨季的威力，它用雨水建起城墙，借雨水造就世界。闪电照亮了天空，又转瞬即逝，你仰头承接雨水，洗去一身暑气。雨水落进你的眼、你的鼻、你的嘴，冲走一切罪孽、一切哀愁。

雨停后，空气突然变得清甜。树木、灌木丛、草地释放芬芳，长长的蚯蚓从柔软的泥土中探出了脑袋。孟买的人们打开窗户，让被雨水洗净的空气涌进室内，带来一晚好眠。而今晚的你会睡得尤其香甜，因为夏天的第一场雨来得早了，距离开学还有整整十五天呢。

---

① 相传湿婆曾吞下能毁灭世界的毒药，颈部被烧成青黑色，故有"青颈"之称。

孔雀宫综合高中

钟还在老地方。我坐在校长办公室，见校工进来，探身到窗外，用力拉扯那根儿臂粗的白绳，洪亮的钟声便一阵阵传来。我太熟悉这钟声了。由绳索带动的笨重铜钟，多年来在小操场另一头的建筑顶楼坚守岗位。钟声可能是报喜的放学铃，让我们得以从一天的酷刑中解脱。钟声也可能是报丧的上课铃，意味着库来什老师即将走进教室。这位印地语老师向来喜怒无常，难怪她的语文课和生理期[1]是同一个单词呢。

"学校想表彰你。"绰号"平头"的前自然常识课老师兼现任校长微笑着对我说，"11月14号会有一个颁奖礼，到时候，板球运动员萨利·安科拉啊，歌星舒维塔·谢蒂啊，设计师克里希纳·梅塔啊……都会出席，你们现在是孔雀宫的荣誉校友啦。"平头的语气十分欢快。他把刊登着"苏科图·梅塔获奖消息"的报道剪下来，张贴在学校的布告栏，我如今也算荣登"杰出校友榜"了。为此学校寄来邀请函，郑重其事地说明对我"在文学领域的突出表现感到由衷的自豪"。谁能料到，在我读书期间不曾显露一丁点"由衷的自豪"，反而因为我拙劣的字迹以及不肯抄笔记的"出格行为"体罚我的孔雀宫，会在二十多年后想要表彰我呢。

孔雀宫是孔雀宫综合高中[2]的简称，全称是"纪念南达库马尔·拉姆尼克拉尔·帕里克夫人的孔雀宫综合高级中学"。孟买有一条同名的路——从海滨通往马拉巴尔山的小径便叫做"孔雀宫路"，这让学校非常得意，也因此出了名。小径最初的名字"荒野路"在路边褪了色的变电箱上隐约可见。后来荒野不再，路名自然也改了。

我们从前住在孟买，多年后孟买变成了孟巴，孔雀宫见证了孟买

---

[1] 英语单词 period 同时有"一节课"和"月经"的意思。
[2] 说是高中，更准确的说法是十二年一贯制学校。

和孟巴怪异的并存。它是古吉拉特和马瓦里商人的孩子们上学的地方,不像教会学校(譬如大教堂和坎皮恩①)那样高高在上。和精英阶层不一样,我们的父母亲讨论的是粮食的价格,而不是格什温②的风格,我们这些商人的孩子吃的是油炸薯饼,而不是法式鹅肝。孔雀宫自称用两种语言——古吉拉特语及英语教学,但所谓精心创建的英语氛围其实形同虚设。从管理层到教职人员都竭尽所能督促我们用英语交流,可我们偏偏只用印地语和古吉拉特语唧唧喳喳地闲聊。曾有老师忍无可忍地冲我们喊:"蠢驴,都给我讲英语!"

我回母校孔雀宫时,体育老师马斯卡瓦拉先生已等候在校门口了。他用汗津津的手掌同我握了手。马斯卡瓦拉仍旧是全校师生取笑的对象,长着兔唇的他也或许仍旧想博取天主教女老师的好感。他带我穿过校园,经过石雕的象头神像以及为妙音天女建的小小神龛,也经过一排排水龙头——我们用手掌接冷水喝的地方;光看水槽里的食物残渣(学生漱口时留下的)就知道他们午饭都吃了些什么。我们又经过小操场(我还记得我在童子军课上学做波夫巴哈吉的情景),进了边上的一栋建筑,来到三楼的校长办公室。眼前的一幕似曾相识:两个男学生站在平头的办公桌前,平头叫来维尔马先生(孔雀宫的生物老师,因为带着活鱼来上解剖课而让笃信耆那教的校董③惊骇不已),当着那两个学生的面说:"写检讨和记大过已经不管用了,你这就把他们请出学校,一旦开除学籍,他们休想再拿到毕业文凭。"维尔马依言把"前途未卜"的学生带走了。我忽然想起十四岁那年,某个老师因为我在课间休息时关上了教室门,狠狠扇了我一巴掌,又把我拖进同一间校长办公室。当时的副校长大笔一挥开了肄业证明,吓

---

① 以十六世纪英国天主教殉教士艾德蒙·坎皮恩命名的公立男校,是印度数一数二的十二年一贯制国际学校。
② 乔治·格什温(1898—1936),美国作曲家、民族音乐奠基人,其最大的贡献是把古典音乐与爵士乐和布鲁斯的风格结合起来。
③ 耆那教徒严格信奉不杀生。

得我大哭不止，以为这样一来我到美国后再也没法上学了。副校长任凭我惶惶多日，在我反复的恳求和道歉下才收回成命——他不过是为了满足施虐欲而戏弄了我一番。

当年的老师如今都老了，看上去和校工没有什么分别。平头说学校管理层响应政府"教育平等"的口号，把马拉巴尔山附近贫民窟的孩子都列为了招生对象，这导致孔雀宫的生源质量每况愈下。我和为竞选拉票的加娅万提·梅塔到过平头所说的贫民窟，他统称那里的居民为"低贱阶层"："我们学校可真是慈善机构了。"孔雀宫规模庞大，总共一千八百名学生由大约六十名教职工轮流照管。学校里弥漫着阴郁、衰颓之气，放学后从校门鱼贯而出的孩子比之我当年的同学肤色更黑、穿着更邋遢、发型更不入时。"现在的孔雀宫是洗衣工和计程车司机的孩子念书的地方。"我的堂兄告诉我道。我回母校探望时，平头又对我说："从前，有钱人和贵族把孩子送来孔雀宫，可如今，你不想让你的儿子到孔雀宫接受教育，你会把他送到'新世纪'。因为你不希望你的孩子和你家司机的孩子在同一个班上学习。"照平头的说法，孔雀宫正在所谓民主进步、实则江河日下的道路上一去不返。

我问平头：如今要惩戒学生，学校用的是什么手段？"'吓唬'他们那是肯定的。"他把"吓唬"二字说得特别重，带点咬牙切齿的味道，边说边摆着手。"当然不会像过去那样体罚学生了，不过偶尔收拾他们一下还是必要的。"他承认道，随即高声笑起来。"你也知道我和维尔马先生管教学生比较严厉，我们甚至打过学生的耳光。"没错，就像你当年掌掴我那样。

我连着两天在报纸上读到体罚学生的报道。昨天的文章里说：孟买某校初一的学生因为没有按时交作业，被老师当着全班学生的面剥下衬衣，并要求他当众脱掉校裤。老师在学生推挡时用力拉扯其裤链，弄伤了学生的下体。这名学生回家后躲进卧室，后来发现自己无法正常小解。"他受了相当大的刺激。"学生的父亲表示。在同一所学校，幼儿部的老师要求某孩童出示家校联系册，但册子被别的孩子拿去玩耍了，失去耐心的老师于是将孩子带到隔壁班级，也当众脱光了他的衣服，底下的孩童纷纷喊道："羞羞脸！羞羞脸！"记者为此采访了心理咨询师，她首先对两位教师的行为作出了谴责，又建议当老师需要管教学生时："应该让全班同学参与进来，共同制定奖惩措施。"我想，当年的孔雀宫若是引进了这套理念，让全班学生一起来拟定惩罚办法，那会有多么不堪设想：无邪孩童的邪恶是极其可怕的。

我又在今天的报纸上读到：乔格什瓦里一名七岁女童因忘了在笔记本上粘贴火车图形（她的美术作业）而遭任课老师先后用戒尺及手掌抽打其四肢、背、面部。女童在放学后默默走回了外婆家，隔天即出现呕血的症状，头面部及躯干淤血，肝脏严重受损，经医生诊断，其额头的血管有随时破裂的可能。如果她能活下来，她的父母表示会继续让女儿回校学习（家中的另外三个孩子也在同一间学校念书）。涉事美术老师遭逮捕后很快获得了保释，他所就职（以及生命垂危的女童就读）的学校叫做圣雄甘地学校。

这个名字并非巧合。圣雄甘地早早预知：如果任由情态发展（如果这个国家的教育不对教育者本身加以遏制），那么打着独立运动旗号的印度国民实则是史上最为野蛮的民族。印度人自幼经受暴力，成年后再遇肢体冲突，他首先回想起的一定是自己的校园时光。孔雀宫的老师体罚起学生来从不手软，他们对如何责打最能激发痛苦轻车熟路，且毫无愧疚。"你知道吗？体罚学生是违法的。"我们互相悄悄说。如果谁在课堂上发出一丁点噪音，全班都要受罚，不论男学生还是女学生，每人要被戒尺抽两记手心。我们发现了一种减轻疼痛的办法：先用手掌揉搓油腻腻的头发，然后手心朝上，略微倾斜到某个特定的角度，这样戒尺打下来时不会结结实实抽到皮肉上。我们也着实无奈，盛怒中的老师在打我们手心时常失了分寸，把戒尺都抽断了。

只要老师提出检查笔记，那我便在劫难逃了。还是学生的我们要在笔记本上写下老师说过的每一句话，也就是他们照本宣科的内容——老师在课上把教材一字不差地读一遍，随即让我们在考试时一字不差地默一遍。教育变成了机械的重复和背诵，所谓的"烂熟于心"就是这么来的。我们抄写的这些笔记占总成绩的百分之二十，但我内心有个声音竭力抵制这种愚蠢的应试，在其他学生都忙着互抄笔记以应付第二天的检查时，我一个字都没有写。早晨我被妈妈叫醒，第一个念头是"我今天又要挨揍了"。我刷牙洗脸，换上干净的校服，一口气喝干妈妈递过来的牛奶，然后振作精神、大步流星地走向刑场——孔雀宫的教学楼。

上课的时候，我望着教室墙上的挂钟，就好像那是我此生最要好的朋友、最亲密的爱人，我默默祈祷，盼望分针走得快一点、再快一点，顶好下一秒下课铃声就响起。有时老师会忘记检查笔记，所以下课铃带来的是死囚忽得大赦的狂喜，这一天余下的时间都是欢乐的，直到慢慢地，夜幕降临了，恐惧重新像浓雾一样包裹了我——明天，老师不会再忘记检查笔记。刑罚并未撤销，它只不过延期执行了。

孔雀宫的老师尤其擅长这样一种惩罚：他们让学生站到讲台前，脖子上套一块白色硬纸板，纸板上用加粗的黑体字写着"我没有做作业"。这六个字如此巨大，坐在教室最后一排的学生也能清楚看见。有一天我恰好没有做作业，老师往我脖子上套了硬纸板，我注意到上面有一道道黑色的痕迹，当时还觉得奇怪。我脖子上挂着纸板，不单要站在自己班的同学面前，也要到这一层楼的所有班级露面。隔壁教室的门打开了，我百般不情愿地走进去，在征得任课老师的同意后转过身，面对四十个同校不同班的孩子，沉默而无比难堪地站在那里。孩子们最乐见其成的便是其他孩子遭受痛苦，尤其是在孔雀宫，这里连空气中都弥漫着火辣辣的刺痛。我受的羞辱让别的孩子感到快意、感到解脱，所以教室里爆发出一阵阵嘲笑和口哨声。起初我试着和他们一起笑，就仿佛我也认为眼下的处境如此有趣、如此滑稽，但我笑不出来。我很快明白了纸板上的黑色痕迹是什么——那是被之前挂着它承受讥笑的孩子所流的泪冲刷出来的。那一天，纸板上也留下了我的泪渍。在一个教室结束"展览"后，我必须前往下一个教室、再下一个教室、再下一个教室……最后靠墙站到走廊上，在来来往往无数双眼睛的注视下，难安而徒劳地试图隐藏起这种羞辱。

尚且年少的我们应对一切羞辱的办法唯有笑。不是友好、善意的笑，而是讥刺、粗俗甚至邪恶的笑。我们私底下对男老师百般挖苦、对女老师极尽无礼——"大咪咪"伊索老师还有更缺德的外号呢，我们管她叫"汽油泵"。我们在同学被体罚时幸灾乐祸，以至于受罚的学生也只得佯装不在乎地加入羞辱自己的行列。再遇孔雀宫的老同学时，我们不约而同回忆起当年的体罚，我们如今可以对粗暴的耳光置之一笑。但我们到底难忘曾遭受的痛苦，就像其他学校的学生难忘在校庆时的演出或代表学校获得的荣誉奖章。

儿童节[①]那天，我携妻儿前往折磨了我九年的孔雀宫，参加颁奖典礼。

"这是苏科图·梅塔。"我走上领奖台时，平头对已经坐在台上的其余校友说，"比尔·克林顿给梅塔颁过文学奖！"

"不不，不是的。"

"比尔·克林顿总统给梅塔颁过文学奖。"

"没有，不是的！"我说，加重了语气又强调一遍，同时摇了摇头。

"比尔·克林顿没有给你颁过奖？"平头问我，语气中带着一丝狐疑。

"没有。"

"那是谁给你颁的奖？"平头追问，沉下了脸，像是抓到我考试作弊似的。

[①] 印度儿童节为开国总理尼赫鲁的生日，也就是每年的11月14日。

我沉吟片刻，琢磨着平头有没有可能听过吉尔斯·怀丁夫人[1]这个名字。然后我回答："是……一个文学院给我颁的奖。"

十五分钟后，我听见主持人——一个打领带、穿牛仔裤白衬衫的学生向台下的观众介绍我道："让我们掌声有请苏科图·梅塔，比尔·克林顿亲自颁发的文学奖的得主！"

我不是当天唯一"隆重登场"的人。主持人在介绍另一名杰出校友、如今的空手道教练时饱含激情地宣布："他拥有黑带十六段[2]的殊荣！"底下的观众发出了轻笑声，他们当中有不少人把孩子送到这名教练的班上学习空手道，只为让儿子有一技防身。一个老师匆匆奔上台和主持人耳语了一番，他立即改口道："不好意思，是黑带六段。"在我们还是学生时吝于褒奖的孔雀宫，此刻却以夸张乃至歪曲的言辞赞扬我们取得的成就，好似要补偿多年来对我们的亏欠。所以在康奈尔[3]念工商管理学硕士的校友被主持人夸得天花乱坠，说他是"康奈尔有史以来最优秀的工商管理学学员"。在国内草地赛夺冠并取得二十一分的校友，则摇身一变成了主持人口中"再获一百分便能挺进温布尔登的天才网球选手"。不论出席颁奖礼的校友从事什么职业，是宝石商、包工头还是医生，承蒙主持人抬爱，他们今天都当了一回"行业翘楚"，哪怕是滚珠轴承生产商也在主持人的吹嘘下成了"滚珠轴承业大亨"。这些杰出校友中只有一位女性（孔雀宫自封的"亚洲最佳设计师"），她正巧坐在我旁边。台前的嘉宾正滔滔不绝痛陈现代教育的弊病，我和设计师躲在后头悄悄话当年。不一会儿，我们曾经的劳技课老师走进了会场，她穿着半透明的纱丽，用指甲花染红的头发显得格外耀眼。我还记得这个老师，她教我们用粘在一起的火柴盒搭坦克模型，又让我们把小植物种在花盆里——

---

[1] 怀丁作家奖一年一度颁给那些"具有非凡才能和前途的新生作家"。
[2] 空手道黑带总共只有十段。
[3] 美国纽约州的常春藤盟校之一。

我的那几棵没几天就死了。"她说我太笨手笨脚,连针线活也做不了。""亚洲最佳设计师"对我耳语道,"我真想告诉她:我现在就是靠做针线活吃饭的。"

去康奈尔进修工商管理学硕士的校友是我同班同学的弟弟。他笑着提醒我:"我昨天和我哥说,苏科图也会来参加颁奖礼,他说'就是那个字写得超级丑的人啊'。"这是我在孔雀宫保持的校纪录,我唯一的强项、我的传奇:字写得超级丑。我在老家加尔各答念书时,学校教我们写的是连笔字,但我二年级转学到孟买后,忽然被要求写端端正正的楷书,我的字便是从那时候起练坏了。我的手就是写不出符合要求的豆腐块,为此不知挨了多少下老师的戒尺。我的字至今还停留在从行书到楷书、从加尔各答到孟买的过渡阶段,是只有我自己才看得懂的一种新字体、他人眼中的天书。孔雀宫的老师改到我的作业就头疼,我的作业本从一个办公室传阅到另一个办公室,众人啧啧称奇地感慨着:"当苏科图的老师不容易啊。"有老师把我的字比作抽象艺术,也有老师说那就是沾了墨水的蚂蚁从纸上爬过留下的鬼画符,某个特别偏爱我的老师则说:"圣雄甘地的字也写得很难看。"我大得安慰,还一度到处搜集甘地的书信影印件,直到我确信字写得丑并不妨碍我长大后有出息,并且字写得越丑的人往往越有出息。但我当时的英语老师显然不这么想,她甚至不愿批改我的英语作文,于是我最擅长的学科——英语很可能会不合格。爸爸忍无可忍,为我请了一名书法家教。

我的这个家教是在另一所古吉拉特学校教画画的先生,长得贼眉鼠眼的,留着八字胡,戴着镜片厚如啤酒瓶底的黑框眼镜。我在第一节课后便发觉:这教书先生还是个狂热的共产主义者。他说他要先教我绘画的基本功,这样我才能把书法练好。我在他的指导下画素描:两只手紧握在一起,老师说那是印度-苏联永结友好的象征。之后的课上,老师又让我大写特写主题为"印苏人民大团结"的文章,说是让我边写作边练字。我的宝石商父亲只知道他的儿子上了一节又一节书法课,但写字毫无长进,他所不知道的是——在他每天以资本家的身份剥削劳动人民的同时,他唯一的儿子却在他的家里、花着他的钱接受系统性的阶级斗争的洗脑。爸爸辞退了我的家教,我的书法还是糟糕得天怒人怨,但我对苏联的了解可不止一星半点了。

说回颁奖礼。现在起身的是已经八十二岁高龄的卡努老先生,他是孔雀宫的董事会顾问。戴着白色甘地帽的卡努不得不在获奖嘉宾向他致敬时一次又一次站起来。每当主持人念到某个嘉宾的名字时,助手就会捅捅老先生的背,老先生便一下从瞌睡中惊醒,一倾身,再晃悠悠地站起来,为获奖人佩好绶带,然后又一次心满意足地坐下、进入梦乡。我左手边的医生校友凑过来对我说:"我上周才替他检查过身体,状况非常不好。我很担心。"如果卡努老先生在儿童节的颁奖台上咽气,着实会令学校尴尬,但从某种程度而言,这也不失为一种"为教育事业奋斗终生"的、颇有诗意的死法。

颁奖礼结束后,我们走下台。我急于寻找出口,想尽快离开,却跟着人流被请进了后台。开溜无望,我只得和妻儿为一盘盘递到手中的咖喱角和三明治道谢。我很紧张,我还没有准备好面对过去,至少不是在这里,不是和这些人一起。

"你好呀,苏科图。"忽然有人对我说。我转过身,我面前站着的是个矮小的黑皮肤男人,一脸苦相,不过此刻倒是满面笑容。"你不记得我了。"他说。

我记得,并且一下就想起来了:"乌维什?"

乌维什和我握了握手。我本应该跪下求他原谅,二十多年前,我用最不堪的方式伤害过他,那段记忆带给我的羞愧至今留存。

那时的乌维什也住在江河宫,他像只爱惹事的小耗子,尤其喜欢也格外擅长挑唆大象们大打出手。他会把话添油加醋搬给这个孩子王听,又如此这般对另一个孩子王嚼舌,然后兴致勃勃地看两个大块头大打出手。乌维什是个长着一脸麻子的小瘦猴,在他学会这招离间计以前可没少挨揍。有一天他的母亲过世了,他剃了光头。[1]没出几日,我同他不知因为什么闹了矛盾,我想狠狠教训他一次。我打赢过他好多回,但他从来不哭,他早已学会了像所有弱小的男孩那样:挨打受欺负却不掉一滴眼泪。所以那一天我冲他喊道:"我知道你老娘嗝屁了!"我们楼下的空地忽然死一般地寂静。我那时最好的朋友(他原本也想揍乌维什一顿的)使劲拍了一下我的后脑勺。我还记得那天的乌维什一句话也没说,从头到尾紧闭着嘴唇。我最不想面对的过去、我的阴影、我的梦魇此刻竟然站在我的面前,为什么?

然而乌维什仿佛什么仇也不记得了。他热切地同我叙旧,对我说他还住在老街坊,现在也做宝石生意。他成了家,有了孩子。他怎么竟能忘记我在他最痛苦、最脆弱时对他的所作所为?他或许能忘,但我绝不能够。我不晓得还会有谁过来打招呼,但我又怕再没有人过来同我打招呼,害怕被忽视,害怕被独自留在过去的记忆里。我站在那儿,感觉墙壁从四面将我围困,我呼吸困难,迫切地想要离开。乔达摩吃完了小点心,问我能不能再要一只咖喱角。我牵着他的手,带着他和苏妮塔离开了后台,离开了学校,走到外面的街上招计程车。那里头太危险了,我见老同学比见黑帮分子更紧张。我也知道我应该留下,看看还有谁会记得我,看看还有谁会对我讲述他们——我们的故事。但回忆太近,我猝不及防,哪怕在街上也难逃往事的追捕。一个女人笑着朝我走来。她也住在江河楼,是之前常霸占我车位的男人的弟媳。她说她倒不知我也是孔雀宫的学生。我礼貌地笑一笑,口不对心地寒暄两句,然后连拉带拽把我的妻儿送上了计程车。

但我得重回孔雀宫。那里囚禁了我九年的时光,我必须和它作个了断。我一拖再拖,直到避无可避时才动身。

---

[1] 根据印度习俗,家中有长辈去世时,儿子一般会在葬礼结束后剃光头发来表达对逝者的哀思。

第二次回母校，我拾阶而上，心扑通扑通跳得飞快。我在就要走到二楼时停下了脚步，吸引我的是橱窗里《林肯致儿子老师的信》一文。学校应该还保留着我的成绩单和学籍卡。我终于鼓起勇气，请教务处的校工替我找回过去。对方不情不愿地翻出陈年旧账，显示我从1977年起退学，我在学籍卡上看到了自己的名字，种姓一栏写着"巴尼亚[①]"。同一页上，其余学生的评定都是"优"（除一个"差"以外），我的"学业表现"是"良"，"品德表现"是"优"。

我五年级时取得过全班第一的好成绩，此后便一路下滑，到我退学去纽约前，我在班上的排名一直在中下游徘徊。每次高考放榜，前三甲的照片总要登在报纸上，为他们曾卖力就读的补习班做广告。天之骄子们也总是戴着高度近视的眼镜，看上去一副手淫过度、气血亏虚的样子，哪怕照片底下写着他们的大名以及诸如"全印高考第六"这样的荣誉，他们的脸上也殊无笑容。事实上，他们大约已经有很久不曾笑过了。而他们将来的出路不外乎政府机关、国资企业，好让我们这些从小不好好念书、终日瞎混胡闹、令寒窗苦读的他们无比嫉妒的老同学懂得"摧眉折腰事权贵"的残酷。

校工把我叫进了总务处。身兼多职的维尔马先生正从两个女学生的手里接过一大捆纸币。我还记得他用带有浓重南部口音的英语为我们上数学课的样子："X（捱克寺）轴和Y（外）轴相交……"维尔马同我打了招呼，解释说这笔钱是"从家长口袋里掏出来给教职工的。我们在苏仁德拉那加[②]还有一所希望学校，专门资助贫困家庭的女学生，上面的经费几乎都拨给了那边。孔雀宫确实拿不出多余的钱了，除了少数几个像我这样补补课、赚点外快的同事，多数老师的工资都达不到印度薪酬委员会的标准，所以家长们就尽己所能地补贴一点……"维尔马并没有暗示什么，但我猜他如此详尽地为我介绍学校

[①] 第三大种姓吠舍的一支。
[②] 为古吉拉特邦辖县。

的财政状况，可能多少含有这样的意思，于是我说："也许我可以给学校捐款。"

"你能来就已经足够了！"维尔马立即答道，"你能来就是最好的捐款！"他殷勤地带我参观校舍。教学楼的一楼一律改成了办公室，只除了一间音乐教室——一群女生正在里头排练爱国歌曲，老师坐在地上用簧风琴为她们伴奏。我们走进二楼的不同教室，学生见我们进来，整齐划一地起立，直到维尔马请他们坐下。"这是苏科图·梅塔。"维尔马向孩子们介绍我道，"他是全职作家。美国总统亲自给他颁过奖。"我又一次试图纠正这个说法。"那是谁给你颁的奖？"他问。我无奈地意识到在孔雀宫，"美国总统给我颁发怀丁奖"的名头怕是要一直跟着我了，就像电脑程序中一行不可逆的错误代码。我打消了再一次纠正维尔马的念头，换了种说法："是……美国政府。"这个回答让维尔马很满意。"美国政府给了苏科图奖学金。"他继续歪曲我的话。学生热烈鼓掌，我羞窘异常，真想即刻从教室逃走。如今孔雀宫对我的肯定，就像它当年对我的体罚一样令我难以忍受。

我们又走进一间教室，维尔马问学生是否有问题要请教我。"他发表了很多部小说。"他告诉孩子们道。我于是问：如果我来孔雀宫当老师，能教孩子们什么？"几何！"他们异口同声地喊，"教我们几何！"

我提出想看孩子们上一节英文课。我们走到一间教室，在后排坐下。老师正带领学生学习统一的教材，今天上课的内容是鉴赏丁尼生[①]的诗《告别》。黑板上用英语写着两个单词：索姆斯比[②]，林肯郡。我身边坐着的女孩摊开课本，翻到印有《告别》的这一页。"流向大海吧，清冽的小溪……"她用蓝墨水填满了英文字母间曲里拐弯的空隙，在标题下写了"期末考"，又在旁边画了一张笑脸——显然这首诗

[①] 阿尔弗雷德·丁尼生（1809—1892），维多利亚时期的代表诗人。
[②] 英国林肯郡一村庄，丁尼生的出生地。

是期末检测的考点。课本上有一幅插图,画着一条奔腾的小溪,女孩在插图上题了"信度河"三字,这是她理解这首诗歌的方式,将看似遥远且陌生的英语变得本土化了一点,也更亲切了一点。

"诗人在对小溪说话。"老师对同学们解释道,"这是一种修辞方式,我们称之为呼语①。"我倒是第一次听说这个专用名词,我提醒自己回去后记得查词典。你看,我在孔雀宫依然能学到新知识。这里和我当年的教室几乎毫无分别。墙壁的粉刷还是偷工减料,同样的黑板上方悬挂着同样的大喇叭,每天同样播放爱国歌曲、拜赞诗和校长的晨间训话。一面墙上挂着某酒庄赞助的日历,好似在称许父母(信奉耆那教或印度教所以)严格禁酒的学生们:滴酒不沾的日子又过去一天啦。多年后,我坐在同样斑斑驳驳、坑坑洼洼的木质长条凳上,面前老旧课桌的凹槽同样是给学生放文具用的。唯一不同的是除了钢笔和铅笔,现在的学生也能用圆珠笔了。教室的另一面墙上开了窗户,可见窗外的马拉巴尔山上满是落叶的一栋栋宅邸。"流向大海吧,清冽的小溪……"老师继续阐释着诗歌大意,"如果你搬了家,如果你转了学,如果你把从前的记忆都抛在身后,要适应在新家和新学校的生活,那该多不容易啊。"而诗人挥别的是他的祖国、他留在了乡村小溪边的童年。

  一千轮太阳将逐流而去,
  一千轮月亮将摇碎玉体;
  你身边却不再有我的足迹,
  永永远远,相逢无期。

下课了,我不敢在孔雀宫的走廊转身,怕有哪个学生从教室跑出来,急于在课间休息时出去透口气。他若冲出来,多半要撞上我,

---

① 为达到修辞的目的,对不在场的人或人格化的物的称呼。

他会赶紧说:"对不起,先生。"然后抬头看我,却见到二十多年后的自己。

满世界的孩子

周日时,我们常带孩子到"空中花园"玩耍。自城郊到市中心一日游的还真不少:拖家带口的文员(给儿女换上了最洋气的衣裳)、颤巍巍挎着野餐篮子的老妇人……我放心让我的孩子走在这些人中间,因为我相信他们,相信他们最朴素的愿望:自己的下一代能成家立业,且至少比他们年轻时过得更好。

我的大儿子乔达摩过生日那天,我们带他去了吉祥天女①寺。寺外有条小路,一个女人牵着奶牛坐在路边,面前的篮子里放着青草。我给了她五卢比,她于是递给乔达摩一束青草,乔达摩小心翼翼地把草喂给了奶牛,累积功德的同时也满足了好奇心。我的孩子们在西方故事书里读到的动物(大象、骆驼、孔雀)在孟买的大街上等闲可见。乔达摩的好朋友最近被一只猴子咬了,就在马拉巴尔山他们家的草坪上。其他国家恐怕没有这种都市隐患吧。

我们继续朝吉祥天女寺走,见大门旁边有一间书店,是权威的印度学文献出版社②。我去过这家书店在瓦拉纳西、德里和金奈的分店,每一次都满载而归,今天自然也要逛一逛。书店经理见乔达摩头戴生日帽,忙让店员抓来一大把巧克力糖。我们愉快地在店里浏览各式书籍,慢条斯理选好了想要的书,决定等从寺庙出来时再行购买。在那之前,我们要先入吉祥天女寺,亲眼看一看书中的古老神话和哲学体系是如何在当代庙宇得到体现的。

---

① 吉祥天女的形象通常是一位美丽的女郎,有四只手臂,两手持红色莲花(象征吉祥),两手抛撒金钱(象征财富),身边有一对白象相随。在印度,崇拜吉祥天女最主要的活动是印度教的第一大节日排灯节。

② 指莫蒂拉尔·巴纳拉西·达斯出版社。

走上通往寺庙的台阶时,悬在我们头顶的巨大横幅上书"欢迎马哈拉施特拉邦首席部长纳拉扬·瑞恩莅临本寺"。这个纳拉扬·瑞恩早年因涉嫌谋杀被捕,后因法官采信"技术性证据[①]"而获释。苏妮塔带着乔达摩站到女香客的队伍中,我站在男香客那一列,等着拜见吉祥天女。轮到乔达摩时,他双手合十站在神像前,喃喃道:"谢谢你给我一个美好的生日。"但他和苏妮塔很快被后面的人推搡着向前:好了没有?快一点!我们三人于是会合到一处,站在神像后的栅栏窗格边,探头看庙里进行得如火如荼的祭拜。我们不清楚火祭的确切规矩,也不熟悉拜赞歌的歌词。信众热切地吟诵着,钟声、鼓声和歌声响成一片。我们恰好在外围,法师便没有边摇晃灯盏边走近来。其余人却纷纷凑上前去,用双手虚拢住火苗,仿佛也就此捧住了灯盏带来的光明和祝福,他们就着这个姿势,又将手掌举到额前合十。我小时候常和爷爷奶奶一起来这间寺庙,但自从他们过世,就再没有人教导我该如何做了:要怎样用椰子做供奉,又要去哪里买献给女神的鲜花……所以我们默默离开了,我、我的外国妻子和孩子,我们一路往寺外走,中途停下来,以贵得离谱的价格为乔达摩买了一株红莲——吉祥天女的红莲。我们又回到书店,买下了先前看中的书:九世纪泰米尔女诗人安塔尔的《献给毗湿奴[②]的拜赞诗》(译本)、《薄伽梵往世书》[③]一卷、描绘阿姆倍伽尔生平的漫画一册(给乔达摩的)。我最初接触印度教,是因为奶奶的言传身教,但那是民间智慧,不是学术研究。我深入了解印度教是在美国读大学期间——印度信众耳熟能详的故事却要通过美国学者的阐述才能为我所领会。

---

① 譬如法庭采信 DNA 技术鉴定的结果而宣判被告无罪。
② 印度教三大主神之一。梵天主管"创造",湿婆主管"毁灭",而毗湿奴是"维护"之神,常以象征无穷无限的深蓝色皮肤的相貌出现,拥有四只手臂,妻子是吉祥天女。
③ 讲述宇宙和人类的产生、帝王和仙人的世系等内容,并包含故事、哲学和宗教话题。

我的小儿子阿卡什是个不哭不闹的小婴儿，他总是开开心心的，笑起来时露出两枚小乳牙，像雪白的蛋壳似的。他那带着前世业报、重新投胎的身体当真长得飞快。一天早上，阿卡什站了起来，双手撑在沙发上。我早该料到了——他前一晚基本没怎么睡，发着烧，一咳嗽就惊天动地，今天早上我却发现他在我们的大床上。他是自己爬上来的。我把他抱回地上，他又不屈不挠地爬了上来。紧接着是第二个信号：阿卡什由原先坐着的姿势直接从床上站了起来。我再一次把他抱下床，他站在沙发边，松开了手，看着手中用来磨牙的矿泉水瓶咕噜噜滚了出去。他望着不远处的瓶子，侧身背对沙发，先是把左腿跨到右腿前，又把右腿挪到左腿前，就这样一步一步来到了瓶子跟前。他完全没有意识到自己做了多了不起的事情（如此随意、完美而不着痕迹地打败了地心引力，这让他人生中的第一次迈步像是场意外），也丝毫没有停下庆祝，而是弯腰一屁股坐到地上，抓起瓶子塞回了嘴里。但我们——我和乔达摩都看到了：阿卡什会走路了！我一直不喜欢在家办公，抱怨孩子们老是打断我。但那一刻我多么庆幸我在家，我亲眼见证了我的孩子迈出他人生中的第一步，终此一生我都会记得这幅景象。

自从做了父亲，我才意识到原来世界上有这么多孩子。年轻时的我可不会留意到这一点。

我答应孩子们下午就回家，但现在已经晚上十点了，我依然在尔科商场楼上的办公室。我终于下楼时见外面停着一辆计程车，我正预备招手，忽然看到路上有一群极其年幼的孩子。牛奶亭的老板正驱赶他们："快走！"像驱赶流浪狗。我停下了脚步。那是四个小孩子：一个六七岁的小女孩，一对大约四岁的幼童（一男一女），以及一个不超过两岁的小男孩。女孩们穿着肮脏的、并不合身的宽大罩袍，男孩则浑身赤裸，只在脖子上挂着一串白色念珠。三个娃娃围在最年长的女孩身边，她正端详着从路边摊的垃圾桶里捡来的食物，那是大半只抹了酸辣酱的三明治。在其他三人无比渴望的注视下，为首的小女孩狼吞虎咽地吃了起来。另外三个孩子玩着从附近的椰子摊拾来、被人丢弃的吸管,把白色的管子编到一起。最小的那个孩子没一会儿就走开了,他清楚自己一口吃的也分不到,于是索性懒洋洋地在路上躺下来,原地滚了一圈半。我太熟悉这动作了,我不知看阿卡什打过几次滚,只不过眼前的孩子赤身从泥地滚过,他棕色的身体、短短的手臂以及微微鼓出来的小肚皮上不可避免沾到了污水、狗粪、果肉残渣、槟榔渍以及道路上无处不在的灰尘。他又站起身,像所有还在学步的孩子那样,摇摇晃晃地走向大马路,计程车、公交车和三轮车飞快地逼近,又飞快地从他身边驶过。他离鬼门关不过一步之遥,却无人出声警示,和他一块儿的那个小女孩不曾,路人不曾,我也不曾。他太矮小了,坐在驾驶室的司机根本看不到他,没有大人来找他(譬如他的母亲),我的心跳到了嗓子眼——但就在下一刻他忽然不走了,他笑起来,欢快地折回路边。这四个孩子围着一小块三明治,在我办公楼前的车道上席地而坐。牛奶亭的老板有气无力地喊他们快走,这回用的理由是"会有车开过来"。"他们的母亲呢?"我问奶亭老板,他说他也不知道。他让卖椰子的小贩相帮照管这几个孩子,结果对方生气地说:"凭什么?又不是我的种!"我没法走到几步开外的计程车边,我一动不动地伫立原地,感到无法呼吸,一种极度的悲伤漫过我的心头。我不能直接给他们钱,他们还太小了,最小的那个孩子和阿卡什一样剃了光头[①],他应该才满周岁没多久。难道就没有人帮帮他吗?我不能就这样撒手不管,但我也不能把他带回家。我不知所措,我在想是否应该报警,但报警了又如何,这些孩子多半会被送往孤儿院。我才读到皮文迪[②]一家福利院将某三岁幼童虐打致死的新闻。三岁的幼童!什么人竟如此狠心,一个三岁的孩子又能犯下什么不可原谅的

---

① 根据印度风俗,新生儿从胎里带的毛发在周岁时要剃光、献给神灵,印度人相信这样可以帮助孩子彻底与前世的罪孽分离。
② 马哈拉施特拉邦一城市。

大错,要让盛怒之下的成年人活活把他打死?

正犹豫间,为首的那个女孩也看到了我,她的眼睛里有光一闪。她啪嗒啪嗒地跑过来,对我说:"先生,给点吃的吧。"然后摊开了手心。我问她:"妈妈在哪儿?"她说:"反正不在这儿。"我问她:"你吃过东西了吗?"她果断地说:"没有。"正好有卖花生的小贩推着车经过,我向他招了招手。女孩马上说:"不要那个。""那你们要什么?""牛奶。"

我走到奶亭,老板一看他们四个紧紧跟着我,立即冲他们喊:"不许过来!""四瓶牛奶。"我对老板说。他底下的伙计拿着驱赶猴子的木棍,朝孩子们一通挥舞。"牛奶是买给他们的!"我不得不提高音量解释。四瓶开心果口味的调制乳搁在了柜台上,四个孩子就地坐下,拿过吸管贪婪地喝起来。我看着最小的那个孩子,他的脸上是最单纯的喜悦,他把吸管塞进嘴里,等不及要喝到香甜的乳饮。我终于朝计程车走去,我等不及的是快快回家、亲吻我的孩子们。

金翅鸟

"孟买是只金翅鸟啊。"乔格什瓦里贫民窟的穆斯林这样对我说,他的哥哥在"九三"暴乱时被警察开枪打死了。传说金翅鸟极难捕获,它迅疾如风,机敏万分,只有百折不挠的勇士才能得到它的垂青。而一旦它落在你的掌心,便会为你带来难以置信的好运。所以人们依然愿意来到孟买,宁肯抛弃乡间美丽的绿树和广阔的天地,哪怕要面对的是频发的骚乱、糟糕的水质和浑浊的空气。这些人来到都市,却无法融入都市。孟买的贫民窟和人行道充斥着他们卑微的身影,宝莱坞的电影不曾歌颂,芸芸众生里难得同情。然而他们的生命和我们的古老神话一脉相承,他们活着是为了见证善恶之别、生死之争,是为了爱,为了更好的明天,哪怕荆棘遍地也不停歇地追逐着金翅鸟。他们的共同点(或者说我们的共同点)是躁动,是不能也不甘停下脚步。

和我一样,他们在旅途中才最快乐。

吉里什:都市异乡人

"你需要一个向导。"我的编辑对我说,当时我正搜集孟买暴乱案的素材。后来我遇见了阿希什手下的程序员吉里什·塔卡尔。常住孟买却仿佛游客的吉里什是都市里的异乡人,也是最合适不过的向导。

我们的旅程通常从教堂门开始,吉里什在那儿搭火车回家。车站广告是给亟待逃离孟买的打工者看的:"海外找工作?就看××报。"车站广告也是给渴望归园田居的都市人看的,多半用玻璃镜框裱起来、挂到墙上,与躲在壁龛[①]打盹的流浪狗为邻——

> 图卡什村安可农庄(农舍火热待售)
> 内有二十棵芒果树、十棵腰果树、十棵其他果树(共四十棵)
> 每平米仅售二十卢比

人们在晨间匆匆而来,又在夜晚匆匆而去。他们匆匆瞥一眼车站里的广告,怀揣幻想方才默默承受上司的颐指气使,方才咬牙忍耐回程时摩肩接踵的火车厢,他们不断告诉自己:会有那么一个小村庄,村里会有那么一栋小房子,四周密布果树,沉甸甸的果实压弯了枝头,等人采撷,果园祥和宁静,一如在外婆家的农场度过的童年。

我和吉里什坐火车前往乔格什瓦里,然后沿着小路深一脚浅一脚地走到巷子深处,吉里什的家就座落在这里。如果没他带路,我绝对找不到。尽管房屋破败,他家却人丁兴旺,且访客络绎不绝。见有新的客人来访,已在屋里的人赶忙起身让出座位,好似周而复始进行着"抢椅子"的游戏。主人会客套地说"留下一起吃午饭啊",客人

[①] 墙上的龛穴,多指佛龛。

自然懂得摇手拒绝。房间里总共只有一把"贵宾专用"的金属折叠椅（我正坐在上面）、一只常客轮番坐的矮凳、一张行军床、一个简易衣橱、一台电视、煤气灶、小饭桌和几层置物架。这就是吉里什一家七口——父母加五个成年子女的全部家当。吉里什的父亲正坐在地上剥豌豆，头顶悬着塑料晾衣绳，湿答答的衣服从绳子上垂挂下来。不入夜不闭户，整个贫民窟皆如此，每户人家的门窗也都开在同一边。一个卖药的从门前经过，举着小瓶子挨家挨户吆喝："阿育吠陀舒缓膏！舒缓膏要吗？"屋里的人都笑起来，今天的吉里什家欢声笑语不断。正是节庆期间，难得一家人齐聚一堂，所有人都感到了放松和惬意。吉里什家的儿子们轮流睡在行军床的一侧，其他兄弟则坐在床沿。活到二十五岁的吉里什还从没有在家独自睡过一张床。

塔卡尔家是众人的安全港。孟买暴乱期间，附近三户人家的女人都来这里避风头。塔卡尔家有一个电话，人们纷纷前来拨打，焦急地询问亲人的近况，甚至还有保加利亚[①]的水手上门小住呢。吉里什的弟弟帕里什是舞蹈教练，有一天在酒店遇见一个走投无路的保加利亚水手，对方哭着说一下飞机就被抢走了行李箱和现金（只剩随身的背包了），帕里什于是把他带回了家。水手身无分文，无法回古吉拉特海港——他们的船停泊的地方。塔卡尔一家为水手凑齐了买火车票的钱，但他们转念一想：这个外国人不会说印地语，大概又会成为打劫的目标，所以让帕里什和水手同行。他们的担忧并非多余，在禁酒的古吉拉特，水手和护送他的帕里什在火车上遭遇了临检，铁路警从水手的背包里找到一瓶料酒和一套看上去颇为锋利的刀具。水手赶忙解释说他是船上的伙夫，那是他做饭的工具。但警察不依不饶，一定要罚两千卢比。帕里什同警察好说歹说，把料酒留给了他们，又出了两百卢比息事宁人，总算有惊无险把水手平安送回了港口。塔卡尔一家对此事津津乐道，他们给我看和水手的合影——这个白人大个子双手

[①] 欧洲东南部巴尔干半岛一国家。

环着他的印度恩人,但他回到保加利亚后就再也没了消息。

塔卡尔一家刚搬到乔格什瓦里时,房子是用毛竹和灰泥撑起来的。这些年来他们不断改造,铺了铁皮屋顶,稍稍加固了墙体。"我们每月的预算只有一百五十卢比,这家又能像样到哪里去呢?"吉里什的母亲念叨着,"孩子他爸希望儿女都有出息。大儿子是还好,这一百五十卢比是他出的。但吉里什不行,自从在股市输掉了所有的钱,他的身体也跟着垮了,干不了力气活,也没法找什么正经工作。孩子他爸老是说:我这老二不顶用哪,对家里什么贡献都没有。"

吉里什依然带着他标志性的笑容。或许这就是他几乎从不在家的原因:他今年二十五岁了,应该担起养家糊口的责任,却至今没有固定收入。他没能成为塔卡尔家的顶梁柱,反而要靠父母和兄弟的接济度日。

孟买的多数家庭(根据1990年的一项民意调查显示,孟买73%的家庭)只有一间房:吃喝睡都在其中。这样的一间房通常住着五口之家,而吉里什家总共有七口人。房间的家具因不同的需求不停变换着功能:晚上睡觉用的床在白天时充当沙发,饭桌在不吃饭的时候是写字台。房间里的人也统统是变装大师,躲在窗帘后或裹在毛巾里的他们脱下睡衣、换上正装只在须臾之间。他们的动作快如闪电,你几乎要以为他们是隐形的。然而他们毕竟不能真的隐身,是同屋的人学会了在对方换装时移开视线。天晓得吉里什的父母是怎样在这方寸之地孕育了五个孩子的。恐怕孩子们在爸妈亲热时,早已练就了"非礼勿视,非礼勿听"的非凡本领。

吉里什能不待在乔格什瓦里就不待。他一早乘七点的火车离开,半夜才回来。如果这一天是周日,那他不会在家睡午觉,而是去坎迪瓦利某个朋友开的电脑班给人上两小时课。塔卡尔家的每位成员都心照不宣地遵守着这样的准则——贫民窟的家是分时段使用的。屋子实在太小,除非一动不动地睡着或者死了,否则根本容不下一家人同处一个空间。

我问吉里什他们家到底如何分配床位。他瞧瞧我，掏出一支钢笔。"你看啊，我们一家是七口人。"我递给他笔记本，让他在上面画图。他摇头推开了，取过一张餐巾纸。"我和我哥睡行军床。"他在餐巾纸上画了一个长方形，代表行军床，然后在里面画了两个小圆圈，表示那是他和哥哥达门德拉。"我的两个弟弟打地铺。"长方形的外头又多了两个小圆圈。"我爸妈睡厨房。"所谓的厨房也就是房间再往里走几步的地方，然后吉里什画了一根线，在上面写"饭桌"，"我妹妹睡桌子底下。"

讲解到此结束。吉里什把餐巾纸一折二，又一折四，团成很小很小的一个球，压得紧紧的，直到可以用指缝藏住。他将纸团嗖一下扔了出去，抬头对我一笑。

我们出门，走上贫民窟的小径。这里的人们从事各行各业，形成了在富人区看不到的神奇景象。吉里什指给我看装满贝壳的小房间，正有手艺人用贝壳做工艺品，把小小的灯泡装在贝壳里面。我们在火车站附近遇到了吉里什的朋友——一个宝莱坞的打拼者，他向我们夸口他最新参演的电影，说是一部"掺杂了黑帮元素的爱情片"。之后，吉里什又拜访了地头蛇拉姆斯瓦米。拉姆斯瓦米住在"王子赌坊"的楼上，专卖盗版光碟，生意红火。他家客厅挂着好些他的相片，相片里的他留着大胡子，却完全没有笑容。拉姆斯瓦米光着上身歪在床上，像只海豹那样腆着滚圆的肚子。"我总得混口饭吃。"他边说边拍着自己的便便大腹，他的肚腹两侧各有一道很深的刀疤，像是生了一支足球队的女人肚子上的妊娠纹。拉姆斯瓦米有三个合法的老婆，不合法的则有十来个。他每说一句话都以"他妈的"开头，但吉里什在场时他没有这样做。"这是他表示尊重的方式。"我问吉里什为何拉姆斯瓦米不搬出贫民窟，买一栋更像样点的公寓。"宁当鸡头不做凤尾啊。"吉里什叹道。

我们在贫民窟穿行，路过挂着"光明计算机课程"招牌的陋居。

"如今阿猫阿狗都开起了计算机课。"吉里什说。孟买的贫民窟多得是自学计算机编程的年轻人,吉里什便是其中之一。对这些出身贫寒却天资聪颖的孩子来说,正如拳击或篮球之于哈莱姆[①]的黑人少年,计算机是孟买的新一代得以改变命运的媒介。贫民窟的孩子往往没有学上,但报纸上又充斥国内外的招聘启事,为有能力胜任的年轻人提供正当且高薪的工作岗位、相对舒适的工作环境以及走出社区看看世界的机会。吉里什的妹妹拉珠想让贫民窟的孩子至少能有应聘的资格,所以租下一处窝棚的二楼,开办了补习班。塔卡尔家的长子达门德拉若有时间,会来给孩子们上历史课。

在拉珠的要求下,一个来补习的一年级的小女孩站了起来,背诵爱国宣言道:

"印度是我的祖国。
印度人民是我的兄弟姐妹。
('所以我们都他妈是一个娘养的'——我还记得我们当年这样插科打诨道。)
我为我的祖国自豪。
我……"

她垂下了眼睛,不记得后面的内容了。拉珠示意她重新坐下。

拉珠的主要工作还包括给特殊家庭的孩子做心理辅导。她帮助屡教不改的少年犯成为在考试中获优等成绩的好学生。但她的善举实在是义务劳动,除教室租金和付给其他补习老师的工资,她今年并无盈余。一结束补习班的工作,拉珠回家后的第一件事就是帮妈妈一起做午饭。她的父亲看着我,点了点头:"很勤快的姑娘。"拉珠把哥哥们

---

① 纽约市曼哈顿的一个社区,曾是黑人文化与商业中心,也是犯罪与贫困的主要中心。

照顾得很好，对父母也相当孝顺。可以想见如果她嫁了人，一定会是个好妻子、好母亲。我望着她穿梭在贫民窟的身影，她在遍布排污管的小径上走着，依然显得如此清新靓丽。

塔卡尔一家最期待的便是一年一度、无忧无虑的乡间之旅（为期两至三周）。他们在故乡瑙萨里[①]近郊的帕伽甘姆村有个小农场，种植甘蔗、茄子，今年还种了水稻。农场方圆几里都是开阔地，房舍很大，且不只一间。吉里什说他回老家时，每天起床后的第一件事是吃早饭。母亲用泥瓦砌成、专烧柴火的炉灶做好了早饭，装在陶罐里，食材是从自家农场新鲜采来的。吉里什吃过早饭，懒洋洋地躺回床上睡回笼觉，醒来后就能吃到香喷喷的午饭了。到了晚上，一家人围着黑白小电视机评头论足，其乐融融，所以吉里什并不情愿回孟买。"火车一到维拉尔站我就开心不起来。"他说，"我情绪低落，这时候如果有人开玩笑或者捉弄我，我大概会揍他。"

一天下午，我和吉里什在市中心闲逛，他的办事处就在附近。我们走到波拉集市的"奎师那贝尔普里铺"买点心，铺子里有辆手推车，停在满地的洋葱皮和土豆皮上。手推车上的牌子这样写道：兑换破损纸币。吉里什指一指手推车后的老板，说昨天交给他二十四卢比污损了的纸币，结果换回一张崭新的二十卢比。孟买的市民服务果真应有尽有。

说到市民服务，就不得不提与此处一街之隔、邮政总局对面的"捉刀人"。他们分坐在卡布达卡纳[②]一座久已干涸的喷泉边，上千只鸽子飞来这里，啄食由耆那教徒定时撒下的谷粒。这些捉刀人为外国游客填写包裹信息，为流浪汉收发信件，为虽然识字但不会开支票的居民代劳，也为不识字的农村人写家信寄回故乡。他们是连接都市与

[①] 古吉拉特邦瑙萨里县一城市。
[②] 孟买市郊达达尔的鸽子饲养区。

农村的桥梁，所代写的内容不外乎"家事"（报告儿子出生的喜讯、询问双亲身体康健与否），正如一个叫艾哈迈德的捉刀人告诉我的。他们以在城市打拼的农村人的名义写信给老家的妻子，让她们多费心照顾年迈的爸妈，嘱咐孩子好好读书。邮差把信送到农村后，会当着收信人的面大声念出来。也因此，农村的邮差对张家长李家短可谓了如指掌。在孟买的外乡人写信给父老乡亲，最常询问的便是妻子是否安守本分。这些男人在外奔波，一年见自家婆娘的天数加起来也不足一个月。孟买人笑话他们被戴了绿帽还不自知："我家花匠在农村的老婆生了个大胖儿子，可把他乐坏了，他也不想想他已经三年没见过她了，这孩子怎么可能是他的。我说那不是你的种啊，他说别管是谁撒的种，结出来的果子归他就行。孩子跟他的姓，他还给我送喜饼。"

艾哈迈德说农村人对在老家的亲人报喜不报忧，因为他们觉得坏消息要当面传递才合乎礼节。"如果某个小伙子要追求心上人，会来找我们写情书。"

"情书？"

"对啊，他要是想稳住那个姑娘，就来找我们写情书，他口述，由我们负责润饰。"

"什么样的润饰？"

"还不就是那一套。'你一定要等我'之类的。"如果两人分隔两地，青年会对姑娘说："我这就来找你，我正为咱们的新家努力奋斗呢。你千万要等我，不准和别人跑了。"姑娘们则请捉刀人代笔，把情书寄给波斯湾的阿拉伯人。

"你们当中谁最擅长写情书？"

"他。"捉刀人异口同声地说，指一指不远处我一直没怎么留意的醉鬼。醉鬼的脸上有了光彩，他提高了音量，用英语喃喃着什么。"阿尼尔！"他们喊他，"阿硕克·辛哈！"他们又喊他。或许阿尼尔只是他的笔名？"他还没从侯丽节缓过来呢。"阿尼尔醉醺醺的，一看就是在昨天的庆典上喝多了。

起初，捉刀人最大的客户群是妓女。她们在给父母的信中这样说："我在孟买找到了好工作，当秘书收入不错，随信附的这点钱你们拿去给弟弟交学费，姐姐的嫁妆也该筹备了。我会每个月都往家里寄钱的。"捉刀人把卡布达卡纳的喷泉作为妓女的地址，就像他们为请其代笔的流浪儿和逃家青年所做的一样。偶尔，某个妓女的双亲会进城，既看看女儿过得好不好，也顺带看看大城市的风光。火车把他们送到维多利亚终点站，站外就是邮政总局，两鬓苍苍的父母手提肩扛着大包小包（还有从老家带来精挑细选的水果）找到信封上写着的地址：卡布达卡纳喷泉。捉刀人眼见老夫妻脸上的困惑，立刻猜到了是怎么回事。他们搬过椅子，倒好茶水，请老人务必稍坐休息，一边赶紧派伙计去请那妓女："速来！你的父母找上门了！""我们从来不会透露妓女真正的地址。"他们说。

捉刀人也为妓女代写声泪俱下的求助信，寄给在外地的主顾："我遇到大麻烦了，你快寄一万卢比来。"许多妓女有孩子，她们便利用"孩子的生父"（多半并不属实）的歉疚一再伸手要钱："我要维持日常开销，要照顾我们的孩子，你上次寄来的钱早就花光了，我们还有贷款要还，你可怜可怜我们母子吧。"捉刀人向我复述这些信件几乎一成不变的内容，显然对妓女的说辞一个字也不信。他们写信用的是大白话，是一种糅杂了印地语、马拉提语以及英语（间或有泰米尔和古吉拉特语）的新文体。

如果你去找这些捉刀人，他们会搬来矮凳，请你坐在铺着蓝色油毡布的顶棚底下。一阵风吹过，油毡布簌簌抖动，掉落一地鸟毛和鸽粪（其中一部分自然不可避免地落到你的头上）。我和艾哈迈德说着话，四五个捉刀人聚拢来，忙着把鸽粪从我的头发里挑出来。"你们就完全不在意这种事吗？"我问艾哈迈德。他们的头上、脸上沾满细白的鸽羽及一粒粒鸽粪。"让它们掉吧，我们不去理会就是了，等回家后再一次性抖干净。"我眼前的景象着实有画面感：在喷泉边坐成一排、案头摆着火漆和邮票的捉刀人挥笔写就缠绵的情书，而小小广场上的千万只鸽子往还起落,在他们的头顶飞行,也在他们的头顶排泄。

但捉刀人在这一行已经干不久了。"来找我们代笔的人只有从前的一半。"他们抱怨说,"文盲的数量也降到了过去的十分之一。"人们更多地选择打电话回老家,价格低廉不说,也更及时和高效。电报几乎绝迹了。捉刀人常空坐干等,相对无言,如今的他们更像邮局的工作人员,不过是帮着寄信的人封好包裹、贴上邮票而已。

我正要离开时,阿尼尔——代笔情书的专家对我露齿而笑,一边比手画脚。我对他介绍说我是从美国来的。"萨达姆。"他含混不清地说,"我喜欢萨达姆。"

塔卡尔家这一辈总算盼到了出头之日。他们攒够了钱,在米拉路上买了间一室一厅的公寓,不日将搬出贫民窟了。想到乔迁大事,一家人喜忧参半。他们当然难舍乔格什瓦里的老街坊、老邻居,但对吉里什来说,这也意味着他家的屋顶终于不是铁皮和油毡布铺的了。

从米拉路火车站出来,迎面走来的三个白领丽人正用英语交谈。附近的一群混混发出不怀好意的啧啧声,并非吹口哨,而是咬住嘴唇打着呼哨,犹如短促的鸟鸣。这声音配合嘶嘶的吸气声,尤其显得下流,是实打实的性骚扰。我们穿过四通八达、横跨铁轨的立交桥时,看见火车站边上的学校外挂着巨型标牌,上面写着"充实学院"四个大字。涌向新城区米拉路的人们懂得受教育的真正目的:不是为了求佛问道,而是为了充实自我。火车站外的房地产公司鳞次栉比,米拉路的唯一产业便是销售业。这里仍有大把机会,这个新城区独立于孟买之外,自产自销。

我们穿过空旷而荒凉的社区,朝吉里什的新家走去。沿途的房屋是对西方建筑的拙劣模仿:两根罗马柱自泥浆中拔地而起,孤零零地撑起一面巨大的三角楣饰[1]，此外别无分号，在这孟买北郊突兀得好像电影道具。眼前的场景如此诡异，我甚至怀疑自己身处梦中。这些后现代建筑不伦不类，趣味低级：并不协调的三角楣饰、奇彭戴尔式[2]房顶、叶尖饰[3]……以及粉刷成各样颜色的外墙立面，只等第一场雨将薄薄的涂料冲走，所有建筑被打回原形，重新露出底下沉闷、斑驳、一成不变的黄土。米拉路上的建筑想营造某种欧洲氛围，为此起了欧式的名字，哪怕拼写错误也在所不惜，譬如坦沃高池（应为"坦沃高地"），又譬如昌德雷什梅岸（应为"昌德雷什海岸"）。但它们到底还是建起来了，几百幢楼房散布各处，另有一些烂尾了，等着房价或有一日飙升再重新开工。眼下的房市十分低迷，吉里什一家花三拉克买下了新公寓，短短几月就贬值了三分之一。乔格什瓦里的窝棚都比这值钱。

  小区建筑看似富丽的外观给了住户坐拥奢华、身处国外的错觉（他们假想中的异国情调必然是"奢华的"）。孟买的普通百姓可以不要正常运转的家电、不要全天供应的自来水、不要宽敞平整的道路，但不能没有气派，不能丢了脸面。所以米拉路上的居民区是用帕拉第奥式[4]立柱和奇彭戴尔式尖顶撑起来的假象，经不得细看。新砌的墙壁已经开始渗水，小高层空有电梯井而无电梯。头一回搬离贫民窟的人只负担得起明面上的气派，顾不得内在的实用性了。华而不实就华而不实吧，谁让把房子造好比造好房子费时费力费钱得多呢。孟买式的大门最符合孟买式的排场，光看外观还以为内里十足宽敞。就连市

---

[1] 一种希腊罗马时代和文艺复兴时期建筑横梁上的三角形装饰，由柱子支撑。三角楣饰最知名的实例是古希腊的帕特农神庙。
[2] 托马斯·奇彭戴尔（1718—1779），著名的英国家具工匠，其设计在欧美有广泛影响，结构稳固，线条细腻优雅。
[3] 固定在拱或拱状建筑物顶端的装饰品。
[4] 以建筑师安德里亚·帕拉第奥（1508—1580）命名的建筑风格，遵循古罗马和希腊传统建筑的对称思想。

中心的筒子楼外都竖着威风凛凛的高大拱门，谁能想到里头的房间其实和火柴盒一样小呢。

小区只有一条主干道，年轻的夫妇在路上漫步，享受着夜晚拂面的清风。人们从火车站出来，心情不由为之一振，向西远眺，极目处没有楼房，唯有绿草、盐田和沼泽。孟买西部靠海、人心所向，但城市规划偏要将城郊往东面拓展。这里的夜晚尽管蚊虫成群，但到底安静，因为多数居民（原先的贫民窟住户）买了房就再也买不起车了，何况道路的情况也糟得没法开车。我们走向吉里什的新家时，路过一大片淤积日久的水塘，无数蚊虫聚集，仿如一团浓密的黑云向行人发动袭击。小贩使劲敲打着一盏路灯，果然管用，路灯在暴力下应声而亮。

一栋栋巨大的综合楼皆以建筑商或其已逝的近亲命名。吉里什家所在的楼群以"昌德雷什"开头：昌德雷什达显楼、昌德雷什曼迪尔楼、昌德雷什高地楼、昌德雷什条约楼，以及吉里什和家人住着的昌德雷什查乌[①]（直译为"阴影"）楼。"这些房子是谁造的？"我问他。

"一个叫曼加尔·普拉波哈特·罗哈的富商。"

我认识这个人。大选期间，我曾和随时关注投票进展的曼加尔一块儿，周游过马拉巴尔山。曼加尔是印度人民党的上议院议员，昌德雷什正是他已故的父亲。令生活在昌德雷什"阴影"楼的吉里什啧啧称奇的，是我也在曼加尔的"阴影"下生活过一阵子——他恰巧是我们在江河二楼的邻居，我们租的公寓在五楼，他住七楼。

塔卡尔家新居的大门上贴着这样一句标语："不爱国，枉为人。"是"专业线"——进口体育用品厂商发放的。只要塔卡尔先生听见电视里奏响国歌，必定命家人起立致敬。"即便我们睡着了，爸爸也会把我们摇醒。除非生了病，才能破例坐在床上，不用下地。"达门德拉说。

[①] 印度神话中的阴影女神，是太阳神苏利耶的女儿。

塔卡尔先生的爱国热情似乎得到了回报。多年以前，还在乔格什瓦里的贫民窟时，吉里什的母亲曾在一本古吉拉特杂志上看到这样一栋房子，它窗纱飘逸，灯盏璀璨。她当即求问神明：我们何时才能实现这样的梦想，何时才能走进这样的未来？现在她的家人笑着指给我看——他们新家的客厅里挂着窗纱，一盏灯正从天花板上垂吊下来。

塔卡尔家自从搬进新居，每日门庭若市，来做客的主要是以前的老邻居、七大姑八大姨、达门德拉和吉里什的同事、拉珠的学生、帕里什的舞蹈搭档等等。塔卡尔家用了两代人的时间，才真正住进能称得上是房子的地方，才向成为中产阶级迈出了一大步。塔卡尔一家的故事便是孟买的变迁史。他们从古堡区（吉里什父亲婚前和一大家子人同住的老宅）搬到了乔格什瓦里的贫民窟，又迁往米拉路上的新公寓。吉里什还想去美国，他说那才是真正的鱼跃龙门。

有生以来第一次，孩子们有了相对独立的休息空间。他们搬来后的第一件事就是重新安排了床位。现在，达门德拉（赚钱养家也出资买下公寓的大功臣）和最小的弟弟帕里什睡卧室；吉里什的另一个弟弟萨伊什在马拉提郊区当推销员，不常回家住。吉里什的母亲睡客厅的贵妃椅，吉里什和父亲睡沙发床。妹妹拉珠则在厨房边上打地铺。在我看来依然局促的两居室在塔卡尔一家眼中已大得不可思议。"我甚至会不知所措。"达门德拉说，"房间太大，反而让我睡不着了。"所以一家人又重新挤在客厅，在令他们安心的电视节目的嘈杂声中慢慢睡去（新买的电视机有"睡眠定时"功能，会在开启半小时后自动关闭）。从小只有一间房的他们渴望获得更多、更大的空间，而一旦得到了，又不知该如何利用。

新家的客厅里放着手绘花瓶。从藤蔓环绕的窗户照射进来的光线固然充足，蚊虫的数量也同样惊人，塔卡尔一家却仿佛浑然不觉。玻璃橱里展示着帕里什的三幅作品，一幅画着埃菲尔铁塔，另一幅画着自由女神像，还有一幅画着脱衣时连带把皮肤也剥下来的男人。客厅的一面墙上贴满深棕色的石砖（顶上的两只射灯努力想为冷硬的墙面增添一点温馨的气氛），与另外三面粉刷成白色的墙殊不相称。"人们以为石砖只起到装饰的作用。"达门德拉说，"其实是因为后面的墙壁漏水了，不得不遮遮丑。"塔卡尔家交房没多久的新居已经四处渗水。但是当客人称赞石砖多么有设计感时，达门德拉从不道破背后真正的原因。

他拿出一本宣传册，说那是最初让他、他的家人和所有昌德雷什查乌的居民动心的源头。宣传册以高饱和度的红黄蓝三色打底，散发着好似五十年代美国地产广告的俗气（虽然后者是为招揽客户在阳光灿烂的加州购房）。宣传册的文案有多处拼写错误，以华丽的粗体字这样写道：

> 1980年时，一群充满活力的年轻企业家有这样一个梦想：他们渴望在荒芜、单调的都市建筑群外营造一处美丽祥和的绿洲。在集团创始人、已故的斯里·昌德雷什·罗哈总裁的带领下，罗哈集团为孟买疲惫的购房者带来了郁郁葱葱的生机……如今，罗哈集团旗下的每一处房产——您的安身之所是温馨、舒适、明亮、欢乐和繁荣的象征。选择罗哈，就是走向幸福美满的大结局。

宣传册里的插图是孟买摩天大楼的剪影，又画有被棕榈树环绕的中低层建筑和建筑物前悠闲散步的夫妇、整洁路面上开过的豪华轿车、孩子们的游乐场和远处浪花朵朵的蔚蓝大海。宣传册承诺会在小区建起解决"最后一公里"问题的公交车站、网球场、俱乐部和图书馆，这些承诺无一兑现。但如果你正坐在乔格什瓦里的简陋窝棚，屋外污水横流，醉鬼荒腔走板的嚷嚷、混混寻衅滋事的叫嚣，连同嗡嗡作响的蚊蝇一道从你家唯一的窗口飞进来，端详着色彩鲜艳的宣传册，你会愿意相信这些承诺是真的。或许那一晚当你入睡后，你会梦见自己的孩子在绿草茵茵的游乐场玩耍，你的妻子在铺了大理石的料理台边做饭,而你正在周六的夜晚从公交车站走回崭新的公寓楼,你脚下的道路那么宽敞,乡间的空气那么清新。

昌德雷什查乌的运作及维护极其糟糕。大楼的墙面凹凸不平,墙体中本应铺设电线的管槽空空如也,挖开了,任由它们敞着。电梯井里自然也没有电梯,就连楼梯都没有完工。开发商承诺会在小区打造公共花园,并为每家每户安装符合"印度国家标准"的热水器。但花园没见着影子,倒是应该建花园的地皮上又造起了一栋房子,而热水器的安装则完全没有了下文。达门德拉于是进行了投诉,结果上门安装完毕的是一台功率小得"连给耗子烧洗澡水都不够"的东西。但正如合同上写的:这也算热水器。这可笑的机器不但小,对水量还异常敏感,如果余量不足就不工作。而管子里的洗澡水是隔天供应的,塔卡尔一家迫于无奈,又在阁楼装了水箱蓄水。

饮用水就更少得可怜了,一周才输送一次。除非贿赂司机(每车一百卢比),否则对方都不肯把水罐车开进小区。但这点水又哪里够,所以业委会额外请私人公司每天运三车水到昌德雷什查乌(每车三百二十五卢比)。这些运水公司的负责人是米拉路上最有权有势的人,他们垄断这一地区的所有运输路线,不许市政府额外铺设任何送水管道。在昌德雷什查乌,排水和送水一样艰难。下水道和排污管几乎名存实亡,业委会不得不每月另付四百卢比,请人排空地上的积水。若排水系统彻底瘫痪了,主妇和文员会坐到铁轨上造反,直到政府出面,暂时替他们解决困难。

此外,居民还要自掏腰包请清洁工(至于清洁工会把生活垃圾运到哪里,他们就无力关心了)。如果仅仅使用市政统一、每两周才清空一次的垃圾箱,势必造成小区臭气熏天、污物遍地。因为昌德雷什查乌地处市郊,公交车到不了,业委会一度花钱雇了一辆八人座的面包车,请同为小区居民的司机接送住户往返火车站(每人两卢比)。米拉路上的三轮车夫不乐意了(他们收每人二十卢比),车夫团团围住面包车司机,吓得他再也不敢接生意。居民报了警,警方和当地议员赶到后，却统统站在了三轮车夫这边。因此米拉路上的人们每月花去大半工资，只为获得他们本应享有的、最基本的设施保障：供水、排污以及交通。米拉路恰好位于孟买市政公司的外围，这就是它之所以有吸引力，也之所以有致命缺陷的原因：它是三不管地带，所谓的城乡结合部。但总的来说，塔卡尔一家比过去舒心多了。从前的时候，他们更早发迹的亲戚会来乔格什瓦里看他们，打量着他们的小窝棚，问他们为什么还不搬走。"到了让人心烦的地步。"达门德拉说，"难道我们不想搬吗？但爸爸的投资打了水漂，钱周转不过来了。"还住在乔格什瓦里时，"我从不把家庭地址告诉朋友或同事。我也不去他们家做客，免得要回请。但现在我们不用遮遮掩掩了，亲戚可以来过夜，朋友可以来串门，任何人随时都能上门做客。"

吉里什的父亲白天在附近转悠，熟悉着新家周围的环境，看看商店在哪里，上哪儿能买到最新鲜的蔬菜。吉里什说："我爸可能从没想过，他这辈子能住到这样的地方。我们家现在有搅拌机、洗衣机，还有电视机。我们还缺什么呢？轿车。但我们不需要轿车，至少近两年还不需要。"他们家的楼房紧挨着铁轨，每当烧柴油的火车经过时，车轮碾压铁轨的咔哒咔哒声和汽笛的轰鸣声混在一起，响声震天。自从搬来新家，达门德拉每天上班要花两小时。"但我是做销售的，不需要打卡。"他如此解释道，眼里闪着狡黠的光。通勤花去的时间可以用"在外面跑业务"蒙混过去。

吉里什的父亲对米拉路的新公寓赞许有加。"我在这里总算能耳根清净了，不像在乔格什瓦里，总归有什么人在外面嚷嚷，不是吵架便是打架。"（而如果在乔格什瓦里，苏尼尔和阿莫尔会用火烧政府办公厅的方式，逼迫当地官员解决他们用水难的问题。）访客前脚离开，塔卡尔一家后脚就关上了房门。这是在白天的乔格什瓦里从不会出现的景象。我问他们为什么做出这样的改变。"入乡随俗嘛。"达门德拉说，"住进了公寓就要遵守新规则。"一旦搬进公寓楼，离中产阶级的生活更近一步，人就有了保护隐私的需求。而在贫民窟，隐私是奢侈品，不是必需品。

拉珠今年二十五岁了，还没有出嫁，以农村的标准看已经是老姑娘了。塔卡尔一家等着搬进新居，再为拉珠物色一户好人家，也为达门德拉谈一门亲事——塔卡尔家的长子刚过完三十岁生日。亏得他们搬出贫民窟了，否则什么样的人家肯把女儿嫁过来呢？吉里什一次也没有回过乔格什瓦里的旧居，帕里什也没有。他们搬出去以后，从前的窝棚让人偷了三次，但他们浑不在意。拉珠还是每天回贫民窟给孩子们补习，但她的父母不曾同往。香水公司的销售员达门德拉坐在花钱买下的三楼新家，对老屋不屑一顾："乔格什瓦里就是个筒子楼。"

"新公寓里住的是些什么人？"我问他，"古吉拉特人、马拉提人、穆斯林？"

"是国际化的住户。"达门德拉回答。共同力争上游的邻居间建立起了友谊。米拉路的社交圈或许不像乔格什瓦里的那么有凝聚力，但毕竟比尼皮恩航海路上的紧密得多。吉里什晚上十点左右到家，先去隔壁楼的邻居家逗他们两岁的小女儿玩半小时，卸下一身疲惫，然后才回自己家倒头睡觉。周日的时候，吉里什会和楼上的邻居一块儿，到奈加昂①买来酵素还有糖棕果，再回邻居家喝一大杯糖棕花酿的酒，吃一大把糖棕果。他向我推荐道："你也该试试这种酒，清宿便可管用了。我上大号那叫一个畅快。"

我们经过倚在海滨大道的栏杆旁絮语的情侣时，吉里什的语气里带着渴望："总有一天我也会来这里，和我的那个她一起。"吉里什和他的大哥是乔格什瓦里的骄傲，贫民窟的父母指着他们对自己的孩子说："你看看塔卡尔家的儿子，多有出息，你要向人家看齐！"

吉里什从没谈过恋爱。他借口说从大一起就忙着补课赚钱，不像富家公子哥有那闲工夫恋爱尝鲜。那时他下午一点半放学，立即赶到

---

① 孟买大都会区一社区名。

学生家开始补课，一家换过一家，直到晚上九点才结束。"我根本没时间追女人。"他认为如果在公交车站连续等上十天，就能和同为乘客的女孩发展出恋爱关系。"总之多顺着她点就是了。"他曾经想请朋友的同事出来喝杯咖啡，被那个女生拒绝了。"我对她说：你想多了吧，谁有那个工夫追在你屁股后面？不好意思，反正我是没有。"

吉里什交过一个住在日本的古吉拉特女网友。"我和她在网上聊天的时候，走的是深沉路线，比如问她人生的意义啊，谈哲学啊，等等。后来她到印度来了，她父亲给她在沃克什沃路上买了一间公寓，她再也没有联系过我。"吉里什听上去并不失望，又或者他把失望掩饰得太好。毕竟她是个住豪华地段的富家女，对吉里什来说比"日本女网友"更遥不可及。

达乌德帮的财政大臣卡马尔也为吉里什的终身大事操心。"你不能做老处男啊。"卡马尔对吉里什说，"没有性生活影响思考能力的。宣泄过，头脑才更清晰。你现在的思路为什么这么混乱？就因为你还是只童子鸡。你说你认识这个人或者那个人，那怎么不好好利用你手头的关系呢？人们没法相信你，因为你说话办事颠三倒四。"卡马尔给吉里什指了条明路：去戈尔冈的"顶呱呱"发廊，那里的洗头妹从提供头部按摩开始，会一路往下按摩其他部位。

吉里什那尤其热衷情事的朋友斯里尼瓦则对我说，他很佩服吉里什交游广阔，三教九流都有相识。但斯里尼瓦也坦言，说吉里什不是做生意的料："他实在混得不怎么样。"不像其他已经成家立业的大学同学。"他这人就是太实诚了。"斯里尼瓦试着劝吉里什参加"里程碑论坛"——一个设立互助团体、提供成功学课程的机构。课程总共分为五级，斯里尼瓦已经上到了第四级，还用课上学到的知识给吉里什打气，让他振作起了精神（吉里什那会儿刚从老家瑙萨里坐火车回孟买，一进城就不痛快）。吉里什于是去免费旁听了一次"里程碑论坛"，但一看为期三天的课程要三千卢比，马上打了退堂鼓。

孟买养育了吉里什，但如今的孟买已给不了吉里什他想要的东西。"我的付出和回报完全不成正比。"他说,"我有时落魄得连十卢比也拿不出来。"吉里什意识到:他的工作并不能为人为己谋得幸福。"我从事的是服务性行业,我随时可以被替换掉。"而达门德拉的香水公司也深受经济衰退的影响。公司没有辞退任何员工,但也不提拔任何员工,不涨薪,不招聘新人填补空缺的岗位。除达门德拉以外,吉里什是家中唯一的指望了。塔卡尔一家看中了波利瓦里一间九十平米的公寓,那是他们的下一个目标。但要实现这个目标,吉里什的电脑生意须走上正轨,且财源广进。

吉里什如今在派德路①上某个生意伙伴的公寓帮忙。他喜欢时髦的办公地点。"我想都没想过有一天会到派德路上班,我都没怎么出过乔格什瓦里。"而时髦的办公地点是吉里什忍耐生意伙伴的唯一原因。他是在股市里认识这个人的。"这家伙半点用也派不上,甚至不肯打开黄页本拉拉生意。"而把所有时间都花在了下载色情电影上——但这个人出身上流社会,吉里什却是来自贫民窟的穷小子。"我和他一块儿办公,是因为我希望他能帮帮我。"吉里什用手比出蜘蛛的形状,举到空中,"多少能提携我。"

我告诉吉里什我在美领馆的签证部有个朋友,他不由动起了脑筋。他说或许可以请我托托关系,帮他弄到美国绿卡。"我不是要让你为难。"他马上澄清道,"只是有这样的想法,我正好也在学计算机语言②,不如趁热打铁去美国。"如果每月除了生活开支,还能省下一千美金寄回家给父亲,那就再好不过了。

"这样你就能在米拉路再买一间公寓了。"我说。

"是在江河宫买公寓。有点野心好不好?"吉里什立即纠正我道,"一人得道,鸡犬升天啊。我的家人……"还不止他的家人,"如果我在美国发达了,我还想帮帮朋友们。"吉里什想把斯里尼瓦也弄出国。

---

① 孟买南区一条繁忙的主干道。
② 计算机编程一律使用英语。

斯里尼瓦的父亲刚去世不久,家中尚有三个妹妹和一个老母亲。吉里什还有个在他叔叔的布料店帮忙的朋友。"我也想帮帮他,他是个好人,日子过得很苦。"如果有钱了,吉里什想出资为这朋友租一间小铺子。我被这看似无形又近乎无私的关系网怔住了:想出国打拼的吉里什把钱寄回故乡,是为了替朋友租店面,给朋友的弟弟付学费,为朋友的妹妹筹备嫁妆。他最想要的不是奔驰汽车或阿玛尼西装,而是一个能"提携"像他一样的奋斗者的机会。

我问吉里什:你觉得美国是什么样的?

"我只知道一件事:如果你在美国和在孟买一样拼,成功的概率会高出两百倍。"

除了成功,去美国还意味着什么呢?

吉里什谈到一桩最近发生的事故,当时我也在场。一辆电动三轮车撞倒了路边卖气球的女子。她看上去伤得不轻,痛苦地抱着头,手中色彩鲜艳的气球一丛丛委顿在人行道上。我正担心这女子是否起得了身,吉里什却说:"看着吧,她会起来的,非但起得来,还要车夫赔钱呢。"正说话间,突然天降大雨,果不其然,受伤的女子赶紧跑到不远处的商店屋檐下避雨。她的同伴——另一个卖气球的女人走到三轮车夫面前,狠狠训了他一顿,又伸手要赔偿。

"那个女人这下神气了。"吉里什观察道,"她可以坐进三轮车,然后讨价还价。在美国,事情不会这样发展。如果有人目睹了这个女人的所作所为,可能会报警,执法人员会分析她的行为和动机,看到底是谁的责任,你不能就这样坐进别人的三轮车里赖着不走,除非对方给你钱。"这让我觉得相当有意思:并不富裕的吉里什认为,比他贫穷得多的人同时也更有叫板的魄力。我问他对孟买真正的贫民有何看法。

"我不喜欢他们,甚至讨厌他们。"在他看来,孟买的乞丐把所有钱都花在了酗酒或其他恶习上。他说许多乞丐的收入其实比政府官员的更高。朋友有难,吉里什不会袖手旁观,但他从不施舍任何乞丐。

"他们上来抱住你的腿,小孩子也是,抱住你的腿然后行触脚礼。"我从未听吉里什用愤怒的口吻说过话,直到此刻。他的这种愤怒因激起我内心的某种共鸣而隐隐让我难安。孟买的平民与贫民之间关系错综、情感复杂。前者对后者保持一定的距离,唯恐动了恻隐之心。平民与贫民同病相怜,因为"兔死狐悲,物伤其类";平民也对贫民冷漠以待,因为"事不关己,高高挂起"。

我问吉里什会不会搬回乔格什瓦里。

"为什么你还要我搬回去?我有更远大的理想。我想从米拉路搬到维勒帕雷①,从维勒帕雷搬到班德拉,再从班德拉搬到派德路。"那是搭火车通勤者力争上游的梦想:从市内火车坐上特快列车,直到抵达目的地——南孟买。吉里什想在三至四年内在市郊的维勒帕雷立足。而即便只是迁往中产阶级的维勒帕雷,他也必须走捷径——先去美国淘金。"我没法一下就搬到维勒帕雷,在那里置业要二十拉克,我在孟买干二十年才能赚够买房的钱。拿着这点钱,我可以余生都衣食无忧,但买不起南孟买哪怕十平米的房间。我无能为力。"

吉里什说在老家瑙萨里,一个人若想飞黄腾达、改变人生是不可能的。"因为那里太小、太封闭了,村里的每个人都对其他人知根知底。但在孟买,人们可以不论出身。我从不对生意伙伴说我住在贫民窟,他们只知道我家在'筒子楼那种地方'。"

我问吉里什在乔格什瓦里度过的童年是否开心。我很想知道,因为我自认在孟买的童年算不上快乐。

"我没法告诉你,因为我的童年早就过去了。我小时候不知道足球是什么,我有的是一只红色的皮球。"他伸出手掌比给我看,那是一只很小的球。

之后的一天,达门德拉登门拜访,请我到他在古吉拉特的老家喝

---

① 孟买西郊社区名及火车站名,是教育中心之一。

喜酒。我问他订婚后是否喜不自胜,有没有和未婚妻好好游览孟买,他闻言很是困惑:"我还没见过我的未婚妻呢。"

他的意思是他和未婚妻只有一面之缘(在他和父母前往女方家中提亲时),却未交换过只言片语。那姑娘名叫玛尤里。达门德拉让妹妹拉珠和玛尤里说了会儿话。达门德拉第二次见到玛尤里,会是在他们的婚礼上,当新娘掀起红盖头、接受他从此做她的丈夫时。他们的婚期定在第一次也是唯一一次见面后的第五周。

"她长得好看吗?"我问达门德拉。

"一般吧。"

"那比起其他女孩,你最喜欢她什么呢?"我又问。

他耸了耸肩。"大概是她出现的时间。"达门德拉相过五、六次亲,但一直没打算成婚。如今他们一家搬到了米拉路上的新公寓,他也三十了,还有四个尚未成家的弟妹,首当其冲的便是妹妹拉珠。拉珠年纪不小了,但除非哥哥先结婚,不然她不好出嫁。所以玛尤里出现的时机刚刚好,都没怎么好好看过她、更没有和她说过话的达门德拉同意了这桩婚事。

"你怎么知道你们一定相处得来呢?你不担心你俩会闹矛盾吗?"

"我们会适应的,我们必须适应。她也必须适应新的生活。"我注意到达门德拉没有说"我必须适应",他用的是"我们"——他和他的家人。像绝大多数孟买人一样,达门德拉从出生起就受到"我们"的庇护和辖制。但好在玛尤里应当不需要做太多调适(至少不用太破费),塔卡尔一家甚至对嫁妆(即新娘一家为新郎购置的礼服和婚戒等)没提任何要求。玛尤里的父母请达门德拉挑选做结婚礼服的衣料,达门德拉清楚定做礼服少说要花六千卢比,故而选了廉价得多的休闲西装。

帕伽甘姆村的女人一整天都唱着婚庆歌曲,大喇叭将她们不成调的刺耳歌声传遍了全村。我坐在塔卡尔家的农舍,和头发、大腿、胸口……总之浑身上下只余黄色的达门德拉说话——家中所有的女眷和每一位宾客的妻子走近前来,毫不客气地在达门德拉裸露的部位(除了被短裤遮挡的私处以外)抹上黄色的罗望子酱①。达门德拉说昨天、今天和明天都是"宜嫁娶"的好日子,所以村里上演了办喜事的"帽子戏法"②。一旦过了明天,下一个黄道吉日要等到五个月后的排灯节。难怪他的婚事决定得如此仓促,他是三个新郎里第一个定下婚期的,其余的两个只能选他挑剩下的吉日成婚。在农村,一天只能有一场婚礼。

"为什么呢?你和另外两个新郎是亲戚?"

"不是。但我们是一个村的。"这也就意味着烧喜宴的是同一拨厨子,为客人提供住宿的是同样的人家。在帕伽甘姆村,结婚可不是个人或家族的大事,而是全村总动员。帕伽甘姆村九成的人都被请去了达门德拉的婚礼,就像昨天和明天的另外两场喜事一样。家家户户敞开大门,欢迎塔卡尔家远道而来的亲眷入住。这些屋子平常是空关着的,主人在这一天特地从孟买回来,一是为了参加达门德拉的婚礼,二是为了确保留宿的塔卡尔家宾客能住得舒服。村长是特地从新西兰赶回来的——这种浓浓的人情味也由农村人带到了孟买,在贫民窟继续发扬光大。

远房的表叔表哥也来参加婚礼了。其中的一个在阿布扎比③的石油钻井平台工作("做四十五天休三十天。")还有一个是孟买的房地产经销商,八十年代在西非待了六年,靠尼日利亚骗局④狠赚了一笔。到夜间,男人们在屋后席地而坐(地上铺着床单),喝着不再冰镇的啤酒却依然觉得美——在禁酒的古吉拉特喝酒格外有快感。

---

① 为印度传统的婚礼习俗,在新郎和新娘身上抹用罗望子和油拌成的糊状物。
② 形容连续三次的成功。
③ 阿拉伯联合酋长国首都。
④ 国际骗徒以尼日利亚为名而设的骗局,声称当地富豪希望透过第三者进行资产转移,从而诱使贪小的受害者用现钞以"最低汇率"兑换一大沓假币。

我和吉里什在村里散步。我们走进一座年代久远的房子，头上是茅草铺的屋顶，脚下是粪土夯的地面，屋里凉爽而静谧。我想一直待在这儿，感受别一般的安宁。只可惜这样的房子无法参与村庄的未来。正如塔卡尔家的邻居所做的，村民已用红砖和水泥建起了平房，夏暖冬凉，中看不中用。吉里什带我走出去，经过甘蔗地和水稻田，又经过一排排芒果树，他指给我看不远处一块小小的水泥挡板，那是他在农村最喜欢的消遣：在野地里便溺。他示范给我看，蹲伏在水泥挡板后面，探头可见一望无垠的田野风貌，如此解手，优哉游哉。"你要蹲半小时？"我问他。"三刻钟。"他回答。我笑起来，但我接着想起吉里什在乔格什瓦里的所谓公厕，直到去年他还每天使用，逼仄昏暗不说，还不断有人砸门催他快点。眼前的开阔地却带着田园野趣，可在呼吸新鲜空气、欣赏自然美景之余，不紧不慢为脚下的土壤"施肥"，两相比较，高下立见。"我喜欢绿草在我屁股上挠痒痒的感觉。"吉里什补充道。单单这一条理由就足够了。

　　婚礼的前一晚异常难熬。我喷在身上的驱蚊剂不知怎么成了招蚊剂。我身下别人家的床垫满是跳蚤，而且没有床单，直直对我的皮肉发起了攻击。我在头上缠了一条浴巾，试图降低蚊虫"嗡嗡"不绝于耳的噪音，但婚庆乐队敲锣打鼓，直到凌晨方休。我周围同睡露台的宾客浑不受影响。大约四点时，一个小男孩醒了过来，对他的父亲说："别看蚊子个子小，咬起人来可毒啦。"我愈发睡不着了。这里的蚊子能穿透水牛厚厚的皮肤吸到血，刺破我的衣服当然不在话下。清晨时分，我困得东倒西歪地在田里走，一边还要小心避开脚下的牛粪，只为找一块能小解的空地。我脑海里忽然浮现起在尚蒂伊[①]看过的泥金装饰手抄本，那里头的插图和眼前的景象何其相似。我竟然还记得手抄本的名字，不由开口自言自语道："《贝里公爵的豪华

[①] 位于巴黎以北六十公里处的尚蒂伊城堡是仅次于卢浮宫的古画博物馆，同时也是藏书量惊人的图书馆。

祷文》[①]。"

我在婚礼开始前逃离了乡村。吉里什在孟买的生意伙伴、从前在尼日利亚招摇撞骗的房地产经销商也和我一样，悄悄逃走了。等火车驶进孟买市郊，映入眼帘的是红色的双层巴士和一幢幢多层建筑时，我们才再一次兴奋起来，带着重回都市的百般愉悦。

我在回美国前和吉里什见了最后一面。我们到约胡区新开张的"湿婆海"餐厅，点了白米糕、烤蔬菜三明治和现做的（加了冰淇淋的）苹果奶冻。吉里什的手头比以往更紧了。他说他的嫂嫂怀了孕，全家人都指望他出钱买下隔壁的公寓，他每月至少要赚一万五千卢比才供得起房贷。他现在正为卡马尔的"叩应服务"做事，新生意非但不赚钱，产生的电话费还让公司入不敷出。吉里什走投无路，却依然不肯找一门正经差事。"朝九晚五地上班太无聊了。"古吉拉特人特别崇尚自己创业。

吉里什向我汇报家人的近况。新进门的嫂嫂持家有道，吉里什对她很满意，因为"她不多话"，每天默默做好吉里什的早饭（抹了黄油的洽巴提烤饼、蔬菜、大半杯咖啡），吉里什洗过澡就能吃，而且很合胃口。"她回娘家探了三天亲，妈妈无时无刻不盼着她回来。自从爸爸知道她喜欢吃鱼，现在光买鱼回家了。"

新婚的达门德拉和玛尤里住在米拉路公寓的小卧室，其余人挤在客厅。塔卡尔一家争取到了经适房的名额，在班加罗尔拿到一套公寓，又在波利瓦里投资了三间"精心打造"的棚屋和早前看中的九十平米的房子。他们的计划是日后卖掉这三间棚屋，换一栋大点的公寓。到目前为止，所有的房子一间都没造起来，但吉里什的父母知道

---

① 法国瓦卢瓦王朝第二位国王约翰二世（1350—1364在位）的三子约翰·贝里公爵爱好艺术，雇画家制作了该彩色绘图装饰手抄本，全书最有影响力的是十二幅历画，以公爵的城堡为背景，显示了农民的耕作和劳动等细节。

五个孩子（至少是四个儿子）有了那么点保障，总有一天能拥有属于自己的小天地。

你不禁要问：所以人们为什么还留在孟买呢？每一天你的五感都受到无情的攻击，从起床开始，到你搭乘的交通工具，到你工作的办公室，到你只能赖以消遣的娱乐方式，无不如此。窗外的汽车尾气这样浓重，空气滚烫而混浊。无论在火车上、电梯里还是回到家中，人们每分每秒都紧贴着你、触碰到你。你住在海滨城市，但多数人唯一接近大海的时间是周日晚在海滩的那一小时，挤挤挨挨不说，沙滩上还垃圾遍地。你躺下休息也不得清静，夜晚是蚊虫肆虐的时候，它们从水塘飞来，携带着疟疾病原。夜晚也是黑帮分子横行的时候，他们找上门来，有恃无恐地敲诈勒索。而有钱人开派对时震天响的音乐和贫民窟节庆时的狂欢叫嚣一样，足以让你彻夜难眠。你到底为什么要抛下乡间的砖房，抛下后院的芒果树和门前太阳升起的地方那青青的群山，义无反顾地来到孟买？

是为了终有一日，像塔卡尔家一样，你的长子能在米拉路上买下两间房，你的次子能离开孟买，去更好、更远的地方，譬如新泽西。你如今吃的苦是对未来的投资。如蚁群一般，这里的人们牺牲了个体的享乐，只为他们的家人、他们的族群能继续向前。大哥努力挣钱养家，资助弟弟妹妹，得知兄弟对计算机感兴趣、可能去美国发展的时候，他是如此欣慰。弟弟能过得更好、走得更远，让他觉得自己的生活还有意义，还有奔头，他每一天冒着酷暑、向无心购买的商家推销仿冒的姬龙雪香水就不算白费。

在塔卡尔这样的家庭里，没有个人，只有集体。小我做的一切是为了让大家过得更好，不论是吉里什想出国打拼、寄钱回家的愿望，抑或达门德拉的亲事，又或拉珠的勤恳持家。在这个集体里，忠孝礼义将家一圈一圈围住。家是最小的单位，个人则可忽略不计。

我既然问起吉里什和家人的近况，免不了要问他们有没有为拉珠找到合适的人家。他说拉珠排灯节的时候就要嫁人了。但他看上去并不高兴。

"有什么问题吗？"我问。

他点了点头。

"他们两情相悦？"

拉珠挑选了一个马瓦里服装设计师做她的丈夫。此人出身富裕，经济实力也相对雄厚（家里有好几间铺子）。吉里什四兄弟这几个月来都和拉珠冷战着，兄妹五人没说过一句话，即便他们住在同一屋檐下。

"人们总到爸爸这里向他讨教，现在他要怎么给人家出主意？"吉里什诘问。起初我以为他指的是米拉路上的邻居，后来我忽然意识到他说的是自己的宗族。塔卡尔家的四兄弟对拉珠生气，是因为她想嫁给一个外姓人。反观吉里什的父母，倒是接受了女儿的这一选择。我对吉里什说他钻牛角尖了，他应该为拉珠的婚姻献上理解和祝福，何况他这未来的妹夫听上去是个不错的小伙子。吉里什对拉珠通知他的方式也耿耿于怀。拉珠当时让他下楼来，说有话对他说。吉里什垂头丧气地下了楼，还以为拉珠要责备他为什么生意又亏了本，老是赚不到钱。他没料到拉珠告诉他的是"有个马瓦里设计师……"吉里什听完拉珠的一番话，对妹妹保证：不出半年他的电脑生意就会有起色，到时候他一定和父亲一起，为她在族人里挑选一个好丈夫。不知怎么地，拉珠通过自由恋爱找到了可以托付的丈夫（还是个外姓的马瓦里人），在吉里什看来代表了他的失败和无能："要不然，塔卡尔家唯一的女儿会有多少合适的追求者啊！"但拉珠心意已决，表示一定会和设计师成婚。吉里什从此不再和妹妹说话。

我对吉里什说他的妹妹需要他的支持，此刻尤其。他摇摇头，说拉珠的任性毁了父亲在族人当中的声望。我不敢苟同，追问他"那个马瓦里设计师"到底哪里不好，难道拉珠的意志和她的幸福就不重要吗？我劝他没必要和妹妹冷战，又说我自己也是通过自由恋爱然后走入婚姻的。

吉里什终于停止了争辩，他说："你又不是这里的人。你不一样。"

他没有说下去，但他的言外之意已足够明显，他终究把他所以为的、我们之间最大的不同摊到了明面上。在吉里什眼里，我是外国人，我不懂印度的风俗。

巴班吉：逃家的诗人

有一天，我的诗人朋友阿迪尔·朱萨瓦拉正在中央电报局对面的书摊觅书。看管书摊的少年和阿迪尔就一本法国短篇小说集展开了讨论。阿迪尔在这少年身上看到了一些与众不同的东西，便邀他到不远处塔塔剧场的后院，参加露天举办的作家沙龙。少年是从比哈尔逃家出来的，他对书摊老板说五点以后要请一会儿假（五点是沙龙开始的时间）。老板说："你如果走了，再也休想回来。"少年依然去了作家沙龙，也果然被书摊老板解雇了。

这个细瘦身板、嘴唇上和鬓角边刚开始长出毛茸茸胡须的少年对诗歌非常感兴趣。他显得很是自信，甚至有些顽固。他来参加沙龙，或许是想见识真正的诗人，也或许是想结识说英语的文化人，好为自己谋份正当的职业。他多数时候都很安静，垂眼看着桌子。他无法加入我们用英语进行的谈话。若有人要添茶水或过来就座，他会自发起身端来茶壶或搬来椅子，就好像那是他原本应当做的。

一个从事建筑业的诗人请少年念几首作品来听听。于是他用印地语朗诵了一首关于终点的韵律诗。我喜欢这诗的音律。少年朗诵完毕后，无人发出夸张的赞叹，相反，院子里弥漫着难堪的沉默。建筑师问少年还有没有别的作品，他便又朗诵了一首，是他昨晚在路灯下写的。这首诗获得了相同的反馈——沉默。我问少年有没有写过关于孟买的诗，他拿出一捆纸来，每一页、每一行、角角落落都写满了字。但这时，围坐桌边的人已对他的作品失去了兴趣。少年又拿出一本日历，上头照样写满了字。"也是诗吗？"我问。

"不，是我的日记。我每天都写。"

我把名字和电话号码留给了少年。他在我的笔记本上用隽秀的字迹写下了他的名字：巴班吉。他停顿了一下，问我："还要写什么吗？"恐怕没有了。巴班吉没有电话，没有别的联络方式。今晚，他要试着另找露宿的地方，他想去教堂门那里碰碰运气。他只有一只手提包，里面装着他的随身物品。他明天会给我打电话，看有没有人愿意雇他干活。

我请吉里什帮忙，他替许许多多人找到了工作，尽管他自己的生意不断亏本。吉里什问巴班吉："你身上有多少钱？在孟买有亲戚吗？其他认识的人呢，有没有能替你作担保的？"然后他要来了我的手机，给朋友伊沙克打电话。伊沙克的表兄沙赫布丁医生刚开了一家药房，正好需要人手。药房的工作时间是从早上九点到下午一点半，接着从晚上六点直到九点半打烊。这样一来，巴班吉有一下午的空闲用来写诗，更何况他可以住在药房，不必露宿街头了。

可巴班吉的热情并不高。"任何同文字打交道的工作我都愿意做，杂志社或者报社什么的。"但吉里什已经尽力了，他半小时前刚认识巴班吉，并没有义务改善他的生活。

伊沙克对雇用巴班吉的第一反应是："比哈尔人都是贼骨头。"说这话的伊沙克原籍阿扎姆加尔——北方邦的犯罪之都，与比哈尔相邻。然而比哈尔更声名狼藉。孟买和比哈尔是现代印度的两个极端，前者代表福祉，后者代表灾难。我常听社会人士争论说：如果孟买能把所有比哈尔移民赶出去，定能像岛国新加坡或高度自治的香港一样繁荣。比哈尔人厚颜来到孟买，求的是生存，他们不论去往哪里，其臭名都仿佛该隐的标记[①]般如影随形。印度国家板球队队长阿扎鲁丁

[①] 见旧约《圣经·创世记》第四章的描述：该隐因嫉妒，将弟弟亚伯杀死。这是人类历史上第一桩凶杀案。上帝给该隐立了一个标记带在身上。西方文学将"该隐的标记"作为骨肉相残的比喻。

在比哈尔打完比赛,发觉板球帽让人偷走了,于是说了一模一样的话:"比哈尔人都是贼骨头。"

巴班吉到我叔叔的公寓,久久立在窗边,从十八楼向外远眺大海。他随身带着印有万宝路商标的蓝色布包,穿着我们之前见面时那件有金属纽扣的格子衬衫。他的衣服还算整洁,显然他洗澡的时候一并洗了衣服。他一言不发地坐下来,拿出一张纸开始写诗。他不时抬头眺望窗外,汲取新的灵感。诗作完成后,他念给我听。诗写的是大海,写世上的江河湖泊统统流向大海的怀抱,而大海从不拒绝。诗人发誓他也绝不离开大海的身边。

巴班吉问我:为什么孟买人都说英语?他今天早些时候路过马塔盖,听见茶水工的儿子用英语和自己的父亲打招呼,而茶水工也磕磕巴巴地用英语回应——他的妻子坚持让父子俩说英语。巴班吉对此很有些担忧,他说日本人说日语天经地义,为什么印度人说印地语反而是不思进取呢?

巴班吉在作家沙龙结识的朋友也试着四下托人,为他谋一份差事。曾往红灯区采风的摄影师马丹带巴班吉去见剧作家贾维德·阿赫塔尔和他的妻子莎巴娜·阿兹米。巴班吉对名流贾维德与莎巴娜竟过着异常朴素的生活感到吃惊,说他们住的房子很简陋,"也从不说深奥难懂的话。"莎巴娜本人也是作家、国会议员、社会活动家,她还是巴班吉的父亲最喜爱的女演员。

不过贾维德还是取笑了巴班吉的出身。他说:"你的毕业证是假的吧,比哈尔伪造文凭可是出了名的,说不定你根本就不识字呢。"贾维德当然是在说笑,可他的观点也代表了孟买大众的观点,即他们对邻邦比哈尔根深蒂固的偏见乃至歧视。阿迪尔曾为巴班吉的缘故询问在《新印度时报》的朋友,看报社是否需要人手。作为用印地语发行的国内顶尖报业,《新印度时报》的回复是:"我们要的是能用标准印地语写作的人,不是说比哈尔印地语的半吊子。"可叹比哈尔的华氏城曾是"超日王"旃陀罗笈多二世定都的地方,也是释迦牟尼出生、悟道的故乡,其那烂陀寺是五至十一世纪印度佛教的最高学府……俱往矣!如今的比哈尔沦为了拉鲁·普拉萨德·亚达夫①之流假借购买饲料之名侵吞公款的无耻之地。巴班吉逃不出比哈尔由来已久的诅咒和宿命,除了一捆诗歌外身无长物的他只身来到孟买,必然被视作窃贼。

我向他坦言为何伊沙克不愿把他引荐给沙赫布丁。伊沙克说:"比哈尔人都是贼骨头。"

"说得没错。"巴班吉点点头,带着近乎认命的自嘲和苦楚。书摊老板(一个拉贾斯坦人)当着巴班吉的面说过同样的话:"比哈尔邦来的都是小偷。"然后解雇了巴班吉。"比哈尔人多数是文盲。"巴班吉对我解释道,"我们的识字率连百分之四十都不到,比印度各邦的平均识字率低两成。一个不识字的比哈尔农村小伙到城里打工,他是老实人,但找不到工作,只好四处流浪。如果有人愿意可怜他,给他一口饭吃,这个人对他来说就是大恩人。但天下没有白吃的午餐,领了别人的情必然要还。如果这人是坏人,动机不纯,比方说是走私犯,难免会带你走上犯罪的道路。你受人恩惠却不肯回报,甚至从贼窝逃跑,那坏人自然要贼喊捉贼了。"比哈尔人的骂名就是这么背上的。

巴班吉还不满十七岁。他不明白我为什么想写他的故事,并"以一个作家的身份友情建议另一个作家",说我这样做完全是吃力不讨好:"值得写的人已经设好了终点。而我来到这里,准备开启我的旅程。如果你对我的故事感兴趣,恐怕要再等等。我前面的路还很长,我还没有走上正轨。我的故事尚未真正开始,短短十六年的人生又有什么好写的呢?"

他的挎包里除了纸还是纸:毕业证、诗,还有笔记。巴班吉写诗

---

① 比哈尔邦前首席部长,因"饲料诈骗"一案(挪用地方财政资金高达约十亿卢比)被捕入狱。

时就地取材，不拘一格。他给我看他在路边捡到的防尘套，正面印着："安吉拉·兰斯伯里①的积极态度——我的个人健身及幸福生活计划。"背面印着："我相信，行动起来，保持身体的灵活，充分享受生活的美好，不论何时都不算晚……而采取积极的态度正是对自己的奖赏，你能因此热情洋溢地投入生活，也拥抱未来的无限可能。"

防尘套的内侧是空白的，巴班吉在上面题了一首献给孟买的诗：

> 这狂欢有什么值得期待？
> 这土地是否当真喝饱了酒
> 天真无邪的人哪
> 为何争相来到
> 想要不劳而获的路口……
> 他们是为了寻梦
> 一面找到新的，一面摔碎旧的。

念完了诗的巴班吉对着防尘套上的安吉拉·兰斯伯里发了一会儿呆。"我必须来孟买看看。"这是他的开场白，随即他抬头看着我，问："你能替我保密吗？"

"当然。"

巴班吉的父亲是比哈尔小镇西塔马尔希一所公立高中的地理老师。他的梦想是儿子巴班吉终有一日能成为科学家。巴班吉的化学成绩一直非常好，在代表学校参加的全国科技创新大赛上荣获三等奖，他那一年的参赛作品是一台自行设计的、能从废弃塑料中提炼石油的仪器。获得第二名的女孩叫阿帕娜·苏曼，她过来祝贺巴班吉。巴班吉回想起当时的情景，微微一笑："或许她是来看好戏的。我通常是

---

① 英国女演员，曾获五次东尼奖、六次金球奖，三次提名奥斯卡最佳女配角奖和十八次艾美奖。

大赛的第一名。"

"她漂亮吗?"

"算不上。就是个相貌平平的小姑娘。"

后来巴班吉考上了他父亲执教的高中,发现阿帕娜成了他的同班同学。她问巴班吉借了一本地理教科书,还回来时却在里面夹了一首情诗,诗的开头是这样写的:"我在孤独中轻唤你的名……"她又问巴班吉借了第二本书,这一次归还时在书里夹了一张她的相片,以及宝莱坞爱情电影的歌词。很快,小镇上流言四起,说巴班吉和阿帕娜在谈恋爱。这流言也传到了被巴班吉的父亲要求开除的不良学生的耳中,其中一人借宿在阿帕娜家。兴许是出于嫉妒,他纠集了一帮狐朋狗友,走到巴班吉所在的教室,当着老师的面揍了巴班吉。"比哈尔就是这么一个地方,有小流氓打你的学生,当老师的却吓得噤若寒蝉,而且一定会袖手旁观。"巴班吉的语气很是沉重。如果老师出面制止,会一并挨揍。混混们握着刀,当着哄笑的全班同学的面(也当着阿帕娜的面)威胁巴班吉,揍了他不算,又命他躺到长条凳上,双手抱头,以最快的速度做十五个仰卧起坐。

几乎万念俱灰的巴班吉不敢让爸爸妈妈看到自己鼻青脸肿的样子,于是在第二天去见了阿帕娜的父母,请他们多少约束一下那名寄宿生的行为。阿帕娜的父母叫来了寄宿生对质,对方却说是巴班吉骚扰阿帕娜在先,他只不过是"打抱不平而已"。巴班吉拿出了阿帕娜写给他的情书。

女孩的母亲看着这一封封情书,问女儿道:"你爱这个人吗?"

阿帕娜回答:"不爱。"

她曾给寄宿生看过巴班吉回复她的一首诗,此刻当着大家的面念了出来:

> 你的孤独如露水,朝日下蒸发殆尽,又何苦追求
> 我不过一阵清风,倏忽而至,来去无踪

园中的娇花不记得风来过，你也不必记得我

连同寄宿生在内的所有人都取笑巴班吉"不自量力"："泪水模糊了我的眼睛，但我努力忍住不让它们掉下来。那一刻我知道，学化学的巴班吉已经死了，而写诗的巴班吉要接替他上路。让我万劫不复的诗歌也给了我继续活下去的理由。我有了新的目标，我立志要做一个诗人。"

巴班吉回到家，给还在上班的父母写了一封信，信中说"等我重回西塔马尔希时，就是一个全新的我了。我撇下所有人独自离开，等我回来，会给你们一个交代。"他坐上了前往火车站的公交车。"我仅有的就是这么个袋子。"巴班吉拿出一只黄色的、在蔬果摊随处可见的塑料购物袋，"里面装了我的诗，一条被单，还有这个——"他在购物袋里翻找了一会儿，拽出一团皱巴巴、显得脏兮兮的布料。那是一件男士汗衫，原本应当是白色的，但在不断穿和洗的过程中变成了浅蓝色。他把汗衫举到我面前，我第一次看到泪水盈满了他的双眼。"我很爱爸爸，这是他的汗衫，我偷偷带着，留个念想。从小是爸爸又当爹又当妈把我拉扯大的。"巴班吉哽咽了，他很快把汗衫塞回了塑料袋。

巴班吉搭上了开往北部勒克瑙的火车。他一觉醒来时天色已亮，火车快进站了。他抬腕想看表，那块父亲因他考了全班第一而奖励给他的手表却不见了。他下了车，琢磨着接下来能去哪里。他看到两辆停靠着的列车，一辆即将开往德里，另一辆则要前往孟买。去德里的那趟车乘客少，他们看上去要么像政客，要么像记者。但去孟买的火车为汹涌的人潮包围，警察勉力维持着秩序。巴班吉钻进人群，发现乘客来自三教九流，无所不包，有富豪，有穷鬼，有预订了座位的，也有像他一样离家出走的。他还从来没有到过孟买或者德里，但他在德里有亲戚。他听说德里不像孟买那么拥挤，穷人过日子也不似在孟买那般艰难。巴班吉对孟买的一知半解不是从宝莱坞电影里获得的，而是从父亲那儿听说的——他只知道孟买有塔塔基础研究院和巴巴原子研究中心。

　　站在勒克瑙的站台上,巴班吉左右为难。左手边空荡荡的火车即将开往德里,旅途短,他或许可以去投靠叔叔,即便不行,德里的大街也更宽敞,总有他容身的地方。右手边的火车即将开往孟买,必然拥挤不堪,旅程更长,所抵达的城市生存压力巨大,他在其中举目无亲。"我当时忽然想,既然是这样,为什么还有这么多人要到孟买去?为什么我每到一个地方都听到四面八方有声音在喊:'孟买!孟买!'?"巴班吉不再左右为难,他作出了决定:如果这么多人都要去孟买,一定有他们的理由。这些人一定知道一些巴班吉还不知道的事情。巴班吉就这样改写了他的人生轨迹,他加入了密密匝匝的人群,一起等待着登上开往孟买的那趟列车。

　　旅程需要两天。巴班吉站了一天,余下的时间则在无需预约的二等厢里守着自己的那一点立锥之地。火车每到一站,铁路警会让塞钱贿赂他们的旅客先上车,同样买了二等厢车票的其余乘客只能干等着。但对年轻的巴班吉来说,旅途的难熬比起能直接观察人群、从中汲取灵感的新鲜体验,根本不值一提。"人们原来是这样前往孟买的。车厢里只有一百一十个座位,乘客却有两千人。他们是穷人,劳动人民,像牲口一样叠在一起。"

　　终于,孟买-勒克瑙特快驶进了维多利亚终点站。巴班吉慢慢走到站台上,"我摸着脚下的土地,行了触脚礼。"他说,一边举起手来在额前合十。"我接受了它的祝福。我想,这就是我命中注定要踏上的土地。"

　　在维多利亚终点站,巴班吉被几个铁路警拦了下来,说要检查他的车票。他们把他带到边上的房间,说因为他拿不出车票,要罚款三百卢比,不然就拘留十五天。他们搜了他的身,从他口袋里仅剩的一百三十卢比里头抽走了一百,总算放他走了。巴班吉逃出车站,又坐市内火车到了班德拉,在靠海的卡特路上来回游荡。他身上只剩二十二卢比了，市内火车的车票花了八卢比。他忍饥挨饿过了三天，只靠喝水度日。后来他遇见一个建材商店的看门人，那人把巴班吉送到了南孟买的霍尼曼圆环[①]，请那里的什么人收留巴班吉，结果当然不管用。巴班吉继续在南孟买流浪，直到拉姆·巴布·乔什雇了他看管书摊："乔什一打量客人就知道对方是不是肥羊，如果是，会把书价开得高到离谱。"乔什的嘴也很臭，没有一句中听的话，巴班吉很快就受不了他的污言秽语了。老实说，乔什因为巴班吉参加作家沙龙而解雇他，巴班吉还松了口气呢。

后来他又来到弗洛拉喷泉那儿，和友善得多的书摊老板维杰一拍即合。维杰每天付给巴班吉五十卢比，而据巴班吉说，他一睁眼就得花钱。到公厕排队解手要一卢比，洗澡要五卢比。维杰说花十七卢比能在路边摊解决午饭，巴班吉却用不到九卢比填饱了肚子（买煎饼花掉六个半卢比、香蕉两卢比），另用十四卢比能在附近的"饭店"买到卷饼和蔬菜当晚饭。"还好我只吃素，不然一顿花四十卢比也不稀奇。"所以奇迹般地，巴班吉非但能维持日常生活，还能省下一半工钱来买书。他给我看他最近的战利品，他花三十卢比在别的书摊淘到了一本《印度教育史及其积弊》，他说他对穆斯林的教育理念很感兴趣。

离维杰的书摊不远处是个凉鞋摊。到晚上，摊主收了工，把一大张塑料纸平铺在木板上，往板车上一架，就成了五个人的露天卧室：他自己、另一个皮匠、维杰、巴班吉，以及一个每晚在巴班吉入睡后才过来、在众人醒来前便离开、不曾交谈也不清楚长相的人。

巴班吉带我到他每天光顾的路边摊和必然使用的公厕半日游（他进食而后排泄的地方）。在教堂门后头有一片空地，空地上支起了帐篷，其下的工人挥汗如雨，正不时搅动一只只大桶里的食物。花不到十卢比就能买来米饭和豆糊果腹，以此又熬过一日。除非刻意寻找，

[①] 古堡地区的公园。

不然你想象不到在通勤者匆匆赶往火车站时,孟买市中心还会有这样的地方。空地的边上有两个公厕(由非营利组织"苏拉巴①"建的那个相对更糟),即使是在正午的骄阳下,公厕的三个隔间外也大排长龙。早晨排队的人则更多,隔间的门外、台阶乃至过道上都站满了人,队伍蜿蜒出老远,在街上就能看见。巴班吉做过计算,一个人解手平均需要八分钟。"但你刚脱下裤子,外面的人就开始敲门。他们的耐心不超过一分钟,你在里面待五分钟,会有五十个人过来敲门。"巴班吉说一种解决办法就是清晨起床,六点半前的公厕要安静得多,他能不受干扰地上大号。

到孟买后的第一天,巴班吉还学会了另一项街头生存的必备技能:绝不在洗澡时闭眼。苏拉巴的公厕外墙上安了水槽,接出一段水管,墙边有一只水桶——那就是大伙儿的公共澡堂。等轮到巴班吉时,他蹲在水桶前,往头上和身上打肥皂。就一会儿工夫,他猛听一阵响动,睁眼一瞧,只见原本排在他后面的男人拖过装得满当当的水桶,兜头把水浇到了自己身上。巴班吉想提出抗议,但对方人高马大,看上去相当不好惹。巴班吉只得就着水管里淅淅沥沥的水冲了冲头发。排在他身后的男人大摇大摆挤掉了巴班吉的位置,瘦小的少年尴尬地站在一边,身上的肥皂沫很快变干了。排在队伍更后面的人心生不忍,等轮到他洗澡时,他把水桶先让给了巴班吉,说:"去吧,把身上冲干净。"咫尺之隔等着上公厕的人将这一幕幕尽收眼底。在这里,哪怕洗澡时也毫无私密性可言,你不得不穿着内衣裤匆匆冲洗身体,而不远处正有五十双眼睛注视着你。前来洗澡的人为了抢夺龙头,纷争不断。尽管政府明码标价(洗澡三卢比,用公厕半卢比),管事的尼泊尔人还是收取了更高的费用(洗澡五卢比,用公厕一卢比)。他不怕人们不来,事实上来的人实在太多,公厕前的石子路永远泥泞不堪,犹带泡沫的洗澡水从人们的脚下一直淌到了大路上。

---

① 印度最大的非营利组织,致力于促进本国的环境卫生。

我问巴班吉露宿街头是什么滋味。

"很好啊,我很适应。我不需要高床软枕,露宿街头给了我更大的自由。"

"那你喜欢孟买吗?"我又问,就像其他人不断问我的那样。"喜不喜欢孟买的汽车和高楼大厦?"

"这些东西吸引不了我。我不想住公寓楼,它把人囚禁住了。露宿街头反而给了我结交朋友的机会。如果我变成有钱人,这种关系就变质了。如果相识于寒微的朋友来看望我,大楼的保安不会让他们进门。街头是流浪汉和穷人的宝地,睡大街的人数不胜数啊!"

最近的一项调查显示,孟买三分之二的人行道不容行人通过,这很大程度上是因为有像巴班吉这样的人存在。对人行道的抢占归根结底是对其使用权的争夺,不论是让行人通过(最原始的功能),让流浪者酣睡,让小摊贩设摊谋生,还是准许停放非机动车。人们为此进行着旷日持久的争辩,始终弄不清谁对人行道的需求才是最紧要、最根本的。

我问巴班吉对比哈尔印象最深的是什么。

他说有两样东西。第一样是来自父亲的教导:"儿子,做一个有用的人,不要碌碌无为。哪怕当小偷,也要当最出色的小偷。"第二样是"比哈尔人对外地人的热情、好客和友善。在孟买我感受不到这些。"巴班吉说在孟买,即便讨口水喝也要花钱:灌一瓶能入口的白开水要两卢比。"孟买人很冷漠,少有同情心,这我一开始就清楚。"巴班吉也清楚他将来要做什么:"我想成为作家,我想继续写作。"他甚至把自己的诗集命名为《燃烛》。

人们得知巴班吉会写诗时,总让他对几句乌尔都语对联来听。这种文学形式在当代印度非常流行,巴班吉却说:"我不喜欢对对联。我写的是诗。对对联是找乐子,诗歌描绘的则是现实。人们听到对联会鼓掌,听到诗歌却不然。"巴班吉说他喜欢作家沙龙的那群文人。

"他们是知识分子,有头脑,有眼界,有思想深度。"他正学着用这些人的眼光看待世界,用这些人的语言做文学评论。他引用从伦敦来的某诗人的话说:"今日印度的诗歌已经死了。"并深以为然。文人墨客向巴班吉伸出了援手。他有时也纳闷我们为何要帮他。"或许是因为我有那么点天赋,他们想当一回伯乐,这样等我出名以后他们也面上有光。如果人们问我:'你是怎么从流浪汉变成诗坛新人的?'我会逐一报上你们的名字——阿迪尔,你,还有马丹。"

巴班吉说我可以在书里写他的故事,他甚至给自己的故事起好了名字,叫《不为人知的生活》。"人们对讨论有钱人的生活乐此不疲,但穷人的生活无人问津。"他说如果我不满意,也可以用《对岸的秘密》作为标题。我说我更喜欢第一个题目,外面的世界(也包括我的孟买)确实对他们的生活一无所知,因为从来都无人诉说。

时间是巴班吉最缺乏也最渴望的。"如果我有足够的时间,一天能写一本书。我每天至少要写五、六首诗。"他从早八点到晚八点替维杰看管书摊,之后步行到不远处的海滨大道,坐在每间售价三百万美金的公寓楼下,和楼里的住户欣赏同一片阿拉伯海上的美景(对巴班吉而言却是免费的),然后写下诗句。巴班吉在比哈尔时从未看过日落,如今他肯定地说:"那是非常、非常壮美的景色。我低头写字,几秒钟以后再抬头,夕阳已经沉入大海了。"我小的时候也曾带着纸笔,在黄昏时到江河宫后头的礁石边,见证并记录下这壮美与哀愁并存的场景。我一瞬也不瞬地看着浴火的夕阳投入海水的怀抱,直到日落月升。

印度总理瓦杰帕伊是巴班吉最喜爱的诗人之一。他在笔记本上抄录了瓦杰帕伊描绘兄弟阋墙、隐喻印巴分治的诗作《煮豆燃豆萁》。"我是为谁写诗呢?"巴班吉自问,"我写诗不是为了孤芳自赏,而是为了惠及大众。我希望劳动人民能读到我的诗。我不想我的作品出现在五百卢比一本的精装书里,它们应该刊登在比哈尔福利协会出版的慈善诗集里。"他想告诉人们真正的孟买是什么样的,露宿街头的生活又是什么样的。

若有闲暇，巴班吉便在孟买周游，观看这座城市的日落，也寻访它的废墟。新近有楼房发生了垮塌，他来到事故现场，写了一首题为《血染建筑商之手》的诗。巴班吉带我走过弗洛拉喷泉后曲折的小径，那里是非洲裔毒贩和瘾君子露宿兼贩毒的场所。一天早晨，巴班吉途经此地，见人群忽然聚集起来。原来是警察临检，他们跳下警车，对毒贩紧追不舍。能逃的都四散逃走了，有一个双脚截肢的毒贩却跑不快，正拄着拐杖艰难地往前赶。警察轻而易举追上了他，折断了他的拐杖，当着围观群众的面，用警棍对这毫无招架之力、只能匍匐在地左躲右闪的人一顿毒打。巴班吉目睹了这一幕，很受触动，以残疾的瘾君子的视角赋诗一首。

他还到过圣塔克鲁兹的贫民窟，那里的人们在露天排污管上生活。巴班吉在火车上听一群人唱起了歌，便从口袋里掏出三卢比，请其中一人唱他喜爱的那首《活着就是战斗》。唱歌的人下车后，巴班吉也跟着下了车，并且一路跟回了他们在贫民窟的家。巴班吉看着那排污管和从里头排放出来的各类废弃物：塑料袋、塑料瓶、塑料环、塑料零部件……他回忆起他从前的创造发明，他在科技大赛上演示过的能把塑料变成石油的装置，"我当时就想：这里是个金库啊"！

另一处巴班吉认为"绝对值得一看"的观光地是班德拉和马希姆之间一条长约六十米的河浜。这河浜污水横流，早已发黑发臭。巴班吉给我指路说："那上面是一片小树林，里头有几幢公寓楼。底下全部是贫民窟，你要是沿着河浜走，至少得有两三百米得一直捂住鼻子，因为水实在是太臭了。"河浜两边住着许多像巴班吉一样的新移民，这些人早八点到晚七点都不在家，极度贫困却不曾乞讨。巴班吉很好奇他们在这样恶劣的条件下如何生存，他想为他们写诗。"你能猜到吗？这河里的水是用来浇灌菠菜的。"他对我说，感到无限惊奇。我又何尝不是。

好几个月来,巴班吉都没法在孟买找到一份正经的差事。他说他不能做朝九晚五的工作:"我需要自由,如果我成天坐在办公室,不能走出去看世界,我要如何当诗人?如果不能在孟买体察生活,我又如何写关于孟买的诗?"因为创作的特定需求,巴班吉辞掉了书摊的活儿,想找一份能给他充足时间用以写作的兼职。但书摊老板维杰还是不时请巴班吉回来看着摊子,只因不忍见他流落街头、无所事事。巴班吉如今坐在高等法院外的台阶上度过白天的大部分时光。

"苏科图先生。"有一天他对我开口道,"我需要一点钱。"

"多少钱?"我问,忽然警惕起来。

"一百五十卢比。"

也就是四美元,对我来说不值一提。但如果我此刻给了他钱,可能会直接改写他的人生轨迹、他的故事剧情。所以我在贾汉吉尔艺术画廊附设的餐厅(萨摩瓦尔)买了价值五百卢比的餐券,凭着这张餐券,巴班吉能在那里领取十五份丰盛的午餐(蔬菜咖喱和米饭)。我没有给他现钞,因为他曾对我说:"我不需要别人的同情。"巴班吉常去贾汉吉尔艺术画廊,一待就是半天,好尽情欣赏那里的画作。他说他喜欢萨巴瓦拉[①]的作品,尽管我猜他是听作家沙龙里那些文人雅士这么说的。我们此时坐在萨摩瓦尔餐厅,我看他如同吃法国大餐一般吃一份烤奶酪三明治:他先让三明治就这么端端正正躺在盘子上,然后以极其缓慢的速度一次吃掉四分之一。只要盘子还没完全清空,侍应生就没理由催他走。一次吃多少三明治、以什么样的速度咀嚼和吞咽都是经过精确计算的——哪怕很饿了,擅长科学的巴班吉也懂得如何在炎热的午后尽可能长久地待在凉爽的餐厅里。

巴班吉在科学与诗歌、比哈尔和孟买之间摇摆不定。他花了三年时间研究如何将塑料转变成石油,并在国家级竞赛中获了奖。他深感自己责任重大:"如果继续走下去,把成果推广到更大的平台,我就

---

① 贾汉吉尔·萨巴瓦拉(1922—2011),印度画家,自然神秘主义的代表。

必须回到科研领域。但我想成为一名诗人。我可以把科研成果转让给爸爸。"巴班吉认为科学与诗歌可以在他的生命中并存,"谁说科学不能做我诗歌的主题?"他又说他可能要重回比哈尔,领取什么科学奖。我猜他只是想回家了,但他不承认:"孟买是我命中注定要踏上的土地。我的终点在这里。西塔马尔希的那个我是前世的我,我宁愿都忘记。"

但他的父母不会忘记他,我催他给家人写信。他照办了,在明信片上写道——

亲爱的爸妈:
儿子给你们行触脚礼!
儿子不孝,让你们伤心、失望了,所以只身来到孟买,但求你们原谅。爸、妈,我已决心放弃科学,选择文学,如今在孟买的街头发奋写诗,或许能开启人生新的篇章,也一圆你们的梦想。

如果父母前来寻他,巴班吉说他附了地址:教堂门外弗洛拉喷泉。他就在那儿,一找便能找到。他想着可能远道而来的爸妈,又快落泪了。

"苏科图先生!"巴班吉在周日一大早给我打电话,"我爸爸来了!"
"他在哪儿?"
"他就在这儿,在我旁边。我十一点要回比哈尔了,有重要的工作等着我。很重要的工作。"
我们约好九点半在蒙德加咖啡馆碰头。那里离巴班吉露宿的人行道不过几步之遥。蒙德加咖啡馆开在南孟买热闹的戈拉巴地区,充满了欢乐的气氛。咖啡馆也提供冰镇啤酒,酒樽造型各异(譬如鱼缸形的),极为有趣;桌子紧挨着桌子,年轻的单身汉、背包客以及来约会的男女很容易打成一片。侍应生却假模假样的,他一见巴班吉和他的父亲——两个比哈尔人踏进咖啡馆,从头到尾都故意说英语。父子俩不知所措,我为他们各点了一份早餐。

巴班吉的父亲坐火车前来孟买,路上花了整整三天。他没能剃须,显得憔悴而疲惫。年近半百的他一看就是个老师,秃顶,戴眼镜,挂着友善的笑容。他滔滔不绝地说着、说着,我不忍心打断。听他用遣词优雅的印地语说话,也是种享受,我想巴班吉对诗歌的热情多少有遗传的因素。

今早五点半,巴班吉的父亲就和岳父——巴班吉的外公一起到了维多利亚终点站。他们从车站走到教堂门,在沿途的书摊寻找着。不久,巴班吉的父亲看见那么几个人睡在一旁的人行道上,其中的一个似乎被吵醒了,掀起了盖在脸上的薄被单,巴班吉的父亲一下子认出他来:"儿子!"巴班吉还穿着离家时的那一身衣服。"当下父子俩相拥而泣。"巴班吉的父亲对我说,巴班吉从小体质孱弱,是个难产儿,说到伤心处,这位父亲几乎泣不成声:"他喝不来母乳,不懂得张开嘴去吮。我从小把他养大,他对我却一无所求。"

少年诗人的眼眶也湿润了。

"这孩子是怎么照顾自己的?"他的父亲喃喃着,握着儿子细瘦的手腕,"父母好不容易把你养到这么大,就这么走了,连件毛衣都没带,也没拿家里的钱。"他们事后才发觉巴班吉带走了一条土布织的被单,而不是更昂贵和保暖的羊毛毯。"那一瞬间我觉得天都塌了,他一走了之,把一个老父亲的希望都带走了。"但巴班吉的父亲又向我解释儿子的所作所为,好像道歉似的,说离家出走并不是巴班吉的错。"这孩子太早慧,他应该把难处告诉我的,但他不想让我操心。那些被开除的学生会揍他,全是因为我的缘故。"

巴班吉离家出走后,他的母亲老是梦见他。在其中的一个梦里,她看到巴班吉抱着头跪倒在路边,正发着高烧,一个好心人帮他起了身。巴班吉的母亲思虑成疾,此后但凡见什么男孩子犯了头痛病,马上会说:"那就是咱们巴班吉啊。"夫妻俩商量着怎么才能找到儿子。在信息严重不足的情况下,他们像所有走投无路的印度人一样去找了算命先生。算命先生卜了卦,说巴班吉正在瓦拉纳西,住所的外墙是黄白两色的,收留了他的人名叫"拉××"。

于是巴班吉的父亲踏上了漫漫寻亲路,他走过北印度的各个城镇,一路寻找自己逃家的儿子。他在瓦拉纳西挨家挨户找,看有哪一堵墙是涂成黄白二色的。他也询问沿途的学生,问他们有没有见过一个叫巴班吉的男孩。他走过德奥班德、萨哈兰普尔、阿里格尔……每当在小路上看见少年人,他的心跳总要加快,他扫视着那一张张年轻的面孔,多么希望在其中看见自己儿子的容颜。但无人知晓巴班吉的行踪。

到4月2日那天,巴班吉的父亲也做了一个梦。他梦见儿子来他任教的高中找他。巴班吉穿过校园朝他走来,静默无言,他们在梦中没有交谈。在同一天,他收到了巴班吉寄来的明信片。"邮差给了他妈妈一张明信片,她每一天都盼着邮差来,地址是用英语写的。她向我跑过来,我真怕那只是让巴班吉参加什么比赛的通知,信封上已经印好地址的那种。"但落款写着"巴班吉于教堂门外弗洛拉喷泉"。他的父亲来回把明信片读了两遍,然后又读一遍。唯一让他生气的是巴班吉的署名。他此刻掏出明信片来,念出了最末"巴班吉于教堂门外弗洛拉喷泉"前的短语:"你们一文不值又流落街头的儿子"。

"这两个词刺痛了我的心。我的儿子不是一文不值的,更不应该流落街头。"

巴班吉说:"在一般人看来,我就是个流浪汉不是吗?"他的眼中充满了泪水。

"在父母的眼里,没有孩子是流浪汉。"

我们身后的点唱机正播放"蜜蜂合唱团"[①]的《言语》："别让我发现你已离开，因为那会让我流泪……"

收到明信片后，巴班吉的父亲和外公立刻出发前往孟买，结果在一堵黄白二色的墙边找到了就地而卧的巴班吉。很快，巴班吉的父亲又得知：最初收留了他儿子的男人是个书摊老板，名叫拉姆·巴布·乔什。

巴班吉的父亲还有一事不能释怀，即巴班吉没有向学校透露原委，而是忍下了欺凌，中途逃学。"我不会让我的儿子再回西塔马尔希的，我会安排他转学。"

巴班吉不同意："我要留在西塔马尔希。等我回去的时候，我就不再是好欺负的乡下孩子了。"他是"从孟买来的"、见过了世面的少年，校园霸王会对他刮目相看。

他的父亲对儿子在大城市闯荡的结果多少感到欣慰："他没走邪门歪道，他好歹受过正规的教育。可是苏科图先生，请你无论如何要帮帮他呀。"他的父亲对我说，"我们只是家长，他更听你的话。"

"作为朋友，你会建议我怎么做？"巴班吉问。他指的是他应不应该回老家。

我说比哈尔现在的情形并不乐观。

父子俩立即抛开分歧，齐心维护故乡的名声："比哈尔出了很多科学家，每一个都是响当当的人才。我们有十岁就本科毕业的理科神童。"

"我们的土壤可肥沃了。"巴班吉抢着说。还有，最优秀的印度诗人也来自比哈尔。

巴班吉的父亲想让儿子回比哈尔继续科学研究。"科学家也可以是出色的文学家啊。"他坚称。

"我要留在孟买。这里是我命中注定要踏上的土地。"巴班吉重复

[①] 又称"比吉斯"，来自英国的三人兄弟乐队组合。

道,比起努力说服父亲,更像在努力说服自己。"看哪,命运多奇妙。如果我不曾替乔什看管书摊,也就不会遇见阿迪尔了。"

"但你的生活毕竟很潦倒。"我对巴班吉说。

"我不怕。我是睡在大街上,但我也走在人生的大路上不是吗?"

巴班吉为我们念了一首他才作的诗,是他不久前坐市内火车时写的,他觉得没人理解"一力扛起千万人奔驰往还"的火车的痛苦。

"他是从哪里学到这些的?"巴班吉的父亲惊奇地问,"他是怎么入门的?我真是觉得奇怪,他的这些文学特质是哪里来的呢?或许是从我的爷爷那里继承来的,他老人家有许多藏书。"在寻找巴班吉离家出走的原因时,他的父亲找到了一本笔记,也揭开了巴班吉一直以来隐藏的秘密——他在那上面写了一首很长的诗。"我当时很吃惊,他是什么时候开始写诗的?以比哈尔的教育水平来看,别说是我,就是硕士生也写不出这种诗。"但巴班吉甚至还没参加过高考。他的父亲一直有个遗憾,觉得此生无缘博士学位了:"我去年发了愿,我这辈子当不了博士,我的儿子总要做到。他的学位应该比我的高两级啊,而不是正相反。"

巴班吉的父亲希望他将来做个教授或者医生。"但不是为了赚钱。"他想让我劝巴班吉重回高中校园。"这不意味着你要停止……你的创作。"他指的是巴班吉的诗歌,很小心地选择着措辞,"如果你有灵感了,可以马上写下来,一天半小时什么的,完全不影响学业。"除此以外——"你也该想想:你何时真的能成名呢?有多少人会认可、会喜欢你的作品?这世上的诗人和作家何其多,功成名就的那些都跑去写电影剧本了,谁又愿意读纯文学?谁需要知道生活的真相?"巴班吉的父亲引用了一句梵语偈颂[①]:"众生皆苦,勘破最苦。"他不赞成巴班吉走文学道路,他振振有词,也说得句句在理。我仿佛

---

① 即佛经中的唱颂词。每句三至七字(或更多)不等,通常以四句为一偈。亦多指释家隽永的诗作。

听到了爸爸的声音，他当年反对我成为作家时，在我们纽约的家里讲过几乎一模一样的话。一切恍如前世。巴班吉的父亲没有横加阻拦，他只是用他的爱和怕、把他人到中年的焦虑投射在了他十七岁的、尚且意气风发的儿子身上。巴班吉自视为诗人，这座城市给了行走其间的他一重又一重丰富的体验和题材，而诗人的身份让他超脱于广厦千万间的富豪之上，且远比他们更为富有。

来到孟买才几个小时，巴班吉的父亲已经想离开了，并且越快越好。他一见面便对巴班吉说："儿子，我们马上走。孟买是虚幻之城，你看到的这些高楼都建筑在谎言、偷窃和剥削之上。"他也如此对我说："孟买更是金钱之城，而我对钱向来看得很淡。"孟买还是等级之城、欲望之城，比上永远不足，"始终有人过得比你好，又有人比他们过得更好。"

巴班吉让父亲先回火车站找外公，他收拾好随身行李就到车站与他们会合。他的父亲一口拒绝了，说不会再让巴班吉离开他的视线。今天一早巴班吉去上公厕时，他的父亲便守在隔间门外等着他。和巴班吉一块儿露宿街头的人为父子团聚感到高兴，"但他们不希望巴班吉走。"他的父亲说，他的儿子已经和那些人建立起了感情。巴班吉的父亲当即付清了儿子欠别人的所有钱，也求神明保佑收留了巴班吉的好心人。巴班吉把萨摩瓦尔的餐券还给了我，他详细记下了总共吃过几餐（包括每一餐的日期），里面还有不少余额。

我们三人一起走到书摊边，等着巴班吉收拾完行李。在大城市住过以后，有什么值得带回老家的呢？对巴班吉来说是书，四本不同类别的、他从城市各个角落的书摊搜罗来的宝贝：

《印度教育史及其积弊》
《丹敦浩[1]的历史》

---

[1] 伦敦的国际律师事务所。

《水——人类最宝贵也最滥用的资源之性质、用途及未来》

随后,我们走到维多利亚终点站,见巴班吉的外公坐在编织袋上,正平静地嚼着干粮。他是个穿兜提的老人,不愿多谈他的外孙,只是请我也去比哈尔。"那里能看的东西可多了。"他自豪地说:古称"华氏城"的巴特那是释迦牟尼的出生地,风光秀美。我问巴班吉的父亲要不要乘夜班车走,既然他横跨大半个印度、花了三天才到孟买,总该稍微走一走、看一看。"我见到了儿子,我就见到了全世界。"巴班吉的父亲说,"他是我的生命之光。我透过他看到你,我也透过他看到美国。他就是我的望远镜。"看着十七岁的巴班吉冲我微笑,他的眼中充满渴望,他的心等待着探索、发现、真正地活过,再看看他身边同样微笑着的父亲,我相信他的这番话是真的。在不久后的夜晚,以及接下来的许许多多个夜晚,在解释复解释、澄清再澄清后,在被又哭又笑的母亲嗔怪过后,在尘埃落定、风平浪静以后,巴班吉会坐在家门口的行军床上,在比哈尔的闭塞小镇上告诉父亲"女王的项链"如何美丽,银幕女神莎巴娜·阿兹米如何将茉莉花环编进了发辫,告诉父亲孟买有豪华的轿车,也有住在排污管上的贫民,告诉父亲诗人们说着英语、喝着啤酒,告诉父亲垮塌的楼房和被压在底下的受害者,告诉父亲人们为争抢水源在公厕前大打出手,告诉父亲露宿街头的流浪汉对他释放过些微善意……这就是为什么我们要有孩子不是吗,好让我们透过他们的眼睛,重新看一遍这个世界。

我们站在维多利亚终点站的大钟下面,通勤者照例往来穿梭。巴班吉在这里和我拥抱道别。"我觉得现在才像离开故乡一样。等回到比哈尔以后,我会遇到从孟买来的人,他们回比哈尔过暑假,我会向他们打听孟买的消息。我也是回比哈尔过暑假的,那里不是我的终点站。"

我问他为何对孟买产生了如许感情。"为什么孟买常在我的脑海心间？因为它是我写作的素材，是我灵感的来源啊。"巴班吉的话简单明了、直击心扉。

他握住我的手，深深鞠了一躬，又将手举到额前行合十礼。头顶的大喇叭正发出响亮的播报声，我们在这巨大的车站就此别过。

"我会去《时代周刊》的巴特那分社投稿的！"他冲我愈行愈远的背影如此喊道。

挤一挤

孟买高速运转、异常繁忙，却终归缺乏一点竞争力。

预订过印度火车座位的人对这个表达应该很熟悉：挤一挤。你和另外两名乘客相安无事地坐在三人座上，但一定会有第四以及第五个人凑过来，对你们说："帮帮忙，挤一挤。"预订全不管用，三个座位五个人坐。你只好挤一挤，你别无选择。

拥挤的孟买早已习惯了人群，不论是在车厢还是公寓。在曼哈顿时，我们的邻居听说苏妮塔的父母要来和我们同住半年，而我们总共只有一间卧室，大感诧异。房东太太还以"多两个成年人，多两分损耗"为由，扣下了一部分押金。但在孟买，无人质疑我们一家能住几口人，亲戚、朋友、朋友的朋友生活在同一屋檐下是理所应当的，至于怎么安排他们的起居，那得看我们的本事。

大使牌轿车（印度的老黄牛）近来刊登在某杂志上的广告很能说明我的观点。画面中是一辆冒雨前行的大使牌轿车，其简朴的造型酷似五十年代的莫里斯牛津车[①]，宽大的进气格栅让它的车前脸仿佛永远保持着微笑。如同大象般看似笨拙实则灵巧可爱的大使牌并不宣扬简洁的外观设计、车内的真皮座椅、数字仪表盘、电子燃油喷射装置……相反，它的广告描绘了在滂沱大雨中顶着公文包匆匆赶路的行

---

① 印度大使牌轿车仿照英国知名的莫里斯牛津老爷车而建，具有圆润的外观。

人，以及挤在轿车前排长椅上的两位乘客与司机之间的对话——

"看，那不是乔希吗？"

"对啊，我们把他也捎上吧。"

"车里坐不下啦。"

"别这样，我们总能挤一挤的。"

多数国家的汽车广告侧重宣传的是驾驶体验——奢华的内饰，宽敞的空间，随香车同行、满足车主虚荣心的美女……但大使牌轿车不然。它不像休旅车那样强调绰绰有余的内部空间，而是坦言驾驶和乘坐大使牌的人会竭力腾出空间。换言之，它所宣传的集体空间是以一再压缩个人空间为前提的。在凡事信奉"挤一挤"的孟买，这也是人们唯一的选择。

我在下班高峰时乘坐维拉尔特快，这可能是拥挤的市内火车线路中最难令人喘息的一趟车。我用双手扒住头顶的门框，前半只脚掌抵着门槛，大半个身体都露在高速行驶的火车厢外。乘客摩肩如云，挤到密不透风，我真担心被人潮顶出车外。"别怕。"有人安慰我道，"如果不小心把你推出去了，他们会再负责把你拉回来的。"

又有人说："就当自己是在牛栏里吧。"

吉里什为我画过一张孟买通勤者的"阵型图"。在（自北向南）从波利瓦里开往教堂门的火车上，要在中央火车站下车的乘客站在最当中，分别要在乔格什瓦里、班德拉以及达达尔下车的乘客则围绕着他们，按照顺时针排列。如果你第一次坐孟买火车，且打算在达达尔下车，那么你一上车就要大声问："达达尔！有在达达尔下的吗？"人群会自动自发把你推往车厢的指定地点，好确保你在到站时顺利下车。每一站的站台随机建在不同侧，车厢没有门，只有左右两个巨大的门洞。火车快到站时，你须在列车完全停稳前一跃而下，不然会被涌过来的人潮重新推回车厢深处。每天上午，等火车再度开回始发站波利瓦里时，乘客的人数总多得超乎想象。"这么多人……为了抢座位吗？"我问。吉里什用"你真缺乏常识"的眼神看着我，说："不，为了抢上车。"谁让火车厢在两站路前（马拉德站）就陆续填满了回程的乘客。

　　高峰时段的火车一等厢同样严重超载。吉里什的哥哥达门德拉有一等厢的季票，但火车实在拥挤时，他宁愿去二等厢将就。"那里的人更愿意通融。一等厢有住尼皮恩航海路的混蛋，就是不肯挪一步，哪怕挤得青筋暴突也要钉死在原地。"

　　我对吉里什说我读到过一组数据，说孟买火车的乘客密度达到了每平方米十个人。吉里什张开手臂，"这样有差不多一米。"然后快速计算了一下。"不止。"他说，"远远不止。如果我在高峰时段的火车上垂下手臂，就再也休想举起来了。"人们在火车上的行动不由自主、随波逐流。若你足够轻，可能都无需双脚着地，自会有人紧紧将你架住。1990年的一项政府报告显示，一辆有九节车厢的孟买火车的载客量为3408人。到1999年，这一数值上升到了4500人。记者帕特瓦丹在投给《纽约时报》的稿件上如此写道：

> 可笑！我们巨细靡遗地规定不同型号和尺寸的车辆只能运载为数多少的动物（奶牛、水牛、山羊、驴等等），否则就是违反《防止虐待动物法》，会受交通部出台的纪律条例的处分。可悲！我们生而为人却没有制定任何法律法规，强令车辆一次最多只能运送多少乘客。

　　我问人们如何能忍受这样恶劣的乘车环境，他们耸一耸肩，说你总会"习惯"的。

　　通勤者于是习惯了一起出行。吉里什和另外十五人每天乘同一辆火车。他走进车厢时，已先他几站上车的人会拍拍大腿，让吉里什坐过去。他们一块儿吃早饭，每人带一道家常菜：土豆焖饭、香料米饼①、炸土豆饼……他们在局促的车厢打开饭盒，与大伙儿共享。接下来的一个小时，他们也很会自得其乐，讲笑话、打牌、唱歌，甚至还有人打起响板，给众人伴奏。吉里什很清楚每辆火车上的"金嗓子"是哪几个人，譬如每天八点一刻出发的那趟车上就有特别擅长民族主义（同时也是反穆斯林）曲子的歌手。擅长拜赞歌、会斗歌的也大有人在。对抢到座位的乘客来说，歌声令他们的旅途稍稍好受了些；对只能干站着的乘客来说，歌声或多或少替他们解了闷。等吉里什开始替卡马尔做事以后，尽管在米拉路上的家中办公即可，他依然每周乘一次去中央车站的火车，就为了和伙伴在车厢共享早餐的那份愉悦。

孟买的火车厢不亚于热闹的集市。小贩在女性专用车厢兜售内衣，高腰且极为宽松的内裤被一只只手传递着、检视着，买内裤的钱又被这一只只手递回给小贩。有的妇人因为一到家就要做饭，已争分夺秒在车厢里切配起了蔬菜。孟买市内火车上的广告和纽约地铁上的并无区别，对治疗难以启齿的疾病也从不避讳，不论是痔疮、阳痿还是脚气。淹没在人堆里的乘客可以放心浏览广告，因知晓紧贴着他的每一个乘客都可能患有相同的隐疾、可能需要服用相同的药剂或进行相同的手术而略感宽慰。

孟买火车的西部线以美告终，东部线则以丑作结。自可见大海的查尔尼路站开始，直到终点教堂门站为止，孟买变作了一个截然不同的地方。随着清真寺、天主教堂、印度神庙、拜火教庙宇以及混迹其中的贫民窟在车窗外迅速倒退，孟买不再是粗俗的孟巴，而是旧时的美丽都会。忽然之间，海滨大道、蔚蓝的天以及碧绿的海水映入眼帘，所有乘客举目远眺海湾，重新开始呼吸。

而东部线（又称海港线）越接近终点，也就越接近贫民的卧

---

① 用粗粒小麦粉、洋葱、芥末籽、咖喱叶混合奶油做成。

房——有些违章搭建甚至距铁轨不足一米,人们翻身下床便能踏上铁轨。年幼的孩子从屋里出来,在铁轨上玩耍,每年有千人丧命于火车车轮之下。火车上的乘客也未必安全。他们倘若仅抓住车门(或窗框)而把身体探出车外,沿途的电线杆可能成为夺命的杀手。平均下来,每月有十个人在火车高速拐弯时被突然出现在视野中的电线杆无情斩首。吉里什坐九点零五分那趟火车(自乔格什瓦里发车)的朋友便因此丢了性命。就在去年,他们的另一个同伴在玩"真心话大冒险"时爬上了行驶中的火车车顶,被隧道拱门狠狠撞了一下,大难不死。吉里什思索着这两起事故背后的不公:爱炫耀的小流氓活了下来,而吉里什几分钟前才帮忙拉上火车、静静扒住窗框的青年却死了。

帕里什·那斯瓦尼是坎迪瓦利地区的风筝零售商,他提供一项十分独特的社会服务:为在火车事故中丧生的受害人送裹尸布。大约十年前,那斯瓦尼在格兰特路站见一男子被火车撞击身亡,铁路工作人员撕下车站的广告横幅盖在他的尸首上。"人死要以白布遮身,不论他生前信仰什么。"那斯瓦尼暗暗想道。从此以后,每个周四,他都前往各大火车站无偿提供崭新的白布,其中最大的车站(安泰里站)每周收到的布匹长达十米,站长会在那斯瓦尼的记录册上签字盖章。那斯瓦尼一年送出的白布少说有六百米,但还是供不应求。在孟买,每年死于火车事故的至少有四千人。

最近,有人问孟买郊区铁路[①]局的经理:我们的铁路系统有没有改进的可能,以便为每天逾六百万乘客提供较为舒适的乘车环境?经理的回答是:"在我有生之年是绝无可能了。"诚然,如果你搭乘火车在孟买市内通勤,你必然留意到每一具热烘烘、汗津津的人体——它

[①] 全亚洲最古老的铁路,拥有世界城市铁路系统中最高的乘客密度,略高于香港及东京地铁。

们自四面八方围拢过来，比照你的每一寸曲线紧缩折叠，熨帖着你，挤压着你，就连爱人的拥抱都做不到这样严丝合缝。

阿萨德·本·赛义夫在一家非营利机构工作，多年来出入贫民窟，为缓解印穆冲突不懈努力，但也因此见证了孟买社会结构的缓慢崩塌。阿萨德原籍比哈尔邦的巴加尔普尔，那里不单常爆发全印最严重的印穆骚乱，且是法律真空带：巴加尔普尔的警方曾血腥镇压当地民众，用钩针和硫酸弄瞎了一群穆斯林惯犯。然而就是这样的阿萨德——见过了太多世间丑恶的阿萨德，在我问他是否对人性失望（乃至绝望）时给出了否定的回答。

"不，我对人性很乐观。"他说，"看看孟买火车上的那一双双手你就知道了。"

在孟买，如果你上班快迟到了，你冲进车站，火车刚要驶离站台。你正预备加紧跑一小段、跳上火车，抬眼一瞧，车厢里已经伸出一双双手来，像一片片全然舒展开的花瓣，随时等待奋力一提，将你拽上火车。人们一定会设法拉你上来，也一定会为你腾出一点点立足之地，剩下的就看你自己的了。火车厢的门是敞开的，你不得不用指尖牢牢抠住门框，但也不能探出车门太多，以免被铁路沿线的电线杆削掉脑袋。但往好的方面看，刚刚发生的可不是小事：和你一个车厢的乘客向你伸出了援手，在你上车以前，他们已经这样站了几个小时，车厢闷热难当，乘客汗透重衣，比奶牛水牛山羊驴的待遇都不如。但他们依然对你心生同情，知道如果错过这班火车，老板可能要冲你发火，上司会威胁扣你的奖金，所以他们在已没有空隙的车厢里再挤一挤、又匀一匀，只为多容下一个你。他们伸手握住你手的一瞬间，不知道也不在意这只手的主人是印度教徒还是穆斯林又或基督徒，是属婆罗门还是贱民，是出生在孟买还是今早刚抵达孟买，平时是住马拉巴尔山还是乔格什瓦里，原籍孟买还是孟巴又或纽约……他们只知道你试图登上这列车，前往这座黄金之城的下一个目的地，这便足够了。"快上车！"他们对你说，"我们可以挤一挤。"

挥别尘世

  我厌倦了和杀手们高强度的会面。这几年来，我一直积极寻求与他们对话，不论是在瓦拉纳西、旁遮普、阿萨姆还是孟买，为的是能当面问他们这样一个问题："夺取人命是什么感受？"不断接触命案令我身心俱疲，因此当叔叔打电话给我，说他从事宝石生意的同行正预备举家遁入空门时，我放下手头的一切，想无论如何也要和那家人见一面。他们是和苏尼尔、萨拉斯加、萨蒂什之流截然相反的另一类人——耆那教徒。这一他们所笃信的宗教建立在弃绝暴力的基础上，两千五百年来皆是如此。正要挥别红尘的这一家人即将展开的是迥异于俗世的生活，他们所拥有的也是迥异于常人的价值观。在为期四个月的雨季里，他们大门不出、二门不迈，因为如果不经意踩到水洼，他们便犯了杀生戒——不单杀死了水中的微生物，也破坏了水的合一。在采访过杀人放火仍可酣睡的黑帮分子后，我十分期待见到认为踩进水洼也是犯罪的一家人。

  我对耆那教并不陌生，我在印度及美国的众多好友都是耆那教徒。当初媒人找到叔叔，想替我说亲，介绍给我的姑娘要么来自古吉拉特信奉印度教的家庭，要么是耆那教徒——在一般人看来，这两者几乎没有什么不同。我的婶婶就信耆那教。还住在马拉巴尔山那会儿，我们家楼下有一座耆那教庙宇，苦行僧每每坐在江河宫底楼的大堂里，彼此在对方的脑袋上寻摸。我那时不明白他们在干什么，还以为僧人是在捉虱子。后来我才知道，为了不让头发长长，他们会将才露出头皮的头发连根拔起。有时他们也唱诵经书，用的却是宝莱坞主题曲的调子。在特定的日子里，耆那教徒会付钱给寺庙外的卖鸟人，让他打开鸟笼放生。他们认为每救下一条生灵，就是在自己的功德簿上又添一笔。他们却不管飞出鸟笼的小鸟落在屋顶上，被城市里的乌鸦吃了、老鹰捕了、风筝缠住了。他们也不管卖鸟人会回到树林里，抓来更多的鸟儿，明年此时再带到此地放生。

我的家人非但不认为耆那教徒和印度教徒不一样，且把前者看作更为狂热和正统的印度教徒。在从事宝石生意的人当中，印度教徒反而是少数，绝大多数都是耆那教徒。但在美国，我发现人们对耆那教所知甚少，耆那教本身也异常小众：我从未听说有谁从伯克利[①]退学只为做耆那教的苦行僧，也从未听说有哪个好莱坞明星或摇滚歌手公开宣布追随耆那教上师的。

我即将会见的这家人住在哈吉·阿里清真寺附近的豪华高楼，不远处就有一座耆那教庙宇。我走进他们家时，发觉室内的装潢十分刻意：唯一的光源来自吊在天花板上的油灯（外面罩了玻璃盏），墙上挂着耆那教主题的壁毯，又有用粉笔写的偈语："若为解脱故，世俗皆可抛。"整间住所像纽约主打"印度元素"的餐厅，地面用粪土夯实了，正如我在广大印度农村看到的茅舍。几年前，这种"民族风"曾大行其道，我在孟买见过不少故意装修成农舍的豪宅，背后的原因则不尽相同。

为我带路的宝石商领着我走到房间深处的窗户边，那里没有电扇，只有一张贵妃椅，上面躺着一个黑皮肤的男人，大约四十出头，个子精瘦，留着稀疏的山羊胡，穿织金的丝绸库塔，耳垂和手指上的饰品镶满钻石。此人名叫塞万提·齐曼拉尔·拉哈尼，是即将抛却尘世、潜心苦修的五口之家的男主人。塞万提是实打实的富二代，他来自钢铁业巨头之家，他那庞大的家族后来也涉足宝石生意，同样取得了丰厚的利润。和我一块儿来的宝石商上前行触脚礼，躺在贵妃榻上、比他年轻得多的塞万提祝福了他。

一个月后，这一家五口（年过四旬的父母、十九岁的长子和一对十七岁的龙凤胎）将要抛下这间公寓，抛下这座城市，也抛下他们曾

[①] 加利福尼亚大学伯克利分校，世界上最负盛名的大学之一，常被誉为美国乃至世界最顶尖的公立大学。

拥有的一切。他们的余生会在荒野度过，日复一日穿山越岭，了却作为家人的尘缘，男女再不得见。塞万提称呼二十二年来的妻子为"女在家众"①，又说他和妻子以及他们共同养育的三个孩子"是因为百分之百的自私联结在一起的"。而在一个月后，他们将前往古吉拉特最北部的小镇，在那里，塞万提会与家人一一挥别。更确切地说，家人将互相道别，从此以后，两个儿子会和父亲一起修行，女儿则跟随母亲，但他们的身份不再是亲子，而是师徒。儿女不再称呼塞万提"爸爸"，他们要叫他"师父"。异性之间——夫妇、母子、父女，此生将天各一方。塞万提的妻子再也见不到儿子和丈夫，除非他们恰好在路上相遇。塞万提再也见不到妻女，除非意外相逢且有上师准许。一个月后，他们将公开大肆庆祝，并主动割裂所有亲情的纽带。

他们这么做是为了斩断尘缘，力求早日解脱。用最简单的话来概括，解脱就是涅槃，就是抵达极乐世界，就是再不用经历六道轮回之苦。塞万提追求的不只是自己或三个孩子的圆满，而是整个家族世世代代的极乐。但在此之前，他们要告诉全世界：他们挥别尘世不是因为失败，恰恰相反，他们挥别尘世是因为已经取得了成功。一个月后，他们将来到古吉拉特的小镇，在朗朗乾坤下散尽身家（近三百万美元）。这是他们对孟买最富戏剧性的告别，是对任何前来孟买、心怀致富美梦的人最生动的现身说法：一旦没有了淘金的欲望，你就该即刻离开黄金之城孟买。

起初的时候，塞万提是个很不称职的耆那教徒，他甚至不愿意到家边上的耆那教庙里祷告。他像所有亨通的孟买人一样，享受着大城市奢华而愉悦的生活。直到一天夜里，他翻开一本耆那教上师写的书（《起码人道》），书中的一句话令他无比震动："人生这条路上，你是要等着被遣散，还是主动请辞？"他沉思一番，摇醒了身边的妻子，告诉她：我要出家。他要在被生活遣散以前主动请辞。

---

① 耆那教创始人将教徒分为四类：男修士、女修士、男在家众、女在家众。

那是一个重大的决定,却并非头脑一热作出的。几年前,塞万提在焦伯蒂听过耆那教上师钱德拉塞卡·马哈拉吉的讲道,当时就心有所感。之后的几年里,他逐渐放弃了现代化的生活方式。早在他决心苦修的十八年前,他便不再使用对症疗法的药物。后来他的一双龙凤胎儿女出生,体弱多病,塞万提向凯特瓦迪[①]的阿育吠陀郎中求医问药,并遵医嘱让一双儿女每隔一小时服用一次奶牛尿,一天后,孩子们的情况竟好转了。

积极主张"非暴力"的塞万提不再开车、不再用柴油。他竭力反对石油钻取过程中人们所犯的杀戒,强调说钻头打穿一层层的岩石和土壤,必定杀死包括蛇在内的各种地下生物。塞万提还指出:"印度依靠沙特进口石油,作为交换,我们要向他们提供实验用的小白鼠和人体血液样本。"这自然弊端重重,何况使用机动车更容易犯杀戒:"用牛车就不一样了,即便撞到什么人也不致命,牛还有活干。"塞万提本想和家人坐浩浩荡荡的牛车从孟买前往达内拉——他们挥别尘世的仪式举行的地点,路上要花好几天时间,遭到众人的强烈反对,他只好同意坐火车。

塞万提一家也不再用电。七年以来,他们的高层公寓里不再用电灯或任何电器设备(但即便是油灯在燃烧时也难免杀死细菌)。塞万提列举用电的罪状,说水力发电时,水倾泻入涡轮的巨大冲击力会杀死鱼类和鳄鱼等各种水生物,以至于大坝工人每隔半小时就要清理一次涡轮叶片。塞万提说切尔诺贝利[②]的不幸事故,归根结底是因为人们对电力的贪婪。不过他略带羞愧地承认:在过去的一年半里,因为背痛影响了走路,他上下楼用的是电梯而非楼梯。他请我设想孟买的无数电网——点亮了城市夜空的灯火也累积了无数罪孽。

[①] 南孟买一地区名,与焦伯蒂海滩相邻。
[②] 指1986年4月26日于苏联切尔诺贝利核电站发生的核反应堆破裂事故,该事故是历史上最严重的核电事故。

我问塞万提介不介意我用手提电脑记录他的口述,我向他保证我的电脑用的是电池,而非他公寓里的电。他看上去将信将疑,但还是准许我这么做了。他指望我一边用电、一边把他苦行的意义传达给更多用电的人,他称之为"以毒攻毒"。所以我们的对话得以继续,在燃烧着煤油灯的昏暗公寓里,照亮我面庞的是我用来打字的手提电脑。

塞万提到古吉拉特听上师钱德拉塞卡·马哈拉吉的讲道,并带家人一同前往。他的几个孩子当时在孟买的英语国际学校上课(譬如颇为知名的廷克贝尔学校),但七年前,塞万提让孩子们休了学,开始研习经文。起初是在家自学,后来则跟随上师马哈拉吉学习。那时,塞万提还没有举家苦修的想法,他纯粹觉得孟买的教育体系缺乏他想让孩子们学到的东西。如今,他的孩子已基本能读懂用梵语和古印度土语书写的耆那教经文,至少他们的语言能力比塞万提的强,因为孩子们还处在能更快、更好地吸收新知识的阶段。"他们正在读最深奥的梵语作品《朱砂集》①。"塞万提很自豪地说。

这七年来,他以俗家信众的身份遵守耆那教的清规戒律,不曾远离孟买舒适的公寓。但每一次,上师马哈拉吉的讲道都传达了同一个主题:想获得解脱,唯一的途径就是弃绝尘世、出家苦行。塞万提说最先产生这种强烈愿望的不是他本人,而是他的长子和妻子。上师说他们若要出家,不妨从长子斯内哈尔开始。但塞万提的哥哥反对这种做法,说除非塞万提和儿子一起苦修,否则他们绝不会同意。当时的塞万提还未下定决心,一家人便在孟买留了下来。

1997年夏天,塞万提听说有大约七十个人打算一同出家,他请求上师允许他和家人加入苦修的行列。上师嘱咐塞万提先获得哥哥们的允许,说兄弟应当达成一致。塞万提一家五口整装待发,只等哥哥们点头同意。可是家中正好有妹妹要出嫁,哥哥们让塞万提再等一

---

① 由十世纪耆那教牟尼财护写就的散文,是否最深奥则是书中人物的主观看法。

年，说若他第二年心意不改，他们到时候就让他走。事实上，哥哥们在尽量拖延，盼望塞万提能清醒过来、回心转意。然而等了半年的塞万提态度依旧坚决，哥哥们再也无法留住他的脚步。终于，再过一个月，这一家五口便要和俗世、和孟买、和现代生活说再见了。

塞万提频频提到印度过去的辉煌和如今的没落。"从前，我们一家有近三十口人，如果客人临时上门，家里从不缺做饭的女人。但现在的印度多是三口之家，如果有人上门，主人一定手忙脚乱。从前住农村的时候，我们和乡亲彼此熟悉，现在住城市，我们连对门的邻居是谁都不知道。"从前印度人的主食是小米，牛在同一片地里吃草，互惠互利。如今印度人吃的是小麦，在草地里长不好，牛群也不能在地里撒欢，要把它们赶得远远的。从前的人需要的不是真金白银，他们习惯以物易物。"从前牛奶不是用来卖的，很少有人贪心不足。"从前的社会秩序井然："人们对师尊恭恭敬敬，无人敢直视他们的眼睛。"因此属于农村的印度、旧时的印度井井有条，运作良好。"从前的人讲规矩，现在的人坏规矩。我们要的是把规矩重新找回来。"

塞万提打算远离都市、重回农村。他说城乡之间有一场拉锯战，不种粮食的城里人缺乏安全感，引发了大规模的政治骚乱，对城市百害而无一利。譬如1998年疯涨的洋葱价格，让孟买市政府几乎垮台，城里人群情激奋，农村的菜农却喜笑颜开。最大的城乡矛盾则聚焦在水源上，城市需要水坝供水发电，然而建水坝毁掉的远不止一村一寨。

当然，塞万提也清楚同为城市，孟买和阿麦达巴大为不同。孟买代表了百无禁忌的纸醉金迷、灯红酒绿，照塞万提所说，他家"楼下方圆一里内"便有提供色情服务的酒吧、出售大鱼大肉的熟食店、贩卖各式酒水的杂货铺……孟买是罪恶之城。带我前来、正坐在塞万提脚边的宝石商连声表示赞同。

塞万提于是解释说：像他这样即将出家的僧人不能待在孟买。因为他们每天沿街化缘时，孟买的家家户户势必大门紧闭。塞万提从不把化缘称为乞讨（从商的耆那教徒绝不乞讨），他称之为"供养"，就好像斋饭是定量供应给牛群的青草一样。他们会和修士一起挨家挨户地化缘，修士负责按铃（严格说来，使用电铃也是犯戒的），"主人听到铃声后开门，家里多半还开着电视，而如果我们竟忍不住看起电视节目来，那就该堕阿鼻地狱了。"因此修士按铃后必须确保房间里的电视已经关上，才示意苦行僧直入主人家的厨房。"祝您福慧绵长。"苦行僧开口道，为主人家累积功德。随后，他会打开面前的锅碗，只从里面各盛一勺食物，确保主人家在他离开后不用额外做饭，否则第二次生火的业报就落到了他的头上。苦行僧一天多次进出不同的人家，将从各个厨房讨要来的食物（蔬菜、米饭、豆糊、洽巴提烤饼）混在一起，放冷了再吃，且单纯为了果腹。在阿麦达巴这样的地方，化缘相对容易些，因为家家门户大敞，老远就能看到房间里是不是开着电视，这在孟买却做不到。

塞万提的长子斯内哈尔穿着毛衣，躺在贵妃椅的另一边睡得正熟。房间里窗户紧闭，把一月的寒风一并挡在了外面。不一会儿，次子乌特卡什和塞万提的妻子拉克莎走进了房间，母子俩同样披金戴银，一家人身上的宝石分外闪亮，仿佛在说：看哪，我们有多富裕，我们对金银财宝就有多不屑一顾。塞万提一家身穿绫罗绸缎，比我结婚那天的礼服还要奢华。我和苏妮塔的婚礼充满传统的南印风味，但苏妮塔是婆罗门，他们认为破开蚕茧织丝是种罪过，所以我们的礼服其实很朴素。可是在耆那教徒眼中，织丝没有织布来得罪孽深重——织丝毁掉的是只有味觉和触觉的蚕①，可若操作不当，织布危及的则是五感俱全的纺织工，何况织布必须用到水和电。耆那教徒不论衣食住行，其每一个决定、时时刻刻都以尽可能消除业报为大前提。

我向塞万提的妻子拉克莎提问时，他们的次子正压低声音，用很不耐烦的语气责备母亲回答得不准确。她的笑容很美。她的儿子对她

---

① 科学研究表明，蚕也同时具有嗅觉和视觉（感光能力）。

着实有点蛮横。

"我们会过着清静、解脱的生活。"拉克莎对我说,她的面庞绽放着光彩,"我们会活在喜乐当中。"

次子乌特卡什进一步解释说他们会一直行路,持五戒(非暴力、诚实语、不偷窃、纯洁行、不执著),除两片未经缝纫的白布外无以遮身,每隔半年将新长出来的头发连根拔起,不穿鞋,不开车,不通电话,不用电。在他们出家的那一天,他们会洗人生中的最后一次澡,此后不论江河湖海他们都不再涉足。他们不会踩进水洼,下雨时待在室内,哪怕一待就是好几个月。除非实在酷热难当,才用湿布轻轻擦拭皮肤。他们一个月只能洗一次衣,餐后可稍微冲洗托钵。"我、爸爸和哥哥,我们三个人会生活在一起。"乌特卡什说,"妈妈和妹妹会和她们的师父一起。如果恰好在一个村,我们可以见面,不然就不见。"他看上去甚至对即将到来的分离很是期待。

我问拉克莎为何出家后不能见亲人。

"因为我们要切断所有的依恋和情感,只有那样我们才能解脱。"拉克莎的家人并非正统的耆那教徒,她在乌尔哈斯讷格尔长大,念的是最好的教会学校。"我的丈夫觉得我们应该全家一起苦修。"她说,和丈夫感情不和的女人往往选择苦修而非离婚,因为离婚是污点。对传统的古吉拉特女人而言,社会对她们出家比对她们离婚要宽容得多。但拉克莎出家的原因恰好相反:为了保持和家人(尤其是丈夫)的一致性,哪怕这一致性极其古怪。我能感觉到她爱着丈夫,愿意始终跟随他。事实上,这种爱甚至让她愿意跟随他到此生天各一方、永不相见的地步。

出家后,拉克莎和女儿可以去任何她们想去的地方修行,只除了孟买。她们的师父有令:从维拉尔以南、市内火车的终点站开始,整个孟买都是她们的禁地。"那里的大环境不好。农村有益于我们冥想和清修,城市不行。"但也不是所有的城市。"德里、加尔各答或者其他城市都没问题。只有孟买不可以。"拉克莎解释说。在耆那教徒看来，孟买就是索多玛和蛾摩拉①,"孟买是罪恶之城"。

电话铃响了，塞万提的女儿卡丽诗玛跑过去接。这是公寓里唯一用电的设备，看她如此自如地接听电话，竟让我有了一种怪异的感觉。卡丽诗玛是个苗条的黑皮肤姑娘，是一家五口中最寡言的那个，她羞怯地坐在母亲和异卵双胞的哥哥身后，仿佛她接电话的样子只出自我的想象。

我从塞万提家出来，走到楼下坐计程车。已是夜里了，我在上车前环视罪恶之城孟买的街景。塞万提家公寓的底楼是间菲亚特汽车展厅，对面是一家鼓励贷款、多多益善的银行，银行的旁边是"金币酒吧"。我近来会见的黑帮杀手就住在不远的地方。

我回到家，见朋友贾曼正等着我。这个半马瓦里、半美国的混血儿才荣升俄版《花花公子》杂志的编辑。我们去往古堡区的开伯尔餐厅顶楼，到"卡斯巴厅"参加派对。酒吧的三间包房人满为患，人们或饮酒或贴身热舞，或调情或大快朵颐。款步走来的女人穿着迷你裙，很快坐到了贾曼膝上，问他做《花花公子》的编辑是否能亲自挑选模特。贾曼说漂亮女人每天出入他的办公室，他请她们脱掉衣服试镜，她们便宽衣解带、一一照做。他才回了一趟拉贾斯坦邦的老家皮尔瓦拉，却不能对他的马瓦里亲戚坦白他在莫斯科的工作——他们极为正统，和耆那教徒一模一样。一个高挑个、大骨架的旁遮普姑娘轮番同包间里的男客拥吻。"我懂你的意思，我就没法在家穿成这样，我妈会说'你到处都走光。'"她指了指自己呼之欲出的胸部。她又在一个男客的膝上坐下，他搂着她的腰，她环住他的脖子，长腿自高开叉的短裙里露了出来。客人们纵情畅饮，酒吧也无歇业时间。若有谁叼住了香烟，路过的侍应生定会弯腰为他点燃。偌大的台面上杯盏狼藉，旁遮普菜和意大利菜交替上桌，饕餮客大块吃肉，禽类、鱼类、猪牛羊肉，种

---

① 《圣经》中提到的两座城市（位于死海东南面），充斥罪恶淫乱，被上帝降下天火毁灭。后来成为罪恶之城的代名词。

类繁多,目不暇接,在腌渍、烹饪和摆盘后再也看不出它们本来的模样。隔壁的昏暗包房里传来阵阵电音节拍,人们在舞池群魔乱舞。贾曼捕捉着今晚可共度春宵的目标,他总共只在孟买待三天。每当看见靓丽的女人,他就像看见飞盘的寻回犬般跃跃欲试,竖起毛发,身体下意识地转向对方。除非顺利勾搭上,或至少尝试过搭讪,他会始终躁动不安。此番回印度,他可是有备而来的,贾曼对我一笑,从包里掏出一枚白色的壮阳药。芝加哥总部有意让贾曼在孟买探路,看能否发行印度版的《花花公子》,他们认为这里的市场一片大好。

几天后,我走进孟买钻石协会的大厅,见墙上挂着一面巨大的横幅:热烈欢迎——钻石点亮解脱路。即将开启苦修之旅的塞万提一家将在这里接受宝石富商的恭贺。人们在我的额头点了提拉克,只不过用的是水钻,而非传统的朱砂。每位与会宾客都收到四五袋坚果(杏仁、腰果、开心果等)作为礼物,每袋至少价值五十卢比。前来贺喜的协会主席是印度教徒,他悄悄把我拉到一边,问我对整件事有什么看法。他显然很不赞同,说塞万提家的孩子尚且年轻("十七八岁,实在少不更事啊。")他担心孩子们的心智并不成熟,对苦修的了解也过于片面,却鲁莽地作出了这样重要的抉择。这位主席来自印度人民党世家,对像他这样的民族主义者而言,耆那教始终过于原始,为他所不齿。"我们是碍于情面不得不来,天晓得这种宗教是怎么回事。"主席煞有介事地评价道,"什么极端的人都有。"——钻在钱眼里的亿万富翁声称自己是耆那教徒,视金钱如粪土的苦行僧当然也是。

庆祝会很快开始了。台上的歌手唱起了拜赞歌,伴奏的卡西欧合成器模拟的却是印度唢呐和塔布拉手鼓演奏的宝莱坞主题曲。人群围拢过来,正是交易日,但百来号男人(包括一些女性)相聚于此,光从他们穿着的浅色棉混纺衬衫和深色西装裤可看不出他们的不菲身家。我在人群中见到了叔叔的朋友、我在加尔各答的旧识、住在江河宫的商人,以及许多我认得面孔却叫不上名字的人。人们在等待塞万提一家的同时谈论着钻石的净重和品相:"我要的是半克拉的咖钻,有碳点①的……"我从小听着这样的对话长大,不论搬到哪里,它们都时时萦绕在我耳边,仿佛熟悉的童谣般让我安心。

终于,塞万提一家走进了大厅。塞万提穿着丝袍、戴着头巾,好似位高权重的佩什瓦②。拉克莎则以一袭绿色织金的纱丽亮相。一家五口披金挂银,手指、耳朵和鼻子上的钻饰璀璨夺目。珠宝对他们而言终归是无用的,他们眼下是戴着它们也好,还是不日抛掷它们也罢,这些奢华的饰品对他们来说无足轻重。此刻他们或坐在白色的床垫上,或倚着台上的靠垫,男女相隔,泾渭分明。在庆典举行期间,塞万提没有看妻子或女儿一眼,他只是偶尔对两个儿子微微一笑,轻轻说着什么。

主持庆典的司仪是个穿土布库塔的大胡子,他首先简单介绍了塞万提一家预备苦修一事。坐在我旁边的商人难以自制地抽泣起来,但他一面哭一面睁大了眼睛,不愿错过台上发生的一切。

宝石商轮番登台讲话,他们谈到自己想苦修的愿望,说每年都有少数宝石商人决意挥别红尘。"我们今天聚到这里,是为了再听一听详情。"其中一人说道,"知之而后行。我们迟早也要走上苦修的道路,即便不是在此生,也可能是来世。"另一个人则说:"塞万提比我们先行了一步。"而苦修的首要条件是出生在印度。"如果我们生在美国,那一切就无从谈起了。"在成为真正的苦行僧以前,俗家信众还需遵循耆那教的清规,塞万提一家在过去几年来正是这么做的。最近,连同我叔叔和婶婶在内的信众集体进行了禅修。他们从古吉拉特的一座庙宇步行到另一座,在十天的期限里恪守耆那教的信条,不用电,不杀生。成千上万的宝石商都参与过这种清修,而他们要踏出的最后一步便是出家苦行。教徒相信如此方能消除业力,在下一世时让灵魂得

---

① 指钻石内部的瑕疵,往往是石墨或其他深色矿物质。
② 十七世纪时马拉塔帝国设立的政治体系,佩什瓦的权力相当于现在的总理。

以重生，以最终达到解脱和开悟的完美状态，正如耆那教祖师大雄尊者那样。但"下一世"离现世毕竟还很遥远，因此多数人并没有紧迫感。

　　司仪说了这么一个故事。一次，他和两个教友暗访了非法屠宰流浪狗的机构。他们随身带着录音设备和摄像机，问机构的负责人：平时要如何处置这些动物的尸体？得到的回答是提炼出动物身上的脂肪，然后论斤出售。一公斤相对劣等的动物脂肪卖十六卢比，质量更好些的能卖二十二卢比。什么样的人会来买呢？"他给出的答案让我每次回想起来都能出一身冷汗。"司仪说。该名负责人表示，孟买休闲食品的龙头企业早早向他们下了订单，所以其实古吉拉特人钟爱的油炸小吃多用流浪狗的脂肪烹制而成。司仪提高了音量，近乎咆哮地质问："我们将罪孽吞进口中，又如何指望用这肮脏的躯体来清修？"他声称冰淇淋同样不洁，问我们是否知道老死的奶牛其骨、蹄、角都去了哪里？他曾请教某冰淇淋制造厂商：为什么如今的冰淇淋不会融化？对方揭秘说是因为厂家煮烂了牛骨、牛蹄和牛角，然后把它们作为明胶加入了冰淇淋。在座宾客果然骚动起来，他们的脸上皆流露出厌恶。"让我们从此刻起坚决抵制冰淇淋！"司仪高喊道。

　　信众高谈阔论，却不提神明，不提极乐世界，也不提扶弱济贫。他们认为的日行一善莫过于劝人苦修，就此脱离红尘的缠累。所以耆那教拥有的其实是一套极为悲观和厌世的思想体系。司仪对耆那教的现状一笔带过，说全国一千万教徒中仅两万人选择苦修。"如今的耆那教就好似一个人服了毒又腹部中刀，他后退一步想躲开凶手，背抵着的阳台却没有栏杆，而身后便是万丈深渊。"

　　我们席地而坐，宽敞的大厅被这一地区密集的建筑紧紧包围，抬头可见别人家的阳台和窗户。正对着我的阳台上，一个女人正倚窗呕吐。她似乎努力压抑着反胃的感觉，不断呕出稀薄的白色粘液，比起呕吐更像是吐口水。或许她怀孕了？但她并没有干呕。坐在我面前的商人则不紧不慢地拿出薄荷润唇膏，抹在干燥的嘴唇上。

紧接着，这个下午最引人注目的讲话者站到台上，拿起了话筒。他是阿图尔的兄弟，阿图尔是个富可敌国的商人，早前在阿麦达巴出了家。除了印度各地，连安特卫普和纽约也有人自发为阿图尔举办送行仪式。塞万提决意出家前还征询了阿图尔的意见。

阿图尔的兄弟请我们思考一下我们的生活方式。他又请我们设想一个月后，塞万提一家在喀奇的烈日下从一个村庄徒步到另一个村庄的情形。他们不知下一餐在哪里，即便化到缘也要把不同的菜蔬和豆糊混在一起，囫囵吞下。"我们不得不反思，在听过今天下午的所有讲话后，晚些时候，当我们回到各自的办公室，我们是否会做出改变？哪怕是空调不怎么制冷都令我们无比烦躁，我们抱怨火车头等舱的空调不工作，但想想这一家人，才十几岁的姑娘卡丽诗玛，他们在古吉拉特的烈日下又哪里吹得到空调！"阿图尔的兄弟请我们扪心自问：我们是否已变得不愿多等待一秒，一旦订不到火车票就失去耐心？但想一想塞万提一家，时间对他们而言将变得何其漫长，他们每天必须走多少里路。"我们的文化成了一种永不满足、永远追求'更快更高更强'的文化。"他用语速极快、语调激昂的古吉拉特语形容宝石商所生活的疯狂世界，他们始终放不下手机，随时计划在曼谷、在纽约、在安特卫普开设新的办公室，对全球贸易充满蓬勃的野心，每天价值几百万卢比的转账交易，时刻关注航班的候补客位，片刻不停地累积财富（因为"还不够！我们要赚更多！"）……再回头审视塞万提一家即将开启的、斩断尘缘的生活，我们或许确实应当感到羞愧。大厅里的人越来越多，百来号宾客几乎排到了门外，他们的呼吸和汗水让这个冬日午后的房间也变得燥热起来。

一个老先生被人请到了台上，他是行业泰斗，靠从安特卫普走私宝石起家，和我的爷爷交情甚笃。他在马拉巴尔山有一栋大别墅，在曼哈顿的劳斯莱斯展厅楼上有豪华公寓。老人并没有讲话，而是颤巍巍地站起来祝福了塞万提。名叫阿伦的商人穿着朴素的白色短袖衬衫，却是不折不扣的大富豪（不论以哪一种货币来衡量），他告诉大伙说几年前，他的母亲也想过出家，被他极力劝阻了。但他谈起出家时充满渴望，仿佛那是一件或早或晚他一定要做的事情。

还有宝石商对塞万提的过去直言不讳："他无恶不作，他的一个朋友曾对我说'每次塞万提和我坐飞机去什么地方，总归显得很紧张。'"这个人显然暗示了塞万提并不光彩的个人史，众人也能够想象塞万提在决心苦修前过着怎样骄奢淫逸的生活。多年前，塞万提曾订过一次婚，后来女方的家人发现他声名狼藉，于是取消了婚约。我叔叔的生意伙伴也说他和塞万提一起被拘留过三天，塞万提被控犯有偷盗罪，警察认出他后却向他行了额手礼。叔叔的生意伙伴推断塞万提忽然出家，怕是因为犯了数额巨大的欺诈罪或遇上了难以化解的金融危机。不管怎么说，塞万提劣迹斑斑，这一点众所周知。

但现在，黑皮肤、细瘦个、带着随和笑容的塞万提不只是个二流的宝石商人，他成为一部分人的精神领袖，而他所代表的权力、所前进的道路是连巨富阿伦都心向往之的。从某种程度而言，塞万提已为商业上比他成功得多的大人物所仰视。就在这个午后，此时此刻，在人满为患的大厅，他是人所钦佩乃至嫉妒的骄子。

准备踏上苦修路的塞万提一家成了宝石行业领军人物恭维的对象，人们用牌匾、提拉克、绶带以及花环百般称许他们的作为。商业巨贾的太太纷纷祝贺塞万提家的女人，母女俩首度获得人们的关注——塞万提的女儿卡丽诗玛在所有人的讲话中几乎从未被提及，她获得的荣耀远远及不上她的父亲，人们敬佩和留意的是她父亲作出的牺牲，却无人惋惜这样一个花季少女再也无法对镜梳妆、外出观影、和心上人约会，或者徜徉校园。她再也无法回到孟买——她的故乡。

对面阳台上的女人又露面了，这次举着一只风筝。她在壅塞房檐间的一线天里努力把风筝放飞了出去，随后露齿而笑。

现代大都会是一座座驿站，是人们从此地赶往他方的落脚点。纽约是移民的大熔炉，孟买是农村人的汇集点——他们从乡村来到城市,又渴望在城市重建乡村。都市人的焦虑因不确定而起,他无法知晓明年还会否待在同一个地方,无法知晓他的孩子能否停留在同一座城市。他难以建立长久的友谊,因为迟早他朋友们也会分散各地。他在农村的爷爷知道自己生于斯,也将眠于斯,知道他百年后哪一块地会用作火葬,他的骨灰将撒进哪一条河,知道他的发小和堂兄就住在村子的另一头,一生都不会改变。但都市人没有这样的笃定,没有恒定不变的住址和人际关系。萨蒂什无法在乡村执行刺杀任务,没有了"大隐隐于市"的保护,他会在第一时间被人指认。蒙娜丽莎在农村没有市场,她所扮演的红颜知己的角色和她被物化的舞女的身份,只会引得都市人竞相折腰。人类精神层面的变迁难以追赶都市化进程的演变。我们是农村氏族社会的物种,我们还未能适应城市里的生活。这就是塞万提逃离都市的原因,与其说他斩断了一切(财富也好,家人也罢),不如说他舍弃了城市。

一见我穿过人群,塞万提马上露出了笑容。我们聚在达内拉的老宅,送别他和他的家人。塞万提问我的第一个问题是:"你吃饭了没有?"屋外,他的哥哥正跟着吟诵:"我们的好兄弟要出家啦!"人群齐声附和着:"好兄弟!"一个女人带头唱喏,随即全家人响亮地呼应。或许音量越大,他们越有可能说服自己:这的确是个欢天喜地的场合。塞万提一家将围绕达内拉盛大游行,好庆祝他们在尘世的最后一天。

不一会儿,塞万提便由家人扛着出了祖宅,喧嚣声益发大了。方圆几里内的乐手都被召集了过来,为小镇上的庆典敲锣打鼓。我在能俯瞰游行队伍的天台找到一个好位置,安顿下来。我周围满是看热闹的人,纷纷倚在砖块垒起来的栏杆上。房主人警告说:"别使劲往上靠,围栏会断的!"而楼下,古吉拉特乡村的独特仪式正大放异彩。身穿白衣的耆那教修士坐在滑竿上,由信众扛着走在队伍的最前面。

紧紧相随的是打朵尔鼓①的、敲钹的、吹唢呐的，一个坐在驼峰上的男人奋力敲击着两面涂抹姜黄粉的大鼓。驼铃过后，用繁复刺绣装饰一新的马队隆重登场。两个佩戴头巾的小男孩各骑着一匹雪白的高头大马，跟随优雅马步轻歌曼舞的则是一群年轻的村姑，她们头顶着装有椰子的铜钵，体态婀娜。又过了片刻，塞万提的族人坐着覆以茅草的彩色驼车不紧不慢地出现了，作原住民打扮的男人在他们身后吹响的并非传统乐器，而是西洋风笛。为庆典压轴的是塞万提家的三个孩子，他们坐在两尊巨型雕塑间（一尊是孔雀，另一尊是大鹅）大驾光临，而牵引着花车的是两头大象。今日庆典的绝对主角——塞万提和他的妻子拉克莎并肩坐在高高的王座上，也由大象拉着他们的花车缓步前行。举着两柄宝剑的人紧随其后，人群也紧随其后，因为塞万提和拉克莎正沿途抛撒混着金银币的大米。游行至此，他们的动作已愈发熟练、近乎机械化了，他们将手抄进面前的篮子，捧起财宝，高举向前，闪耀着金光的大米在空中划过一道道弧线，撒向底下疯狂争抢的人群。我下楼走到街上，被一路小跑、推搡着向前捡拾财物的人们远远甩在了后面。但即便和塞万提夫妇相隔甚远，我仍能看到他们脸上欣喜的表情。拉克莎正在微笑，她的牙齿在黑色面庞的映衬下分外雪白。他们似乎如释重负，就好像在蓝宝石为舞女一掷千金的客人，这情形何其相似——以最快的速度挥霍财富、抛撒金钱，从而获得释然的感觉。

跟在塞万提夫妇身后的还有两个舞马的人（穿戴着和马匹等大的布艺道具），另有吹着海螺、敲打铁盘的乐手，以及捧着水罐不时往地上浇水的僧人。队伍的末尾是一群扛着大雄尊重雕像的人，在金色眼镜蛇的笼罩下，作冥想状的耆那教祖师竟显得格外瘦小。为游行殿后的是堆满纸盒的手推车和推车边如织的人潮。工人们站在推车上，

---

① 印度一种小巧的双面桶鼓，一面的鼓皮音调较高而另一面较低。乐手一般会将它戴在身上，两手各执一鼓棒进行演奏。

从纸盒里抓取大把红枣和粗糖，一面分发给百姓，一面挥舞着棍棒，驱赶太过靠近的民众。

九乡十八寨的村民皆盛装出席，男女老少衣着艳丽。游行的队伍经过阿姆倍伽尔的雕像时，塞万提夫妇正把数不清的财宝撒向当地村民。以达利特为主的人群像公园里瞅准了玉米粒的鸽子，潮水般涌向塞万提夫妇。解放达利特的伟大斗士阿姆倍伽尔伸出一只铜塑的手臂，仿佛表示谴责，又仿佛下达禁令。

前方就是举办筵席的场地了。帐篷外人潮汹涌，热闹非凡，村民们已经排了好几小时的队，只为领到塞万提免费分发的粮食和布匹。这时，塞万提和拉克莎所坐的花车出现在地平线上，夫妇俩好像高高在上的县老爷和夫人，为他们开道之人则仿佛衙役，只不过高喊的并非"肃静！回避！"而是"看破红尘！断绝俗世！"正有卖艺人在高空走绳索，塞万提被吸引了注意力，他对二十四小时后将形同陌路的拉克莎说：看。她朝他指的方向看去。绳子被固定在长竿上，表演绳技的人在长竿的另一头，他站得好高好高，背着光，在一月的晴空下只能看到一抹剪影。塞万提夫妇合掌向他致敬，但他是唯一不曾留意到的人：他此时正背对他们，头朝下倒挂在绳索上。塞万提和拉克莎注目观看表演，那一刻，他们的脸上露出单纯的喜悦。

塞万提已经大宴宾客七天了。今天是第八天，也是最后一天，达内拉五十七个村的村民都受邀来吃流水席。总共三万五千人齐聚一堂，男宾和女宾分坐不同的帐篷。食物是从各个村买来的，村长们谨遵塞万提的吩咐，特意让人用最原始的办法准备食材：水是从井里打上来的（不是自来水），油是用公牛推的磨压榨的，炊具是用黄铜手工打的，酥油是用当地奶牛（而非水牛）产的奶提炼的，蔗糖和粗糖是用绿色种植的甘蔗熬的，谷物和蔬菜是农民自己种的，小麦以人工磨成面粉（而非用机械加工），因此不可避免地会混有昆虫死尸。一切都照塞万提的要求——准备好了，在二十一世纪之交，人们依然可以做出一桌桌符合耆那教规定的饭食，在喂饱三万五千人之余也尽可能减少对环境的破坏。所以我们在流水席上吃到的是地道、健康的古吉拉特食物：两份甜点心、两份咸点心、普里饼、两种蔬菜、两种豆糊、印度脆饼、米饭、青椒塞豆子、酸辣酱。菜肴中不会用到洋葱、大蒜或土豆，事实上，任何需要掘开地表、挖出食用的根茎类蔬菜都不会出现在餐桌上。然而最大限度的环保带来的结果是——倒进我杯中的水是浑浊的，仍然带着沙土。

筵席结束后，我回到暂时落脚的地方，这户人家的主人是个医生，也是我爷爷的旧相识。医生坐在自家门廊上，对我说起耆那教的种种。他对游行并无兴趣，只在队伍途经他的医院时过去看了一眼。他认为塞万提的所作所为更像一场闹剧。医生自称属耆那教的白衣派[①]，又补充说他们不拜任何偶像（"就像伊斯兰教一样。"），仅将庙宇视作祷告的地方，这和塞万提所属的"居庙派"恰恰相反。到目前为止，耆那教已发展出了八十四个分支，但真正的信众只有一成，其余的无不徒有其表，甚至窃取本该布施穷人的供奉，就连苦行僧也暗自存款，以便随时还俗。各分支领袖唯一关心的是能吸引多少信众，他们的确步行前往各地，他们的追随者或亲眷却坐在车里，且提前为他们规划好了行程，随身携带现代药品，无微不至地照料他们的生活起居。如今塞万提的孩子决意出家，也不过是谨遵父嘱，并非真心所愿，但无人敢捅破这层窗户纸，唯恐乡里矛盾升级、引发骚乱。

达内拉是个人口三万的小镇，镇上的耆那教徒多迁往了别处，留下的不过百来户人家。尽管如此，过去十年来，原籍达内拉的耆那教徒有不下五十人做了苦行僧，这成了当地村民的莫大骄傲。但塞万提的庆典确实独一无二。"达内拉从没有过这样大规模的庆贺。"医生对我说。而对塞万提宁愿苦修的原因，医生的看法是"盲目的信仰"。我问他对庆典本身怎么看，他给我讲了一个寓言故事：很久以前，一

[①] 与空衣派（或天衣派）相对，白衣派的耆那教徒身穿白衣，而空衣派主张裸体修行。

个青年要结婚了。有只猫跑进礼堂,扯坏了布帘、打翻了盘子,所以青年捉住猫,将它绑在角落的柱子上。从此以后,这户人家世世代代举行婚礼前,总要捉一只猫来绑在礼堂的柱子上,他们以为这是老祖宗传下来的规矩。医生说出家苦修前的繁琐仪式就像那只被绑在柱子上的猫,最初的意义早已无人懂得,人们遵循所谓的旧礼,以为事情本该如此——抛弃世俗的宣告却比什么都来得世俗。

　　夜里,我回到塞万提家的老宅,结识了他的亲戚。他们正聚在后院闲聊,多数人竟也认得我的叔叔、爸爸和爷爷。"百年世家啊。"我爷爷的某个童年玩伴这样形容我家道。一个戴眼镜、黑皮肤的大个子自我介绍说他叫哈斯穆克,住在洛杉矶,也是宝石商人。哈斯穆克是塞万提的侄子,尽管他只比塞万提小一岁半。他说带着浓重古吉拉特口音的美式英语,总是刻意拖长了音调。他急切地告诉我:他和塞万提既是叔侄,也是自幼形影不离的好朋友,是真正"穿一条裤子长大的"。当初塞万提和拉克莎到斯里那加度蜜月时,哈斯穆克也像小尾巴一样跟着。他和塞万提一道经商,从前的每个周日都携妻子一块儿到"铜烟囱餐厅"吃饭。"我们一到周末必定喝酒,无威士忌不欢。我们看一眼对方的玻璃杯,'哎呀,你喝得比我快',然后往自己的杯子里倒更多的酒。我们会在祷告后吃波夫巴哈吉,满嘴都是洋葱、土豆和大蒜,越是不许我们吃喝的,我们越要吃喝。总之喝酒、票戏、看电影……我们无所不为。"哈斯穆克说塞万提热衷享受,酷爱别人替他捏肩捶背,家里曾雇了两个按摩师傅随时为他服务。所以八天前一到达内拉,哈斯穆克就和塞万提产生了争执。"我昨晚还对他说,你这呆瓜,别犯傻了!这他妈的都算怎么一回事?我把话撂在那儿了,他却说如果我和他一块儿出家,会比他先得解脱。"

　　在塞万提选择了不同的人生道路后,他和哈斯穆克的友谊显然受到了考验。定期回印度的哈斯穆克开始对塞万提避而不见面,不是因为他对塞万提的选择难以释怀,而是怕妨碍了塞万提早登极乐的脚步。每次他们见面,塞万提就不得不暂停祷告,隔天须禁食一天作为弥补。他们若交谈，塞万提张口闭口都是教义，有一次，他对哈斯穆克足足讲了四小时道，从一滴水的性质说到其中的微生物，又拓展到这滴水所折射出的宇宙观。也是在同一天，哈斯穆克知晓了塞万提一家挥别尘世的决定。

突然，一声响亮的哭喊打断了我和哈斯穆克的谈话，也刺破了原本显得欢腾的假象。塞万提的长兄、孟买钢铁业巨子拉克斯米昌德正在嚎啕。人们纷纷上前劝慰：同样啜泣着的女眷，家里的男丁，以及原本分散各处、此时不甘示弱聚拢过来的耆那教修士。（这些年长的修士曾对如何筹备庆典指手划脚，为此拉克斯米昌德心怀不忿，语带尖刻地问："他们就没别的事可干了吗？"）而眼下，塞万提家的气氛从婚礼般的喜气洋洋突变成了葬礼般的愁云惨雾。一位老人劝拉克斯米昌德莫要纠结，说这应该是件值得高兴的事。哈斯穆克边抹眼泪边说："你看看，那是拉克莎的爸爸，他自己都要失去女儿了，还安慰拉克斯米昌德不要难过，这是多么宽大的胸襟！"拉克斯米昌德却难以放下，他还怀抱弟弟能回心转意的最后一丝幻想。两兄弟为此有过激烈的争吵，有人说是因为哥大哥不忍见弟弟斩断尘缘，也有人说兄弟俩是因为财产分割产生了分歧。

塞万提的次子乌特卡什坐在屋外。我在嘈杂一片的人声中得知了他和哥哥的小名，家人叫乌特卡什"奇库"[①]，哥哥斯内哈尔的昵称则是"维奇"[②]。"明天我见到你的时候就要双手合十，叫你小师父啦，不过今天你还是我们的奇库。"哈斯穆克对他说，和乌特卡什一起笑起来。一大家子（百来号人）聚在一道吃了最后一餐饭，这也是他们最后一次与塞万提一家同席。某个亲戚的孩子提出要吃贝尔普里，我却想：今日之后，塞万提的孩子们再也享受不到（也不准享受）饮食的乐趣，在孟买长大的孩子从此将无缘贝尔普里了。聚餐结束后，女眷

---

① 意为"人参果"。
② 意为"胜利"。

唱起了歌，一个男人举着长长的火把，走到院子里点亮了上百盏油灯。有人宣读了什么文件，听语气像是遗嘱。塞万提将剩余的财产赠予亲属，人人有份，少则几千卢比，多则几拉克。遗嘱宣读完毕后，塞万提双手合十，对在场的众人说："我这一生犯过很多错，如果我伤害了任何人，还请宽恕我。"

不一会儿，哈斯穆克请我进屋，塞万提正由几个亲眷相帮着按摩身体。他对我坦承他此刻心绪紊乱。"我试着冥想，但一直被打断。我又思考我明天之后究竟要做什么？要到哪里去？我这几天都病着，还发了烧，现在我有人服侍，但明天以后我要怎样忍受病痛？"一家五口中，塞万提是唯一一个承认心存疑虑的，也是唯一一个被允许流露不安的。我问他接下来想做什么，他说："我要继续学梵语，不学十年不可能开口说。"

我又问他要如何忍受与家人的分离，从此再也见不到妻女难道不会让他动摇吗？他回答说他现在的心志依然坚定，"但明天之后，以及再之后的每一天——当我真正和她们分开以后，才是考验开始的时刻，我才能知道自己是否熬得过。"他还会回到孟买吗？"无论是我还是上师，都不想回孟买。"除了我，还有许多人等着要和塞万提见面，于是我向病中的他问了安，随即离开了昏暗的房间。

我和塞万提家的另外四人也说了会儿话，先从拉克莎开始。"我只感到喜乐。"她说。因为这满满的喜乐，她不会太想念她的丈夫和两个儿子。长子斯内哈尔也说离开俗世是"为追求真正的极乐。"解脱便是真正的极乐，而只有苦修方能解脱，这是一个循环定义：极乐即苦修，苦修即极乐。不顾教规、执意坐在日光灯下的拉克斯米昌德把卡丽诗玛也叫了过来，好接受我的"访谈"。有亲戚同卡丽诗玛开玩笑，说你明天就要出家啦，还不抓紧时间多提点要求——她今晚的任何要求都会被满足的。她会请拉克斯米昌德戒烟吗？"我没法强迫他这么做。"塞万提家的女儿说，"他只有心甘情愿才会自己戒烟。"早些时候，拉克斯米昌德嚎啕大哭时，有人推一推卡丽诗玛，让她上前安慰一贯疼他们的"拉克斯米大伯",她却反问:"今天是个大喜的日子,他为什么要哭呢?"离开孟买时,卡丽诗玛一次都没有回头。在即将践行苦修的一家五口中,年纪最小的卡丽诗玛也是意志最坚定、态度最坚决的。或许是因为她从不去想,也从不允许自己疑惑吧。

  在俗世的最后一晚,塞万提凌晨三点多才入睡。"他一直翻来覆去的。"哈斯穆克在事后对我说,"他在苦苦思考:明天之后将何去何从、何以聊度此生?"三刻钟后,依然没有睡意的塞万提起身去了寺庙,向神明祷告,又做了普迦。那是他此生做的最后一次普迦,在成为苦行僧后,理论上他将再也不能向神像行合十礼或跪拜。就本质而言,耆那教是个无神论的宗教,即将挥别尘世的塞万提抛下的,除了亲情的牵绊,还有对神明的信仰。

  塞万提一家诀别尘世的这个早晨如此寒冷,我的车差点发动不起来。等我终于在清晨六点离开医生家时,天空尚且繁星满布。风干而冷,行人稀少,却都朝着塞万提家祖宅的方向前进。我驱车到达目的地,发觉屋里的人竟比昨晚还多。一家五口告别俗世的那一刻益发迫近了,女人们一边哀哭一边欢唱:

    今天是什么日子?
  (和声)是比黄金还宝贵的日子。
    什么比黄金还宝贵?
    苦修、苦修。

    起身来呀!
    这就告别俗世吧。

  塞万提一家正在库房祷告,库房门前的地上摆着一列大铁盘,仿佛一根拉起的警戒线。铁盘上堆满大米、金币、宝石以及一串串住宅的钥匙。我站在第一只铁盘边上，看着塞万提快速从库房走出来，他穿着最奢华的外衣，上前一脚踢开了装有昔日财富的大铁盘。他的妻子和孩子也排队照做，到卡丽诗玛出来时，盘子和盘子里的财宝已四散倾覆、所剩无几了。老宅的外面站着手持宝剑、格挡住去路的人。塞万提一家毫不犹豫地推开持剑人，大步流星地向前走。他们果真遵循了绝不回头的原则，似乎对身后的一切不带半点留恋。

去往寺庙的这一路上摆着更多的铁盘，里头同样堆满塞万提家的财富。一家五口边走边踢，眼明手快的村童紧缀其后，见有四散的钱币便附身拾取。寺庙的门廊外立着五头大象，内里用围栏圈出一大片空地，支起了帐篷，千余人分组就地而坐。我加入了宝石商所在的那一组，见人手一袋掺了珍珠的大米，正将这富庶的象征如雨般撒向一家五口。台上的人依依惜别（仿佛待嫁的新娘告别父母），在众人的见证下，塞万提的血亲正式同他们道别。又有人宣读了一份遗嘱，将两亿多卢比捐给了包括动物保护组织在内的慈善机构，另有一亿卢比捐给宗教团体。司仪仍是主持孟买钻石协会庆典的大胡子，他大声宣布说就在昨天，最高法院作出了终审裁定：驳回孟买市政公司的上诉，维持原判，在孟买击杀流浪狗仍属违法行为。因最初提起上诉的耆那教徒的善念，每年将有五万五千条流浪狗得以存活。台下爆发出一阵欢呼。

万众期待的时刻到来了。在村民的注视下，塞万提请求上师准许他出家。骤然响起的唢呐声代表了上师的许可，于是塞万提握住一柄巨大的白色孔雀毛掸，绕着台子跳起舞来。塞万提家的另外四人照样而行。他们随即被带往台下削发明志（头顶只余七根头发，由各自的师父连根拔起）。与此同时，慈善义拍开始了。竞拍者买下的物品会在稍后呈给塞万提一家，作为他们开启苦修生涯的随身物。第一件拍品是给塞万提的法衣，成交价为十五万一千卢比。给斯内哈尔的一串白色念珠则以六万八千卢比成交。竞价声此起彼伏，几位拍卖师站在观众当中，不时鼓动人群为增添福报往上加价，就好像他们推销的是一支支热门股票:"今天是大吉大利的好日子,三万一千卢比,三万一千卢比有吗?机不可失、时不再来!"台上的塞万提一家固然腰缠万贯,台下的商贾更是财大气粗,百万乃至亿万富豪齐聚一堂,争相用金钱向众人展示自己的虔诚。

紧接着进行的是冠名权的拍卖会。师父们从名册里挑选出新名字,为剃度苦修的五人冠以法号。于是新一轮竞价开始了,出价最高者得以向屏息等待的观众大声念出其中一人的法号。首先揭晓的是塞万提的法号,赢得竞拍之人转身向观众宣布:"三宝[①]尊者!"掌声经久不息,回荡在宽阔的场地上空。斯内哈尔(维奇)的法号是"达显尊者",乌特卡什(奇库)如今被称为"菩提尊者",他们的母亲拉克莎从此变成了"寂静圣者"。最后,十七年前以性感女星"卡丽诗玛"为侄女命名的三位姑妈花十五万卢比、力压众人拿下了冠名权,她们面向观众,伤感地念出了侄女自今往后的法号:"悟道圣者!"

重回台上的塞万提一家变化惊人。他们脱下了奶白色的丝袍及纱丽,换上了统一的粗纺白布,头发被剃得精光。哈斯穆克后来对我说:"塞万提瞧也不瞧拉克莎,拉克莎也一眼没看塞万提。孩子们朝他们看了,但夫妇俩对谁都目不斜视。"倒是哈斯穆克的妻子见拉克莎光着脑袋的模样,禁不住落下泪来。"削发的时候,拉克莎把脸埋在手心,不看任何人。一头青丝是印度女性美丽的标志,她连头发都不要了。"

剃度的同时,亲人还要浇水在塞万提一家身上,给他们洗人生中最后一次澡。正是一月,水冰冷刺骨,更不用说塞万提还发着烧。果不其然,拉克莎和卡丽诗玛受不住冻,在被水淋湿后也发起了热度。"为什么一定要用冷水洗澡?我实在弄不明白。"哈斯穆克说,一边摇着头,像个被告知成人世界的风俗自有道理,但完全理不清其中逻辑的孩子。哈斯穆克和叔叔塞万提(也是他最好的朋友)道了别:"等再

[①] 指正知、正见、正行。

回印度的时候，我会来看你的。"但塞万提没有开口作答。"他握着孔雀毛掸，披着白布，不看我的眼睛，只是摇了摇头。"哈斯穆克和另外四人道别时，他们也没有开口。

塞万提和拉克莎结婚二十二年了。他们最后一次彼此碰触，是在拉克莎为塞万提点吉祥痣的时候。二十二年前，拉克莎在婚礼上做过一模一样的动作，那是她第一次碰触丈夫塞万提。如今，这个小个子的女人抬起手，用拇指将朱砂点在丈夫因发烧而滚烫的眉心。感受着最后一抹来自妻子的清凉抚触，塞万提和拉克莎相视一笑。

现下，五个苦行僧正坐在台前接受家人的致意。耆那教修士对不停抹眼泪的拉克斯米昌德说："他们过去是你的家人，现在依然是你的家人，但他们也属于我们所有人了。"修士委婉地提醒拉克斯米昌德：他面前的这五个人已不再是塞万提这个小家乃至拉哈尼这个大家族的一分子，他们超脱世俗，走上了另一条道路。他们抛下了从前那个世界里的一切，塞万提不再是宝石商，拉克莎不再是主妇，他们出生在孟买的三个孩子维奇、奇库和卡丽诗玛也不再是世俗意义上的青少年。除了维奇和奇库摘不掉的眼镜，他们弃置了一切身外之物。

一家人当晚在寺庙的寮房就寝，第二日清晨四点半离寺化缘。他们前一天粒米未进，而他们首先要去的便是自家的祖宅。这真是个意味深长的比喻：作为苦行僧化缘的第一户人家，正是他们昨日出家前决然抛下的。此后，尽管塞万提、拉克莎和卡丽诗玛仍旧发着高烧，他们依然要动身离开达内拉，且至少五年内不得返回故土。继孟买之后，达内拉成了第二个禁地。

载我离开塞万提家祖宅的司机是个沉默寡言的刹帝利硬汉，他弄不明白："为什么一家五口人都要苦修？他们可是亿万富翁。"

"他们是宝石商人。"我说。

"那达乌德帮肯定对他们紧追不舍吧。"他推断道。

我们从达内拉开车到阿麦达巴，我要在那里坐火车回孟买。我在阿麦达巴还有几个亲戚（经济条件相对最不理想的），我顺道去看望他们。他们当天的穿着我很眼熟——这些衣服尚且崭新的时候，曾穿在我的父母、妹妹和我自己身上。家里刚有婴儿诞生，孩子的父亲、我的表弟却不在。他在宝石厂当切割工，很少能见到才双满月的女儿——这是他的第一个孩子。表弟日出而作、深夜方归，连周日和国定假排灯节都不例外，如果订单要得急，他还必须加班加点。报酬是按件数计的，尽管付出了这么多、牺牲了这么多，他每月的薪水还不及我在孟买的司机。他终日忙于切割宝石，思女心切却不得见，替像塞万提这样富裕阶级的商人辛苦挣得利益，才让后者有资本随时随地肆意挥霍。

　　回到孟买后的隔周，我和哈斯穆克在他弟弟位于塔迪欧的公寓碰了面。哈斯穆克也是个热心宗教的人。他每次来孟买，总要先到附近的耆那教庙祷告，然后才去皇家歌剧院旁边的宝石市场做买卖。在洛杉矶时，他跟随斯瓦米纳拉扬派[①]修行，尽管那是个印度教派，但在哈斯穆克看来与耆那教几无分别。可是他到底没有娶同样信奉耆那教的女子为妻，事实上，他的妻子甚至不是古吉拉特人，而是个来自门格洛尔、在孟买拥有十六家餐厅的富商之女。他们是自由恋爱后结合的。对耆那教徒而言，餐饮业是罪孽丛生之地，我猜哈斯穆克的婚事让他和族人产生了嫌隙，他们不会断绝同他的往来，但多少有责怪他"不忠不孝"的意味在里头，恐怕也无法自如地和他的异教徒妻子相处。

　　正在这时，一个男孩走了进来，穿着一件带耐克商标的绿色圆领衫。他是哈斯穆克的儿子，才刚和哈斯穆克的弟弟看了场宝莱坞电影（在纽约开计程车的印度小伙夹在两个女孩之间左右为难的爱情故事，一个女孩西化，另一个女孩传统）。男孩和叔叔就影片内容产生了争执，"我的意思是——"在加州钻石吧[②]上初一的男孩说一口流利

[①] 现代印度教分支，属毗湿奴信仰。
[②] 洛杉矶县郊外一城市。

的美式英语,"印度人重感情,美国人也重感情。"

他的叔叔不同意:"美国人可没有印度人那么重感情。"美国那么高的离婚率就是明证。

男孩回答说:"美国人离婚总有他们的原因。"塞万提曾鼓励他的这个侄孙回印度生活,男孩说:"我也想啊,但我的一切都在美国。"

在和哈斯穆克兄弟的谈话中,我还了解到塞万提设了保险基金一事,以防苦修实在艰难(这并非没有前车之鉴)。塞万提将一大笔钱(几亿卢比)交给了四名家族成员,除非他首肯,否则谁也不能动用这笔资金。若塞万提在途中遇见特别贫困的人或特别破败的寺庙,四个受托人会照他的吩咐拨款。"如果将来有一天,孩子们改变了心意,他们不必伸手乞讨,随时可以买车购房。"哈斯穆克对我解释道,这让塞万提更安心,若修行"此路不通"了,至少俗世仍有他们的一席之地。塞万提的确捐出了大部分财产,但剩余的钱足以维持他和家人在孟买舒适的生活。这是多么奇特的景象:四处流浪的僧人一声令下,便能负担一座寺庙的修建或改变整个村庄的民生。知道还俗后能即刻拥有从前的物质生活,是会让苦修变得更容易还是更艰难呢?好在塞万提和他的家人始终拥有选择权,他们所踏出的每一步都出于自由意志。如果厌倦了在毒辣的日头下赶路,内心总有一个声音告诉他们:召来劳斯莱斯代步不在话下,只要他们愿意承认自己舍不下、熬不过、求不得。

离开达内拉后,塞万提走过古吉拉特的塔拉德、德埃萨、帕坦、巴伯尔、阿麦达巴,又回到最北部的帕坦,留宿在镇上一处专供教徒清修的院落。小院十分安静,四周环绕着油漆斑驳的古旧木屋。七个月后(照太阴历计算),我在爷爷当年求学的帕坦重新见到了塞万提——如今的"三宝尊者"。塞万提和儿子们已在这里待了两个月,还会再待两个月,直到雨季结束。

他这一派共二十一个苦行僧在此落脚。大厅的入口处悬挂着一幅巨大的《浮世众生大慈悲相》，上面画着一个摇摇欲坠吊在树上的人，他的脚下是口满布毒蛇和鳄鱼的井，老鼠正啃咬他紧抓不放的树枝，井边的大象则用力撼动着树干。

我一进大厅就认出了塞万提，他也认出了我。他用手指指额头，意思是说我的头发在过去半年里长长了不少。塞万提的头发却刚好相反，他刚刚经历了成为苦行僧后第一次真正的"薅发"：头面部以及唇上的毛发被师父一根根、一绺绺硬揪了下来，整个过程耗费好几小时，塞万提的头皮当即流血了。"肉体之苦只是业报的外在表现。痛楚让我的身体更强健，也让我更能体会他人的苦难。"塞万提靠回忆历代宗师经历的苦刑熬过了拔除毛发的切身之痛。他说耆那教的宗师面对敌人的迫害时，失去的可不光是头发，还有皮肤，可他们依然问剥他们皮的施暴者："我要怎么减少你上刑时的不便？"这些殉道者展现出的非凡勇气更加添了塞万提的决心。

我们所在的大厅是个两面通风的大房间。苦行僧们坐在矮桌前阅读古老的手抄本，间或在纸上写下注释。俗家信众前来拜访他们，接受对苦行生活的指导，特别有慧根的还会被鼓励尽早出家。此刻的大厅里便有几个正体验苦行生活的在家众，他们可以选择跟随修士一天，也可以选择仅仅禅修四十八分钟，在这四十八分钟里，他们的一言一行、所思所想都必须遵守"非暴力"的规定。大厅里没有风扇，我在八月的午后盘腿坐在塞万提对面，汗如雨下，不时要挥手赶走恼人的苍蝇。若非天花板是特意挑高的设计，房间里势必更为闷热。每到夜间，苦行僧便就地躺在白日打坐的地方，但有一个条件：不能睡在风口，因为这样会挡住风，也会杀死风里的微生物，同时意味着他们向肉体的享受屈服，选择了可以吹到习习凉风的位置。基于同样的理由，如果窗户恰好关上了，他们也不能就这样开窗。苦修生活容不下丝毫享乐，唯有如此，解脱才足够吸引人。因为彻底排除了奢靡与舒适的可能，余生的每时每刻都充满折磨和困苦，最终踏进无我入圣的黑暗才变得更为容易。

塞万提必须严格持守五戒。第一戒是"非暴力",他不能参与或使他人参与或默认他人参与暴力。比方说,他化缘时不能夸"您家的豆糊做得真可口",这意味着他赞许主人家在烹煮豆糊的过程中进行的一系列杀生。第二戒是"诚实语",塞万提不能撒谎或要求别人撒谎或默许别人撒谎。第三戒是"不偷窃",塞万提不能偷窃或使他人偷窃或默认他人偷窃。比方说,如果我的钢笔掉到了地上,他不告而取,即便时间再短(事后也归还),那仍是一种偷窃行为。第四戒是"纯洁行",塞万提不能近女色或使他人近女色或默认他人近女色。因此,他不能恭贺别人的新婚之喜,也不能称某男和某女乃"天作之合"。苦行僧之所以要不断迁徙,正是为了避免打破色戒,他们游牧式的生活最大限度地降低了两性建立深入和亲密关系的可能。即便要在一段时间内固定去某位女施主家化缘,如果两人彼此倾慕,哪怕只是起心动念,也属干犯色戒、犹自作孽。第五戒是"不执著",塞万提不得拥有任何财产,即便他身穿的白布亦非私有,而是俗家信众布施的。

上师钱德拉塞卡·马哈拉吉坐在大厅上首,随时留意弟子是否在潜心修行。马哈拉吉十一岁就随家人(共六口人)做了苦行僧,此刻他的面前坐着一对母子,儿子穿着常服,看上去不超过十岁,一径揉着自己的脚,不抬头也不吭声,显然在闹脾气。母亲微笑着,温柔地劝说着什么。不一会儿,马哈拉吉接过了话头,也用低缓而柔和的语气同男孩说话,但并没有让步。塞万提对我解释说这对母子是从孟买来的,孩子已跟随上师学习了三个月,好为出家做准备。可如今男孩想念起孟买来,也想念孟买的家人,提出和母亲一块儿回去小住四天。上师却给出了相反的建议,他让母子俩在此多留四天,说如果男孩这时回孟买,他落下的功课可就远不止四天了。男孩固然聪明,但在修行上全无定性,他想要玩耍,渴望和游客的孩子一样看电视。母亲对孩子的爱溢于言表,然而她温柔又坚定地告诉儿子说:我们要待在这里,假以时日,斩断我们母子情分、出家苦修也就水到渠成了。

男孩来到我和塞万提坐着的地方。"我真希望能早三十年出家。"塞万提对我说，他认为他三十年前的身体能更好地承受苦行加诸的各项挑战。如今他难免力不从心，有时感到虚弱，筋骨也不再如少年时强健。"我真希望能早三十年出家。"他当着尚且动摇的男孩的面重复道。

他的亲生儿子，或者说他从前的孩子并不像他自己或如他所愿般专一。"一天二十四小时当中，他们总有那么一小时想着和同龄人玩耍。"塞万提说，"那不是我希望看到的，但我可以理解。"我问塞万提孩子们玩耍的内容是什么，他指了指不远处两个书架上的彩色贴纸："他们会把贴纸贴在那上面，画上图案，把所有的书拿下来排成一排。他们想一个礼拜洗一次衣服，而不是像大人一样一个月洗一次。他们玩心重，他们还是孩子，他们的'玩'当然不是打板球之类的，击球是暴力，他们的'玩'是贴贴纸或洗衣服。"

就地坐下前，塞万提用孔雀毛掸掸去了地上可能有的活物。时时有僧人清扫地砖，因此大厅的地面几乎一尘不染。我看着塞万提掸净面前的空地，然后用一只小小的塑料簸箕集起微尘，走到窗边，动作轻柔地将尘土倒在外面的窗台上，又仔细摊平开来。耆那教徒认为：将生命体从超出一掌宽的高度往下倾倒，足以杀死空气中的微生物，也因此他们无法使用洁具解手。坊间传说耆那教徒肮脏不堪，甚至把粪便随意留在道路上。塞万提向我澄清道：实情是教徒们相信，无论尿液还是粪便，一旦离开人体后须于四十八分钟内风干，不然就会滋生微生物。我们用肉眼固然看不到，但不代表这些生命体不存在。这就是为什么每当在后院没有沙坑的建筑留宿时（譬如此时的帕坦），塞万提不得不走到近郊，或寻到铁轨，或蹲到海边的岩石后上大号，随即小心地将粪便抹匀（而非任其聚拢成堆），以确保粪便中的水分在规定时间内蒸发。而这在雨季是很难做到的。"所以我们不能去美国或安特卫普，在那里，粪便一年到头都干不了。"对耆那教徒来说，只用现代化洁具的西方也是禁地。

塞万提并不想念孟买,也丝毫没有回去的愿望。除非师父有令,否则不会动身,因为孟买充满了罪恶和诱惑。"只有意志极为坚定的出家人才会去孟买。我至少还要十年才能有那样的修为。"塞万提认为孟买的困境是由农村的极端贫困引起的。他给我举了个例子:"现在的人吃的都是花生油,但芝麻油明显更好,苦行僧就只用芝麻油。公牛推磨把芝麻压榨成油,我们吃油,牛吃碾碎了的芝麻仁。四十年前,印度有六十万间这样的磨坊,假定每间磨坊用两头牛,就有一百二十万头牛。可如今还在运作的磨坊不超过六十间。所以那么多牛到哪里去了呢?答案是屠宰场。原本养牛的人又到哪里去了呢?他们的家人呢?答案是大城市。你去过孟买最大的贫民窟达拉维没有?那里到处是来城市打工的农村人——从前的养牛户。但他们在城里压根找不到像样的工作,为了生存难免走上邪路,这才导致孟买这么多的罪恶和腐败。"塞万提见微知著,通过比较一颗花生和一粒芝麻的不同,一语道破了农村向城市移民的根本原因。

　　塞万提说农村本来没有竞争。村民需要多少碗碟,工匠就做多少,然后用碗碟换农民种的粮食。因为需求少,所以村里只有一个手艺人,他也只用人力的拉坯机。可随着电动拉坯机的普及,工匠能做的碗碟远超过村民的需求,"他要拿多出来的这些碗碟怎么办呢?他只好到别的村去,想办法卖掉它们,但别的村也有工匠啊,这样一来竞争就产生了。"宝石也一样。电动切割机让大规模加工变得可能,"宝石不会降解,甚至不会磨损。越来越多的宝石被切割出来,人们就不得不设法消耗它们。那么等十根指头都戴满宝石戒指以后,我们又该怎么办呢?"科技的进步造成了产能过剩,从而进一步导致市场竞争、农村和小农经济的衰亡,以及单纯为购买而购买的消费欲。这便是一个耆那教徒眼中的马克思主义。

　　我见缝插针地在僧人冥想和讲道的间隙与他们交谈。塞万提多次让我去请教另一位上师,但此人有兀自滔滔不绝的习惯,且很难打断。塞万提修行不久,道行尚浅,我问他最难放弃的是什么:家人、财产还是舒适的生活？他停顿良久，答说："家人。最难撇下的是家人。"他是指他的大家族还是妻儿？"不是我的亲戚，他们并不诚心。是我的妻子和孩子，我们一路一起走来。"塞万提已经有四个月没见到陪伴了他大半生的妻子了。他们曾同路了一个半月，同路但不同行，男女有别，他特地指出道。他不知何时能同从前的妻女再相见，他的儿子们也不知。"如果我说了什么让他们不高兴了，再也没有母亲能安慰他们了。不过他们还有马哈拉吉。"塞万提很快补充道，指了指上师，"他岂不比母亲更好？"

　　成为苦行僧后，最难适应的是什么呢？塞万提想了一想，回答说："我们这一派有二十一个人，来自不同的家庭，有不同的出身，一些曾是有钱人，另一些则很贫困。大家的想法不同，脾气各异，这对我来说很难适应，尤其是起初的一个半月。"塞万提听到僧人们口出恶言，也看到他们在化缘得来的食物不合心意时面带愤恨，他认为同门之间的矛盾与纷争、时时紧绷的师兄弟关系是大家庭在现代社会的缺失造成的。"一门上下百来口人、由族长统领的大家庭在从前并不稀奇。从前的修士来自这样的家庭，他们对上师像对族长一样恭敬。但如今的修士来自小家庭，他们不习惯过集体生活，四十个人有四十个主意，能力也各有高低。我恐怕要几年时间才能完全适应。"每一个苦行僧都放弃了他在俗世的财产，但塞万提一家抛下的，应当比余下的二十个僧人加到一起的还多。这个念头大约跟着塞万提从红尘走入了空门，或许阶级意识到底还是在倡导众生平等的僧人中扎了根。就像在部队里一样，曾经的亿万富翁须听命于从前的赤贫劳工，这让塞万提多少有些难以释怀。

　　现代化进程让苦行僧的日子很不好过。譬如说，他们囿于教义只能喝烧开过的水，但多数人家用起了净水器，很少有人会再烧开水。从前的时候，村民会先把水煮沸，以供日间使用（例如拌牛饲料），僧人一大早上门化缘时便借机讨一些水喝。可如今，他们不能开口要求主人家特地烧水。他们可以对因日常需用而烧开水的"杀生"佯装不见，但如果这水是为他们要喝的缘故烧开的，那杀生的业报就归到了僧人的头上。行路也是一大难题。原始的山路愈发稀有，大费周章铺设的柏油路被阳光一烤，变得滚烫，令赤脚的僧人很难在上面行走，何况路面的反射光也容易让人头昏眼花。视力是僧人最不可或缺的，他们需要视力经年累月地研读经文，也需要视力看清道路，好避免踩到任何活物。

对塞万提来说，从巴伯尔到阿麦达巴的那段行程是最艰苦的。他们当时为参加另一个教徒的出家仪式，每天要赶近三十公里路，日出后先步行五小时，日落后再连夜赶路。终于有一天，在接连走了十公里后，塞万提的脚钻心地痛起来，于是众人在野地略作休整，但他们必须在黄昏时赶到某村一个教徒的家中过夜。当天的最后半小时路可谓酷刑，等塞万提检视自己的脚时，发觉脚底磨出了大血泡，还生了脓包。他不信对症疗法，身边也没有消炎药，便在挑开血泡、挤出脓水后用混着蓖麻油的姜黄粉涂在伤口处杀菌。说话间，塞万提抬腿给我看他的脚——脚掌饱经沧桑、粗糙干涸，脚跟已皲裂发黑，茧皮叠着茧皮，如月球表面般坑坑洼洼。"但我不能老想着脚上的疼痛。"塞万提说，因为行路有比脚疼更大的风险："道路建设的业报也算在我们的头上。"许多僧人因在高速公路行走而死于车祸。

但今世的乱象比起来世的光景已属万幸。耆那教徒相信时间是无限循环的阶梯，每一级是一世，为首的第一世是极乐境。我们目前身在第五世，人的最长寿命不超过一百三十岁[1]。等转生到第六世（也是最末的一世），人活不过二十岁。在那一世，人没有绿植相伴，没有宗教信仰，只得生活在河底的洞穴中以躲避大地的酷暑。到那时，人的身高不超过一米，而随着代代繁衍，子孙后辈的身高怕连一臂都不及。因此在耆那教徒看来，今世就是最悲惨的世代，而非来世——活在第六世的人类至少有下一世会更好的盼望（新一轮循环就此开始，

---

[1] 也有文献显示是一百二十岁的。

人投胎后又重回第五世)。活在第五世的我们却没有这样的安慰,今世已经很糟,来世只会更糟。

塞万提认定他此生到不了极乐境界,他能做的只是朝前迈一大步:决意苦修,全心悟道。但活着(不论多么小心)必会增加业报,所以为何不选择自我了断呢?耆那教又不是没有主张绝食圆寂的教派,俗家信众也对高僧们打坐禁食、慢慢走向死亡见惯不怪了。但塞万提所属的教派还不至于那样消极。"我们没有自杀的权利。想重新投胎转世,本来就没什么捷径。"只有一个例外:若塞万提发觉俗世的诱惑过于强烈,令他无法持守戒律,那么自我了断总比堕落红尘要好。

上师马哈拉吉同意我和塞万提的两个儿子说话。塞万提请示了师父,对他解释说我在国外待了二十一年,不久前才回到孟买。"你的决定很明智。"上师赞许地对我说,一边点点头。

塞万提坦承他还不能完全放下父亲的身份。他指了指靠大厅立柱坐着的小和尚,说:"我就做不到像训诫自己儿子一样训诫他。我依然称他们为'自己儿子',他们也依然听我的话。师父一说开饭,我喊他们,他们会马上过来。如果没好好钻研经文,我也会责备他们,可我无法责备和他们同龄的小和尚。为什么呢?是我觉得我和他们之间仍然有着特殊的羁绊吗?"塞万提始终用"他们"指代两个孩子,或许他还无法自如地称呼维奇与奇库为"达显尊者"和"菩提尊者"。

"达显尊者"——塞万提的长子斯内哈尔正用一种特殊的方式打坐,他的随身物(白衣、羽毛掸和托钵)都紧挨着他的身体。其余僧人正在进食,空气里弥漫着汗水、尿液以及食物混杂的古怪气味。苦行僧的口臭很是可怕,他们不能刷牙,因为刷牙的根本目的是杀菌,因此同他们近距离对话很需要点耐力。斯内哈尔须整日打坐长达一个月,他的头发近来才被师父连根拔起。他说他"不像从前那样四处瞎跑了",所以甚感平和喜乐。如今他每天四点起床,研习经文,祷告冥想,每晚九点半在原地躺下休息。"我每天要想好多次:解脱何时才能到来？我何时才能修得真自在？"

"菩提尊者"——塞万提的次子乌特卡什在其余人进食的时候仍手不释卷。他身上有种特别的脆弱，让我感觉他是在故作坚强。塞万提告诉我说："他向来和妈妈更亲。"因此每当被父亲责备后，乌特卡什便写信给曾经的母亲抱怨两句，她会给他回信。两人通信的频率保持在一周一封。上师马哈拉吉并不反对。我问乌特卡什有没有这回事，他当然不承认，像暗恋某个女孩的少年在人前故意装得满不在乎一样："既然她写信来，我总要礼貌性地回复一下。"

两个孩子都不再叫拉克莎"妈妈"，而称她为"寂静圣者"。他们没有提到妹妹卡丽诗玛（或"悟道圣者"）。作为双胞胎，乌特卡什与卡丽诗玛之间的羁绊比寻常兄妹更深，但他一次也未说起同样出了家的胞妹。哥哥斯内哈尔说如果再见到从前的母亲和妹妹，他们甚至不能彼此靠近。"要坐得远远的。"斯内哈尔比出一臂的间距。他们已不再是母子或兄妹，而是不相干的男或女，必须严守清规，以防破了戒律。若他们各自的师父同意，曾经的母子和兄妹可以一起讨论经文，但不能对视，并要蒙上面纱。身为母亲的拉克莎此生再也不能碰触她怀胎十月生下的儿子。"若哪个女施主想在我坐过的地方就座，要等上一百四十四分钟。反之，我要等上四十八分钟才能在她坐过的地方坐下。虽然身体离开了，我们的灵力还留在原地，要过一段时间才会消散。"

塞万提和两个孩子原本一天只吃一餐，不久后，次子乌特卡什得了黄疸病，于是可以一天吃两顿饭。身体是修行的容器，若是生病耽误了修行，一日一餐的规矩自然就不合理了。人活着才能修行，当然只是活着而已，享受则不行（头发过长也不行）。所以仍然面黄肌瘦、虚弱无力的乌特卡什在师父的坚持下被抹了一头煤灰，上师揪住小徒弟的一大把头发，使劲连根拔起。这是乌特卡什几个月来最难熬的时刻。

他对过去以及孟买的记忆已经有些模糊了。我问他未来有何打算。"师父让我做什么,我照做就是。"我问他为什么出家,正端坐复习梵文笔记的乌特卡什对我坦言:"他们说做了苦行僧就能得解脱。虽然我还没看到解脱的苗头。"但他相信自己的父亲,何况他也别无选择。

塞万提形容解脱为:"极乐境里无所求。"他的定义简单明了:圆满清净即无欲无求。

从帕坦返回孟买的途中,我决定到十一世纪始建的莫德拉太阳神庙看一看。司机很赞同,说神庙值得去。他开车送我到小镇上,停在一座簇新的庙宇外,粉墙上醒目地写着捐功德的香客的大名。我对司机说:"不是这一座,还有一座更老的。"

真正的太阳神庙精美绝伦。每年春分时的第一缕阳光会正好照亮庙宇中央的神像。神像早已不在了,我徜徉在有近千年历史的古寺中,发觉残存的石刻竟都是春宫图。或是一女侍二男,或是二女伺一男,无不香艳缠绵。千百年来,沉醉情欲的男女被同样石刻的植物衬托、叫石象环绕,由得仆从观察,也为供奉的神明所审视,他们毫不掩饰,不以为耻。性爱在印度的庙宇得以公开宣扬。城里的中产家庭、村落的平民百姓皆到此一游,孩子们在雕像前嬉戏奔跑,而雕像带着饱满的情欲坚守阵地,他们的面目早已被岁月抹平,又或被往来鸽子的酸性粪便腐蚀,但他们的姿态仍然鲜活,仍然展现了他们获得的欢愉和乐意探索情欲之美的可能。在这里,性是神圣的,性也应当是圣洁的。

和严肃地谈论性爱一样,要严肃地谈论耆那教徒并不容易。对西方学者来说,后者是他们最爱取笑的对象之一。从戈尔·维达尔[①]在《创造》中描绘的倚老卖老的耆那教祖师马哈维拉,到菲利普·罗斯[②]

[①] 尤金·卢瑟·戈尔·维达尔(1925—2012),美国小说家、剧作家、散文家。
[②] 菲利普·米尔顿·罗斯(1933—2018),美国小说家、作家。

在《美国牧歌》中刻画的因感人生幻灭而皈依耆那教的少女梅丽，无不如此。我甚至没法向我的孟买同胞解释清楚：为什么我不认为塞万提一家是疯子、傻子或盲信的狂热分子。城里人一听到他们苦修生活的细节便大惊失色，塞万提一家赤裸裸的困苦比黑帮杀手更令他们不寒而栗。"这才是真正的暴力。"执导的几十部电影无不充斥血腥和谋杀的马赫什如此说，"我光听就吓得够呛。"对每天面对各种消遣、无数选择的城里人来说，塞万提对灵性锲而不舍、不容妥协的追寻——他的这种极度专一和纯粹是不可思议的。

跋涉在古吉拉特的塞万提始终思考着那些严肃的命题，思考着宇宙的秩序和生命的意义，思考着民族主义的虚伪和愚蠢，思考着构成现实的原子论……他比我认识的任何人都更为频繁地感知我们每分每秒所犯下的暴行，不单是对彼此，也对其他一切生物以及自然本身。孟买寻常的宝石商人鲜少会做这样的思考和反省，因为会陷入这种思考的往往是遭遇困境的人，而所谓信奉耆那教的宝石商生意兴隆、人生平顺。他们对舒适的办公环境和奢华的家庭装潢自鸣得意，间或去安特卫普出差，假期带孩子上迪士尼乐园游玩，周末到洛纳瓦拉度假区享受一番。他们同昏聩腐败的印度人民党拥趸毫无分别，甚至认为遭环保主义者反对的、兴修讷尔默达①水坝的提案是造福古吉拉特的好主意。

塞万提的修行让他的思考远比常人深刻。他反对建大坝的提议，因为渔业一旦发展起来，必定助长过度捕捞。他也听说了克什米尔地区的纷争，但对他来说，印度人也好，巴基斯坦人也好，或者美国人也好，人人平等，生命可畏，民族于他并无意义。和与右翼势力打得火热的印度教上师不同，耆那教徒通常无心参政。塞万提放下了中产阶级最看重的东西：西方教育、消费至上、民族主义以及天伦之乐。但如今，那些从前不屑与他为伍、远比他志得意满的商人带着敬

---

① 为印度中部的一条河流，是北印度和南印度的传统分界线，富水力资源。

虔、千里迢迢赶到他的面前，向他和他还是少年的儿子行触脚礼。塞万提的两个儿子在孟买的同龄人还沉迷《阿奇漫画》时钻研梵文，他们在国际学校念书时算不上是好学生，如今却下苦功学习人类已知最复杂的认识论。根据亚里士多德的观点，一种命题要么是真，反之即伪，不存在第三种可能，然而耆那教的逻辑却将之拓展为七分理（又称"或然相对论"），即一个命题的真值存在至少七种可能。在僧侣生活严苛的规条之外，塞万提和他的孩子可以尽情学习，在精神世界里自由翱翔。

孩子们的心志是否坚定，我不敢说。但我确实常在塞万提的脸上看到喜乐，看到微笑。他的生意曾遭受重创，那是否他挥别尘世的真正原因？他厌倦了家庭生活吗？是因为和妻子感情不睦？"我的过去很不光彩。"塞万提对我说，"整个达内拉都知道。"他承认他在出家前的那七年里充满忧虑，为金钱忧虑，也为家人忧虑。他给我看他的红色托钵，是用劈成两半的葫芦做的。"我去化缘、进食，再把托钵洗干净，除此以外无需再想佣人今天会不会来，家里的碗由谁来洗。我不再焦虑，也不为明天要做什么烦忧。"他可以把全副心思都放在修行上。家人是否安好、生意能否盈利，不再让他牵肠挂肚。

回归城市后，我在很长一段时间里都想到塞万提和他趋于极致的简朴生活。在纽约，我天天为各样事务所扰：怎么教育孩子？是否负担得起房贷？人到中年，和昔日同窗相比，我益发自愧不如。他们在信息行业做得风生水起，又或在股市赚得盆满钵盈，买了豪宅，配了豪车，大富大贵。我的收入远高于以往，我的无力感也远高于以往，越是富足，我越觉得贫乏。每当目标看似要达成的时候，不论是经济基础、家庭关系还是职业发展，所谓成功又在下一秒从我的指缝间溜走，就像沃尔辛厄姆学院池塘里的青蛙。当年的我们徒手捉住青蛙，将它紧紧、紧紧地攥在手里，但它总有办法奇迹般地从我们的掌心跳走。可是塞万提已超脱了这一切，他凌驾于忧虑之上，剥离了忧虑，胜过了忧虑。经商总难免亏本，他的回应是：

我本一无所有,自然无所谓得失。家人终有生老病死,他的态度是:我们尘缘已尽,生死由命,与我无碍。他在可能失去以前主动弃了权。但我踽踽前行,一路紧抓住那些我终究会失去的东西。我始终忧虑,要么为得到的还不够,要么为得到了会失去。我也为不知何时降临的死亡心下惶惶。

死亡岂非最大的暴力?如果你竟想反抗它的话。但塞万提已经勘破,知道死亡必带走一切,不论是家人、财产还是欢愉,所以他早早拱手相让、转身离去。他替自己留下的不过一具皮囊,他视身体为暂居的躯壳,对待它像对待一件借来的、褴褛的衬衣,他已等不及要脱下它。到头来,塞万提先死亡一步走向了终点,人生这条路上,他未被遣散就主动请辞了。

独我与众我

风筝节的时候,我带孩子们到我堂兄的岳父母家做客,他们家位于市中心的祷告会路上。我对风筝节充满眷恋和欢喜。犹记得当年,我们会在那一天把用卫生纸和树枝搭起来的简易风筝放飞到天上,微微扯动手上的线引导风筝前行的方向,就好像我们自己也跟随风筝飞上了高高的云层,我们的心自由驰骋,远离了城市的钢筋水泥。我们还学会用捣成泥的隔夜米饭兑上白水,好粘合风筝的破损处,然后神气活现地奔上屋顶,和周围房子里的孩子斗风筝。大伙儿偷偷在风筝线上缠好碎玻璃,企图割断别人的风筝线,可是有的孩子不小心让线脱了手,锋利的碎片干脆利落割断了他们的指节。当我们的风筝放得最高最远时,我们会用尽全力在屋顶大喊:"我——赢——啦——"如今的孩子可不是用喊的,倘若他们在风筝节拔得头筹,事先装在天台的大功率扩音喇叭会将喜讯传往遥远的天际。无独有偶,孩子们选择播放的"胜利进行曲"正是从孟买出走、未曾回头的佛莱迪·摩克瑞[①]的成名作《我们是冠军》。

今年的风筝节,房顶上除了我们父子三人,还站着堂兄的其他亲眷,他们围着他才出生的儿子,满脸喜悦。他们对我的两个儿子也很友善,但毕竟不同——我们并非直系亲属,我们和他们不是一家人。我牵着儿子们的手,尤其清楚地感受到了这一点:这里的风筝节从不属于乔达摩和阿卡什,他们始终是旁观者,是外人。

"你为什么想回美国呀?"有一天我问乔达摩道。我带他吃完了点心,正从马拉巴尔山往回走。乔达摩随手捡起一株黄兰,我告诉他如果轻轻抖动花托,黄兰就成了阿卡什的摇铃玩具,我又演示给他看怎样将黄白二色的花瓣往后折、再编进花梗,好为苏妮塔做一枚美丽的胸针。

乔达摩有好一会儿都没回答。于是我弯腰平视他的眼睛,语气郑重地又问了他一遍。

"因为美国的家人很想我,每次打电话的时候他们都这样说。"

这是极其充分的回美国的理由:因为你在那里的家人想念你。这也是促使我一次又一次依然回到美国的原因——我的家人在那里,不只是我的父母和在世时的爷爷奶奶,还有我的姑妈和表弟妹……比起文化和祖国,孩子更需要的是家人。因此当我们终于在孟买安定下来后,又到了我们预备离开、重回纽约的时候。但离开并不要紧,因为在孟买的两年半里,我已经找到了我想要的答案。这一次我可以带着自信离开,也带着自信行走世间,知道我还能随时回来。

我在孟买的最后一天是个礼拜天,是一周的结束,也是新的一周的开始。我在维帕路上最知名的"帝王米豆粥"吃了一顿丰盛的午饭,那里供应各式装在大桶里的米豆粥,另外奉送少许咖喱和泡菜。我当

[①] 出生于古吉拉特的帕西人(1946—1991),英国第一位亚裔摇滚巨星,"皇后乐队"的主唱和主创。

天还点了西蓝花风味的手抓饼、番茄煲、脆饼和装在啤酒瓶里的酸奶酪——为我的大餐画上了圆满的句号。我随后在那附近闲逛,买了线香,喝了马萨拉可乐,一边寻找可以带回美国的铸铁锅。铸铁锅已经不再流行了,人们做饭更喜欢用不锈钢锅、铝合金锅或不粘锅。我在路上问了好几家店的老板(也是仅有的还开门营业的店家),没有人知道哪里有卖铸铁锅,又说即便我能找到一家,肯定也不营业。正是周日下午,雷打不动歇业的时候。店主们喝了芒果泥,吃了普里饼,懒洋洋地躺在风扇下午睡。我又问收废纸的人知不知道哪里有卖铸铁锅,他派了伙计去叫醒对面楼上的什么人,楼下的商店已经拉下了卷帘门。不一会儿,一个穿着隆基的男人走出来,我对他比画了一番,他从卷帘门下钻了进去,再出来时手上拿着四只小小的、用来加热食物的铁盅,每只十五卢比,相当便宜。我把四只铁盅都买了下来。这个人被我扰了周日的午睡,卖出去的商品却压根不赚什么钱,我不知他为何不干脆拒绝我的要求。或许他见我顶着七月的骄阳前来,到底于心不忍吧。但他给予我的不只一套厨具,还有我在这座城市的最后一天里寻到的认同和归属。

因为这一小小的善举,这个向来说不的国家终于变成了说是的国家。我在那一刻才意识到:如果你拒绝去弄懂这一个个"不",假装它们不存在、从没有人对你说过,那么基于你的执拗,终有一日它们会变成一个个"是"——或至少是一次次晃动着的脑袋,可能意味着"不是",也可能意味着"是",端看你如何理解。但你已经释怀了,你会带着积极的善意解读人们晃动着的脑袋,并把它当作"是",当作一盏盏放行的绿灯,一路向前。

我们与孟买抗争,不懈地抗争,终于在它的怀抱赢得了一席之地。我回到故乡,我的故乡敞开大门接纳了我和我异国的妻儿,让他们感到这里也可以是他们的家。孟买端上我爱吃的食物,播放我爱听的音乐(尽管我已几乎忘却我有多么喜爱这昔日的音乐),请我为电影编剧、替报纸撰稿。"我们想知道你——作为热心市民的你对卡吉尔冲突的看法。"某战争主题的散文集的编辑如此对我说道。我在这里获得的，是我在即将返回的国度从未拥有的东西：我的政见、我的想法、我的声音。"你经历了这许多，还怎么回纽约去呢？"明星、会计师、妓女和杀手都这样问我，"纽约该有多无聊啊。"

两年半后，我学会了越过孟买外在的衰败，看城中之人那炽热蓬勃的生命力。人们总轻易把孟买和死亡联系在一起，但每天新增五百移民的孟买绝非一座将死之城。它或许致命，可并未濒死。两年半前我刚到孟买时，以为我见证的是孟买的没落。但我在班德拉的公寓不会同意这种说法。我的住所有多可爱，我的孟买就有多繁盛，反之亦然。每一个孟买人的居所就是他的孟买。

因为离开太久，再回故乡的我对孟买的变化心怀警觉：建筑外墙的颜色暗淡了，荫蔽车站的榕树愈发亭亭如盖——如果那还是我记忆中的同一棵树的话。我离开的时候是个孩子，用二十一年的时间在世界上更为寒冷的国家流浪，如今回到故里，好捡拾起我被迫中断的童年。我有自由（当然也有义务）追随那些让儿时的我好奇的人、和这个世界格格不入的人：警察、帮派分子、舞女、电影明星……为什么我偏偏追踪这些人？因为他们为这座城市所迫，都做出过不道德、不合法的选择。可我也在并不自由的他们身上看到了自由。他们在这座城市过着的是不为琐碎牵绊的生活，他们大多不纳税、不为柴米油盐所囿，不在同一间住所或同一段恋爱中停留太久，既不愿投入感情，也不屑累积财富。但回到纽约后的我要过的是为琐碎牵绊的生活，我要记得投保，及时寄出发票，查看收支是否平衡。要在现代都市生存，必定和数不尽的文书打交道。毋须操心文书的才是人生赢家。

每个人都有极限。我们当中的多数人过着中规中矩的生活，不愿过于冒险。我们看着其他人挑战极限，跟着他们走一小段，直到我们被对家人的牵挂和对未知的恐惧拉回正轨。我在孟买见到活得极端自我又极端洒脱的人，他们怒放的生命是我在其他任何地方都不曾看到的——他们极端且肆意地活着。艾杰、萨蒂什和苏尼尔活在极端的暴力中,蒙娜丽莎和维诺德活在极端的舞台上,赫妮活在极端的性别两头,耆那教徒追求极端的弃绝红尘的苦修。他们都不是正常人。他们活出了正常人的憧憬和幻想。他们的一举一动如此深刻地影响着他们的身份,直到他们的"所为"与"所是"再也无法区分。他们没可能从酒吧圈或警局或某党派抽身,他们都是以生活为展台的行为艺术家,而若能像他们一样彻底分解秩序、抛开法则,再无需小心得体地生活,会是种多大的诱惑和解脱!正因我无法如此书写我的人生,所以我追寻别样的他人的生活,他们也邀我见证。我坐在最前排,我打赏他们的是一页页我亲手写下的文稿。因为追随和见证了他们的人生,我正前所未有地接近我自己的极限。

孟买此城也已近极限。到2015年,它的人口将达两千三百万,比起理论上的缩减一半实际翻了一番:今天走在街上的密匝匝的人群,明天与其并肩而行者就要多出一倍。孟买益发为众所共享,外部空间的紧缩已让内在的自我无处藏身。在沙丁鱼罐头一样的孟买市内火车上,每个几无立锥之地的乘客要像保命一样牢牢守住他的自我认知——那是他最强大的、赖以生存的武器。独立的个体有两个选择:要么融入人群,化作巨大有机体的小小细胞(却是发起暴动的必要元素);要么顽固且顽强地持守个性、不被淹没。市内火车上的每一名乘客都有其特性:头路往左而非往右分、雕贝壳的手艺、能吹爆热水袋的肺活量……正是这癖好与特色让他与众不同,让他成为独立而完整的"我"。我喜爱和孟买的人群对谈,因为他们中的每一个都有另辟蹊径的见解,他们还不曾沦为人云亦云的又一个声音。

孟买战役是独我与众我的拉锯。在这座有着一千四百万人口的城市,个人的价值又有几何呢?孟买战役是人与城的搏斗,代代延续的人想要立足、不至于被大都会抹灭而不得不时刻奋斗着。一座城是个体梦想的寄托,也是集体梦想的凝聚。个体梦想不死,则集体对城市生活的梦想永活。蒙娜丽莎需要相信自己终有一日会摘得"世界小姐"的桂冠。艾杰需要相信他终有一日能逃离在警局的困境。吉里什需要相信他终有一日会成为电脑软件行业的大亨。一个人之所以能在孟买的贫民窟存活下去而不曾发疯、不至绝望,是因为他的梦想比不堪的现实大得多。他住的是肮脏的蜗居,他的梦想占领的是宏伟的宫殿。

但每一个印度人也渴望(不论公开承认与否)投身更大的集体、更高的目标。达乌德帮的杀手自认是为伊斯兰而战的勇士。吉里什渴望为家人带去更富庶的生活。苏尼尔宣称他除生意以外也为印度民族贡献着绵薄之力——因为在这个国度,在这片所有文明中对独我之形式、结构及意义作了最精妙探寻和思考的土地上,我即众人,众人皆我。

某个晴朗的早晨,我走在孟买人潮如织的街头,忽然生出这样一种幻觉:所有这些独立的个体,有着各自喜爱的歌曲、偏好的发型、被不同心魔纠缠的男男女女是组成某个巨大又同一的有机体的细胞。他们服从于巨大又同一的智慧、情感和意志。每一个人都是精加工后的成品,拥有各异的功能,执行特定的任务,六十亿零部件无有高低贵贱之分。这一幻觉令我无比惊惧,它摧毁我识,否定我是。这一幻觉也令我无比宽慰,它催眠我识,接纳我是。所有这些全然不同、正走向教堂门钟楼的人都是我,他们塑造我的精神世界,也组成我的血肉之躯。一千四百万人,何尝不是一千四百万尊神像,岂不值得一千四百万次欢庆!但我到底无需融入人群,若我能勉力阐述人群,且阐述得足够好,人群自会融入我身。原来众我皆独我,合一又纷繁,光辉而灿烂。

后　记

　　9月的早晨，我在布鲁克林醒来，发觉窗外笼罩着浓厚的灰云：风把来自世贸中心的蔽天烟尘一路从东河①吹到了我们公寓楼外的上空。"911"恐袭发生的那个早晨，我重回不久的纽约在我方才离开的孟买引发了一系列连锁反应，就此改变了印度次大陆上帮派战争的性质。

　　2001年12月，德里国会遭克什米尔分裂分子袭击，印巴战争一触即发，边境戒严。巴基斯坦总统佩尔韦兹·穆沙拉夫对达乌德·易卜拉欣在巴方境内一事矢口否认。此前已爆出巴基斯坦情报部门长期扶植塔利班势力的丑闻，美国记者丹尼尔·珀尔在巴遇害一案又闹得沸沸扬扬，倘若再和窝藏黑帮大佬扯上关系，巴基斯坦的国际形象将益发受损。2003年10月，美国财政部正式将达乌德·易卜拉欣列入"全球恐怖分子"的名单进行通缉，称达乌德"已和基地组织达成一致，与其共享走私路线，并资助伊斯兰极端分子一再发动企图推翻印度政权的恐怖袭击"。美国官方进而公布了达乌德藏身卡拉奇的最新消息及他的巴基斯坦护照号码。

　　达乌德帮的首脑们过着朝不保夕的生活。他们担惊受怕、彼此提防，唯恐窝里斗，唯恐被小拉詹的手下暗杀，也唯恐宿主巴基斯坦将他们秘密处决，或拱手移交给印度政府（作为巴方释放善意的外交手段）。他们曾如此擅长利用恐慌，他们靠制造恐慌谋生，以此要挟但求活命的勒索目标支付百万卢比的赎金。如今，这种恐慌终于反噬了他们，对他们日夜追赶，不死不休。然而孟买的恐怖活动并未就此终止，2003年8月，在印度门及闹市区的钻石集市发生了两起汽车爆

---

① 纽约市内一潮汐型海峡。

炸，共造成五十二人死亡、一百五十人受伤。此次袭击是穆斯林的又一轮报复——2002年上半年，与孟买相邻的古吉拉特邦曾发生印度教暴民火焚百余穆斯林的惨剧。孟买有难，艾杰·拉尔再度临危受命，从铁路警察局调任"〇三"爆炸案侦查组，负责全力破案。

2000年9月，沙基尔的手下冲进曼谷的一座豪宅，举枪瞄准正参加晚宴的小拉詹，子弹穿透了后者的身体。暴徒破门而入、大开杀戒之时不忘保持手机畅通，坐镇卡拉奇的沙基尔得以聆听叛徒小拉詹发出的哀嚎，仿佛那是世上最美妙的音乐。但就像印度黑帮电影描绘的那样，命不该绝的小拉詹自阳台一跃而下，不顾双腿骨折带来的剧痛连夜逃亡。据说他最近一次露面是在卢森堡，依然电话遥控着他在孟买的残部。而曾下令暗杀拉克什·罗斯汉，又威胁桑杰·杜特不准离境的阿布·萨勒姆在2003年时于里斯本[①]被捕，现正等待引渡。萨勒姆被捕时恰由某宝莱坞女星陪同。

与此同时，孟买警方发起的偶遇规模越发惊人。1998年，48名"帮派分子"（据警方称）遭偶遇。1999年，这一数值上升到了83人。尽管在2000年时略有回落（74人），但很快地，2001年全年，铁了心的孟买警方射杀的黑帮人数首次突破100大关。孟买的帮派战争看似进入了休眠期，各大报纸的犯罪专栏却充斥对所谓无组织罪案的报道：仇杀（心怀不忿的帮佣谋害雇主）与情杀（求爱不成的男女怒而索命）时有发生。

2003年还发生了另一件大事。这一年，一个叫做阿卜杜勒·卡里姆·泰尔吉的人引爆了印度自建国以来最大的腐败丑闻。泰尔吉本是个卖花生的小贩，后涉嫌伪造价值三千两百亿卢比的印花税票却未遭起诉，只因他买通了孟买各政府官员与警方高层。这桩惊天丑闻一经曝出，上至孟买警察局长、下到偶遇专家（譬如普拉迪普·萨万特）均遭拘捕。萨万特一次次草菅人命却得以逍遥法外，如今正面临

---

① 葡萄牙的首都和最大城市。

牢狱之灾。据称，泰尔吉在案发前还到一家名为蓝宝石的啤酒吧一掷千金，但他打赏的人当中不包括艺名赫妮的舞女。曼努吉刚刚做了父亲，赫妮必须从此退隐了。她给她那眉清目秀的儿子起名叫"洛夫"，也就是爱的意思。

致　谢

本书的完成离不开以下所有人的帮助——

孟买：瓦桑特及奈娜·梅塔夫妇、阿努帕玛及维德胡·维诺德·乔普拉夫妇、法鲁克·乔西亚、曼吉特·克里帕拉尼、达雅妮塔·辛格、马赫什·巴哈特、坦努加·钱德拉、拉胡尔·迈赫罗特拉、纳里什·费南迪斯、米纳克什·甘古利、安努拉达·坦登、阿里·彼得·约翰、艾伊杉、阿萨德·本·赛义夫、卡比尔及沙米莎·莫汉蒂夫妇、阿迪尔·朱萨瓦拉、拉希德·伊兰尼、库马尔·凯特卡、芙伊·尼森、萨米拉·汗。

纽约：拉米什及乌莎·梅塔夫妇、赛哈尔·梅塔、莫妮卡及阿南德·梅塔夫妇、阿希什·沙赫、阿米塔夫·高希、阿希尔·夏尔马、齐亚·杰弗瑞、索米尼·森古普塔。

伦敦：维斯瓦纳特及萨拉斯瓦蒂·布鲁苏夫妇、伊恩·杰克。

我的精神导师：詹姆斯·艾伦·麦克弗森、乌杜皮·拉贾戈帕拉查理·阿南德穆尔提、菲斯·查尔兹。

我的编辑：大卫·戴维达尔、桑尼·梅塔、狄波拉·加里森、杰拉丁妮·库克、拉维·辛格、维林达·孔迪拉克、詹妮斯·布伦特。

以及怀丁基金会、纽约艺术基金会、麦克道威尔文艺营。

书中的许多人名都作了更动，一如孟买此城的名字。而我能写就本书，多亏这些我无法以真名列举之人的鼎力相助，在此一并献上诚挚的谢意。

我最要感谢的还属我的妻子苏妮塔，儿子乔达摩和阿卡什。谢谢你们把我从过去带回现在，对此我永怀感恩。

图书在版编目（CIP）数据

孟买：欲望丛林 /（印）苏科图·梅塔著；金天译. -- 上海：上海文艺出版社, 2020(2023.6重印)
（读城系列）
ISBN 978-7-5321-7427-0

Ⅰ.①孟… Ⅱ.①苏… ②金… Ⅲ.①城市史－孟买
Ⅳ.①K935.1

中国版本图书馆CIP数据核字 (2020)第035977号

All rights throughout the world are reserved to Proprietor.

版权登记号：09-2019-271

发 行 人：毕　胜
策 划 人：林雅琳
责任编辑：林雅琳
封面插画、设计师：黄吉如

书　　　名：	孟买：欲望丛林
作　　　者：	（印）苏科图·梅塔
译　　　者：	金　天
出　　　版：	上海世纪出版集团　上海文艺出版社
地　　　址：	上海市闵行区号景路159弄A座2楼　201101
发　　　行：	上海文艺出版社发行中心
	上海市闵行区号景路159弄A座2楼206室　201101　www.ewen.co
印　　　刷：	苏州市越洋印刷有限公司
开　　　本：	890×1240　1/32
印　　　张：	19
插　　　页：	5
字　　　数：	529,000
印　　　次：	2020年4月第1版　2023年6月第3次印刷
Ｉ Ｓ Ｂ Ｎ：	978-7-5321-7427-0/G.0269
定　　　价：	108.00元

告 读 者：如发现本书有质量问题请与印刷厂质量科联系　T:0512-68180628